RACISMOS

FRANCISCO BETHENCOURT

Racismos
Das Cruzadas ao século XX

Tradução
Luís Oliveira Santos
João Quina Edições

2ª reimpressão

Copyright © 2013 by Princeton University Press

Todos os direitos reservados. É expressamente proibida a reprodução total ou parcial desta obra por quaisquer meios, incluindo fotocópia e tratamento informático, sem a autorização expressa dos titulares dos direitos.

Grafia atualizada segundo o Acordo Ortográfico da Língua Portuguesa de 1990, que entrou em vigor no Brasil em 2009.

Título original
Racisms: From the Crusades to the Twentieth Century

Capa
Victor Burton

Foto de capa
Asian peoples, Gustav Mutzël, litografia, 1894

Preparação
Alexandre Boide

Índice remissivo
Luciano Marchiori

Revisão
Isabel Cury
Jane Pessoa

Dados Internacionais de Catalogação na Publicação (CIP)
(Câmara Brasileira do Livro, SP, Brasil)

Bethencourt, Francisco
Racismos : Das Cruzadas ao século XX / Francisco Bethencourt ; tradução Luís Oliveira Santos, João Quina Edições. — 1ª ed. — São Paulo : Companhia das Letras, 2018.

Título original : Racisms : From the Crusades to the Twentieth Century.
ISBN 978-85-359-3046-7

1. Raça 2. Racismo – História 3. Relações raciais – História I. Santos, Luís Oliveira. II. Edições, João Quina. III. Título.

17-10467	CDD-305.8009

Índice para catálogo sistemático:
1. Racismo : Relações raciais : Sociologia   305.8009

Todos os direitos desta edição reservados à
EDITORA SCHWARCZ S.A.
Rua Bandeira Paulista, 702, cj. 32
04532-002 — São Paulo — SP
Telefone: (11) 3707-3500
www.companhiadasletras.com.br
www.blogdacompanhia.com.br
facebook.com/companhiadasletras
instagram.com/companhiadasletras
twitter.com/cialetras

Para Ulinka

Sumário

Ilustrações	9
Mapas	17
Agradecimentos	19
Introdução	21
PARTE I: AS CRUZADAS	35
1. Das percepções gregas às muçulmanas	37
2. Reconquista cristã	44
3. Universalismo: Integração e classificação	68
4. Tipologias da humanidade e modelos de discriminação	82
PARTE II: EXPLORAÇÃO OCEÂNICA	99
5. Hierarquias de continentes e povos	102
6. Africanos	125
7. Americanos	148
8. Asiáticos	168
9. Europeus	194

PARTE III: SOCIEDADES COLONIAIS 223

10. Classificação étnica. 228

11. Estrutura étnica. 251

12. Projetos e políticas 281

13. Discriminação e segregação 298

14. Abolicionismo. 313

PARTE IV: TEORIAS DE RAÇA 339

15. Classificações dos seres humanos 344

16. Racialismo científico 369

17. Darwin e a evolução social 395

PARTE V: NACIONALISMO E MAIS ALÉM 419

18. O impacto do nacionalismo. 422

19. Comparações globais. 457

Conclusões. 496

Notas. 511

Créditos das imagens. 575

Índice remissivo. 579

Ilustrações

Figura 2.1A   Escultura, de autor desconhecido, de um leão segurando entre   48
as garras uma cabeça barbada virada ao contrário, provavelmente representando muçulmanos derrotados. Catedral de Palermo, sarcófago de Frederico II (anteriormente entalhado, na década de 1140, para Rogério II da Sicília), apoio sudoeste

Figura 2.1B   Detalhe da figura 2.1A   48

Figura 3.1   Iluminura representando a rainha de Sabá com longo cabelo   73
louro e pele negra, pintada por mão posterior, em Conrad Kyeser, Códice Bellifortis, fl. 122r (anterior a 1405)

Figura 3.2   *Adoração dos reis magos*, 1444, óleo sobre madeira em retábulo   76
de Mestre dos Painéis, 129 × 86 cm. Painel da esquerda do tríptico, parte inferior do verso. Munique, Alte Pinakothek, n. inv. 1360

Figura 3.3   São Maurício negro, *c.* 1240-50, escultura em calcário de autor   76
desconhecido, 112 cm de altura. Catedral de Magdeburgo

Figura 3.4   *Jardim das delícias terrenas*, *c.* 1503-4, de Hieronymus Bosch,   77
tríptico, painel central, dimensão total do tríptico 220 × 195 cm. Museu do Prado, n. inv. 2823

Figura 4.1 Retrato anônimo de Manuel I Comneno, imperador bizantino 85
(1143-80), e da sua segunda esposa, Maria de Antioquia. Manuscrito iluminado, Biblioteca Apostólica Vaticana, vat. gr. 1176

Figura 4.2 Afonso x, "o Sábio", rei de Castela (1252-84), *Cantigas de Santa* 87
Maria (1254-79), cantiga 46, cena 1, parte superior, lado esquerdo, segunda fileira. Iluminura em pergaminho de pele representando muçulmanos, cristãos, um africano e um judeu perto da imagem da Virgem Maria e de Jesus. Madri, Real Biblioteca del Monasterio de El Escorial

Figura 4.3 Abraão Cresques, *Atlas catalão*, 1375. Detalhe do Norte da África, 90
com um rei negro e um muçulmano montado num camelo

Figura 5.1 Abraão Ortélio, *Theatrum Orbis Terrarum*. Antuérpia: Apud 104
Ægid. Coppenium Diesth, 1570. Frontispício representando os quatro continentes. Berlim, Staatsbibliothek

Figura 5.2 Povo de "Calicute" em *O triunfo do imperador Maximiliano I*, *c.* 106
1517-8, xilogravura de Hans Burgkmair. Museu Britânico

Figura 5.3 Hans Weigel, *Habitus praecipuorum populorum* [...] *Trachtenbuch* 110
(Nuremberg, 1577), frontispício pintado por Joost Amman, com alegoria dos quatro continentes

Figura 5.4 Ilustração da América da série de personificações dos continentes, 1589, de Marten de Vos. Darmstadt, Hessiches Landesmuseum, n. inv. AE440 112

Figura 5.5 Afresco dos quatro continentes, seção sobre a Ásia, teto Salão da 115
Escadaria na Residenz de Würzburg, 1752-3, de Giambattista Tiepolo. Detalhe de um escravo agrilhoado, ao lado de um elefante, e representação da Ásia, literalmente desequilibrada

Figura 5.6 Escultura em bronze no alto de uma fonte nos Jardins de Luxemburgo, Paris, 1867-74, de Jean-Baptiste Carpeaux. Grupo alegórico de quatro continentes segurando o globo 118

Figura 6.1 Olfert Dapper, *Descrição da África*. Amsterdam: Wolfgang, 133
Waesberge, Boom, e Van Sommeren, 1686. Gravura de uma cerimônia real no Benim

Figura 6.2 *Chafariz d'el Rey em Alfama, c.* 1560-80, pintura flamenga, óleo 135
sobre madeira de autor desconhecido, 93 × 163 cm. Lisboa, Coleção Berardo. A pintura inclui um cavaleiro negro com o hábito da Ordem de Santiago

Figura 6.3 *Arrigo peloso, Pietro matto e Amon nano*, 1598-9, óleo sobre tela de 138
Agostino Carracci, 97 × 130 cm. Nápoles, Museo di Capodimonte, n. inv. Q369

Figura 6.4 *Africanos na Guiné*, 1511, de Hans Burgkmair, xilogravura exe- 140
cutada por Georg Glockendon. Berlim, Staatsbibliothek

Figura 6.5 Retrato de Catarina aos 21 anos, 1521, ponta de prata sobre pa- 140
pel de Albrecht Dürer, 20 × 14 cm. Florença, Gabinetto dei Disegni e Stampe degli Uffizi, n. inv. dis. 1060E

Figura 6.6 *Sileno embriagado, c.* 1619-20, óleo sobre tela de Antoine van 141
Dyck, 107 × 91,5 cm. A pintura inclui um negro mostrando a língua a uma branca. Dresden, Gemäldegalerie Alter Meister, Staatliche Kunstsammlungen, n. inv. 1017

Figura 6.7 *São Martinho curando um possesso*, 1630, óleo sobre tela do ateliê 143
de Jacob Jordaens, 432 × 269 cm. A pintura representa um negro segurando um papagaio e rindo ao fundo

Figura 6.8 Retrato de Juan de Pareja, 1650, óleo sobre tela de Diego Veláz- 143
quez, 81,3 × 69,9 cm. Nova York, Metropolitan Museum of Art, n. inv. 1971.86

Figura 6.9 Cativo negro transportando o suporte de um vaso, escultura de 144
madeira de Andrea Brustolon, 90 cm de altura. Veneza, Palazzo Ca'Rezzonico, Museo del Settecento

Figura 7.1 André Thevet, *La Cosmographie universelle*. Paris, 1575. Gravura 149
representando o canibalismo

Figura 7.2 *Adoração dos reis magos, retábulo da Sé de Viseu*, 1501-6, óleo so- 156
bre madeira de Vasco Fernandes e Francisco Henriques, 131 × 81 cm, n. inv. 2145; P23. Um dos reis magos está representado como um índio brasileiro. Viseu, Museu Nacional Grão Vasco

Figura 7.3	*Inferno*, 1505-30, óleo sobre madeira de autor desconhecido, 119 × 217,5 cm, n. inv. 432 pint. Lúcifer está representado como um índio brasileiro. Lisboa, Museu Nacional de Arte Antiga	158
Figura 7.4A	Cidade de Tenochtitlán, *Praeclara Fernandi de Nova Maris Oceani Hispania Narratio*. Nuremberg, 1524. Xilogravura. Berlim, Staatliche Museen, n. inv. Mex-d dno 1	160
Figura 7.4B	Detalhe da figura 7.4A. Representação do templo central e dos sacrifícios humanos	160
Figura 7.5	Chefe índio, 1585-93, aquarela de John White, 26,3 × 15 cm. Museu Britânico	165
Figura 7.6	Guerreiro picto segurando uma cabeça humana, 1585-93, aquarela de John White, 24,3 × 17 cm. Museu Britânico	165
Figura 8.1	Sacrifício de indianos, *c.* 1550, aquarela goense de autor desconhecido, 31 × 44 cm. Roma, Biblioteca Casanetense, ms. 1889, Disegni Indiani, 78-9	173
Figura 8.2	Jan Huygen van Linschoten, *Itinerario, Voyage ofte Shipvaert van Jan Huygen van Linschoten naar Oost ofte Portugaels Indien*. Amsterdam, 1596, pp. 58-9. Gravura representando o sati — a imolação da viúva de um brâmane	175
Figura 8.3	George Sandys, *A Relation of a Journey*. Londres, 1615. Página de rosto representando o imperador otomano	182
Figura 8.4	Jan Huygen van Linschoten, *Itinerario, Voyage ofte Shipvaert van Jan Huygen van Linschoten naar Oost ofte Portugaels Indien*. Amsterdam, 1596, pp. 32-3. Gravura representando mandarins chineses	190
Figura 9.1	*Embarque de mouriscos no porto de Vinaroz*, 1612-3, óleo sobre tela de Pere Oromig e Francisco Peralta, 110 × 173 cm. Valência, Acervo Bancaja	199
Figura 9.2	*Acampamento de ciganos*, 1621, gravura de Jacques Callot	217
Figura 10.1	*Espanhol e índia produzem mestiço, c.* 1715, óleo sobre tela de Juan Rodríguez Juárez, 80,7 × 105,4 cm	230
Figura 10.2	*Espanhol e mourisca produzem albino, c.* 1715, óleo sobre tela de Juan Rodríguez Juárez, 80,7 × 105,4 cm	230

Figura 10.3   *Lobo e índia produzem lobo torna atrás, c.* 1715, óleo sobre tela de   231
Juan Rodríguez Juárez, 80,7 × 105,4 cm

Figura 10.4   *Índios bárbaros, c.* 1715, óleo sobre tela de Juan Rodríguez Juá-   231
rez, 80,7 × 105,4 cm

Figura 10.5   *Quadro de história natural, civil e geográfica do reino do Peru*, 1799,   238
óleo sobre tela de Louis Thiebaut, 325 × 115 cm. Madri, Museo
Nacional de Ciencias Naturales

Figura 10.6   *Castas e frutos da terra no México com a Virgem de Guadalupe como*   239
padroeira, c. 1750, óleo sobre tela de Luís de Mena, 119 × 103 cm

Figura 10.7   Mulher tapuia segurando uma mão decepada e com um cesto   243
contendo um pé decepado, *c.* 1641, óleo sobre tela de Albert
Eckhout, 272 × 165 cm. Copenhague, Coleção Etnográfica,
Museu Nacional da Dinamarca, n. inv. N38A2

Figura 10.8   Mulher tupi brasileira segurando uma criança, com um cesto   243
na cabeça, 1641, óleo sobre tela de Albert Eckhout, 274 × 163
cm. Copenhague, Coleção Etnográfica, Museu Nacional da Dinamarca, n. inv. N38A4

Figura 10.9   Mestiço brasileiro com mosquete e florete (mameluco), 1641,   245
óleo sobre tela de Albert Eckhout, 274 × 170 cm. Copenhague,
Coleção Etnográfica, Museu Nacional da Dinamarca, n. inv.
N38A5

Figura 11.1   Jean-Baptiste Debret, *Voyage pittoresque et historique au Brésil*. Pa-   265
ris: Firmin Didot et Frère, 1834-9, v. 2, ilustração 6 (litografia).
Interior de casa-grande com jovens escravos como bichos de
estimação

Figura 11.2   Jean-Baptiste Debret, *Voyage pittoresque et historique au Brésil*. Pa-   266
ris: Firmin Didot et Frère, 1834-9, v. 2, ilustração 5 (litografia).
Funcionário do governo com família e escravos

Figura 11.3   Jean-Baptiste Debret, *Voyage pittoresque et historique au Brésil*. Pa-   267
ris: Firmin Didot et Frère, 1834-9, v. 2, ilustração 23 (litografia).
Loja de escravos no Rio

Figura 11.4   *Cena de feira livre no México, c.* 1831-4, óleo sobre tela de Johann   269
Moritz Rugendas, 56 × 70 cm. Hamburgo, Hamburger Kuns-
thalle, n. inv. 3494

Figura 11.5   *Mexicanas prepararando tortilhas, c.* 1834, litografia de Jean-   270
-Frédéric Waldeck

Figura 13.1   *Panorama do Zócalo da Cidade do México, c.* 1695, óleo sobre tela   302
de Cristóbal de Villalpando, 180 × 200 cm. A pintura inclui as
ruínas da fachada do palácio do vice-rei depois do motim de
1692 (canto superior direito do quadrante central, junto com o
mercado)

Figura 13.2   *Panorama de Cochim,* 1635, aquarela de Pedro de Barreto de Re-   304
sende, em António Bocarro, *Livro das plantas de todas as fortalezas,*
cidades e povoações do Estado da Índia Oriental, Biblioteca Pública
de Évora, manuscritos, cxv/2-1. A cidade nativa localizava-se
mais ao interior, separada da cidade portuguesa

Figura 13.3   Jacques-Nicolas Bellin, *Le Petit Atlas maritime.* Paris, 1764, v. 3,   307
ilustração 37. Plano de Madras após a reconquista pelos britâni-
cos. A cidade britânica ficava no interior da muralha, separada
da cidade indígena ou "negra"

Figura 14.1   Olaudah Equiano, *The Interesting Narrative.* Londres, 1789. Gra-   315
vura com o retrato do autor

Figura 14.2   Medalhão de jaspe com um escravo ajoelhado, com a inscrição   316
"Não serei homem e irmão?", de autoria de Wedgwood, para a
Sociedade Britânica para Efetuar a Abolição do Comércio Es-
cravagista, 1787. Museu Britânico

Figura 14.3   *A casa da morte, c.* 1795, impressão com arte-final a pena, giz e   317
aquarela de William Blake, 479 × 603 mm. Cambridge, Reino
Unido, Fitzwilliam Museum

Figura 14.4   Revolta de escravos em Saint-Domingue, *c.* 1791, gravura de   329
autor desconhecido

Figura 14.5   Retrato do deputado Jean-Baptiste Belley, negro liberto de   330
Saint-Domingue, na Convenção Nacional, 1797, óleo sobre tela
de Anne-Louis Girodet-Trioson, 158 × 113 cm. Museu Nacional de Versalhes

Figura. 15.1   Retrato de Lineu "com trajes lapões", 1805, gravura de H. Kins-   340
bury, segundo o retrato de Martin Hoffman (1737)

Figura 15.2   Petrus Camper, *The Works of the Late Professor Camper on the Connection between the Science of Anatomy and the Arts of Drawing, Printing, Statuary*. Trad. para o inglês de T. Cogan. Londres: C. Dilly, 1794, ilustração 1, I 32. A ilustração mostra os ângulos faciais e faz uma comparação de crânios de humanos e de símios   354

Figura 15.3   Charles White, *An Account of the Regular Gradations in Man and in Different Animals and Vegetables*. Londres: D. Dilly, 1799, ilustração 2. A imagem mostra a comparação entre crânios e rostos de seres humanos, macacos e outros animais   356

Figura 15.4   Charles White, *An Account of the Regular Gradations in Man and in Different Animals and Vegetables*. Londres: D. Dilly, 1799, ilustração 3. A ilustração faz uma comparação entre humanos e macacos, enfatizando a posição intermediária dos negros   357

Figura 15.5   Julien-Joseph Virey, *Histoire naturelle du genre humain*. 2. ed. Paris: Crochard, 1824, 3 v., livro 1, ilustração 1, p. 58. Litografia com os crânios de Apolo, um georgiano, um negro e um macaco   362

Figura 15.6   Julien-Joseph Virey, *Histoire naturelle du genre humain*. 2. ed. Paris: Crochard, 1824, 3 v., livro 1, ilustração 2, p. 240. Litografia com mulher hotentote   363

Figura 16.1   Fotografia anônima de Frederick Douglass aos 38 anos de idade, 1856.   373

Figura 16.2   Robert Knox, *The Races of Man: A Philosophical Enquiry into the Influence of Race over the Destinies of Nations*. Londres: Henry Renshaw, 1862, p. 193. Representação dos judeus. Cambridge University Library V.20.24   379

Figura 17.1   Thomas Henry Huxley, *Evidence as to Man's Place in Nature*. Londres: William and Norgate, 1863. Ilustração na página anterior ao frontispício com comparação evolutiva dos esqueletos de símios e de seres humanos   403

Figura 17.2   William Z. Ripley, *The Races of Europe: A Sociological Study*. Londres: Kegan Paul, 1899. Mapa de raças europeias, baseado no índice cefálico   414

Figura 18.1 Fotografia após a Noite dos Cristais, novembro de 1938, autor desconhecido. Ridicularização e humilhação dos judeus de Baden-Baden, escoltados pela ss pelas ruas com um letreiro em que se lê: "Deus não nos abandona" — 448

Figura 18.2 Fotografia após a Noite dos Cristais, 10 de novembro de 1938, autor desconhecido. Uma mulher é humilhada nas ruas com um letreiro em que se lê: "Sou uma porca cristã e compro coisas dos judeus" — 449

Figura 18.3 Libertação do campo de Bergen-Belsen por tropas britânicas em 15 de abril de 1945. Franz Hoessler, primeiro-tenente da ss, antigo comandante do campo feminino de Auschwitz-Birkenau, posa junto a um caminhão com cadáveres para um documentário cinematográfico britânico. Fotografia de 24 de abril de 1945 — 452

Figura 19.1 Fotografia do linchamento de W. C. Williams, em Ruston, Louisiana, Estados Unidos, 15 de outubro de 1938, autor desconhecido — 469

Mapas

Mapa 1.1	Expansão islâmica no Oriente Médio e no Mediterrâneo, 632-750	42
Mapa 2.1	Reconquista cristã da Península Ibérica (722-1492)	53
Mapa 2.2	Estados cruzados na sua maior extensão (c. 1144)	61
Mapa 2.3	Avanços cristãos no Oriente Médio até 1187	63
Mapa 4.1	Rotas da diáspora judaica após a expulsão da Espanha, em 1492	95
Mapa 6.1	Entidades políticas, enclaves e movimentos populacionais na África, 1500-1800	128
Mapa 8.1	Poderio muçulmano no Oriente Médio até 1639	178
Mapa 8.2	Império Qing em 1775 e 1911	188
Mapa 11.1	América colonial em 1763 (após a Guerra dos Sete Anos)	264
Mapa 16.1	Estados Confederados e da União durante a Guerra Civil (1861-5)	370
Mapa 18.1	Partição da Polônia, 1772-95	423
Mapa 18.2	Processo de unificação alemã (1815-71)	425
Mapa 18.3	Novos Estados nos Bálcãs, 1800-1913	432
Mapa 18.4	Expansão nazista na Europa, 1942	450
Mapa 19.1	Mundo colonial ocidental em 1939	458
Mapa 19.2	Territórios independentes desde 1947	460
Mapa 19.3	Alterações territoriais e movimentos populacionais na Europa, 1945-9	462
Mapa 19.4	Expansão japonesa, 1894-1945	486

Agradecimentos

Comecei a trabalhar seriamente neste livro no ano acadêmico de 2004-5 com uma bolsa da Fundação Calouste Gulbenkian. Em 2008-9, uma licença sabática concedida pelo King's College de Londres contribuiu para tornar este trabalho possível: vários capítulos foram escritos nesse ano. Sou extremamente grato às duas instituições.

Quero agradecer aos colegas e amigos que aceitaram ler partes do livro: Sir John Elliott, Ludmilla Jordanova, Miri Rubin e Jonathan Steinberg. Anthony Molho e Elizabeth McGrath leram os primeiros esboços de capítulos. De todos eles recebi preciosos comentários e críticas. Os revisores anônimos do manuscrito levantaram importantes questões e assinalaram problemas específicos, que me ajudaram a evitar erros e contribuíram para reforçar o meu argumento. Al Bertrand, diretor europeu da Princeton University Press, revelou-se um apoiador entusiasta deste projeto desde que entrou em contato comigo. A sua visão desempenhou um papel importante neste livro. Finalmente, agradeço a Helen Hancock pela revisão competente do manuscrito original em inglês, que me ajudou a esclarecer muitos pontos ambíguos.

O texto final se beneficiou da discussão de papers que apresentei em diversas universidades, particularmente no seminário de história do mundo na Universidade de Cambridge, no seminário sobre história dos impérios e do mundo no

Institute of Historical Research de Londres, no colóquio Beyond Slavery, organizado pela Universidade de Liverpool, na J. H. Parry Lecture, na Universidade Harvard, no seminário de história moderna da Universidade da Pensilvânia, no seminário de história moderna da Universidade de Oxford, no seminário sobre raças na América Latina da Universidade de Warwick, no seminário de história global do Centro de Londres da Universidade de Notre Dame, no seminário de história medieval e Renascença do University College de Londres, no seminário de pesquisa em humanidades do Wolfson College, de Cambridge, e no seminário de história da Universidade de Manchester. O colóquio que organizei com Adrian Pearce sobre racismo e relações étnicas no mundo lusófono forneceu um espaço de discussão dos mais importantes problemas teóricos. Saliento o extraordinário diálogo com os estudantes dos meus cursos "European Expansion: Civil Rights and Ethnic Prejudices" e "World History: Power and Inequality". Beneficiei-me de longas conversas com Luiz Felipe de Alencastro, Sir Christopher Bayly, Harald Braun, Peter Burke, Diogo Ramada Curto, Richard Drayton, Rebecca Earle, Felipe Fernández-Armesto, Antonio Feros, María Concepción García Sáiz, Jean-Michel Massing, Joe McDermott, Anthony McFarlane, Kenneth Maxwell, Linda Newson, Maria Lúcia Pallares-Burke, José Pedro Paiva, Pedro Ramos Pinto, Lyndal Roper, Jorge Vala e Peter Wade, que me ajudaram a definir melhor a minha pesquisa.

A elaboração deste livro representou uma longa viagem que coincidiu com a formação da minha família. Ulinka tem sido uma extraordinária companheira, mulher e mãe dos nossos filhos, João e Sophie. Eles me fizeram descobrir a simbiose entre paixão, amor e harmonia. A vida em família tem sido uma bênção para mim; desenvolvi esta pesquisa num ambiente de amor e descontração. Como historiadora, Ulinka fez-me perguntas fundamentais que contribuíram para desenvolver meu argumento e quadro teórico. Por tudo isso, este livro é dedicado a ela. Os meus pais faleceram na fase final de edição e impressão do livro. Ao longo das nossas vidas fomos unidos por forte amor e cumplicidade, que se prolongam para além da morte. Para mim, eles foram exemplo de uma permanente sensibilidade, capacidade de observação, sentido de ajuda, respeito, integridade, confiança, lealdade, perseverança, humor contra a adversidade e enorme prazer de viver que eu trarei sempre dentro de mim.

Introdução

Esta obra rompe com a visão, relativamente consensual, de que a teoria das raças antecedeu o racismo; contesta o atual revisionismo acadêmico, que remonta a invenção do racismo à Antiguidade Clássica; e rejeita a ideia do racismo como fenômeno inato partilhado por toda a humanidade. Meu argumento é de que determinadas configurações de racismo só podem ser explicadas com a pesquisa de conjunturas históricas, que precisam ser comparadas e estudadas no longo prazo. O racismo é relacional e sofre alterações com o tempo, não podendo ser compreendido na sua totalidade através do estudo segmentado de breves períodos temporais, de regiões específicas ou de vítimas recorrentes — negros ou judeus, por exemplo.

O conceito de racismo de que me servirei neste livro — preconceito em relação à ascendência étnica combinado com ação discriminatória — serve de base para essa abordagem de longo prazo, permitindo-nos descrever as suas diferentes formas, continuidades, descontinuidades e transformações. A minha pesquisa se concentra no mundo ocidental, desde as Cruzadas até o tempo presente. Encontramos discriminação e preconceitos étnicos dentro da Europa desde a Idade Média até os dias atuais, e a expansão europeia deu origem a um corpo coerente de ideias e de práticas associadas à hierarquia dos povos de diferentes continentes. Não defendo que a realidade do racismo seja exclusiva dessa zona do globo; a

Europa limita-se a fornecer um cenário relativamente consistente, que será comparado com outras partes do mundo onde se verificou a ocorrência de fenômenos semelhantes.

A presente obra baseia-se, em grande medida, na análise de fontes primárias impressas e visuais, que nos proporcionam novas pistas sobre o passado, servindo-se ainda da interpretação crítica de uma importante e extensa literatura secundária, oriunda de vários campos do saber, acerca do racismo.[1] A hipótese na qual se centra a minha pesquisa considera que, ao longo da história, o racismo na forma de preconceito étnico associado a ações discriminatórias foi motivado por projetos políticos.

QUESTIONAMENTOS

Como é possível que a mesma pessoa seja considerada negra nos Estados Unidos, de cor no Caribe ou na África do Sul e branca no Brasil? Foi esse questionamento que há doze anos me levou a investigar a história do racismo. A arbitrariedade está no cerne da questão, mas a minha formação me obrigava a levar a sério as formas de classificação. As classificações podem moldar o comportamento humano em todos os níveis da sociedade. Neste caso, parecia óbvio que as classificações raciais tinham o poder imenso de escalonar os grupos sociais, bem como de impor limitações e oportunidades às populações dos países envolvidos. Consultei os principais estudos sobre racismo de Pierre van den Berghe, Carl Degler e George M. Fredrickson, obras que identificavam claramente percepções raciais comuns e divergentes nos Estados Unidos e no Brasil — como exemplo dessas divergências, nos Estados Unidos, uma gota de sangue africano define um indivíduo como negro, ao passo que, no Brasil, o status de classe média embranquece a tez humana.[2] Contudo, sentia que tanto os antecedentes históricos como as formas de classificação em constante mudança careciam de uma exploração mais atenta. O atual contraste entre a França e os Estados Unidos é revelador: a classificação racial, vista como reforço dos preconceitos racistas, foi oficialmente abolida pelos franceses, ao passo que, nos Estados Unidos, a classificação racial faz parte de todos os inquéritos burocráticos, em especial no caso de quem pretende entrar no país. Ao mesmo tempo, os afro-americanos apoderaram-se do termo "raça" para usá-lo como expressão de identidade coletiva e como ferramenta política contra a discriminação. O conceito de classificação racial como uma construção social que servia para justificar hierarquias e monopolizar recursos foi subvertido.

Com o avançar do meu trabalho, fui me dando conta de que o questionamento que o inspirara se baseava apenas na cor da pele; não eram incluídos, por exemplo, os nativos americanos, cujo tom de pele era indiscutivelmente semelhante ao de muitos brancos europeus. Voltei a me sentir enredado nos meandros da classificação. Onde e como se inventara o conceito de pele-vermelha? Como seria possível manter o contraste entre pele negra e branca, considerando a imensidão de gradações, tanto na África como na Europa? Notei ainda que as classificações raciais, formuladas na Europa e nos Estados Unidos dos séculos XVIII e XIX com objetivos científicos, ambicionavam incluir todos os povos do mundo numa disposição relacional sistêmica e hierárquica. Isso ia bem além da simples variação do tom da pele. Teria de associar experiências coloniais concretas à visão global dos povos do mundo. Isso definiu meus questionamentos seguintes: como se produziam os sistemas de classificação racial? Como esses sistemas variavam no tempo e no espaço? Até que ponto moldaram as ações humanas? Como foram as classificações raciais influenciadas pelos conflitos e pelos interesses sociais? Como as hierarquias raciais refletiram os preconceitos e estimularam a ação discriminatória?

Essa lista de questionamentos ainda deixava lacunas na minha investigação. Os judeus, por exemplo, raras vezes foram definidos pela cor da pele, e nem sequer foram incluídos nas muitas teorias de raças desenvolvidas nos séculos XVIII e XIX. Contudo, eles foram o principal alvo de extermínio racial na Alemanha nazista. À luz desse caso devastador de genocídio, o racismo não pode ser compreendido dentro dos limites da história intelectual; as práticas sociais e políticas são cruciais. Foi por isso que decidi estudar o racismo como prática de discriminação e de segregação. Uma vez que tem sido usada tanto para legitimar a intervenção institucional como para justificar a ação informal dos grupos sociais, a classificação racial não pode ser ignorada. Daí ser necessário compreender as práticas, os estereótipos e as ideias classificatórias como aspectos interligados. A classificação depende da percepção que temos dos outros povos do mundo, e para entendê-la é preciso reconstituí-la. Em seguida, expandi minha investigação para outros casos de genocídio, abrangendo os hererós, na Namíbia, e os armênios, no Império Otomano. Percebi que diferentes formas de racismo foram surgindo no tempo e no espaço, sempre relacionadas com as conjunturas específicas. Eu precisava me afastar de uma perspectiva de racismo linear e cumulativo, o que por sua vez levou a um último e essencial questionamento: em que condições a discriminação e a segregação se transformaram em extermínio racial?

INTERPRETAÇÕES

A ideia de que a teoria das raças antecede o racismo — visão relativamente consensual entre os historiadores — pressupõe que a noção de ascendência étnica se desenvolveu na Europa dos séculos XVIII e XIX de acordo com a teoria das raças, a qual definia a divisão natural da humanidade em subespécies dispostas de acordo com uma hierarquia.[3] Segundo essa visão, a teoria das raças tornara-se uma ferramenta importante para criar e justificar a discriminação e a segregação. Tal abordagem atribui a responsabilidade de conflitos étnicos anteriores a antagonismos religiosos, e não a divisões modernas e naturais. Por fim, destaca o uso histórico do termo "raça" em contraste com a criação, no século XX, da palavra "racismo".

Na minha perspectiva, a classificação não antecede a ação. Embora reconheça o impacto crítico da estrutura científica veiculada pela teoria das raças, o preconceito em relação à ascendência étnica combinado com a ação discriminatória sempre existiu em diversos períodos da história. Os conceitos de sangue e de ascendência já desempenhavam um papel central nas formas medievais de identificação coletiva, ao passo que o moderno antagonismo étnico e racial foi, em grande medida, inspirado nos conflitos religiosos tradicionais. A teoria das raças sempre se viu permeada de pontos de vista diversos, razão pela qual abordarei o tema no plural. Falar de raça antes de racismo implica seguir uma abordagem nominalista — há muitos anos, Lucien Febvre frisou que o conteúdo pode existir antes do nome que o expressa.[4] Mais à frente analisarei a relevância do vocabulário e explicarei as minhas opções.

O pressuposto de que o racismo é um fenômeno moderno foi posto recentemente em discussão.[5] Benjamin Isaac contesta a ideia comumente aceita de Frank Snowden, segundo a qual os gregos e os romanos tinham preconceitos contra os bárbaros e contra os negros, embora fossem culturais e não naturais.[6] Os bárbaros não sabiam falar grego, portanto não tinham noção dos hábitos, das ideias e das regras de comportamento desenvolvidos pelos gregos. Os negros eram apelidados de "caras queimadas", o significado original da palavra "etíope" em grego, mas de acordo com Snowden os preconceitos contra a cor da pele não se traduziam em políticas de exclusão social. A divisão entre povos livres e escravos, ou entre os gregos e os bárbaros, era mais importante. Contra essa visão, Isaac desenvolve uma defesa extremamente detalhada da existência de racismo na Antiguidade. Para Isaac, os preconceitos eram produzidos constantemente e estavam bastante disseminados, sendo prejudiciais àqueles que eram suas vítimas. Tal abordagem prova a existência de preconceitos enraizados em relação à descendência coletiva, mas não prova a ação discriminatória consistente e sistemática — o segundo elemento essencial do racismo. No entanto, consegue nos mostrar a importância dos preconceitos, e alguns deles antecipam ideias que os historiadores apontam como tendo nascido no século XVIII. Tais preconceitos eram também instáveis, já que foram aplicados sucessivamente a povos diferentes, acompanhando a variação das conjunturas políticas. Isaac explica como interesses específicos dão forma aos preconceitos que agem ao seu serviço.

A visão da história do racismo numa estrutura historicista (ou compartimentada) foi desafiada por Fredrickson com a sua primeira história geral do racismo no mundo ocidental desde a Idade Média ao século XX, um estudo que, ao estabelecer ligações e evitar anacronismos, se afasta da abordagem que encara o passado em fatias.[7] Fredrickson distingue o racismo informal, praticado pelos grupos sociais na vida cotidiana, do racismo institucional, patrocinado pelo Estado e assumindo a forma de política oficial, como observado no Sul dos Estados Unidos, na Alemanha e na África do Sul. O autor destaca corretamente o colapso desse racismo institucionalizado entre 1945 e 1994, apesar da persistência do racismo informal. Fredrickson realça ainda a visão racial medieval e do início da era moderna, que colocava o sangue e a ascendência no cerne dos principais preconceitos e ações discriminatórias, com base na informação genealógica. Contudo o autor aceita a ideia estabelecida de que a religião foi essencial para a criação dos preconceitos medievais e do início da era moderna, além das ações discriminatórias, enquanto a ideia de uma hierarquia natural de raças, legitimada cientificamente, veio influenciar as modernas ações políticas.

A minha visão, por outro lado, é a de que as manifestações modernas de racismo, em especial contra os armênios e os judeus, mostram que a separação entre hierarquias religiosas e naturais é muito menos clara do que se costuma afirmar. Além disso, Fredrickson não contestou de forma sistemática a divisão entre natureza e cultura. Claude Lévi-Strauss instalara formalmente essa separação no centro do estudo antropológico, até mesmo nos seus livros póstumos sobre o Japão.[8] Para mim, essa divisão não é universal; o próprio Japão é um país onde sempre se defendeu a simbiose ideal entre natureza e cultura. Foi necessária a minuciosa e sólida exploração de raça e racismo na América Latina levada a cabo por Peter Wade para abalar ainda mais a separação tradicional entre natureza e cultura.[9] Não obstante, essa abordagem está longe de ser unanimemente aceita.

No livro de Fredrickson, as referências à história medieval e ao início da era moderna são derivativas, o que dá origem a uma estrutura esquemática e artificial. O contexto histórico dos preconceitos e das ações discriminatórias não é apresentado de modo convincente. A narrativa do livro salta da perseguição aos judeus na Idade Média e aos cristãos-novos de ascendência judaica na Península Ibérica para as teorias das raças no século XVIII. O trabalho concentra-se exclusivamente nas ações discriminatórias contra os judeus e os negros, sem fazer referências aos armênios, por exemplo. Trata-se de um problema relevante, pois os preconceitos centrados na ascendência étnica combinados com ações discriminatórias deram origem a hierarquias de tipos de seres humanos. Segundo a minha perspectiva, o racismo é relacional, colocando grupos específicos em hierarquias contextualizadas de acordo com objetivos concretos. Por fim, Fredrickson não aborda o impacto do nacionalismo na teoria e nas práticas racistas, a não ser para declarar que, em geral, o racismo desenvolve-se no seio de uma estrutura nacional. O nacionalismo é um ponto crucial no longo período entre as décadas de 1840 e 1940, algo que cada vez mais leva a trocas produtivas entre os historiadores do racismo e os do nacionalismo. Como sabemos, o caso mais extremo de fusão entre nacionalismo e racismo se deu na Alemanha nazista, que fez da exclusão dos judeus política nacional, mas precisamos igualmente ter em conta os casos anteriores do Império Otomano, com políticas que definiam a exclusão das minorias, ou da Rússia, com pogroms regulares e deportações em massa de populações étnico-religiosas durante os séculos XIX e XX.

A discussão deve ser estendida à principal estrutura interpretativa aplicada ao racismo como fenômeno histórico. Explícita ou implicitamente, muitos historiadores consideram o racismo um fenômeno partilhado por toda a humanidade, que surge de forma esporádica em circunstâncias especiais e que tem subjacente o orgulho de pertencimento e uma rivalidade natural entre adversários. Essa abordagem imanente vê o racismo como parte integrante da condição humana.

Arthur Keith (1866-1955), o anatomista que foi reitor da Universidade de Aberdeen e presidente do Royal Anthropological Institute, equiparava raça e nação, atribuindo assim ao racismo um caráter essencialmente nacionalista — questão que debaterei no início da parte III. Keith afirmava que o sentimento de raça era "parte da máquina evolutiva que salvaguarda a pureza da raça; normalmente, os preconceitos humanos têm significado biológico".[10] Segundo essa visão, qualquer história teria de se limitar a uma abordagem fenomenológica, já que a estrutura seria fruto de instintos naturais e da competição que nascem da emergência ou da afirmação das nações e raças. Rejeito essa visão imanente, que não se baseia nem em dados científicos nem em indícios históricos. Defendo que precisamos investigar as circunstâncias específicas da emergência das práticas sociais de exclusão de determinados grupos e das teorias raciais. Essas práticas e teorias não são universais e não apresentam a mesma configuração ao longo do espaço e do tempo, tal como veremos com a extensão da minha análise a China, Japão e Índia.[11]

A interpretação marxista associa o racismo às relações de produção, considerando os preconceitos quanto à ascendência étnica e as ações discriminatórias como princípios básicos ideológicos e políticos da acumulação de capital, que servem para manter os salários baixos e para justificar a exploração dos tipos de seres humanos considerados inferiores.[12] Trata-se de uma atualização inteligente para os tempos modernos da noção aristotélica de escravidão natural, que justificava e criava um contexto natural para a existência do trabalho escravo. A vantagem dessa interpretação — a sua clareza — acaba por ser exatamente o seu grande problema: um âmbito limitado e um poder explicativo reduzido. Está exclusivamente associada às relações econômicas, contribuindo para a compreensão dos aspectos coloniais e pós-coloniais da divisão do trabalho internacional, que maximizava os lucros ao mesmo tempo que minimizava os custos tanto da produção como da perturbação política; contudo, não fornece uma explicação em nível global. Immanuel Wallerstein, por exemplo, considera irracionais as políticas nazistas de extermínio dos judeus, pois não se encaixam no modelo de divisão racional de trabalho. É óbvio, porém, que existem níveis de racionalidade além dos estritamente econômicos.

As abordagens políticas e sociais sugerem melhores modelos interpretativos. Nos Estados Unidos, o racismo foi analisado como um projeto político que criava ou reproduzia estruturas de domínio baseadas em categorias raciais, aceitas sem discussão para a organização de instituições e de identidades até os nossos dias.[13]

Há um século, Max Weber abordou o problema de maneira sutil: associou o racismo e as teorias raciais à monopolização do poder social e da honra, ao mesmo tempo que desempenhava um papel importante na revelação da arbitrariedade da classificação racial no seu tempo.[14] É a luta pelo monopólio do poder social que está em jogo com o racismo e com a teoria racial. Os preconceitos quanto à ascendência étnica combinados com ações discriminatórias são assim associados a projetos políticos, mesmo que nem sempre sejam integrados e institucionalizados pelo Estado. Essas interpretações inspiraram a hipótese de que o racismo é desencadeado por projetos políticos e está ligado a condições econômicas específicas. O racismo pode ser alimentado ou desencorajado pelos poderes instituídos, canalizado por uma rede complexa de memórias coletivas e de possibilidades repentinas — uma rede que pode alterar a forma e os objetivos do racismo.

SEMÂNTICA

Os conceitos usados para analisar o racismo são, eles próprios, produtos da história, razão pela qual é essencial que os contextualizemos. Os termos "racista" e "racismo" foram criados recentemente, em finais do século XIX, início do XX, para designar aqueles que promoviam a teoria racial combinada com a hierarquia de raças. A divisão da humanidade em grupos de descendência que supostamente partilhariam os mesmos traços físicos e mentais foi reduzida para se enquadrar em contextos políticos específicos, com tais grupos dispostos numa relação de superioridade ou de inferioridade. Nas décadas de 1920 e 1930, os termos "racista" e "racismo" assumiram o sentido de hostilidade contra grupos raciais. Essas inovações linguísticas refletiam as políticas de segregação no Sul dos Estados Unidos e o desenvolvimento, na Europa, de movimentos nacionalistas baseados em teorias raciais — concretamente, a ascensão dos nazistas ao poder na Alemanha. Os antônimos "antirracista" e "antirracismo" foram cunhados nas décadas de 1930 e 1950, respectivamente, para manifestar o protesto político contra os preconceitos, a discriminação e a segregação raciais.[15] A derrota da Alemanha nazista na Segunda Guerra Mundial revelou que os preconceitos raciais haviam sido transformados em ações políticas numa escala sem precedentes, resultando em milhões de mortes. A descoberta do ponto a que tinham sido levadas as políticas de extermínio racial conduziu à adoção do antirracismo, que é agora a norma.

Se por um lado o substantivo "racismo" adquiriu de imediato um conteúdo específico, o significado do termo "raça" é extremamente instável. A palavra começou a ser usada na Idade Média como sinônimo de casta, aplicada à cultura de plantas e à criação de animais. No fim do período medieval, era usada como definição de linhagem nobre na Itália e na França. Durante a longa contenda ibérica entre muçulmanos e cristãos, seguida da expansão ultramarina, o termo "raça" adquiriu um sentido étnico — originalmente aplicado aos descendentes de judeus e de muçulmanos, referindo-se à impureza do sangue, e foi depois usado para nativos africanos e americanos. Portanto, no contexto ibérico, o conteúdo semântico do termo desenvolveu-se através de um sistema hierárquico de classificação étnica. No século XVIII, o termo "raça" era usado na Europa para referir o gênero feminino e, de um modo geral, para indicar variedades de seres humanos. No seio das teorias das raças, o termo adquiriu um papel ambíguo na catalogação de subespécies, praticamente transformadas em espécies pelo racialismo científico de meados do século XIX. Em finais do século XIX, início do XX, o triunfo do nacionalismo por todo o mundo ocidental fez com que o termo "raça" fosse equiparado a nação.[16]

A devastação extraordinária deixada pela Segunda Guerra Mundial, em grande medida motivada pelas teorias raciais, pôs em discussão a base científica de tais teorias, bem como o próprio conceito de raça. O debate desencadeado no fim da década de 1940 pela Unesco não chegou ao fim com o mapeamento e o sequenciamento do genoma humano no ano 2000.[17] Hoje em dia, os cientistas contestam a base biológica da raça, pois a variação genética dentro das raças consideradas nos parâmetros tradicionais é maior do que entre raças distintas, embora aceitem a existência de aglomerados específicos étnicos com predisposições clínicas em termos de imunidade e vulnerabilidade a doenças.[18] Entretanto, e como já referi, o termo "raça" foi usado pelos afro-americanos para expressar a sua identidade coletiva e subverter o uso pejorativo original da palavra. A questão do "desejo" de raça foi examinada nesse contexto político e cultural.[19] É necessária a reavaliação do conceito de identidade como percepção relacional de pertencimento que afeta indivíduos, grupos e comunidades ao longo do tempo bem como nos diversos locais, num processo sistemático de construção e reconstrução.[20] O racismo certamente desempenhou um papel relevante entre os grupos-alvo, dando origem a relações complexas de identidades resistentes.

A ligação exclusiva do racismo à Europa foi contestada por vários estudos sobre a China, o Japão e a Índia.[21] Os conflitos entre etnias tuaregues e africanas na região do Sahel, na África Ocidental, foram recentemente interpretados à luz dos conceitos de raça e de hierarquia racial, considerados anteriores à herança colonial.[22] Se por um lado a expansão muçulmana trouxe consigo conceitos de ascendência partilhados com os povos latinos cristãos, a extensão dessa abordagem à investigação do genocídio contra os tútsis obriga a uma análise mais profunda das tradições locais. Mais uma vez, corremos o risco de reificar a noção de raça.

A instabilidade do termo "raça" prova que a sua classificação reflete o contexto histórico, em vez de defini-lo. O problema é que o termo acabou por se tornar demasiado contaminado pelas práticas políticas de segregação e de extermínio para que possa ser usado de modo neutro pelos pesquisadores. Isso explica o motivo por que antropólogos e historiadores começaram a procurar termos alternativos que designem grupos coletivos fora dos limites ideológicos e anacrônicos da classificação racial. O termo "étnico" serviu de escolha óbvia, já que foi cunhado no século XIII a partir do latim cristão *ethnicus* (pagão ou gentil), tendo este origem na designação grega para povo, *ethnos* (nação ou raça).[23] Esse termo trazia a promessa de combinar os conceitos de identidade coletiva e de "diferença" sem a carga dos preconceitos raciais. O problema levantado pelos antropólogos prende-se ao risco de unificação de grupos com fronteiras fluidas, e que passaram por processos de fragmentação e de reorganização. A cunhagem do termo "etnicidade" tentou captar o conceito de fluidez. Vou me valer das noções de étnico e etnicidade para designar grupos que se identificam através de uma ascendência comum, realçando a fluidez e a recomposição por meio do termo "etnicidade". Em certos casos, sempre que os pesquisadores recentes o considerem apropriado, vou empregar o termo "linhagem", como na África Ocidental, onde o parentesco desempenhou um papel relevante na estruturação de grupos profissionais e de políticas tradicionais.

O conceito de racismo que usarei neste trabalho resulta de uma reflexão sobre a semântica histórica, bem como sobre os desenvolvimentos conceituais verificados nas ciências sociais. O racismo atribui um único conjunto de traços físicos e/ou mentais reais ou imaginários a grupos étnicos específicos, com base na crença de que essas características são transmitidas de geração para geração. Os grupos étnicos são considerados inferiores ou divergentes da norma representada pelo grupo de referência, justificando assim a discriminação ou a segregação. O racismo tem como alvo não só os grupos étnicos considerados inferiores, mas também os considerados concorrentes, como os judeus, os muçulmanos ou os armênios. Vamos encontrar no passado os elementos centrais da ascendência, do preconceito e da ação discriminatória não só em práticas, mas também em percepções: os termos "inferior", "preconceito", "exclusão" e "separação" eram usados em finais da Idade Média, ao passo que os termos "inferioridade", "estigma", "segregação" e "discriminação" foram cunhados nos séculos XVI e XVII.[24] Permanece ainda a questão de que o preconceito associado à ascendência étnica não identifica cabalmente o racismo, que exige a presença de ações discriminatórias.

O racismo distingue-se do etnocentrismo por não se referir de forma abstrata a bairros ou comunidades distantes desprezadas ou temidas; em geral, aplica-se a grupos com quem a comunidade de referência convive — grupos esses associados a regras de sangue ou de descendência. O etnocentrismo pode expressar desprezo por outra comunidade, mas aceita a inclusão de indivíduos dessa comunidade, ao passo que o racismo considera que o sangue afeta todos os elementos da comunidade em questão. O conceito de etnocentrismo pode ser alargado, abrangendo a rivalidade entre religiões, confissões ou nacionalidades, embora em certos casos o conceito de ascendência esteja bastante entranhado na forma como os grupos se veem.

O termo mais recente usado neste trabalho é "genocídio", referindo-se ao extermínio (ou à tentativa de eliminação) deliberado e sistemático de um grupo étnico ou nacional. A Convenção para a Prevenção e Repressão do Crime de Genocídio das Nações Unidas, aprovada em 1948, definiu o fenômeno como "os atos cometidos com a intenção de destruir, no todo ou em parte, um grupo nacional, étnico, racial ou religioso". Esses atos são o assassinato de membros do grupo, o atentado grave à sua integridade física e mental, a submissão deliberada do grupo a condições de existência que acarretarão a sua destruição física, a imposição de medidas destinadas a impedir os nascimentos dentro do grupo e a transferência forçada das crianças de um grupo para outro.[25] Veremos como essa definição abrange diversos casos referidos na parte V deste livro.

ABRANGÊNCIA

A expansão europeia proporciona o contexto da minha pesquisa no tempo e no espaço. O âmbito dos preconceitos referentes à ascendência étnica combinados com ações discriminatórias foi profundamente alargado com a exploração de outros continentes; a expansão ultramarina e a colonização estimularam a classificação das variedades de seres humanos, essencial para a definição e a justificação de hierarquias. Esse vasto movimento de populações levou a uma nova geografia, a uma nova cartografia e a uma nova percepção dos povos de todo o mundo — tudo isso avaliado segundo os parâmetros e as necessidades europeias.[26] A expansão da Europa latina renovou-se com as Cruzadas, um enorme processo de conquista e de migração que teve como alvo a Terra Santa, associado à recristianização da Sicília e da Península Ibérica. A integração dos territórios conquistados exigia a inclusão ou a segregação e discriminação das populações locais, processo que trouxe consigo novas e velhas percepções de diferentes povos, que viriam a dar forma às classificações e às hierarquias. A parte I do livro trata desse processo, abrangendo o contexto histórico mais vasto da Antiguidade Clássica, das invasões bárbaras e da expansão muçulmana, pois muitos preconceitos têm raízes bem antigas. No âmago dessa seção está a tensão entre o universalismo da Igreja ou do império e os conflitos de interesses locais com a subjugação das populações; nela incluo as periferias europeias, associando o colonialismo interno e externo.

A expansão ultramarina europeia, marcada pelas viagens de Cristóvão Colombo (1451-1506) à América e de Vasco da Gama (1469-1524) à Índia na última década do século xv representou um processo longo, que permitiu a exploração de novos mares, terras e variedades de seres humanos. A cartografia mudou o seu centro, de Jerusalém para a Europa, simbolizando assim a afirmação do Velho Continente em relação à Ásia e à África, bem como ao Novo Mundo. O mito dos continentes, já desenvolvido nos mundos grego e romano, foi seguido pela personificação desses mesmos continentes, concedendo-lhes atributos que configuravam a hierarquia global dos povos. Essa extraordinária afirmação da Europa durante o século xvi viria a ter consequências profundas no longo prazo, pois estabeleceria o modelo para a coleta de dados sobre geografia, economia e história natural. A parte II analisa a visão europeia dos povos e da humanidade no início da era moderna, mostrando a importância do conceito de pureza do sangue na Península Ibérica que sucedeu à percepção medieval dos judeus e dos muçulmanos. Analisa ainda as percepções e os estereótipos associados aos africanos, aos asiáticos, aos americanos e aos europeus, já que expressavam os projetos políticos de expansão e influenciavam as classificações usadas nas teorias das raças.

A parte III discute as sociedades coloniais desde o século XVI até o XIX, analisando os processos concretos de conquista, transferência de populações e construção de novas sociedades, definidos pela supremacia branca. Estuda a classificação de povos a partir das condições locais e regionais, em que o aviltamento das *castas* inferiores no mundo ibérico chegava ao ponto da desumanização através de metáforas animais, adotadas também pelas culturas coloniais da Europa Setentrional. Associarei formas de classificação e de estruturação étnica para mostrar a dinâmica interdependente entre a prática social e a taxonomia. Essa seção explora o papel dos projetos políticos, as políticas centrais e locais, a discriminação e a segregação institucionalizadas, além da convergência e divergência de práticas entre as principais potências coloniais europeias: Portugal, Espanha, Grã-Bretanha, França e Holanda. No centro da análise estão o comércio de escravos, a escravidão e a resistência nativa; o caráter único da experiência colonial americana será comparado à presença europeia na Ásia. Uma vez que a escravidão moldou de forma tão profunda as sociedades coloniais americanas, analisarei o abolicionismo, o seu possível impacto no conceito de direitos humanos em finais do século XVIII e a sua ligação com os preconceitos relacionados com a ascendência.

A parte IV analisa as teorias das raças, além do seu impacto nas sociedades e nas políticas dos séculos XVIII e XIX. Essa seção está necessariamente ligada à história das ideias e à história da ciência; são discutidas as principais características das teorias das raças, de Carl Linnaeus (Lineu) a Houston Stewart Chamberlain. Destaco a primeira fase da classificação de variedades de seres humanos revelada pelos trabalhos de Georges-Louis Leclerc de Buffon, Immanuel Kant, Petrus Camper, Johann Friedrich Blumenbach, Georges Cuvier, James Cowles Prichard e Alexander von Humboldt. O foco serão as diferentes percepções e o significado dos debates essenciais em que se tornaram óbvias a instabilidade das tendências conceituais, bem como as dúvidas referentes à definição de limites entre raças. O estudo do racialismo científico de meados do século XIX permite ver a ligação entre as formas de classificação e as contendas políticas — no caso, a crescente tensão entre o Norte e o Sul dos Estados Unidos, expressa pelas políticas opostas de solo livre e escravagista, que levariam à guerra civil. Especificamente através de Charles Darwin, mostrarei como o conceito de evolução tornou obsoleto o confronto entre monogenistas (defensores da criação única) e poligenistas (defensores de múltiplas criações), embora tenha sido convertido de imediato num sistema de ideias acerca da evolução social e numa visão hierárquica das diferentes fases da humanidade.

A parte V trata do desenvolvimento das políticas raciais em países específicos a partir de finais do século XIX. O levantamento de políticas de exclusão e de extermínio implementadas na Europa sob o Império Otomano e a Alemanha nazista permitirá uma reflexão sobre o impacto do nacionalismo e sua fusão com as noções de raça, que se revelou letal nesses contextos. Analisarei também o ressurgimento em grande escala dos trabalhos forçados e da escravidão na Alemanha nazista e na União Soviética da década de 1930, bem como a deportação de populações inteiras. O último capítulo vai centrar-se nas comparações. Abordará as formas de racismo na Europa no pós-Segunda Guerra Mundial, as políticas de segregação nos Estados Unidos até a campanha pelos direitos civis, os atos de genocídio contra os hererós, na Namíbia, em 1904, e os tútsis, em Ruanda, em 1994, além da ascensão e queda do apartheid na África do Sul. Vou concluir analisando o fenômeno prolongado do preconceito relativo à ascendência étnica combinado com ações discriminatórias em três países asiáticos que só foram afetados de forma significativa pela expansão europeia no século XIX: China, Japão e Índia.

Este livro reconstitui os preconceitos em torno da ascendência étnica porque eles proporcionam o contexto para o surgimento das ações racistas. Ao analisar autores específicos, não pretendo sugerir que fossem necessariamente racistas. Em muitos casos, dedicaram-se à estereotipagem, debateram preconceitos ou introduziram complexidade nas percepções das variedades entre os seres humanos; em outros casos, envolveram-se em teorias das raças, mas não em ações discriminatórias. Isso explica o motivo por que tentei manter um equilíbrio entre a análise dos preconceitos étnicos e a da ação discriminatória; aqueles eram claramente mais fluidos e presentes do que esta, mas a discriminação não poderia ser implementada sem um contexto de preconceitos.

Os problemas associados à migração em larga escala, à integração das minorias e às relações entre civilizações não estão de todo solucionados no nosso mundo atual. Como disse Marc Bloch, temos de estudar o passado para compreendermos o presente e prepararmos o futuro.[27] A minha esperança é de que esta análise histórica rigorosa possa contribuir para o fim da história do racismo, a questão central deste livro.

Parte I
As Cruzadas

Entre finais do século XI e finais do século XIII, as Cruzadas proporcionaram um contato renovado e intensivo entre a Europa Ocidental e o Oriente Médio. Implicaram a emigração de cerca de 200 mil pessoas do Ocidente para o Oriente, promoveram o comércio no Mediterrâneo e produziram trocas políticas e confrontos militares entre as potências muçulmanas e cristãs, tanto europeias como bizantinas. Com esse deslocamento humano em massa, entremeado de guerras, a identificação religiosa e étnica tornou-se essencial para a sobrevivência diária. Tipos físicos, modos de vestir e/ou penteados associados a crenças religiosas tornaram-se os critérios óbvios para a identificação, o primeiro passo na avaliação dos diferentes povos. Num mundo perigoso e em constante mudança, os estereótipos visuais serviam para identificar ameaças e para ajudar os indivíduos a se sentirem seguros. A projeção de características psicológicas permanentes em diferentes povos e seus descendentes fazia parte do processo de criação de alianças e de definição de inimigos.

Assim, as Cruzadas estabeleceram as condições para a renovação dos preconceitos étnicos em contexto de guerra. No entanto, algumas formas de identificação, e até mesmo certos estereótipos primários, tinham já uma longa história. As Cruzadas adaptaram pressupostos étnicos desenvolvidos nos diferentes contextos da Antiguidade Clássica, das invasões bárbaras e da expansão muçulmana. Portanto, esta parte do livro começa com uma visão resumida e necessariamente esquemática da história dos preconceitos étnicos para evitar a habitual armadilha de encararmos as Cruzadas dentro da configuração única e específica de uma visão étnico-religiosa. Veremos as percepções interétnicas no contexto da (re)conquista cristã da Sicília, da Península Ibérica e do Oriente Médio. Regressaremos então à Europa, para compreendermos a influência dos poderes espiritual e político — a Igreja católica e o Sacro Império Romano — sobre os preconceitos étnicos, poderes que viam os seus objetivos universais serem desafiados pela criação de Estados feudais e pelas constantes políticas fragmentárias. A assimilação das periferias políticas e religiosas será um importante tema de estudo nestes capítulos. Por fim, abordaremos antigas tipologias dos seres humanos, além dos diferentes modelos de discriminação e de segregação praticados durante a Idade Média.

I. Das percepções gregas às muçulmanas

CONCEITOS ÉTNICOS E CLÁSSICOS

Os gregos e romanos letrados acreditavam que as características físicas e mentais dos seres humanos eram moldadas por elementos externos. A teoria ambiental desempenhava um papel importante na classificação dos povos. A forma do corpo, a força ou a debilidade física, a dureza ou a gentileza de caráter, a inteligência arguta ou lenta, a independência de espírito ou a atitude submissa eram, em geral, associadas ao clima e à geografia. Os diferentes povos deveriam refletir as condições da terra onde haviam nascido. A posição geográfica da Grécia e de Roma — na zona temperada, entre o Norte frio e o Sul quente, e, no caso dos gregos, entre o Oriente e o Ocidente (uma importante separação da Ásia "arrogante", "corrupta" e "servil") — permitia que os seus povos se outorgassem as virtudes necessárias para projetos imperiais. A essa visão acrescentava-se a ideia de oposição entre os habitantes das montanhas (considerados grosseiros e antissociais) e os das planícies (urbanos e sofisticados), uma abordagem que introduziu a manifestação de comportamentos conflituosos mesmo entre vizinhos. Essa teoria viria a ser complicada pelas atitudes grega e romana em relação aos diferentes modos de vida — por exemplo, o comportamento nômade — e às diferentes formas de governo — acima de tudo o despotismo no Oriente, considerado promotor de dependência e fraqueza.[1]

A essa teoria ambiental podia juntar-se a noção de características hereditárias adquiridas pelos seres humanos. Os gregos e os romanos projetaram em outros povos a discussão sobre a linhagem e a autoctonia desenvolvida pelos atenienses — que defendiam ter ocupado desde sempre o mesmo território, sendo, por isso mesmo, de ascendência pura —, moldando assim suas atitudes.[2] O conceito de ascendência tornou-se essencial em dois aspectos: como ligação entre sangue e solo, o que reforçava a percepção de uma identidade baseada na aparência, na língua e nos costumes para a criação de uma definição essencial dos povos (*gentes*); e como garantia da reprodução, dentro de um povo, das características moldadas pelo ambiente original. Isso queria dizer que os descendentes dos sírios, por exemplo, teriam em si as características físicas e mentais básicas dos antepassados, mesmo nascendo no estrangeiro. O preconceito romano contra a maior parte dos povos orientais, considerados escravos naturais, era dirigido não só a esses indivíduos quando no seu ambiente natural, mas também aos migrantes que viviam em outras províncias ou no centro do império, em Roma. De um modo geral, as supostas ligações entre ambiente e hereditariedade, ou entre características físicas e mentais, implicavam a rejeição de variação individual ou geracional. As possibilidades de variação eram coletivas e tendiam para o declínio: a ideia de ascendência, bem explícita na ostentação ateniense de uma linhagem pura, estava associada ao preconceito contra os indivíduos de origem mista. Considerava-se que a mestiçagem criava seres humanos inferiores, enfraquecendo as qualidades positivas originais. Da mesma forma, a alteração do ambiente só poderia levar à deterioração dos seres humanos envolvidos e respectivos descendentes.

Mas a aplicação desses critérios era bastante vaga e contraditória. Encontramos menções elogiosas ao corajoso guerreiro germânico, gaulês ou hispânico; com efeito, os germânicos eram considerados uma ameaça, pois nunca haviam sido subjugados, podendo assim manter intactas as qualidades guerreiras. Por outro lado, acreditava-se que os germânicos detestavam a paz e o trabalho duro, ao passo que os gauleses eram desprezados como ébrios, instáveis e indisciplinados, embora fossem tidos como bons oradores. No Oriente Médio, a ideia de escravidão natural aplicava-se a vários povos, mas não aos partos, que nunca haviam sido conquistados pelos romanos, nem aos judeus, cujas rebeliões sucessivas os tornavam um caso à parte. A vetusta civilização egípcia era respeitada, mas seu povo era considerado imoral e bizarro devido ao culto zoo-mórfico. A inteligência atribuída aos fenícios e aos cartagineses andava de mãos dadas com a instabilidade, enquanto os sírios eram vistos como afeminados, pervertidos e supersticiosos. Os druidas, entre outros, eram acusados de antro-pofagia e de promover sacrifícios humanos, mas o preconceito contra os judeus baseava-se na ideia de comportamento antissocial e de uma religião excludente. A acusação de usura, principal atividade antissocial atribuída aos judeus na Ida-de Média, não surge nas fontes gregas e romanas, parecendo ter sido cunhada apenas no século XII.

A natureza volúvel do preconceito manifesta-se nas heranças grega e ro-mana, já que as críticas gregas aos povos orientais eram usadas contra eles pró-prios: os romanos consideravam os gregos eruditos e artísticos, mas ao mesmo tempo arrogantes, afeminados, corruptos, inconstantes e desprovidos de serieda-de. A comparação de seres humanos (e povos) a animais era outra característica das opiniões preconcebidas dos romanos. O preconceito contra os africanos ne-gros com base na cor já emergira, uma vez que tais povos eram considerados queimados pelo sol — a etimologia grega de "etíope" —, consequência nefasta das condições climatéricas adversas do extremo sul. A questão importante a ter em conta é o fato de o preconceito no mundo grego e romano estar já associado à noção de linhagem e ascendência.[3] Porém, não existem provas de uma discrimi-nação sistemática contra etnias específicas; pelo contrário, os romanos eram rela-tivamente generosos na atribuição de cidadania.

O problema é compreender como essa série de preconceitos instáveis e volú-veis contra outros povos, criada em parte como resposta às necessidades das civi-lizações grega e romana durante os seus processos de expansão, foi afetada pelo desenvolvimento da cristianização, bem como pelo declínio e colapso do Império Romano na Europa Ocidental. O conceito de conversão universal estabelecido pela Igreja cristã primeva perturbou significativamente a identificação anterior dos povos de acordo com o território e com a religião. Apesar de serem reconhe-cidos como uma seita do povo judeu, o problema inicial dos cristãos se relaciona ao fato de não serem vistos como parte de uma tradição antiga com raízes histó-ricas. Contudo, após três séculos de repressão e de resistência, a novidade deu os seus frutos. O reconhecimento do cristianismo e a sua adoção pelo imperador Constantino (321-5), seguidos da proibição do paganismo por Teodósio (392), as-sinalaram a identificação da mensagem multiétnica cristã com a ideologia imperial de domínio universal, bem como a transformação da Igreja de comunidade perseguida em religião dominante apoiada pelo poder político.

O IMPACTO DOS BÁRBAROS E DOS MUÇULMANOS

A invasão da Europa Ocidental por sucessivos povos bárbaros transformou as categorias étnicas: as novas realidades obrigaram a novas designações de povos, como os godos, os ostrogodos, os lombardos, os visigodos, os suevos, os vândalos, os francos e os saxões. Esse período de intensa migração levou ao surgimento de novas etnias com origem no Oriente, bem como ao constante reagrupamento de povos em confederações multiétnicas com um nome comum.[4] Nos últimos vinte anos, a questão das identidades múltiplas ou em alteração tornou-se objeto de estudo.[5] A transferência do eixo do que restava do Império Romano para a Ásia Menor e para o Oriente Médio tornou problemática a perpetuação dos preconceitos contra os sírios e os egípcios.[6] A conversão (e reconversão a partir do arianismo) dos reinos bárbaros, essencialmente feita entre os séculos V e VIII, definiu um novo conjunto de ideias sobre etnia, ligada a unidades políticas mais reduzidas no seio de uma religião universal. Em virtude desses movimentos, os preconceitos antes descritos perderam temporariamente a sua relevância.

Com o tempo, à medida que as condições sociais e políticas foram se alterando pela Europa medieval, e com a recuperação de um número significativo de textos gregos e romanos, algumas das opiniões sobre outros povos neles inscritas foram reinterpretadas e adaptadas às novas realidades históricas. Um exemplo de um novo preconceito, cuja percepção medieval original se manteve até os nossos dias, chega-nos com os termos perenes "vândalo" e "vandalismo", que significam "crueldade", "ignorância" e "destruição irracional", com referência ao povo bárbaro que entre 439 e 533 estabeleceu um reino no Norte da África, perto de Cartago (futura Ifríquia).[7] Enquanto o sistema clássico de preconceitos aplicado a povos específicos perdeu em parte seu significado, o seu núcleo de teoria ambiental e de características hereditárias, tal como veremos, revelou-se particularmente resistente. Com essas novas condições de transição bárbara, a sobrevivência do povo judeu — apesar das perseguições, das conversões forçadas e da segregação — veio a trazer novos critérios para a definição dos grupos étnicos com base na religião.[8]

O ambiente político, religioso e étnico que se desenvolveu na zona mediterrânica após as invasões bárbaras alterou-se radicalmente com a expansão islâmica, a partir do século VII. A maior parte do Oriente Médio e do Norte da África, as ilhas mais importantes do Mediterrâneo e quase toda a Península Ibérica foram conquistadas num curto espaço de tempo, reduzindo acentuadamente o alcance do Império Bizantino e eliminando o reino visigodo cristão da Hispânia. O islã trouxe consigo uma nova mensagem de universalismo, que reclamava o legado das religiões judaica e cristã e considerava o profeta Maomé como mensageiro da revelação final e completa dada por Deus. A imposição, por volta do ano 700, do árabe como língua administrativa pelo califa omíada 'Abd al-Malik reforçou o status da língua sagrada do Alcorão como elemento unificador dos países islâmicos (tal como acontecera com o latim na Europa Ocidental e com o grego no Império Bizantino), sublinhando a superioridade dos árabes como guerreiros e administradores que haviam assimilado os sírios e os egípcios durante a sua expansão. No entanto, o pálavi (persa) manteve o status de língua erudita, em especial após a transferência da capital do califado, por Al-Mansur, em 762, de Damasco para Bagdá. O seu uso viria a se disseminar pela Índia e pela Ásia Menor — sinal do importante papel cultural que os iranianos desempenharam no mundo muçulmano, acima de tudo depois da difusão do xiismo no Irã a partir de 945. Podemos observar o mesmo fenômeno mais tarde com os turcos, cuja língua se disseminou com a expansão dos seljúcidas (entre os séculos XI e XIII) e dos otomanos (a partir do século XIV).[9] Por outro lado, a presença significativa dos berberes islamizados no Norte da África, na Espanha e na Sicília nunca teve grande expressão linguística, mesmo com o governo dos almorávidas (1061-3) e dos almóadas (1147-1269). A expansão islâmica multilingue e multiétnica, com a conversão de povos nômades e seminômades, como os turcos, integrou novas etnias em grandes áreas da Eurásia e do Norte da África, criando um novo equilíbrio de forças entre os povos e gerando novas percepções dos bárbaros — conceito então aplicado aos seljúcidas turcos, aos berberes, aos africanos negros e, em última análise, aos cruzados.[10]

A expansão islâmica levou à recuperação de velhos textos gregos e romanos, o que ajudou a moldar uma visão geográfica e étnica adaptada às necessidades de uma nova civilização centrada no Oriente Médio e que se estendia desde a Península Ibérica até a Ásia Central. Apesar de um processo de conversão fácil e do conceito igualitário da comunidade de crentes, eram visíveis os novos preconceitos na classificação das províncias (árabes e não árabes), bem como nas divisões

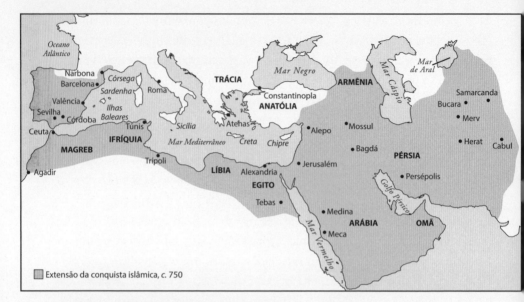

Mapa 1.1. Expansão islâmica no Oriente Médio e no Mediterrâneo, 632-750.
Fontes: Angus Konstam, The Historical Atlas of the Crusades. Londres: Mercury Books, 2004, pp. 10-1; Geoffrey Barraclough (Org.), The Times Atlas of World History. Londres: Times Books, 1990, pp. 120-1.

administrativas e nas cidades, além da definição das principais características dos povos. Logo no século x, o geógrafo Al-Muqaddasī comentava o refinamento e a delicadeza do povo do Iraque, opostos às qualidades odiosas exibidas pelos habitantes do Huzistão (hoje em dia no sudeste do Iraque), e o comportamento superior das gentes de Sam (Síria e Palestina, onde ele nascera) quando comparado com a desumanidade e a incivilidade dos habitantes do Magreb, para não falar da licenciosidade em Fārs, da perfídia em Rayy, da tirania em Nisābīn e da estupidez em Hims.[11]

A visão de autores árabes posteriores que se debruçaram sobre a geografia (Al-Khwārismī, Abū Zayd al-Balkhī, Al-Biruni e Al-Idrisi) destacava a elevada correspondência entre climas, estrelas e povos, adotando a divisão clássica da Terra em quadrantes e atualizando as descrições das principais civilizações: persa, síria, grega, romana (incluindo os francos), líbia (africana), turca e khāzar, indiana e chinesa. Representavam-se ainda as competências de cada povo de forma esquemática: as capacidades técnicas e artesanais dos chineses; a ciência teórica dos indianos; a herança filosófica grega dos bizantinos; a visão ética e política dos iranianos; a capacidade bélica dos turcos; e a poesia e a religião dos árabes. A aparência física, como a cor da pele (branca, preta, castanha ou vermelha), a forma dos olhos (redondos ou amendoados) ou do nariz (comprido, largo ou achatado), o tipo de cabelo e a escassez ou abundância de pilosidades faciais, era usada para identificar os povos, definindo os principais estereótipos desenvolvidos mais tarde, durante a expansão europeia. Já se contrastavam os africanos negros com o resto da humanidade, classificando-os como selvagens, supostamente indolentes e possuidores de uma inteligência inferior. Só o geógrafo Jāhiz de Baçorá (c. 776--869) ofereceu uma alternativa a essa visão, elogiando a superioridade dos negros em relação aos brancos e incluindo chineses, hindus, abissínios e sudaneses naquele grupo. Também se disseminaram preconceitos contra povos específicos, algo que frequentemente revelava a origem dos seus principais autores: os turcos eram considerados infiéis, os bizantinos eram maus, os khāzares insolentes, os povos negros não eram sérios, os eslavos eram covardes e os indianos, promíscuos. O único limite relevante para esses estereótipos era o fato de não parecerem basear-se na ideia de herança ou de transmissão das mesmas características ao longo das gerações.[12]

Os judeus e os católicos designavam os povos islâmicos como sarracenos, do latim tardio saracenus, que por sua vez veio do grego sarakēnos e talvez originalmente do árabe šarkī (oriental) ou do aramaico sarq[iy]in, que significava habitantes do deserto.[13] Mouro (moro em espanhol e italiano, moor em inglês, maure em francês), do latim maurus, designava o nativo da Mauritânia, no Norte da África. Na Idade Média, mouro significava não só um muçulmano, mas também uma pessoa de características físicas africanas, com pele e cabelo escuros. Com o tempo, o termo "mouro" assumiu uma variedade de significados: dependendo do país, poderia significar um mulato, um cavalo ou uma égua de pelagem escura e testa branca (ou cabeça escura com pelagem clara), vinho misturado com água, uma criança por batizar, um pagão, uma pessoa trabalhadora, um curandeiro que se servia de versos do Alcorão na sua prática, uma prova num torneio a cavalo, personagens de uma peça, a representação de combates entre cristãos e muçulmanos acompanhada por música e dança, um muçulmano do Sri Lanka, da Índia ou das Filipinas, ou um tipo de macaco.[14] Na Espanha e em Portugal, provérbios seculares testemunham o uso generalizado da palavra "mouro" (e "mourisco") para dar conta de uma grande variedade de situações originalmente definidas pelo preconceito e pelo abuso étnico, servindo como prova das referências aos fenótipos desde os mais antigos períodos da história desses países.

2. Reconquista cristã

O impacto do islamismo nas sociedades cristãs pode ser destacado em três áreas: inspirou um importante pendor profético na Europa Ocidental; disseminou a ideia de guerra santa; e providenciou um modelo de governo baseado na coexistência hierárquica de religiões diferentes. A rápida conquista islâmica de territórios cristãos (sobretudo entre 634 e 750), em que se eliminaram mais de quatrocentas dioceses no Oriente Médio e no Norte da África, estimulou a produção da literatura apocalíptica na Europa Ocidental.[1] O desaparecimento das comunidades cristãs das regiões onde a maior parte da reflexão teológica da Igreja primeva teve lugar, além do domínio islâmico da Península Ibérica e da maior parte da região mediterrânica, teve um efeito psicológico duradouro, visível na expansão ocidental desde finais do século XI até o século XIII.

A ideia de guerra santa como dever pessoal e coletivo era um conceito estranho à tradição cristã.[2] Os ensinamentos de Cristo, centrados na paz e no perdão, em contraste com a exortação islâmica à guerra santa, eram o principal argumento retórico apresentado nos primeiros textos cristãos polêmicos produzidos no Oriente Médio, em Bizâncio e na Península Ibérica, e que se opunham à nova religião.[3] Ao que parece, a proteção aos cristãos no Oriente Médio e o acesso à Terra Santa foram as únicas questões políticas em jogo no sermão do papa Urbano II para a Primeira Cruzada, em Clermont, em 1095.[4] Contudo, o êxito da Primeira Cruzada e a subsequente concentração das atenções em Jerusalém inflamaram, durante os séculos seguintes, a obsessão cristã pela libertação dos seus lugares sagrados do domínio dos infiéis. A ideia de Cruzada ganhou forma graças a esse desejo específico, alimentando-se da longa batalha entre cristãos e muçulmanos na Península Ibérica, bem como do êxito dos normandos em recuperar a Sicília dos muçulmanos.[5] A separação das Igrejas cristãs latina e grega, em 1054, também desempenhou um papel essencial na expansão latina para o Oriente Médio: esteve sempre presente durante as Cruzadas, contribuindo tanto para a motivação espiritual como para fortes críticas recíprocas.[6]

Esses contextos internos e externos complexos, no seio do cristianismo e em oposição ao islã, levaram à justaposição da ideia tradicional da peregrinação como redenção de pecados e da nova ideia de guerra devota para o acesso cristão aos lugares sagrados. A ideia de Cruzada tornou-se assim essencial para a expansão ocidental como justificação religiosa legítima para a conquista da Península Ibérica, das ilhas mediterrânicas e do Oriente Médio, a qual viria a contar com centenas de milhares de migrantes cristãos.[7] No entanto, o conceito de coexistência hierárquica de diferentes religiões influenciou temporariamente os novos Estados cristãos da Península Ibérica e da Sicília, bem como o reino latino de Jerusalém. A imposição de tributos às populações não cristãs, ao lado da criação dos estatutos de servidão ou de escravidão nos territórios conquistados, revelou a influência das práticas muçulmanas anteriores.

As Cruzadas representaram assim um ponto de virada importante para o cristianismo, não só por darem uma expressão ideológica a um enorme processo de expansão e de conquista, mas também por terem dado origem a novas formas de perseguição religiosa e a novos conceitos de hierarquia étnica. As Cruzadas foram acompanhadas por uma importante remodelação de povos e etnias, de identidades individuais e coletivas, resultado das migrações, dos massacres, das mudanças de status, das inversões e criações de novas hierarquias e das conversões e reconversões em massa. A expansão dos cristãos latinos na região mediterrânica representou uma primeira alteração crucial na percepção da identidade europeia: Jerusalém tornou-se comumente vista como o centro espiritual do mundo, apesar da posição de Roma como sede da Igreja, algo que teve implicações nos conceitos geográficos e em sua expressão cartográfica.[8] A assimilação da ciência islâmica nesses campos, bem como na matemática, na navegação náutica e na astronomia, resultou das novas necessidades de orientação, informação sobre povos e conhecimento de territórios.

SICÍLIA

Em 1145, o rei Rogério II da Sicília doou dois magníficos sarcófagos de mármore pórfiro à catedral de Cefalu. Indicou que um deles se destinava aos seus restos mortais e o outro "à augusta memória do meu nome e à glória da própria Igreja". Todavia, quando morreu, nove anos depois, Rogério II não foi sepultado em Cefalu: o projeto de transformar a catedral em sepulcro dos reis da Sicília malograra. A diocese fora criada pelo antipapa Anacleto II (1130-8), que controlara Roma e fora reconhecido por Rogério II. Em 1139, Inocêncio II conseguiu reunificar a Igreja e excomungou o rei siciliano. Quando, em 1150, Eugênio III concordou com a reconciliação com Rogério II, Cefalu tornou-se um embaraço político. Só em 1166 a diocese viria a ser reconhecida pelo papa, e o seu bispo consagrado pelo arcebispo de Messina. No entanto, o bispo e o capítulo da catedral conseguiram resistir bastante tempo para manter os sarcófagos, bem como para cumprir a vontade fúnebre de Rogério II. Foi só em 1215 que Frederico II, neto de Rogério II, rei da Sicília e sacro imperador romano, garantiu a remoção dos sarcófagos da catedral de Cefalu e o seu transporte para a catedral de Palermo. Frederico II escolheu o sarcófago de Rogério II para o seu túmulo e o sarcófago memorial para o pai (Henrique VI, imperador e rei da Sicília, que morreu em 1197).[9]

Os dois sarcófagos representaram uma inovação importante na história da arte funerária, mas aquilo que nos interessa é o programa iconográfico do primeiro túmulo de Rogério II (ver figuras 2.1A e 2.1B). A decoração da tampa é rica em símbolos imperiais e espirituais, mas é nos apoios do sarcófago que encontramos os símbolos mais expressivos do domínio sobre os povos.[10] Os suportes foram entalhados como dois pares de leões virados em direções opostas e que seguram uma cabeça de cabra e outras humanas entre as garras. A onipresença do leão era um símbolo óbvio de soberania: nas tradições grega e romana, o leão era símbolo de coragem e de força, emblema do soberano, mas também da vitória, sendo usado com frequência nas marchas triunfais.[11] Esse simbolismo foi reproduzido amplamente na Europa medieval, sendo na Sicília um elemento crucial no famoso manto real de Rogério II. É digna de nota a dupla conotação de soberania e de triunfo transmitida pelo leão. No entanto, ainda mais fascinantes são as figuras nas garras dos leões. A cabra era um elemento-chave simbólico na tragédia grega (*tragoidia* significa literalmente canção de cabra). O animal simbolizava as forças da natureza obscuras, impetuosas, férteis e impulsivas. Era também usado em sacrifícios, sugerindo uma identificação com as metamorfoses dos deuses. A tradição cristã reinterpretou a cabra como símbolo da impureza e de uma natureza diabólica.[12] Aqui parecem convergir duas tradições: o domínio sobre os impulsos da natureza e os elementos trágicos e sacrificiais na representação de Rogério II como protetor dos cristãos.

É bastante provável que as três cabeças humanas representassem os povos governados por Rogério II. Por baixo do leão virado para sudoeste (segundo a posição original do sarcófago) estava uma cabeça barbada virada ao contrário. Essa cabeça representava os muçulmanos derrotados na Sicília, pelo pai do soberano, ou pelo projeto pessoal de Rogério II de expansão no Norte da África, que tivera início antes da doação do sarcófago.[13] Essa interpretação é sustentada pela tradição de marchas triunfais criada nos tempos dos romanos e perpetuada pelas potências bizantina, cristã ocidental e islâmica: os estandartes dos povos conquistados eram invertidos ou virados ao contrário, representando a sua derrota.[14] Por baixo do leão virado para sudeste estava um rosto barbeado que poderia representar os cristãos latinos (acima de tudo normandos) envolvidos na conquista da Sicília e do sul da Itália, e que tinham se instalado na região, sendo reforçados por novas migrações. O rosto humano representado por baixo do leão virado para noroeste é o mais difícil de identificar. Tem cabelo levemente encaracolado sem barba e poderia representar os cristãos gregos, que já passavam por um lento processo de assimilação.

O segundo sarcófago de Rogério II, o que realmente foi usado para os seus restos mortais, não era tão esplêndido como o primeiro, tendo provavelmente sido construído após a sua morte. Tanto os ícones espirituais como os símbolos de soberania estão ausentes, mas os apoios são mais uma vez figurativos, compostos de quatro pares de seres humanos ajoelhados que carregavam o sarcófago sobre os ombros. As figuras humanas, dessa vez representadas de perfil, não estavam entalhadas de modo tão claro como no sarcófago anterior: uma delas usava turbante e barba, numa referência clara à comunidade muçulmana; outra tinha cabelo levemente encaracolado, provavelmente uma referência à comunidade grega; temos um africano negro com cabelo crespo; e outro homem usava gorro e barba. As figuras restantes estavam barbeadas, entre elas um possível rosto

Figura 2.1B. Detalhe da figura 2.1A.

Figura 2.1A. Escultura, de autor desconhecido, de um leão segurando entre as garras uma cabeça barbada virada ao contrário, provavelmente representando muçulmanos derrotados. Catedral de Palermo, sarcófago de Frederico II (anteriormente entalhado, na década de 1140, para Rogério II da Sicília), apoio sudoeste.

asiático, de olhos amendoados e cabelo liso, o que reforçaria a universalidade do projeto imperial de Rogério II.[15] Além das diferentes etnias, as figuras podem representar classes sociais diversas. No entanto, só os rostos e os toucados as distinguiam: envergavam trajes semelhantes, com capas e túnicas curtas, e estavam descalças.[16]

A substituição dos leões por figuras humanas como sustentação do segundo sarcófago criava uma mensagem política diferente: o domínio vertical da soberania, simbolizado pela associação do poder político à conquista e à dispensa de justiça, era quase invertido no novo papel atribuído aos diferentes tipos de povos, que literalmente sustentavam o rei. É claro que se encontravam numa posição inferior, mas não estavam sob as garras de leões. O novo programa iconográfico sugeria um pacto entre o rei e os seus vassalos: os diferentes povos sob o domínio do rei teriam de ser leais e submissos (de joelhos), mas esperava-se que o soberano os protegesse.

A insistência na tipologia dos povos governados por Rogério II presentes no sarcófago tinha outra função importante: complementava o título de rei da Sicília, da Apúlia e de Cápua, referindo-se exclusivamente a territórios.[17] Esse título contrastava, por boa razão, com os de outros governantes medievais da Europa Ocidental, referidos como reis de um povo específico: *rex romanorum, rex francorum* e *rex anglorum*.[18] Os governantes normandos da Sicília não eram líderes de um povo mais ou menos homogêneo de um ponto de vista étnico (mesmo sendo a homogeneidade sempre uma criação política, tal como no caso específico do *rex romanorum*). Esses soberanos governavam comunidades multiétnicas e estavam conscientes desse fato, assim como acontecia com os seus contemporâneos em Castela, Aragão e Portugal, que assumiam títulos semelhantes referentes aos territórios. Na Sicília, o governante era também designado — desde o início do governo normando, quando se usava o título de conde — "defensor de Deus e protetor da religião cristã". Isso significava que as diferentes comunidades étnicas governadas pelos reis sicilianos não tinham todas o mesmo status — fato sublinhado pela imagem do muçulmano subjugado virado ao contrário no primeiro sarcófago de Rogério II.

A consciência de diversidade étnica representada nas esculturas por baixo dos dois sarcófagos é confirmada por fontes escritas. As diferenças entre os povos eram vistas como físicas, religiosas e culturais (língua e vestuário). Na Sicília do século XII, gregos, árabes (berberes), normandos, lombardos e judeus eram extremamente ativos, falando as suas línguas próprias (ou as que tinham assimilado ao longo do tempo) e tentando preservar as suas identidades. A conquista normanda da Sicília fez com que durante um determinado período a elite cristã governasse tanto uma população islâmica, concentrada sobretudo na parte ocidental da ilha, como uma população grega, concentrada na região oriental. A posição da Sicília como cruzamento de rotas comerciais mediterrânicas proporcionara, sucessivamente, os benefícios trazidos pelo domínio dos bizantinos (até o século IX, mas com uma presença militar mais prolongada na região), dos árabes (entre os séculos IX e XI) e dos normandos (cuja conquista foi relativamente rápida, entre 1061 e 1091). No continente, onde a presença islâmica antes da conquista normanda fora escassa, as culturas grega e romana haviam sido perpetuadas pelo enraizamento de um legado bizantino que só viria a ser derrotado pelos normandos. A Sicília era um centro de comércio misto, onde se juntavam o comércio de estilo oriental de bens de luxo e o comércio de estilo ocidental de produtos agrícolas. O comércio trazia consigo um fluxo de indivíduos que expandiam a mistura étnica — por exemplo, mercadores genoveses, pisanos e venezianos. Em 1184, a maioria dos mercadores de Palermo continuava a ser muçulmana, enquanto Messina se tornara um centro das comunidades mercantes italiana e grega.[19] A pirataria e o comércio escravagista levariam mais berberes, gregos, eslavos, tártaros e albaneses para a ilha, além de alguns russos, búlgaros e turcos — os quais seriam substituídos por africanos negros durante o século XV.[20]

Como evoluíram as relações de poder entre os principais grupos étnicos e religiosos? A língua usada nos documentos reais conservados dá uma ideia da variação da influência política das três comunidades principais durante um único século: nos reinados de Rogério I e de Rogério II usaram-se, de igual forma, o árabe e o latim; com Guilherme I, apenas um em cada sete documentos usava o árabe; com Guilherme II, essa proporção reduziu-se para um em cada dez; e, chegado o breve reinado de Tancredo, todos os documentos reais eram redigidos em latim.[21] Em 1340, o árabe já praticamente desaparecera entre as comunidades cristãs da Sicília e, a partir de então, os únicos com conhecimentos para o lerem, escreverem ou falarem eram os judeus e os escravos norte-africanos.[22] Os judeus constituíam uma pequena comunidade urbana cujo número aumentou com as migrações da Península Ibérica provocadas pela renovada intolerância religiosa que acompanhou a invasão dos almóadas, vindos do Norte da África durante a segunda metade do século XII. Uma vez ampliada, a comunidade manteve uma presença importante na Sicília até o século XV. Os gregos, por outro lado, foram pressionados a aceitar a liturgia latina e, embora tivessem desempenhado um papel importante na administração e nas forças armadas normandas, especialmente na frota de guerra, com frequência comandada por almirantes gregos, no longo prazo a sua identidade acabou por se desvanecer. Em 1308 ainda havia mais de uma centena de sacerdotes gregos; em 1450, esse número reduzira-se para onze.[23] A integração dos gregos na cristandade latina foi lenta e relativamente tranquila, com exceção, em 1168, da revolta da população grega de Messina contra o chanceler Estêvão de Perche, mas acabaram por perder a língua e a religião ortodoxa.[24] A criação pelos normandos de dioceses latinas — nas cinco cidades fulcrais de Troina, Agrigento, Catânia, Mazara e Siracusa só entre 1081 e 1088 — era sinal evidente do programa de substituição da Igreja ortodoxa grega.[25] A numerosa migração de lombardos e outros povos da Itália, além dos normandos, ajudou a impor a política de latinização.

O status da população muçulmana na Sicília após a Conquista Normanda era mais complexo. De início, os governantes normandos não tinham objetivos religiosos claros, por estarem ocupados demais com outro alvo militar: a conquista dos territórios do Império Bizantino no sul da Itália. O ponto de virada chegou em 1084, quando Benavert, o governante muçulmano de Siracusa e de Noto que resistira à invasão normanda da Sicília, decidiu saquear a costa da Calábria.[26] A frota de Benavert destruiu Nicotera e escravizou os seus habitantes; pilhou duas igrejas perto de Régio, de onde levou imagens, casulas e vasos; e devastou o convento feminino de Rocco d'Asino, violando e raptando as freiras.[27] O saque e a escravização eram práticas comuns de ambos os lados, mas a pilhagem de igrejas e o rapto de freiras pareceram suscitar um forte sentimento de ira entre os cristãos. A partir desse momento, a Conquista Normanda adquiriu um fervor religioso até então nunca visto, assumindo o caráter de guerra santa antes do início oficial da Primeira Cruzada, lançada pelo papa Urbano II em Clermont, em 1095. É esse fervor religioso por parte de Rogério I que provavelmente explica o motivo por que, em 1098, Urbano II tenha lhe conferido o status de núncio apostólico — reivindicado pelos seus sucessores e reconhecido por consecutivos papas. Embora inevitavelmente se tenha usado violência, com a escravização de muçulmanos em determinadas circunstâncias e até, no caso de Butera, conquistada em 1088, o exílio da sua população para a Calábria, em muitos pontos negociou-se uma rendição pacífica, o que permitiu aos muçulmanos manter uma presença importante em muitas povoações.

O status da comunidade muçulmana deteriorou-se rapidamente durante o século XII, mesmo estando os governantes normandos da Sicília, bem como os seus sucessores suábios até Frederico II, rodeados por artistas, geógrafos e filósofos islâmicos; além disso, durante o reinado de Rogério II, o reino absorveu as melhores inovações administrativas do Egito fatímida. Os muçulmanos viram-se excluídos das posições de poder e perderam o controle das suas terras, distribuídas pelos governantes normandos por aqueles que os haviam ajudado na conquista. Mantiveram uma certa presença nas cidades da Sicília ocidental como mercadores e artistas (e, em certos casos, administradores), mas nas zonas rurais a maioria foi reduzida à servidão ou à escravidão. Eram elogiados como guerreiros, acima de tudo como soldados de infantaria e cavaleiros arqueiros: de Rogério II a Manfredo, e mesmo durante a expedição de Frederico II à Palestina, os reis sicilianos tiveram guarda-costas e tropas especiais muçulmanas; e o rei Manfredo lutou com tropas muçulmanas na batalha decisiva de 1266 contra Carlos I de Anjou.[28] Mas o declínio geral da população muçulmana da Sicília foi constante, situação agravada pelas políticas de conversão, iniciadas por Rogério II em 1153 e renovadas por bulas papais em 1199 e 1208, que estimularam a emigração para o Norte da África.

O ritmo célere do declínio do seu status explica a sucessão de revoltas muçulmanas na Sicília: em 1189-90, durante o governo fraco de Tancredo; em 1197, após a morte do imperador Henrique VI; em 1219-21, durante a ausência de Frederico II; e em 1243, mais uma vez com Frederico II, naquela que seria a derradeira menção aos muçulmanos na cena política da Sicília. O padrão foi o seguinte: revolta, controle dos baluartes na zona rural (montanhas), reagrupamento de escravos e servos, resistência durante vários anos e derrota final, com massacres e deportação. Em 1221-4, após uma violenta repressão, Frederico II deportou as comunidades muçulmanas acusadas de rebelião para o norte da Apúlia, especialmente para Lucera. O mesmo viria a ocorrer em 1246, após três anos de resistência muçulmana. Os muçulmanos desapareceram então da Sicília, tendo a última colônia em Lucera sido destruída por Carlos II de Anjou em agosto de 1300: os muçulmanos, que haviam se revoltado contra o novo soberano, foram aprisionados e transportados para os portos de Barletta e de Nápoles, para serem vendidos como escravos, uma operação que provavelmente envolveu 10 mil pessoas.[29]

PENÍNSULA IBÉRICA

Tal como vimos, o desaparecimento relativamente rápido dos muçulmanos da Sicília e do sul da Itália estava completo no início do século XIV. Mas, na Península Ibérica, a presença muçulmana, que começara no ano 711, durou até 1492 como potência política, e os muçulmanos continuaram a existir como comunidade religiosa distinta até 1502 em Granada e até 1526 em Aragão. Os diferentes históricos políticos das duas regiões podem ser explicados em razão do contraste entre dois séculos de domínio muçulmano na Sicília e cinco na maior parte da Península Ibérica (e quase oitocentos anos na região de Granada). A rápida conquista muçulmana da Península Ibérica, com exceção dos territórios setentrionais, em menos de dez anos estabelece um grande contraste com as mais de seis décadas de que os muçulmanos precisaram para conquistar a Sicília, um processo atrasado pela forte resistência bizantina. Consequentemente, o islamismo tornou-se muito mais enraizado na Península Ibérica, embora o número de comunidades cristãs também fosse significativo e houvesse mais comunidades judaicas do que na Sicília. As relações intercomunitárias na Península Ibérica baseavam-se assim nas três religiões abraâmicas: islã, cristianismo e judaísmo.

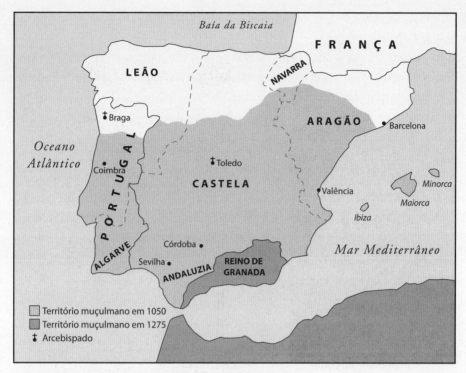

Mapa 2.1. Reconquista cristã da Península Ibérica (722-1492).
Fonte: Jonathan Riley-Smith, The Atlas of the Crusades. Londres: Times Books, 1991, pp. 32, 73.

O domínio islâmico na Península Ibérica diluiu o efeito da divisão anterior da península em duas comunidades: os visigodos e os suevos, instalados a noroeste. Os bascos eram a única exceção à divisão: nunca tinham se integrado no reino visigodo e mantiveram durante vários séculos uma resistência feroz a todas as formas de domínio estrangeiro. Foi perto do seu território tradicional no nordeste da Península Ibérica que a intervenção dos francos teve um impacto significativo, na segunda metade do século VIII, o que estimulou tanto a dissidência muçulmana como a resistência cristã a sudoeste dos Pireneus, tendo em 801 os cristãos criado o condado de Barcelona para controlar os territórios de ambos os lados da cordilheira até a Provença. A distância e a fragmentação do Império Carolíngio tornaram esse condado autônomo em finais do século X, o mesmo período em que se assistiu à emergência da língua catalã, embora a *langue d'oc* continuasse a ser usada sistematicamente até o século XIII para expressar uma literatura profícua.[30]

O reino visigodo anterior garantiu duas ferramentas essenciais para a reconquista da Península Ibérica: o cristianismo, que se enraizara entre a população após a conversão do rei Recaredo do arianismo ao catolicismo (*c.* 586) e o III Concílio de Toledo (589); e o legado do direito escrito romano e dos elementos do direito consuetudinário hispânico e germânico, compilados num código unificado em meados do século VII — um feito relevante entre os reinos bárbaros. A religião cristã era o mais importante veículo de resistência contra o domínio muçulmano, com os novos reinos cristãos adotando a *lex gothica*, que manteve uma presença duradoura na Catalunha como estrutura legal e institucional. A reconquista cristã da Península Ibérica criou novas formas de identidade coletiva ao longo do eixo norte-sul da expansão a partir das Astúrias, um reino criado como refúgio político pelos visigodos derrotados. Os territórios da Galícia e de Portugal, a oeste, de Leão e Castela, ao centro, e de Navarra, Aragão e Catalunha, no leste da Península Ibérica, tornaram-se entidades políticas entre os séculos VIII e XII. Mas, com exceção de Portugal, que se tornou um reino independente na década de 1130, essas entidades políticas permaneceram ligadas entre si ao longo do processo de reconquista e mais além. A Galícia foi integrada a Leão, que se associou a Castela em 1037, unindo-se finalmente em 1230; a Catalunha associou-se ao reino de Aragão em 1150; e Navarra, entidade política desde o século IX e separada de Aragão em 1134, perdeu o território ao sul dos Pireneus, conquistado em 1512 por Fernando, na época rei de Castela e de Aragão. Mais tarde criaram-se identidades coletivas em torno dos reinos de Castela e de Portugal, com uma identidade basca ainda desassociada de uma entidade política independente, ao passo que a autonomia catalã se manteve sob a coroa de Aragão.[31]

A constante e notória migração para a Península Ibérica de francos, bem como de outros povos da Europa Ocidental e Setentrional, durante o período de reconquista cristã (legitimada pelo papa como Cruzada nos séculos XII e XIII) teve o seu impacto em vários aspectos dos territórios ibéricos: as elites política e eclesiástica cristãs receberam uma injeção de sangue novo, já que muitos francos, borgonheses ou ingleses se tornaram governantes e bispos da região; a liturgia da Igreja alterou-se, com o ritual visigodo sendo substituído pelo romano; e a colonização dos territórios reconquistados foi reforçada pelos recém-chegados. Esses novos imigrantes envolveram-se na conquista de cidades importantes, como Toledo, Valência e Múrcia, embora, em alguns casos, tenha havido cidades que caíram nas mãos de conquistadores que atraíram frotas de cruzados a caminho da

Terra Santa, como aconteceu na conquista de Lisboa (1147), de Silves (1189) e de Alcácer do Sal (1217), naquela que viria a se tornar a costa portuguesa. Não obstante, a marcante imigração de cristãos de outras partes da Europa não deixou grandes vestígios quanto a identidades distintas: embora a sua chegada tenha levado a algumas alterações em topônimos, os imigrantes, no geral, integraram-se prontamente às entidades políticas cristãs. Esse fenômeno marcava um contraste com a Sicília, onde em 1266 os cronistas descreviam as tropas de Manfredo como compostas de alemães, lombardos, *regnicoli* (habitantes do reino) e muçulmanos. Isso talvez possa ser explicado pelo contexto italiano: como a "ameaça" muçulmana desaparecera rapidamente, as diferentes etnias podem não ter sentido necessidade de se integrar, tendo mantido, em vez disso, as suas identidades separadas. A presença constante de potências e de tropas estrangeiras na Itália (gregas, germânicas, francesas e catalãs) também ajuda a explicar a diferença, bem como as consequências duradouras dos reinos bárbaros da região — consequências essas expressas na identidade arraigada dos lombardos.

A islamização e a cristianização foram processos complicados na Península Ibérica. A conquista islâmica envolveu dezenas de milhares de guerreiros do Norte da África, mas no início os conquistadores governavam uma sociedade esmagadoramente cristã. A conversão generalizada e a arabização cultural da Península ganharam ritmo no século x, o que foi facilitado pela migração para o norte das comunidades cristãs transformadas em minorias. À reconquista seguiu-se a recristianização: consolidou-se uma fronteira ao longo do rio Douro no início do século x; o rio Tejo foi controlado no final do século xi, com a conquista crucial de Toledo em 1085 e a primeira conquista de Lisboa em 1093; e após um século (a partir de 1147) de reveses na luta contra o domínio almóada, em meados do século xiii conseguiu-se o isolamento do poder islâmico na região de Granada, com as conquistas de Córdoba, Múrcia, Jaén, Sevilha, Cartagena e Cádiz por Castela (1236--63), a conquista das ilhas Baleares e de Valência por Aragão e pela Catalunha (1229-45), e a conquista de Faro, o derradeiro baluarte muçulmano relevante, no Algarve por Portugal (1249). Tal como se verificara na Sicília, o status dos muçulmanos após a conquista cristã variou de comunidade para comunidade: poderia representar pilhagem, massacre e escravidão; ou então, com a rendição e um pacto (o que, em geral, foi o caso), poderia representar a manutenção da comunidade muçulmana com uma posição social inferior, mas com um compromisso quanto a impostos, propriedade e respeito pela religião.[32]

A resistência islâmica à conquista foi aparentemente mais forte do que a cristã, já que no final do século xv havia ainda um grande número de muçulmanos em Valência, Aragão e Granada. Contudo, na Península Ibérica ocidental e central, as comunidades muçulmanas entraram num declínio acentuado ao longo de dois séculos devido a uma pressão religiosa irresistível (todas as grandes mesquitas foram transformadas em catedrais, com os minaretes e os muezins sendo proibidos) e a leis de segregação. Os muçulmanos foram excluídos do governo municipal, restringidos a bairros específicos e banidos de emprego a serviço do rei, bem como da participação no sistema judicial cristão. O vestuário era sujeito a regulamentações severas. A onda de conquistas cristãs entre as décadas de 1230 e 1250 trouxe na sua esteira a expulsão dos muçulmanos dos centros urbanos. Em 1254 e 1276, revoltas muçulmanas em Valência foram violentamente reprimidas. Em 1264, uma grande sublevação entre os muçulmanos de Múrcia e da Andaluzia (ainda estávamos na primeira geração após a conquista cristã) foi contida com enorme esforço, desencadeando mais expulsões de centros urbanos, como em Múrcia. Em 1287, a conquista final de Minorca foi seguida pela escravidão e deportação de toda a população. Nas décadas de 1220 e 1230 já tinham se verificado expulsões em massa após a conquista das outras ilhas. Em 1293, as cortes (parlamento) de Valladolid baniram a posse de terra por parte dos muçulmanos, obrigando-os a vender as suas propriedades a cristãos, obviamente a preços baixos.[33]

Muito mais do que acontecera no caso da reconquista da Sicília, as condições impostas pela reconquista cristã na Península Ibérica criaram divisões étnicas que ultrapassaram as fronteiras religiosas. A discriminação contra os *mozarabes* ou *moçárabes* (a partir da expressão árabe "must'arab" — literalmente, tornado árabe), as comunidades cristãs que haviam sobrevivido sob o jugo muçulmano na Península Ibérica, foi ainda mais severa do que a discriminação contra a Igreja ortodoxa na Sicília e no sul da Itália. Em muitas cidades tomadas dos muçulmanos pelos cristãos setentrionais, o bispo moçárabe foi substituído imediatamente por um bispo latino, em muitos casos estrangeiro, que impunha o ritual católico em detrimento do visigodo. Atualmente, isso talvez pareça algo irrelevante, mas na época o caso revestia-se de grande importância. Os diferentes rituais expressavam identidades diferentes — a origem de uma comunidade e a forma como evoluíra. O triunfo do ritual representava o novo domínio político dos conquistadores e mostrava que, apesar de terem por vezes desfrutado de ajuda interna por parte dos moçárabes durante o cerco a uma cidade, desconfiavam da proximidade dos colaboradores com o inimigo. Apesar de serem cristãos, os moçárabes viram-se obrigados a renegociar o seu status com os novos governantes, que redistribuíram os cargos militares, políticos e administrativos entre os seus seguidores.[34]

A dificuldade da posição dos moçárabes pode ser vista num episódio particularmente marcante. Em 1139, o soberano de Portugal, d. Afonso Henriques, lançou um ataque arrojado na Andaluzia, a mais de 150 quilômetros do seu quartel-general em Coimbra. O soberano derrotou as tropas muçulmanas na batalha de Ourique e partiu com um grande saque formado pelos despojos da guerra e pela pilhagem de aldeias. Entre os numerosos prisioneiros destinados à escravidão contavam-se mais de mil moçárabes (a crônica incluiu explicitamente apenas os homens no "cálculo"). A libertação desses cristãos só foi conseguida através da intervenção de Teotônio, prior do importante convento de Santa Cruz de Coimbra.[35] O episódio revela que os protestos e as orações dos moçárabes tinham sido ignorados, sendo capturados e agrilhoados, tal como acontecia aos muçulmanos. Um outro episódio crucial ocorreu durante a conquista de Lisboa em 1147 — uma conquista que envolveu cruzados alemães, flamengos, ingleses e normandos. Após a rendição, uma delegação das diversas tropas envolvidas entrou na cidade para recolher o tesouro reunido pelos derrotados em troca da sua liberdade e para consagrar o cenário da conquista com uma procissão. Segundo um cruzado anglo-normando anônimo, provavelmente o presbítero Rodolfo, as tropas alemãs e flamengas não respeitaram o acordo estabelecido e entraram na cidade em grande número, saqueando-a, abusando da população e cometendo gestos violentos, entre eles o assassinato do antigo bispo da comunidade moçárabe.[36] Esse episódio mostra que os cruzados não respeitavam os direitos da comunidade cristã existente, que se mantivera fiel à sua religião durante os anos de domínio muçulmano. O bispo moçárabe foi eliminado e substituído por Gilberto, um clérigo inglês que acompanhara os cruzados.[37] Após a violência, muçulmanos e judeus abandonaram a cidade.[38]

A presença militar dos almorávidas (a potência islâmica puritana invasora oriunda do noroeste da África) na Península Ibérica após a conquista cristã de Toledo em 1085 trouxe consigo uma intolerância religiosa (proibição de comunidades religiosas não islâmicas, limitações à expressão pública de religião e regras quanto ao vestuário) que provocou uma nova onda de migrações por parte de judeus e moçárabes para territórios cristãos. Os almóadas, guerreiros de outra potência islâmica austera no Norte da África, foram também atraídos para conflitos na Península Ibérica após as derrotas islâmicas de meados do século XII, provocando uma diáspora ainda mais marcante entre as comunidades judaicas, acima de tudo para a Sicília e para a Itália. Os judeus da Península Ibérica haviam sofrido com as perseguições religiosas extremas nas últimas décadas do reino visigodo, tendo o XVII Concílio de Toledo decidido dispersar as comunidades judaicas, subjugar os habitantes judeus e separar dos pais as crianças até os sete anos de idade para que fossem criadas por católicos.[39] A circuncisão era tida como uma prática tão infame que a *lex visigothorum* punia a falsa acusação de "homem circuncidado" com 150 chibatadas públicas. Nesse mesmo período, o rei Wamba decidiu punir com circuncisão os soldados acusados de saque e de violação.[40]

Depois de terem vivido em tal opressão, as comunidades judaicas receberam, naturalmente, a invasão islâmica como uma libertação, mas, com as perseguições renovadas trazidas pelos regimes almorávida e almóada, os judeus procuraram apoio nas potências cristãs. Apesar dos conflitos locais, entre 1148 e 1348, as comunidades judaicas nos territórios cristãos da Península Ibérica gozaram de certo nível de respeito e viveram em relativa tranquilidade, participando ativamente da vida política como conselheiros, embaixadores ou ministros do rei. Trabalhavam, acima de tudo, como artesãos, mas também havia mercadores, médicos, coletores de impostos, empreiteiros e banqueiros. Desempenharam um papel relevante na vida intelectual das principais cidades, por exemplo Toledo, que ajudaram a transformar em importantes centros de tradução de textos árabes e gregos para o latim.

Tal estado de relativa coexistência foi interrompido em 1348, com o primeiro grande ataque cristão aos judeus no bairro judaico de Barcelona, seguido por ações semelhantes em Lisboa, em 1383, e em Sevilha, em 1391. Este último se alastrou rapidamente para as mais importantes cidades de Castela e de Aragão, além de Palma de Maiorca. O saque e o massacre de judeus eram as características básicas desses ataques cristãos, que puseram em xeque o papel supostamente protetor da autoridade real. No início, os reis conseguiram manter algum controle sobre a situação e punir os responsáveis pelos tumultos. No entanto, o ano de 1391 representou um ponto de virada devido à escalada dos ataques e ao número de cidades envolvidas. A partir desse momento, os casos de violência local mantiveram-se durante os oitenta anos que se seguiram.[41]

A intimidação das comunidades judaicas através de milhares de assassinatos levou a conversões generalizadas; a prédica do santo dominicano Vicente Ferrer

(1350-1419) aproveitou-se dos debates públicos obrigatórios sobre cristianismo impostos às comunidades judaicas, como os que foram organizados em Tortosa em 1413-4. A integração violenta de parte da população judaica no cristianismo não era um fenômeno novo, mas também nunca fora implementada em tal escala, sendo contrária aos preceitos da conversão pacífica e voluntária estabelecidos pelo direito canônico. Essa série de ações teve duas consequências principais: dividiu a comunidade judaica, alimentando a suspeita (ou melhor, o preconceito baseado na ideia das qualidades inatas da descendência) entre a comunidade cristã de que os judeus convertidos retomariam, em segredo, a antiga fé; e levou à divisão da comunidade cristã em cristãos velhos e novos (convertidos recentemente). Estes em breve seriam estigmatizados, sofrendo os mesmos preconceitos que antes haviam sido dirigidos aos seus antepassados.[42]

A onda de status de pureza do sangue, lançada em 1449 em Toledo, com um motim de cristãos-velhos contra cristãos-novos acusados de conluio com o rei para o aumento indevido de impostos, impediu os cristãos-novos de assumir cargos públicos e administrativos e definiu uma nova divisão de linhagem ou "casta" no seio da comunidade cristã que atravessava as diferentes ordens sociais — uma característica específica das sociedades ibéricas.[43] A expulsão dos judeus da Espanha, em 1492, e de Portugal, em 1496 (neste último foram obrigados a se converter), selou o destino de uma comunidade extraordinária que desapareceu em razão da crescente intolerância de um poder político cristão que não estava disposto a aceitar a diferença religiosa na nova Península Ibérica "homogênea" (ver o capítulo 9 para uma análise mais pormenorizada).[44]

A comparação do destino sofrido pelas comunidades judaicas a sudoeste e a nordeste dos Pireneus é marcante, pois verificou-se um intervalo de dois séculos entre as duas sequências de acontecimentos que levaram à expulsão. Durante a década de 1010, quando da primeira onda de massacres, houve judeus mortos em Rouen, Orléans e Limoges, bem como em Mainz e outras cidades do Reno, mas foi em 1096, depois do início da Primeira Cruzada, que bandos de cruzados decidiram limpar os seus territórios dos infiéis que haviam negado a natureza divina de Cristo e que o tinham entregado às autoridades romanas para que fosse crucificado (uma acusação dúbia retirada do Novo Testamento). Muitas cidades da Europa Ocidental e Central (França, Alemanha e Boêmia) foram devastadas por saques e assassinatos, levando à morte de milhares de judeus e a conversões forçadas em massa. Em certos casos, os governantes permitiam que os judeus convertidos voltassem à sua fé anterior por contestar a legitimidade do processo de conversão, embora o direito canônico condenasse a conversão violenta, mesmo aceitando as suas consequências. A Segunda Cruzada, em 1146, foi mais bem organizada, não se repetindo o caos oportunista da Primeira, embora se tivessem verificado massacres em Colônia, Speyer, Mainz, Würzburg, Carentan, Ramerupt e Sully. Em 1188, a Terceira Cruzada levou ao saque e ao massacre de comunidades judaicas na Inglaterra (Londres, York, Norwich, Stamford e Lynn). A Cruzada contra os albigenses na Provença (1209-29) também levou violência às comunidades judaicas locais. As Cruzadas abortadas em 1236, 1309 e 1320 deixaram um rasto de ataques antijudaicos em várias regiões da Europa.[45] Durante esse período, os judeus foram acusados de envenenar deliberadamente a água de poços, de raptar crianças que seriam assassinadas ritualisticamente e de profanar a hóstia.[46]

As expulsões de judeus decretadas na Inglaterra, em 1290, e na França (à época um território muito mais reduzido), em 1306 e 1394, inauguraram a primeira longa e intensa onda de antissemitismo na Europa. Durante esse período, duas razões explicam a relativa tolerância dos cristãos em relação aos judeus na Península Ibérica: os cristãos concentravam-se na guerra contra os muçulmanos, que representavam uma potência territorial, além de uma religião rival; e as comunidades judaicas eram muito mais fortes e estavam mais integradas em todos os níveis da sociedade cristã do que na França, Inglaterra ou na Alemanha. A estabilização dos reinos e das sociedades cristãs na Península Ibérica após meados do século XIII, na sequência da destruição da resistência muçulmana interna e da redução da influência de Granada, deu início a uma mudança para uma política religiosa mais intolerante, apoiada por novas gerações de pobres e de clérigos inferiores, sem acesso aos mesmos benefícios dos conquistadores.

ORIENTE MÉDIO

O status das comunidades judaicas no Oriente Médio, discriminadas e segregadas pelo Império Bizantino e banidas de Jerusalém, também era complexo. A conquista islâmica da Cidade Santa representou um alívio temporário da opressão anterior, fazendo com que pudessem regressar para lá, apesar dos protestos do patriarca ortodoxo, que se rendera aos muçulmanos. Ainda assim, à semelhança dos cristãos, os judeus foram submetidos à discriminação islâmica.[47] As condições do seu status foram definidas pelo famoso "Pacto" para os *dhimmīs* (não muçulmanos que vivessem em territórios islâmicos), estabelecido durante o califado de 'Umar ibn-al Khattab (634-44), segundo sucessor do profeta Maomé. O Pacto decretava que os não muçulmanos se encontravam sob a proteção dos muçulmanos. Consequentemente, não lhes era permitido o uso do Alcorão para troça ou interpretação equivocada, ofender o profeta, ridicularizar o culto islâmico, tocar numa mulher muçulmana ou casar com ela, converter um muçulmano ou atentar contra a vida ou a propriedade de um muçulmano, ou ajudar um inimigo ou auxiliar espiões inimigos. Os não muçulmanos eram obrigados a usar o *ghiyar* — um emblema distintivo, amarelo para os judeus e azul para os cristãos —, não podiam construir casas mais altas do que as dos muçulmanos, tocar sinos de igrejas, ler os livros sagrados em voz alta, beber vinho em público, mostrar os crucifixos, nem montar a cavalo, apenas burros e mulas. Por fim, também eram obrigados a enterrar os mortos em silêncio.

Mapa 2.2. *Estados cruzados na sua maior extensão* (c. 1144).
Fonte: Angus Konstam, The Historical Atlas of the Crusades. *Londres: Mercury Books, 2004, pp. 80-1.*

Tal como veremos, a reprodução dessa lista completa será útil. A violação de qualquer uma das seis primeiras regras fazia com que o transgressor fosse considerado fora da proteção garantida pelo Pacto; a violação do segundo conjunto de seis regras podia levar a punições.[48] Em finais do século IX, as restrições de vestuário vigoravam com força para os *dhimmīs*. Elas proibiam os cristãos e os judeus de usar o *qabā'*, um traje de seda *khazz*, e o *așb* (turbante), e impunham a diferenciação através da cor das vestes e de emblemas. A introdução de símbolos zoomórficos, por exemplo na forma de emblemas identificadores que tinham como objetivo humilhar o seu portador, também ocorreu nesse período em outros locais. Na Ifríquia, por exemplo, os judeus tinham de usar um emblema com a imagem de um macaco e os cristãos um com a imagem de um porco, enquanto no Egito os cristãos eram obrigados a usar na mão a tatuagem de um leão.

É fácil reconhecer a longa influência desse Pacto islâmico em práticas cristãs posteriores contra judeus e muçulmanos.[49] Os judeus do Oriente Médio também sofreram perseguições esporádicas durante o domínio muçulmano, tendo a pior delas ocorrido durante o reinado do califa fatímida do Egito, Hakim, que em 1012 ordenou a destruição de todas as igrejas e sinagogas, bem como a proibição da prática de qualquer outra religião que não o islã.[50] A conquista temporária da Palestina pelos turcos seljúcidas na década de 1070 levou a uma devastação generalizada que não poupou os judeus. Posteriormente, a primeira onda de conquistas cruzadas teve um grande impacto nas comunidades judaica e muçulmana: em todas as cidades que ofereceram resistência, como Jerusalém em 1099, os judeus e os muçulmanos foram massacrados, e os sobreviventes vendidos como escravos. As comunidades judaicas só sobreviveram nas cidades que capitularam, como Ascalão e Tiro. Eram obrigadas a pagar impostos, à semelhança de todos os não cristãos, reproduzindo a prática muçulmana em relação aos *dhimmīs*. Após a segunda década do século XII, a proibição de colônias judaicas em Jerusalém foi afrouxada, e um pequeno número foi autorizado a viver na cidade, embora uma comunidade propriamente dita só tenha sido restabelecida depois da conquista da cidade por Saladino, em 1187. Mesmo então, a maioria dos judeus vivia fora das cidades, sobretudo nas aldeias da Galileia. Contudo, a legislação antijudaica dos III e IV Concílios de Latrão não foi aplicada no Reino Latino de Jerusalém.[51]

O tratamento relativamente tolerante dos judeus para com os cristãos latinos no Oriente Médio após a primeira onda de conquistas pode ser explicado pela constante ameaça do mundo islâmico circundante, pela falta de efetivos dos

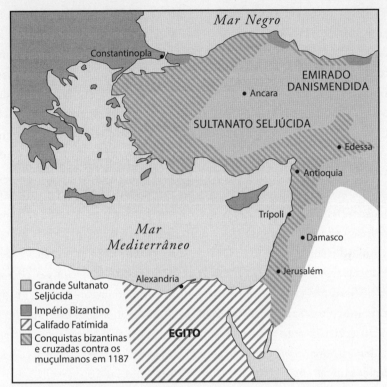

Mapa 2.3. *Avanços cristãos no Oriente Médio até 1187.*
Fonte: Angus Konstam, The Historical Atlas of the Crusades. Londres: Mercury Books, 2004, pp. 80-1.

conquistadores, pela escassez de recursos naturais e pela duração relativamente curta da experiência colonial, entre 1099 e 1291.[52] Se olharmos para as outras áreas analisadas num contexto global semelhante, isso pode explicar as diferentes políticas, além de diferentes formas de integração ou segregação, a que as comunidades conquistadas eram sujeitas em cada caso. A Sicília era uma ilha a 130 quilômetros de distância do Norte da África e que ficava perto do sul da Itália e do centro da cristandade latina. A Península Ibérica fazia fronteira com a Europa Ocidental, mas do outro lado dos Pireneus. A sua fronteira com o Norte da África, além do estreito de Gibraltar, tinha apenas treze quilômetros e era mais fácil de atravessar. Segundo Ludolfo de Sudheim, um peregrino na Terra Santa (1336-41), a distância para o outro lado do estreito era tão curta que uma lavadeira cristã e outra muçulmana podiam discutir e se insultar, cada uma no seu lado.[53] A proximidade entre a Península Ibérica e a África permitia que se realizassem importantes invasões em ambas as direções, algo que em parte poderá explicar a longa resistência muçulmana na península, ao passo que a distância entre a Sicília e a África facilitou a reconquista cristã normanda da ilha, mas dificultou a manutenção das conquistas de Rogério II na Ifríquia. A Terra Santa, por outro lado, estava isolada da Europa latina: ficava a cerca de 2 mil quilômetros do sul da Itália por via marítima, embora desfrutasse de uma ligação com o Chipre cristão (latinizado após a conquista da ilha em 1191 por Ricardo I da Inglaterra), bem como com as redes coloniais venezianas e genovesas no Mediterrâneo oriental.

A experiência colonial dos cruzados na Terra Santa foi essencial: foi o primeiro caso de expansão europeia desde os romanos em que os cristãos latinos tiveram de lidar com vastas conquistas e administrações territoriais num ambiente hostil, longe das suas raízes. O governo de uma minoria étnica, a criação de identidades locais — visíveis, por exemplo, nas crônicas de Guilherme de Tiro ou de Fulco de Chartres —, a constante interação com as populações nativas, entre elas a maioria muçulmana, magistralmente registrada por Usama Ibn Munqidh, e a manutenção de elos com a Europa definiram um modelo colonial que viria a ser replicado no futuro.[54] O fluxo constante de novos migrantes, a renovação regular de ligações com as elites política e cultural europeias, visíveis nas alianças matrimoniais, a atração de novos cavaleiros e a educação dos jovens na Europa — eram essas as principais características de um modelo que já se debatia com os problemas das alianças e da integração, ou segregação, entre as comunidades locais e as elites no poder.

O Reino Latino de Jerusalém teve de gerir uma população convertida em massa ao islã ao longo dos quatro séculos anteriores. Durante a repressão da religião dessa população, muitas mesquitas foram transformadas em igrejas. O destino da mesquita Al-Aqsa, situada no monte do Templo de Jerusalém, perto da Cúpula da Pedra, dá uma ideia da profanação e da desconsagração sistemáticas levadas a cabo pelos conquistadores em tais locais: começou por ser transformada em residência real e depois em quartel-general dos templários. As relações sexuais entre muçulmanos e cristãos estavam proibidas, sendo punidas com castração; os muçulmanos não podiam usar vestes francas; e eram obrigados a pagar um imposto individual.[55] O reino latino precisava ainda lidar com uma grande variedade de comunidades cristãs não latinas. Havia os gregos, presentes em todos os territórios do reino, mas concentrados acima de tudo no principado de Antioquia, e que eram apoiados pelo imperador bizantino.[56] Havia ainda os armênios, que mantinham uma presença importante no condado de Edessa e que impuseram o seu poder político na Ásia Menor, onde puderam controlar um vasto território após a vitória sobre os turcos durante a Primeira Cruzada.[57] E havia também os jacobitas e os sírios, presentes nos territórios setentrionais e mais além; os georgianos — embora tais cristãos mantivessem apenas uma presença simbólica em Jerusalém; os nestorianos, mais importantes na Síria e na Ásia Menor do que na Palestina, e famosos pelas suas missões na Ásia Central; os maronitas, com raízes no Líbano; e, por fim, os coptas, com presença mais marcante no Egito.[58]

O choque mais importante dos cristãos latinos com os demais cristãos foi com os gregos ortodoxos, que eles se recusaram a usar na administração ou no exército, algo contrário à prática latina na Sicília. Isso provavelmente ocorreu em razão de os cristãos gregos da Palestina terem, nos séculos anteriores, perdido a sua influência política e sido excluídos de cargos administrativos, mas o governo latino não lhes devolveu a igualdade legal. A hierarquia religiosa grega, que conseguira resistir a três séculos de domínio muçulmano, foi quase completamente varrida da Terra Santa com as conquistas cruzadas, apesar de seu suposto objetivo: salvar os cristãos orientais. Só os clérigos gregos locais conseguiram sobreviver, mas numa rede reduzida, já que várias das igrejas e uma parte das propriedades foram confiscadas pelo novo clero latino em muitas cidades e territórios colonizados pelos europeus. É preciso frisar que os cristãos latinos não forçaram conversões nem impuseram o seu domínio sobre as comunidades ortodoxas.[59] Os mosteiros gregos, bem estabelecidos, foram menos afetados pelas expropriações, tendo de um modo geral sido respeitados, verificando-se inclusive a criação de novos. No entanto, algumas comunidades foram removidas dos seus centros e perderam a propriedade durante a criação de um número impressionante de comunidades latinas regulares, tanto religiosas como militares.

Após a conquista de Jerusalém, o patriarca grego Simeão, que fugira para o Chipre antes da chegada dos cruzados (ou por vontade própria, ou forçado pelos governantes muçulmanos da cidade), não regressou, passando os patriarcas gregos de Jerusalém a viver no exílio em Constantinopla. João, o patriarca grego de Antioquia, mudou-se para Constantinopla dois anos depois da conquista da cidade pelos cruzados. Durante a existência do Reino de Jerusalém, os cristãos latinos criaram um número impressionante de dioceses: os arcebispados de Cesareia, Nazaré, Tiro, Bete-Seã e Petra; e os episcopados de Ramlá, Belém, Gaza, Hebron, Sebaste, Tiberíades, Banias, Sídon e Beirute. Verificaram-se desenvolvimentos semelhantes no condado de Trípoli, no principado de Antioquia e no condado de Edessa, chegando a um total de 31 dioceses.[60] Em todos esses locais, os patriarcas e os bispos gregos foram expulsos e as propriedades confiscadas, embora, em alguns casos, o poder das fações locais e a necessidade de alianças com o imperador bizantino tivessem levado ao regresso breve de um patriarca grego (tal como se verificou em Antioquia, em 1165).[61] O único bispo grego a conseguir sobreviver à onda latina pode ter sido o de Gaza e Beit-Jibrin: há registros que indicam que o arcebispo Meleto continuou ativo por lá em 1164. Os gregos ortodoxos só conseguiram recuperar parte das suas posses no Reino de Jerusalém quando, na sequência da conquista por Saladino, em 1187, a maior parte do clero latino e seus mosteiros desapareceu.

As outras Igrejas orientais, como a armênia, a jacobita e a siríaca, sofreram menos do que a grega, já que cada uma fazia parte de uma aliança diferente e não representava concorrência política ou religiosa.[62] Os armênios eram os mais aceitáveis para a Igreja latina, pois haviam reconhecido a autoridade do papa, mantinham conflitos regulares com a Igreja ortodoxa grega, e tinham desempenhado um papel político e militar crucial contra os turcos. Não foi por acaso que os armênios procuraram de imediato estabelecer uma aliança com os francos que compunham a Primeira Cruzada, oferecendo uma aliança matrimonial ao cruzado Balduíno (mais tarde o primeiro rei de Jerusalém) para defesa do território vulnerável de Edessa. Os jacobitas foram tratados com mais tolerância pelos francos do que haviam sido sob o domínio bizantino, mas não deixaram de perder as propriedades eclesiásticas no interior. De um modo geral, os cristãos orientais foram tratados como nativos conquistados pelos cruzados. Após as primeiras décadas tiveram garantida sua proteção legal — o mesmo que era oferecido aos judeus e aos muçulmanos, numa imitação cristã do estatuto dos *dhimmīs* — à vida e à propriedade. No entanto, nunca obtiveram o estatuto de "cidadãos", privilégio da elite latina conquistadora. A desconfiança dos francos em relação às Igrejas orientais foi mitigada graças a um comportamento prudente por parte dos líderes religiosos locais. Por exemplo, o bispo jacobita nunca residiu em Antioquia durante o período de domínio latino, e os coptas só criaram um bispado em Jerusalém após a conquista de Saladino. A única maneira encontrada pelos cristãos latinos de lidar com as diferenças foi através da assimilação ou da associação hierárquica. Até mesmo os cristãos libaneses maronitas, embora considerados bons soldados e arqueiros, só foram totalmente integrados às forças cruzadas quando reconheceram a autoridade do papa, consequência das ações diplomáticas constantes do arcebispo de Antioquia.[63]

3. Universalismo: Integração e classificação

As experiências políticas dos cristãos latinos na Sicília, na Península Ibérica e no Oriente Médio levaram a novos preconceitos e ações de discriminação: as religiões opostas, como o islamismo e o judaísmo, eram alvos preferenciais, mas as Igrejas ortodoxa grega e cristã oriental também não foram poupadas. A diferença era que os cristãos orientais eram vistos como concorrentes que tinham de ser refreados. A grande questão era o reconhecimento da autoridade do papa. Não se levantaram obstáculos à integração dos cristãos orientais no ritual latino; de um modo geral, não se suspeitava que pudessem voltar atrás, pois os preconceitos contra eles não incluíam a sua descendência. Na prática, porém, o tratamento dado ia contra a suposta teoria da fraternidade cristã. É por esse motivo que teremos de analisar o universalismo da Igreja cristã, já que isso garantia uma estrutura teórica, ainda que contradita pelas políticas locais. Questão equivalente diz respeito às relações políticas entre reinos específicos e os objetivos universais do império. O legado romano fora perpetuado pelo Império Bizantino, enquanto na Europa o Sacro Império Romano criado por Carlos Magno aspirava a essa mesma ambição universal. Essa lógica teve o seu impacto em diversos níveis da ação política ligada às etnias. Por fim, regressaremos à Europa para observar o processo de assimilação das suas periferias durante a Idade Média, já que alguns dos problemas analisados nos primeiros dois capítulos foram replicados por aquilo que foi definido como colonialismo interno.

IGREJA E IMPÉRIO

Em 1461, Enea Silvio Piccolomini, o papa Pio II (1458-64), escreveu uma carta a Mehmet II (governante otomano, 1451-81), que conquistara Constantinopla (1453) e o que restara do Império Bizantino (Sinop e Trebizonda, nesse mesmo ano de 1461), convidando-o a se converter ao cristianismo em troca do título de imperador. A carta é um manifesto fascinante sobre política e relações internacionais, em que o papa avaliava o equilíbrio de forças entre cristãos e muçulmanos. Pio II argumentava que os turcos jamais conseguiriam conquistar a Europa, frisava o número de cristãos sob o seu domínio e lembrava a resistência com que se deparavam na Hungria, na Boêmia, na Dalmácia, na Grécia e em outras regiões onde o cristianismo estava profundamente enraizado. Associou com mestria o poder temporal à salvação da alma, sendo esta domínio privilegiado do papado. Segundo o seu raciocínio, a guerra e o sofrimento da humanidade espalhavam o mal e impediam a salvação; só a conversão ao cristianismo podia levar à homogeneidade religiosa e à paz universal. Piccolomini identificava-se como promotor da salvação universal para os gregos, os latinos, os hebreus, os sarracenos e todos os povos do mundo, incluindo os inimigos do cristianismo. Prometeu a Mehmet II glória e salvação através da conversão. Apontou que um "pequeno" gesto poderia transformar Mehmet II na pessoa mais poderosa do mundo; ele deveria aceitar a água do batismo, adotar os rituais cristãos e acreditar no Evangelho. A carta incluía a tradição dos governantes que haviam aceitado a conversão para garantir ou expandir os seus impérios: o imperador Constantino, que desenvolveu o modelo de unificação de povos sob o cristianismo; Clóvis I, rei dos francos; Estêvão, rei dos húngaros; Ricardo, rei dos visigodos; Agilulfo, rei dos lombardos; e Ladislau, grão-duque da Lituânia, que se tornou rei da Polônia. Piccolomini sublinhou o papel dos seus antecessores, os papas Estêvão, Adriano e Leão, que encorajaram Pepino III e Carlos Magno a combater os bárbaros e reconheceram a legitimidade do seu poder nas regiões "libertadas". Dava a entender que, se Mehmet II fosse cristão, talvez pudesse reclamar a sucessão ao trono da Boêmia e da Hungria com o apoio papal.[1]

No cerne da carta está um modelo de poder imperial temporal apoiado pelo poder espiritual do papado (*maiestas pontificalis*) — um excelente exercício de retórica de autoria de um papa que desenvolvera a sua carreira política como secretário de cardeais, papas e do imperador Frederico III graças às suas espantosas capacidades intelectuais, além de uma grande eloquência verbal e escrita. Piccolomini compôs tratados geográficos sobre a Ásia e a Europa, uma história da Boêmia e muitos textos didáticos, biografias e discursos. Tais feitos literários culminaram nos *Commentarii*, a única autobiografia já redigida por um papa.[2] Contudo, a missiva revela o conhecimento limitado e distorcido de Pio II sobre o islamismo e os seus preceitos: Piccolomini foi buscar as suas principais referências em Juan de Torquemada e Nicolau de Cusa, que pouco tempo antes haviam compilado textos e produzido novas reflexões acerca do islã, criticado como epicurista. Pio II também ignorou (ou talvez tenha decidido fazê-lo) o fato de que, segundo a tradição dos governantes bizantinos, Mehmet II se apresentara como legítimo imperador de um território que incluía a Europa Ocidental.

A carta a Mehmet II talvez nunca tenha chegado a ser enviada. Foi copiada e corrigida pelo papa, que a usou como propaganda para apaziguar os turcófilos, bem como para afirmar a sua autoridade contra o sacro imperador romano e as potências italianas. A partir da queda de Constantinopla, tanto antes como depois de ter sido empossado como papa, Piccolomini dedicou-se a uma série de discursos e de ações a favor de uma Cruzada contra os turcos. Morreu em Ancona, enquanto aguardava os navios venezianos que lhe permitiriam ser ele próprio a comandar a Cruzada — um gesto de desafio em face da indiferença ou do abandono da empreitada pelo sacro imperador romano, pelo rei da França e pelo duque da Borgonha. A redação da epístola e os preparativos para a invasão não foram gestos contraditórios, uma vez que a persuasão era sempre vista como o preliminar da ação violenta. Seguindo a mesma linha de raciocínio, a impossível repetição do modelo constantiniano de conversão obrigaria a um confronto militar com Mehmet II para a recriação de um Mediterrâneo ecumênico baseado na unidade da Igreja cristã. A visão teocrática medieval da Cruzada era assim renovada para promover a reforma contra o islamismo e impedir quaisquer iniciativas políticas por parte das potências cristãs que desafiassem a autoridade da Igreja.

Na sua carta, Piccolomini abordava a questão das Igrejas cristãs sob o domínio otomano: armênias, jacobitas, maronitas e gregas. Acusava tais Igrejas de terem rejeitado o decreto de união do Concílio de Florença (1439) e de persistirem nos seus "erros", referindo-se especificamente à forma como viam o Espírito Santo e ao seu conceito de purgatório.[3] É óbvio que o âmbito universal da Igreja cristã deveria ser imposto de forma inflexível através da implementação severa da doutrina da Igreja católica e da afirmação da autoridade do papa. Ainda assim, os concílios de Constança (1414) e de Florença (1439) desempenharam um papel importante na projeção universal da Igreja católica, uma vez que colocaram a unificação de todas as Igrejas cristãs no centro de seus interesses; supostamente ameaçadas pelas conquistas otomanas e pela queda prevista dos derradeiros territórios do Império Bizantino, as Igrejas orientais deveriam ser protegidas e, se possível, absorvidas. Esses concílios foram assim transformados em fóruns de discussão ecumênica com dignitários gregos como convidados, os quais foram alvo de uma atenção que não era vista desde os séculos XI e XII. Essa sequência de acontecimentos pode parecer uma retomada estranha e fracassada da atmosfera e das ações da Primeira Cruzada, que teve como catalisador a invasão turca da Palestina. Contudo, o universalismo não impediu que o papa retomasse os preconceitos contra os povos pelos quais dizia ser responsável perante Deus. Na sua carta a Mehmet II, Piccolomini elogiava os turcos como valentes guerreiros, supostos descendentes dos citas, mas difamava os sarracenos "viciados na imoralidade", os sírios "desonestos", os egípcios "afeminados", os árabes "fracos" e os africanos "nus", todos eles considerados pouco preparados para a guerra.[4]

Se no início a Igreja desenvolvera uma posição universalista e se considerava responsável perante Deus por todos os povos do mundo, os desenvolvimentos acadêmicos do século XIII, especialmente o trabalho de Tomás de Aquino, integravam a noção romana de lei natural na teoria jurídica.[5] A colocação do *Homo naturalis* não cristão no mesmo nível do *Homo renatus* cristão libertava a humanidade de qualquer base cristológica, acentuando o comportamento e o raciocínio comuns dos seres humanos como base essencial da *humanitas*.[6] O universalismo, porém, foi acompanhado por segregação. No trabalho de Aquino atribuía-se aos judeus o status de escravidão perpétua e eles eram acusados de usura, considerada a sua "única" fonte de rendimentos. Os escravos de famílias judaicas que se tornassem cristãos deveriam ser imediatamente libertados da servidão. Contudo, Aquino acreditava que não se deveriam cometer ofensas contra os judeus e que não se deveriam impor tributos nos locais em que não existisse tal tradição. Mostrava-se resoluto na crença de que os descrentes (judeus e pagãos) "não deveriam ser forçados à fé por qualquer meio". Também defendia que os ritos judaicos deveriam ser tolerados, para mostrar que "até os nossos inimigos são testemunhas da nossa fé", mas declarava que não se deviam tolerar os ritos de outros descrentes.[7]

Essas posições seguiam o direito canônico — ou seja, a coleção compilada por Graciano em 1140 e os *decretales* compilados sob Gregório IX em 1234. Nestes eram abordados os direitos dos não cristãos, nomeadamente o direito à propriedade. A primeira dessas compilações opunha-se ao casamento entre cristãos e judeus. Integrava ainda a decisão do IV Concílio de Toledo, de 633, segundo a qual os judeus não deveriam ser obrigados a se converter. No entanto, uma vez que isso ocorresse, mesmo contra a vontade, eles teriam de permanecer cristãos. A segunda compilação estabelecia a equivalência entre as duas comunidades religiosas, judeus e muçulmanos, impondo-lhes formas semelhantes de segregação. Definia-se claramente o status de servidão, vista como sendo, na prática, o resultado da conquista, justificando a legitimidade da expulsão mais tarde aplicada aos judeus.[8]

Sinibaldo Freschi, o papa Inocêncio IV (1243-54), um advogado de direito canônico que contestou a ocupação pela força da Terra Santa pelos muçulmanos e justificou as Cruzadas como guerra defensiva, desenvolveu o conceito de guerra justa. Reivindicou também os territórios ocidentais do Império Romano como herança legítima do papado, baseando-se na doação supostamente feita por Constantino, denunciada como falsificação por Dante Alighieri por volta de 1310 e refutada de maneira convincente por Lorenzo Valla em 1440.[9] Ainda assim, Inocêncio IV reconheceu os direitos dos não cristãos à propriedade e à independência, considerados direitos de todos, e repudiou a guerra contra os descrentes apenas com base na falta de fé, embora houvesse certa ambiguidade na sua visão, já que considerava que o papa era responsável por todos os seres humanos, cristãos ou não, o que abria a porta à intervenção em sociedades infiéis em determinadas condições. Foi por isso que alguns advogados canônicos mais tarde contestariam os direitos dos infiéis e defenderiam que fossem submetidos aos cristãos. Esse debate também foi influenciado pelos preceitos do amor ao próximo e da caridade, que iam contra a expulsão dos não cristãos das suas terras. Dessa forma, a intervenção em territórios muçulmanos era unicamente justificada pela necessidade de proteger as comunidades cristãs.[10]

A ambiguidade entre a defesa do universalismo feita pela Igreja católica e a sua repetição de preconceitos étnicos, com as ações discriminatórias consequentes, também era identificável na visão imperial do mundo. Bizâncio refletia a mudança do centro do Império Romano para o Oriente Médio e a manutenção de

Figura 3.1. Iluminura representando a rainha de Sabá com longo cabelo louro e pele negra, pintada por mão posterior, em Conrad Kyeser, Códice Bellifortis, fl. 122r (anterior a 1405).

posições políticas no Norte da África até as invasões muçulmanas. A natureza teocrática do Império Bizantino, com a interdependência estrutural entre Igreja e Estado, fundiu o universalismo religioso e político de uma forma mais sistemática do que acontecia na tradição ocidental de separação de poderes. Porém, a inclusão dos diferentes povos do mundo no panorama bizantino não implicou a ausência dos preconceitos herdados da Antiguidade Clássica. Esse legado surgia paralelamente às ideias sobre as populações orientais e transmediterrâneas de pele escura, mas essa percepção exibia uma ambiguidade maior do que a do mundo carolíngio, onde se desenvolvera o simples contraste entre branco e negro. O anticolonialismo mobilizado pelas invasões muçulmanas pode ter contribuído para a percepção bizantina relativamente mais igualitária dos povos do mundo: a representação de indivíduos de pele negra nos manuscritos ortodoxos gregos iluminados que se dedicavam à evangelização reforçava a mensagem universal da Igreja. A relevância política desse tema era corroborada todos os anos: durante as celebrações do nascimento de Cristo no Hipódromo de Constantinopla, os povos do mundo conhecido eram apresentados diante do imperador.[11]

As ideias ecumênicas tiveram uma influência significativa na Europa Ocidental, espalhando-se juntamente com a difusão dos ritos e dos símbolos do Império Bizantino e sendo absorvidas em diferentes graus pelas cortes reais e pelo Sacro Império Romano. Já vimos como os projetos imperiais na Sicília realçavam diferentes tipos humanos, incluindo os africanos negros, como símbolos de reivindicações universais, criando o cenário para a imagética política posta em circulação pelo imperador Frederico II. Entretanto, a imagem da rainha de Sabá, representada como símbolo da nobreza que desejava converter-se ao cristianismo, começou a escurecer, acabando por se tornar negra.[12] A placa de esmalte de Nicolau de Verdun, *Salomão e a rainha de Sabá*, no Capítulo de Klosterneuburg (1181), é um dos primeiros exemplos, mas a extraordinária ilustração no manuscrito iluminado por Conrad Kyeser antes de 1405, onde se mostra uma rainha negra com cabelo louro, suscita a questão do contraste simbólico de cores (ver figura 3.1). No longo prazo sobressai a ambiguidade visual, já que a negra sensual e tentadora está justaposta ao que antes fora um símbolo de virtude religiosa. Também no século XII, os três reis magos começaram a ser associados às três partes do mundo, embora os seus nomes, que não foram registrados no Evangelho, viessem a ser permutáveis, bem como as supostas regiões de origem: Melchior, que oferecia ouro, seria representado como um idoso europeu de barba branca comprida; Gaspar, que levava incenso, era representado como um asiático jovem de túnica e, mais tarde, turbante; e Baltazar, com a sua mirra, era representado com pele trigueira, tornando-se negro no século XIII.[13] A pintura em Würzburg, na capela de Santa Maria (1514), é um dos melhores exemplos dessa tradição, bem representada pelo retábulo de Polling (1444).

A "africanização" de um dos três reis magos acompanhou a "africanização" de são Maurício, um mártir da Legião de Tebas que foi condenado à morte no Império Romano entre 386 e 392 por se recusar a renegar o cristianismo. Logo o santo passou a ser objeto de um culto que justificou a fundação da abadia de Agaune em 515. O cavaleiro-santo tornou-se extremamente importante durante a instabilidade militar da Idade Média como alternativa ao são Jorge "inglês" ou ao são Tiago "hispânico": o seu nome foi atribuído a 62 comunas no território da atual França, tornando-se indissociável do exército franco; Otto I da Saxônia escolheu-o como santo padroeiro do Sacro Império Romano; a expansão oriental alemã contra os eslavos e os húngaros foi feita sob o seu patrocínio; tornou-se santo padroeiro de Magdeburgo e Halle; no norte da Itália foi criada uma ordem militar em seu nome; foi escolhido como santo padroeiro da Federação Suíça; e Frederico II foi ungido em Roma diante do altar de são Maurício na catedral de são Pedro.

Originalmente um santo branco, Maurício só começou a se tornar negro no século XIII. Essa inovação foi personificada na extraordinária estátua de são Maurício negro na catedral de Magdeburgo, cidade que, junto com Colônia, foi das mais criativas no desenvolvimento de símbolos e ideologia imperiais (ver figura 3.3). A Legião de Tebas foi interpretada como egípcia e depois reinterpretada como negra, num processo duplo de orientalização e de africanização. O santo foi representado como negro acima de tudo na Alemanha, bem como na Europa Central e na Setentrional, tendo permanecido branco na França, em Flandres e na Itália. O apoio do imperador foi essencial para a aquisição e a oferta das relíquias do santo aos principais centros do seu culto. Muitas pinturas, esculturas, textos iluminados e, mais tarde, gravuras do santo foram encomendadas pelas elites imperial, religiosa e locais.[14] Essa tradição pictórica pode ser observada, por exemplo, no retábulo da autoria de Hans Baldung Grien de são Maurício e são Jorge (1504) e no quadro de santo Erasmo e são Maurício por Matthias Grünewald (1520--4), que representam retratos extraordinários de negros. O impacto das Cruzadas e a reputação de Saladino, elogiado como conquistador na literatura medieval, certamente desempenharam um papel importante no entusiasmo do século XIII por tudo o que era egípcio, mas a invenção do soldado e santo africano negro só pode ter sido desenvolvida sob o auspício político do imperador.

A reunião de diferentes povos do mundo para expressar as ambições imperiais mostra uma linha de pensamento relativamente contínua de Bizâncio à Sicília e ao Sacro Império Romano. Dante, um dos autores medievais que defendiam de forma aberta a ideia de um império universal baseado na separação da Igreja e do Estado com autonomia política do imperador, recuperou a ideia de Plínio das três partes do mundo para falar explicitamente de asiáticos, africanos e europeus.[15] Dante antecipou em dois séculos as divisões da humanidade, uma visão que só seria desenvolvida como consequência da expansão oceânica europeia. Nesse mesmo contexto, a elevação do africano negro ao status de santo e de rei

Figura 3.2. Adoração dos reis magos, 1444, óleo sobre madeira em retábulo de Mestre dos Painéis, 129 × 86 cm. Painel da esquerda do tríptico, parte inferior do verso. Munique, Alte Pinakothek, n. inv. 1360.

Figura 3.3. São Maurício negro, c. 1240--50, escultura em calcário de autor desconhecido, 112 cm de altura. Catedral de Magdeburgo.

mago, graças ao investimento simbólico imperial, abriu caminho à observação e à representação na Europa dos africanos subsaarianos como pessoas reais nas suas funções comuns de escravos, servos ou soldados. A representação estereotipada de negros de ambos os lados da divisória entre condenados e salvos n'*O último julgamento* de Hans Memling mostrava a igualdade tanto na morte como no além.[16] Mas o auge dessa nova tendência para a representação relativamente neutra dos negros terá sido atingido com Hieronymus Bosch, por volta de 1510, no quadro mais tarde intitulado *A variedade do mundo* ou *O jardim das delícias terrenas* (ver figura 3.4), em que negros surgiam representados entre dezenas de outros indivíduos nus, sem nenhuma desonra aparente.[17] Essa nova visão não desafiava os grandes estereótipos alimentados pelo tradicional significado simbólico dado na Europa ao preto como cor, usado para expressar pecado, mal,

Figura 3.4. Jardim das delícias terrenas, c. 1503-4, de Hieronymus Bosch, tríptico, painel central, dimensão total do tríptico 220 × 195 cm. Museu do Prado, n. inv. 2823.

trevas, imundície, infidelidade, luto, penitência, infortúnio ou fealdade. Tais preconceitos em torno da cor também foram alimentados pela reinterpretação medieval do filho amaldiçoado de Noé, Cam, acusado de comportamento desleal, cuja linhagem remontava à África e era composta de pecadores negros e infiéis, maculados de geração em geração.[18] Ainda assim, a promoção de um santo negro como protetor pelo imperador criava novas possibilidades para a representação dos negros.

PERIFERIAS EUROPEIAS

Os preconceitos étnicos que se desenvolveram durante a expansão do poder cristão latino não se limitaram às regiões da Península Ibérica, da Sicília, da Ifríquia e do Oriente Médio. É verdade que os conflitos nessas regiões contra grandes potências baseadas em outras religiões ou outros ritos, tais como o islamismo e a Igreja ortodoxa, deram origem a uma estrutura específica em que os critérios de identificação étnica se confundiram com o preconceito religioso, mas a expansão das potências cristãs latinas pela Europa criou novas periferias e levou a novas formas de percepção interétnica nesses territórios periféricos, num processo definido como colonialismo interno.[19] A dificuldade na diferenciação entre colonialismo interno e externo na Europa medieval torna-se óbvia nos casos complexos da Sicília e da Península Ibérica. Outra dificuldade diz respeito à especificidade das regiões moldadas pelo conceito inclusivo de cidadania romana e cristianização inicial. Já abordamos superficialmente a questão das invasões bárbaras e das novas realidades étnicas que surgiram no que fora o Império Romano. Vamos agora nos dedicar às áreas que não foram abrangidas pela romanização, que também assistiram à emergência de novas etnias e que tiveram a primeira experiência de cristianização durante a Idade Média. E, ao passo que nos primeiros capítulos desta parte analisamos os preconceitos interétnicos num contexto de rivalidade entre diferentes religiões e diferentes igrejas cristãs, agora examinaremos alguns preconceitos interétnicos que se desenvolveram numa estrutura religiosa menos competitiva.

A cristianização das periferias europeias adveio de uma série complexa de acontecimentos que têm de ser cuidadosamente examinados. Por exemplo, os vikings, ativos entre cerca de 800 e 1050 e descritos por outros povos como ferozes, haviam desempenhado um papel crucial nos territórios da Escandinávia, das Ilhas Britânicas e da costa noroeste da França; estabeleceram um comércio regular com Constantinopla, influenciaram a futura Rússia e chegaram até o Irã.[20] Assim, os territórios vikings não podem ser considerados uma periferia bárbara, já que eles realizavam trocas comerciais regulares e pacíficas com regiões distantes. O mesmo pode ser dito de outras regiões periféricas. Da mesma forma, as relações entre os alemães cristianizados e os eslavos no Leste Europeu no início do século XIII não podem ser reduzidas à representação dos eslavos pelos alemães como bárbaros que se dedicavam a escalpelar as vítimas.[21] O objetivo aqui é observar as formas assumidas pela cristianização nessas áreas, as novas percepções dos povos desenvolvidas nesse processo e o fosso entre integração religiosa e objetivos políticos que poderia dar origem a novas formas de preconceito e de discriminação.

A conversão forçada dos saxões ao cristianismo imposta pelas tropas de Carlos Magno na Europa Setentrional estabeleceu um exemplo que seria seguido cinco séculos depois pelas atividades da ordem militar teutônica contra os prussianos e os lituanos, que resistiram à conversão até o século XIV.[22] A nobreza cristã polonesa enviou protestos para Roma quanto ao comportamento dos cavaleiros teutônicos, condenando a busca impiedosa de conquista territorial e ambições políticas. Uma aliança entre os poloneses e os lituanos levou à vitória contra os cavaleiros teutônicos em Tannenberg, em 1410. Os tributos exigidos pelos cavaleiros teutônicos, que reivindicavam todas as terras ocupadas por infiéis e chegaram a violar acordos com povos convertidos, como no caso dos cumanos, na Prússia, suscitaram tamanhos protestos que o papa acabaria por excomungá-los.[23] Por outro lado, a conversão dos povos escandinavos, alcançada por volta do século X, decorreu com relativa tranquilidade, sem invasões ou confrontos militares. No entanto, no norte e no centro da Escandinávia verificou-se resistência ao cristianismo por parte dos sami (lapões, como eram chamados, de modo depreciativo), um povo de caçadores-coletores cuja língua pertencia ao grupo fino-úgrico e que seguiu uma religião xamanística até o século XVIII.[24] Essa resistência definiu uma periferia no seio da Escandinávia, não só em termos de religião, mas também no que diz respeito ao estilo de vida. O modo de vida seminômade dos sami, determinado pelas estações e pelas expedições de pesca e caça, despertava nos escandinavos os mesmos preconceitos antigos que haviam sido desenvolvidos nas sociedades urbanas da Antiguidade Clássica. A conversão das populações fino-úgricas e eslavas na Europa Central também ocorreu no século X sem nenhuma intervenção militar. A integração e a conversão dos cumanos, chegados à Hungria vindos da Ásia Central no século XIII, ocupando as províncias centrais e desempenhando aí um importante papel militar, demoraram dois séculos. O impacto dos seus costumes, penteados e toucados na região foi prova não só da sua resiliência, mas também do fato de uma população cristianizada poder ser tentada a regressar aos hábitos bárbaros.[25]

A conversão dos búlgaros e dos sérvios (eslavos), bem como dos romenos (não eslavos) à Igreja ortodoxa não impediu graves conflitos militares entre as áreas centrais e as periferias do Império Bizantino, assim como a conversão dos croatas, dos tchecos, dos morávios e dos poloneses (eslavos), além dos húngaros (magiares não eslavos), ao cristianismo latino não acabou com os conflitos entre as principais potências e os Estados da Europa Central e do Leste Europeu — nem com os conflitos internos e entre esses países periféricos. Um exemplo entre muitos é o status de subordinação dos croatas aos domínios húngaro, veneziano e otomano; outro é a luta constante sustentada pelos magiares na Hungria, pelos tchecos na Boêmia e pelos poloneses na Polônia contra o poder dos alemães, dos russos e dos otomanos. Na Boêmia e na Hungria, os imigrantes alemães levavam consigo as suas próprias leis e tinham uma vida comunal separada. Após o século XIV, porém, o equilíbrio de poder mudou, e os alemães na Boêmia foram proibidos pelo poder local de casar com elementos da população local, banidos da cidadania das povoações e excluídos de determinados cargos.[26]

A zona de disputa entre as Igrejas grega e latina criou uma complicada fronteira política, militar e religiosa na Europa, onde a discriminação era fértil. O breve Império Latino em Bizâncio (1204-61) criou vários feudos na Grécia, por exemplo o principado de Acaia (na época Moreia), onde os servos gregos sofriam de discriminação judicial e não podiam apresentar acusações contra os governantes francos. Depois, no início do século XIV, os catalães assumiram o controle do ducado de Atenas, criando oligarquias municipais e sistemas legais duplos. Durante muitos anos, a instabilidade da região permitiu o saque sistemático e a escravidão de cristãos gregos, vendidos pelos catalães (cristãos) na Itália e na Península Ibérica — um negócio que só foi interrompido pelo rei de Aragão depois de 1382.[27] Esse abuso contrastava com a ausência, em Bizâncio, de uma estratificação legal formal: a principal divisão era entre os homens livres e os escravos; não havia nenhuma divisão étnica em relação aos eslavos, por exemplo, considerados livres.[28]

Em outros países periféricos da Europa Ocidental, o conflito interétnico entre cristãos era ainda mais agressivo, como no caso da Irlanda. O país foi convertido ao cristianismo no século V, o que significa que se tornou cristão antes da Inglaterra. No entanto, a fé comum não impediu séculos de guerras coloniais, expropriações de terras, dependência política e humilhação coletiva sob os colonizadores ingleses, iniciados com a Conquista Anglo-Normanda em 1169. A expropriação econômica foi um processo longo, que atingiu o seu auge no século XVII, mas os preconceitos étnicos tiveram início pouco depois da conquista. A discriminação legal presente num sistema legal duplo foi introduzida através do uso pelos colonos da lei consuetudinária inglesa; os irlandeses podiam ser acusados, mas não tinham autorização de acusar. Podemos encontrar o desprezo pela arquitetura irlandesa doméstica, alegadamente sem tijolos ou pedra, pela ausência de jardins e pela falta das provisões a que os colonos estavam habituados em textos medievais ingleses, que espalharam a ideia de que os irlandeses tinham um estilo de vida inferior. Supostamente, os irlandeses não se barbeavam nem se calçavam, usavam cabelo comprido, empregavam um machado enorme como único equipamento de guerra e dedicavam-se à bestialidade e a ritos selváticos de investidura real.[29] Os ingleses adotaram desde cedo políticas de segregação e de exclusão no território conquistado: em 1366, os estatutos de Kilkenny proibiam o casamento ou a coabitação entre ingleses e irlandeses, pois as uniões mistas podiam levar os ingleses a cair na tentação de adotar os costumes degenerados dos irlandeses.[30] A visão dos irlandeses como um povo bárbaro seria mais tarde usada para compará-los aos índios norte-americanos, tal como encontramos nos escritos dos colonos americanos Thomas Morton e Hugh Peter.[31]

4. Tipologias da humanidade e modelos de discriminação

TIPOLOGIAS

As principais etnias na Sicília normanda, uma região da Europa na confluência de três civilizações expostas à guerra e a migrações, eram definidas, em grande medida, pela religião. Em geral, a identificação étnica e religiosa acarretava um status político, tal como sugerido pelas esculturas nos sarcófagos de Rogério II. No entanto, essas representações não chegavam ao nível de uma tipologia para toda a humanidade, só abrangendo e classificando os povos dominados por um poder soberano específico com objetivos imperiais. Esse fenômeno ocorreu durante esse período em outras entidades políticas nas fronteiras das civilizações — por exemplo, nos reinos cristãos da Península Ibérica ou no Reino Latino de Jerusalém, onde era preciso gerir e integrar politicamente uma realidade multirreligiosa e multiétnica. O mundo clássico não tinha tipologias de humanidade claramente definidas, mas testemunhou a mudança da divisão entre leste e oeste concebida pelos gregos para a divisão entre norte e sul dos romanos. Nesta, os povos nórdicos opunham-se aos povos do Mediterrâneo; também havia lugar para os asiáticos, bem como para os africanos negros levados para o Mediterrâneo pelo lento mas constante fluxo do mercado escravagista.

A Idade Média foi um período de transição, que levou às tipologias humanas resultantes da expansão oceânica europeia de finais do século xv e do século xvi. Na década de 1250, o trabalho do escultor Nicola Pisano na catedral de Siena pode ter expressado ideias correntes nessa conjuntura: no interior da cúpula da catedral esculpiu quatro capitéis com a forma de cabeças, podendo cada uma representar um diferente grupo humano.[1] Não temos como identificar claramente tais grupos. As feições estereotipadas atribuídas ao africano negro são as únicas identificáveis: cabelo crespo, lábios grossos e nariz largo. Aparentemente, as outras três cabeças representariam os tipos nórdico, mediterrânico e asiático. Essa hipótese inspira-se em imagens dos livros iluminados bizantinos e europeus ocidentais — em especial os manuscritos que descrevem as conquistas de Alexandre, as crônicas das Cruzadas e a *Chronologia Magna* — em que se representavam diferentes tipos de cabeça e cor da pele. Na década de 1310, Dante foi um dos primeiros autores medievais a diferenciar os tipos humanos segundo o conceito de continentes: asiáticos, africanos e europeus.[2] Tal divisão, que correspondia à tipologia visual implícita, e por vezes explícita, dos três reis magos, demorou certo tempo para se estabelecer.

Os autores medievais interessados em geografia estavam familiarizados com o mito clássico dos três continentes, mas não encaixavam de modo sistemático os seres humanos em categorias que coincidissem com essas divisões.[3] O que fizeram foi desenvolver certos critérios para a identificação dos povos (ou das etnias). Já no século vii, Isidoro de Sevilha definia o importante papel da língua na formação do comportamento e na criação de um sentimento de pertencimento: os diferentes povos desenvolviam-se por falarem a sua língua específica, e não o contrário.[4] No século x, Regino de Prum indicou quatro critérios para a identificação étnica: ascendência, costumes, língua e direito. O primeiro desses critérios apresentava provas claras de que a ideia clássica das características hereditárias persistia na Europa Ocidental medieval.[5] O segundo avaliava algo difícil de definir — comportamento, hábitos e modos de fazer as coisas. A língua era mais uma vez apontada como principal veículo de comunicação e de cultura. Por fim, havia a lei oral ou as regras escritas — uma estrutura institucionalizada para a ação. Idrisi, o geógrafo muçulmano que serviu a Rogério ii, sugeriu um conjunto semelhante, embora mais específico: aparência física, tendência natural, religião, ornamentos, vestes e linguagem.[6] O papel desses critérios em relação ao desenvolvimento é importante, já que realçam o papel da religião — característica que provavelmente não teria a mesma importância nos reinos bárbaros antes da conversão ao cristianismo. Os critérios também revelam uma percepção muito mais forte da avaliação étnica — em que tudo conta. A aparência física, o temperamento, o estilo da barba e do cabelo, os tecidos, as formas e as peças de vestuário e as joias tornaram-se os principais elementos descritivos. Essa atenção extrema aos detalhes foi usada para criar preconceitos padronizados contra povos específicos. Começaremos por nos dedicar ao impacto do critério sobre a aparência física nas práticas e percepções históricas.

APARÊNCIA FÍSICA

Em 1149, durante um cerco do castelo de Kerkyra (Corfu), que fora tomado aos bizantinos pelos normandos sicilianos, as tropas ofensivas dos aliados bizantinos e venezianos entraram numa disputa amarga que acabou em combate. Os venezianos derrotados refugiaram-se nos navios e saquearam a costa grega, incendiando e afundando a frota bizantina, que ficara em Eubeia. Segundo Niketas Choniatēs, um oficial superior imperial que se tornara cronista, verificou-se um acontecimento "monstruoso":

> Roubaram o navio imperial, adornaram as cabines imperiais com cortinas entremeadas com fio de ouro e tapetes púrpura e instalaram a bordo um maldito manequim, um certo etíope de pele negra. Louvaram-no como imperador dos romanos [bizantinos] e mostraram-no numa procissão com uma coroa esplêndida na cabeça, ridicularizando as cerimônias imperiais sagradas e troçando do imperador Manuel por não ter cabelo amarelo, a cor do verão, mas sim uma compleição trigueira, como a noiva da canção que diz: "Sou negra e bela, pois o Sol olhou-me de soslaio".[7]

Esse escárnio mostra a dimensão do preconceito antibizantino entre os cristãos latinos. O imperador bizantino Manuel Comneno, que se apresentara pessoalmente no cerco de Corfu, foi ridicularizado pela cor da pele (a sua tez escura foi sublinhada num duplo retrato seu com a esposa, Maria de Antioquia, que era, em contraste, alva como a neve), pelo orpo franzino, pelos modos supostamente "afeminados" e luxo cerimonial pomposo (ver figura 4.1). Um africano negro, provavelmente escravo, representou tudo isso para sublinhar a condição inferior do imperador nas suas vestes e emblemas magníficos. Choniatēs conseguiu res-

84

Figura 4.1. Retrato anônimo de Manuel I Comneno, imperador bizantino (1143-80), e da sua segunda esposa, Maria de Antioquia. Manuscrito iluminado, Biblioteca Apostólica Vaticana, vat. gr. 1176.

ponder no final da descrição usando uma citação bíblica do Cântico dos Cânticos.[8] O cronista bizantino tinha obviamente noção da exegese patrística do Cântico dos Cânticos como alegoria da Igreja, como acontece no trabalho do erudito Orígenes (185-232).[9] A referência lhe permitiu inverter a ofensa e elevar Comneno a defensor da Igreja contra os bárbaros sacrílegos.

O preconceito dos venezianos equiparava-se ao dos restantes povos latinos. Guilherme de Tiro, por exemplo, que escreveu nas décadas de 1170 e 1180, considerava os gregos preguiçosos e carentes de virtudes guerreiras, responsáveis pelas conquistas muçulmanas, movidos pela sua maldade inata e ódio aos cristãos latinos, afeitos a questões enigmáticas e respostas ambíguas, e dados a protelar as decisões.[10] Os bizantinos também não poupavam palavras: descreviam os cristãos latinos como "arrogantes, destemidos de espírito, carentes de humildade e treinados para ser sanguinários", e consideravam que eles "albergavam uma hostilidade perene contra os romanos [bizantinos], um ódio eterno".[11]

O conflito entre os venezianos e os bizantinos teve consequências dramáticas: embora Comneno se visse obrigado a engolir a ofensa dos venezianos para que estes voltassem ao cerco e se conseguisse a retirada normanda de Corfu, em 1171 ele se vingou, ordenando que se detivessem todos os venezianos do império e se confiscasse a sua propriedade. Essa situação deixou um rasto de ódio que durou várias décadas, com os venezianos exigindo compensação financeira; essa compensação foi aceita pelos governantes bizantinos, mas nunca chegou a ser paga na totalidade. Outro acontecimento traumático foi o ataque à zona latina de Constantinopla em 1182 pela turba bizantina, que massacrou a população que encontrou. Em 1204, os venezianos conseguiram facilmente direcionar a Quarta Cruzada para a conquista de Constantinopla, realizada com o saque escandaloso de igrejas e objetos sagrados, seguido pela nomeação de um patriarca latino.[12] Choniatēs também relatou esses acontecimentos, descrevendo os conquistadores como selvagens e bárbaros por natureza. Um dos mais reveladores episódios desse acontecimento extraordinário foi a ação do abade cisterciense Gunther Martin, do mosteiro de Pairis, na Alsácia, relatada pelo seu biógrafo. Martin irrompeu pela igreja do Pantocrátor, onde estava sepultada a mãe de Comneno, e obrigou o sacerdote grego a lhe entregar as relíquias, depois de gritar: "Vamos, velho infiel, mostra-me onde tens as tuas relíquias mais preciosas. Se não o fizeres, podes contar com a morte".[13]

A violência contra a Igreja ortodoxa eclodiu em outras ocasiões. Logo em 1098, após a conquista de Antioquia, os líderes da Primeira Cruzada haviam enviado uma carta ao papa queixando-se de que as suas tropas tinham conseguido derrotar os turcos e os pagãos, mas não hereges como os gregos, os armênios, os siríacos e os jacobitas.[14] As frequentes referências às Igrejas orientais pelos governantes e clérigos latinos como hereges ou "infiéis" é reveladora; a Igreja de Roma nunca descrevera de tal forma a Igreja ortodoxa grega. A verdade era que entre os cristãos latinos existia um preconceito arraigado contra os gregos, considerados cristãos de segunda classe, fracos e de pouca confiança, e vítimas fáceis de pilhagem, saque e massacre. A conquista de Constantinopla em 1204, que criou um Império Latino no Oriente, o qual viria a ser suprimido em 1261 pelo imperador bizantino Miguel Paleólogo, definiu as relações entre as Igrejas cristãs latina e grega para os séculos vindouros: a Igreja grega considerava, com toda a justiça, que poderia sobreviver sob o jugo turco, mas não sob o latino. Foi por esse motivo que nunca se concluíram as várias tentativas de unificar as Igrejas — por exemplo,

Figura 4.2. Afonso X, "o Sábio", rei de Castela (1252-84), Cantigas de Santa Maria (1254-79), cantiga 46, cena 1, parte superior, lado esquerdo, segunda fileira. Iluminura em pergaminho de pele representando muçulmanos, cristãos, um africano e um judeu perto da imagem da Virgem Maria e de Jesus. Madri, Real Biblioteca del Monasterio de El Escorial.

o concílio de Ferrara-Florença, em 1438-9, em que o diálogo entre as duas institui-ções atingiu o seu auge. Com poucas exceções, a Igreja ortodoxa fora eliminada de todos os territórios conquistados pelos francos no sul da Itália, na Sicília, na Grécia e no Oriente Médio; a expansão normanda, veneziana e catalã nos terri-tórios bizantinos ocidentais levou à escravidão dos gregos cristãos (além dos albaneses e dos búlgaros), durante algum tempo vendidos na Europa Ocidental, acima de tudo na Itália e na Península Ibérica. A discriminação religiosa contra os "cristãos cismáticos", como se referiam aos gregos em Roma, era usada para justificar o domínio político e levou ao desprezo étnico, como se vê com essas práticas escravagistas.

A cor da pele foi obviamente importante para os venezianos no episódio de vingança contra as tropas bizantinas, mas não é claro que esse critério tenha tido o mesmo significado em outras regiões da Europa, ou em circunstâncias diferen-tes. Os manuscritos iluminados encomendados pelo rei castelhano Afonso, o Sá-bio (1221-84) — o *Libro de Ajedrez* e *Cantigas de Santa Maria* —, apresentavam dife-renças visíveis entre os cristãos e os muçulmanos, mais baseadas nas vestes do que na aparência física.[15] Os muçulmanos eram identificados claramente pelos tur-bantes e pelas túnicas largas, de mangas abertas na extremidade, o que lhes ocul-tava a forma do corpo, tal como ordenado pela tradição islâmica. Os homens cristãos não tinham a cabeça coberta e as túnicas colavam-se mais ao corpo, reve-lando a forma do tronco e das pernas. A cor da pele não era irrelevante. A vasta gama de cores — branco, castanho-claro, castanho-escuro e preto — representa-das em vários manuscritos indica a percepção das diferentes compleições. Embo-ra os muçulmanos fossem habitualmente representados como marrons e pretos, também eram apresentados como brancos. Acontecia o oposto com os cristãos.[16] Essa tendência confirma-se no manuscrito iluminado *Fueros del reyno de Aragon*, compilado durante o reinado de Jaime I (1213-76): os muçulmanos eram represen-tados como tendo tez escura. No entanto, o preconceito em relação à cor da pele não era óbvio. No *Libro de Ajedrez*, uma iluminura representava um jogo entre um branco e um negro (não muçulmano): o negro, identificado pelos estereótipos habituais — pele escura, cabelo crespo, lábios grossos e nariz grande —, vencera o jogo e apontava o dedo como se mostrasse ter dado uma lição ao outro, en-quanto o branco era representado numa posição defensiva, aceitando a derrota de mãos abertas. Nas *Cantigas de Santa Maria*, não era necessária uma cor da pele específica para identificar os judeus: eles eram representados como brancos, mas com barba e nariz adunco estereotipados.

A relativa neutralidade da cor da pele nessas representações não é consistente com a apresentação da pele no *Lapidario*, outro códice iluminado encomendado por Afonso, o Sábio. Este contém a imagem perturbadora de um elefante com a cabeça de um negro, e provavelmente é uma das primeiras representações de negros em que as feições se misturam com as de animais africanos. É certo que o *Lapidario* é um volume complexo, claramente inspirado na alquimia, que definia a gama de cores em sequências de transformação e purificação em que o preto, o vermelho e o branco adquirem um sentido especial. Ainda assim, nesse caso não podemos ignorar a ligação com outras fontes escritas que falavam sobre africanos negros. Ibn Khaldûn, escrevendo um século mais tarde, expressou os seguintes preconceitos contra os negros: "[Eles] prestam-se à escravidão porque têm pouco que seja (essencialmente) humano e possuem atributos muito semelhantes aos dos animais irracionais, vivem em grutas e matas, comem ervas, vivem num isolamento selvagem e não se juntam, e comem-se uns aos outros".[17] Ludolfo de Sudheim, que escreveu o relato das suas viagens em meados do século XIV, mostrou o mesmo desprezo pelos "etíopes pretos", entre os quais "homens e mulheres têm cara de macaco e criam macacos de estimação como nós criamos cães e galinhas".[18]

CRITÉRIOS DE IDENTIFICAÇÃO

O *Atlas catalão*, desenhado em Maiorca em 1375 pelo cartógrafo judeu Abraão Cresques (ver figura 4.3), representa uma combinação fascinante de carta marítima e mapa-múndi, indicando tipos humanos em diferentes partes do mundo — uma inovação mais tarde desenvolvida pelos cartógrafos de Lisboa e de Dieppe. O atlas representa o mundo tal como era conhecido pelos europeus da época, desde as ilhas Canárias até a China. Mostra a área dos objetivos imperiais catalães (e aragoneses) no Mediterrâneo, desde Barcelona e Valência até o ducado de Atenas, incluindo as ilhas Baleares, a Sardenha e a Sicília. É óbvio que, nesse ambiente politicamente definido, a descrição dos territórios e a sua representação cartográfica apareciam junto com a descrição dos povos. Não se veem fronteiras, mas as entidades políticas são representadas por castelos e estandartes com os brasões dos governantes. Vários elementos identificam regiões específicas. Em Marrocos temos pavilhões reais e um muçulmano descalço, de turbante e túnica larga, montado num camelo. Perto de Tombuctu vemos um rei negro com cetro, coroa dourada e globo dourado. No Norte da África, um servo negro conduz um camelo, o soberano muçulmano da Ifríquia é mostrado com um escudo e uma grande espada, segue-se um elefante, e o sultão do Cairo é representado com um pombo na mão. O sultão turco é colocado na Ásia Menor e a rainha de Sabá na Arábia. Temos um sultão na Pérsia, dois reis na Índia e um elefante com os três reis magos. Vemos uma caravana com

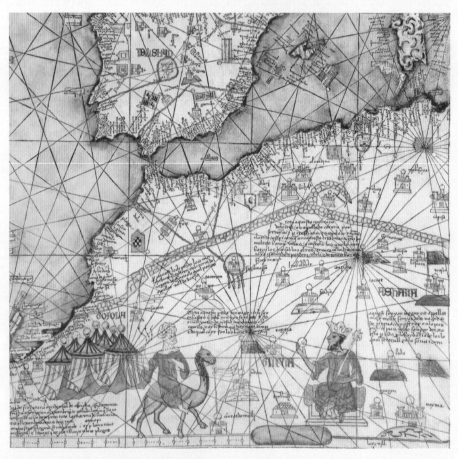

Figura 4.3. Abraão Cresques, Atlas catalão, *1375. Detalhe do Norte da África, com um rei negro e um muçulmano montado num camelo.*

camelos e homens a cavalo na Ásia Central, a caminho de Cataio (China). Um rei branco é mostrado na ilha de Java, e na ilha da "Taprobana" (mais tarde identificada como Ceilão) está representado um rei castanho com um elefante. No Extremo Oriente, o Anticristo está rodeado por reis e é anunciado pelos corneteiros negros Gog e Magog. São mostrados todos os tipos de seres humanos reconhecidos à época, desde Alexandre, o Grande, a selvagens.[19]

As referências bíblicas são óbvias e principalmente as do Antigo Testamento, mas também existem referências concretas a acontecimentos e práticas contemporâneas. Vemos, por exemplo, a peregrinação a Meca feita em 1340 pelo rei do Mali, Mansa Musa, famoso pelo luxo com que viajava, a expedição de Jacome Ferrer às ilhas Canárias, nesse mesmo ano, e a rede de comunicações estabelecida através do Egito e da Palestina graças ao uso de pombos-correio, bem documentada nas crônicas das Cruzadas.[20] A maioria dos soberanos muçulmanos é representada como branca, e parece que as vestes, os toucados e os animais usados (camelos, cavalos e elefantes) eram de especial relevância para os cartógrafos como marcadores simbólicos da identidade — embora não fosse ignorada a cor da pele. No entanto, há indicações de que os europeus setentrionais viam as coisas de modo diferente, o que confirma a visão veneziana discutida anteriormente, já que os venezianos ocupavam uma posição intermediária entre o Mediterrâneo e a Europa Central. Guilherme de Rubruck, um agente enviado em 1253 à corte mongol pelo rei francês Luís IX, descrevia os enviados dos povos de Langa e Solanga que viu na corte de Caracórum como "homenzinhos castanhos, como os espanhóis".[21] Guilherme de Rubruck era um excelente observador, equiparado a Marco Polo, e tentou identificar os diferentes povos com que cruzou registrando detalhes como os estilos de construção, os hábitos alimentares, o uso de animais, roupas, códigos de conduta e cerimônias da corte.

A gama de critérios para distinguir os diferentes povos ia muito além da cor da pele. No entanto, em períodos transitórios, as linhas divisórias entre etnias com base em crenças religiosas podem ser menos definidas do que imaginamos: em finais do século XIII, em Lérida, os mudéjares (ou seja, muçulmanos autorizados a ficar, do árabe *mudağğan*, ou, literalmente, domados) vestiam-se como cristãos, enquanto em Valência os mouriscos (muçulmanos convertidos, ou mouros, como eram chamados na Península Ibérica) se trajavam como mudéjares, por exemplo nas suas festas de casamento.[22] Esses casos indicam claramente um conformismo relacionado com a diferente proporção de muçulmanos na população de cada cidade: enquanto em Lérida os muçulmanos já não eram a maioria, em Valência continuavam a predominar. Na região ocidental da ilha da Sicília, as cristãs aparentemente continuaram a seguir o código de vestuário das muçulmanas durante bastante tempo após a invasão normanda.

DESPREZO ÉTNICO

Era comum que os seguidores da mesma fé religiosa expressassem desprezo uns pelos outros. Os normandos eram chamados "os novos sarracenos" pelos bizantinos.[23] Os normandos consideravam os calabreses covardes e os lombardos, pérfidos.[24] Os alemães eram temidos na Itália como bárbaros, pois supostamente exibiam um comportamento irracional e violento.[25] Os castelhanos eram considerados arrogantes pelos vizinhos. Poderíamos compilar uma lista bastante longa (e em alguns casos protonacional) de preconceitos desse período — uma lista em grande medida estruturada pela disputa política e pela conquista. Em 977, Ibn Hawqal, um mercador de Bagdá, escreveu um livro sobre as suas viagens, numa época em que a Sicília se encontrava sob o domínio islâmico, mas dava seguimento a uma luta contínua contra o Império Bizantino. Considerou os sicilianos pessoas de "capacidade limitada e fraco poder mental", ansiosos por fugir ao dever da guerra santa.[26] A ideia de sicilianos como islâmicos de segunda classe foi reforçada após a sua derrota e subordinação. Abd Allah Yaqūt, nascido em 1178, partilhava o desprezo de Ibn Hawqal, ao qual acrescentava o defeito da falsidade, devido ao mau hábito dos sicilianos de manterem disputas constantes nas suas relações pessoais. Concluiu que "chegam a ultrapassar os judeus em imundície e desonestidade", o que sublinha o fato de os preconceitos serem sempre relacionais.[27]

No caso dos muçulmanos da Península Ibérica, a derrota também levou ao desprezo no mundo árabe. Ibn Khaldûn, por exemplo, considerou-os "fracos de espírito", um povo que perdera o sentimento de grupo, o instinto da cooperação e a capacidade de se impor como resultado da aniquilação da sua Dinastia Árabe. Segundo as suas palavras, sem dúvida inspiradas nas ideias de Cícero e de Tácito sobre a inevitável degeneração dos povos conquistados, os muçulmanos espanhóis haviam sido escravizados pela tirania e se acostumado à humilhação. Ibn Khaldûn levou a sua análise mais longe: "Vemos que os espanhóis [muçulmanos] se assemelham aos [cristãos] galegos nas vestes, nos símbolos e na maior parte dos costumes e usos. Chegam ao ponto de desenhar imagens nas paredes e as têm em edifícios e em casas. O observador inteligente vai chegar à conclusão de que se trata de sinal de serem dominados por outros".[28] Não seria possível definir melhor essa política de aparência do que por um autor que vivera dois anos em Granada e visitou a cidade dos seus antepassados, Sevilha: falava por experiência própria. Contudo, o desprezo por aqueles que se haviam convertido ao cristianismo era muito pior, pois teriam abandonado a pureza da fé.

Encontramos sentimentos semelhantes expressos nos registros das comunidades judaicas medievais, embora as práticas locais mostrassem uma grande flexibilidade entre os hebreus e os familiares convertidos ao cristianismo. A concorrência entre as diferentes religiões do livro desenvolveu-se após a integração dos povos bárbaros recém-convertidos. No entanto, até essa integração teve exceções: o rei ariano dos ostrogodos, Teodorico, o Grande (454-526), vice-rei do Império Bizantino na Europa Ocidental, excluiu os romanos do exército, proibiu o casamento entre romanos e godos e manteve dois sistemas de leis separados — um Estado dualista.[29] Na Idade Média, não era rara a desconfiança em relação aos muçulmanos e aos judeus recém-convertidos ao cristianismo. Em geral, considerava-se que partilhavam os valores, as atitudes e o caráter dos antepassados — um preconceito contra outros povos que se baseava na ideia de descendência coletiva. Nos tumultos antimuçulmanos de 1275 em Valência, os mouriscos (cuja designação sublinhava obviamente as suas raízes étnicas) sofreram tanto quanto os mudéjares. Os muçulmanos convertidos eram até chamados *tornadizos* (vira-casacas) pelos cristãos, apesar de essa prática ter sido proibida pelas *Partidas* (legislação compilada por Afonso, o Sábio).[30] Os judeus convertidos sofreram abusos semelhantes, sendo chamados de marranos (que provavelmente significava porcos), cristãos-novos e cristãos-lindos (usado com ironia). Essa troca de epítetos era imitada pelos muçulmanos: Ibn Jubayr, nascido em 1145 em Valência e que viajou bastante tanto na Sicília como no Oriente Médio, referia-se ao rei Balduíno IV de Jerusalém como o porco, e à sua mãe como a marrã.[31] Os cristãos eram chamados de adoradores da cruz (o que significava que eram idólatras) e politeístas (devido ao conceito teológico da Trindade), ambas as acusações comuns feitas pelos muçulmanos contra os cristãos.[32]

CONVERSÃO E ESTIGMA

A suspeita contra os muçulmanos convertidos ao cristianismo podia levar à perseguição. Filipe de Mahdia, que nasceu no Norte da África, converteu-se ao cristianismo na Sicília e tornou-se camareiro do rei e almirante da frota siciliana. Em 1153 conquistou Bone, na Ifríquia, porém mais tarde foi acusado de ter sido demasiado benevolente para com os muçulmanos subjugados. A essa altura, o rei Rogério II alterara a sua política religiosa e favorecia uma Igreja mais militante. Aceitou as acusações de reincidência feitas contra Filipe e outros antigos dignitários muçulmanos da corte real, e Filipe foi acusado de desrespeitar sistematicamente os jejuns cristãos, ao mesmo tempo que mantinha a prática das orações islâmicas. Filipe confessou a apostasia e pediu clemência, mas o monarca vingativo confirmou a sentença proferida contra ele. Filipe foi executado por cometer um crime de lesa-majestade divina: foi arrastado por um cavalo pelas ruas de Palermo e queimado na fogueira com outros acusados.[33]

Esse exemplo de tratamento duro para com um convertido do islamismo para o cristianismo seria repetido em períodos posteriores de agitação política, como o que se verificou na sequência da morte de Guilherme I da Sicília, durante a menoridade do filho, Guilherme II. Tal período assistiu à fuga escandalosa para o Norte da África de Gaito Pietro, eunuco do palácio, camareiro-mor e membro do conselho de regência, que provavelmente teria pouca chance de sobreviver às terríveis intrigas que o rodeavam.[34] Nesse momento, vários cortesãos importantes foram acusados de regressar à fé islâmica. O alvo mais importante foi Roberto de Calataboiano, que trabalhara com Pietro. Roberto foi acusado de apostasia, violação, homicídio, adultério, roubo e financiamento da restauração da mesquita de Castellamare. Seus familiares foram torturados e morreram na prisão, e suas propriedades foram confiscadas.[35]

Contudo, na Sicília verificou-se uma significativa integração de muçulmanos convertidos, com casos individuais a serem enaltecidos: Al-Qāsim b. Hammūd, o último soberano islâmico de Agrigento e Castrogiovanni antes da Conquista Normanda, rendeu-se a Rogério e tornou-se cristão. Pediu terras na província de Melito, na Calábria, o que lhe foi concedido. Segundo o cronista Geoffrey Malaterra: "Ele viveu muito tempo desde então e nunca dirigiu nenhuma má ação contra o nosso povo".[36] É óbvio que Hammūd foi submetido ao escrutínio constante.

Os tumultos antimuçulmanos liderados pelos lombardos em 1161 e 1189 expulsaram as vítimas dos centros urbanos da Sicília, em especial de cidades grandes como Palermo, onde havia muito mantinham uma presença constante entre cristãos e judeus.[37] Após 1161, os bairros centrais de Galca e Cassaro foram reforçados como sedes de poder, com uma presença exclusivamente cristã, enquanto nos bairros de Albergaria e Chalcia, mais ao sul, muçulmanos, judeus e gregos coexistiram por algum tempo. Contudo, durante os tumultos de 1189, os muçulmanos que haviam sobrevivido ao massacre de 1161 viram-se obrigados a abandonar esses bairros de Palermo e a se refugiar no bairro mais a norte de Seralcaldi.[38]

A segregação dos muçulmanos após a conquista cristã na Península Ibérica foi muito mais célere e explícita. No pacto estabelecido entre Afonso I, rei de Navarra e Aragão, e os muçulmanos de Tudela (uma povoação fortificada nas fronteiras de Navarra, Castela e Aragão conquistada em 1119), o rei confirmou os magistrados islâmicos da cidade e aceitou que a comunidade permanecesse nas suas casas durante um ano. Contudo, após esse prazo, o pacto impunha a remoção dos

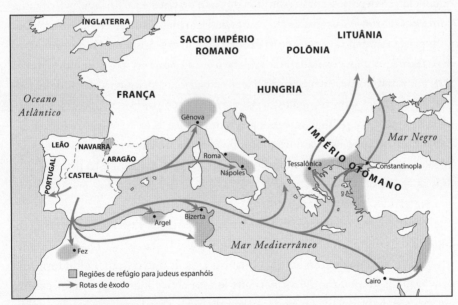

Mapa 4.1. Rotas da diáspora judaica após a expulsão da Espanha, em 1492.
Fonte: Werner Hilgemann e Hermann Kinder (Orgs.), Atlas historique. Trad. de Raymond Albeck. Paris: Perrin, 1997, p. 150.

muçulmanos para um bairro especial, a ser construído fora das muralhas. Os muçulmanos puderam manter a sua propriedade, sobre a qual teriam de pagar um imposto de 10%; estavam autorizados a partir para um país muçulmano, caso o desejassem; não seriam obrigados a cumprir serviço militar nem a se converter; os judeus estavam proibidos de vender muçulmanos como escravos; e, por fim, foi introduzido um sistema judicial dualista para muçulmanos e cristãos.[39] Os muçulmanos e os judeus na Península Ibérica cristã acabaram sistematicamente segregados em bairros separados, embora no caso dos primeiros as comunidades tenham sobrevivido nas regiões mais ao sul, Alentejo, Algarve, Granada, Valência e Aragão, enquanto no caso dos segundos as comunidades tenham se espalhado pela Península Ibérica até a sua expulsão de Castela e Aragão, em 1492, e de Portugal, em 1496.

Leis de segregação foram criadas para evitar a contaminação dos cristãos e para impedir que os novos convertidos revertessem à sua antiga fé. O III (1179) e o IV (1215) Concílios de Latrão transformaram a experiência de discriminação e exclusão na Península Ibérica, na Sicília e no Oriente Médio em lei canônica, tal como as *Decretales* compiladas pelo papa Gregório IX em 1234. Esse corpo legal, que incluía o debate sobre os direitos dos não cristãos e justificava as Cruzadas como guerra defensiva, proibia o comércio de armas e de materiais estratégicos com países islâmicos, a prestação de serviços de cristãos a muçulmanos ou judeus (por exemplo, como capitães de navios ou escravos), o casamento de cristãos com judeus ou muçulmanos e a construção de sinagogas. Os judeus e os muçulmanos ficavam obrigados a usar emblemas e roupas distintivas; não podiam aparecer em público durante a Semana Santa; eram obrigados a viver em bairros separados e estavam excluídos do sistema judicial central.[40] Parte dessa legislação — a que se ocupava dos escravos cristãos e da prestação de serviços a judeus — replicava uma antiga tradição, estabelecida pelo Império Romano cristianizado nos séculos IV e V.[41]

O estigma associado aos muçulmanos e aos judeus viria a se alargar e a macular os seus protetores cristãos. O papa Inocêncio IV acusou o imperador Frederico II de cumplicidade com os muçulmanos; acusou ainda o imperador de permitir a "veneração de Maomé" (referindo-se às orações islâmicas) em Jerusalém, embora isso fizesse parte do acordo celebrado com o sultão do Egito para recuperar o controle político da cidade.[42] Manfredo, filho ilegítimo de Frederico II aclamado rei pelos sicilianos, foi escarnecido como sultão de Lucera depois de escolher a cidade muçulmana de Apúlia como um dos seus baluartes, lá armazenar o tesouro real e usar as tropas locais como sua guarda especial. Pedro III, rei de Aragão, que derrotou Carlos de Anjou em 1282 e se tornou rei da Sicília como consequência da revolta contra os franceses conhecida como Vésperas Sicilianas, sentiu a força da ira papal quando foi excomungado e viu uma Cruzada lançada contra ele. O papel das tropas muçulmanas valencianas na defesa de Gerona tornou-se lendário; elas também forneceram parte das *almogávares* (do árabe *muğāwir*, milícia), as forças especiais do exército aragonês que derrotou as tropas francesas. O cardeal enviado do papa que acompanhou a desastrosa Cruzada francesa acusou o rei aragonês de se juntar aos sarracenos contra o cristianismo.[43]

Embora durante a Idade Média tenham florescido os preconceitos entre povos da mesma fé, não há dúvida de que a disputa política e a guerra constante desempenharam papel importante na criação de um ódio perene entre povos de religiões diferentes, especialmente entre cristãos e muçulmanos. A proliferação de preconceitos entre os povos da Europa é impressionante. Esse processo ganhou forma em razão do desprezo sentido pelos não cristãos, mas também graças aos projetos de domínio político, tal como vimos nos sentimentos dos alemães em relação aos eslavos, dos ingleses em relação aos irlandeses, dos escandinavos em relação aos lapões, e até dos povos da Europa Setentrional em relação aos habitantes do Sul. A virulência dos preconceitos entre os cristãos latinos e gregos foi ainda mais forte, levando à substituição forçada das estruturas religiosas após as conquistas, e mesmo à escravização dos povos. Embora esses casos representem discriminação, eles não revelam preconceitos contra a descendência: os gregos e os elementos das Igrejas orientais que se converteram ao rito latino não foram estigmatizados. No seio do mundo muçulmano verificou-se uma tendência equivalente de preconceitos e discriminação, devido à mudança dos centros de poder e ao estabelecimento de novas periferias num período que assistiu à integração de uma grande variedade de povos nômades ou seminômades. Contudo, não se verificou a estigmatização dos povos após a sua conversão, o que revela a ausência de preconceito em relação à ascendência.

O prolongado conflito entre cristãos e judeus (a destes foi a única religião a sobreviver à cristianização do Império Romano) também azedou com o tempo. O respeito pelo povo judeu como testemunha das raízes religiosas do cristianismo transformou-se em ódio pela "teimosia" na recusa a aceitar a natureza divina de Cristo. A tensão entre a integração através da conversão violenta (embora isso fosse proibido pela lei canônica) e a exclusão ou a segregação era visível em várias partes do Mediterrâneo. A desconfiança permanente em relação aos judeus convertidos os tornou vítimas de preconceitos desenvolvidos sobre a ideia de ascendência étnica: esperava-se que continuassem a exibir as "qualidades do caráter" dos antepassados, acabando inevitavelmente por reverter à antiga fé. A guerra permanente entre cristãos e muçulmanos em várias frentes também criou um preconceito baseado na fé religiosa que aprofundou a ideia de ascendência étnica. Os muçulmanos convertidos, bem como os judeus convertidos, eram alvo de suspeita.

Embora tenham sido praticados pogroms, expulsões e escravização de judeus e de muçulmanos durante as Cruzadas e como consequência das conquistas, foram os últimos séculos da Idade Média, entre os séculos XIII e XV, que assistiram sistematicamente à segregação, à conversão violenta e à exclusão de comunidades de origem religiosa diferente nas zonas cristãs latinas. Os preconceitos contra os judeus e os muçulmanos baseados nas diferenças religiosas associaram-se à ideia de ascendência. Essas duas comunidades religiosas também se ligaram na legislação eclesiástica latina, através de um processo prático de discriminação e de segregação que as agrupava como "o inimigo interno".[44] Ambas as comunidades foram submetidas a ações de segregação espacial, social e profissional, por vezes mesmo depois de terem se convertido ao cristianismo. O conceito de sangue puro tornou-se particularmente arraigado na Península Ibérica, onde foi usado para discriminar e para segregar judeus e muçulmanos convertidos, mostrando como a religião e a ascendência étnica tinham começado a se confundir. Esse foi o caso crucial de racismo nesse período, uma vez que contradizia o ideal universalista da Igreja católica, baseado na igualdade entre crentes com diferentes origens étnicas. Por fim, o preconceito contra os negros está documentado na região mediterrânica desde a Antiguidade Clássica. Os autores islâmicos e cristãos medievais renovaram-no, antecipando o desprezo generalizado desencadeado pelo aumento do comércio escravagista da África para a Europa, e depois para a América, nos séculos seguintes.

Parte II
Exploração oceânica

Enquanto as Cruzadas instalaram simbolicamente a cidade de Jerusalém no centro do mundo e reforçaram os preconceitos étnicos com base na religião, a exploração oceânica mudou esse centro simbólico do mundo para a Europa e desenvolveu a ideia da supremacia branca sobre os povos das outras partes do globo.[1] Foi um processo longo, caracterizado por uma tensão permanente entre a identificação de uma variedade cada vez maior de povos e a projeção de imagens estereotipadas nos povos africano, americano e asiático. No século VII, Isidoro de Sevilha afirmava, na sua suma enciclopédica do conhecimento da época, que 73 povos eram descendentes de Noé, quinze de Jafé, 31 de Sem e 27 de Cam.[2] Tais genealogias míticas e de inspiração bíblica dos povos só foram contestadas pela experiência renascentista da navegação oceânica. Em 1512-5, numa das primeiras descrições econômicas e políticas da região, Tomé Pires mencionou brevemente mais de noventa povos distintos no oceano Índico.[3] Em 1526-57, Gonzalo Fernández de Oviedo identificou mais de sessenta "nações" americanas, embora a sua referência ambígua a "províncias" nativas (cerca de três centenas) tenha introduzido ainda mais diversidade.[4]

Em 1594, André Álvares de Almada descreveu, com uma precisão considerável, 37 etnias diferentes na região dos "rios da Guiné" (de um modo geral, desde o atual Senegal até Serra Leoa).[5] Esses autores baseavam-se em observação de primeira mão ou serviam-se de informações obtidas localmente: Pires foi um boticário da família real portuguesa que trabalhou na Índia como feitor real e depois na China como embaixador do rei; Fernández de Oviedo foi um cortesão, autor e agente do rei que passou quase quarenta anos nas Américas; Álvares de Almada, um mulato nascido na ilha de Santiago, em Cabo Verde, dedicou-se a uma vida militar na região que descreveu, tendo sido promovido a capitão e a membro da Ordem de Cristo. Na década de 1590, Giovanni Botero, autor de um dos primeiros relatos geográficos gerais fidedignos do mundo, multiplicou exponencialmente o número de referências étnicas usadas na época e afirmou existir uma infinidade de povos.[6] A diversidade humana parecia estar no cerne da Renascença e, tal como veremos, a classificação das diferentes partes do mundo foi a resposta a esse caos aparente. O motivo para esse paradoxo será minha primeira linha de inquérito.

A definição dos europeus como brancos é outra questão importante do período, já que as migrações permanentes e a mistura entre povos, acima de tudo na região mediterrânica, haviam dado origem a uma grande variedade de fenótipos.[7] Tal como vimos na parte anterior deste livro, os estereótipos étnicos europeus internos, especialmente do norte "branco" em oposição ao sul "misto", estavam já patentes na Idade Média. A expansão oceânica levou ao aumento desses preconceitos internos, mas as ideias preconcebidas mais duras estavam, obviamente, reservadas para os povos de outros continentes. O comércio escravagista atlântico, que entre meados do século XV e finais do século XVI aumentou de maneira drástica o número de escravos transportados para o sul da Europa e depois, entre os séculos XVI e XIX, se dirigiu para as Américas, contribuiu para a alteração das percepções dos fenótipos dos europeus tanto no seu continente como fora dele. A definição das etnias baseou-se cada vez mais na cor da pele, embora continuassem a ser usados outros elementos tradicionais de identificação, como penteados e barbas, roupas, calçados, ornamentos (joias e tatuagens), materiais e formas usados na construção, hábitos alimentares e animais domesticados. A evolução dos critérios empregados para a identificação dos povos do mundo será minha segunda linha de inquérito.

Já vimos como, na Idade Média, a fé religiosa fora um critério essencial para a identificação étnica. Mesmo quando uma pessoa mudava de religião, em razão de conquista política, pressão social, mudanças políticas levadas a cabo pelas elites ou por opção pessoal, poderia ser alvo de suspeita, sendo acusada de dissimulação da antiga fé ou de reverter a ela às escondidas. Após o século XV na Península Ibérica, os cristãos-velhos, cuja linguagem discriminatória e políticas de exclusão criaram uma atmosfera de preconceito étnico que ignorava a tradição de igualdade religiosa estabelecida pela água do batismo, tiveram como alvo preferencial os cristãos-novos de origem judaica e os mouriscos com passado islâmico. Nesse caso, a grande questão é perceber como essa linha divisória baseada na ascendência ganhou forma no seio da comunidade cristã — em que contexto surgiu, com que objetivo, quanto tempo durou e quais as suas consequências no mundo fora da Europa. O papel da ascendência e da divisão entre castas será minha terceira linha de inquérito.

Usei a versão quinhentista das quatro partes do mundo para estruturar os capítulos que se seguem. Analisaremos a percepção europeia dos africanos, dos americanos e dos asiáticos, seguida pelas percepções no interior da Europa, pois a estereotipagem é essencial para a compreensão da dinâmica dos preconceitos relacionados com a ascendência étnica. A divisão mítica dos continentes já foi alvo de crítica,[8] mas neste caso limito-me a seguir a estrutura das fontes principais, que influencia a divisão da humanidade em três ou quatro subespécies durante o longo período das teorias das raças.

5. Hierarquias de continentes e povos

PERSONIFICAÇÃO DOS CONTINENTES

Em 1570, Abraão Ortélio publicou o primeiro atlas impresso relevante do mundo, *Theatrum Orbis Terrarum*, uma das obras mais vendidas da época, apesar do custo, com 41 edições impressas até 1612.[1] O frontispício ilustrado (ver figura 5.1) introduzia uma novidade na cartografia: personificava as quatro partes do mundo.[2] As figuras alegóricas encontram-se claramente dispostas segundo uma hierarquia. A Europa, de coroa imperial, está no topo, sentada diante do frontão. Segura um cetro na mão direita e, na esquerda, qual um leme, tem uma cruz assente no topo de um grande globo. Atrás dela crescem parras e uvas sobre uma treliça em arco, sublinhando-lhe a fertilidade e a riqueza. A figura da Europa é a única sentada, totalmente vestida e calçada. A posição de domínio é ainda definida pela representação de dois globos (celestial e terreno) em cada lado do frontão, com os símbolos da prodigalidade e do trabalho (o prato e a cabeça de boi) no entablamento imediatamente abaixo.

A Ásia ocupa a segunda posição, bastante abaixo, mas à direita da Europa, de pé no pedestal de "mármore" do portal, à frente de uma coluna. Usa um toucado elegante, está adornada com pedras preciosas e enverga roupas belas, embora semitransparentes, que lhe revelam o corpo. Está descalça e tem um turíbulo na mão esquerda.

A terceira posição, à frente da coluna à esquerda da Europa, é destinada à África, com uma posição simétrica à da Ásia. A África é representada como uma mulher quase nua, com uma fita na cabeça e um pedaço de tecido largo transparente à volta das ancas que mal lhe cobre o sexo. Os raios do sol rodeiam-lhe a cabeça, sublinhando a etimologia grega da palavra "etíope" como rosto queimado. Na mão direita segura um ramo de madeira perfumada — uma referência ao Egito retirada diretamente da *Cosmographia* de Sebastian Münster.[3] O único fenótipo estereotipado é o nariz. A África está representada de perfil, numa referência à tradição romana de personificar o Egito como perfil de mulher em moedas e medalhas. Nas versões coloridas do frontispício, a África está representada em castanho-escuro.

A quarta posição é ocupada pela América, na parte de baixo do portal, à frente do pedestal, deitada quase nua, com uma borduna estilizada na mão direita, enquanto com a esquerda exibe a cabeça decepada de uma vítima de canibalismo. A única "roupa" da América é uma fiada de penas em torno da cabeça. Apresenta ainda outros dois ornamentos exóticos: pedras preciosas engastadas na testa e um anel de pequenos sinos em volta de uma perna. Por baixo do corpo estão um arco e duas flechas, que a mostram como guerreira amazona. Ao seu lado está o busto nu de uma mulher no topo de uma coluna que mostra uma chama. Isso representa a Terra do Fogo, a mítica quinta parte australiana do mundo indicada nos mapas de Ortélio e inspirada no mapa-múndi revolucionário publicado em 1569 por Gerardo Mercator.[4] A cena exótica fica completa com a rede pendurada na parede atrás das figuras da América e da Austrália.

O programa iconográfico dessa página de rosto é extraordinário: revela como, em pouco mais de um século de exploração oceânica europeia, os principais estereótipos de outros continentes e povos do mundo se cristalizaram de um modo visual poderosamente conciso. A invenção dessas figuras alegóricas foi de extrema importância. Veremos como Ortélio se inspirou em descrições e representações anteriores, mas aquilo que no longo prazo é mais marcante é o impacto que o frontispício viria a ter, até o século XIX, nas subsequentes personificações dos continentes. Essa página funcionou como a matriz que seria usada, com algumas variantes, em diferentes formas da cultura visual e performática — mapas, desenhos, gravuras, registros reais, pinturas, monumentos e esculturas públicas —, sem que

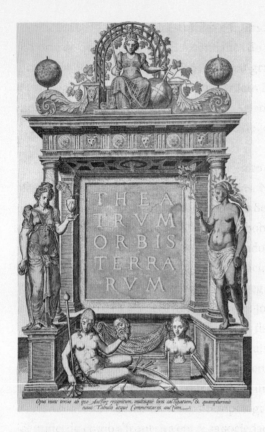

Figura 5.1. Abraão Ortélio, Theatrum Orbis Terrarum. Antuérpia: Apud Ægid. Coppenium Diesth, 1570. Frontispício representando os quatro continentes. Berlim, Staatsbibliothek.

os pressupostos patentes no simbolismo fossem desafiados. A razão para isso era simples: o frontispício sublinhava a posição superior da Europa.

Se analisarmos com mais atenção a iconografia do frontispício, veremos que a representação da Europa concentra as ideias de sabedoria, justiça, ética e trabalho. As figuras alegóricas restantes carecem claramente desses atributos. O contraste vertical entre a Europa e a América, estando esta literalmente tão abaixo quanto possível dos pés da primeira, é o mais revelador. O cetro é um símbolo de autoridade real ou imperial que implica o exercício legítimo da justiça. A América usa uma borduna estilizada em vez de um cetro para representar a total ausência de justiça ou de autoridade moral. A ideia de que depende unicamente da lei da brutalidade, algo enfatizado pela cabeça da vítima, um idoso sábio barbado, acentua o contraste com a Europa. A oposição horizontal da Ásia em relação à África também foi algo cuidadosamente encenado: a primeira com belas roupas e um toucado elegante, que insinuam luxo e indolência; e a segunda mostrando dureza e selvageria ao surgir desnuda e com adornos descuidados na cabeça. A oposição entre as duas figuras é reforçada pelo contraste entre o ramo de madeira perfumada arrancado de uma árvore e o turíbulo que queima produtos aromáticos refinados. Existe uma derradeira oposição diagonal entre Europa-Ásia e África-América, definida pelo vestido contra o despido, e pelo decoro contra a nudez. Mais uma vez, as roupas são um elemento de suma importância na identificação e transmissoras de preconceitos.

No entanto, a oposição vai mais longe, já que a Europa é apresentada como exemplo do trabalho e da decência, com vestes e calçado sóbrio, num grande contraste com a Ásia sensual e indolente, descalça e de roupas transparentes. O significado simbólico dos quatro elementos também está em jogo nessa iconografia, em que cada pormenor foi escolhido a dedo: o fogo está justaposto à figura da África e ligado à figura da América para representar a natureza extrema do clima e a correspondente selvageria dos habitantes. Por fim, deve-se notar que, enquanto a Europa está cercada pelo elemento terra (a videira), que significa raízes firmes e um ambiente equilibrado e frutuoso, a Ásia está cercada pelo elemento ar, destacado pelo incenso, o que significa leviandade ou, melhor ainda, falta de seriedade.

Existia já uma longa tradição de personificação das cidades e províncias do Império Romano, da qual havia vestígios em alguns mapas sobreviventes (ou reproduzidos), como o chamado mapa Peutinger, onde surgem figuras alegóricas de Roma, Constantinopla e Antioquia.[5] Também se apresentavam personificações das províncias do Império Romano em medalhas e moedas, acima de tudo do Norte da África, dominado pela imagem do Egito como mulher de perfil, com um elefante como toucado, e um escorpião e turíbulo, tal como reproduzido por Antonio Agostini em 1592.[6] Esse tipo de imagética continuou a moldar a figura alegórica do antigo Egito no mapa correspondente publicado em 1565 por Ortélio, que era conhecido como antiquário.[7] Tal como vimos, as referências ao modelo egípcio não estavam totalmente ausentes da imagem da África no *Theatrum Orbis Terrarum*, mas a escolha da figura alegórica negra subsaariana para a África definiu um ponto de virada com consequências duradouras. Embora a imagem mítica da violação de Europa por Zeus transformado em touro fosse, obviamente, bem conhecida, a disposição alegórica das três partes do mundo não fora personificada na arte medieval, havendo apenas referências simbólicas associadas aos três filhos de Noé ou aos três reis magos.

Figura 5.2. Povo de "Calicute" em O triunfo do imperador Maximiliano I, *c. 1517-8, xilogravura de Hans Burgkmair. Museu Britânico.*

A surpreendente representação dos continentes como figuras femininas (e só ocasionalmente masculinas) teve início nas cerimônias quinhentistas de marchas triunfais, tomadas de posse, casamentos e exéquias reais — acima de tudo, as ligadas ao imperador. Em 1516, em Bruxelas, as cerimônias fúnebres do rei Fernando de Aragão e Castela, organizadas pelo artista da corte habsburga Jan Gossaert, incluíram um desfile mascarado de mouros e índios que representavam os povos conquistados de Granada e das ilhas caribenhas.[8] Em 1517-8, as xilogravuras de Hans Burgkmair de diferentes povos do mundo para a marcha triunfal do imperador Maximiliano I renovaram a tradição, iniciada na Europa Ocidental por Rogério II e desenvolvida por Frederico II, de representar os africanos e os asiáticos como povos derrotados para elevar o status imperial.[9] Em 1520, a entrada de Carlos V em Antuérpia contou com a exibição de África e Ásia ajoelhadas perante o soberano, representado abraçando a Europa. A imagem estava ladeada por troféus de cabeças empaladas de muçulmanos e otomanos norte-africanos. Em 1526 construiu-se em Sevilha, para as cerimônias que assinalaram o casamento de Carlos V com Isabel de

Portugal, um arco do triunfo que representava a Glória personificada a coroar o imperador e a imperatriz, com italianos, espanhóis, alemães, flamengos, mouros e índios a seus pés.[10] Em 1539, em Florença, Carlos v foi recebido com um arco triunfal que celebrava a sua posição como imperador, com a personificação de Espanha, México, Peru, Alemanha, Itália e África como seus vassalos. Dois anos depois, em Milão, Giulio Romano construiu um arco em que o imperador representava a Europa, com um índio (a personificar o Novo Mundo), um mauritano (África) e um turco (Ásia) a seus pés. Foi uma das primeiras representações públicas dos quatro continentes. Em 1549, em Antuérpia, durante a entrada de Carlos v e do seu herdeiro, o príncipe Filipe, um cortejo representou as três partes do mundo governadas pelo príncipe, personificadas por figuras femininas que apresentavam uma turca como a Ásia e uma egípcia como a África. A índia que simbolizava o Novo Mundo não foi apresentada, mas havia uma inscrição que a citava. A representação continuava, mostrando Filipe expulsando turcos, mouros, árabes, sarracenos, africanos e mamelucos do palco, tendo como objetivo explícito a libertação das províncias da Grécia, do Norte da África e da Ásia Menor. Em 1558, em Alcalá de Henares, as exéquias de Carlos v contaram com a personificação das quatro partes do mundo como ponto central de um programa iconográfico que pretendia reforçar a ideologia imperial personificada pelo célebre soberano.[11] Em 1564, mais uma vez em Antuérpia, o *ommegangen* (um espetáculo em que jovens executavam quadros vivos que representavam a cidade, as províncias dos Países Baixos e as nações mercantes) incluiu pela primeira vez um carro com a representação alegórica das quatro partes do mundo (exibido novamente em 1566), denominado *Teatro do mundo*.[12]

Esse inventário de alegorias das várias partes do mundo anteriores ao frontispício de Ortélio não é exaustivo, mas sugere que Antuérpia foi o principal palco dessa inovação iconográfica, embora as cidades italianas (e, em menor escala, as cidades espanholas) tenham igualmente desempenhado um papel importante. Isso não surpreende, pois durante esse período Antuérpia desfrutou três vantagens extraordinárias: foi o centro do sistema mundial europeu durante a maior parte do século XVI (aproximadamente 1500-85), aproveitando-se das explorações oceânicas ibéricas.[13] Foi um importante centro de poder durante o reinado de Carlos v, desempenhando o papel fulcral de mediador entre a Europa Austral e a Setentrional.[14] E alguns dos seus cidadãos acumularam conhecimentos extraordinários em áreas cruciais, como a impressão, a gravação, a produção de emblemas (imagens simbólicas acompanhadas por texto), a numismática (produção e estudo de moedas, medalhas e papel-moeda), a geografia, a cartografia e a matemática.[15] Todos esses elementos aproveitaram a localização de Antuérpia na região mais densamente urbanizada da Europa.[16] Os recursos intelectuais da cidade e a sua liberalidade podem ser avaliados pela dimensão do círculo de amizades, colaboradores e correspondentes de Ortélio, entre os quais se contavam: o seu patrono, o cardeal Perrenot de Granvelle; os artistas Pieter Brueghel, o Velho, Philip Galle, Cornelis Metsijs, Dirck Coornhert, Lucas de Heere, Joris Hoefnagel, Hubert Goltzius, Franz Hogenberg e Jan Sadeler; os impressores Aegidius Coppen van Diest, Gerard de Jode e Christoph Plantin; o poeta Jan van der Noot; o jurista e político Adolphe van Meetkerke; o orientalista Guillaume Postel; o filósofo Justus Lipsius; o geógrafo e cartógrafo Gerardo Mercator; o médico, historiador e colecionador Johannes Sambucus, que residia na corte de Viena; e o filólogo Benito Arias Montano, que residia na corte de Madri, entre muitos outros.[17]

As imagens dos povos do mundo conhecido representados como súditos haviam sido produzidas ao longo dos séculos XI e XIII na Sicília e na Alemanha para engrandecer os projetos imperiais (ver os capítulos 2 e 3). As pretensões universais de tais projetos explicam o envolvimento de povos de outros continentes. É por esse motivo que as imagens de africanos negros ou de povos americanos nesse contexto são sempre ambíguas: selvagens mas poderosos, pois eram considerados súditos ou potenciais súditos que poderiam ser cristianizados. Uma vez que Ortélio vivia em Antuérpia, seria natural que absorvesse a crescente tendência de personificação das quatro partes do mundo. Contudo, não há dúvida de que ele desempenhou um papel importante na consolidação da alegoria da África, ainda hesitante entre o egípcio e o africano negro, bem como na alegoria da Ásia, indecisa entre o turco otomano e o indiano. A alegoria da América desenvolveu-se desde as primeiras representações de Burgkmair e Dürer até as exibições públicas em Milão e Antuérpia, mas a acumulação de referências escritas e visuais ao canibalismo dos nativos, desde as cartas impressas de Colombo e de Américo Vespúcio ao relato de Hans Staden do seu calvário como prisioneiro dos tupinambás brasileiros, é essencial para explicar a sua representação como os mais bárbaros povos do mundo.[18] Assim sendo, a publicação do frontispício de Ortélio pode ser considerada um ato visual de grande significado, que deu forma a três séculos de estratégias visuais concebidas para legitimar a supremacia europeia.

As décadas imediatamente seguintes à página de rosto de Ortélio foram cruciais para a difusão da personificação das quatro partes do mundo. Entre 1572 e

1618, Georg Braun e Franz Hogenberg produziram frontispícios extraordinários para os seis volumes de *Civitates Orbis Terrarum*. Essas páginas continham um vasto programa de celebrações arquitetônicas e urbanas das virtudes cívicas e dos valores comunitários; o frontispício do volume 5 reproduzia os principais elementos das figuras dos quatro continentes, embora de modo menos difamante para os outros três do que acontecera em Ortélio, algo que talvez se deva aos valores da cortesia sublinhados no pé da página através da representação de seis sábios sentados, entre os quais se incluía um turco, envolvidos numa agradável conversa.[19] Mas existiam alternativas à personificação alegórica dos quatro continentes promovida por Ortélio.

O frontispício do primeiro volume exaustivo sobre vestuário, publicado por Hans Weigel, em Nuremberg em 1577 (ver figura 5.3), apresentava um europeu nu, ruivo, branco e robusto com um enorme rolo de tecido por baixo do braço direito, um pente debaixo do braço esquerdo e uma tesoura na mão esquerda.[20] Ele estabelece um grande contraste com as outras figuras, de um soldado otomano (Ásia), um soldado mameluco (África) e um índio coberto de penas com arco e flecha (América). Essas imagens acentuam os atributos guerreiros dos outros povos do mundo, por oposição à tendência europeia para a contínua inovação no vestuário, um tema da literatura renascentista que retomava a preocupação romana quanto ao declínio das qualidades do seu povo. As imagens sublinham o inverso das qualidades que venho assinalando aqui e serviram para reforçar a linha de pensamento contemporâneo acerca dos povos do mundo, mas não contestaram a personificação dos continentes adiantada por Ortélio. É natural que já no século XVI o tema da moda suscitasse a questão ambígua da mudança por oposição às qualidades atemporais, e que a Europa inovadora contrastasse com a Ásia, a África e a América imutáveis — sendo este um tema perene que foi posto em xeque por investigações recentes.[21] O problema é que no século XVI a inovação não era considerada uma qualidade positiva, já que se valorizava a constância. De igual forma, à época, as qualidades bélicas definiam a masculinidade.

O segundo livro exaustivo sobre vestuário, publicado em 1581 por Abraão de Bruyn, reproduzia as principais ideias do frontispício de Ortélio e acrescentava elementos relevantes que viriam a ter uma vida bastante longa.[22] A folha de rosto está concebida como uma fonte de mármore com o emblema de um cavaleiro tentando apanhar uma mulher voadora, com as palavras *"c'est en vain"* no topo. Não poderia haver melhor símbolo para a natureza volúvel da moda. No lado

Figura 5.3. Hans Weigel, Habitus praecipuorum populorum [...] Trachtenbuch *(Nuremberg, 1577), frontispício pintado por Joost Amman, com alegoria dos quatro continentes.*

superior direito (à esquerda do leitor), a Ásia enverga um traje rico e um toucado magnífico, mas está descalça. Tem um papagaio empoleirado na mão esquerda e vê-se um camelo no topo da coluna seguinte. A seus pés, a África recosta-se sobre dois mares, o Mediterrâneo e o Atlântico; está quase nua, apenas com uma túnica larga em volta do corpo. Calça sandálias, tem um leque de penas na mão esquerda e na direita uma romã (uma ligação com Cartago, tal como sugerido por Valeriano). A África está adornada com um colar elaborado, enquanto o toucado é feito de milho. Tem como símbolo o elefante. No canto superior esquerdo da fonte está a América, uma mulher robusta quase nua, com penas magníficas no toucado e uma túnica aos ombros, que segura uma flecha na mão direita e um arco na esquerda. Tem um belo colar ao pescoço e um bracelete de sinos no braço esquerdo. Sobre a coluna ao lado da América está representado um gambá. A Europa surge no canto inferior esquerdo, montada num touro; usa sandálias e um toucado de flores e segura um dos chifres do touro na mão esquerda e louro na direita — um gesto duplo, que representa domesticação e glória. O símbolo ao seu lado é um cavalo. Em primeiro plano, ao centro da imagem, está um globo.

Nessa imagem, a tradição clássica foi a responsável pela representação mítica da Europa e pela escolha do Norte da África fértil, com a figura representada nua, mas sem nenhum sinal de estereótipos físicos negros. Tal tradição não desapareceria completamente na imagética posterior. A hierarquia dos continentes era um pouco menos óbvia nesse frontispício de Bruyn quando comparado com o de Ortélio, mas nele constava um outro elemento crucial: a representação de animais associados às diferentes partes do mundo (o camelo à Ásia, o gambá à América, o elefante à África e o cavalo à Europa). A ligação entre humano e animal correspondia a uma outra tradição antiga, embora algo que se havia fragmentado, que destacava o ambiente dos diferentes tipos de seres humanos e sugeria que os animais que partilhavam esse ambiente apresentavam atributos semelhantes. Agora, essa ligação tornava-se sistemática, destinada a ter um efeito duradouro. A ligação entre a personificação dos continentes e os mapas do mundo expandiu-se, através das vestes, para se tornar um elemento importante para a identificação de povos, cidades, províncias e países. Contudo, devemos observar com mais atenção o impacto representado pelo frontispício de Ortélio para o *Theatrum Orbis Terrarum*, pois as alegorias viriam a se tornar bastante autônomas, transformando-se num gênero visual específico.

A personificação dos continentes desenhada por Marten de Vos e gravada por Adriaen Coollaert por volta de 1589 desenvolveu as alegorias femininas vistas no trabalho de Ortélio, inserindo-as num contexto mais vasto. A Europa é definida segundo os mesmos atributos (coroa imperial, cetro, vestes e vinha), e o fundo mostra, de um lado, agricultura e criação de gado (vacas, cavalos e ovelhas) pacíficas e prósperas, enquanto, do outro lado, um par de ursos com lanças e mosquetes representa a guerra constante, mas ordeira. A Ásia está montada num camelo, com vestes tão ricas como as da Europa, mas não usa coroa e tem um incensário no lugar do cetro. Repete-se a simetria de ambas as imagens, de um lado com camelos, girafas e elefantes, e do outro com guerra. A África é mais uma vez uma negra nua com os estereótipos físicos habituais, e que segura um ramo de madeira perfumada numa mão. Está sentada num crocodilo — um elemento crucial que em geral representa a voracidade e a destruição. As cenas ao fundo mostram um misto de referências egípcias (obelisco e aquedutos), predadores selvagens e pessoas vivendo em grutas. A América (ver figura 5.4) é mais uma vez representada como uma guerreira amazona quase nua, com penas na cabeça e segurando um machado, além de arco e flechas. Está sentada num tatu — muito

Figura 5.4. Ilustração da América da série de personificações dos continentes, 1589, de Marten de Vos. Darmstadt, Hessisches Landesmuseum, n. inv. AE440.

mais impressionante e exótico do que o gambá. Atrás dela veem-se cenas de guerra desordenada contra europeus e de canibalismo.[23]

Essas imagens influenciaram durante mais de um século a personificação dos continentes nos mapas-múndi, especialmente os impressos nos Países Baixos. Em 1652, o mapa-múndi de Claes Janszoon Visscher continuava a usar as imagens quase inalteradas de De Vos, salvo pelo fundo simplificado. Claro que nunca se deixou de experimentar outros elementos simbólicos, que viriam a aumentar a abrangência das alegorias. Por exemplo, o mapa de 1594 da autoria de Petrus Plancius baseava-se no mesmo esquema, incluindo símbolos das artes liberais ao lado da Europa, a Ásia sentada num rinoceronte, e uma América dividida em mexicana, peruana e magalânica. Este último elemento era uma imagem nova e totalmente isolada de uma mulher vestida liderando uma guerra travada com elefantes, enquanto as outras imagens reciclavam representações anteriores de astecas, incas e índios canibais.[24] A inspiração de Plancius para a associação da Europa às artes liberais continua incógnita, mas é de extrema importância para o tema aqui debatido: o novo elemento expressava a ideia, que viria a ter uma longa vida, de superioridade dos conhecimentos europeus.

As alegorias dos continentes seriam consolidadas também por Cesare Ripa, cuja *Iconologia*, publicada pela primeira vez em 1593, seria amplamente usada nos séculos seguintes por pintores, escultores e gravadores de toda a Europa como guia para o simbolismo, tendo a obra, a partir da edição de 1603, a vantagem de juntar textos explicativos e imagens em cada entrada.[25] Ripa apresentava uma síntese dos continentes não europeus, com as seguintes características básicas: a Ásia com flores e frutos na cabeça, roupas suntuosas e toucado, um turíbulo fumegante numa mão, além de um ramo de madeira perfumada, pimenta ou cravo-da-índia na outra, e um camelo ao fundo; a África com vestes simples e largas, um colar de coral, cabeça de elefante como chapéu, uma cornucópia cheia de cereais e um escorpião nas mãos, e atrás dela um leão e cobras (numa representação da África "moura", tal como sublinhado pelo texto, embora indique pele escura e cabelo preto encaracolado); e a América com uma túnica larga que mal lhe cobre o sexo, pele amarelada, de arco e flechas nas mãos, uma cabeça trespassada com uma flecha debaixo dos pés, sinal de canibalismo, e atrás dela um lagarto enorme. Não se tratava de inovações iconográficas, embora a figura da África revele uma espécie de mistura entre o Norte da África fértil (algo baseado na imagem clássica do Egito) e a África negra. A figura da Europa, no entanto, é muito mais complexa do que as anteriores, concentrando mais características, e corrigindo algumas delas, numa pequena vinheta. Em primeiro lugar, na mão direita exibe um templo: supõe-se que a "verdadeira religião" a diferencie dos outros continentes. Em segundo lugar, tem o conhecimento destacado aos seus pés, com a representação de uma coruja sobre os instrumentos das artes liberais: esquadro, pincéis e um cinzel. Em terceiro lugar, enverga trajes sóbrios, sem joias ou ornamentos, o que mostra o impacto das reformas protestantes e católicas, com a sua ênfase no decoro. Os outros elementos são já sobejamente conhecidos: a coroa, dessa vez multiplicada para mostrar a concentração de poder no mundo, incluindo o do imperador e o do papa; os chapéus cardinalício e episcopal; as cornucópias cheias de cereais; e o cavalo com troféus militares. A superioridade da Europa é aqui sublinhada com a reunião dos símbolos da religião, da sabedoria, do poder político e do poderio militar.

A representação das quatro partes do mundo rapidamente foi transferida para a pintura: em 1572-4, Giovanni di Vecchio executou um afresco notável para a sala dos mapas-múndi do Palazzo Farnese, em Caprarola (Turim), cujas margens apresentavam alegorias dos quatro continentes (aqui, a africana negra é representada com um macaco aos pés); em 1584-6, Paolo Fiammingo utilizou-as numa série de pinturas encomendadas por Hans Fugger para o seu castelo em Kirchheim; em 1595, Paolo Farinetti pintou um afresco do mesmo tema para o conde Alvise della Torre, em Mezzane del Soto (Verona); e, por volta dessa data, Prospero Fontana (1512-97) pintou em Roma um afresco com o mesmo tema para a Saletta Pompeiana do Palazzo Firenze. Esses são apenas alguns exemplos relevantes. Na década que se seguiu, o tema arraigou-se ainda mais na pintura e passou para a escultura: Peter Paul Rubens pintou uma tela importante sobre o tema por volta de 1615; Frans Francken pintou *Homenagem da terra e do mar a Apolo* (1629) e *Alegoria da abdicação de Carlos V* (1636), e Gian Lorenzo Bernini esculpiu a Fonte dos Quatro Rios no centro da Piazza Navona, em Roma (1648-51).[26] As possibilidades da pintura proporcionaram uma representação mais complexa, mas os temas obrigavam também a uma certa disciplina. Por exemplo, os quadros de Francken centravam-se na riqueza, nos tributos e nas oferendas. O esplêndido complexo escultural da Piazza Navona expressava as possibilidades garantidas pela personificação dos "principais rios do mundo" (mais uma vez, quatro) como mais um veículo importante para a alegoria dos continentes. A obra organizava-se em torno do Danúbio, do Ganges, do Nilo e do rio da Prata, cada um ligado a animais (respectivamente um cavalo, uma cobra, um leão e um crocodilo), mais importantes do que as figuras humanas para definir, de forma metonímica, as características de cada continente.

Durante o século XVII, a tradição de associar mapas do mundo (continentes ou regiões) a imagens das cidades mais importantes e dos povos mais "típicos", em geral representadas em pares nas margens, enraizou-se no trabalho dos principais cartógrafos neerlandeses (Jodocus Hondius, Pieter van den Keere, Visscher, Willem Blaue e Frederik de Wit, seguindo Braun e Hogenberg). Os volumes sobre vestuário aproveitavam, ao mesmo tempo que também criavam, muitas das imagens usadas em mapas, atlas e panoramas de cidades do mundo. No longo prazo assistimos à invenção de gêneros de livros que juntam quase à perfeição a representação de cidades e a imagem de povos específicos. Não vou discutir a cristalização das imagens estereotipadas dos povos através do vestuário, bastando chamar a atenção para o uso dos fenótipos, dos toucados e do vestuário como critérios de identificação. O livro publicado por Carel Allard por volta de 1695, *Orbis habitabilis oppida et vestitus*, dá um bom exemplo dessas inovações, já que nele se combinaram sistematicamente imagens topográficas com imagens de vestuário para representar um número semelhante (cerca de vinte) de cidades de cada continente.[27] O seu frontispício estabelece um diálogo interessante com a tradição estabelecida por Ortélio: os quatro continentes são representados por

Figura 5.5. Afresco dos quatro continentes, seção sobre a Ásia, teto Salão da Escadaria na Residenz de Würzburg, 1752-3, de Giambattista Tiepolo. Detalhe de um escravo agrilhoado, ao lado de um elefante, e representação da Ásia, literalmente desequilibrada.

pares, segundo a tradição do livro de vestuário, com a simbologia habitual. A novidade é o fato de a mulher europeia ser representada como uma *"femme savante"*, que facilmente podemos imaginar num dos salões parisienses, já tão essenciais para o mundo letrado da época. Ela não ostenta nenhum símbolo de poder, mas é a única figura que permanece sentada e sobre a qual convergem os movimentos e os olhares das restantes, que lhe levam ofertas ou tributos, como o casal africano negro, com a mulher acorrentada transportando uma tartaruga e o homem ajoelhado aos pés da Europa oferecendo marfim. Trata-se de uma variante da superioridade da Europa, em que a hierarquia dos continentes é sublinhada pela postura, pelas vestes ou até por correntes.

Entre 1570 e 1790 foram executadas muitas obras de arte (desenhos, gravuras, pinturas e esculturas) que se serviram da personificação dos continentes. Sabine Poeschel compilou 112 exemplos: 21 no século XVI, 34 no XVII e 57 no XVIII, com a grande maioria tendo sido criada na Itália (42) e na Alemanha (39), seguidas pelos Países Baixos (15), França (12) e Espanha (4).[28] É impossível analisar aqui a maior parte desses trabalhos, mas destaco o significado simbólico da obra-prima de Giambattista Tiepolo, o afresco pintado em 1752-3 no teto do Salão da Escadaria na Residenz de Würzburg (ver figura 5.5), considerado a mais vasta e uma das mais imponentes pinturas da Europa.[29] A posição subalterna da Ásia, da África e da América perante a Europa é claramente indicada pela escolha de posições em relação às escadas e pela representação das figuras: a Europa é o único continente coroado, e as figuras restantes olham diretamente o espectador. Os elementos iconográficos estabelecidos são usados na composição: a Europa, com vestes ricas mas com cores e ornamentos sóbrios, é representada com os símbolos da sua origem (o mito da violação por Zeus), da natureza domesticada (o cavalo), da verdadeira religião (o templo, a mitra e a cruz, e a crossa do príncipe-bispo), das artes liberais (música, geografia, arquitetura, pintura e escultura, com retratos de Tiepolo e dos seus colaboradores, Neumann e Bossi) e da capacidade bélica (um canhão e um oficial). Entretanto, a África quase nua monta um camelo, com um macaco, um avestruz e um pelicano representados no mesmo friso, completado pela figura do Nilo, ao lado de várias cenas que exibem mercadores orientais e europeus, e homens locais fumando cachimbo. A Ásia, de turbante, está sentada num elefante, cercada por um grupo de escravos, um criado com um turíbulo, caça a tigres e leões, e temos uma seção que indica a falsa religião, representada por um obelisco e um ídolo. A América nua, com um toucado de penas, está sentada num crocodilo, num cenário amplo com músicos, frutos e um criado com um pote de chocolate, e é contrastada com uma caça a um aligátor e com uma cena de canibalismo observada de modo um tanto bizarro pelo autor europeu com o seu quê de deturpado. Alpers e Baxandall sugerem que, na cena asiática, o escravo com a grilheta no pulso direito está agarrando o pulso esquerdo, o que pode significar que está acorrentando a si próprio — uma inovação iconográfica que vai ao encontro da ideia europeia de despotismo e falta de liberdade oriental, algo também sublinhado pelas mãos em posição de súplica ao lado do escravo manietado. É marcante a oposição entre a Europa e os continentes exóticos, representados com vida selvagem, caça e canibalismo, mas também repletos de elementos comerciais (barris, fardos, troncos), para-sóis, turbantes, chapéus cônicos e estranhos toucados, que criam uma atmosfera orientalizada no friso, mesmo na África e na América.

Nessa história das bases ideológicas da supremacia europeia, o exotismo é o elemento crucial no contraste entre a Europa e os demais continentes. A produção do exótico foi um elemento inerente à expansão europeia, que redefiniu os parâmetros culturais e os critérios da civilização (tal como seriam chamados no século XVIII), menosprezando as outras culturas e justificando o domínio político onde quer que fosse estabelecido.[30] O orientalismo desempenhou um papel essencial nessa construção do exotismo, tal como vinha acontecendo desde a Antiguidade Clássica, sendo renovado ao longo da Idade Média e da Renascença; deu corpo a um primeiro contraste com a Europa Ocidental e definiu as principais características da "estranheza" que seria desenvolvida em relação aos outros continentes.[31] Não obstante, a expansão europeia trouxe consigo novos tópicos que se cristalizaram nas alegorias dos quatro continentes, amplamente usados até as primeiras décadas do século XX.

Não posso acompanhar todos os passos desse processo, que se renovou continuamente sem grandes interrupções. Jean-Baptiste Carpeaux (1827-75) esculpiu a sua mais famosa representação no período final; o prefeito de Paris, o barão Haussmann, encomendou-lhe a criação de uma fonte para os Jardins do Luxemburgo (1867-74).[32] A estátua pública baseava-se na graciosidade de movimentos, com quatro figuras femininas dispostas em círculo, rodando e segurando uma esfera celestial entre elas (ver figura 5.6). Trata-se de uma das imagens mais "igualitárias" dos quatro continentes: todas estão nuas (ou quase desnudas). No entanto, temos uma certa hierarquia expressa por elementos discretos, como o penteado, ou diferentes posições em relação ao observador. A Europa, de cabelo comprido, está representada numa posição frontal. A Ásia é vista quase de costas, com um longo rabo de cavalo que acentua o estilo exótico dos penteados da China (mostrando como o país assumira destaque na mente europeia). A América usa um toucado com penas. A África tem uma grilheta com uma corrente partida no tornozelo direito e usa um pedaço comprido de tecido grosseiro como toucado, dentro do qual se encontra uma cobra. É óbvio que Carpeaux foi beber numa tradição de representação, introduzindo elementos novos, como a corrente partida, para simbolizar a abolição da escravatura (em 1848, nas colônias francesas). A referência ao canibalismo desapareceu, embora a África continue a exibir alguns dos antigos símbolos, sendo o fragmento de corrente um elemento ambíguo, que ao mesmo tempo que celebra a abolição da escravatura recorda a quem olha a condição inferior do continente. As boas intenções por parte do escultor foram acentuadas por um busto separado que Carpeaux fez da África, exposto com o título "Por que nascer escravo?". Ainda assim, a supremacia da Europa é reafirmada

Figura 5.6. Escultura em bronze no alto de uma fonte nos Jardins de Luxemburgo, Paris, 1867-74, de Jean-Baptiste Carpeaux. Grupo alegórico de quatro continentes segurando o globo.

num novo contexto: menos hierárquica, supostamente mais humanitária, mas muito mais eficiente, segundo o ponto de vista imperialista. A mudança de tom antecipava a nova era colonial que seria inaugurada na década de 1880 e que levaria ao controle europeu, direto ou indireto, de quase toda a África e de parte da Ásia.[33] A essa altura, a Europa não precisava de escravos, mas sim de súditos diligentes.

HIERARQUIA DOS POVOS

A cultura visual expressava ou até antecipava os grandes desenvolvimentos intelectuais. A personificação dos continentes teve uma longa vida, desde o século XVI ao XX, enquadrando a ideia de supremacia europeia e de uma hierarquia dos povos do mundo de uma forma extremamente simplificada e estereotipada. Segundo uma perspectiva europeia, a vantagem dessas alegorias era óbvia: elas sintetizavam os principais preconceitos contra os outros povos. Todavia, essa não era a única representação possível dos outros povos do mundo. Desde o início da expansão oceânica europeia existiu uma hierarquia alternativa — ou melhor, complementar —, baseada numa classificação mais complexa dos povos do mundo. Essa classificação não coincidia com os continentes, baseando-se em critérios que enfatizavam os diferentes estágios da humanidade, atravessando as quatro partes do mundo. No entanto, podemos considerá-la um complemento à personificação dos continentes, pois contribuiu para justificar de forma elaborada os princípios hierárquicos da supremacia europeia. Baseava-se num programa inteligente de etnologia comparativa, formulado pela primeira vez de modo sistemático pelo jesuíta José de Acosta (1540-1600).[34]

Acosta nasceu numa família de mercadores cristãos-novos de Medina del Campo. Estudou na universidade jesuíta da sua cidade, bem como nas universidades de Salamanca, Plasencia, Lisboa, Coimbra, Valladolid e Segóvia. Completou sua formação em teologia, direito, direito canônico e ciências naturais na Universidade de Alcalá de Henares. Acosta viveu em Roma e lecionou nas universidades de Ocaña e Plasencia. Em 1571, após vários anos de pedidos sucessivos, foi incluído numa missão às Américas. Viveu no Peru entre 1572 e 1586, servindo como reitor da universidade de Lima, *calificador* (consultor de teologia) da Inquisição e provincial jesuíta. Visitou extensivamente as universidades jesuítas do interior (Cuzco, Arequipa, La Paz, Potosí e Chuquisaca), teve contato com as línguas dos quíchua e dos aimará, e foi um dos fundadores da primeira "redução" — uma aldeia indígena criada pelos jesuítas em Juli, no lago Titicaca, em 1578. Na sua viagem de regresso à Europa, Acosta permaneceu um ano no México, recolhendo durante esse período informações sobre os nativos da Nova Espanha, bem como sobre os chineses e os japoneses. Conheceu vários missionários que regressavam do Extremo Oriente — especialmente P. Alonso Sánchez —, e os chineses com quem entrou em contato explicaram-lhe o seu sistema de escrita. O âmbito da sua pesquisa tornou-se comparativo. No entanto, Acosta não foi o único missionário interessado na recuperação dos conhecimentos ameríndios após a sua destruição deliberada por toda uma geração de conquistadores. O franciscano Bernardino de Sahagún (1499-1590) foi um grande e extraordinário exemplo de coleta persistente de conhecimentos etnográficos, linguísticos e históricos sobre a cultura nauatle, tendo como base os inquéritos sistemáticos entre os sábios idosos da elite nativa.[35] Acosta estava certamente preparado para produzir a série de livros que compilou explicitamente para provar a engenhosidade indígena.

Acosta foi influenciado por Bartolomé de Las Casas (1484-1566), que a partir da década de 1510 condenou com persistência a ilegitimidade da conquista espanhola, a usurpação dos domínios indígenas e a iniquidade das *encomiendas* (os trabalhos forçados a que eram obrigados os nativos americanos sob o controle dos conquistadores), defendendo os direitos dos índios à propriedade e à autonomia.[36] Essas reivindicações tiveram um impacto surpreendente nas políticas de Carlos v, dando origem a uma nova legislação que tinha como objetivo proteger os interesses dos índios e controlar a tirania dos colonos. As consequências políticas da visão de Las Casas podem ter sido demasiado radicais para serem levadas sistematicamente a cabo pelo rei ou pelas elites, que lucravam com o sistema colonial, mas suas reflexões teológicas (e filosóficas) sobre o status dos índios teve uma influência muito mais profunda através da "escola de Salamanca", criada pelos dominicanos Francisco de Vitoria (*c.* 1492-1546), Domingo de Soto (1494-1560) e Melchior Cano (1509-60), entre outros, que moldou as ideias de uma segunda geração de jesuítas, entre os quais se encontravam Luis de Molina (1535-1600) e Francisco Suárez (1548-1617). Essa escola de pensamento afirmava a natureza humana dos ameríndios, rejeitava que lhes fosse aplicada a noção aristotélica de escravidão natural, contestava a justiça da guerra que era travada contra eles, defendia a sua liberdade e apoiava a ideia da capacidade de melhoria, devido à sua natureza infantil.[37] Contudo, eles também definiram os critérios para o comportamento cívico, com base na existência de um ambiente urbano, de comunicações, comércio, capacidade tecnológica, linguagem e escrita, contrastando-o com o sacrifício humano, o canibalismo e os hábitos nômades selvagens (especialmente no que dizia respeito ao parentesco e à alimentação). Os diferentes graus de barbarismo baseados no ambiente, nos costumes e numa suposta natureza infantil tornaram-se tópicos de debate. Las Casas e a escola de Salamanca apontaram características partilhadas pelos índios, pelos antigos habitantes da Europa e pelos camponeses europeus contemporâneos — tema desenvolvido por missionários na Itália, na Espanha e em Portugal.[38]

Era esse o contexto do empreendimento de Acosta. A classificação de bárbaros não cristãos feita por Acosta é a que mais nos interessa, já que abrangia praticamente todo o mundo conhecido. No prólogo do livro *De procuranda Indorum salute*, publicado em 1588, Acosta distinguia três tipos de bárbaros. O primeiro eram os povos racionais, com sistemas estáveis de governo, direito público, cidades fortificadas, magistrados prestigiosos, comércio próspero organizado e uso de letras. Os chineses, os japoneses e alguns dos povos da Índia pertenciam a essa categoria. Acosta chega a mencionar uma cultura eurasiática comum, referindo-se a princípios, instituições, usos e costumes. Tais povos encontram-se no nível mais elevado em todos os aspectos, salvo no que diz respeito a questões religiosas. A conversão desses povos deveria ser obtida exclusivamente através da persuasão; a violência ou as tentativas de conquista iriam afastá-los da lei cristã.

A segunda categoria de bárbaros eram os povos sem uso regular de letras, leis escritas, ou estudos filosóficos ou civis, embora dispusessem de um regime de governo, magistrados, colônias permanentes, administração política, organização militar, formas de culto religioso e normas de comportamento. Acosta incluía nessa categoria os mexicanos e os peruanos, cujos sistemas de governo, leis e instituições eram considerados admiráveis. Compensavam a falta de letras com um sistema engenhoso de símbolos (os *quipos*) para registrar a história, os ritos e as leis, usando-os ainda com a mesma competência que os europeus para realizar operações matemáticas. Incluíam-se nessa categoria reinos menores, principados ou repúblicas que criavam os seus próprios magistrados, por exemplo os araucanos, os tucapalenses e outros chilenos, pois viviam em colônias permanentes e tinham noção de direitos, embora se acreditasse que dispunham de uma capacidade muito menor de raciocínio intelectual e habilidades práticas. Esses povos deviam ser livres e ter direito a usar a sua propriedade e as partes das leis que não fossem contra a natureza ou o Evangelho. No entanto, devido aos seus costumes monstruosos (os sacrifícios humanos), eles teriam de ser convertidos com um misto de violência e de persuasão, e submetidos à autoridade de príncipes e de magistrados cristãos.

A terceira categoria incluía os selvagens, considerados semelhantes aos animais, que tinham sentimentos humanos, mas não dispunham de leis, monarcas, convenções, magistrados ou regimes permanentes de governo, e que se deslocavam constantemente como animais. Viviam quase sem roupa, eram cruéis com quem passava pelas suas regiões e alimentavam-se de carne humana. Acosta afirmava que no Novo Mundo existiam inúmeras "manadas", segundo as suas palavras: caribes, chunchos, chiriguanas, moxos, iscaicingas (no Peru), moscas (em Nova Granada), alguns dos povos do Brasil e os povos do rio Paraguai, do extremo Sul, e da maior parte da Flórida. Incluía ainda nessa categoria os habitantes das ilhas das Índias Orientais, como as Molucas e as ilhas Salomão. Declarava que todos esses povos precisavam de educação para que, como crianças, pudessem aprender a ser humanos. Tinham de ser obrigados a viver em colônias e a receber o Evangelho.[39] Na *Historia natural y moral de las Indias*, publicada em 1590, Acosta acrescentou à segunda categoria alguns dos otomitas do México, e à terceira categoria os pilcozones, do Peru, e os chichimecos, do México.[40] Nesses critérios básicos de classificação podemos ver a importância da ideologia da vida sedentária e o preconceito contra o estilo de vida nômade.

Acosta atribuía os diferentes graus de barbarismo ao ambiente, ao isolamento relativo e aos costumes, reafirmando o princípio de que a educação de cada um e a evolução cultural eram promovidas pela comunicação.[41] Foi o primeiro a sugerir que a população ameríndia poderia ter migrado desde a Ásia por uma ligação terrestre antiga entre essas duas partes do mundo.[42] Essa teoria levava à conclusão de que os ameríndios eram descendentes de Adão e Eva — algo essencial para as narrativas posteriores sobre a criação monogenética da humanidade — e que eram o resultado de sucessivas migrações asiáticas. Acosta também apresentou um modelo de estágios de diferentes tipos de idolatria, baseado na veneração de fenômenos naturais, animais e imagens antropomórficas, tal como já acontecera na Europa, onde os selvagens haviam dado lugar aos gregos e aos romanos, acabando por se tornarem aptos para receber a mensagem cristã.[43] Por fim, Acosta formulou uma história ordenada da escrita: primeiro surgiam os pictogramas baseados em imagens, sinais e mnemônicos (mexicanos e peruanos); depois, caracteres e cifras baseados na representação elaborada de motivos, com sinais adicionais, como os elementos de um alfabeto (chinês e japonês); e, por fim, os alfabetos, baseados na fonologia. Esta última forma de escrita era considerada superior, já que supostamente seria a única capaz de reproduzir todas as palavras de uma determinada língua (invocavam-se de forma implícita as escritas grega e latina, mas Acosta poderia também ter incluído o hebraico ou o árabe). Descreveu o enorme esforço, por parte dos chineses, de memorizar um mínimo de 85 mil caracteres (com os eruditos precisando de 125 mil para se expressar, segundo afirmou de maneira equivocada), mas menosprezou as possibilidades dessa escrita: "para eles, escrever é pintar"; "eles escrevem com pincéis"; "a impressão não está bem alinhada"; e eram incapazes de escrever "corretamente" nomes estrangeiros como o dele.[44]

O mais marcante em relação a esse sistema espantosamente exaustivo de classificação dos povos do mundo é a justaposição de critérios de hierarquia políticos, econômicos e tecnológicos com modelos estruturados segundo a religião e a linguagem. Las Casas fornecera uma tipologia tripartite para o desenvolvimento, baseada no ambiente urbano, no comportamento civilizado e no uso de comunicação e de leis escritas. Equiparara os selvagens aos invasores bárbaros do Império Romano, mas recusou-se a incluir os ameríndios nessa categoria.[45] A classificação de Acosta era muito mais complexa. Incluía todo o conhecimento disponível em diversos campos e podia ser aplicada a quase todos os povos do mundo. Sugeria de maneira clara uma série de estágios do desenvolvimento cultural com a qual, de alguma maneira, todos os povos do mundo podiam identificar-se. Quando comparada com a personificação dos continentes, implicava uma definição muito mais sofisticada da superioridade europeia. Embora sempre julgada pelos critérios europeus de engenhosidade, a valorização sistemática das culturas mexicana e inca introduziu uma percepção nivelada naturalmente ausente da personificação alegórica dos continentes. Por outro lado, a análise de Acosta dos primeiros relatos sobre a excelência das culturas chinesa e japonesa, que iam ao encontro de todos os principais critérios europeus, destacava os supostos limites dos sistemas de escrita. O resultado dessa crítica foi a ênfase nas deficiências das melhores culturas asiáticas, tornando-as vulneráveis às competências europeias, para todos os efeitos superiores. No entanto, a principal intenção de Acosta era sublinhar a natureza humana de todos os povos do mundo, além das suas possibilidades de melhoria e das condições diversas para a conversão. O modelo precoce de melhoria cultural por trás dessa abordagem baseava-se na ideia de superioridade europeia, motivo pelo qual os critérios de classificação de Acosta viriam a ser tão utilizados até o século XIX.

Essas hierarquias estruturaram os estereótipos étnicos europeus no período da expansão oceânica. Nos capítulos seguintes veremos como os critérios europeus — a administração política de territórios importantes, o corpo de leis, o registro de julgamentos, a organização militar, o planejamento urbano, a competência arquitetônica, a construção com materiais "dignos", a capacidade industrial e agrícola, a confecção de alimentos e o uso de cereais, os ornamentos e o vestuário "decentes" e as formas "superiores" de religião — moldaram a visão europeia dos outros povos, justificando diferentes formas de discriminação e segregação. É ainda importante reconhecer os detalhes da dinâmica interétnica em diferentes continentes, que levaram ao conflito ou a alianças com os europeus. A tensão resultante da tentativa de assimilar ou de distanciar outros povos serviu aos diferentes objetivos europeus no tempo e no espaço, o que nos lembra que os preconceitos podem ser ocultados ou ativados, de acordo com conjunturas específicas determinadas pelo comércio, pela evangelização ou pelos projetos imperiais.

6. Africanos

DA ASSIMILAÇÃO AO DISTANCIAMENTO

Em 1488, o príncipe jalofo Bemoim foi deposto. Bemoim governava um território próximo da foz do rio Senegal, onde os portugueses comerciavam escravos e ouro. Anteriormente enviara presentes e um embaixador ao rei português, d. João II. Após a sua deposição refugiou-se numa caravela lusitana, acompanhado por vários apoiadores, e partiu para Lisboa, em busca da ajuda militar do soberano português. D. João II recebeu-o com honras de Estado: ofereceu a Bemoim roupas dos tecidos mais finos, ordenou que lhe servissem comida numa salva de prata e recebeu-o de pé, a três passos do trono, com o toucado erguido da cabeça, tal como faria com um príncipe europeu. Bemoim e os seus seguidores lançaram-se ao chão para beijar os pés do monarca e depois pegaram um punhado de terra, que deitaram sobre a cabeça em sinal de submissão. O rei disse-lhes que se levantassem e escutou o discurso do príncipe, traduzido simultaneamente por intérpretes reais africanos. Rui de Pina, o cronista que registrou o acontecido, elogiou as palavras do soberano jalofo, "que não pareciam [proferidas] por um bárbaro preto, mas sim por um príncipe grego educado em Atenas". D. João II falou várias vezes com o príncipe, prometeu a assistência militar solicitada e organizou grandes festins em sua honra, além de entretenimento com teatro e dança.

Bemoim era muçulmano, e decidiu-se que seria convertido ao cristianismo ("tratou-se de convertê-lo", segundo as palavras do cronista). Foi prontamente batizado, junto com seis dos seus seguidores, nos aposentos da rainha, com o rei e a rainha, o príncipe, o duque de Bragança, o núncio papal e o bispo de Tânger como padrinhos. Bemoim recebeu o nome dom João (dom era a forma de tratamento ibérica que indicava uma origem nobre), foi armado cavaleiro pelo rei e recebeu um brasão, uma cruz dourada em campo vermelho com as armas de Portugal. Bemoim declarou a sua obediência e vassalagem, tendo sido enviado para Roma o relato da sua conversão. Nos dias que se seguiram foram convertidos mais 24 dos seus seguidores. Bemoim partiu então para recuperar o seu domínio, com vinte caravelas comandadas por Pero Vaz da Cunha — um vasto empreendimento militar que envolveu pelo menos mil soldados. Além das tropas, os portugueses levaram madeira e pedra esculpida para construir um forte e igrejas. Ao chegarem à foz do rio Senegal, o capitão português e seus oficiais ficaram desconfiados de Bemoim, matando-o antes de regressarem a Lisboa com os navios e os soldados. D. João II ficou indignado com o gesto do capitão e o reprovou com veemência, acreditando que o príncipe jalofo deveria ter sido levado para interrogatório. Contudo, não se atreveu a castigar o capitão.[1]

Essa história é extremamente reveladora: o monarca deposto foi recebido com honras de Estado como qualquer príncipe europeu; o seu status de nobre e soberano foi reconhecido; foi aceito como vassalo do rei português e recebeu uma nova identidade como cavaleiro cristão, tendo a sua conversão sido levada a cabo pelo rei português como ato de propaganda para impressionar Roma. O episódio revela a tensão entre a atribuição do status europeu de cavaleiro a Bemoim e os preconceitos étnicos contra os africanos negros. Pina elogiou o discurso "grego" de Bemoim, mas o capitão da expedição não confiava no governante jalofo. É provável que o capitão receasse uma armadilha em território inimigo, ou que se tivesse dado conta da dissidência natural contra o projeto de construção de um forte e de igrejas. A força do preconceito étnico na corte real portuguesa pode explicar a impotência do rei para castigar o capitão. Deve-se notar, contudo, que d. João II foi o mais temido rei da história portuguesa, não hesitando em matar os mais poderosos rivais nobres, entre os quais um cunhado. O caso revela ainda a tensão existente entre os projetos reais de reconhecimento e subsequente assimilação dos príncipes nativos e as práticas dos cavaleiros-mercadores portugueses em missão.[2] Os cavaleiros-mercadores tinham noção da complexidade das estruturas da África Ocidental e das frequentes alterações nas relações de poder locais, que justificavam uma política mista de saque e comércio. Por fim, conceder um status nobre em estilo europeu ao soberano africano negro parece surpreendente, levando em conta o contexto de comércio escravagista marítimo organizado a partir da década de 1440, algo que contribuiu bastante para a imagem depreciativa dos africanos negros como pessoas que venderiam os próprios filhos e familiares — um dos pressupostos usados para justificar a pilhagem feita pelos europeus na região.[3] Claro que esse reconhecimento de nobreza fazia parte de um projeto político que necessitava de alianças na África para garantir uma presença constante e para preparar futuras operações militares. Foi exatamente isso o que aconteceu no Congo.

Os primeiros contatos dos portugueses com o reino do Congo ocorreram durante o mesmo período, em finais da década de 1480, início da de 1490. Verificou-se uma troca de ofertas e de embaixadores que levou a uma presença portuguesa estável na região, para a qual contribuiu a existência de um poder regional estruturado e importante. A conversão dos soberanos locais foi desde o primeiro momento um objetivo explícito: pediu-se ao rei congolês que rejeitasse os seus ídolos e feitiçarias, "tudo isso dito com gentileza [recomendou o rei português] para evitar escândalo devido ao primitivismo e à idolatria em que ele vivia".[4] Em 1491, a expedição portuguesa obteve autorização para construir uma igreja na sede do poder congolês, a cidade de Mbanza-Congo, mais tarde chamada São Salvador. Converteram o rei, Nzinga a Nkuwu (batizado d. João), a maioria da família real e parte da nobreza. A isso seguiu-se a destruição ritual de "ídolos", levada a cabo pelos franciscanos e consagrada por uma expedição militar vitoriosa, apoiada pelos portugueses, contra vassalos rebeldes, os bateke, perto do rio Zaire. Contudo, os últimos anos do reinado de Nkuwu foram repletos de conflitos: regressou às crenças anteriores, provavelmente pelo fato de a imposição de monogamia ter criado enormes problemas sociais e políticos, devido à tradição da criação de alianças entre linhagens através de casamentos sucessivos — problemas esses repetidos entre a nobreza; e entrou em conflito com o filho mais velho, Mvemba a Nzinga, batizado Afonso, que se arraigara à fé cristã e foi exilado por Nkuwu para a província de Nsundi. Quando o rei morreu, o seu filho Mpanzu a Kitima, que não era cristão, recebeu o apoio da vasta maioria da população e provavelmente foi escolhido pelos nobres do reino com poder de eleição. Afonso contestou essa escolha, entrincheirou-se na capital, São Salvador, mobilizou a

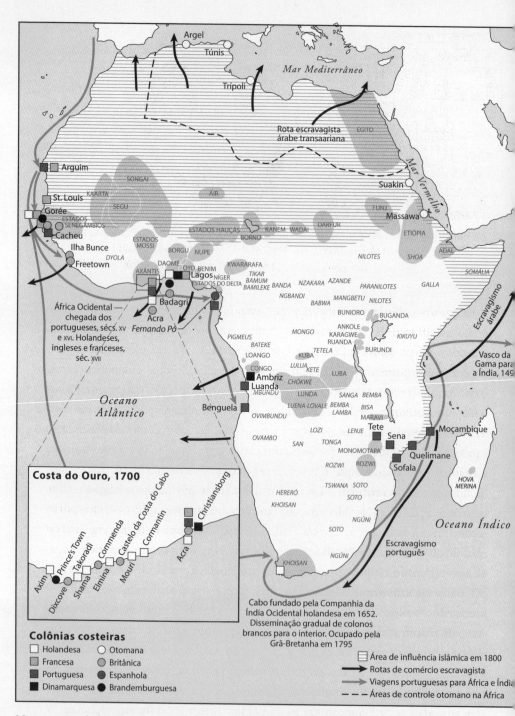

Mapa 6.1. Entidades políticas, enclaves e movimentos populacionais na África, 1500-1800.
Fonte: Geoffrey Barraclough (Org.), The Times Atlas of World History. Londres: Times Books, 1990, pp. 166-7.

nobreza cristã e deu início a uma batalha com a ajuda dos portugueses. Kitima foi morto e Afonso subiu ao trono, vindo a ter um longo reinado (1509-40), que favoreceu a disseminação da fé cristã no Congo.[5]

Os reis portugueses mandaram ao reino do Congo um fluxo constante de missionários, soldados, comerciantes, professores, livros cristãos, toalhas e colgaduras litúrgicas, tecidos europeus, armas, cavalos, ferramentas agrícolas e até artesãos (os pedreiros e os carpinteiros eram especialmente apreciados). O fracasso português no reino do Benim, para onde se enviou uma expedição semelhante em finais da década de 1480, início da de 1490, levou ao aumento do investimento no Congo. Os portugueses garantiram um fluxo constante de pessoas para a região, recebendo em troca, acima de tudo graças a acordos especiais estabelecidos durante o reinado de Afonso, dezenas de nobres congoleses, entre eles elementos da família real, que em Lisboa seriam educados na fé cristã e aprenderiam os hábitos do reino.[6] Os portugueses começaram por projetar a imagem da sua corte na corte congolesa, conseguindo depois vir a alterá-la segundo as suas funções e cargos administrativos. O rei congolês recebeu um brasão de Portugal e pôde conceder títulos de nobreza (duque, marquês e conde) à maneira europeia. Foi atribuída aos portugueses a segunda melhor localização em São Salvador para edificar o seu bairro muralhado, ao lado da principal igreja e do palácio real fortificado, cercado pelas casas dos nobres congoleses na capital. Essas elites vizinhas privilegiadas, africana e portuguesa, tinham acesso às principais fontes de água potável.[7] Embora o rei português tenha estabelecido a tradição de se referir ao monarca congolês como seu "irmão", este encontrava-se sob uma espécie de protetorado, uma situação incomum na África, onde em geral os europeus tiveram de pagar tributos regulares pela sua presença em várias regiões até o século XIX. O rei português aconselhou o soberano congolês a declarar a sua obediência ao papa e a enviar uma embaixada a Roma, algo que foi feito, com o apoio lusitano. Numa conclusão extraordinária do episódio, em 1518, o rei português conseguiu convencer o papa a nomear o filho de Afonso como bispo Henrique.[8]

Esses primeiros desenvolvimentos parecem sugerir um longo processo de difusão da religião cristã na África Central, mas não foi exatamente o caso. Na parte III vou analisar o impacto devastador na África provocado pela criação na América de sociedades coloniais baseadas no comércio escravagista. Vou ainda explorar a estratégia portuguesa na África Central, que contribuiu para a deterioração de um início tão auspicioso (de um ponto de vista missionário). Mas é preciso esclarecer que o caso especial da evangelização no Congo não teve um impacto significativo ou perene na percepção europeia dos negros. O infante Henrique foi o único africano negro a ser eleito bispo até o século xx. Foram poucos os africanos negros ou os indivíduos mestiços que alcançaram o estatuto de clérigos, sendo em geral ordenados como padres seculares, sem acesso às ordens religiosas mais prestigiadas. Conviviam com o constante abuso da sua condição por parte dos europeus, sendo regularmente acusados de possuir conhecimentos inferiores, de carecer de moral e de estar envolvidos no comércio de escravos.[9] Durante o primeiro século de interação, os relatos europeus evitaram (com uma exceção italiana, aparentemente censurada pelos cronistas portugueses) referências ao canibalismo no Congo.[10] O projeto de evangelização partia do pressuposto da boa natureza dos nativos. A erosão da presença europeia e cristã no Congo veio alterar essa perspectiva. Se compararmos os primeiros relatos, de finais do século xv, com relatos publicados um século e meio depois, é notória a mudança profunda da proximidade para a distância, de uma imagem espelhada para uma estranheza incontornável.

Giovanni Antonio Cavazzi, um frade capuchinho que nas décadas de 1650 e de 1660 trabalhou como missionário em Angola e no Congo, escreveu um influente relato sobre a região, originalmente publicado em italiano em 1687. Num capítulo dedicado aos "defeitos naturais e morais dos habitantes", Cavazzi proclamava estar prestes a descrever "coisas estranhas", as quais "o barbarismo torna abomináveis" e que "a total diferença de costumes em relação aos nossos torna incríveis".[11] Segue-se a listagem desses defeitos: arrogância, despudor, preguiça, inaptidão, recusa ao trabalho, falta de iniciativa, incapacidade de inventar coisas, concupiscência, ausência do conceito de filhos legítimos, uso da procriação como forma de poder, autorização do roubo, malícia, mendicidade constante, prática comum de difamação, incapacidade de estudo, falta de amor pelos familiares, abandono de recém-nascidos e a prática regular de vender pais, filhos e irmãos como escravos. Essa descrição era moderada pela referência aos hábitos cristãos de parte da população. Os habitantes urbanos eram criticados com mais frequência do que os do campo, enquanto os homens eram considerados muito mais preguiçosos do que as mulheres, que trabalhavam as terras. A descrição negativa de Cavazzi era agravada pelos extensos relatos de sacrifícios humanos e canibalismo atribuídos aos jagas, uma confederação de guerreiros de diferentes origens étnicas que controlavam parte da atual Angola e que se dedicavam à guerra com as diversas entidades políticas que com eles faziam fronteira, especialmente o reino do Congo.[12] Essa listagem de defeitos resumia os estereótipos cristãos em relação aos africanos negros, que durariam até o século xx e que foram usados para justificar três séculos e meio de comércio escravagista atlântico e a partilha da África na década de 1880.

O relato sobre a África escrito por Olfert Dapper em 1668 apresentava uma visão abrangente do continente. Foi amplamente lido e, de um modo geral, transmitia uma visão complexa que tentava distanciar-se de estereótipos anteriores. Serviu-se de todos os textos latinos, gregos, portugueses, holandeses, ingleses, italianos, franceses e espanhóis disponíveis sobre a África para produzir uma nova síntese histórica, etnográfica e geográfica. Reconhecia a diversidade de povos, aparências físicas, vestuário, cor de pele e hábitos, por vezes numa mesma área. O Norte da África e Madagascar eram identificados, respectivamente, com povos brancos e negros, enquanto diversos tons de pele preta, castanha e avermelhada eram associados a diferentes países, por exemplo a Etiópia. Em certos casos, como no Egito e Marrocos, as características físicas eram associadas a um habitat específico: a tez clara dos indivíduos mais corpulentos e de melhor situação que viviam nas cidades ou no litoral era posta em contraste com a pele escura dos "árabes" (beduínos) ou dos camponeses (berberes) nômades magros que viviam no interior.[13] No Norte da África, as cores dos turbantes definiam a fé, distinguindo os muçulmanos dos cristãos e dos judeus. Segundo Dapper, no Egito os muçulmanos usavam um turbante branco, os cristãos azul ou vermelho, os judeus amarelo, e os descendentes do Profeta envergavam um turbante verde.[14]

O reconhecimento da diversidade levou a uma escala mais graduada de estereótipos, mas não a alterou radicalmente. Os habitantes do Loango eram considerados selvagens que comiam uns aos outros, como os feiticeiros ainda faziam.[15] Os habitantes do Congo eram "negros como a noite", com cabelo encaracolado e uma altura pouco impressionante, mas bem constituídos, de olhos azuis e pretos, e lábios mais finos do que os dos povos da Guiné, que Dapper considerava os mais feios de todos. Os congoleses eram vistos como arrogantes com os vizinhos, mas civilizados e honestos com os estrangeiros (referindo-se aos europeus). Supostamente teriam tendência para se embriagar fácil com vinho espanhol e aguardente, e eram bem falantes, mas não muito habilidosos com as mãos. Eram considerados soldados medíocres, indisciplinados e dados ao roubo e à impunidade. Os embaixadores congoleses de Maurício de Nassau, governador holandês do Brasil, e nos Estados Gerais na Holanda eram reconhecidos como fortes e ágeis, mas ao mesmo tempo ridicularizados como bailarinos e gladiadores capazes de saltar e de esgrimir de formas extraordinárias. Também foi descrito que imitavam a forma como o rei do Congo se sentava no trono durante longos períodos de silêncio, nos quais era adorado pelos súditos "de acordo com antigas superstições pagãs".[16] No entanto, segundo Dapper, a educação cristã e a recente presença dos holandeses haviam contribuído para uma certa melhoria, além da introdução de leis.

A percepção de Dapper dos povos das regiões austrais da África era igualmente complexa, sendo definida pela visão europeia tradicional: os hotentotes eram magros e feios, embora altos, com pele de tons entre o claro e o escuro, como os mulatos e os japoneses. O cabelo era encaracolado e grosso como lã, os olhos belos, pretos e brilhantes, os dentes brancos como marfim e tinham boas mãos, "mas infelizmente têm nariz achatado e lábios grossos, especialmente o superior", "a barriga pende [é inchada] e o traseiro extremamente grande", "deixam crescer as unhas, pelo que podem ser confundidas com as garras de uma águia" e as "mulheres casadas têm seios tão grandes que dão de mamar por cima do ombro aos filhos que transportam às costas".[17] Os hotentotes conheciam as leis das nações e da natureza, eram elogiados pela falta de ganância e pelo sentido de honra, e considerava-se que tinham se beneficiado com o contato com os holandeses. Os habitantes de Madagascar, alvo de um longo relato devido às recentes explorações, eram vistos sob uma luz menos positiva, catalogados como enganadores, dissimulados, bajuladores e mentirosos.[18] A costa oriental da África era avaliada de forma mais positiva, já que os habitantes de Sofala eram considerados mais civilizados do que os "cafres" do cabo da Boa Esperança.[19] Sem grande surpresa, os abissínios cristãos eram tidos como pacíficos, defensores da justiça e da igualdade, espertos, curiosos e interessados em aprender. Eram supostamente mais bem constituídos do que os africanos negros, tinham vida mais longa e partos mais fáceis, não apresentavam nariz achatado nem lábios grossos, e eram em tudo semelhantes aos europeus, salvo na cor da pele, que era castanha ou cor de azeitona. A conclusão a tirar desse elogio era obviamente que "os melhores escravos são da Abissínia". Claro que eles tinham alguns defeitos: eram considerados covardes; o país tinha mais sacerdotes e monges do que soldados; e, por fim, não dispunham de portos, pois os mamelucos e os turcos haviam capturado a costa.[20]

As imagens no livro de Dapper eram mais explícitas. A extraordinária quantidade de mapas e de panoramas de cidades, e as imagens que ilustravam os principais rituais e a vida diária nos diferentes países reforçavam a sensação de

Figura 6.1. Olfert Dapper, Descrição da África. *Amsterdam: Wolfgang, Waesberge, Boom, e Van Sommeren, 1686. Gravura de uma cerimônia real no Benim.*

exotismo. Os temas centrais eram animais selvagens, presas de marfim, escravos (incluindo tortura de escravos), caravanas para Meca, pirâmides, obeliscos, esfinges, reis vestidos com peles de leopardo, monarcas sendo venerados, soberanos recebendo embaixadores, cerimônias reais no Benim com dança, música, anões e leopardos acorrentados, funerais nobres, corpos com tatuagens ou escarificação, vestuário e ornamentos, banquetes, danças e sacrifícios humanos. O contraste com a aparência europeia contemporânea era marcante. A população do Norte da África podia ter mantido a túnica clássica, e a elite estava habituada aos melhores tecidos, incluindo a seda, mas na segunda metade do século XVII a tradição norte-africana parecia retrógrada aos olhos dos europeus: as camisas compridas eram duplicadas no inverno, os vestidos eram estreitos no topo e largos embaixo, e as mangas estreitas prendiam-se aos pulsos — tudo isso foi criticado.[21] A superioridade das complexas modas europeias estava implícita nesse tipo de afirmação, que relegava conscientemente a moda islâmica para as periferias, a favor do orgulho (ou vaidade) na constante mudança que por fim se espalhara da França e da Holanda para países mais austeros, como Alemanha e Espanha.[22] Na África subsaariana, com exceção da Abissínia, as partes do corpo eram representadas mais ou menos despidas, embora a disseminação dos tecidos europeus já fosse uma realidade em muitas áreas, onde os materiais se adaptavam às tradições locais, ao mesmo tempo que também davam origem a novas formas de identidade.

VIDAS AFRICANAS NA EUROPA

A percepção europeia dos povos da África tem de ser contrastada com a realidade dos africanos que viviam e trabalhavam na Europa. Na parte I assinalei o grande número de escravos africanos levados para o sul da Europa, alguns dos quais foram parar em outras partes do continente, mas havia outras rotas de escravos, especialmente através do Império Otomano e do Leste Europeu. A vasta maioria dos escravos era usada como criados e agricultores, mas também havia soldados, músicos, artesãos qualificados e cortesãos. O mais bem-sucedido talvez tenha sido Abram Petrovitch Gannibal (1696-1781), comprado quando criança em Constantinopla, que se tornou afilhado do tsar russo Pedro, o Grande, comandante militar de êxito, filósofo (que se correspondeu com Voltaire [1694--1778]), diplomata, engenheiro e arquiteto, além de confidente e conselheiro do tsar. A sua linhagem distinta incluiu o poeta nacional russo Aleksandr Púchkin.[23] O caso que aqui vamos destacar se relaciona com um período anterior, a primeira metade do século XVI, e com um país diretamente envolvido no comércio de escravos, Portugal. Mostraremos as ambiguidades que Dapper mais tarde relataria.

A figura ambivalente de João de Sá Panasco (a alcunha significava grosseria revelada pelas roupas e/ou pelos modos), que serviu de escravo negro do infante d. Luís e de bobo do rei português d. João III (1521-57), desempenhou um papel duplo, sendo alvo de troçados nobres da corte real e troçando de todos eles.[24] Na principal antologia de anedotas registradas durante o período, cerca de sessenta eram sobre negros e mulatos.[25] João de Sá é o protagonista de muitas delas, sendo constantemente alvo de comentários racistas quanto à cor da pele, cheiro "repugnante" e suposta incompatibilidade com uma mourisca branca com quem fora casado. Ele, por sua vez, respondia e invertia as críticas. João de Sá troçava da sua própria posição. Quando o rei perguntou quem eram os seus privados preferidos, ele

Figura 6.2. Chafariz d'el Rey em Alfama, c. 1560-80, *pintura flamenga, óleo sobre madeira de autor desconhecido, 93 × 163 cm. Lisboa, Coleção Berardo. A pintura inclui um cavaleiro negro com o hábito da Ordem de Santiago.*

respondeu: "Os Castanho entre os fidalgos, os Carvalho entre os escudeiros, e eu entre os pretos!". Mas quando Baltasar de Morais, camareiro do duque de Bragança, lamentou a morte do "seu" jovem negro em Vila Viçosa, João de Sá respondeu que os brancos não eram capazes de viver sem negros. A condição inferior de João de Sá, maculada pelo status inicial de escravo, era constantemente invocada e atirada à sua cara através de piadas.

Ainda assim, ele gozava da proteção do rei e podia fazer o que não era permitido a mais ninguém: troçar impunemente dos cortesãos. As anedotas que chegaram aos nossos dias mostram que João de Sá era confidente do rei. D. João III era obviamente um grande apreciador de mexericos e gostava de manter uma atmosfera de troça entre os colaboradores mais chegados. Precisava de alguém que não dependesse de mais ninguém para mantê-lo informado do que de fato se passava entre os cortesãos. João de Sá era o único capaz de desempenhar o papel misto de bisbilhoteiro, informante e bobo. Sendo um antigo escravo e bobo da corte, tornou-se um membro intocável da corte real, forçando os limites do que significava ser a um tempo estranho e íntimo. Era mais perigoso para os nobres da corte do que estes para ele. A confiança do rei reflete-se na posição excepcional alcançada por João de Sá: não só se casou graças aos favores reais, como obteve o privilégio de envergar o hábito da Ordem Militar de Santiago, tornando-se famoso por ser o único negro de Lisboa a montar a cavalo com a prestigiada toga da ordem (ver figura 6.2). A capacidade de João de Sá de exercer transgressões humorísticas rendeu os seus lucros.

João de Sá não foi um caso único de êxito ou de mobilidade social por parte de africanos negros nas cortes reais europeias. Nos séculos XVII e XVIII encontramos numerosos exemplos nas cortes da Europa Setentrional e do Leste Europeu, não estando associados à tradicional função de bobo. No entanto, o estereótipo moderno do negro feliz e bem-disposto já fora criado, tal como mostra uma das anedotas portuguesas. Segundo ela, quando um núncio papal não identificado regressou a Roma vindo de Portugal, declarou que chegava de um país onde os escravos se riam, enquanto os homens livres choravam. João de Sá obteve o seu êxito manipulando habilmente as palavras e as expressões físicas para provocar risos. O seu comportamento correspondia ao estereótipo do africano alegre e despreocupado, mesmo com os exemplos diários de comportamento inteligente e talentoso.

No entanto, é necessário abordarmos um conceito mais arraigado dos africanos como selvagens. Desde os tempos gregos e romanos o continente fora identificado como a fronteira entre as sociedades policiadas e as bárbaras, exposto a ermos e a regiões quentes inóspitas. As condições supostamente extremas de clima e de solo sustentavam a ideia europeia de monstros e selvagens usada para refletir sobre as fronteiras entre a cultura e a natureza, o humano e o animal, as sociedades controladas e a selvageria. O caso de um suposto "homem selvagem" também surge na sociedade cortesã europeia do século XVI. Envolve um guanche, um nativo das ilhas Canárias, certamente não negro, mas ainda assim ligado à África segundo a percepção europeia. Pedro Gonzalez, nascido por volta de 1537 em Tenerife, nas ilhas Canárias, afirmava ser de ascendência principesca. Sofria de um distúrbio genético particular, *hypertrichosis universalis congenita*, que o destacou ao longo de toda a vida: tinha pelos que lhe cresciam por todo o rosto, orelhas, costas, peito, braços, mãos, dedos, coxas e pernas. Só a palma das mãos, a planta dos pés e os lábios não eram cobertos de pelos.[26] A aparência de Gonzalez correspondia à imagem mítica do homem selvagem (*homo silvestris* ou *silvaticus*, a origem etimológica de selvagem) criada na Antiguidade Clássica para servir de apoio à reflexão sobre a diferença entre cultura e natureza, seres humanos que viviam em comunidade e humanos que viviam nas regiões selvagens.[27] A imagem do selvagem nu, de corpo coberto de pelos compridos, o espírito entregue aos instintos e sentimentos mais básicos, uma figura próxima do estereótipo medieval do gigante, fora renovada no século XV, por coincidência, quando da conquista das ilhas Canárias. A recuperação do tema foi claramente expressa pelas enormes esculturas colocadas na entrada da faculdade de San Gregorio, em Valladolid.

A aparência de Gonzalez suscitou uma enorme curiosidade na corte real francesa, quando ele foi oferecido a Henrique II, com dez anos de idade. Foi examinado especialmente por Julius Caesar Scaliger, que em 1557 publicou um tratado sobre o caso. A isso seguiu-se uma referência ambígua a Gonzalez em *Des Monstres et prodiges* (1573), de Ambroise Paré. "Pierre sauvage", como era conhecido à época, foi educado. Aprendeu latim, provando que os selvagens podiam tornar-se sofisticados. Saiu-se tão bem que alcançou uma boa posição na corte como escanção (perito em vinho). Após a morte infeliz de Henrique II, Gonzalez provavelmente passou para a casa de Catarina de Médici. Por volta de 1573 casou-se com uma francesa, Catarina, com quem teve pelo menos cinco filhos, Henri, Madeleine, Françoise, Antoinette e Paul, os quais (talvez com a exceção do último) herdaram o seu problema genético.[28] Em 1589, a morte de Catarina de Médici obrigou-o a procurar outro patrono. Alessandro Farnese, duque de Parma, acolheu a família Gonzalez sob a sua proteção e enviou-a para a Itália. Gonzalez foi registrado como "Don Pietro Gonzales Selvaggio" na corte de Parma, o que significou que, a partir daí, o tratamento aristocrático espanhol "don" ficaria associado à vida de Gonzalez junto com a palavra "selvagem", como se tivesse encontrado maneira de compensar a sua posição "naturalmente" inferior. O sexto filho, batizado Orazio (e também ele peludo), nasceu em 1592 na corte de Parma. Gonzalez tentou manter-se discreto, porém mais uma vez foi exibido como caso curioso e valioso, resgatado de uma condição quase animalesca. A sua filha Antoinette (agora Antonietta) entrou para a corte da marquesa de Soragna, sendo examinada em Bolonha pelo naturalista Ulisse Aldrovandi, que escreveu um longo relatório mais tarde usado por Bartolomeo Ambrosini no seu *Monstrorum historia*, publicado em 1642. Aldrovandi deixou um retrato e uma referência manuscrita a uma moça "com uma cabeça peluda como a de um macaco e um corpo glabro [desprovido de pelos]". A comparação é interessante para os nossos objetivos: na cadeia dos seres de Aldrovandi, o camponês pertencia ao nível mais baixo de seres

Figura 6.3. Arrigo peloso, Pietro matto e Amon nano, *1598-9*, *óleo sobre tela de Agostino Carracci, 97 × 130 cm. Nápoles, Museo di Capodimonte, n. inv. Q369.*

humanos europeus; o macaco era considerado o animal mais próximo do ser humano; a jovem peluda foi colocada quase ao mesmo nível que o macaco. Em 1592, Henri (agora Arrigo), o primogênito de Gonzalez, foi enviado para Roma a pedido do cardeal Odoardo Farnese, que fez dele assistente dos seus aposentos.

O interesse social, intelectual e científico pela família Gonzalez está documentado nos sucessivos retratos da família produzidos a partir da década de 1580: quadros de Dirck de Quade van Ravesteyn e de Lavinia Fontana; e gravuras de Joris Hoefnagel, Dominik Custos e Stefano Della Bella. Curiosamente, a família tornou-se uma das mais representadas na Europa de finais do século XVI. No entanto, o extraordinário quadro de Agostino Carracci, executado em 1598-9 e intitulado *Arrigo peloso, Pietro matto, Amon nano* (Henrique peludo, Pedro louco, Amon anão) no inventário de 1644 (ver figura 6.3), explicava a função do "selvagem" peludo na corte: Arrigo era representado com um *tamarco* (um sobretudo de pele de cabra usado nas ilhas Canárias), junto com um anão, um bobo, dois macacos, dois cães e um papagaio.[29] Resumidamente, surgia ao lado de seres humanos identificados (e troçados) pelas suas "deformidades" mentais e físicas — todos usados como acessórios de luxo na corte e exibidos como fenômenos bizarros do mundo natural. Deve-se notar, contudo, que os Farnese cumpriram as suas obrigações, e a inteligente família Gonzalez negociou bem a sua posição: Arrigo, destacado para Capodimonte, no lago Bolsena, Lazio, como funcionário superior no castelo do cardeal, tornou-se um notável personagem local poderoso ligado ao comércio; em 1608 pôde mandar buscar a família em Parma (os pais e três irmãos, Madalena, Francesca e Orazio); Arrigo casou-se quatro vezes e teve filhos; e a maioria dos seus irmãos também se casou e teve descendência.

PERCEPÇÕES VISUAIS

Esses casos especiais da sociedade cortesã definem-se pela ambivalência entre preconceito e paternalismo, posição inferior e feitos sociais, valores sociais e transgressão. Já vimos como a cultura visual nos ajuda a aprofundar o significado de tais casos, razão pela qual tenho de estender às obras de arte minha análise da percepção europeia dos povos africanos. A primeira série de xilogravuras com a representação de indivíduos africanos e asiáticos foi produzida em 1508 por Hans Burgkmair para ilustrar o relato da viagem de Balthasar Springer, agente da família Welser em Portugal, que navegou até a Índia com o exército do primeiro vice-rei Francisco de Almeida.[30] Nessas xilogravuras encontramos uma família de africanos da Guiné representados nus, com pulseiras e brincos nos braços e nas orelhas, o homem adulto atirando uma lança de madeira e um dos filhos dançando — encontram-se todos em plena mata, sem nenhuma casa à vista. Foi usado o mesmo cenário para os hotentotes da baía da Lagoa (sudeste africano), representados semidespidos com peles de leopardo, toucados de pele grosseira e sandálias, com as crianças nuas junto ao corpo da mãe seguras por faixas de tecido largo. Quando Burgkmair decidiu reciclar essas imagens e incluí-las no seu projeto para a marcha triunfal de Maximiliano I (1517-8), os preconceitos tornaram-se mais claros: os povos não europeus não só eram representados nus ou quase despidos, como também se encontravam rodeados por animais — cabras, ovelhas, vacas, touros, papagaios e macacos —, numa confusão deliberada que dificultava a distinção entre macacos e as crianças transportadas de forma negligente pelas mulheres (ver figura 6.4). O objetivo geral era incluir os africanos na natureza.

Figura 6.4. Africanos na Guiné, 1511, de Hans Burgkmair, xilogravura executada por Georg Glockendon. Berlim, Staatsbibliothek.

Figura 6.5. Retrato de Catarina aos 2 anos, 1521, ponta de prata sobre pape de Albrecht Dürer, 20 × 14 cm. Floren ça, Gabinetto dei Disegni e Stamp degli Uffizi, n. inv. dis. 1060E.

Essa mesma mensagem está implícita no *Atlas Miller*, criado em 1519 pelos cartógrafos portugueses Lopo Homem, Pedro Reinel e Jorge Reinel: no mapa que representa a África, especialmente na África Ocidental, vemos duas figuras castanho-escuras, presumivelmente macacos, mas que nos lembram seres humanos, numa ambiguidade sugestiva. A intenção do autor, provavelmente o iluminador António de Holanda, pode ter sido apenas a representação de macacos, mas a ideia dos africanos colocados na natureza e misturados com animais já se encontrava disseminada pela Europa.[31] O humanista flamengo Nicolau Clenardo, que viveu em Portugal entre 1533 e 1538, comprou três jovens negros, ensinou-lhes latim e usou-os como assistentes de ensino, mas referia-se a eles como "macacos" na sua correspondência, inferindo serem capazes de imitar, mas não de criar.[32] Mais à frente veremos como essa ideia foi contestada pela realidade. Deve-se notar, contudo, que mesmo nessa fase inicial havia já tentativas bem-sucedidas de representar africanos negros com sentimentos e emoções próprias. Por exemplo, Albrecht Dürer criou dois desenhos esplêndidos de um jovem (1508) e de uma jovem identificada como Catarina (1521).[33] É bem conhecido o fascínio de Dürer por artefatos e obras de arte não europeias,

Figura 6.6. Sileno embriagado, c. 1619-20, *óleo sobre tela de Antoine van Dyck, 107 × 91,5 cm. A pintura inclui um negro mostrando a língua a uma branca. Dresden, Gemäldegalerie Alter Meister, Staatliche Kunstsammlungen, n. inv. 1017.*

portanto não surpreende que tenha tratado esses dois sujeitos como se fossem europeus: tentou representar corretamente as proporções e as características físicas, ao mesmo tempo que deixava entrever o seu temperamento. O jovem africano sugere serenidade e decisão, enquanto Catarina mostra melancolia.

O desenvolvimento da pesquisa iconográfica nos séculos XVII e XVIII revela uma maioria de negros representados nas suas tarefas habituais no contexto europeu, como criados, soldados, músicos e trabalhadores manuais. Houve um número significativo de santos negros representados de acordo com os seus atributos. Porém, existiam também estereótipos depreciativos, alimentados provavelmente pelos sentimentos de superioridade em relação aos escravos africanos. Citarei aqui alguns casos em que os negros foram usados para representar sentimentos básicos, emoções incontroláveis e subordinação ao domínio político. Pietro Tacca esculpiu quatro escravos para a base da estátua de mármore de Fernando I em Livorno (1607-26), de autoria de Giovanni Bandini, tendo como único objetivo simbolizar submissão e poder político.[34] Num quadro de Sileno, *c.* 1620 (ver figura 6.6), Antoine van Dyck (1599-1641) representou um negro mostrando a língua a uma beldade branca e com a mão no ombro dela, expressando uma lascívia desenfreada.[35] Van Dyck também representou um negro durante o martírio de são Sebastião numa escandalosa expressão de alegria, mostrando irreverência e falta de compaixão; e representou um negro com um olhar de troça irônica cobrindo o tronco desnudo de Cristo com um casaco, depois de Pilatos tê-lo oferecido à multidão com as palavras *"Ecce homo"*.[36] Em 1630, Jacob Jordaens (1593-1678) representou um negro com um papagaio rindo com indiferença da cura de um possuído por são Martinho (ver figura 6.7); em 1660, Abraham van Diepenbeeck (1596-1675) mostrou o rei etíope Ginmaghel com olhos esbugalhados, minando a seriedade da realeza africana (e, nesse caso, cristã); e Theodore Thulden (1606-69) representou um criado negro rindo enquanto transportava a cabeça de são João Batista numa bandeja. Portanto, os negros eram usados para expressar grosseria, imbecilidade, indiferença, lascívia, malícia, troça e crueldade. Essa tendência iconográfica surgiu nos Países Baixos seiscentistas e espalhou-se pela Europa durante o século XVIII, especialmente na Alemanha e na Itália.

Não podemos limitar a presente análise a imagens com um significado predominantemente negativo: o uso de negros para personificar emoções negativas sempre foi contraposto pela sua representação numa forma humana intrépida ou elevada. Tal como nos mostra o trabalho de Diego Velázquez, os artistas elogiavam negros e mestiços. Velázquez deixou um retrato bastante digno do seu escravo (ver figura 6.8), o pintor Juan de Pareja (*c.* 1650), cujo olhar impunha respeito como ser humano (viria a ser alforriado).[37] Um esplêndido retrato anônimo de uma negra em Bolonha representa-a com uma jaula, mostrando compaixão e sentimentos ambivalentes quanto ao cativeiro e à liberdade. Antonio Verrio (*c.* 1639-1707) representou dois anjos negros em *O triunfo marítimo de Carlos II* em Hampton Court, Londres. O século XVII também assistiu ao surgimento de santos negros na iconografia e na literatura.

Por outro lado, podemos ver o desenvolvimento paralelo dos temas de príncipes africanos abusivos, negros de boca aberta expressando falta de autocontrole e imagens de negros em posições submissas. As ilustrações, de autoria de Charles Monnet (1732-1808), para *La Princesse de Babylone*, de Voltaire, ou de Clément--Pierre Marillier (1740-1808) para *Oroonoko*, de Aphra Behn, sublinhavam a violação e o abuso.[38] Existe ainda a imagem insidiosa de africanos negros representados como canecas, candeeiros, pernas de cadeira, sofás e suportes de objetos como colunas e vasos, como se a condição de escravo houvesse inspirado tais inovações nas artes decorativas. Um dos primeiros exemplos do uso da cabeça grotesca de um negro como caneca, ou talvez como candelabro, é de autoria de

Figura 6.8. *Retrato de Juan de Pareja*, 1650, óleo sobre tela de Diego Velázquez, 81,3 × 69,9 cm. Nova York, Metropolitan Museum of Art, n. inv. 1971.86.

Figura 6.7. *São Martinho curando um possesso*, 1630, óleo sobre tela do ateliê de Jacob Jordaens, 432 × 269 cm. A pintura representa um negro segurando um papagaio e rindo ao fundo.

Jan Brueghel I (1568-1625), no contexto do gabinete de curiosidades.[39] A tradição do uso de negros como apoios de túmulos e mesas (ou cariátides na arquitetura) foi recriada, por exemplo, por Andrea Brustolon (1662-1732), ao esculpir uma série de cadeirões enormes com os braços e as pernas frontais decorados com crianças e jovens negros. Também se especializou na escultura em tamanho natural de escravos negros acorrentados transportando vasos (ver figura 6.9).[40]

Obviamente, os retratos de africanos em ocupações normais continuavam a ser produzidos, junto com as visões compassivas da condição africana. Em 1774, na Scuola Grande dei Carmini de Veneza, Giambattista Tiepolo pintou uma alegoria da penitência, da inocência e da castidade em que a penitência era

Figura 6.9. Cativo negro transportando o suporte de um vaso, escultura de madeira de Andrea Brustolon, 90 cm de altura. Veneza, Palazzo Ca'Rezzonico, Museo del Settecento.

representada por uma negra segurando uma cruz. A segunda metade do século XVIII, em geral considerada o período de origem da teoria das raças, assistiu também ao desenvolvimento da reflexão sobre a condição humana e dos valores universais que levaram ao movimento abolicionista. Em 1798, Daniel Nikolaus Chodowiecki (1726-1801), que trabalhava na Alemanha como ilustrador de livros — por exemplo, em *Beitrage zur Naturgeschichte*, de J. F. Blumenbach —, representou uma espantosa história de amor entre um branco e uma negra que terminou com o branco atirando ao fogo o seu livro sobre o "sistema das raças humanas".[41]

COMÉDIAS DE NEGROS

Essa tensão permanente entre a curiosidade etnográfica e um olhar debilitante, entre a representação normal em retratos e o uso de negros para expressar crueldade ou idiotia, também se encontra na literatura. A visão compassiva dos africanos negros (quer escravos, quer homens livres) encontrou um lar improvável na literatura do Século de Ouro ibérico, especificamente no gênero conhecido como comédias de negros.[42] Com o personagem Filipo, protagonista de *El prodigio de Etiopia*, Lope de Vega (1562-1635) transformou o negro africano escravo, ladrão e líder de quadrilha em guerreiro e rei, capaz de aventuras audazes, que por fim se reconcilia com Deus.[43] A peça foi tão bem-sucedida que esse mesmo protagonista viria a ser usado como tema de outra, dessa vez de autoria de Juan Bautista Diamante (1625-87), *El negro más prodigioso*.[44] Esse novo tipo de africano altaneiro foi reforçado pelo personagem Antiobo da peça *El negro del mejor amo*, também da autoria de Lope de Vega. Antiobo era um novo Alexandre negro, nascido príncipe muçulmano, mas convertido ao cristianismo graças à escrava branca que fora sua ama de leite. Combateu ao lado dos sardenhos contra os turcos e morreu santo, fazendo milagres após a morte e levando ao arrependimento da pecadora branca, dona Joana, que declarou: "Sou eu a preta, tu já és branco".[45]

Na peça *El valiente negro en Flandes*, Andrés de Claramonte (1580-1626) apresentou o estereótipo do soldado negro corajoso e forte no personagem Juan de Mérida, que chega ao topo da sociedade espanhola quando o rei lhe concede o hábito da Ordem Militar de Santiago e a patente de general em reconhecimento dos seus feitos marciais, podendo assim casar-se com uma aristocrata branca. O herói declara que "só a região ou o clima os diferencia; se os brancos ultrapassam os infelizes pretos em perfeição, isso é porque aqueles têm jurisdição sobre estes; da mesma forma, os brancos seriam oprimidos e imperfeitos se vivessem submetidos aos pretos".[46] A peça abordava e criticava abertamente os preconceitos contra os negros. O soldado negro era mostrado como próximo da tipologia de marginais da sociedade que contrastavam a virtude ao sangue, o mérito aos privilégios herdados e a masculinidade aos maneirismos. Juan de Mérida (rebatizado Juan de Alba pelo duque de Alba, seu comandante) chegava a condenar os judeus e os mouros, gabando-se do seu "sangue limpo" — um tópico crucial entre os cristãos negros, que se sentiam superiores aos convertidos das outras duas religiões do livro por não terem um estigma religioso anterior; eram simplesmente considerados ignorantes. Houve, contudo, muitos casos de personagens negros maus ou ambíguos nesse gênero espanhol. Vale a pena citar a bizarra peça *Las misas de San Vicente Ferrer*, escrita pelo cristão-novo Antonio Enríquez Gómez (1600-63) sob o pseudônimo Fernando de Zárate. Enríquez Gómez apresentou um escravo negro sinistro, Muley, a quem o diabo ajudou a seduzir a irmã de são Vicente Ferrer (1350- -1419), o pregador dominicano que desenvolveu campanhas para converter judeus ao cristianismo.[47]

As dúvidas tradicionais quanto às crenças religiosas dos povos africanos foram invertidas em outra peça de Lope de Vega, *El santo negro Rosambuco de la ciudad de Palermo*, em que o autor apresentou um novo herói negro escolhido por Deus para provar a sinceridade e o poder da conversão religiosa.[48] Baseava-se no caso recente de um franciscano de origem escrava, San Benito, que no seu convento em Palermo recebeu visitas regulares de nobres e até do vice-rei, e que morreu em 1589 com a reputação de santo. A peça foi escrita por volta de 1604, o que significa que os pormenores do caso de são Benedito tinham se tornado rapidamente conhecidos. O processo de beatificação teve início em 1594, mas só foi concluído pelo Vaticano em 1743. Lope de Vega representou o santo como pirata muçulmano derrotado e escravizado por cristãos, que se converteu e mostrou uma capacidade espantosa para suportar abusos, e conseguiu interceder junto de Deus em nome dos enfermos. Esse santo também influenciou Luis Vélez de Guevara (1579-1644) ao escrever *El negro del Serafín*, enquanto frei Rodrigo Álvares Pacheco seguiu o exemplo de santo Antônio de Noto na peça homônima que escreveu em 1641.[49] Esses dois santos foram venerados por fraternidades de negros, não só na Europa mas também na América, o que confirma a relação permanente entre o teatro e a realidade.

Portanto, os negros podiam ser heróis e santos na literatura espanhola. Nesse ambiente literário em que todos os negros bons eram homens, havia um derradeiro preconceito a ser desafiado: a suposta estupidez dos africanos. Isso foi contestado pelo escravo e professor de latim Juan de Sesa, também conhecido como Juan Latino, que nos seus poemas inverteu o significado simbólico do branco e do preto atribuído aos santos e aos demônios, frisando que a pele branca era desprezada na Etiópia. Diego Jiménez de Enciso (*c.* 1585-1634) escreveu uma peça intitulada *Juan Latino* (impressa em 1652), em que se serviu da figura histórica para ridicularizar os estereótipos mais comuns em relação aos negros.[50] No entanto, embora a comédia de negros desafiasse os estereótipos tradicionais, temos de ter em mente que o bom negro era aquele que assumia os valores dos brancos (ou dos europeus) — se possível, o espírito dos cavaleiros e dos clérigos brancos, e junto com os personagens principais surgia habitualmente a caricatura de um negro ou de um mouro mau. Os personagens negros bons eram usados como expediente literário para mostrar a reversibilidade da fortuna, os crimes dos brancos, a possível alteração de papéis e a redenção dos criminosos negros através da fé, num contraste com as reincidências sistemáticas dos cristãos brancos. Mesmo cruzando as barreiras étnicas, o objetivo das comédias de negros era reforçar o sistema central de valores. Ainda assim, é digno de nota que a sociedade ibérica, em grande medida definida pela noção da pureza do sangue, permitisse a promoção dos indivíduos negros, expressa e defendida na literatura.

Embora menos envolvidas na interação étnica do período, as sociedades da Europa Setentrional não estiveram ausentes desse movimento literário. Chegaram mesmo a ir mais longe em alguns casos excepcionais, invertendo o simbolismo das cores, junto com a hierarquia social. O príncipe africano Oroonoko foi representado por Aphra Behn (1640-89) como um homem educado, galante e bem-apessoado, com uma pele de ébano, como azeviche polido, não como um "castanho enferrujado". As mulheres negras, como a Vênus Imoinda, amante de Oroonoko, eram também elogiadas como belezas espantosas. Esse romance, porém, era especial: Behn imaginou a escravidão de Oroonoko como consequência da traição por parte do capitão inglês do navio negreiro, apresentando um homem inteligente, orgulhoso e corajoso injustamente relegado à margem da sociedade colonial do Suriname. Rebatizado César, o príncipe africano consegue estabelecer a reputação de sábio. É o seu envolvimento na luta pela liberdade que acarreta o seu sacrifício final. A condenação por parte de Oroonoko da condição de escravo é das mais poderosas da literatura europeia seiscentista: "Somos comprados e vendidos como macacos, para diversão de mulheres, tolos e covardes; e para acompanhar trapaceiros, renegados que abandonaram os seus países devido a violação, assassínio, roubo e vilanias".[51] A difamação europeia dos africanos negros é aqui invertida para condenar o infame comércio escravagista, mas não a escravidão em si. Embora o livro de Behn se afaste da corrente dominante da literatura do norte da Europa, as ambiguidades de Oroonoko e dos valores brancos por ele personificados não estavam muito distantes da literatura e da arte britânicas ligadas ao império.[52]

7. Americanos

CANIBALISMO

Foi Cristóvão Colombo (1451-1506) quem cunhou o termo "canibal". No diário da sua primeira viagem às Antilhas (1492-3), Colombo referia que os nativos das ilhas principais (Cuba e Hispaniola) receavam certas tribos que comiam carne humana e que supostamente caçavam a partir das ilhas austrais (ver figura 7.1). Esses antropófagos eram identificados como caribes, ou canibes, tal como eram designados em Hispaniola, num contraste com os nativos pacíficos das ilhas principais, e dizia-se que envergavam longas extensões de cabelo presas a um toucado de penas, e que andavam armados com arcos e flechas.[1] Numa carta a Luis de Santángel datada de 15 de fevereiro de 1493, Colombo declarava que os antropófagos vinham de uma ilha chamada Caribe.[2] Fizeram-se cópias impressas da carta, e a obra tornou-se um sucesso de vendas, com duas edições em espanhol, nove em latim, três em italiano e uma em alemão, tudo no espaço de quatro anos (1493-7). A referência aos comedores de carne humana não passou despercebida.[3] No relato da segunda viagem (1493--6), Colombo referiu os canibais (*canibales*, em espanhol), transformando a palavra no que viria a se tornar um substantivo aceito, o qual repetiu em todos os seus relatos e correspondência com os reis europeus.[4]

Figura 7.1. André Thevet, La Cosmographie universelle. *Paris, 1575. Gravura representando o canibalismo.*

Quando Colombo chegou às Antilhas, os caribes estavam instalados como agricultores, pescadores, caçadores e bons navegadores que tinham se espalhado desde a costa nordeste da América do Sul até as ilhas caribenhas, e estavam expulsando os aruaques, colonizadores anteriores. Colombo pode ter reproduzido o receio aruaque dos caribes como sendo mais bem equipados e determinados de um ponto de vista militar. Embora Colombo elogiasse a placidez desses povos, supostamente os recipientes perfeitos para o Evangelho, também ficou chocado com a "covardia" de algumas comunidades aruaques. No entanto, a ideia da prática de antropofagia serviu bem aos interesses de Colombo, expressos claramente no relato da segunda viagem. Sugeria que os "canibais" deveriam ser escravizados pois eram em número infinito, sendo que cada um deles valeria, em força e engenho, três negros da Guiné (uma "amostra" de caribes acompanhava a carta).[5] Em 1494, Colombo enviou uma missiva aos reis católicos na qual sugeria que um investimento feito em caravelas, pessoal, gado e ferramentas seria pago pela escravidão de canibais resultante. Argumentava que, livres "dessa inumanidade", os canibais seriam os melhores escravos; a sua competência como remadores poderia ser usada nas galés que Colombo pretendia construir para as suas viagens no mar do Caribe.[6] Em 1495, Colombo sugeria, numa epístola enviada aos reis, a escravização de todos os índios. Embora admitisse que as mulheres de Hispaniola não dariam boas escravas domésticas, frisava que seriam excelentes como trabalhadoras agrícolas e na produção de tecidos de algodão.[7] A afirmação de que os nativos eram extremamente preguiçosos (*perezosos en grandisima manera*) foi feita pela primeira vez numa outra carta desse mesmo ano, sem que Colombo percebesse que isso contradizia o seu projeto de escravização.[8]

Colombo estava familiarizado com o modelo português de viagens de exploração da costa ocidental da África financiadas pelo comércio escravagista, acabando o fornecimento de escravos por vir a ser o principal objetivo de tais expedições. Colombo vivera em Lisboa e na ilha da Madeira entre 1476 e 1486, mantendo laços com a elite local através do seu casamento com Filipa Moniz, filha de um capitão português de Porto Santo. Colombo afirmou por várias vezes nos seus relatos, e até nas anotações nas margens dos seus livros, que estivera no forte português da Mina, no golfo da Guiné. O forte da Mina, edificado em 1482, era um centro comercial de ouro e escravos, que Colombo tentava reproduzir na região caribenha.[9] Em 1495, o mesmo ano em que Colombo deixou explícito seu projeto, enviou de Hispaniola um carregamento de quinhentos escravos, recebidos e vendidos em Sevilha pelos feitores Giannotto Berardi e Américo Vespúcio.[10] A rainha Isabel suspendeu temporariamente o leilão, receosa das suas consequências teológicas e políticas — compunção já manifestada pelos soberanos na resposta dada a uma missiva anterior. Em 1498-1500, Colombo insistiu que o projeto deveria avançar, juntando o pau-brasil que vira na costa da América do Sul à lista de artigos a serem comercializados. Chamou a atenção para o fato de Castela, Portugal, Aragão, Itália, Sicília, as Canárias e outras ilhas "gastarem" muito em escravos; os obtidos naquela nova fonte valeriam 1500 maravedis cada. Colombo argumentava que a elevada mortalidade entre os caribes escravizados era normal, tendo acontecido o mesmo com os primeiros africanos negros e canários (guanches) enviados para a Península Ibérica.[11] O projeto de escravização dos caribes nunca chegou a ser implementado por três motivos essenciais: as dúvidas teológicas e políticas dos reis (afinal de contas, aqueles nativos eram os seus novos vassalos); a ausência da instituição da escravatura na região, o que significou que os nativos recusaram a opressão e, em muitos casos, preferiram morrer; e a existência de um mercado escravagista já estabelecido com a África Ocidental (mais tarde com a África Central) que podia ser dirigido da Península Ibérica para as Antilhas. Entretanto, os aruaques e os caribes foram dizimados pela guerra, pelo deslocamento e pelas doenças levadas pelos europeus, o que inviabilizou o projeto de Colombo.

A descrição feita por Colombo dos povos que encontrou nas explorações das Antilhas, bem como das costas da América do Sul e Central, foi também importante para a ideia que os europeus tinham dos nativos: destacava a sua nudez, a ausência de pudor, as roupas de algodão rudimentares e os toucados rituais de penas, as pinturas corporais para a guerra, as tatuagens e os piercings, bem como os colares e as pulseiras. Deixava claro que aquelas pessoas não eram negras, apesar do fato de viverem na mesma latitude que os povos da Guiné. Descreveu-os como sendo altos, com cabelo liso e pele quase branca.[12] A referência persistente à cor da pele sugere que, à época, o branco era considerado como norma no sul da Europa. Os aruaques tinham ferramentas feitas de pedra, casas de madeira e palmeira e camas de rede. Cultivavam a terra e produziam tecidos de algodão. Eram celebrados como engenhosos e curiosos, apesar do aspecto selvagem. Além dos antropófagos clássicos, Colombo também conseguiu localizar amazonas nas Antilhas (na ilha de Matinino, a futura Martinica) e referiu-se à existência de pessoas com caudas. Chegou mesmo a reproduzir uma piada local cubana contra as pessoas que usavam roupas, pois estas teriam algum defeito físico que precisariam ocultar, como caudas.[13]

As cartas de Américo Vespúcio (1454-1512) reafirmaram a existência de canibais e de canibalismo na América. *Mundus Novus*, impresso em 1503, transformou-se num sucesso de vendas imediato, com edições em Veneza, Paris, Augsburgo, Nuremberg, Antuérpia, Estrasburgo e Rostock. Foi traduzido para o italiano, alemão, flamengo e francês e incluído em todas as compilações de relatos de viagens publicadas no século XVI, com destaque para as organizadas por Francanzano da Montalboddo, Simon Grynaeus e Giovanni Battista Ramusio. O texto mais longo e elaborado de Vespúcio, *Lettera delle isole nuovamente trovate* (1504), foi integrado em *Cosmographia Introductio*, publicado em 1507, numa versão em latim de Martin Waldseemüller. Foi este quem batizou o Novo Mundo como América.[14]

Vespúcio foi um antigo parceiro de Colombo, que viajou por duas vezes até a América: em 1499-1500, com os espanhóis, e em 1501-2, com os portugueses.

Nessas viagens explorou uma longa seção da costa oriental da América do Sul. Quando do regresso da sua primeira viagem, Vespúcio levou consigo prisioneiros nativos americanos para serem vendidos em Sevilha[15] e declarou que uma comunidade específica vivia de carne humana (*vivono di carne umana*). Ao descrever os povos da costa em geral, afirmou que a maior parte da carne consumida coletivamente era humana (*la carne che mangiano, massime la commune, è carne umana*). Disse ter vivido 27 dias numa aldeia nativa, onde viu pedaços de corpos humanos pendurados em traves nas casas, à semelhança da forma como na Europa se penduravam presuntos para ser defumados. Um homem dissera aos visitantes, provavelmente através de gestos, que já comera mais de duas centenas de seres humanos (esse número seria inflacionado para trezentos em *Mundus Novus*). Os nativos elogiavam a carne humana pela sua qualidade superior e ficaram espantados quando os europeus recusaram juntar-se ao banquete. Num outro ponto da narrativa das suas viagens, Vespúcio afirmou ter assistido a um jovem europeu autoconfiante sendo cercado por mulheres locais que o espancaram e o assaram na praia, para desespero dos companheiros, incapazes de ajudá-lo por a cena ter sido protegida por centenas de guerreiros locais.[16]

As ideias de Vespúcio sobre os nativos americanos tiveram um impacto ainda maior na Europa do que as difundidas pelos textos de Colombo. Isso deveu-se a três motivos: Vespúcio conseguiu organizar um argumento convincente e articulado; relatou o canibalismo com a autoridade de uma testemunha ocular; e, por fim, algumas das edições incluíram imagens extraordinariamente eloquentes. Deve-se notar que as primeiras edições dos principais textos de Vespúcio, tanto em latim como em italiano, não contaram com imagens relevantes, representando apenas navios ancorados e indivíduos desnudos nas praias. As traduções alemãs dos textos, no entanto, publicadas imediatamente a seguir, apresentaram uma coleção extraordinária de imagens sobre o assassinato do jovem e o cozimento de corpos humanos. Tais imagens tornaram-se poderosos instrumentos visuais que se fundiam com o texto, dando-lhe ainda mais pungência. Viriam a ser reproduzidas e adaptadas nos séculos XVI e XVII, em especial nos onze volumes de Theodor de Bry sobre a América.

A narrativa de Vespúcio e tais ferramentas visuais contribuíram para a concepção europeia negativa dos nativos americanos. Embora considerados seres humanos racionais, os nativos americanos eram descritos como despidos e indolentes, vivendo segundo as leis da natureza, sem ordem ou fé, templos ou religião (nem sequer uma errada veneração de ídolos, lamentava-se Vespúcio), sem conceitos de propriedade, território, fronteiras ou governantes, sem comércio ou dinheiro, e supostamente ignorantes da imortalidade da alma. Viviam em casas comunais, dormiam em redes, sentavam-se no chão para comer, sem um horário definido para refeições, ignoravam a instituição do casamento e a proibição do incesto, copulavam sem pudor em público como animais selvagens, urinavam diante dos convidados, contavam o tempo através das fases da Lua, ignoravam as leis da guerra, matavam e devoravam os inimigos, não eram capazes de se comunicar com as outras tribos devido à multiplicidade de línguas usadas, e abandonavam os doentes e os idosos. Os nativos americanos eram acusados de uma crueldade monstruosa e bestial. As suas guerras nem sequer tinham o objetivo da conquista ou do lucro: as únicas motivações eram a vingança de ofensas ancestrais e a emoção cega. Os rostos masculinos eram considerados horríveis, pois as faces, o maxilar, o nariz, os lábios e as orelhas haviam sido perfurados para neles serem colocados pedras ou ossos de animais. As mulheres libidinosas davam sucos vegetais aos homens para lhes inflamarem o pênis ou (melhor ainda) colocavam animais venenosos que lhes mordiam o órgão genital, correndo os homens o risco de "perderem os testículos e se tornarem eunucos". Vespúcio concluía resumidamente que se tratava de uma "liberdade atroz de viver" (*scelerata libertà di vivere*, na versão italiana de *Mundus Novus*). Como atributos mais positivos apontavam-se a cor da pele, uma tez um pouco escura e avermelhada, como a do leão, que provavelmente passaria por branca quando estavam vestidos; a capacidade de nadar, bem como de produzir arcos e flechas engenhosos (mas sem ferro, já que não dispunham de conhecimentos metalúrgicos); e a suposta facilidade com que as mulheres davam à luz, os corpos saudáveis e o hábito de se lavarem frequentemente nos rios.[17] Esta última característica terá naturalmente impressionado Vespúcio, habituado aos baixos padrões de higiene europeus. Como veremos, a maior parte das afirmações de Vespúcio era infundada, especificamente a suposta falta de religião dos nativos americanos.

O relato de Hans Staden (*c.* 1525-*c.* 1579) sobre o cativeiro com os tupinambás, no Brasil, publicado em 1557 em Marburgo, estabeleceu definitivamente a reputação de canibalismo generalizado entre as populações do Novo Mundo.[18] O livro foi reimpresso em sucessivas edições alemãs, sendo alvo de uma distribuição mais vasta graças às traduções para o flamengo e o latim. O autor participara de uma expedição espanhola ao rio da Prata que naufragou ao largo da costa do

Brasil. Salvo pelos portugueses, Staden tornou-se oficial de artilharia no pequeno forte da ilha de São Vicente, uma das principais colônias, célebre pelos engenhos de açúcar. Capturado pelos tupinambás, inimigos dos portugueses e aliados dos franceses, afirmou ter vivido entre os "selvagens" durante dez meses e meio, sob a ameaça constante de que seria morto e comido, até que foi salvo pelos franceses e enviado de regresso à Europa.

Staden apresentou descrições extensas da vida diária na comunidade índia, corrigindo Vespúcio em vários aspectos: acrescentou novas informações sobre a estrutura familiar, a vida sexual, a cultura material, as crenças espirituais e as for-mas de identificação através dos nomes de animais, flores e frutos.[19] Também descreveu como negociara a sua sobrevivência — começando por frisar que não era português e depois jogando com as "superstições" nativas, levando-os a acre-ditar que era um feiticeiro (ao contrário de Vespúcio, Staden afirmava que os na-tivos tinham crenças religiosas, guias espirituais e ídolos). Aproveitou uma epide-mia que matou parte da comunidade para estabelecer uma relação precária com os captores, que lhe solicitavam constantemente que levasse o seu Deus poderoso a intervir em favor deles. Staden narrou várias cerimônias em que prisioneiros índios e cristãos eram mortos ritualmente, frisando que o consumo de carne hu-mana era generalizado e fazia parte do dia a dia (os índios levavam carne humana consigo nas suas expedições). Os tupinambás troçavam constantemente dos seus prisioneiros e indicavam-lhes o que os esperava, simulando o consumo de partes do corpo e alimentando os prisioneiros para que ficassem saborosos.

O fato de Staden conhecer a língua tupi foi-lhe extremamente útil. A inser-ção de frases em tupi (devidamente traduzidas) no relato criava um extraordiná-rio efeito de veracidade. Citemos duas frases cruciais. Primeiro, quando foi levado até os índios, estes obrigaram-no a dizer, em tupi: "Aqui chego [ou aqui estou] como vosso alimento!" (*a junesche been ermi vramme*, ou então, em tupi restaurado, *ayu ichebe ene remiurama*). A segunda frase em tupi estava relacionada com uma discussão com o chefe, que comia carne humana e convidou Staden a juntar-se a ele. Quando Staden recusou, dizendo que apenas um animal irracional o faria, o chefe deu uma dentada na carne e replicou: "Sou um jaguar!" (articulado em tupi como *jau ware sche*, ou então, *yauara inche*). A relação totêmica com o mundo na-tural surge acentuada nesse caso, sem que se exclua a possibilidade de deboche, mas frisando, ainda assim, a facilidade com que a fronteira entre as condições animal e humana era atravessada. As ilustrações de Staden contribuíram para o sucesso do livro. O autor incluiu mais de cinco dezenas de xilogravuras que garantiram a expressão visual de elementos específicos da narrativa. As xilogravuras realçavam a cultura material dos índios. O ritual do canibalismo era apresentado nas suas fases sucessivas, seguindo de perto o texto, e incluía a imagem de uma borduna usada para matar a vítima.

BONS SELVAGENS

A experiência da "França Antártica", a colônia que os franceses tentaram desenvolver na baía de Guanabara (atual Rio de Janeiro) na década de 1550, coincidente com o período em que Staden vivia as suas desventuras no Brasil, teve como resultado dois textos extraordinários — um publicado em 1557 por André Thevet (1516-90), outro em 1578, por Jean de Léry (1536-1613) —, que forneceram material de reflexão filosófica e antropológica para os quatro séculos e meio que se seguiram.[20] Thevet e De Léry tinham confissões diferentes — o primeiro era católico e o segundo, protestante —, mas serviram-se de imagens semelhantes para descrever o mesmo ritual de canibalismo, com De Léry afirmando ter sido testemunha e referindo-se a casos específicos. Ambos defendiam que os nativos americanos não eram motivados pela fome, mas sim por um extraordinário espírito de vingança contra os seus inimigos ancestrais. A única diferença entre os relatos tinha a ver com a "conclusão moral". De Léry foi o primeiro a contestar a suposta superioridade moral europeia, frisando a existência de muitos casos de cristãos que assassinavam cruelmente os seus inimigos religiosos. Por exemplo, durante os massacres da noite de São Bartolomeu, na França, partes de corpos humanos haviam sido vendidas, assadas e comidas.

Michel de Montaigne (1533-92) integrou essa comparação no seu ensaio sobre canibais, em que o desprezo do europeu comum pela selvageria dos nativos americanos era dirigido aos provocadores:

O que entristece é que, embora avaliemos corretamente os erros deles, sejamos tão cegos com os nossos. Acho que é mais bárbaro comer um homem vivo do que comê-lo morto; há mais barbarismo na roda e na tortura de um corpo ainda sensível, em assá-lo pouco a pouco e deixá-lo ser magoado e mordido por cães e porcos (tal como não só lemos, como também vimos bem recentemente, não entre os inimigos na Antiguidade, mas entre os nossos concidadãos e vizinhos — e, pior ainda, em nome do dever e da religião), do que em assá-lo e comê-lo depois de morto.[21]

Foi ainda mais longe, declarando que: "Todos consideram bárbaro aquilo a que não estão habituados; não temos quaisquer outros critérios para a verdade e para a justiça além dos exemplos e da forma das opiniões e dos costumes do nosso país. Neles encontramos sempre a religião perfeita, a política perfeita, o modo mais desenvolvido e perfeito de fazer as coisas!". Montaigne lamentava o gosto corrompido pela sofisticação artificial e elogiava os hábitos naturais dos selvagens:

> Esses povos não dispõem de nenhum tipo de comércio, não conhecem a escrita, não conhecem os números, não têm termos para governador ou para superior político, não praticam a subordinação, não sabem o que é riqueza ou pobreza, não têm contratos, heranças, propriedades divididas, a única ocupação é o prazer, e não se preocupam com o parentesco — salvo o comum a todos —, não usam roupas, agricultura, metais, vinho ou cereais. Entre eles não ouvimos termos para traição, mentira, engano, avareza, inveja, calúnia ou perdão. Como Platão consideraria tão distante da perfeição a República que imaginou.

Figura 7.2. Adoração dos reis magos, retábulo da Sé de Viseu, *1501-6, óleo sobre madeira de Vasco Fernandes e Francisco Henriques, 131 × 81 cm, n. inv. 2145; P23. Um dos reis magos está representado como um índio brasileiro. Viseu, Museu Nacional Grão Vasco.*

Tinha assim início uma tradição crítica de relativismo cultural, mas ao mesmo tempo renovava-se a ideia medieval da idade de ouro e do bom selvagem.[22]

A tensão entre a imagem do bom selvagem e a do nativo vítima do diabo ficou definida nos primeiros relatos e representações dos índios em trabalhos portugueses. A carta escrita ao rei por Pero Vaz de Caminha em 1500, sobre os primeiros contatos entre os portugueses e os tupi na costa do atual estado de Espírito Santo, no Brasil, não poderia apresentar um encontro mais idílico: os nativos americanos eram descritos como inocentes, confiantes e generosos, capazes de se comunicar através da música e da dança.[23] Embora fossem "seres bestiais de parcos conhecimentos", eram considerados adequados à evangelização. Uma *Adoração dos reis magos*, pintada em 1501-6 como parte do retábulo da sé de Viseu (ver figura 7.2), chegou mesmo a apresentar um dos reis magos como um índio brasileiro, com penas na cabeça, em volta do pescoço e da cintura, quebrando a tradição de finais da Idade Média do rei africano negro.[24] A pintura reforçava a imagem do índio inocente que de alguma forma fora separado de um ambiente civilizado (ou policiado), estando apto a receber o Evangelho. Poucos anos depois, provavelmente em 1505-30, outra pintura portuguesa representando o inferno (ver figura 7.3) mostrava Lúcifer como índio brasileiro com penas na cabeça.[25] Nesse caso, o índio demonizado estava relacionado com a suposta anarquia do seu país, onde o Evangelho não fora disseminado e os nativos eram vítimas do diabo. É óbvio que nesse breve período intermédio teriam se espalhado relatos sobre canibalismo. Os nativos tinham agora a suposta tendência natural para perseverarem numa vida sem ordem — sem fé, lei ou rei —, algo que os relatos da segunda metade do século XVI viriam a reiterar.

Como é óbvio, os europeus inventaram o termo "canibalismo", e não a sua prática. As narrativas europeias clássicas sobre antropófagos e as narrativas americanas nativas sobre caçadores que comiam outros povos cruzavam-se. É possível que os aruaques estivessem tentando atrair os europeus para o conflito desigual que mantinham com os caribes, demonizando os agressores e manipulando os europeus contra eles. Nesse caso, em breve descobriram que as verdadeiras intenções dos europeus — ficar com suas terras — inutilizavam quaisquer manipulações. Porém, também sabemos que o canibalismo ritual era um elemento estrutural da mitologia tupi-guarani na América do Sul. A derrota dos inimigos da tribo fazia parte das obrigações de um guerreiro, um papel encorajado por Tupichauriya, uma carismática figura humana deificada. A morte ritual dos inimigos

Figura 7.3. Inferno, 1505-30, óleo sobre madeira de autor desconhecido, 119 × 217,5 cm, n. inv. 432 pint. Lúcif *está representado como um índio brasileiro. Lisboa, Museu Nacional de Arte Antiga.*

capturados e o consumo ritual dos seus corpos cozidos eram tidos como passos importantes na passagem do guerreiro para a "Terra sem Mal", um paraíso além da morte, uma terra de felicidade eterna onde os guerreiros seriam recompensados e os idosos podiam recuperar a juventude. O canibalismo era um conceito crucial da tradição europeia: explorava os limites da natureza humana, as regras mais básicas quanto ao que podia ou não ser consumido, o que era considerado digno e o que era abjeto, o que engrandecia a condição humana e aquilo que a degradava. O tabu em relação ao consumo de carne humana era partilhado por muitas culturas do mundo. Mesmo assim, em muitas delas, especialmente na Grécia antiga, a transgressão dessas regras básicas fazia parte de uma estrutura que permitiria feitos extraordinários. Na mitologia tupi-guarani, a difícil passagem para a Terra sem Mal também exigia feitos extraordinários: a absorção da força e da substância dos inimigos era considerada um gesto necessário para alcançar essa terra profetizada — algo que deveria ser repetido para obter melhores resultados.[26] Isso capturou a atenção dos primeiros europeus, que não encontrariam melhor justificação para as suas pretensões de conquista e de desalojamento. Se os nativos americanos eram propensos aos mais baixos instintos e a um comportamento antinatural, não poderiam ter acesso à independência e à autonomia. Para o meu argumento, o canibalismo tal como formulado pelos europeus foi a base de um desprezo étnico pelos nativos americanos que durou até o século xx, vindo a se tornar um símbolo marcante das representações da América como continente.

SACRIFÍCIO HUMANO

Enquanto as descrições de canibalismo definiram as ideias sobre os primeiros encontros europeus com nativos americanos, especialmente nas Antilhas e nas zonas orientais da América do Sul, o sacrifício humano tornou-se uma questão importante na conquista europeia do México. O fenômeno foi relatado na primeira carta de Hernán Cortés (1485-1547) a Carlos v: descrevia o ritual de abrir o peito das vítimas, com estas ainda vivas, para retirar o coração e as entranhas, depois queimá-los. Cortés calculou que fossem sacrificadas entre 3 mil e 4 mil pessoas por ano — cerca de cinquenta em cada templo. Referia a imposição anual a cada povo conquistado de um determinado número de vítimas a serem oferecidas em sacrifício. Durante a guerra entre espanhóis e nauatles, vários prisioneiros espanhóis teriam sido sacrificados "aos ídolos", tal como era realizado em Zultepec e Tenochtitlán. A cabeça das vítimas foi depois exposta ritualmente. Cortés afirmou ter protestado contra a prática e tentado destruir os ídolos de Tenochtitlán enquanto Montezuma era soberano.[27] Segundo o estudioso Anthony Pagden, o ritual era relativamente recente, tendo, ao que parece, tido início em 1483, quando os tzinacantepeca se rebelaram contra a confederação dos mexica. O ritual era mais complicado do que parecia nos primeiros relatos: após o sacrifício, o corpo seria atirado pelos degraus do templo, depois era esfolado, esquartejado e as partes eram oferecidas ao imperador e ao captor (se existisse), para seu consumo ritual.

A identificação dos ídolos dos nativos como demônios, justificada pela prática generalizada dos sacrifícios humanos, desempenhou um papel importante na supressão cristã das religiões locais mexicanas.[28] Sabemos que os franciscanos, seguidos de imediato pelos dominicanos, formaram bandos de jovens convertidos, essenciais nas campanhas para erradicar templos e ídolos; apenas seis anos depois da conquista, quinhentos templos haviam sido destruídos e 20 mil "figuras

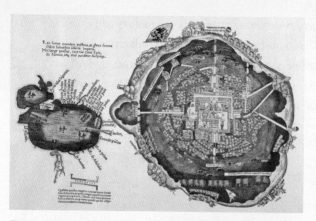 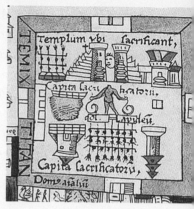

Figura 7.4A. Cidade de Tenochtitlán, Praeclara Fernandi de Nova Maris Oceani Hispania Narratio. *Nuremberg, 1524. Xilogravura. Berlim, Staatliche Museen, n. inv. Mex-d dno 1.*

Figura 7.4B. Detalhe da figura 7.4A. Representação do templo central e dos sacrifícios humanos.

do demo" despedaçadas ou queimadas.[29] Esse movimento rápido para suprimir os monumentos religiosos locais é definido pelo historiador Robert Ricard como uma "conquista espiritual". Outro historiador, James Lockhart, critica a abordagem, considerando que enfatiza excessivamente uma visão hierarquizada de aculturação planejada e orientada pelos monges católicos.[30] Por outro lado, concentra a sua análise no papel da altepetl, a comunidade local pré-conquista, na qual o cristianismo foi integrado e usado de uma maneira um tanto diferente da intenção do clero espanhol, dando margem a muitas formas de adaptação. Um terceiro historiador, Serge Gruzinski, também reconhece a importância das estratégias indígenas para a sobrevivência diante do jugo cristão, mas frisa a enorme mudança imposta pelo empreendimento colonial religioso e ideológico.[31] É preciso contextualizar estas últimas duas visões. A tradição do sacrifício humano confrontou-se, obviamente, com a mensagem cristológica de salvação: o sacrifício do filho de Deus redimira toda a humanidade, tornando inúteis quaisquer outras formas de sacrifício. Isso assinalava novo afastamento e libertação da anterior servidão. De uma vez só, os monges podiam estabelecer um novo padrão religioso e oferecer a perspectiva superior da sua concepção quanto à salvação após a morte. Recusavam assim a religião local como retrógrada, demoníaca e humanamente inaceitável, arrasando a autoimagem da população conquistada.

O sacrifício humano era assim um fundo crítico sobre o qual se impôs a visão cristã do mundo, numa região onde as competências artesanais, a atividade agrícola, o planejamento urbano e a organização estatal haviam sido reconhecidos por Cortés e elevados ao mesmo nível da Antiguidade Clássica.[32] O tema iria repetir-se na sociedade maia, embora a escala de sacrifícios humanos nessa sociedade fosse muito mais reduzida e o fervor católico após a conquista, menos intenso.[33] No outro caso americano de Tahuantinsuyo, conhecido como Império Inca, encontramos um desprezo europeu semelhante pela religião local como idolatria — um desprezo reforçado pela prática (ligeiramente distinta) do sacrifício humano. Os principais ritos de iniciação e de enterro dos incas, bem como o festival do Sol (Inti Raimi), envolviam o sacrifício (*capacocha*) de vítimas jovens enviadas de diversas partes do império para serem enterradas vivas em Cuzco ou na sua própria localidade, depois de terem sido purificadas no centro político. Supostamente, as vítimas deveriam servir às deidades e manter o equilíbrio entre os vivos e os mortos, o centro e as periferias do império. Em vários locais também se sacrificavam crianças aos deuses, e o sacrifício humano era realizado em momentos cruciais do ciclo de vida das elites nativas. A celebração de exéquias podia incluir o sacrifício de viúvas, mulheres jovens e criados, que seriam enterrados vivos (ou mortos) com o notável — uma prática registrada mesmo depois da conquista espanhola quando envolvia povos convertidos.[34] Os espanhóis ficaram espantados quando executaram o último imperador inca, Atahualpa: todas as suas esposas se suicidaram, enforcando-se.[35]

A idolatria e o sacrifício humano adequavam-se bem à ideia cristã de religião falsa e ilusão demoníaca, tornando-se um importante indicador para a expressão de preconceito étnico e de desprezo para com aqueles que eram considerados presa fácil do diabo, bem como suspeitos de reverterem às crenças anteriores. Esse preconceito étnico garantiu o enquadramento do processo de evangelização na América, permitindo estratégias de adaptação e a sobrevivência de aspectos das religiões pré-colombianas sob a fachada de ritos e de santos cristãos, e chegando mesmo a permitir formas de veneração privadas ou familiares, identificando-as como superstições, mas interrompendo de modo irremediável a estrutura tradicional de crenças como demoníacas, inferiores e desumanas.[36] O melhor exemplo de colonização espiritual é Guamán Poma de Ayala (1534-*c*. 1617), considerado um grande representante do pensamento político alternativo.[37] Os primeiros capítulos do seu extraordinário trabalho *Nueva crónica y buen gobierno* foram dedicados à afirmação da sua fé cristã, além de elogiar o cristianismo e a genealogia principesca do seu pai e do meio-irmão,

Don Martín Ayala, que era mestiço, o primeiro filho da mãe de Guamán Poma de Ayala e do capitão espanhol Luis de Avalos de Ayala, e que se tornou monge, dedicando a vida aos doentes nos hospitais de Cuzco e de Guamanga.[38] Guamán Poma de Ayala era índio de ambos os lados da família, mas a reivindicação de ascendência nobre através dos Yarolvica Allauca Huánuco e dos incas nunca chegou a ser confirmada. Criticou a idolatria dos incas como um fenômeno recente e corrupto na região e louvou a religião tradicional local como mais próxima do cristianismo. Foi uma posição oposta à do seu contemporâneo Inca Garcilaso de la Vega (1539-1616), um mestiço de ascendência inca e espanhola que adquiriu uma cultura erudita e passou a maior parte da vida na Espanha, lendo e escrevendo. Garcilaso afirmava que os incas haviam preparado o país para o cristianismo.[39]

O que interessa para o meu argumento é a forma como esses dois autores fundamentais, que, junto com Pedro de Cieza de León (c. 1520-54) e Juan de Betanzos (?-1576), forneceram a melhor informação sobre o passado histórico, a religião e a cultura da região, como integraram no seu pensamento os preconceitos étnicos europeus, ou então como expressaram novos preconceitos. Guamán Poma referiu-se a dois incas, Lloqui Yupanqui e Mayta Capac, como negros, feios e fracos; em contraste, outro inca, Uira Cocha, era descrito como um cavalheiro, branco, barbado e de boa índole. Mas Guamán Poma foi mais longe: analisou profissões, além de grupos sociais e étnicos, criticando veementemente crioulos, mulatos e mestiços, que considerava a principal fonte de todo o mal — arruaceiros, arrogantes, mentirosos, jogadores, maus, cruéis, dissimulados, ladrões e inimigos dos índios e dos espanhóis. Guamán Poma defendia uma sociedade segregada em que as diferentes etnias não se misturariam entre si. No seu conselho ao rei, Ayala recomendava que os mestiços não deviam ser usados nem como agentes do rei nem (em nenhuma circunstância) como clérigos.[40] Inca Garcilaso, por sua vez, apresentava poucos comentários em relação à cor da pele. Existe apenas uma referência à mãe de Inca Viracocha, Mama Rantu (mãe ovo), como tendo uma pele excepcionalmente branca. De um modo mais geral, Garcilaso insistia que a dança, o vestuário e os toucados definiam as hierarquias sociais e/ou as identidades locais no ambiente andino.[41]

As periferias dos estados dos nauatles e tahuantinsuyos eram consideradas muito mais bárbaras, embora os araucanos (ou mapuche) fossem elogiados pela sua organização política e pela bem-sucedida resistência militar à expansão espanhola nos territórios que atualmente correspondem ao sul do Chile e à Argentina.[42] Ulrich Schmidel, que entre 1534 e 1554 serviu nos exércitos espanhóis na área onde se situam agora a Argentina, o Paraguai e a Bolívia, não relatou casos relevantes de canibalismo ou de sacrifícios humanos, exceto entre os carios em torno de Assunção (a primeira cidade criada pelos espanhóis na região) e os tupi, quando atravessou o continente até a costa do que é agora o Brasil.[43] Curiosamente, verificaram-se casos de canibalismo entre os próprios espanhóis devido à fome extrema — uma situação comum em naufrágios e expedições militares fracassadas. No norte do México, os primeiros relatos sobre os chichimeca frisavam a ausência de realeza, a falta de casas ou de aldeias, e um povo com vidas desoladoras em grutas, sem agricultura, dependente de caça, raízes, ervas e outros frutos da terra. A alimentação era considerada repulsiva, em especial o consumo de carne crua ou de carne seca ao sol, e que incluía lagartos, cobras e insetos.[44] O contraste entre os alimentos crus e os submetidos a algum preparo era visto como um importante critério civilizacional, e a inclusão de répteis na dieta dos chichimeca foi considerada particularmente repugnante (um tema repetido em outros contextos). Mais ao norte, as expedições espanholas fracassadas aos atuais territórios da Flórida, da Louisiana, do Texas e do Novo México, especialmente as comandadas pelos *adelantados* Pánfilo de Narváez (1527-37) e Hernando de Soto (1539-42), revelaram comunidades com recursos escassos, que viviam da caça, da pesca e do extrativismo, embora algumas plantassem tubérculos ou milho.[45] Não foi relatado canibalismo generalizado, exceto o que se verificou entre os espanhóis esfomeados, que escandalizaram os povos indígenas e se arriscaram a ser mortos devido à prática, embora se tivessem relatado casos de bestialidade e de crueldade entre comunidades inimigas de nativos. Da expedição de Narváez sobreviveu apenas um pequeno número de cristãos escravizados (quatro em quatrocentos), algo que conseguiram, tal como no caso de Álvar Núñez Cabeza de Vaca, fingindo realizar atos demiúrgicos de cura. A bacia do Mississippi foi considerada relativamente próspera, enquanto as descrições dos seminoles, dos creeks, dos sioux e dos dakota realçavam diferenças na estrutura familiar, no status das mulheres e nas formas de tratamento das crianças, que variavam entre o amor extremo e o abandono ou o assassinato selvagem.

ETNOGRAFIA COMPARATIVA

Em 1590, Theodor de Bry publicou o *Briefe and True Report of the New Found Land of Virginia*, escrito por Thomas Harriot (1560-1621) e ilustrado por John White. Era o primeiro volume da série de Bry *America*, uma suntuosa edição in-fólio editada em latim, alemão, inglês e francês. O relato aproveitava o olhar arguto do autor. Harriot era um matemático, astrônomo e cartógrafo destacado, que trabalhara para Walter Raleigh, e White desenhou aquarelas extraordinárias sobre a natureza e os nativos. Ambos tinham estado no atual território da Carolina do Norte durante a década de 1580 e passaram algum tempo com os algonquianos, observando cuidadosamente a sua aparência, atividades, costumes, modos e rituais. O texto e as imagens complementam-se, criando um extraordinário documento protoetnográfico. White aproveitou o conhecimento travado com o artista francês Jacques Le Moyne de Morgues, que acompanhara a expedição de Laudonnière à Flórida em 1563-5 como artista ilustrador e escapara ao massacre espanhol, vindo a instalar-se na Inglaterra no início da década de 1580.[46] As aquarelas de White, que sobreviveram em várias versões, compõem a melhor antologia de desenhos dos índios norte-americanos desse período.[47] Elas serviram de base para as ilustrações de Bry, embora fossem ligeiramente "domesticadas" ou europeizadas — um fenômeno visível na representação dos rostos e dos gestos, por exemplo na forma como os índios se sentavam para comer.

O frontispício do relato de Harriot expressava importantes ideias e impressões contemporâneas. Vemos um portal renascentista monumental a rodear o título, com um ídolo sentado na caveira de uma cabra no topo do frontão, venerado por um "feiticeiro" ou "charlatão" e um "sacerdote", com o primeiro meio nu, com uma pele a lhe cobrir o sexo, um pássaro na cabeça e a mão esquerda apontando para o coração, e o segundo com um manto curto feito com pele de lebres e as mãos unidas em oração — um gesto europeu ausente das aquarelas de White.[48] Na base do portal, um chefe índio está de pé com uma pele em torno da zona inferior do tronco, colares em volta do pescoço, pulseiras e tatuagens. Tem a cabeça raspada, deixando um tufo de cabelo decorado com três penas; às costas tem uma aljava com flechas, presa por uma comprida cauda de animal; e segura um arco na mão esquerda (ver figura 7.5). De pé, no outro lado da base do portal, uma índia segura uma cabaça na mão esquerda, enquanto a

Figura 7.5. Chefe índio, 1585-93, aquarela de John White, 26,3 × 15 cm. Museu Britânico.

Figura 7.6. Guerreiro picto segurando uma cabeça humana, 1585-93, aquarela de John White, 24,3 × 17 cm. Museu Britânico.

direita repousa graciosamente nos colares que enverga no pescoço; também usa uma pele em volta da cintura, mostra tatuagens no corpo e tem o cabelo comprido com franja.

Todas as figuras aparecem descalças. A escolha e a adaptação das imagens de White para o frontispício reforçam a ideia de idolatria e de selvageria, embora o texto contivesse matizes que captavam os mais recentes detalhes, notando que "Não dispõem de ferramentas, nem de ofícios, ciências e artes como nós; mas naquilo que fazem mostram excelência de espírito", seguindo-se a afirmação imediata de que os índios consideravam que "os nossos conhecimentos e artes ultrapassam os deles em perfeição", ao mesmo tempo que insiste que essas pessoas devem "desejar a nossa amizade e amor, tendo o maior respeito para nos agradar e obedecer. Assim esperamos que, caso se empregue um bom governo, em breve serão trazidos para a civilidade e abraçarão a verdadeira religião".[49] Tratava-se de um claro programa de aculturação, que em breve se veria confrontado com a realidade. O texto fornecia uma visão muito mais pormenorizada do modo de vida nativo, abrangendo caça, pesca, tipos sociais, feiticeiros, construção naval, preparo e consumo de alimentos, banquetes, rituais, aldeias, agricultura, ídolos, túmulos de chefes e escarificação — tudo isso sublinhado por uma segunda parte que consistia em grandes gravuras explicadas por legendas longas.

A grande novidade do relato centrava-se nas imagens da última seção, que representavam pictos da Escócia para mostrar que "os habitantes da Grã-Bretanha já foram, no passado, tão selvagens como os da Virgínia". Tal abordagem não era completamente nova. Relatos espanhóis anteriores haviam com frequência estabelecido comparações entre os nauatles ou os quíchuas e os povos descritos por autores gregos e romanos. No entanto, nesse caso, a comparação era estabelecida diretamente com os antepassados dos britânicos e, pela primeira vez, era ilustrada, o que dava um peso novo ao argumento. Os pictos eram imaginados como caçadores de cabeças que decepavam a cabeça dos inimigos em combate, levando-as consigo (ver figura 7.6). Os homens eram representados completamente nus, com o corpo pintado com animais, e empunhando lança, escudo e espada. As mulheres eram vistas como guerreiras amazonas, segurando o mesmo tipo de arma e exibindo o corpo pintado com padrões, figuras e imagens do sol e da lua. Os "vizinhos" dos pictos eram retratados com algum tipo de roupa, meio despidos, mas sem pinturas corporais, o que indicava um passo a caminho da civilização. Embora os nativos americanos fossem representados como selvagens e idólatras, difamados através desses rótulos gerais, a comparação com os antepassados europeus aventava a possibilidade de melhorias futuras, sem mostrar preconceitos baseados nas características atribuídas permanentemente a povos específicos. Isso era crucial nas primeiras fases de um projeto colonial que precisava promover a América e mostrar os seus habitantes sob uma luz favorável, para que se pudesse atrair potenciais colonos. Não há dúvida de que teve um impacto no longo prazo. Em 1724, por exemplo, o jesuíta Joseph-François Lafitau viria a publicar um tratado em que comparava os hábitos dos selvagens americanos com os dos europeus antigos.[50] O autor defendia que os primeiros relatos sobre os europeus primitivos podiam lançar uma nova luz sobre os nativos americanos, e que a observação dos índios poderia servir para elucidar as primeiras fases desconhecidas da vida humana na Europa.

Os nativos americanos foram submetidos a preconceitos étnicos e a gestos discriminatórios desde o início da expansão ultramarina europeia, mas também convém salientar que a imagem do nativo americano inocente ou do selvagem nobre foi comparada favoravelmente com a dos europeus traiçoeiros — uma ideia já presente no século XVI e difundida na Europa durante o Iluminismo. Em 1711, o *Spectator* reproduziu uma história incluída havia mais de meio século em *History of Barbados*, de Richard Ligon, sobre um britânico naufragado ao largo da costa da América que é ajudado por uma jovem índia sincera e compassiva. A moça esconde-o e alimenta-o até que ele possa embarcar num navio europeu, mas depois é vendida como escrava pelo homem que salvou.[51] Essa história pode ser associada à abordagem de Behn em *Oroonoko*.

A ideia literária da inocência dos selvagens foi desenvolvida na reflexão filosófica como sendo a ignorância do vício. A ideia, já formulada por Montaigne e Grócio, fora usada por Richard Cumberland, Samuel von Pufendorf e Montesquieu (1689-1755) contra Thomas Hobbes e a ideia de um homem natural rebelde dominado pelas paixões. No entanto, foi Jean-Jacques Rousseau (1712-78) quem desenvolveu a visão do ser humano selvagem em paz com a natureza, podendo, por isso mesmo, passar sem a lei positiva devido à ausência de servidão e de domínio.[52] O selvagem inocente ou nobre era, em geral, situado na América. Em *L'Ingénu* (1767), Voltaire usou um huroniano sincero, identificado mais à frente na história como descendente de colonos nascidos na América e salvo pelos índios, para pôr em xeque os hábitos (especialmente as práticas religiosas) dos europeus.[53] Robert Bage, que defendeu os direitos das mulheres e expressou uma crítica precocemente libertária do governo e da educação, usou o seu personagem Hermsprong (1796) para elogiar o modo de vida "selvagem".[54] No início do século XIX, Chateaubriand (1768-1848), que se declarou discípulo de Rousseau, desenvolveu em sucessivos romances e em um longo relato de viagens a ideia do europeu que recusa a agitação permanente da civilização e se refugia entre os nativos americanos para ter uma vida tranquila.[55] Nos seus escritos, o conceito do selvagem nunca é puro: Atala era filha de um espanhol e uma índia, educada como cristã; e Chactas, patriarca dos natchez, estivera em Versalhes no tempo de Luís XIV. A América imaginária é um lugar útil para refletir sobre a civilização corrupta, daí que o ser humano civilizado que opta por se tornar selvagem seja um importante tópico literário do período.

8. Asiáticos

INDIANOS

Em 1512-5, Duarte Barbosa, feitor do rei português na costa de Malabar, descreveu pela primeira vez o sistema de castas em termos europeus, baseando-se em exemplos que recolhera na região.[1] Barbosa rotulou os grupos sociais distintos, cada um com as suas próprias leis, como gentios, linhagens e castas. A origem semântica do substantivo português e castelhano "casta" é "espécie de planta ou animal".[2] O conceito foi usado como metáfora para a constante herança de estatuto e de profissões na Índia. A tradução italiana do livro de Barbosa foi publicada em 1550 por Ramusio e provavelmente se baseou num manuscrito com poucas referências a castas. O tradutor preferiu *lignaggio*, *di sangue* ou *sorti*, refletindo uma tradução livre que, no entanto, não traía o conteúdo do texto.[3] Barbosa usou a designação "casta" entre uma e quatro vezes nos seis manuscritos sobreviventes do século XVI. Contudo, um caso do seu uso foi decisivo e comum a todos os manuscritos: ao escrever sobre o conjunto de dezoito grupos sociais que conseguira distinguir, indicava claramente "onze estatutos baixos", nos quais as "pessoas honradas não tocavam, sob pena de morte, mantendo-se uma grande distância entre estes e aqueles, para evitar a mistura de uma casta com outra".[4] O termo "casta" em pouco tempo substituiu as outras designações nas descrições da organização social indiana. Foi usado sistematicamente: pelo cronista Damião de Góis (1566), que frisou a rigidez das fronteiras profissionais impostas pelas castas; pelo primeiro concílio provincial do arcebispado de Goa (1567), que condenava como superstição o rebaixamento imediato de qualquer elemento de uma casta superior que fosse encontrado comendo ou bebendo com um membro de uma casta inferior; e por Camões (*c.* 1524-80), que no poema épico *Os lusíadas* (1572, 7,37-9) associou a interdição da mistura entre castas na Índia à suposta antiga recusa judaica de tocar nos habitantes da Samaria.[5]

Esses textos articulavam questões essenciais ligadas à visão europeia da Índia que persistiriam até o século xx. Góis interessava-se por aquilo que hoje em dia chamaríamos mobilidade social, alegadamente sufocada pelo sistema de castas.[6] Fora influenciado por João de Barros (1496-1570), um dos primeiros cronistas da Índia portuguesa, que desenvolveu o seu conhecimento da organização social indiana baseado em Barbosa, mas adicionando um elemento crucial: a herança de profissões, com determinadas linhagens profissionais vedadas a casamentos fora do grupo — por exemplo, o filho de um carpinteiro não poderia ser alfaiate, tendo de seguir o modo de vida e o mister do pai, por motivos religiosos que Barros considerou superstições. Barros também abordou a questão da pureza dos naires (guerreiros, ou xátrias), nobres que não podiam tocar nem ser tocados pelas castas mais baixas. Se tal "desastre" ocorresse por engano, segundo o autor, o corpo do naire seria tratado como um "corpo glorificado" e o corpo do outro como o de um "animal imundo". Barros comparava esse preconceito ao dos antigos judeus, mas, mesmo que tocasse um samaritano, o judeu não se submeteria a tanta purificação como os naires.[7]

Os clérigos das dioceses portuguesas do Estado da Índia receavam o impacto do sistema de castas nas relações entre hindus e a comunidade cristã, já que os convertidos eram considerados inferiores às castas mais honradas, pois tinham de se misturar com indivíduos de diferentes origens. As resoluções de 1567 do supracitado sínodo de Goa proibiam os cristãos de alimentar os indianos contra a sua vontade; era óbvia a intenção de evitar acusações de macular deliberadamente as castas superiores para obter a sua conversão.[8] A impureza que não pudesse ser limpa significava exclusão imediata. Contudo, o princípio indiano de hierarquia, por oposição ao princípio cristão e muçulmano de igualdade entre os crentes, levantaria a questão no seio das comunidades cristãs da Índia, suscetíveis ao conceito de pureza. Camões, por sua vez, inspirou-se em Barros quando descreveu poeticamente as castas hindus. Desprezou o hinduísmo como um "amontoado de fábulas", relatou que as pessoas andavam quase nuas, que não podiam casar-se fora da sua casta, que os filhos tinham de seguir a ocupação dos pais até morrerem, e que os naires não podiam ser tocados e que se serviam de toda uma variedade de ritos para se purificarem, mas que os brâmanes, os sacerdotes, não matavam criaturas vivas e não tinham ciúmes das esposas. Camões estabeleceu uma comparação ainda mais forte entre os conceitos de pureza naire e judaica: "Desta sorte o judaico povo antigo/ Não tocava na gente de Samaria".[9] A comparação entre os diferentes períodos históricos partia do princípio de que os rituais de pureza e as regras de segregação resultavam de uma prática passada que fora perpetuada nessa parte do mundo. Contudo, a comparação transferia para o contexto da Ásia Austral as mesmas referências à Antiguidade Clássica usadas nos relatos espanhóis dos nauatles e dos incas, além dos estereótipos cristãos relacionados ao povo judaico. Essa ideia foi repetida e desenvolvida um século mais tarde pelo mercador francês, e viajante a Turquia, Irã, Índia e Java, Jean-Baptiste Tavernier (1605-89), que declarou que uma casta entre os idólatras correspondia a uma tribo entre os judeus de antigamente.[10] Isso confirma a minha tese de que os preconceitos étnicos nunca eram isolados; pertenciam a um sistema hierárquico relativo a diferentes etnias (e raças criadas) no tempo e no espaço.

O conceito português de casta, aplicado ao sistema social indiano, disseminou-se, durante os séculos XVII e XVIII, pelo trabalho de autores franceses, holandeses e ingleses. Mas as ideias principais sobre o sistema de castas estavam já presentes em Barbosa. O conceito de pureza e impureza era expresso através da descrição das formas estabelecidas de tratamento dos alimentos, bem como de seu preparo e sua apresentação às castas mais elevadas; abluções constantes e regras para consumo de alimentos entre os brâmanes (sacerdotes que não consumiam carne nem peixe) e os naires; tabus em relação às castas inferiores e respeito pela interdição hindu de contato físico, com um simples toque acarretando a pena de morte ou a exclusão social; e a aceitação dessas interdições pelos elementos femininos das castas mais elevadas, condenadas caso cometessem algum erro ritual, já que toda a família ficaria poluída ou "teria o sangue maculado", segundo as palavras de Barbosa. O autor também abordou as consequências pesadas para toda a população, em termos rituaisticos, da morte de um governante; a servidão (denominada escravatura) das castas inferiores sob os governantes ou os naires; as estruturas familiares das castas superiores; as formas de herança resultantes das relações supostamente livres das mulheres entre os xátria; a aversão à virgindade; a aceitação generalizada da prostituição de mulheres de castas inferiores; e as viúvas, que nas castas mais elevadas eram queimadas com o marido falecido. Os diferentes graus de nudez, com mais corpo a ser exposto nas castas inferiores; a superstição generalizada, junto do uso constante de feiticeiros e adivinhos; e a justiça feroz, imposta sem julgamento pelos governantes e praticada constantemente pelas castas mais elevadas para punir faltas menores cometidas pelas castas inferiores, completavam a visão dos indianos por parte dos europeus após Vasco da Gama, o que renovou os estereótipos clássicos em relação ao Oriente sensual e despótico.

O status supostamente superior dos brâmanes no sistema de castas era aceito pelos missionários portugueses, em especial os jesuítas, que adotaram de forma consistente uma estratégia hierárquica de conversão a partir do topo. O problema era como agir fora dos territórios controlados pelo Estado imperial português. Ao longo da Costa das Pérolas, no extremo sul da Índia, desde o cabo Comorim até a ilha de Manar, os franciscanos converteram o povo de pescadores paravar. Quando os jesuítas decidiram estabelecer uma missão na importante cidade interior de Madurai, foram obviamente rejeitados pelas castas mais elevadas.

Nas primeiras duas décadas do século XVII, a Sociedade de Jesus debateu interna e externamente as estratégias de conversão a serem empregadas. O nobre e teólogo italiano Roberto Nobili (1577-1656) deu início ao debate no início do século XVII, quando decidiu adotar o estilo de vida brâmane em Madurai. Vivia com criados locais numa casa separada, vestia-se como um brâmane e consumia os alimentos rituais, realizava as principais cerimônias de purificação, aprendeu sânscrito e decidiu pregar o Evangelho de uma maneira que levasse em conta a cultura local.[11] Foi imediatamente criticado pelo irmão religioso mais velho em Madurai, o português Gonçalo Fernandes Trancoso (1541-1619), que acusou Nobili de se tornar nativo e de dissolver a mensagem cristã na superstição local. Nobili mobilizou os familiares em Roma e atraiu para o seu lado a maior parte dos teólogos convocados pelo arcebispo de Goa para analisar o caso. A Sociedade de Jesus e o papa acabaram por reconhecer como válido o método de Nobili, que se justificava afirmando que estava apenas adaptando-se aos hábitos da cultura local, para melhor evangelizar a população. No entanto, a distinção entre cultura e religião permaneceu em aberto. Trancoso perdeu a sua batalha por motivos sociais e culturais: Nobili era um aristocrata erudito com grandes competências persuasivas, enquanto Trancoso era um antigo soldado com fraca formação em teologia e um conhecimento rudimentar de línguas — conhecia apenas o tâmil, embora conseguisse ler em tradução e citasse corretamente os principais textos hindus em sânscrito. Aquilo que Nobili tentou fazer na Índia não era completamente novo — replicava experiências anteriores por parte de Alessandro Valignano e Matteo Ricci, que haviam decidido representar o papel das figuras tradicionais dos sábios (ou homens de letras) no Japão e na China. Mas o sistema de castas indiano suscitava problemas diferentes. Foi isso que Trancoso tentou frisar em 1616, ao escrever um tratado extremamente denso sobre o hinduísmo.[12] Sem grande surpresa, o tratado centrava-se nas cerimônias brâmanes, que para Trancoso obviamente tinham origem e objetivos religiosos. Importante para o argumento desenvolvido aqui é o fato de os preconceitos étnicos contra os hindus, manifestos nas descrições pormenorizadas das suas práticas religiosas e sociais "exóticas", não ter impedido a experiência de Nobili, que chegou inclusive a ser aprovada pelo papa.

Barbosa reconhecia a idolatria, mas não desenvolveu esse tema. Ludovico de Varthema (*c.* 1470-1517), um viajante italiano que em 1510 publicou em Roma o seu *Itinerario* desde o Egito ao Sudeste Asiático, descreveu a figura esculpida de um "diabo" venerado pelos samudri de Calicute, presente numa capela decorada com pinturas de outros "diabos" consumindo almas; a escultura supostamente apresentava quatro cornos e quatro grandes dentes que saíam de uma boca aberta enorme, com nariz horrível, olhos terríveis, mãos recurvadas como ganchos e pés semelhantes aos de um galo.[13] Essa mesma linha de descrição grosseira, com influência clara das representações cristãs europeias do diabo, foi replicada por Tavernier um século e meio depois. Embora, tal como Varthema, reconhecesse que os hindus acreditavam num único criador do Céu e da Terra, principal causa de todas as coisas e onipresente, Tavernier lamentava a "imaginação tola" daqueles "idólatras", que atribuíam honras divinas a vacas, macacos e monstros, representando-os com vários braços e pernas, corpos demoníacos, muitas cabeças e caudas compridas. Tavernier criticava ainda os hindus por acreditarem que os deuses nasciam como homens e tinham esposas, imaginando assim que apreciariam os mesmos prazeres que os seres humanos. Introduziu a ideia de almas transmigrantes, explicando que os crentes receberiam de Deus outro corpo no qual habitar, de acordo com o modo como tivessem vivido as vidas anteriores — um processo que poderia ser repetido várias vezes. Como penitência, a alma dos maus poderia ser atribuída a bestas desprezíveis, como macacos, cães ou gatos. Os

Figura 8.1. Sacrifício de indianos, c. 1550, aquarela goense de autor desconhecido, 31 × 44 cm. Roma, Biblioteca Casanetense, ms. 1889, Disegni Indiani, 78-9.

hindus acreditavam que havia uma certa divindade nas vacas, podendo as almas ser felizes nesses corpos. Tavernier interpretou a repulsa que sentiam pelo abate de animais como precaução contra a possível morte de algum familiar ou amigo que estivesse cumprindo a sua penitência nesse corpo. Por outro lado, uma vida virtuosa poderia levar a alma a entrar no corpo de um governante poderoso, sendo que, nesse caso, o dono da alma desfrutaria dos prazeres desta vida.[14] Seria preciso mais um século até se dar o início de um estudo sistemático do hinduísmo por parte dos europeus. Os filólogos Anquetil-Duperron (1731-1805) e William Jones (1746-94) reconheceram a riqueza intelectual da religião e da lei hindus e traduziram alguns dos textos centrais; no entanto, ao mesmo tempo estabeleciam as bases para outra fase do orientalismo.[15]

A cultura visual ajuda a compreender melhor os preconceitos dos europeus contra as diferentes culturas asiáticas. A criação de colônias portuguesas no oceano Índico e no Extremo Oriente deu aos europeus a base ideal para a observação prolongada dos hábitos dos povos que viviam nas costas desse vasto mundo interligado.[16] O primeiro livro etnográfico e de vestuário anônimo português (na verdade, luso-asiático) provavelmente foi compilado na década de 1540 e mostrava uma grande variedade de povos nas áreas que iam desde o cabo da Boa

Esperança até a China. Nele foram incluídas cenas de guerra, diversão, ritos religiosos, sacrifícios humanos, divindades indianas, casamentos e atividade econômica. As legendas estavam escritas em português, e as imagens mostravam um misto curioso de técnicas ilustrativas europeias e asiáticas, além de elementos decorativos. É um volume extraordinário, com um conjunto colorido e vibrante de 75 imagens que mostram exemplos representativos de povos com os seus trajes habituais e que desempenham as suas práticas sociais para os olhos europeus. O livro só foi publicado em finais do século XX, usando o único exemplar conhecido, conservado em Roma, mas outras cópias devem ter circulado nas colônias portuguesas na Ásia, já que representavam o primeiro passo popular que levaria a imagens mais sofisticadas e formais dos povos asiáticos. Esse conjunto inicial de imagens apresenta três elementos cruciais: a variedade de cores da pele, desde o castanho-escuro ao branco (até mesmo as divindades hindus Vixnu, Xiva, bem como Brama, eram representadas em branco, castanho-escuro e vermelho); a precisão dos toucados (turbantes, boinas, chapéus, capuzes e véus) e dos penteados, confirmando que eram sinais-chave de identidade; e a variedade de roupas (formas, padrões e cores, os quais, por vezes, definiam as novas identidades, como a dos cristãos convertidos da costa de Malabar) e sapatos e sandálias, embora a maior parte das pessoas fosse representada descalça. Para a minha tese, as imagens relevantes eram as dos sacrifícios humanos na Índia, especialmente a viúva enterrada viva com o marido (uma prática das castas inferiores, que contrastava com a sati, ou imolação da viúva na pira funerária do marido nas castas mais elevadas); o sacrifício da vida de um indivíduo sob as rodas de uma carroça de pagode puxada por um grande número de pessoas (ver figura 8.1); e o autossacrifício suicida à frente de um templo, do qual se mostram vários exemplos.[17]

Provavelmente foi Jan Huygen van Linschoten quem desenhou as imagens publicadas em 1596 no seu *Itinerario*, pois ele era um ilustrador conhecido que a certa altura recebera encomendas para desenhar panoramas de portos portugueses.[18] No entanto, parte das imagens deve ter sido redesenhada a partir de esboços anteriores, pois Linschoten nunca deixou a Índia ocidental. A posição de Linschoten como secretário do arcebispo de Goa, o dominicano João Vicente da Fonseca, entre 1583 e 1587, deu-lhe um ponto de observação central que lhe terá permitido obter informação sobre uma variedade impressionante de etnias de todas as costas da Ásia, mas os desenhos apresentavam detalhes que não poderiam ter sido conseguidos sem uma observação direta. As 26 imagens do *Itinerario* representavam diferentes etnias e suscitavam as mesmas questões que o livro de vestuário luso-asiático anônimo: os critérios usados para a seleção do que representar; e a decisão, tomada em alguns casos, de representar povos complexos de modo estereotipado.

Três gravuras são especialmente importantes para o meu argumento. A primeira representa um casal brâmane. O homem está quase nu, de turbante, faixa em torno da parte inferior do tronco, sandálias e as três meadas distintivas de fio sobre o ombro esquerdo e por baixo do braço direito. A esposa está completamente coberta por um sari e uma capa, tendo num dos pés descalços uma pulseira em volta do tornozelo e anéis nos dedos do pé. A paisagem atrás do casal representa um "ídolo" esculpido numa colina, venerado por aldeões nus. O texto cita a natureza supersticiosa dos indianos, que supostamente são competentes em preparar venenos e estão dispostos a cometer qualquer crime. A segunda imagem (ver figura 8.2) é a mais poderosa: representa a cerimônia do sati, a imolação da viúva de um brâmane, que se atira numa pira em chamas onde será consumida junto do cadáver do marido, encorajada pelos lamentos da multidão e pelo ritmo dos instrumentos musicais. O texto critica a "morte insana" das mulheres conseguida por esse "sofrimento cruel e bárbaro". Linschoten sugere que o ritual poderia originalmente ter sido inspirado no receio de infidelidade — um tópico repetido a ponto da obsessão no *Itinerario*, centrado nos estereótipos tradicionais europeus em relação à "Ásia sensual". A terceira imagem representa um pagode aberto, com um "ídolo", uma vaca sagrada, fogo vívido de incenso e um grupo de

Figura 8.2. Jan Huygen van Linschoten, Itinerario, Voyage ofte Shipvaert van Jan Huygen van Linschoten naar Oost ofte Portugaels Indien. *Amsterdam, 1596, pp. 58-9. Gravura representando o sati — a imolação da viúva de um brâmane.*

veneradores — uma cena que está separada por uma palmeira de uma mesquita estranha. O texto execra as estátuas "diabólicas" e "aterrorizantes" erigidas em toda parte, à beira de estradas e em cruzamentos.

O livro de Linschoten teve um enorme sucesso, não só por revelar os itinerários marítimos usados na Ásia pelos portugueses, levando a viagens regulares por parte dos holandeses e dos ingleses, mas também por apresentar mapas e imagens dos povos asiáticos. Foi traduzido para o latim, inglês, alemão e francês, e incluído na série de volumes de De Bry sobre a Ásia. As imagens da cerimônia do sati e do templo hindu foram repetidas ao longo dos séculos XVII e XVIII, especialmente em *Cérémonies et coutumes religieuses de tous les peuples du monde*, de 1783, de Bernard Picard.[19] As imagens reforçaram claramente os preconceitos europeus contra os indianos como idólatras de aparência exótica que cometiam atos repugnantes de sacrifício humano baseados na autoimolação.

MUÇULMANOS

No início do século XVI, a maior parte da Índia consistia já em estados islâmicos, mas o desenvolvimento do Império Mogol levou a uma poderosa estrutura política centralizada no subcontinente que predominou até 1720, seguida de um longo período de declínio.[20] O hinduísmo resistiu bem ao domínio político islâmico, mas para os olhos europeus a disseminação inexorável do islamismo desde o Oriente Médio até a Europa e o sul da Ásia era um problema grave. A rivalidade política e religiosa entre as potências islâmicas, sobretudo entre os turcos otomanos sunitas e os iranianos xiitas, definia um mundo islâmico que não era uniforme nem integrado. Foi por isso que no século XVI os portugueses, os espanhóis e os italianos tentaram estabelecer boas relações com os imperadores iraniano e mogol contra os otomanos, enquanto o rei francês, Francisco I, estabeleceu uma aliança controversa com os otomanos contra o imperador Carlos V, seguindo o exemplo do compromisso diplomático desenvolvido pelos venezianos e pelos genoveses quando tentavam impedir a sua erradicação do Mediterrâneo oriental. A queda de Constantinopla em 1453 abalara o mundo cristão medieval, apesar de a essa altura os turcos já terem conquistado praticamente toda a Ásia Menor e grande parte dos antigos territórios bizantinos na Europa. O saque de três dias de Constantinopla, além da morte e da violação generalizadas da população, ajudou a reforçar a reputação dos turcos como "vis e animalescos", embora esse tipo de comportamento fosse uma prática generalizada contra as cidades que se tivessem recusado a se render.[21] A subsequente expansão militar dos turcos no Leste Europeu, no Norte da África, no Egito, na Palestina, na Arábia e no Oriente Médio, trazendo a suas mãos o controle das principais cidades santas islâmicas (Meca, Medina e Jerusalém), ajuda a explicar o motivo por que o interesse ocidental no islamismo se centrava no Império Otomano. Os viajantes Nicolas de Nicolay, Pierre Belon, André Thevet e Guillaume Postel, que visitaram a Turquia em meados do século XVI com os embaixadores franceses, expressaram o seu respeito pela ordem imposta no Império Otomano: disciplina e contenção observada pelos janízaros (tropas de elite), hábitos frugais da população, tolerância religiosa (não elogiada, mas referida), higiene pessoal e decência do vestuário, igualdade entre os crentes, e hospitalidade e caridade gerais. Também comentaram as principais diferenças entre as cosmovisões cristã e islâmica.[22]

A idolatria era a grande acusação feita contra os cristãos no ambiente islâmico, algo que provava que a velha estigmatização de outros povos como "pagãos" ou "infiéis" podia ser retribuída. Para o islamismo, a representação visual de Deus era considerada uma ofensa contra a divindade, assim como a representação de profetas (como Cristo) e de homens sagrados (ou santos). O islamismo ortodoxo também proibia a representação de governantes. O contraste entre os túmulos medievais cristãos e islâmicos fala por si: os túmulos dos soberanos islâmicos não apresentam imagens esculpidas ou pintadas. Nos monumentos públicos só se podiam usar como elementos decorativos as palavras sagradas do Alcorão, além de formas geométricas e representações de flora. Isso explica o motivo por que os livros iluminados dos imperadores mogol e iraniano são tão preciosos: as imagens com que os artistas islâmicos registraram os soberanos e a vida na corte são únicas, embora houvesse períodos durante os quais foram convidados artistas europeus, com destaque para Giovanni Bellini, que produziram retratos do imperador otomano Mehmet II (r. 1451-81) em quadros e em medalhas. O argumento contra a idolatria proposto pelos arquitetos da expansão islâmica foi tão poderoso desde o início que os imperadores bizantinos lançaram sucessivas campanhas de destruição de ícones em 730-87 e 815-43, na sequência dos movimentos para suprimir a arte cristã ordenados pelo califa Yezid em 722-3. O debate sobre a iconoclastia criou uma divisão no seio da sociedade bizantina, bem como entre os cristãos

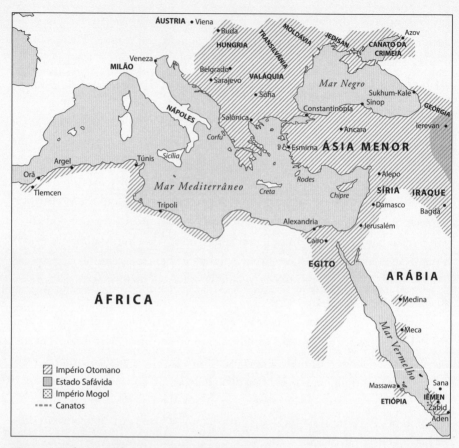

Mapa 8.1. *Poderio muçulmano no Oriente Médio até 1639.*
Fonte: *Geoffrey Barraclough (Org.),* The Times Atlas of World History. *Londres: Times Books, 1990, pp. 170-1.*

ocidentais e orientais.[23] A Reforma Protestante, no século XVI, renovou o debate com disputas semelhantes, mas a rejeição bizantina da estatuária, algo contrário à tradição ocidental, é digna de nota. Essa divisão originou uma anedota colorida relatada por Augier Ghislain de Busbecq, embaixador do imperador Fernando em Constantinopla entre 1554 e 1562. Quando o embaixador e os seus companheiros viram trabalhadores turcos destruindo uma estátua romana para usarem a pedra e "nos mostramos desagradados com tamanha violência, fomos brindados com desprezo: 'O quê?', indagaram os trabalhadores. 'Vão ajoelhar-se a venerar esta estátua, como vocês cristãos faziam com as suas?'".[24]

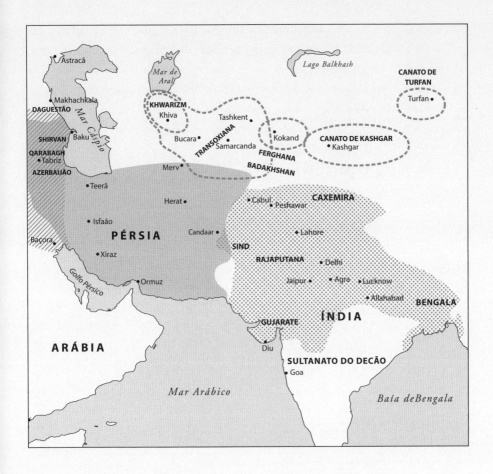

Os preconceitos cristãos contra o islamismo se assentavam em ideias de despotismo, licenciosidade e superstição. O assassinato de filhos e irmãos por imperadores otomanos, novos ou velhos, para eliminar possíveis rivais — algo mais tarde designado por "lei de fratricídio" — é o primeiro dos atos de tirania apontado pelos cristãos.[25] Busbecq considerava os filhos do imperador as criaturas mais desgraçadas do mundo, pois não tinham como fugir do seu destino. O embaixador apresentou um motivo social e político para essa prática: os janízaros usavam qualquer irmão vivo de um imperador para apoiar os seus pedidos de novos privilégios, criando uma contenda que obrigava os imperadores "a matar os irmãos, dando assim início ao reinado com sangue".[26] As leis fundamentais do império na época de Mehmet, o Conquistador, garantiam a legitimidade do processo: o procedimento estabelecido era que o sucessor do sultanato abatesse os irmãos para garantir a ordem do mundo.[27] Busbecq, um dos mais argutos observadores das instituições otomanas, tinha provavelmente noção desse preceito quando relatou em pormenores o homicídio sucessivo de crianças por Solimão I (r. 1520-66). No Irã não havia instituições equiparadas ao palácio central dos imperadores otomanos, com uma corte estritamente segregada em torno da qual viviam em reclusão as esposas, as concubinas e os filhos do soberano — centenas de pessoas controladas por uma guarda composta de eunucos negros —, mas, claro, existia um harém. A lei do fratricídio não era implementada; em vez disso, o imperador mandava cegar os filhos e os irmãos, pois essa deficiência impedia o seu acesso à sucessão.[28] Em ambos os sistemas, o assassinato ou a cegueira dos potenciais rivais podiam ser estendidos aos sobrinhos e aos tios.

A escravização sistemática de jovens cristãos e o uso de escravos para garantir serviços administrativos e militares são outros elementos essenciais para a acusação de despotismo. O modelo para tal prática era a elite militar e política dos mamelucos, um grupo de escravos cristãos de origem caucasiana convertidos ao islamismo e que serviam de soldados e administradores dos califas de Bagdá. Os elementos desse grupo governaram o Egito entre 1250 e 1517, mantendo o status de casta militar até 1812, depois de os otomanos terem chegado ao poder no Egito, em 1517. A vantagem dessa casta era o fato de não ter as suas raízes nas elites locais, não se envolvendo, teoricamente, em ações de rebelião local ou regional. Os mamelucos dedicavam-se em absoluto ao seu objetivo militar, embora no longo prazo se revelassem fonte de instabilidade política. O princípio de recrutamento de escravos de origem cristã para servirem como tropas de elite e administradores foi levado a cabo de forma sistemática pelo Império Otomano. Quando o recrutamento de escravos cristãos através da guerra ou da conquista entrou em declínio, os otomanos introduziram um imposto regular de crianças entre as populações cristãs do império. O corte precoce dos laços familiares, a conversão ao islã e a formação em competências religiosas, militares e administrativas transformaram essas crianças numa classe privilegiada dedicada exclusivamente ao imperador. George Sandys (1577-1644) acusou a

> política bárbara que mantém essa tirania [...] guiada pela mente e sustentada pelas mãos desses escravos, que julgam ser uma grande honra fazê-lo, tal como nós, que servimos nas cortes dos príncipes. O turco natural (ser assim chamado é um vexame) raramente é usado no comando ou em serviços; entre os quais não

existem nobreza de sangue, ascendência conhecida, família, posses hereditárias; mas que são da criação do sultão, dependentes dele para sustento e promoção; que dispõe, tanto das suas vidas como das suas fortunas, única e exclusivamente por sua vontade.[29]

A suposta ausência de nobreza latifundiária hereditária no Império Otomano era uma questão interessante. Para Sandys, isso indicava tirania ("despotismo" foi um termo que só entrou em uso em finais do século XVII), pois assim o sultão não precisava lidar com poderes regionais com autonomia financeira que contestassem sua autoridade. A liberdade de uma aristocracia com terras que dispusesse de direitos de herança era vista implicitamente como uma forma importante de controle que limitava o possível abuso de um poder centralizado. A promoção sistemática de escravos aos mais elevados níveis do Estado, deliberadamente afastados dos antecedentes religiosos e familiares originais, era vista como emblemática de um poder tirânico. Tais escravos não só preenchiam as estruturas centrais militares, administrativas e políticas do Império Otomano, como também eram nomeados durante breves períodos de tempo para diferentes níveis do governo regional e local. Recebiam somas vultosas de dinheiro pelos seus serviços, mas podiam ser afastados a qualquer momento.

Contrariamente à impressão de Sandys, sabemos que a maioria das tropas otomanas era recrutada pelo poder local, os notáveis tinham um papel importante no império, e os religiosos em geral eram de origem turca ou árabe, mas os embaixadores europeus, e os estudiosos ou viajantes a eles associados, projetavam no império as suas ideias quanto às instituições centrais. Belon (1517-64) notou ausência de uma nobreza latifundiária em termos europeus, embora tenha relatado o fato num tom menos crítico, já que, para ele, o problema tinha a ver com o fato de apenas indivíduos com competências profissionais serem capazes de ganhar a vida no Império Otomano. Frisou que até os janízaros poderiam ter de realizar tarefas mecânicas, concluindo que para qualquer habitante "é inútil afirmar-se neste país como gentil-homem". Não obstante, Belon definiu as comunidades cristãs tributárias, em especial a vasta população grega, como "escravas" dos turcos, considerando os egípcios, os sírios e os árabes igualmente "escravos". Segundo Belon, a ausência de nobreza explicaria o fato de não se construírem mansões no campo ou na cidade; os principais edifícios tinham objetivos religiosos ou destinavam-se à burocracia imperial. O fato de parte da riqueza acumulada pelos escravos do imperador voltar às mãos do

Figura 8.3. George Sandys,
A Relation of a Journey. *Londres,*
1615. Página de rosto representando
o imperador otomano.

soberano após a morte deles (de acordo com as leis da herança) ajuda a explicar a falta de investimento em casas privadas.[30] Um século mais tarde, François Bernier desenvolveu um argumento semelhante quanto à Índia mogol. Relatou a ausência de propriedade privada associada às terras não cultivadas, considerando isso uma característica central da tirania disseminada.[31]

O frontispício do livro de viagens de Sandys, publicado em 1615, expressava a visão cristã do despotismo turco. O imperador Ahmed I (r. 1603-17), chamado "Achmet sive Tyrannus", é representado junto ao título, no lado direito do portal, com um turbante alto, uma túnica comprida e barba aparada (ver figura 8.3). Segura um globo na mão esquerda, um dispositivo para acorrentar escravos na direita e está pisando em livros. Poderiam ser livros de direito. O governo arbitrário e a escravização eram indicados claramente como duas características distintivas dos otomanos. Embora a maior parte das potências europeias enviasse embaixadores para o Irã com o intuito de promover alianças contra os turcos, a dinastia

Safávida era vista sob uma luz semelhante. Tavernier, que se gabava de ter tido conversas amenas com o xá, declarou que

> o governo da Pérsia é puramente despótico ou tirânico. O rei detém o poder de vida e de morte sobre os súditos, sendo independente do conselho e sem precisar de julgamentos ou de leis. Pode condenar a qualquer morte que deseje os principais senhores do reino, sem que alguém conteste o motivo; não existe no mundo soberano mais absoluto do que o rei da Pérsia.[32]

Montesquieu cristalizaria ainda mais essa tradição ao opinar que a Ásia assumira o despotismo como natural. O autor definiu o despotismo no contexto dos otomanos, cuja constituição se baseava supostamente no medo, nos direitos civis limitados e na sujeição imposta aos súditos através da força e da religião. O príncipe era considerado o proprietário de todo o território otomano, herdeiro da fortuna dos oficiais e possuidor legal das propriedades sem um herdeiro masculino. Montesquieu atribuía a ganância dos administradores a essas leis sucessórias e via o sistema como o responsável pelas construções privadas medíocres, pela falta de desenvolvimento da agricultura e pelo abandono das estruturas básicas. Os irmãos do príncipe eram, ao mesmo tempo, seus escravos e seus rivais, pois não havia uma regra clara de sucessão. "A família real lembra o Estado; é demasiado fraca e tem uma cabeça excessivamente forte; parece alargada, mas reduz-se a nada." Montesquieu também chamava a atenção para os efeitos políticos do serralho isolado, onde os futuros herdeiros do trono se viam excluídos de uma experiência de vida relevante e "onde um príncipe velho, cada dia mais imbecil, é o primeiro prisioneiro do palácio". No entanto, era a suposta justiça arbitrária que mais chamava a atenção de Montesquieu, que considerava que na Turquia não havia proteção da fortuna, da vida ou da honra dos súditos do imperador. Declarou que "os homens são iguais num governo republicano: e são iguais num governo despótico; no primeiro por serem tudo, e no segundo por não serem nada". Também condenava a concentração exclusiva pelo soberano dos poderes executivo, legislativo e judiciário na Turquia, sendo responsável por um "despotismo terrível". Montesquieu associava os baixos níveis de impostos na Turquia à servidão extrema do povo, que não era capaz de aguentar mais opressão.[33]

O segundo grande conjunto de estereótipos sobre o mundo islâmico dizia respeito à superstição. Embora os cristãos também fossem vítimas da credulidade no que dizia respeito às propriedades e aos efeitos de certas práticas ou objetos (como os amuletos e as relíquias), acreditavam que os muçulmanos davam rédea livre à imaginação e à malícia. O humanista Paolo Giovio zombou implicitamente do jejum durante o Ramadã ao criticar a prática de comer à noite e não durante o dia.[34] Postel escreveu que os muçulmanos se dedicavam à astrologia para escolher o dia do casamento e a concepção dos filhos, consagrando a prática com o nome de Alá para impedir a presença do diabo e a corrupção da linhagem. Os preceitos da ablução regular, ou purificação do corpo através da prática da lavagem, eram vistos sob a mesma luz. Os cristãos também tentaram retribuir a acusação de idolatria. Consideravam o "horror das imagens" por parte dos muçulmanos como uma forma de superstição, responsável pela ocultação dos mosaicos espetaculares na catedral de santa Sofia em Constantinopla quando transformada em mesquita. A obrigação ritual dos muçulmanos de rezar cinco vezes por dia virados para Meca era imposta por lei e punida em caso de falha. Os dervixes, meio despidos e meio vestidos com peles de animais, que participavam em danças xamanísticas que levavam ao êxtase, durante as quais se feriam e se mutilavam, foram alvo de críticas desde o início. Foram representados em xilogravuras por vários autores como praticantes do islã mergulhados na superstição.[35]

Busbecq compilou uma série de acusações curiosas: nunca se deixavam papéis no chão, pois o nome de Deus poderia estar escrito neles; os muçulmanos acreditavam que esses papéis (nos quais se escrevera o nome de Deus) os protegeriam durante a difícil passagem para o paraíso pelo portão de ferro em brasa. Também recolhiam as pétalas de rosa caídas ao chão, vendo-as como o suor de Maomé. Os cristãos que se opusessem ao Alcorão seriam punidos com a morte. A preparação ritual e as regras relativas aos alimentos também eram consideradas superstição, e Busbecq lamentava não ter comido tartarugas com aspecto delicioso, pois se encontrava acompanhado por turcos, e estes "se sentiriam tão ofendidos que nem sei quantas lavagens seriam necessárias para limpar a sua imaginação poluída". Os túmulos eram cobertos com pedra, mas não eram cheios de terra, para que a alma do falecido pudesse sentar-se e discutir com o diabo quando fosse chamada a prestar contas da sua vida. Os turcos raramente usavam preto, pois essa cor era considerada infeliz. Os loucos e os tolos eram considerados escolhidos pelos céus. A ausência de imprensa estava relacionada com o caráter sagrado da linguagem do Alcorão, enquanto a ausência de relógios se associava à autoridade dos muezins. Os paxás que caíssem do cavalo podiam ser afastados dos cargos, pois o acidente era visto como mau agouro. As principais decisões dos turcos eram influenciadas pelo conceito de fado ou de destino inevitável. Segundo Busbecq, a recusa dos turcos de agir durante uma peste devia-se à ideia fatalista de que "o destino de cada homem foi-lhe escrito por Deus na testa; é assim uma tolice que pensem em rejeitá-lo ou evitá-lo".[36] Montesquieu regressou a essa crítica do conceito de destino, algo que, segundo ele, transformava o magistrado num observador calmo e passivo, porém estava mais interessado nas questões políticas ligadas à superstição. Observou que os turcos não controlavam a sua vida política, pois "os devotos consideram que a vitória ou o êxito é um julgamento divino; dessa forma, ninguém é soberano por direito, mas sim pelos fatos". Montesquieu garantia que os turcos consideravam o resultado da primeira batalha numa guerra civil como sinal do julgamento de Deus, que decidia tudo antecipadamente.[37]

Durante bastante tempo, os cristãos haviam acusado os muçulmanos de licenciosidade sexual por poderem casar-se com mais de uma mulher e desfrutar legalmente de concubinas. O islã não tinha sacramentos, portanto o casamento não era visto como tal, embora o Alcorão estabelecesse as suas regras. Postel atribuía um enorme número de esposas permitido aos príncipes (setenta), aos ricos (doze) e aos homens comuns (quatro a seis), além de todas as concubinas escravas que pudessem comprar. Acreditava que no serralho de Constantinopla haveria três centenas de mulheres para prazer do sultão. Frisou a diferença entre um casamento permanente e outro por prazer, que seria estabelecido como um contrato por um período limitado de tempo. Reconhecia a realidade do divórcio; o cádi, ou juiz, tinha de ser informado do procedimento de repúdio com base em esterilidade, suspeita de adultério ou incompatibilidade. A relação sexual entre um cristão e um turco era punível com morte, a menos que o cristão decidisse converter-se ao islã. Curiosamente, Postel levantou a questão das mulheres levadas como espólio de guerra, vendidas como escravas no mercado e a quem se atribuía um status inferior na vida cotidiana. Reproduziu o dito de que "doze mulheres valem menos do que um homem".[38] Sandys foi mais longe e acusou o profeta Maomé de associar a felicidade da vida após a morte aos prazeres carnais. O islã concebia o paraíso como um local de felicidade sensual eterna, onde se recuperava a virgindade e os eleitos regressavam à idade de quinze anos (mulheres) e de trinta anos (homens). Os eleitos "passarão esse tempo aventuroso entre virgens apaixonadas, que se dedicarão exclusivamente aos seus amantes específicos".[39]

Os principais preconceitos europeus contra o islã na versão otomana são expressos num único parágrafo de autoria de Mary Montagu (1689-1762), presente numa carta de 1717 a Alexander Pope:

> Mas o que podemos esperar de tal país, de onde as Musas fugiram, onde as letras parecem eternamente banidas, e onde nos cenários privados só vemos a voluptuosidade indolente perseguida à laia de felicidade, e onde aqueles que aparecem em público vivem uma vida de incerteza, suspeita e terror! [...] Entre os turcos desconhecem-se a perspicácia, a conversa elegante, as relações descontraídas; e no entanto eles pareceriam capazes de tudo isso, caso o espírito vil do seu governo não castrasse o gênio, abafasse a curiosidade e suprimisse uma centena de paixões que embelezam a vida e a tornam agradável.[40]

Isso vinha de uma autora informada, esposa de um diplomata, que em muitas outras cartas expressara a sua admiração e simpatia para com a cultura e as mulheres otomanas. Tais estereótipos sobreviveriam até o século XX, por vezes com algumas modificações. É por isso que considero ser útil procurar as suas origens e, sempre que possível, os objetivos. O novo conhecimento obtido sobre a Ásia pelos especialistas europeus setecentistas — sobre os textos sagrados, a estrutura constitucional e o funcionamento das instituições islâmicas, por exemplo — permitiu a criação de uma base precária para a análise mais objetiva das crenças religiosas e das ações políticas.[41] Isso contribuiu para que se superassem alguns dos estereótipos aqui descritos, mas os principais aspectos da visão europeia sobre o islamismo não foram contestados na época.

A diferenciação entre as sociedades islâmicas — a forma como os cristãos as hierarquizam — é uma questão importante. Os portugueses e os espanhóis confiavam mais nas suas relações com os mogóis ou com os iranianos, mesmo depois da conquista de Ormuz por Shah 'Abbas, em 1622, do que com os turcos, sempre vistos como o principal inimigo. No início do século XVI, os portugueses e os turcos travaram batalhas navais cruciais no oceano Índico. Os espanhóis e os venezianos enfrentaram os turcos no Mediterrâneo, enquanto os alemães, os húngaros e outros cristãos guerrearam contra os otomanos nos Bálcãs e no Leste Europeu. Os franceses eram a exceção a quem em breve se juntariam os ingleses, procurando alianças políticas e acordos comerciais privilegiados com os otomanos. Os egípcios eram vistos sob uma luz mais favorável do que os turcos, em parte devido ao prestígio de terem uma civilização mais antiga do que a dos gregos ou dos romanos, além de terem desempenhado um papel religioso, político e econômico essencial durante a Idade Média. O período final das Cruzadas assistira a um redirecionamento das expedições militares contra portos egípcios. Os norte-africanos eram inimigos ferozes dos portugueses e dos espanhóis, os quais tentaram expandir-se ao longo da costa e gastaram somas vultosas em campanhas sucessivas, até que os portugueses sofreram vários reveses graves e a derrota final entre 1541 e 1578. O constante envolvimento dos norte-africanos em atos de pirataria até finais do século XVIII, que envolviam a captura de escravos cristãos e eram levados a cabo a partir do Mediterrâneo até o Atlântico, chegando à costa britânica, não ajudou a melhorar a imagem desses povos, embora os cristãos os tivessem imitado até o século XVII. Postel atacava os "mouros" (norte-africanos) como os "piores miseráveis, infiéis e traidores entre todos os seguidores de Maomé" (na verdade, *mahomediques* — um insulto comum), que supostamente teriam contribuído muito mais do que quaisquer outros muçulmanos para obrigar os cristãos a se converter.[42]

CHINESES E JAPONESES

A percepção europeia da China e do Japão era bastante diferente, pois não havia antecedentes de contendas religiosas. Já foi citado que Acosta elevou os chineses e os japoneses ao topo da sua hierarquia de povos do mundo. Eram considerados "policiados" (ordeiros ou corteses, mais tarde catalogados como civilizados) e quase perfeitos em todos os aspectos, a não ser quanto à religião. Os missionários e os mercadores cristãos na Índia e na Ásia Central foram chegando à China ao longo de toda a Idade Média. Graças ao seu relato de viagem extraordinário, registrado no final do século XIII, Marco Polo teve um grande impacto na percepção europeia.[43] Mas os contatos estabelecidos com a China pelos portugueses a partir da década de 1510 deram origem a um contexto totalmente diferente, reforçado pela colonização permanente de Macau na década de 1550. Esse porto tornou-se um importante centro de comércio marítimo no Extremo Oriente, acima de tudo entre a China e o Japão (onde os portugueses desembarcaram na década de 1540), mas também ligado ao Sudeste Asiático, às Filipinas (a partir da década de 1570) e ao oceano Índico. Nele estabeleceu-

-se uma base para o trabalho missionário regular feito pelos jesuítas no Japão e na China.

Os primeiros relatos portugueses sobre a China foram compilados e desenvolvidos pelo dominicano Gaspar da Cruz (c. 1520-70), num trabalho fundamental publicado em 1569. Cruz frisava que os chineses superavam todos os outros asiáticos quanto a dimensão da população, grandiosidade do reino, excelência das políticas e governo e abundância de posses e riquezas. Admirava a administração centralizada de tão vasto território; a ordem social seguida pelo povo; o exercício reto da justiça, supostamente sem subornos ou abusos de poder; o exame e a seleção, baseados no mérito, para os cargos dos mandarins; o controle efetuado sobre todos os funcionários imperiais, nomeados, por breves períodos de tempo, para províncias distantes das suas casas, e transferidos regularmente sem as suas famílias; o planejamento urbano, com grandes muralhas, casas com bons alicerces de pedra e ruas largas, dispostas geometricamente e pavimentadas; e um sistema de transportes e comunicações baseado nos rios, complementado por boas estradas e um número extraordinário de pontes. A competência da população esforçada empregada na agricultura intensiva, na indústria e no

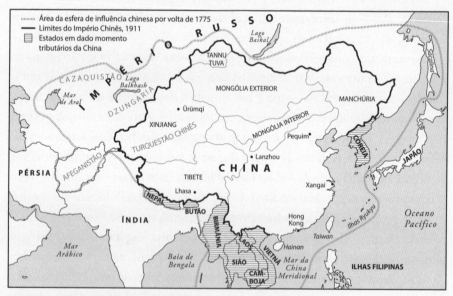

Mapa 8.2. Império Qing em 1775 e 1911.
Fonte: Marius B. Jansen, Japan and China: From War to Peace, 1894-1972. Chicago: Rand McNally and Co., 1975, p. 8.

comércio também era elogiada por Cruz, bem como os hospitais e a caridade organizada para os idosos e os deficientes, o que levava à ausência de pedintes nas ruas. Considerava-se extraordinário o grande número de caracteres na ortografia chinesa, bem como o fato de tanto quem falava diferentes dialetos como os japoneses conseguirem lê-los. O caso de um veredito imperial a favor de mercadores portugueses detidos que ia contra as decisões anteriores de tribunais locais era considerado inimaginável num país europeu que lidava com estrangeiros sem quaisquer ligações locais.[44]

Gaspar da Cruz inspirou Bernardino de Escalante, Martín de Rada e Juan González de Mendoza.[45] O livro de Mendoza, publicado em 1585, tornou-se um sucesso de vendas e uma importante obra de referência sobre a China, traduzido para várias línguas. A invenção da tipografia, do papel e da pólvora era atribuída ao engenho chinês, e as bases antigas da civilização chinesa, anteriores às dos gregos ou dos romanos, começaram a ser reconhecidas. Esses autores concordavam com os supostos principais fenótipos chineses: corpo com boas proporções; rosto largo, olhos pequenos e nariz chato; e homens barbeados ou com barba rala (ver figura 8.4). Os chineses do interior eram considerados brancos, num contraste com os habitantes do sul, especialmente da província de Cantão, considerados castanhos, como os mouros. Os tártaros eram descritos por Mendoza como "muito amarelos e não propriamente brancos" — uma percepção curiosa, que poderá estar associada à ideia muito posterior de uma raça "amarela". Destacavam-se alguns hábitos bizarros: deixava-se crescer as unhas na mão esquerda, os homens usavam o cabelo comprido, preso no topo da cabeça, e os pés pequenos eram apreciados entre as mulheres, que "cingem os pés com tanta força que estes perdem a forma e ficam quase coxos".[46] A idolatria e a superstição eram os principais "defeitos" chineses. Mendoza exprimia a sua perplexidade. Como poderia um povo que exibia tamanha prudência e sabedoria no governo da comunidade, tão engenhoso nas artes, dedicar-se à veneração de ídolos, aceitar a orientação astrológica, acreditar em adivinhos, lançar sortes e proceder a inquéritos supersticiosos antes de tomar uma decisão importante?

Os primeiros cristãos a visitar o Japão partilharam a admiração pela engenhosidade desse povo nas artes e nos ofícios, pela capacidade militar e pela competência administrativa e governativa. As artes da civilidade — modos, hospitalidade, entretenimento, asseio doméstico, apresentação pessoal, rituais da vida

Figura 8.4. Jan Huygen van Linschoten, Itinerario, Voyage ofte Shipvaert van Jan Huygen van Linschoten naar Oost ofte Portugaels Indien. *Amsterdam, 1596, pp. 32-3. Gravura representando mandarins chineses.*

diária e aparência e uso das artes decorativas — eram descritas de um modo especialmente detalhado.[47] A primeira carta do jesuíta Francisco Xavier sobre o Japão sublinhava o extraordinário sentido de honra, a relativa pobreza da população, incluindo a nobreza, o uso habitual de armas, a cortesia da vida diária, a monogamia, o sentido de hierarquia, a moderação na alimentação e na bebida, o exercício da justiça, a criminalidade limitada e o alto nível de alfabetização. Xavier, no entanto, também comenta a "idolatria" — informação que obteve nos seus debates com os monges budistas.[48] Num relato aprofundado no seu livro *Peregrinação,* Fernão Mendes Pinto destacava a curiosidade dos japoneses e sua capacidade de aprendizagem. No início da década de 1540, quando do primeiro encontro com os japoneses, os portugueses haviam deixado um arcabuz como oferta ao governador da ilha de Tanegashima. O governador ficara entusiasmado com a eficácia do artefato e convidara os portugueses para uma caçada, pois não existiam armas de fogo no Japão. Quando os portugueses regressaram, passados seis meses, descobriram que a arma fora replicada; quando deixaram a ilha havia já seiscentas peças; quando Mendes Pinto voltou ao Japão, em 1556, soube que existiam mais de 300 mil arcabuzes nas ilhas.[49]

Por trás dos elogios estava a euforia missionária quanto às possibilidades oferecidas pelo Extremo Oriente e o desejo de atrair mais evangelizadores. A excitação rapidamente se acalmou, embora a experiência japonesa tenha se revelado extremamente bem-sucedida, com centenas de milhares de conversões realizadas até o início do século XVII. Esse êxito, porém, foi atalhado com a perseguição aos cristãos determinada pelas autoridades centrais em 1614, gesto selado com a expulsão dos portugueses em 1639.[50] Na China, os portugueses conseguiram manter a sua posição em Macau, embora tenha se reduzido apenas ao comércio; reconheceram o pequeno sucesso conseguido com as missões continentais, embora trabalhos recentes contestem essa ideia.[51] Ironicamente, os chineses acusaram os portugueses de canibalismo, pois compravam escravos jovens levados para a China pela população costeira.[52] Os "bárbaros do sul" foram acusados dos mesmos terríveis crimes antinaturais que atribuíam aos índios americanos.

É essencial que se compreenda a evolução da forma como os principais missionários viam os japoneses e os chineses. Valignano, visitante jesuíta na Ásia, desempenhou um papel crucial na expansão da missão e na abertura da companhia a recrutas nativos. Isso representou um avanço importante, já que a recusa ou a aceitação de recrutas nativos era uma das bases para os preconceitos étnicos entre as ordens religiosas, que em geral excluíam os nativos de continentes que não o europeu. No entanto, Valignano expressou em várias cartas as suas dúvidas quanto à sinceridade do povo japonês, além da suposta mistura de crueldade, dignidade, depravação e hipocrisia. Também declarou que o Japão se encontrava sob lei marcial, com a população organizada como um exército de oficiais e de soldados.[53] Ricci, por seu lado, lamentava a natureza afeminada dos homens chineses, que podiam passar duas horas arrumando o cabelo e vestindo-se meticulosamente; não consideravam as disputas, as injúrias ou os insultos como questões de honra; tinham em muito menor conta os exames para o serviço militar do que os para o serviço civil; e mostravam atitudes vis e covardes em relação à guerra. Ricci também criticava o receio constante das potências estrangeiras, muito menores do que a chinesa, e o sistema de justiça, que para ele era definido por castigos vergonhosos e cruéis que podiam condenar à morte um réu através de chibatadas brutais e que provocavam o receio constante entre a população de acusações falsas.[54] Contudo, tanto Valignano como Ricci concordavam que os chineses e os japoneses eram muito superiores aos indianos, que padeciam de governos corruptos, exércitos medíocres e justiça inferior, sendo considerados pouco melhores do que "animais".[55] Valignano definiu os pressupostos europeus quanto aos indianos e outros povos asiáticos numa frase extraordinária: "Uma característica comum a todos esses povos (e não me refiro apenas às chamadas raças brancas da China e do Japão) é a falta de distinção e de caráter. Tal como diria Aristóteles, eles nasceram para servir e não para comandar".[56] Deve-se notar que, grosso modo, os relatos europeus sobre os turcos e os iranianos os consideravam brancos, ou como tendo pele "escura clara".[57] Provavelmente, Valignano não incluiu tais povos na sua declaração.

O prestígio da China, já contestado pelos matizes da visão de Ricci, sofreria ainda mais durante os séculos XVII e XVIII, embora o respeito pelo poder político e territorial do país permanecesse intacto. As embaixadas holandesa e portuguesa enviadas à China em 1667 e 1670, em relatos de Arnoldus Montanus e Francisco Pimentel, marcaram a transição para uma visão "realista", tal como sugerido pelo historiador Jonathan Spence. Um dos resultados dessas expedições foi o rebaixamento dos feitos urbanos e arquitetônicos dos chineses. Pimentel chegou inclusive a declarar que Pequim era como uma aldeia portuguesa pobre: enlameada, sem passeios (haviam sido removidos pelos tártaros) e composta de casas baixas e de fraca construção.[58] O relato de Montanus, magnificamente ilustrado e editado por Olfert Dapper, com a inclusão de vastas informações recolhidas em fontes anteriores, é igualmente essencial, sobretudo no que diz respeito à cultura chinesa do suborno, à idolatria e à superstição, e à tortura e justiça brutal. Uma das consequências desse volume enorme foi a avaliação do conhecimento chinês, tendo fixado a visão europeia do Império Médio durante os séculos que se seguiram:

> Do conhecimento chinês só podemos falar sombriamente, pois entre os seus autores não encontramos um Platão, um Aristóteles ou outros filósofos que tenham mantido ordem ou método nos seus escritos; além disso, não citam artes liberais, nem outras artes (salvo as que têm como objetivo o bem-estar do Estado), e, tal como testemunhado por Martinus, os chineses ficam aquém dos europeus em muitas coisas experimentais.[59]

Por outro lado, Montanus reconheceu a superioridade da medicina chinesa, que considerava a prática europeia da sangria das veias um grave erro. Declarou que os chineses eram superlativos na química, bem como nas artes e nos ofícios.

Montanus frisou a invenção do processo de impressão e da pólvora por parte dos chineses. Também elogiou a agronomia, o cultivo das terras e a construção de canais. No entanto, Montanus considerava os chineses inferiores nas artes da pintura (não usavam sombras e não misturavam as cores com óleo) e da escultura (não havia regra para a medição das partes do corpo). A base para a visão matizada (e estereotipada) da China estabeleceu-se nesse período.

9. Europeus

EUROPEUS DO SUL

Quando Mendoza descreveu a cor da pele dos chineses, comparou-os com os europeus e os norte-africanos: os da província de Cantão (no sul) eram castanhos como os mouros, mas os das áreas mais interiores eram como os alemães, italianos e espanhóis — brancos e rosados, mas com tendência para uma compleição trigueira.[1] O autor poderia estar se referindo à compleição um pouco mais escura dos espanhóis, ou à variação de tom de branco e de cor-de-rosa encontrada entre a população europeia. A ambiguidade foi dissipada por um viajante holandês já mencionado aqui: Linschoten. Ele observou que os que viviam na costa, perto de Macau e de Cantão, tinham pele escura, como os mouros "brancos" da África e da Berbéria, e até certo ponto os espanhóis, ao passo que os do interior do país eram como os holandeses e os alemães (ou seja, brancos).[2] A comparação inspirava-se nos estereótipos étnicos europeus internos, baseados, em parte, na cor da pele. John Evelyn (1620-1706), por exemplo, comentou no seu diário, em 30 de maio de 1662, sobre a rainha Catarina de Bragança e as suas aias: "A rainha chegou com um acompanhamento de damas portuguesas nas suas verdugadas, saias monstruosas, com feições azeitonadas e desagradáveis".[3] Curiosamente, Ginés Pérez de Hita, que escreveu *Historia de los bandos de los Zegríes y Abencerrajes*, a história da guerra civil que precedeu a queda de Granada, descreveu a cor da pele dos mouros aristocráticos como trigueira, de um negro esverdeado (*moreno* ou *verdinegro*).[4] Mas as características das damas de companhia da rainha Catarina, com a sua moda desatualizada, provocaram outros comentários. Escrevendo poucos dias antes de Evelyn (a 25 de maio de 1662), Samuel Pepys apontou a desilusão inglesa com as jovens portuguesas. Comentou que vira algumas delas na Triumph Tavern e, embora não dissesse nada acerca da compleição, acrescentou algo importante: "Não são atraentes e as verdugadas são vestes estranhas. [...] Não vejo nelas nada de agradável. Vejo que já aprenderam a beijar e a olhar livremente para todo lado e acredito que em breve esquecerão a prática de reclusão do seu país".[5] Pepys introduzia aqui uma ideia crucial sobre as mulheres portuguesas: a sua suposta reclusão. É óbvio o paralelo estabelecido com o isolamento das muçulmanas observado por muitos viajantes em diferentes locais.

A influência muçulmana na Península Ibérica provavelmente foi mobilizada de forma implícita na referência à compleição escura da população e à suposta reclusão das mulheres. Mas isso não é tudo: após a (re)conquista cristã da área, a influência judaica seria o segundo elemento do preconceito étnico dos europeus setentrionais contra os povos ibéricos. Os mercadores portugueses de origem judaica eram chamados *gente da nação* na Península Ibérica, algo relevante, pois a palavra "nação", à época na região, era usada para se referir à comunidade judaica. Numa reviravolta irônica, no norte da Europa os portugueses, como povo, eram chamados judeus desde o século XVI, provavelmente pelo fato de a maior parte dos mercadores ibéricos que operavam na zona ser de ascendência judaica. O estigma interno contra os cristãos convertidos de origem judaica foi invertido e transformado num estigma externo contra os portugueses. Mas devemos abordar seriamente o preconceito e a segregação internos contra os muçulmanos e os judeus ibéricos que haviam se convertido ao cristianismo.

MOURISCOS

Durante a (re)conquista cristã da Península Ibérica, os muçulmanos haviam sido despojados das suas propriedades e da maior parte dos seus direitos. O tratamento a que foram submetidos depois da queda de Granada, em 1492, não foi muito diferente do verificado em derrotas anteriores, apesar das condições moderadas para a rendição impostas pelos cristãos: a religião, os hábitos e as leis dos muçulmanos seriam respeitados, e a maior parte da propriedade ficaria incólume. A realidade seria diferente: os nobres cristãos que haviam participado da conquista receberam os tradicionais *repartimientos* — concessões na forma de territórios (*señorios*) onde cobrariam rendas e impostos; os conquistadores menores receberiam rendas de aldeias, paróquias, conventos e igrejas resultantes da expropriação e da (re)consagração de mesquitas. O status civil dos muçulmanos não era radicalmente diferente do status dos nativos americanos após a conquista: tornaram-se vassalos inferiores. A crescente pressão religiosa e política levou as famílias mais abastadas a vender as propriedades e a migrar para o Norte da África. Os que permaneceram sofreram um declínio devido à seguinte sequência de acontecimentos. Em 1498, a cidade de Granada foi formalmente dividida em duas: uma parte para os cristãos e outra para os muçulmanos, em consonância com as regras medievais de segregação espacial. Em 1499, o arcebispo de Toledo, Francisco Jiménez de Cisneros, lançou uma violenta campanha de conversão em massa. Em 1500 e 1501, a campanha levou a motins muçulmanos em Alpujarra, Granada, Ronda e Almería, servindo como pretexto para a suspensão formal das condições de rendição acordadas pelos reis católicos. Em 1501 e 1502, decretos gerais impuseram a conversão religiosa em Granada e em todos os territórios de Castela. Após a conversão violenta, os muçulmanos foram designados como mouriscos, uma classificação que pretendia acentuar a sua anterior condição de mouros e apontar para as suas crenças islâmicas tradicionais. Era uma forma de impedir a integração dos recém-convertidos na comunidade católica e de definir uma categoria de indivíduos cujo suposto legado de sangue lhes concedia os mesmos atributos que os dos antepassados.

Nas décadas seguintes assistiu-se ao desenrolar de um projeto que tinha em vista uma sociedade cristã homogênea, embora as elites mouriscas tivessem conseguido manter um certo poder de negociação que lhes permitiu obter a suspensão das leis concebidas para criar tal sociedade ou um atraso na sua implementação. Em 1508 estabeleceu-se um prazo-limite de seis anos para a abolição dos "costumes muçulmanos", mas foi alvo de sucessivas prorrogações. Em 1516 deu-se o fracasso de uma primeira tentativa de proibir o uso da língua árabe. Em 1521-3, as Germanias, a revolta em Valência, opuseram a nobreza possuidora de terras (apoiada pelos vassalos muçulmanos) à população urbana de cristãos-velhos. O resultado foi uma violenta conversão em massa de muçulmanos. Em 1526, a língua árabe, além do vestuário e dos banhos tradicionais, foi proibida em Granada, mas a sua implementação foi mais uma vez adiada após o pagamento de 80 mil ducados. Nesse mesmo ano, duas outras decisões revelaram-se muito mais eficazes: Carlos v decidiu abolir o culto islâmico nos territórios da coroa de Aragão (que compreendia os reinos de Aragão e Valência, além do principado da Catalunha) e a Inquisição decidiu transferir o tribunal distrital de Jaén para Granada. Dois anos depois, a proibição da língua árabe em Valência falhou. Foi necessária outra geração, e a mudança da cultura política central introduzida pelo reinado de Filipe II, para que se assistisse a mais uma escalada de proibições, na década de 1560. Essas proibições foram seguidas por uma implementação determinada, que levou à revolta: em 1560, os mouriscos foram proibidos de ter escravos mouros e negros; a lei de 1553, que proibia a posse de armas de fogo pelos mouriscos, foi finalmente implementada, e em 1563, em Aragão, bem como em 1565, em Granada, as casas mouriscas foram revistadas em busca de armas proibidas; em 1564, as cortes de Valência ordenaram que se queimassem livros escritos em árabe; em 1565 foi lançado um vasto inquérito aos títulos de propriedade na região de Granada que acabou com muitos mouriscos multados ou com as propriedades confiscadas em favor do rei ou do domínio público; e em 1566 o sínodo de Granada lançou um rigoroso inquérito religioso sobre as crenças dos mouriscos. Em 1567 foram implementadas as decisões de 1526 que proibiam a fala, a leitura e a escrita do árabe: todos os livros em árabe foram controlados e muitos contratos nessa língua foram anulados. As vestes tradicionais muçulmanas, as festas e os feriados muçulmanos, além dos nomes muçulmanos, foram proibidos. Os banhos públicos muçulmanos foram destruídos.[6]

Toda essa repressão política e cultural desencadeou uma revolta em 1568, nas Alpujarras (a região montanhosa de Granada), que se espalhou tanto pelo interior da província como pela zona costeira. O assassinato imediato de dezenas de padres e o estabelecimento público do islã indicavam que a religião era o grande instrumento de revolta. A resistência da população mourisca foi extraordinária, sendo as forças cristãs locais incapazes de resolver o problema. Filipe II foi obrigado a recrutar um exército e a pedir ao meio-irmão, Don Juan da Áustria, que o comandasse. Foram necessários quase dois anos para esmagar a revolta, com atrocidades imensas cometidas de ambos os lados. Cerca de 30 mil pessoas morreram nessa guerra, mais de 10% da população da região. Cerca de 2 mil mouriscos derrotados foram vendidos como escravos, mas a maior parte da população mourisca (entre 80 mil e 100 mil) foi deportada para Castela e dividida em pequenas comunidades para impedir futuras rebeliões. O processo de deportação, que coincidiu com um inverno particularmente rigoroso e uma epidemia de febre tifoide, teve como resultado uma elevada taxa de mortalidade: provavelmente 40% dos deportados morreram durante a viagem. A guerra, a repressão, a expropriação, a deportação, a morte e o desalojamento não conseguiram a subordinação e a integração dos mouriscos.

Esses acontecimentos fizeram com que o islã se tornasse ainda mais arraigado em muitas comunidades, reforçando as convicções dos muçulmanos quanto aos males do cristianismo. Do lado dos cristãos-velhos, a revolta deixou no ar um receio duradouro de possíveis motins em Valência e Aragão, além da convicção de que os mouriscos não poderiam ser assimilados. A prática comum da *taqiyya*, o princípio muçulmano segundo o qual em condições repressivas o crente pode simular a aceitação de outra fé, alimentou a resistência, mas acabou por disseminar a ideia entre os cristãos da dissimulação permanente dos mouriscos. Como é óbvio, não devemos superestimar a generalização dessa divisão entre as comunidades: houve uma minoria significativa de mouriscos que se integrou na sociedade cristã mais vasta, abandonando a sua religião anterior; e uma minoria reduzida de cristãos-velhos — como o primeiro arcebispo de Granada, por exemplo, Hernando de Talavera — que interagia com os mouriscos e era contra a conversão violenta, dando preferência aos esforços moderados de evangelização. Também não podemos projetar uma visão homogênea das comunidades mouriscas em toda a Espanha, já que se verificavam diferenças enormes entre as comunidades relativamente autônomas de Castela e Valência e as comunidades mais integradas da Catalunha, representando Aragão um caso intermediário. No entanto, a maioria dos elementos de cada comunidade tinha convicções arraigadas. Os muçulmanos estavam convencidos da superioridade da sua religião, que se baseava num deus único e em princípios simples de culto. Rejeitavam a ideia da Trindade, a mediação dos santos, o uso de imagens (considerado idolatria), a virgindade de Maria, a natureza divina de Cristo (considerado o profeta que antecedera Maomé) e a possível encarnação de Deus. Quanto aos cristãos, eles criticavam as origens supostamente vis dos árabes, descendentes de Ismael, filho ilegítimo de Abraão e da sua escrava Agar; o "falso" profeta Maomé, que legitimara a poligamia; e a natureza "sensual" do islã, que imaginava uma vida depois da morte baseada nos prazeres da carne.[7]

Figura 9.1. Embarque de mouriscos no porto de Vinaroz, *1612-3, óleo sobre tela de Pere Oromig e Francisco Peralta, 110 × 173 cm. Valência, Acervo Bancaja.*

As décadas que se seguiram à guerra das Alpujarras assistiram a um enorme aumento da repressão inquisitorial, lançada contra os mouriscos desde a década de 1520, mas que se intensificou após a década de 1560 com a nova cultura política, mais centralizada, que acentuava a homogeneidade religiosa.[8] A guerra das Alpujarras servira de pretexto para o fim do apoio senhorial aos mouriscos e para ações contra as elites da comunidade que até então haviam estado relativamente protegidas. Essas elites mouriscas foram o núcleo da resistência cultural e religiosa, tal como revelado por muitos julgamentos. A intervenção inquisitorial se beneficiou da crescente fragmentação dos clãs mouriscos e das divisões geracionais no seu seio. A repressão inquisitorial, por sua vez, contribuiu para essa fragmentação, mesmo com as comunidades mouriscas revelando uma coesão mais forte do que a das comunidades de judeus convertidos.

No entanto, na repressão aos mouriscos, a Inquisição nunca chegou aos mesmos níveis de violência empregados no tratamento dos judeus convertidos — nem nos valores absolutos nem na severidade dos castigos (as taxas de excomunhão e de execução foram bem mais elevadas entre os judeus convertidos). É verdade que as medidas repressivas contra os judeus convertidos atingiram o auge entre as décadas de 1480 e de 1520, enquanto as empregadas contra os mouriscos foram implementadas entre a de 1560 e o início do século XVII. Ainda assim, a comparação entre o que aconteceu com as vítimas da Inquisição nessas duas grandes comunidades étnicas mostra uma abordagem menos violenta em relação aos mouriscos, definida formalmente através de instruções concretas emitidas pelos inquisidores Manrique e Valdés. Houve dois motivos para isso: uma vasta maioria dos mouriscos era de trabalhadores agrícolas eficientes ou de artesãos especializados dos setores têxtil, da cerâmica e da seda, não estando sempre em concorrência direta com os cristãos-velhos; e os mouriscos contavam com o apoio dos reinos muçulmanos do Norte da África e do Império Otomano — fato que desempenhou um papel essencial nas suas relações com a comunidade de cristãos-velhos. A política internacional, no caso a política mediterrânica, contribuiu bastante para a forma de tratamento dos mouriscos, ao passo que os judeus convertidos espanhóis estavam totalmente à mercê das autoridades. A política internacional também contribuiu de um modo essencial para as consequências que advieram das medidas tomadas contra os mouriscos: muitos migraram para o Norte da África (200 mil entre 1492 e 1568, só da região de Granada); e um número significativo manteve uma comunicação constante com as respectivas comunidades no Norte da África, ajudou os corsários nas suas incursões na costa espanhola e pediu apoio militar em caso de revolta.

Em 1609-10, Filipe III decidiu expulsar os mouriscos da Espanha, primeiro de Valência, depois dos reinos de Castela e de Aragão, e por fim do principado da Catalunha. Os dois motivos apontados nos decretos reais foram a constante apostasia dos muçulmanos convertidos e a ameaça permanente à segurança do reino, devido às supostas conspirações com príncipes muçulmanos, especialmente os turcos, contra o rei católico. A expulsão envolveu 300 mil pessoas: cerca de 125 mil de Valência, 100 mil de Castela, e 75 mil de Aragão e da Catalunha.[9] Não há dados sobre os que pereceram durante a viagem até a costa, embora existam indícios de roubos organizados, assassinatos e escravização levada a cabo por bandos de cristãos-velhos. O sofrimento dos mouriscos não terminou nos portos: viram-se forçados a aguardar por transporte, pagaram caro pela viagem e por vezes foram obrigados a desembarcar em locais inconvenientes, longe dos portos centrais. Em várias ocasiões, as autoridades muçulmanas locais não os receberam bem. Ainda assim, a decisão de expulsar essa minoria significativa implicou uma formidável operação diplomática e militar — primeiro, Filipe III, ou melhor, o seu

Conselho de Estado, estabeleceu tratados de paz (ou tréguas) com França, Inglaterra e Holanda, após o que o Conselho definiu uma estrutura militar para a expulsão, com o objetivo de evitar motins. Foram requisitadas centenas de navios para a operação, o que exigiu um enorme investimento financeiro. O rei também decidiu usar as terras deixadas vagas pelos mouriscos para compensar a nobreza local, que perdera uma soma considerável em rendas.

É preciso não esquecer que foi a segunda exclusão de uma grande minoria, tendo a primeira ocorrido em 1492, quando os reis católicos decidiram expulsar os judeus dos seus territórios. Porém, existe uma diferença importante entre as duas expulsões: os mouriscos haviam sido batizados violentamente e eram considerados cristãos. A sua expulsão foi uma admissão profunda de fracasso, após séculos de pressão e esforços (mínimos) de evangelização. Ironicamente, tal decisão poderia ter sido encarada como uma vitória da resistência muçulmana persistente: os crentes foram enfim enviados para o Norte da África, onde poderiam viver na sua fé. Para os cristãos-velhos, era um castigo pela teimosia, já que os mouriscos deixavam de poder viver no "paraíso" que era a Península Ibérica.

Fernand Braudel continua estabelecendo os termos do debate acerca da expulsão: a Espanha livrou-se de uma minoria produtiva por ser impossível assimilá-la.[10] Segundo ele, a decisão não foi baseada no ódio racial, mas sim no ódio religioso e civilizacional. Samuel Huntington adotou essa perspectiva na sua visão questionável do choque de civilizações.[11] A contribuição de Braudel representava uma abordagem essencialista dos cristãos e dos muçulmanos, ignorando os matizes sociais e religiosos, bem como as diferentes consequências políticas possíveis, como se a expulsão fosse o resultado inevitável de uma rejeição coletiva. Pesquisas recentes revelam casos bem-sucedidos de total integração mourisca, em especial o que teve lugar em Villarubia de los Ojos, perto de Ciudad Real, em Castela-La Mancha.[12] Já indiquei as diferentes características regionais das comunidades mouriscas, a sua fragmentação sucessiva e o colapso de resistências locais. No entanto, podemos ainda lembrar a oposição à expulsão por parte da nobreza latifundiária e dos tribunais da Inquisição, ansiosos por manter os seus melhores clientes, trabalhadores e vítimas, que representavam rendas ou os lucros possibilitados pela extorsão financeira. Como demonstrado por Rafael Carrasco, entre 1566 e 1609, mais de 60% dos rendimentos do tribunal de Valência tiveram origem nos mouriscos.[13] Além disso, a oposição à expulsão pode ter atingido outras áreas da sociedade cristã, como indicado por Miguel de

Cervantes na segunda parte do seu famoso *Dom Quixote*, em que apresentou a personagem Ana Felix, uma bela jovem expulsa da Espanha junto com outros mouriscos, que na Argélia manteve a sua fé cristã e a quem foi permitido o regresso à Península Ibérica para recuperar o tesouro da família. Capturada com a sua galé perto de Barcelona, Ana foi salva graças à intervenção do vice-rei e encontrou o pai, que recuperara o tesouro e encontrara na Alemanha um local onde a família poderia viver em paz.[14]

A minha visão vai contra a de Braudel. A designação dos mouriscos como uma comunidade estranha no seio do cristianismo na Península Ibérica não era apenas uma questão religiosa. Essas pessoas não eram formalmente muçulmanas, nem foram expulsas por serem muçulmanas. Eram cristãos suspeitos de apostasia e temidos como rebeldes, pois parte deles se recusava a assimilar aspectos culturais, religiosos e políticos. A suspeita existia desde o início, materializada no nome mourisco, que sublinhava as origens mouras. Foi o primeiro caso relevante (além do caso dos judeus convertidos) na comunidade cristã de uma divisão interna persistente com base no conceito de ascendência. Os mouriscos teriam herdado as características tradicionais atribuídas pelos cristãos aos mouros (ou seja, os muçulmanos ibéricos, cuja origem remontava a uma mistura específica de árabes, berberes e visigodos convertidos). Esses preconceitos étnicos passaram dos muçulmanos para os mouriscos, como se a conversão não tivesse sido feita. Era um caso óbvio de estigmatização de uma população convertida, em razão de uma divisão de castas que a transformava em cristãos de segunda classe, sublinhando a sua posição subordinada como conquistados, submissos, discriminados e segregados. A expulsão expôs uma sequência de gestos contraditórios; provavelmente coincidiu com o melhor período de integração de uma minoria significativa entre os mouriscos, mostrando que a questão era não só religiosa, mas também política, e que foi gerida sem um plano ou uma coerência de longo prazo.

Como entender a gênese da linha divisória, ou a fronteira interna no seio da comunidade cristã? O cristianismo sempre integrara novos membros de diferentes etnias, muitos deles convertidos coletivamente, numa perspectiva igualitária, segundo os ensinamentos de são Paulo. Carrasco destaca a questão da identidade, afirmando que os mouriscos não recusaram a cultura e os modos de vida cristãos, mas sim o oposto: os cristãos-velhos estiveram imersos num processo complexo de assimilação durante e após a conquista, passando pela dissolução da sua identidade. Era por isso que se afirmavam através do conceito da pureza do sangue, identificando-se como detentores de uma exclusividade étnica que, naturalmente, provocou uma reação por parte dos mouriscos.[15] Mudar o foco da questão dos mouriscos para os cristãos-velhos inverte a abordagem tradicional do processo que levou à expulsão dos mouriscos. Contudo, a noção de identidade é mais uma vez encarada de forma essencialista, como se a perda de identidade cristã fosse um fato, ou como se a reafirmação dessa identidade não pudesse ter assumido outra forma.

As perturbações históricas podem levar ao desmoronamento de velhas identidades e ao surgimento de novas, ao passo que determinadas características da identidade de grupo podem revelar-se bastante resistentes em contextos específicos. No caso da conquista cristã da Península Ibérica e da integração da população muçulmana derrotada na nova ordem, torna-se extremamente questionável se o processo terá levado a uma crise de identidade entre os conquistadores. Foi a necessidade de afirmação do poder e do controle territorial dos governantes que justificou as primeiras formas de segregação e de deportação, ao passo que a estratégia de integração religiosa, seguida pela exclusão, revelou a tensão entre a assimilação e o domínio na tentativa de perpetuar o estado subordinado da população conquistada. A criação de uma divisão de castas teve origem na luta pelo acesso à terra nas zonas rurais e à propriedade nas áreas urbanas, mas também na competição entre grupos sociais e étnicos — os muçulmanos, e depois os mouriscos, foram responsáveis por indústrias extremamente lucrativas em várias áreas, em especial a tapeçaria, a cerâmica, o couro dourado e a produção de seda. Ainda assim, temos de distinguir entre os primeiros séculos de conquista cristã, com vastas conversões muçulmanas (acima de tudo no século XI) seguidas por uma integração relativa, e a ruptura que culminou no período de 1492-1502 em Granada.

A mudança para uma ideologia política que favorecia o governo centralizado no seio de uma população religiosamente homogênea desempenhou um papel importante nas novas formas de conversão, mais violentas, e na segregação étnica que as acompanhou. Nesse caso, o processo de definição do inimigo como um estranho (interno), bem como os limites da confiança (e da desconfiança) entre etnias no processo de conquista e de colonização, deve ser associado à questão da recriação de identidades em condições históricas excepcionais.[16] O ódio aos mouriscos, alimentado (provavelmente) pela maioria dos cristãos-velhos dos estratos mais baixos da população urbana e pelos clérigos inferiores, contrastava com o apoio que lhes era concedido pelos senhorios e por parte da elite social. Até certo ponto, a facção contrarreformista presente na Igreja e na corte real serviu-se da luta contra os mouriscos para impor o seu projeto político e a sua visão para a Espanha. Esse processo histórico revela como a identidade pode ser moldada através de uma série de conflitos. As ações à disposição dos vencedores na sequência dos conflitos formaram uma longa cadeia, limitando as escolhas disponíveis em cada fase. Para os mouriscos, a segregação política e a repressão pela facção vencedora dos cristãos-velhos alimentaram a resistência (fenômeno corretamente enfatizado por Carrasco). Essa resistência foi ainda encorajada pelo fenômeno internacional que eram as fortes potências políticas muçulmanas nas zonas sul e oriental do Mediterrâneo.

CRISTÃOS-NOVOS

A história paralela das comunidades judaicas na Península Ibérica pode lançar mais luz sobre a linha divisória entre cristãos-velhos e cristãos-novos no que diz respeito à tradição de igualdade entre crentes, definida nas cartas de são Paulo sobre os gentios, no Novo Testamento. A expulsão dos judeus da Espanha, em 1492, e (também dos muçulmanos) de Portugal, em 1497 (decisão que conduziu à conversão forçada), esteve explicitamente associada à suposta contaminação dos judeus convertidos. As origens desses acontecimentos cruciais remontam a 1391, na Espanha, com uma onda de tumultos antijudaicos que se espalhou da Andaluzia para Valência, Aragão, Catalunha e Maiorca, deixando um rastro sem precedentes de assassinatos em massa e de conversões violentas. Já antes haviam ocorrido conversões violentas, mas não nessa escala. Entre 1411 e 1416, a pregação do santo dominicano Vicente Ferrer, dirigida especificamente às comunidades judaicas, substituiu o terror pela persuasão, embora essas comunidades fossem obrigadas a assistir à pregação cristã. O resultado dessa confluência, ao longo de várias décadas, de violência, pressão e persuasão foi a criação, em Castela e Aragão, de uma comunidade significativa de judeus convertidos. No entanto, as conversões não sanaram o conflito, limitando-se a transferi-lo para o seio da comunidade cristã. Em pouco tempo, os judeus convertidos se destacaram em novas profissões que se tornaram possíveis para eles por serem cristãos — e que iam além das áreas tradicionais de cobrança de rendas e de impostos, da banca, do comércio, das artes, dos ofícios e dos investimentos agrícolas limitados. Rapidamente chegaram às posições mais elevadas, tornando-se agentes reais, bispos, abades, juízes e oficiais dos conselhos municipais. Se os habituais tumultos medievais haviam sido alimentados pela concorrência urbana, pelos empréstimos de dinheiro e/ou pela cobrança de impostos e de rendas, as conversões violentas exacerbaram essa mesma concorrência em todos os níveis da vida pública até então reservados aos cristãos. Em breve seria definida uma nova divisão de castas que separava os judeus convertidos, agora denominados cristãos-novos ou marranos (do árabe *muharram*, que significava "anátema" declarado, mas que também queria dizer "porco" em castelhano), quando não eram simplesmente definidos como *judíos* (judeus), como se a conversão nunca tivesse ocorrido.

O contexto político da Castela do século xv, com constantes conflitos de facção na corte real e guerra civil no país, afetou profundamente as áreas urbanas onde as comunidades judaicas convertidas viviam e trabalhavam. A onda seguinte de tumultos de inspiração étnica em Castela foi lançada, sobretudo, contra os cristãos-novos. Teve início em 1449, em Toledo, durante um período de instabilidade política, quando o rei João II mandou o seu condestável, Don Álvaro de Luna, cobrar um novo imposto. A elite local de cristãos-velhos, que rejeitava o imposto, acusou os cristãos-novos com posições elevadas, mercadores, banqueiros e agricultores, de conspirar contra a cidade, atacando suas casas e assassinando muitos deles. Pedro Sarmiento, governador do castelo de Toledo, promulgou o primeiro estatuto de pureza de sangue, excluindo os cristãos-novos de origem judaica de cargos públicos na municipalidade ou da posição de notário, tendo quinze perdido o emprego. O rei apoiava os cristãos-novos e apresentou uma petição a Roma, onde o papa Nicolau V emitiu a bula *Humani generis inimicus*, contra as divisões de sangue no seio da comunidade cristã. O revés não durou muito, tendo ocorrido mais tumultos contra cristãos-novos em Sevilha, em 1465, em Toledo e Ciudad Real, em 1467, e em Córdoba, em 1473, reivindicando a pureza de sangue e a exclusão dos cristãos-novos dos cargos públicos. Esse período coincidiu com uma guerra civil, em que o rei e a nobreza local protegeram os cristãos-novos contra os cristãos-velhos urbanos — seus concorrentes diretos.

O reinado de Isabel, a Católica (1474-1506), e de Fernando de Aragão acabou com as guerras civis, completou a conquista de Granada e centralizou o poder. A vida política mais estável não ajudou a proteger os cristãos-novos. A criação, em 1478, da Inquisição em Castela e Aragão deu um novo impulso aos estatutos da pureza de sangue. Em 1485, a Inquisição agiu contra os cristãos-novos membros da Ordem de São Jerônimo, acusando-os de continuarem a professar a antiga fé judaica e de praticarem os seus rituais nos conventos. O surgimento desses indivíduos como penitentes no auto de fé de Toledo nesse mesmo ano deu origem a um escândalo importante, já que a ordem desempenhava um papel central na corte real. No ano seguinte, o capítulo da ordem aprovou o estatuto da pureza de sangue, mas a decisão suscitou protestos ao rei e ao papa por parte de uma minoria poderosa. Contudo, o papa Alexandre VI, que era de origem espanhola e aprovou o estatuto em 1495, quebrou essa resistência. A legitimidade da exclusão dos cristãos-novos de uma ordem religiosa foi imposta, pela primeira vez, ao mais alto nível, com as consequências se espalhando tanto pelas instituições eclesiásticas como pelas civis.

A expulsão das comunidades judaicas de Castela e Aragão fez parte dessa atmosfera repressiva; a proximidade dos judeus era vista como causa importante para o regresso dos cristãos-novos às velhas crenças. O decreto promulgado em 31 de março de 1492 estabelecia um período de quatro meses para que todas as comunidades abandonassem os dois reinos ou então se convertessem ao cristianismo. É impossível apontar o número exato de judeus que se converteram ou que se exilaram; no final de todas as perseguições e conversões forçadas verificadas nos séculos XIV e XV, a comunidade judaica deveria ter menos de 150 mil pessoas (entre 2% e 3% da população total). Pesquisas recentes revelaram o impacto da perseguição sobre a dispersão geográfica e o declínio econômico. Os judeus procuraram pequenas vilas e até mesmo aldeias, investiram na agricultura e na criação de animais, restringiram-se a pequenos negócios e a nichos nos ofícios e perderam as suas posições como banqueiros e financistas.[17] Contudo, esse declínio foi contestado no nível local, especialmente em Valência, onde no século XV se identificaram sinais de mudança.[18] É possível que, à época da expulsão, a comunidade de cristãos-novos tenha chegado a 250 mil pessoas.[19]

O decreto de expulsão acentuou a divisão da comunidade judaica: alguns se converteram de imediato; muitos pereceram a caminho do exílio, pois a expulsão coincidiu com uma das epidemias mortíferas tão comuns nas últimas décadas do século XV; e a percepção da mortalidade deve ter encorajado novas conversões, sobrepondo-se ao receio dos convertidos quanto ao tratamento dado pela Inquisição aos cristãos-novos. Uma grande porcentagem dos exilados dirigiu-se a Portugal, onde não haviam se verificado tumultos ou conversões forçadas em números significativos, à exceção do massacre de 1449 em Lisboa, acontecimento que não foi seguido por conversões forçadas graças à intervenção decisiva das autoridades. O rei português d. João II concordou em receber seiscentos judeus ricos mediante o pagamento de um imposto, seguindo-se muitos outros em condições semelhantes. Maria José Ferro Tavares calcula em 30 mil o número total de judeus exilados da Espanha que entraram em Portugal em 1492. No país encontrava-se já um número semelhante de judeus, o que significa que a população judaica total em Portugal teria subido para 60 mil.[20] O número de refugiados deve ter sido superior a 30 mil: em primeiro lugar, porque muitos fugiram da Andaluzia durante a década de 1480, devido à ameaça da Inquisição; e em segundo lugar porque os documentos disponíveis não mostram o quadro completo. A população judaica portuguesa pode ter chegado aos 80 mil membros — ou seja, 8% da população total —, que seriam bastante visíveis, já que a rede urbana portuguesa não era tão densamente povoada como a de Castela ou de Aragão.

Em dezembro de 1496, o decreto de expulsão contra judeus e muçulmanos promulgado pelo rei d. Manuel de Portugal pôs termo à existência de minorias religiosas no país. Teriam até outubro de 1497 para partir, sob a ameaça de confisco de propriedade e de pena de morte. Havia anos que os judeus mantinham em Portugal uma comunidade segregada (embora em condições relativamente pacíficas), em especial no norte e no centro do país, ao passo que o grosso dos muçulmanos fugira ou fora integrado à força, subsistindo apenas em comunidades reduzidas no sul. O padrão equipara-se à situação em Castela, Navarra e Aragão. Se olharmos para os mapas da distribuição das comunidades judaicas e muçulmanas na Península Ibérica até a década de 1490, verificaremos uma grande concentração de judeus ao norte e de muçulmanos ao sul. No caso português, a conversão dos judeus não precedeu a expulsão proposta, tendo sido imposta por ela. As táticas usadas pelo rei português para conseguir as conversões foram as mais traiçoeiras de todas: começou por prometer aos judeus transporte a partir de três portos, tendo em seguida decidido recolher todas as crianças até os catorze anos de idade para que fossem educadas em lares cristãos.

Entretanto, o monarca obrigou os judeus a se reunirem em Lisboa, mas não forneceu o transporte prometido a partir do porto. Os elementos da comunidade que haviam resistido a abusos anteriores foram escravizados e só conseguiram recuperar a liberdade e os filhos através da conversão. Em troca disso, o rei prometeu vinte anos sem que as crenças religiosas de cada um fossem questionadas. O resultado não foi a expulsão definida pelo decreto, mas sim uma conversão forçada imposta através de ameaças, abusos e manipulação. A situação foi tão escandalosa que, mais de setenta anos depois, as crônicas do reinado de d. Manuel escritas pelos dois distintos humanistas portugueses Damião de Góis e Jerónimo Osório, bispo do Algarve, condenaram as conversões como ilegítimas segundo a lei cristã.[21] As comunidades muçulmanas portuguesas desapareceram, provando que no caso delas o decreto fora implementado.[22] A violência deu origem a mais violência; em Lisboa, em 1506, motins populares manipulados pelos dominicanos contra os cristãos-novos acabaram com grandes massacres dos convertidos.[23] Em 1498, a expulsão dos judeus de Navarra (que ainda era um reino independente) provou a interligação das decisões quanto às minorias religiosas na Península Ibérica.

A linha divisória entre cristãos-novos e cristãos-velhos foi reforçada pelos estatutos da pureza de sangue, além da atividade da Inquisição. Entre as décadas de 1480 e de 1520, os cristãos-novos acusados de regressar à sua antiga fé foram, de longe, os principais alvos da Inquisição em Castela e Aragão. A primeira onda de terror levou a uma profunda perturbação do tecido social desses países — uma situação que nunca foi devidamente avaliada pela historiografia. Os cristãos--novos estavam expostos a estigmas crescentes, sancionados de maneira oficial, embora muitos tivessem se casado com cristãos-velhos, entre eles latifundiários e até aristocratas. Essa mistura social teve um impacto duradouro: em finais do século XVI, os chamados *libros verdes* na Espanha condenavam a linhagem "maculada" das famílias aristocráticas que haviam casado com cristãos-novos. A porcentagem de cristãos-novos perseguidos pela Inquisição diminuiu acentuadamente após a década de 1530, embora a migração de cristãos-novos de Portugal para Castela depois da união das coroas ibéricas em 1580 tenha mais uma vez chamado a atenção dos inquisidores. Nas décadas de 1730 e de 1740, uma porcentagem significativa de cristãos-novos continuava ainda a ser perseguida pelo Santo Ofício, mas depois disso o fenômeno desapareceu. Apesar do declínio no longo prazo da repressão contra os cristãos-novos, estes continuaram a receber as sentenças mais duras e a maior parte dos sermões dos autos de fé concentrava-se nos problemas do judaísmo, mesmo quando não havia sentenças capitais relacionadas a essa crença. No caso português, a Inquisição desempenhou um papel ainda mais importante na estigmatização dos cristãos-novos no longo prazo. Criada apenas em 1536, quase seis décadas após os primeiros tribunais espanhóis, a Inquisição portuguesa não lançou uma onda de terror, recorrendo a essa reserva de clientes ao longo de mais de dois séculos, período durante o qual os cristãos-novos representaram entre 60% e 80% do número total de vítimas dos tribunais. Em Portugal, a porcentagem de cristãos-novos entre as vítimas da Inquisição só se reduziu significativamente depois da década de 1740.[24]

PUREZA DE SANGUE

A noção de poluição ou impureza de sangue foi ainda mais enraizada pelos reis católicos em 1501, quando os monarcas decidiram que os condenados pela Inquisição, bem como os seus filhos e netos, ficariam excluídos do acesso às principais universidades e a cargos de prestígio, por exemplo conselheiro real, juiz dos tribunais da Coroa, secretário, governador, tesoureiro ou promotor. Foi seguida a mesma política em Portugal, onde a condenação impedia o acesso dos descendentes a várias posições e cargos públicos. A política de proclamação da infâmia dos condenados e seus familiares foi implementada sistematicamente tanto na Espanha como em Portugal com a confirmação regular da exibição e da manutenção dos *sambenitos* dos condenados nas igrejas das suas paróquias. Os cristãos--novos (e os mouriscos) foram repetidamente proibidos de fazer viagens ultramarinas, mas os tribunais da Inquisição lançavam inquéritos sobre a obtenção de licenças para se instalar em Lima, no México ou em Goa. O desmembramento das redes de cristãos-novos em Lima, Cartagena e na Cidade do México nas décadas de 1630 e 1640 foi importante para a reorganização das redes comerciais atlânticas, ao passo que a perseguição contemporânea de cristãos-novos na Índia portuguesa enfraqueceu ainda mais o Estado da Índia, já ameaçado pela expansão holandesa. Apesar de todo o crescendo de repressão e de estigmas, os cristãos--novos de origem judaica nunca foram expulsos de Portugal nem da Espanha. Os tribunais da Inquisição rejeitaram vários projetos à época da expulsão dos mouriscos, mas a grande questão era o fato de as comunidades de cristãos-novos estarem muito mais enraizadas no tecido urbano e serem difíceis de distinguir das de cristãos-velhos, e não havia justificativa política para a ideia de que poderiam vir a encorajar uma ameaça externa.

A análise dos estatutos de pureza de sangue, porém, é crucial para a compreensão da importância dos preconceitos em relação à ascendência no caso ibérico. A noção de pureza de sangue já servira para definir o comportamento cristão medieval em relação aos judeus, sendo estes considerados uma fonte de contaminação. Os judeus não podiam tocar nos alimentos nos mercados, precisavam de uma autorização especial para utilizar água dos poços e estavam proibidos de usar os fornos comunais.[25] Muitos motins na Europa foram desencadeados por rumores de água contaminada por judeus.[26] Nos primeiros tempos da Europa moderna, nem sequer os judeus confinados aos guetos escapavam aos estigmas. Em Veneza, os cristãos não apertavam a mão dos judeus quando assinavam contratos com eles, mas isso era apenas um sinal de repugnância corporal.[27] Na Espanha, a noção de pureza de sangue surgiu nos séculos XIII e XIV, o ponto-chave na reconquista cristã. As confrarias militares criadas em Alcaraz, Úbeda, Baeza e Jaén impuseram aos seus membros a regra da pureza de sangue. No entanto, foram a comunidade crescente de cristãos-novos no século XV, a sequência de motins urbanos e a aceitação final, por parte de papa e reis, dos estatutos de pureza de sangue que instalaram essa nova linha divisória no seio da comunidade cristã.

Os conventos dominicanos seguiram o exemplo da Ordem de São Jerônimo, embora os seus estatutos fossem reconhecidos de forma irregular, com vários reveses em que os papas revogaram licenças anteriores, durante um longo período entre as décadas de 1490 e 1570. Em 1525, os franciscanos observantes receberam um breve pontifício que proibia a admissão de cristãos-novos, mas os beneditinos só estabeleceram a regra da pureza de sangue em 1565. Os jesuítas resistiram ainda mais tempo a essa tendência que dividiu comunidades e submeteu as ordens religiosas a um debate acalorado, além de acusações em nível local, onde a obtenção de investimentos aristocráticos e burgueses para novas igrejas e universidades era crucial. Só definiram a regra da pureza de sangue na quinta congregação geral de 1593. Entretanto, os estatutos de pureza de sangue haviam sido adotados por capítulos de catedrais, como em Badajoz, em 1511, Sevilha, em 1515, Granada, em 1526 (apoiado por Carlos V), Córdoba, em 1530, e Toledo, em 1548 (aprovado pelo papa em 1555 e por Filipe II em 1556). O movimento espalhou-se para as catedrais de Osma, León, Sigüenza, Oviedo e Santiago, mas fracassou em Zamora, Jaén, Salamanca, Burgos e Tui, por oposição local ou por recusa papal. Em Aragão, a exclusão com base no sangue maculado não se tornou tão arraigada; a catedral de Valência provavelmente foi a única a adotar um estatuto de pureza de sangue. A exclusão dos cristãos-novos tornou-se ainda mais importante nas ordens militares, nos principais colégios e universidades, nas municipalidades, nas corporações e nas confrarias. Nos finais do século XV e ao longo do século XVI, foi claramente forçada pelos representantes das cidades nas cortes. É interessante notar que, num país sem uma população relevante de cristãos-novos, após a década de 1740, os estatutos de pureza de sangue tornaram-se acima de tudo um símbolo do antigo regime, mais ideológico do que eficaz. Em 1764, os douradores de Barcelona decidiram negar o acesso aos descendentes de judeus, muçulmanos ou hereges, enquanto em 1775 a corporação de boticários de Mataró impôs a exigência de provas de pureza de sangue. As regras de inquérito quanto à pureza de sangue para as ordens militares voltaram a ser confirmadas por Carlos IV e Fernando VII nas primeiras décadas do século XIX.[28]

O caso português foi bastante diferente, mais lento e ainda menos homogêneo. Em 1558, o primeiro breve pontifício relativo à pureza de sangue em Portugal proibia o acesso dos cristãos-novos à ordem dos franciscanos. Em 1572, o papa estendeu a proibição ao acesso à ordem militar de Cristo. Em 1574, o município de Vila Flor, em Trás-os-Montes, estabeleceu o primeiro estatuto de pureza de sangue. No entanto, foi só durante a união das coroas ibéricas, entre 1580 e 1640, que os estatutos começaram a se disseminar, abrangendo lentamente cargos reais, universidades, misericórdias (confrarias patrocinadas pelo rei), conselhos municipais, capítulos de catedrais, corporações, confrarias e ordens religiosas. Se na Espanha os estatutos de pureza de sangue não alcançaram todas as instituições, em Portugal a sua disseminação foi ainda mais limitada, embora as elites urbanas também tenham solicitado nas cortes a exclusão dos cristãos-novos e apoiado a Inquisição no período de suspensão pelo papa, entre 1674 e 1681. Seja como for, em Portugal, o eixo pureza-impureza nunca teve o mesmo destaque que na Espanha. A exceção marginal de cristãos-novos da exclusão institucional foi, sem dúvida, mais praticada em Portugal do que na Espanha, com destaque para vários casos de cristãos-novos cujo sangue fora explicitamente "limpo" e até enobrecido pelo rei, que chegou a intervir como governador da ordem militar de Cristo para suspender as regras da pureza de sangue (estimando-se cerca de 2% de exceções). Quando em 1773 o marquês de Pombal decidiu abolir a distinção entre cristãos-novos e cristãos-velhos, o único protesto teve origem na Universidade de Coimbra, mas também essa instituição se viu obrigada a obedecer. Após a queda de Pombal, a distinção não voltaria a ser instituída.[29] No caso da Espanha, os estatutos da pureza de sangue só foram formalmente abolidos por uma série de leis promulgadas entre 1835 e 1870.

Na Espanha, os cristãos-novos estavam muito mais associados às elites urbanas, às famílias aristocráticas e às estruturas eclesiásticas. A questão tem relação com o status dos diferentes grupos de cristãos-velhos, alguns dos quais não estavam preparados para concorrer para cargos com os judeus convertidos. As elites sociais da Península Ibérica não compunham agrupamentos bem definidos, devendo mais o seu status a uma interpretação livre do "estilo de vida" nobre, ou, nos casos mais marcantes, à ideia ambígua da *hidalguia*/fidalguia (literalmente, descendentes de alguém importante). Esse status mal definido estava ligado à tradição de sublevações e de reorganização social que se seguiu à conquista. Esses fatores podem explicar a importância dos estatutos de pureza de sangue na definição das fronteiras internas, bem como o seu uso para destacar a ascendência (ou sangue), à falta de outros critérios claros de nobreza além do número limitado de títulos atribuídos pelo rei.[30] A pureza de sangue também contribuiu para elevar os estratos mais baixos dos cristãos-velhos e para confirmar o seu status de ascendência superior. Ao mesmo tempo, essa tendência transformou a questão dos cristãos-novos num caso de ascendência, relegando esses indivíduos ao ponto mais baixo da sociedade, mesmo quando, em alguns casos, os seus recursos financeiros os deixassem bem acima desse nível.

Tal como foi mostrado no trabalho de Domínguez Ortiz, Jaime Contreras, Rafael Carrasco e David Nirenberg, o debate em torno da pureza de sangue na Espanha passou de uma interpretação cultural (ou genealógica) para algo natural (ou biológico).[31] Acredito que essa oposição entre cultura e natureza tem de ser contestada. O argumento essencial diz respeito ao sangue, envolvendo geração, nascimento e linhagem; isso mostra como as noções de natureza e cultura estavam enredadas. Além disso, os atributos físicos e mentais dos diferentes povos eram situados na natureza. A pureza de sangue na Península Ibérica não era uma simples questão genealógica, já que trazia consigo tanto a promoção positiva da ascendência pura como a visão negativa da mistura étnica, claramente rejeitada. A segregação dos judeus e dos muçulmanos convertidos estabeleceu-se à revelia da tradição de uma Igreja cristã universal, tal como imaginada por são Paulo. Aquilo que distinguia o cristianismo das restantes religiões anteriores ao islã era exatamente essa universalidade: as origens étnicas não interessavam; os convertidos seriam considerados iguais e seriam salvos pela fé. A transferência direta da mácula contra os judeus para os cristãos-novos, considerados covardes, mentirosos, maus, vaidosos, invejosos, vingativos e sanguinários, revela que o estigma não sofrera nenhuma alteração com a água batismal. Nas condições da reconquista cristã da Península Ibérica, a pureza de sangue era simultaneamente uma noção natural e cultural, usada para um objetivo político claro: em primeiro lugar, melhorar a condição da população de cristãos-velhos pobres; em segundo lugar, negar aos judeus e aos muçulmanos convertidos o acesso a cargos públicos e eclesiásticos; e em terceiro lugar afastá-los dos recursos econômicos, sociais e políticos.

A existência precária e permanentemente ameaçada dos cristãos-novos, primeiro na Espanha e depois em Portugal, levou a um fluxo constante de indivíduos para o Norte da África, para o Império Otomano, para França, Itália e Holanda, tanto durante os longos períodos de proibição rígida de migração como durante os breves intervalos em que a autorização para a partida era obtida através de pagamentos vultosos. A elite de cristãos-novos, composta de mercadores e banqueiros, criou uma rede internacional com ligações que iam desde Amsterdam a Livorno, de Lisboa a Goa, das ilhas de Cabo Verde a Cartagena das Índias e à Bahia, de Luanda ao Rio e a Buenos Aires.[32] Envolveram-se no comércio de especiarias, pedras preciosas, ouro, prata e escravos. Estiveram ativos por todo o oceano Atlântico. O auge dessas atividades foi entre 1550 e 1650. Mais uma vez, a Inquisição teve um papel bastante importante no desmantelamento dessa rede: as acusações contra os principais banqueiros e comerciantes em Lima e no México, nas décadas de 1630 e 1640, eliminaram ligações anteriores. A Inquisição foi usada para ajustar contas e para regular a concorrência entre grupos étnicos, sob o pretexto de heterodoxia religiosa. A pesquisa mostrou que as crenças dos cristãos-novos nessa rede variavam, afastando-se dos pressupostos quanto ao catolicismo ou ao judaísmo rígidos abraçados pelos elementos desse grupo estigmatizado.[33] A ligação com o Império Holandês reforçou a crença no judaísmo, primeiro no Brasil e depois nas ilhas do Caribe.[34] A constante repressão inquisitorial no mundo ibérico teve dois efeitos, separados no tempo: nos primeiros dois séculos, reforçou a resistência e desenvolveu uma consciência em grande medida híbrida a partir de um ponto de vista religioso; no longo prazo, levou a um fluxo constante de refugiados para outros países europeus ou para outros continentes, integrando nas duas sociedades ibéricas como cristãos os últimos descendentes do grupo.

JUDEUS

Analisei atentamente aqui os muçulmanos e os judeus ibéricos convertidos porque eles representam casos claros de racismo. A presença de muçulmanos na

Europa Ocidental (à parte os territórios europeus do Império Otomano) só voltaria a ocorrer no século xx com a descolonização, embora existissem milhares de escravos muçulmanos nas galés mediterrânicas francesas, italianas e espanholas, bem como no Império Habsburgo, como consequência das guerras com o Império Otomano.[35] A presença dos judeus, por outro lado, aumentou no início do período moderno. Regressaram de forma discreta à Inglaterra no século xvi e foram tacitamente autorizados a se instalar em Londres durante o regime de Oliver Cromwell, apesar da agitação popular antijudaica de 1656. Os judeus gozavam dos favores das elites políticas e econômicas, embora os autores britânicos não tivessem abandonado os estereótipos antijudaicos — David Hume (1711-76), para citar apenas um exemplo, considerava os judeus "vigaristas".[36] A segunda tentativa, em 1753, de criar uma estrutura legal de naturalização e de direitos à propriedade para os judeus fracassou, mais uma vez devido à pressão popular. Durante séculos, as imagens literárias reproduziram estereótipos e repulsa.[37] Apesar de tudo, as comunidades judaicas na Grã-Bretanha não sofreram ataques, podendo desfrutar um modo de vida estável e pacífico. Contudo, é preciso levar em conta que, tanto neste como em todos os outros casos europeus, uma boa parte dos judeus vivia em condições miseráveis, sobrevivendo apenas graças à caridade de um punhado de membros ricos das suas comunidades.

Os judeus começaram a regressar à França em número significativo a partir da década de 1550. Entraram no país como convertidos cristãos portugueses, instalando-se em Bordeaux e em Saint-Esprit (Bayonne). Apesar da recuperação do edito medieval francês de expulsão em 1500 e 1615, essas comunidades gozaram da proteção tácita da elite política até por fim serem reconhecidas como de judeus em 1723, após pagamentos vultosos. À ocupação francesa de Metz, da Alsácia e da Lorena se seguiu a integração de outras comunidades de judeus de dimensão razoável, acompanhada pelas disposições diplomáticas quanto aos judeus de Avignon e de outras cidades na Provença papal. No império, a situação dos judeus era ainda mais ambígua: foram expulsos da Martinica em 1683, mas seriam aceitos tacitamente ao longo do século xviii, embora sem que lhes fosse concedido o status de cidadãos, o que complicou as questões de herança. Os autores franceses, em especial Montesquieu, revelaram-se mais inclinados a uma ruptura com os estereótipos tradicionais antijudaicos, apesar dos abusos com frequência atribuídos aos judeus por Voltaire.[38] Os judeus na província setentrional de Saint-Domingue só foram considerados cidadãos em 1783. A integração civil e política dos judeus foi promovida durante a Revolução Francesa pelo abade Henri Grégoire, que em 1791 apoiou decisivamente a extensão da cidadania francesa à comunidade. Napoleão implementou essa política no estrangeiro, mas limitou-a no nível doméstico. Nos Países Baixos, os judeus criaram comunidades estáveis, dinâmicas e reconhecidas nas últimas décadas do século XVI, tendo vindo a se desenvolver durante séculos sem opressão de monta por parte da sociedade cristã em que se encontravam integradas. A situação relativamente pacífica foi estendida às colônias holandesas no Atlântico, onde as comunidades judaicas foram bem-aceitas, em especial no Brasil, em Nova Amsterdam, Berbice, Demerara, Essequibo, Pomeroon e na Guiana. Nas colônias britânicas da América do Norte, em especial em Newport e na cidade de Nova York, as comunidades judaicas também gozaram, a partir da década de 1650, de um ambiente de relativa tolerância.[39]

Na Sicília e na Sardenha, os judeus foram expulsos como consequência da decisão espanhola de 1492. Em Nápoles, a recepção do decreto de expulsão demorou muito mais a ser implementada, em 1510 e 1541. Após essa data, os judeus viram-se efetivamente excluídos do sul da Itália. A fragmentação do poder no centro e no norte italianos fez com que a situação das comunidades judaicas variasse conforme o momento e o lugar, embora o exemplo veneziano de 1516 tenha levado à segregação em guetos. O domínio espanhol de Milão refletiu-se nos editos de expulsão de 1565 e de 1590, tendo a sua influência em Gênova já estimulado uma decisão semelhante. Em Mântua, Ferrara e Urbino, as comunidades judaicas desfrutaram de uma situação comparativamente melhor, enquanto na Toscana as restrições impostas aos judeus em Florença e Siena contrastaram com os privilégios concedidos à comunidade judaica de Livorno em finais do século XVI, algo alimentado pelo projeto político de desenvolvimento do porto. Nos Estados papais, a convergência da influência espanhola e dos papas anteriormente envolvidos com a Inquisição romana (Paulo IV e Pio V) criou, em meados do século XVI, um período de perseguição aos cristãos-novos de Ancona (25 cristãos-novos foram excomungados e executados em 1556), enquanto em Roma foi criado um gueto em 1556. Em 1569 e 1593 seguiram-se ordens para expulsar todos os judeus dos Estados papais, à exceção de Roma, Ancona e Avignon. A criação, em 1543, da Casa dos Catecúmenos viria a se revelar fundamental na implementação, no longo prazo, da política papal de conversão judaica, com pregações regulares a que os judeus eram obrigados a assistir. Até o século XIX praticaram-se conversões forçadas e inclusive raptos de crianças judaicas com aprovação e mesmo proteção papal direta. Bento XIV ainda reconhecia o assassinato ritual de crianças pelos judeus como uma acusação legítima. Em 1755, o papa promoveu a beatificação das supostas vítimas. Ainda em 1900, a congregação do Santo Ofício sustentava que o assassinato ritual fora provado historicamente.[40] Não se verificaram ataques relevantes nem massacres nos locais onde se permitiu que as comunidades judaicas residissem, mas em geral as comunidades viviam sob uma pressão constante.

Na Alemanha, onde as comunidades judaicas haviam conseguido sobreviver às perseguições medievais, a Reforma Protestante não veio melhorar a situação. Martinho Lutero (1483-1546), que, depositando fé na sua conversão, escrevera a favor dos judeus no início da sua carreira, tornou-se extremamente crítico em trabalhos posteriores: rotulou-os de parasitas e usurários, e apoiou o incêndio de sinagogas, a proibição dos cultos judaicos, o confisco dos livros sagrados dos judeus e a expulsão de comunidades. Durante o século XVI, as comunidades judaicas foram efetivamente expulsas da Saxônia, de Brandemburgo e da Silésia. Em 1616, motins populares expulsaram comunidades judaicas de Frankfurt e de Worms, mas as autoridades conseguiram impor a reintegração dessas comunidades, sem que se repetissem grandes sublevações nesse período. Nas principais cortes alemãs surgiu um novo tipo de banqueiro judaico, capaz de resistir às práticas discriminatórias e à segregação. No entanto, a discriminação não desapareceu. Em 1648, a comunidade judaica foi expulsa de Hamburgo, embora tivesse sido autorizada a regressar anos mais tarde. A expansão das colônias judaicas ocorreu na segunda metade do século XVII, embora houvesse comunidades empobrecidas no século XVIII.[41] As condições também se agravaram no Império Habsburgo. Em 1670, a comunidade judaica foi expulsa de Viena, embora quinze anos depois tenha sido convidada a regressar. Em 1726, o governo habsburgo decidiu limitar o direito de casamento por parte dos judeus ao filho primogênito, provocando com isso a emigração para a Polônia e para a Hungria. Em 1744, os judeus foram expulsos da Boêmia, sob o pretexto de serem espiões prussianos. Contudo, o Império Habsburgo tornou-se mais tolerante nas últimas décadas do século XVIII: José II publicou editos de tolerância em relação aos protestantes (1781) e aos judeus (1783).

A perseguição aos judeus no Leste Europeu teve início muito mais tarde do que na Inglaterra e na França: foram expulsos de Varsóvia e de Cracóvia na década de 1480, e nessa mesma altura verificou-se a tentativa de expulsá-los da Lituânia. Na Polônia, contudo, as comunidades judaicas enraizaram-se durante o século XV, aumentando de número nos séculos seguintes e vindo a representar 10% da população em meados do século XVIII. Não estavam confinados a guetos e, sendo proprietários de terra, mostravam-se ativos em várias artes e ofícios, bem como em profissões comerciais e industriais, e gozavam dos direitos básicos da cidadania; podiam até dispor de armas. Em 1648, a insurreição dos camponeses ucranianos foi acompanhada por pogroms sistemáticos que eliminaram as comunidades judaicas a leste do Dnieper. Muitos judeus foram vendidos como escravos aos turcos. As perturbações no Estado polaco andaram de mãos dadas com as das comunidades judaicas, tendo isso dado início a um longo período de declínio econômico, manifesto na influência patente do messianismo de Sabbatai Zevi e no importante movimento dissidente do hassidismo. A divisão da Polônia incentivou novos massacres de comunidades judaicas e recuperou as acusações de assassinato ritual de crianças cristãs e de profanação da hóstia. Na Rússia, as comunidades judaicas foram banidas desde cedo, na sequência da heresia "judaizante" na República de Novgorod ortodoxa, nas últimas décadas do século XV. Os heréticos negavam a divindade de Cristo, rejeitavam a ideia da Trindade e destruíram ícones. Isso tornou-se um *"affaire d'État"* e foi reprimido por Ivan III; os líderes da seita foram queimados em 1504. Os soberanos russos recusaram-se sempre a tolerar a

Figura 9.2. Acampamento de ciganos, *1621, gravura de Jacques Callot.*

presença dos judeus, embora fossem obrigados a aceitar a realidade de vastas comunidades nos territórios europeus adquiridos a partir da década de 1770.[42]

Eu me concentrei aqui nas políticas dirigidas às comunidades judaicas, pois elas facilitam a identificação de pressupostos, estereótipos e ações discriminatórias. A complexidade das relações entre cristãos e judeus já foi amplamente reconhecida.[43] Na arte, o uso de inscrições em hebraico e o uso contemporâneo de judeus como modelos em cenas bíblicas faziam parte de uma longa tradição renovada no século XVII, especialmente por Rembrandt. Sobre esse tema, as interpretações contrastantes das posições pró ou antijudaicas foram substituídas por uma visão crítica quanto ao contexto das experiências artísticas, especialmente de reflexão sobre os textos clássicos.[44] A enorme variedade de referências judaicas na literatura europeia também reforça a visão carregada de matizes em relação aos judeus. Isso é importante sobretudo para a segunda metade do século XVIII e primeiras décadas do século XIX na França e na Alemanha, onde os judeus foram usados para explorar os limites do universalismo secular, dos direitos civis e da cidadania. No caso alemão chegaram a ser incluídos numa tendência orientalista relevante, embora esse fato não tenha sido incluído em ensaios teóricos importantes sobre o assunto, nomeadamente por Edward Said. O projeto de extensão dos direitos, avançado em 1781 por Christian Wilhelm von Dohm, *Über die bürgerliche Verbesserung der Juden* (Sobre o melhoramento civil dos judeus), estava obviamente incluído na exploração das fronteiras dos direitos civis. A pesquisa prova a persistência dos estereótipos antijudaicos por parte dos cristãos, mas a inclusão das comunidades judaicas no universalismo secular também levou a um debate interno. Importantes filósofos e teólogos judaicos, como Moisés Mendelssohn (1729-86) ou Abraham Geiger (1810-74), contestaram os conceitos exclusivistas e universalistas da modernidade apoiados pelo Iluminismo e depois pelo liberalismo, chamando a atenção para a identidade judaica e para o pluralismo cultural.[45]

CIGANOS (ROMANI)

A ausência de fontes escritas e de associações identificáveis com a origem do cristianismo torna muito mais escassos os estereótipos quanto aos ciganos, ou melhor, os romani. Esse povo entrou na Europa através dos Bálcãs na Idade Média, chegando à Alemanha no século XV e à Inglaterra no início do século XVI. Acreditava-se que vinha do Egito, mas a análise linguística do século XVIII apontou para sua origem na Índia. As primeiras descrições destacam o estilo de vida nômade, catalogando-os como vagabundos — Enea Silvio Piccolomini (o papa Pio II) considerava-os "piratas terrestres". Eram vistos como escuros ou negros, embora com o tempo tenha se reconhecido que a cor da pele tinha muito a ver com a quantidade de tempo passada ao ar livre (ver figura 9.2). Em alguns relatos eram descritos como bons artesãos, trabalhando como sapateiros, remendeiros, ourives e fiandeiros. Também lidavam com o comércio de cavalos. No Império Otomano ganhavam a vida, acima de tudo, como metalúrgicos, mas também como músicos, barbeiros, mensageiros e carrascos. No entanto, em pouco tempo passaram a ser identificados na Europa como adivinhos, feiticeiros, ladrões e espiões. Os principais personagens estereotipados de ciganos (romani) na literatura (em especial nos trabalhos de Gil Vicente e de Cervantes) eram quiromantes ou adivinhos, sendo também representados dessa forma por Ticiano, Benvenuto Garofalo, Correggio e Pieter Bruegel, o Velho.

As primeiras décadas de recepção relativamente afável dos ciganos (romani) basearam-se na suposição de que se encontravam numa peregrinação de sete anos para expiar os seus pecados. Começaram então a receber esmolas e salvo--condutos. Posteriormente desenvolveu-se um clima de rejeição e de expulsão. Além de terem sido submetidos a numerosas proibições locais, os ciganos (romani) foram expulsos do Sacro Império Romano em 1498, 1500, 1544 e 1551, de diferentes cantões suíços entre 1471 e 1530, da Espanha em 1499 (banimento renovado várias vezes por Carlos V e estendido a Flandres), de Portugal em 1526, 1538 e 1557, de Navarra em 1538, da França em 1539, de diferentes Estados italianos, incluindo os Estados papais, entre 1493 e 1553, da Dinamarca em 1536 (interdição renovada em 1554 e 1561), da Polônia em 1537, da Suécia na década de 1540, da Escócia e da Boêmia em 1541 e 1549, e da Morávia em 1558. Na Inglaterra também se verificou a promulgação de uma série de leis contra os ciganos (romani) entre as décadas de 1530 e 1550, podendo ser identificadas quinze leis independentes de deportação. Eles começaram a ser vistos como errantes, sendo incluídos na lei de 1562 sobre os vagabundos. A repressão manteve-se em vários países ao longo dos séculos XVII e XVIII, especificamente na França e na Alemanha. A aprovação de leis sucessivas revela a dificuldade na sua implementação.

Na Espanha, desde o primeiro momento o problema foi impor uma vida fixa a esse povo: as leis de 1633, 1717 e 1739 insistem nesse ponto, acabando finalmente por obrigar os ciganos (romani) a trabalhar nos arsenais navais. Os portugueses os deportaram sistematicamente para as colônias africanas e para o Brasil, mas em 1760 acabaram por fazer passar leis contra eles nesse país. A contínua presença desse povo em Portugal, apesar das proibições sucessivas, é revelada pelo uso generalizado da palavra "gajo", derivada do termo romani "gadžo" (estrangeiro). Os ciganos (romani) mostravam-se preparados para se adaptar livremente à religião local: eram cristãos na Europa e muçulmanos no Império Otomano. Apesar da sua comunidade fechada, algo que se baseava na ideia de pureza e receio de contaminação ou poluição, raramente foram visados pelas Inquisições romana ou ibérica, que consideravam a leitura da sorte uma simples exploração da credulidade do público. Na Hungria, foram mais bem tratados do que em qualquer outro país, sendo reconhecidos como metalúrgicos e fabricantes de armas. No entanto, na Europa eram, de um modo geral, encarados como vagabundos, sendo-lhes atribuído o estatuto de parasitas, supostamente transmissores de peste ou de sífilis, e que se dedicavam ao rapto de crianças e até mesmo ao canibalismo.[46]

A exploração oceânica alterou radicalmente a percepção europeia do mundo. Na cartografia e na geografia, as elites europeias começaram a se representar no centro do mundo. Essa alteração no final do período medieval, deixando Jerusalém de estar no centro simbólico do mundo medieval, levou a uma reestruturação da hierarquia dos povos, baseada em critérios europeus: códigos legais escritos, administração civil, corpo de conhecimentos reconhecido, religião estabelecida, cidades muralhadas, armas metálicas, uma dieta baseada em cereais, uso de tecnologia para a criação de artes e ofícios, sistemas de transporte e uma economia orientada para o mercado. O estilo de vida nômade era equiparado à vagabundagem e ao comportamento animalesco, ao passo que as populações sedentárias eram classificadas segundo os critérios europeus. A personificação dos continentes denotava uma hierarquia, com cada representação alegórica concentrando todos os preconceitos associados aos povos nativos dessa parte específica do mundo. A América era definida pelo canibalismo e pela nudez, a África pela escravidão e pelo comportamento bárbaro, a Ásia pela indolência e pela sensualidade, e a Europa pelo trabalho e pela sofisticação. A hierarquia dos continentes era assim representada por uma série de estágios, desde o mais bárbaro ao mais civilizado ou controlado.

A classificação dos povos do mundo atravessava os diferentes continentes, baseando-se numa série de oposições: sedentários contra nômades, agrícolas contra caçadores-coletores, religião organizada contra cultos sacrificiais, comunicação escrita contra verbal, alimentos cozidos contra crus e roupa contra nudez. A tensão entre a explosão da variedade de povos encontrados graças à exploração oceânica e a definição arbitrária da sua diferente tipologia eram já visíveis no século XVI. Minha análise da percepção europeia dos povos de diferentes continentes mostrou preconceitos detalhados e um distanciamento progressivo dos povos da África. Os povos asiáticos começaram por ser vistos numa posição mais elevada, com os chineses e os japoneses considerados no mesmo nível dos europeus, uma visão que se desvaneceu com o tempo. O despotismo oriental tornou-se a base das percepções europeias, significando governo arbitrário, populações escravizadas, ciência e tecnologia retrógradas. A criação de preconceitos em escala global quanto à ascendência étnica justificou a ação discriminatória durante o início da expansão moderna e preparou a nova onda de colonialismo europeu nas últimas décadas do século XIX e no início do século XX.

Esse período redefiniu as fronteiras étnicas internas na Europa. Em 1492, os judeus foram expulsos da Espanha, após um século de violência intermitente em que uma grande parte se converteu ao cristianismo, e quase toda a comunidade foi obrigada a se converter em Portugal, em 1497. A nova divisão baseada na percepção de castas levou à discriminação e à segregação, no mundo ibérico, dos judeus e dos muçulmanos convertidos, criando um estigma baseado em estereótipos sobre características mentais. Os *conversos* e os mouriscos foram excluídos dos cargos públicos, das ordens religiosas, das ordens militares, dos capítulos das catedrais, das confrarias e das corporações. Verificaram-se exceções individuais, mas a percepção dos diferentes setores da sociedade era moldada pela linhagem e pelo sangue, como se os supostos atributos dos judeus e dos muçulmanos fossem perpetuados de geração em geração, mesmo depois de terem se convertido. Tratou-se de um primeiro caso de racismo, no sentido de preconceitos contra a ascendência étnica, combinado com ações discriminatórias. A população de cristãos-velhos não permaneceu isenta de conflito, já que a aristocracia com terras e alguns elementos da hierarquia eclesiástica apoiaram os mouriscos e os cristãos-novos no início do processo. O objetivo dos vários segmentos da população urbana de cristãos-velhos que se dedicou a ações de baixo para cima para a difusão dos estatutos de pureza de sangue era consolidar os diferentes interesses sociais para monopolizar os recursos econômicos, sociais e políticos. Eles estigmatizaram e perseguiram as minorias convertidas, perturbando comunidades e impondo toda a reorganização do tecido social. Pela primeira vez na história, o ideal de uma Igreja cristã universal, ou seja, a igualdade entre os crentes de diferentes origens étnicas, era negado de forma consistente no longo prazo. A população mourisca viria finalmente a ser expulsa em 1609, embora parte houvesse sido assimilada, enquanto os cristãos-novos fugiram ou viriam a ser integrados no longo prazo.

Os povos definidos tradicionalmente pela religião ou pela etnia revelaram-se bastante resistentes. As comunidades judaicas conseguiram regressar à Inglaterra e à França, de onde haviam sido expulsas na Idade Média; estabilizaram a sua situação na Alemanha e na Itália e floresceram nos Países Baixos. No entanto, só viriam a se emancipar completamente com a Revolução Francesa. As melhores condições para as comunidades judaicas estavam na Polônia, onde os judeus gozaram de direitos ignorados em qualquer outro ponto. Mas a revolta dos camponeses ucranianos de 1648 levou a massacres de judeus e ao seu declínio no longo prazo nessa área, enquanto a divisão da Polônia teve um grande impacto no destino das comunidades judaicas do país. Na França e na Alemanha, os judeus habituaram-se às experiências com os limites do universalismo secular e dos direitos civis levadas a cabo nas últimas décadas do século XVIII e nas primeiras do século XIX, revelando a tensão entre os estereótipos tradicionais e a valorização do indivíduo pelo Iluminismo e pelo liberalismo.

Os ciganos (romani) foram perseguidos um pouco por toda a Europa durante esse período, devido ao seu estilo de vida nômade. Foram desumanizados como parasitas e representados como vivendo do roubo e da quiromancia. Trata-se de mais um caso importante de discriminação étnica não baseada no conflito religioso, pois os ciganos (romani) eram cristãos, mas sim no modo de vida e na ascendência. Os preconceitos baseados no modo de vida de um povo haviam sido expressos na Europa medieval contra os lapões, sendo perpetuados na ação discriminatória contra os povos das periferias sociais e políticas, como os irlandeses, embora, nesse caso, sem a mesma concentração na ascendência. Entretanto, a cor da pele foi ganhando importância devido ao imenso comércio transatlântico de escravos africanos. Embora a Europa medieval já tivesse desenvolvido preconceitos baseados na pele escura — contra os imperadores bizantinos, por exemplo —, a exploração oceânica e a concorrência entre as potências marítimas tornaram a pele escura um elemento essencial para os preconceitos desenvolvidos pelos europeus setentrionais contra os povos da Europa Austral — associados à classificação dos povos de outros continentes.

Parte III
Sociedades coloniais

"Uma nação será acompanhada pelos mesmos comportamentos, que a ela se colarão em todo o globo, bem como pelas mesmas leis e língua. Mesmo nos trópicos, as colônias espanholas, inglesas, francesas e holandesas são, todas elas, distinguíveis", afirmou David Hume (1711-76) no seu ensaio "Of National Characters".[1] Hume opunha-se à visão determinista do clima que dava forma às características físicas e morais dos povos — visão defendida por autores influentes, como Montesquieu, e que até o século XIX dominaria a reflexão sobre a diversidade humana. O autor frisava as diferentes cores de pele e formas do corpo humano que podiam ser encontradas em climas semelhantes, bem como as características morais distintas observáveis em países vizinhos. Hume também reconhecia alterações históricas notórias entre povos específicos, como a transferência dos conhecimentos e da ciência da Europa Austral para a Setentrional. Invocava a natureza imitativa da mente humana, destacando a forma como os modos se disseminavam. Reconhecia a influência das condições de trabalho árduas e das culturas específicas dos diferentes grupos profissionais, por exemplo sacerdotes e soldados, que deveriam partilhar características semelhantes em ambientes religiosos ou políticos distintos. Ainda assim, Hume estava convencido de que cada nação dispunha de um determinado conjunto de costumes, influenciados pela natureza do governo, pelas revoluções nos assuntos públicos e pelas condições gerais de abundância ou penúria. Hume atribuía a cada potência europeia uma natureza essencial (conjunto de costumes), de tal maneira arraigada que iria dar forma às sociedades coloniais. Tal ideia já fora usada implicitamente na Europa, durante os séculos XVI e XVII, nas descrições das colônias portuguesas, espanholas, inglesas e holandesas. Hume definiu-a e formalizou-a de um modo sintético que viria a estruturar grande parte do raciocínio histórico até os nossos dias. Entretanto, essa projeção de supostos valores nacionais essenciais para o resto do mundo representa um obstáculo para uma pesquisa séria das sociedades coloniais, condições locais, diferentes relações interétnicas, variedade dos preconceitos e formas específicas de ação discriminatória.

Adam Smith (1723-90) sugeriu uma abordagem diferente ao refletir sobre as causas da prosperidade das novas colônias:

> Os colonos levam com eles conhecimentos agrícolas e sobre outras artes úteis, conhecimentos esses superiores aos que se desenvolvem durante muitos séculos entre nações selvagens e bárbaras. Fazem-se igualmente acompanhar do hábito da subordinação, de uma determinada noção quanto ao governo que a sustenta e à administração da justiça; tal como será óbvio, eles estabelecem algo semelhante na nova colônia.[2]

Smith partia do princípio de que os colonos eram sempre a força impulsionadora e de mudança, por levarem consigo conhecimentos superiores, responsáveis por um rápido desenvolvimento agrícola, por uma forma de governo superior e pela administração da justiça, que promovia o respeito pela propriedade e a proteção dos investimentos necessários à criação de um ambiente estável. O autor rejeitava os projetos políticos imperiais por serem um desperdício de verbas e contribuírem para a distorção dos mercados, além de serem contrários à sua visão liberal de uma economia mundial em franca expansão. Porém, embora com uma orientação menos nacionalista, a análise de Smith justificava a centralidade atribuída por Hume aos colonos europeus, abrindo caminho a um raciocínio histórico que ia além do propósito original de Hume: mesmo em outras partes do mundo, a mudança histórica e a descontinuidade viriam a ser associadas à história dos europeus.[3]

A maioria dos trabalhos históricos do século XX e início do século XXI partia do pressuposto (e por vezes ainda o faz) de que os portugueses, os espanhóis e os ingleses se faziam acompanhar das suas características "nacionais", reproduzindo-as em diferentes contextos coloniais.[4] Acreditava-se assim que os portugueses e os espanhóis eram mais abertos do que os ingleses em relação às populações nativas, pois já haviam passado pela experiência da mistura com os migrantes chegados com os árabes do Norte da África e do Oriente Médio, algo renovado pelas ondas sucessivas de empreendimentos militares islâmicos. Outro componente dessa mistura histórica era o fluxo constante de escravos africanos que desde a Idade Média chegavam à Península Ibérica. Assim, acreditava-se que os nativos da Península Ibérica se adaptariam melhor aos ambientes tropicais devido à assimilação das experiências históricas árabe e norte-africana.[5] Essa abordagem não leva em conta o conflituoso processo interétnico de afirmação das identidades portuguesa e castelhana, durante o qual os judeus, os muçulmanos e os convertidos foram discriminados e segregados. Outros povos europeus foram igualmente moldados e reconfigurados devido ao fluxo constante de migrantes de diferentes origens, dando lugar à modificação das suas identidades como consequência de transferências, misturas e divisões. Não existe tal coisa como populações estáveis ou autóctones instaladas em regiões específicas desde tempos imemoriais: a partir de uma perspectiva política, é possível falar de identidades coletivas, mas torna-se difícil projetar no passado noções de nação e de "caráter nacional" do século XVIII. O importante a reter é o fato de a identidade ser um processo em constante evolução; as identidades coletivas europeias não haviam sido cristalizadas antes da expansão europeia, tendo os diversos povos envolvidos no processo continuado a redefinir as suas autopercepções.

Em geral aponta-se o catolicismo em Portugal e na Espanha como explicação para a suposta maior frequência de relações sexuais e de casamentos interétnicos com as populações locais. À dita promiscuidade do catolicismo opõem-se o protestantismo britânico e o holandês, inscrito em culturas de restrição sexual e de regras mais severas quanto à escolha de parceiros. Aponta-se o puritanismo como o responsável pela exclusão dos nativos, pois os seus padrões mais elevados de evangelização eram incompatíveis com o batismo em massa sem uma doutrinação anterior levada a cabo pelos padres católicos.[6] Esses pressupostos sofrem de anacronismo: a divisão religiosa no seio do cristianismo ocorreu um século após o início da expansão ibérica, e a difusão do calvinismo não teve uma história linear. A configuração específica das misturas étnicas verificadas nos diversos continentes contradiz, em parte, esses pressupostos. O caso francês atenua a suposta divisão entre o comportamento católico e o protestante, ao passo que as práticas holandesas e britânicas variam na África, na Ásia e na América. Analisarei aqui as diferentes formas de migração europeia para outros continentes, a proporção de homens para mulheres e os diferentes tipos de colônias — todos indicadores relevantes que não foram estudados de modo exaustivo e que explicam muito melhor as formas díspares de comportamento sexual.

Tratarei ainda do impacto da religião sobre as trocas interétnicas, especialmente a influência das confrarias no processo de alforria e na moderação residual dos abusos.

A abordagem essencialista do colonialismo europeu erra ao deixar os nativos de fora. É verdade que os europeus levaram as suas línguas com eles, conseguindo, em muitos casos, impô-las, mas viram-se igualmente obrigados a transpor certas barreiras linguísticas e a aprender com os novos idiomas encontrados. Exportaram-se leis e instituições europeias para desenvolver a estrutura colonial, mas em muitos casos tiveram de ser adaptadas, enquanto as leis, instituições e práticas administrativas locais se mantiveram em funcionamento durante mais tempo do que o habitualmente reconhecido. Assim, a lei colonial foi definida como descentralizada e estratificada, integrando regras, normas e hábitos locais anteriores.[7] A tecnologia europeia foi importante até o século XIX no Novo Mundo, mas não na Ásia, com exceção do caso da artilharia. A abordagem eurocêntrica ignora quaisquer projetos dos povos nativos, a capacidade local de negociação política, econômica e social e a intervenção permanente que em muitos locais definiu novas configurações para as sociedades coloniais que não seguiam experiências europeias anteriores ou tradições locais. As realidades locais modelaram as experiências europeias em outros continentes, obrigando a diferentes práticas, colônias e configurações étnicas. As colônias portuguesas na Ásia eram diferentes das estabelecidas na África e ainda mais distintas das criadas na América. Da mesma forma, a experiência britânica na Ásia pouco teve a ver com o que aconteceu na América, para não falar das experiências holandesas divergentes na África do Sul e na América do Norte.

Essa visão crítica é de suma importância se quisermos tornar mais claro um campo obstruído pelos preconceitos nacionais e raciais. As sociedades coloniais criaram diferentes ambientes, com características interétnicas específicas que não foram pura e simplesmente transferidas de um ponto para outro; foram criadas e reconstruídas segundo uma dinâmica própria, tendo como enquadramento uma vasta série de experiências anteriores, tanto na Europa como em outros continentes. O objetivo desta parte do livro é estudar os novos preconceitos étnicos suscitados pela criação de sociedades coloniais europeias. Começarei com uma análise da taxonomia étnica criada nesses ambientes, que revela de imediato o nível de violência interétnica, além das configurações sociais e políticas específicas criadas. Em seguida abordarei a magnitude do comércio escravagista através dos séculos e o seu impacto em diferentes sociedades, com foco sobretudo no escravagismo americano, mas observando também o asiático e o da Europa Austral.

Para compreender as mudanças nas opiniões preconcebidas e a sua lógica, analisarei também a integração das populações nativas nas novas estruturas resultantes do processo de colonização europeia, bem como a reorganização da economia e da sociedade locais. Em vez da transferência pura das visões europeias, as experiências coloniais levaram à emergência de novos estereótipos e a rejeição, reinterpretação e substituição de preconceitos étnicos transmitidos. Nesse contexto, a criação de sociedades crioulas na África Central e nas ilhas caribenhas garante-nos um laboratório interessante para o estudo de novas formas de articulação e de percepção interétnicas. É ainda importante ter em consideração os direitos civis: até que ponto os indivíduos dispunham de acesso a propriedade, trabalho e habitação? Em que medida sofreram com a segregação espacial? Poderiam casar-se com indivíduos de outras etnias? Até que ponto se envolveram nas ações políticas ou delas foram excluídos? Por fim, esta parte mostrará como os empreendimentos coloniais influenciaram os preconceitos interétnicos e raciais.

10. Classificação étnica

PINTURA DE CASTAS

Ao longo do século XVIII, a escola mexicana de pintura desenvolveu uma série de representações sociais de castas ou de indivíduos mestiços.[1] O objetivo desse gênero era apresentar uma versão narrativa hierárquica do processo de mistura racial entre a tipologia diametralmente oposta dos espanhóis e dos índios "selvagens" (que viviam fora da sociedade colonial), destacando a mistura entre espanhóis e índios, espanhóis e negros, e índios e negros. Já foi catalogada mais de uma centena de séries de quadros, com a grande maioria produzida na Cidade do México, mas com algumas séries pintadas na povoação mexicana de Puebla e na capital peruana, Lima. Eram pintadas numa superfície única, como um caleidoscópio de diferentes cenas, ou então em telas ou chapas de cobre separadas. Era atribuído um número a cada cena das séries para indicar a hierarquia da pureza do sangue: em geral, de um a dezesseis, embora o total pudesse variar. Enquanto as primeiras pinturas sobreviventes, de autoria de Manuel Arellano (1711), se concentravam em indivíduos, por vezes com uma criança, todas as outras séries representavam casais mistos com um único filho, num triunfo inesperado da família nuclear nos trópicos. Essa representação visual era eficaz num sentido classificatório: a raça ou casta do homem e da mulher, bem como a diferente casta resultante da criança, podiam ser facilmente identificadas por uma legenda, em geral inscrita na própria cena.

A primeira série completa conhecida, pintada por volta de 1715 e atribuída a Juan Rodríguez Juárez, definiu um modelo que seria mais ou menos replicado, mas também complexificado, pelas experiências sucessivas realizadas dentro do gênero (ver figuras 10.1, 10.2, 10.3 e 10.4).[2] Vou me concentrar nas legendas de cada pintura da série, a primeira apresentando a inscrição "Espanhol e índia produzem mestiço" e a 14ª, a última, "Índios bárbaros". A série começa com a disposição mais elevada na hierarquia, um espanhol casado com uma índia, e termina com a mais baixa, índios selvagens que viviam fora da sociedade colonial. O primeiro conjunto de três pinturas que apresentavam espanhóis misturados com índios é completado com "Espanhol e mestiça produzem castiço" e "Castiço e espanhola produzem espanhol" — ou seja, um regresso à raça "pura" original no final do ciclo. O tema do segundo conjunto é a mistura entre espanhóis e africanos: "Espanhol e negra produzem mulato", "Espanhol e mulata produzem mourisco" e "de Espanhol e mourisco, albino". Nesse caso não temos o regresso a um espanhol puro, mas sim uma brancura artificial e ambígua (tal como veremos). Resta uma terceira série incompleta: "Mulato e mestiço produzem mulato torna atrás" (*torna atrás*, ou seja, o resultado é mais escuro do que a mestiça), "Negro e índia produzem lobo", "Índios mexicanos" e "Índios otomi a caminho da feira". Essa série já apresenta diferentes roupas, penteados, toucados e, em certos casos, atividades profissionais para identificar as castas. A cor da pele é obviamente considerada um modo importante de representação. Entre as castas mais baixas vemos já produtos agrícolas destinados a ser vendidos no mercado. Nessa fase experimental é interessante notar a ideia do embranquecimento como modelo associado à presença consistente de um espanhol nas sucessivas gerações resultantes da mistura de espanhóis com índios ou negros. Contudo, essa possibilidade é rejeitada pela presença em imagens sucessivas de negros e índios sem espanhóis.

A série seguinte consolidou o formato do primeiro conjunto (espanhóis/índios), rejeitou o possível embranquecimento do segundo (espanhóis/negros) e desenvolveu o terceiro (indivíduos de ascendência mista), excluindo os "índios bárbaros". Destacava a sociedade urbana mexicana, na qual se encontrava a maior concentração do fenômeno das castas.[3] A série dedicou-se cada vez mais aos indivíduos de raça mista e sua hierarquia, com os espanhóis e os índios situados no

Figura 10.1. Espanhol e índia produzem mestiço, c. *1715, óleo sobre tela de Juan Rodríguez Juárez, 80,7 × 105,4 cm.*

Figura 10.2. Espanhol e mourisca produzem albino, c. *1715, óleo sobre tela de Juan Rodríguez Juárez, 80,7 × 105,4 cm.*

topo. O ambiente doméstico e profissional mereceu uma melhor definição, ao mesmo tempo que se assistia ao aumento da inclusão de produtos agrícolas e de paisagens. A classificação tornou-se mais complexa, embora algumas das designações não fossem estáveis, levando ao questionamento de sua existência real na vida diária, mesmo sendo a vasta maioria confirmada por outras fontes. A série de misturas entre espanhóis e negros foi corrigida numa cena final: "de espanhol e albino, negro torna atrás".[4] Destacava-se a natureza temporária da designação de albino e revelavam-se os truques da natureza. O possível regresso à pureza de sangue era então bloqueado na descendência espanhol/negro, sendo associado exclusivamente a espanhol/índio. Ao longo do século XVIII foram sendo acrescentadas novas designações para os descendentes de raças mistas: "de lobo e negra, chino", "de chino e índia, cambujo" (também *genízaro*), "de índio e cambuja, suspenso no ar", "de cambujo e mulata, albarrazado" (também *jíbaro*), "de albarrazado e índia, varcino" (ou *chamizo*), "de varcino e índia, canpa mulato" (também *sambaigo*), e "de índio e mestiça, coiote".

O vocabulário usado nessa taxonomia social revela uma sociedade colonial preocupada com a definição das fronteiras internas no contexto dos casamentos mistos. Era óbvio que a elite não tinha a certeza da sua própria definição, já que o pertencimento era, acima de tudo, uma questão de reputação e de estilo de vida, e não de títulos nobiliárquicos ou de genealogia aristocrática local estabelecida. A mobilidade ascendente podia jogar facilmente com a flexibilidade do sistema. A complicada taxonomia aqui apresentada teve a sua origem no século XVI, e as suas

Figura 10.3. Lobo e índia produzem lobo torna atrás, c. *1715, óleo sobre tela de Juan Rodríguez Juárez, 80,7 × 105,4 cm.*

Figura 10.4. Índios bárbaros, c. *1715, óleo sobre tela de Juan Rodríguez Juárez, 80,7 × 105,4 cm.*

principais características foram desenvolvidas no século XVII; na década de 1640, os registros de batismo nas igrejas paroquiais da Cidade do México dividiam-se já em espanhóis, mestiços e mulatos. O vocabulário inscrito nas pinturas de casta é marcante devido a três aspectos: em primeiro lugar, devido às metáforas animais constantemente presentes na representação dos casamentos mistos e dos filhos; em segundo lugar, devido à transferência das designações estabelecidas para outros povos; e em terceiro, devido à árvore genealógica subjacente, apresentada numa escala de tons de cor de pele.

As metáforas animais eram usadas para rebaixar os descendentes das ligações interétnicas. O termo "mulato" vem de mula, resultado do cruzamento de um cavalo com uma burra — um descendente que não se pode reproduzir. O uso da mula como metáfora para os filhos dos casais mistos de negros e brancos pretendia não só minar a mistura de raças, mas também sublinhar a "degeneração" dos seres humanos e a inutilidade imaginada dessa mistura. Nos séculos XVI e XVII, os teólogos e os nobres europeus na África, na América e na Ásia defendiam a ideia de que os casamentos mistos levavam à esterilidade no espaço de uma, duas ou três gerações.[5] "Coiote", o filho de um índio e de uma mestiça, era uma palavra retirada do vocabulário nauatle, usada para designar um mamífero canídeo predador ou um lobo da pradaria dos desertos norte-americanos. A atitude reprovadora era óbvia: a criança era considerada um animal selvagem. "Lobo" é mais um exemplo do uso explícito de uma metáfora animal que sugeria de imediato desprezo, com base nos atributos tradicionais do animal — selvagem, feroz e voraz.

"Cambujo" era outra palavra inspirada no nauatle, que designava uma ave com penas e carne pretas. "Albarrazado" significava um animal com manchas brancas, e "varcino" era em geral aplicado a cães, gatos, vacas ou touros com pelo preto e branco.[6]

A aplicação às castas de um vocabulário usado tradicionalmente para indicar deficiências humanas faz parte da mesma tendência para o aviltamento dos indivíduos de raça mista. "Jíbaro" provavelmente foi inspirado em *giba*, que significava "corcunda", termo usado no espanhol coloquial com o significado de "incômodo" ou "pessoa irritante". "Sambaigo" inspirava-se em *zambo*, podendo os dois adjetivos ser usados de forma indiscriminada. "Zambo" designava originalmente o "defeito" físico de se ter as pernas tortas para dentro. Esses exemplos revelam a justaposição das metáforas animais e de deficiências físicas na classificação interétnica. A história dos insultos mostra que essas duas fontes de linguagem ofensiva continuam a ser empregadas nos nossos dias, mesmo não havendo conotações raciais. O preconceito quanto à ascendência serviu-se desse fenômeno histórico para criar um sistema reconhecido em que as diferentes etnias e os indivíduos de raça mista eram inferiorizados.

"Mestiço", do latim *miscere*, misturar, é um termo aparentemente neutro, mas que com o tempo se tornou pejorativo. A palavra "castizo" reflete a importância que nessa época era dada à genealogia; ela designa a terceira geração de casamentos mistos entre indivíduos de origem espanhola e índia. A palavra expressava diretamente a ideia de casta que estruturava a sociedade mexicana e as sociedades hispânicas na América em geral. Temos aqui uma metáfora inspirada na fauna (criação de animais) e na flora (vinhas, a qualidade das uvas e a prática da enxertia), usada nas línguas ibéricas desde o século xv e aplicada pela primeira vez no século seguinte às sociedades humanas em vários contextos — na Índia, por exemplo, e também na própria Europa. Nos julgamentos ibéricos do século xvi ao xviii era comum ver os inquisidores e os comissários perguntarem a que casta pertenciam as testemunhas ou os acusados. A transferência de nomes de povos, etnias ou grupos sociais reconhecidos é visível na forma como mourisco designava o filho de um espanhol e de um mulato: eram vistos como de uma cor ligeiramente escura, como os muçulmanos ibéricos convertidos de origem norte-africana. Esse uso prova que, na Península Ibérica, a palavra "mouro" não indicava o mesmo nível de pele escura que na Europa Setentrional. "Chino" é outro caso em que assistimos à transferência de uma palavra unicamente pela taxonomia; a variedade de palavras possíveis não era infinita. Como citado anteriormente, atribuía-se aos chineses do sul uma cor como a da azeitona. Alguns historiadores associaram os chinos ao povo das Filipinas, mas os chineses estavam bem identificados e eram diferenciados dos não chineses, em especial nas Filipinas. Foram levados para o México a partir das últimas décadas do século XVI.[7] "Genízaro" (ou melhor, *janízaro*, e em inglês *janizary*) é outro caso de transferência de nome, do italiano *gianizzero*, que por sua vez vinha do turco *yeniceri*, "novo soldado", originalmente aplicado a filhos dos cristãos, retirados como tributos das famílias e convertidos ao islã e que formavam a guarda do sultão e as tropas de elite do exército regular. O significado óbvio do nome é "traição das origens", sendo que no contexto mexicano expressava o preconceito contra os indivíduos de raça mista.

Os preconceitos em relação à cor também explicam a designação "albino", que vem do latim *albus*, através do castelhano e do português. A palavra remetia tradicionalmente a um animal, uma planta ou uma pessoa com carência de pigmentação, branca ou pálida. A criança tinha pele como a de um branco, mas não era de fato branca. Os "riscos" dos casamentos mistos eram acentuados pela designação "negro torna atrás", o filho de um espanhol e um albino com a pele mais escura do que os pais, que marcava o retrocesso a um antepassado, algo visto como uma ironia, uma revolta da natureza, um castigo imposto por ela ao falso branco. "Chamizo" significava uma árvore parcialmente queimada ou chamuscada, mas também se referia a lenha para o forno. Nesse caso temos uma metáfora da flora para expressar o tom escuro da pele, acompanhando a etimologia grega de etíope como rosto queimado. Na hierarquia representada pela pintura de castas podemos ver as tonalidades da cor como princípio organizador, do mais claro para o mais escuro — dois polos simbólicos do bem (virtude) e do mal (perversidade).

A genealogia era outro princípio organizativo, já que era possível apresentar um declínio de geração em geração através da sucessão "errada" de misturas, enquanto a remota possibilidade de "embranquecimento" apenas podia ser conseguida pela escolha "certa" em cada um dos sucessivos casamentos com espanhóis. A mistura incessante definia um padrão curioso de rótulos em constante alteração, expressando a ideia de novas divergências na configuração de castas, criando assim um estado permanente de instabilidade étnica, como se nunca viesse a ser possível alcançar um estado de ordem, em contraste com a Europa, onde o status étnico e social dos indivíduos podia ser mais ou menos identificado com facilidade. Acrescente-se que esse estado permanente de instabilidade étnica não poderia ser mais bem ilustrado do que com a categoria *tente en el aire* (suspenso no ar), o que significava mais ou menos no mesmo nível dos pais, mas sem se saber qual a direção que seguiria o resultado da mistura de raças.[8]

O conceito de pureza de sangue também estava presente no contexto colonial, embora de forma particular, pois teoricamente os índios estariam acima dos judeus e dos muçulmanos convertidos — grupos que, junto com os ciganos (romani), estavam proibidos de migrar para a América.[9] Essa hierarquia de sangue expressava a supremacia do raciocínio político: para enaltecerem o seu status como vassalos do rei, os índios eram reconhecidos como os habitantes originais do território, ou aqueles que o haviam ocupado antes dos espanhóis. Também se invocava a genealogia, em geral associada à pureza de sangue no contexto ibérico, para representar a proximidade, ou a distância, do status "superior" espanhol e branco imposto pela realidade colonial. Embora geralmente formulada através de um conjunto complexo de rótulos preestabelecidos, a genealogia servia-se da aritmética para expressar os princípios da ascendência: a série peruana de pinturas de casta era designada claramente como "Espanhol e mestiça produzem quarterón [um quarto] de mestiço", "Quarterón de mestiço e espanhola produzem quinterona [um quinto] de mestiço", e "Espanhol e quinterona [um quinto] de mestiça produzem espanhola ou requinterona [novo quinto] de mestiço".[10] Aplicava-se a mesma lógica aos outros conjuntos (espanhol com negro e indivíduos de raça mista), revelando como o caso de Lima se encontrava distante do modelo mexicano, pois era obrigado a incluir a classificação genealógica exata atribuída pelos inquéritos inquisitoriais quanto à pureza do sangue, identificando quartos e quintos de sangue índio (ou negro). O caso peruano (exemplificado apenas numa série, diga-se de passagem) também chama a atenção para a possibilidade de embranquecimento do sangue, mesmo com diferentes tipos de mistura, algo contrário à recusa mexicana da mobilidade ascendente generalizada.

As séries de pinturas estavam organizadas segundo uma hierarquia tripla, sangue, cor e ocupação, além do modo de vida. Este último aspecto é bastante interessante, pois na série anônima existente no Museo de América, em Madri, a primeira pintura representa uma paisagem de tipo europeu, composta de casas nobres com torreões e uma natureza domesticada, onde a família é apresentada de forma dignificada — um espanhol "nobre", uma índia e o filho mestiço de ambos, todos bem-vestidos. Os detalhes na pintura revelam os preconceitos contra o casamento misto: o espanhol denota uma atitude nobre, acentuada pela delicadeza dos gestos, pelo porte refinado e pelas belas roupas europeias de cores austeras (pretas e brancas), realçadas por botões vermelhos e por um chapéu de aba vermelha; a índia traja roupas coloniais coloridas (vermelhas, brancas, cor de laranja e azuis), parece hesitante, provavelmente por não estar habituada a sapatos europeus, e tenta ajeitar o lenço na cabeça com um gesto atrapalhado da mão direita; a criança está vestida como um nobre espanhol, uma cópia em pequena escala do pai, mas está chorando; por acaso, é uma das poucas crianças em lágrimas nas séries. A única cena violenta surge no quadro número quatro ("de espanhol e negra, mulato"), em que a esposa negra de um espanhol tenta matá-lo na cozinha martelando-lhe um prego enorme na cabeça. O nível social desse espanhol é já "inferior" ao do nobre: talvez seja um lojista. Numa outra série, essa mesma cena surge representada num restaurante.[11] Nos outros quadros, os trajes e os cenários das cenas familiares realçam a homogeneidade das profissões, além dos tipos de casamentos mistos em cada nível da sociedade de castas: um lojista com uma mulata, um comerciante com uma mourisca e um burocrata superior com uma albina.

Os homens nessas primeiras sete cenas são espanhóis; todos os restantes, que percorrem, numa direção descendente, as escalas social e étnica, são de sangue misto: carregador, alfaiate, vendedor, sapateiro, confeiteiro, artesão e cesteiro e tapeceiro. Em geral, os espanhóis são representados em ambientes refinados, em boas casas com tapeçarias, mobiliário elegante e quadros nas paredes, ou então nos seus jardins ou parques bem cuidados. Os lojistas são mostrados junto com seus bens — tapetes, vidros, animais, legumes e frutos. Os frutos da terra são representados abundantemente nas cenas com mestiços, cujas ocupações profissionais incluem agora camponeses, vendedores nos mercados, enroladores de tabaco, remadores, lavadeiras, vendedores de água, padeiros, operários têxteis, oleiros e ferreiros ou vendedores dos respectivos produtos, donos de bancas de comida no mercado, músicos e cômicos. Entre os espanhóis estão representados pintores, marinheiros e oficiais militares. As castas mais baixas surgem descalças e com roupas remendadas — nesse caso, mais os homens do que as mulheres. Em algumas das séries mais tardias, os negros surgem com roupas de qualidade, idênticas às dos espanhóis, borrando as fronteiras entre raças, já que alguns se casaram com espanholas, algo que não seria possível nas séries anteriores.[12]

É óbvio que as pinturas de casta representam um caso extremo de excesso de classificação dos mestiços. As pinturas foram criadas e desenvolvidas num contexto urbano específico, a Cidade do México, que abrigava provavelmente a mais complexa concentração de indivíduos de origem mista de toda a América, com uma vasta mistura de índios, negros e europeus. É verdade que se encontravam porcentagens relevantes de indivíduos mestiços em outros ambientes urbanos hispânicos, mas não de forma tão elaborada como na Cidade do México, onde as diferentes camadas chegavam a ter as suas próprias instituições (guildas, mercados e confrarias). A questão sempre foi: "Até que ponto essas pinturas representam fidedignamente a realidade?" — algo que, em história da arte, nunca é a pergunta correta. É óbvio que, como gênero, as pinturas desenvolveram o tema da mistura racial de um modo muito próprio, acumulando e exagerando estereótipos; porém, mesmo não tendo um status formal, a maior parte das categorias usadas já se encontrava em outros documentos. Como era comum, o gênero desenvolveu critérios muito próprios, mas retirava inspiração da realidade social. A questão da realidade das pinturas tem sido orientada para problemas paralelos: quem se interessava por esse tipo de representação multiétnica e multirracial? Quem encomendava essas obras?

García Sáiz propôs o argumento de que eram os administradores superiores espanhóis — vice-reis, arcebispos, bispos, juristas e responsáveis por áreas como a alfândega e o correio — que encomendavam as pinturas. Embora representando apenas 10% do total, todos os patronos até agora identificados provinham desse grupo minúsculo da elite espanhola empossada pelo rei. Normalmente, quando do regresso à Espanha, mostravam-se interessados em apontar a complexa realidade étnica com que tinham lidado. As pinturas teriam como alvo o público metropolitano da corte real e das elites sociais (aristocracia e administradores superiores) envolvidas na administração da América hispânica. A perspeticva oposta (proposta por Miguel Ángel Fernández, Ilona Katzew e Jorge Klor de Alva) frisa o processo endógeno de criação do gênero, desenvolvido por pintores locais e centrado em temas locais, e que promovia a ideia de uma sociedade de castas complexa que degenerava e ameaçava o caos, mas ao mesmo tempo servia para projetar a identidade colonial e o orgulho dos produtos da terra.[13] Essas duas visões não devem ser tidas como incompatíveis, pois os artistas não teriam recebido ordens específicas dos patronos nem teriam inventado esse sistema de representação a partir do nada.

É interessante notar que nenhuma das pinturas apresenta a palavra "crioulo", ou "descendente de espanhol", termo que serviria para denominar o grosso da elite colonial. É verdade que durante o século XVIII foi cada vez maior o conflito que opunha os crioulos, descendentes de espanhóis nascidos na América, aos espanhóis de origem europeia, especialmente em virtude da promoção dos últimos pelas reformas borbônicas. Os indivíduos que encomendaram as pinturas poderiam ter deixado a sua marca; duvida-se que os crioulos gostassem desse rótulo, pois sempre enfatizaram a sua ascendência espanhola. A palavra "espanhol" seria mais adequada à lógica da hierarquia social colonial. Assim, a pintura de castas não pode ser considerada uma simples representação de um sistema de classificação enraizado na vida cotidiana, servindo, isso sim, para recordar ou para apontar para as fronteiras internas que as elites crioula e espanhola pretendiam destacar, apoiada por grupos de indivíduos mestiços que tinham como intenção distanciar-se de outros grupos, ao mesmo tempo que reivindicavam um status superior em relação a eles. A pintura de castas garantia uma forma global de representação hierárquica da sociedade colonial, moldada pela visão da elite.

O mais recente debate em torno desse tópico levanta uma questão ainda mais relevante para o meu argumento: qual o papel da pintura de castas na história natural? Foram dois os elementos decisivos que me chamaram a atenção para essa questão. Em primeiro lugar, em 1770, uma série de pinturas de castas encomendada pelo vice-rei do Peru, d. Manuel de Amat y Junyent (1761-77), foi enviada com o objetivo de ser incluída no planejado Gabinete Real de História Natural, um organismo criado oficialmente apenas em 1776. E, em 1799, a pintura *Quadro de história natural, civil e geográfica do reino do Peru*, atualmente no Museo de Ciencias Naturales, em Madri, reuniu dois mapas, quatro imagens de conjuntos de peixes, 64 imagens de animais terrestres, 92 aves (e plantas) e 32 tipos de seres humanos — nesse caso, indivíduos identificados pelas diferentes características físicas e roupas. Essas duas representações da classificação de castas ou de seres humanos surgiam num contexto de história natural. Em 2004, os organizadores de uma exposição de pinturas de casta no Museo Nacional de Antropología, em Madri, decidiram reavaliar a ligação entre a pintura de castas e a história natural desde o início dessa forma de arte, encarando-a de uma perspectiva diferente — algo também sugerido por Katzew.[14] O resultado foi impressionante, não na série peruana, que incluía poucos elementos decorativos, mas sim na série mexicana, bastante rica em "frutos da terra" desde a sua gênese — em alguns casos com esses produtos identificados e elencados por escrito numa série, como se a classificação das castas fizesse parte da classificação geral dos "produtos da terra".[15] Essa abordagem original justificou o título da exposição, Frutos e Castas (ver figura 10.6).

Se essa hipótese estiver correta, a observação dos seres humanos como parte da natureza desenvolveu-se precocemente na América hispânica nas primeiras

Figura 10.5. Quadro de história natural, civil e geográfica do reino do Peru, 1799, óleo sobre tela de Loui Thiebaut, 325 × 115 cm. Madri, Museo Nacional de Ciencias Naturales.

décadas do século XVIII, muito antes da obsessão da Europa iluminista pela classificação sistemática de todos os minerais, flora e fauna, incluindo os seres humanos, desencadeada em 1735 por Lineu (1707-78) (ver a parte IV).[16] A América hispânica serviu de laboratório para a classificação dos seres humanos e seu desenvolvimento através do emparelhamento inter-racial, mais tarde estendido a uma escala mundial. Durante o processo inventaram-se nomes para as raças mistas, com os grupos étnicos catalogados de forma hierárquica, segundo a avaliação conveniente à elite social. Nesse período já era visível a tensão entre o desenvolvimento científico e os estereótipos classificativos.

Não obstante, não podemos ignorar duas questões essenciais ao compararmos as castas com a construção racial: a definição de castas é local e não universal; e ela não pressupõe a transmissão imutável de características de geração em geração. A definição de castas não pretende estabelecer uma hierarquia de tipos de seres humanos além das fronteiras do México (e do Peru). Ela tem relação com a mistura interétnica específica que surgiu nessas sociedades coloniais, em especial no México, onde a mistura alcançou maior complexidade devido às condições locais. Nesse aspecto, a definição de castas não almeja o universalismo que encontraremos nas teorias das raças. A segunda questão é igualmente relevante: a

Figura 10.6. Castas e frutos da terra no México com a Virgem de Guadalupe como padroeira, c. *1750, óleo sobre tela de Luís de Mena, 119 × 103 cm.*

definição de castas não determina um sistema rígido; os indivíduos poderiam ser desclassificados ou podiam subir na hierarquia, o que mostrava que as castas não se encontravam presas a uma noção inescapável de ascendência.[17] Em suma, o sistema de castas é um caso interessante que chama a atenção para a classificação precoce dos tipos de humanos interétnicos relacionados com a natureza, mas não antecipa claramente as teorias de raças.

CLASSIFICAÇÃO NA AMÉRICA

A verdadeira dimensão dessas criações interétnicas nas sociedades coloniais ainda tem de ser estabelecida, pois o caso espanhol na América, mais concretamente no México, é bastante singular. É preciso abordar as idealizações raciais portuguesas, britânicas, holandesas e francesas em diferentes continentes. Os seus defensores levavam consigo diferentes experiências europeias; viram-se confrontados com contextos específicos; e acabaram por remodelar as suas ideias. O nome crioulo proporciona uma chave para esses mundos diferentes. A palavra foi cunhada no século XVI, nos impérios português e espanhol, pertencendo à série de metáforas animais integradas na taxonomia racial. Num dicionário português publicado no primeiro quartel do século XVIII, o termo "crioulo" é usado para se referir a um escravo nascido na casa do dono, como uma galinha nascida em casa e não comprada fora.[18] A origem da palavra é óbvia, vindo do latim *creare* — *creare* em italiano, *crear* em espanhol, *criar* em português, *créer* em francês e *to create* em inglês — e significando, entre outras coisas, "reproduzir". A associação do escravo a uma galinha é marcante, mas o desenvolvimento do nome ao longo dos séculos reserva outras surpresas interessantes. Na América espanhola, por exemplo, de início, *criollo* tinha o mesmo significado que na América portuguesa, embora lentamente começasse a ser usado para designar os espanhóis nascidos de pais brancos na América. Mantém-se a ideia de reprodução, mas sobe-se na hierarquia social, do escravo para o espanhol, passando a designar brancos nascidos na sociedade colonial.

Embora o termo "creole" tenha sido introduzido na língua inglesa no século XVII, ele não foi aplicado a brancos, e nem sequer a escravos negros, na América britânica, salvo no contexto das plantações das ilhas do Caribe, onde se importou bastante vocabulário das colônias espanholas e francesas. Era também usado para designar os descendentes dos colonos franceses na América do Norte, especialmente na Louisiana, onde, depois de os britânicos terem tomado a colônia, eles se viram obrigados a lidar com uma língua diferente falada pelas populações branca, escrava e nativa. Essas e outras experiências explicam a aplicação do termo "crioulo" à reinvenção das línguas europeias num contexto colonial.

O conceito linguístico de hibridismo estava associado ao hibridismo social, já que crioulo se aplicava aos indivíduos nativos de ascendência africana ou europeia, ou a indivíduos nativos de ascendência mista europeia e negra que falavam uma língua crioula.[19] Em francês, "créole" era um substantivo, introduzido também no século XVII, que designava um branco nascido nas ilhas caribenhas, tal como acontecia no contexto da América espanhola. Porém, nas colônias francesas do oceano Índico, especialmente nas ilhas Maurício, o termo designava indivíduos "de cor". O termo foi usado para se referir às novas línguas criadas pelos escravos ou pelos nativos em resultado do contato com as línguas europeias, tal como aconteceu no Senegal, onde se identificaram formas de crioulo de origem portuguesa, especialmente em Casamansa.[20] No entanto, as línguas crioulas eram consideradas patoás, ou línguas deturpadas — ideia que só viria a ser alterada na segunda metade do século XX. O nome crioulo evoluiu com o tempo. No Brasil moderno, crioulo designa, em termos práticos, as massas populares com pele escura.[21] Os mulatos das classes média e alta eram considerados brancos e viam-se como tais, embora as ações afirmativas recentes a favor dos negros tenham vindo a alterar esse padrão.[22] Essa dupla classificação racial e social quanto à cor da pele e ao status remonta ao período colonial. Por outro lado, na América do Norte contemporânea, o mulato não existe de um ponto de vista taxonômico: em finais do século XVIII, os indivíduos eram classificados como negros na vida diária, com exceção, mais uma vez, das ilhas do Caribe, ao passo que os mulatos eram rotulados como sendo "de cor".

Preciso regressar ao caso português, já que se trata do mais próximo do caso espanhol em termos de complexidade de taxonomia racial. Encontramos os termos cruciais "mestiço" e "mulato" a partir dos séculos XIV e XVI, respectivamente, usados no império para designar os filhos resultantes da união entre brancos e índios ou entre brancos e negros. O termo "pardo", que encontramos a partir do século XIV, era usado habitualmente na vida diária, chegando a ser acrescentado aos nomes pessoais para designar um mulato ou um indivíduo de pele escura, entre o branco e o negro. Algumas etimologias respeitadas indicam uma origem grega e romana para o termo, mas um dicionário português de finais do século XVIII o associava à ave pardal, conhecida não só pelas suas penas escuras, mas também pelo tamanho diminuto e pela vivacidade.[23] O termo "moreno", usado na Espanha desde o século XII e em Portugal desde o século XVI, teve a sua origem em "moro" ou "mouro", significando uma tez trigueira, entre o branco e o pardo, embora em certos casos pudesse ser usado para designar uma cor escura, entre o pardo e o negro. Também indicava cabelo escuro, entre o castanho e o preto, ou simplesmente preto, sendo equivalente ao termo francês e inglês "brunette". A palavra é hoje em dia usada habitualmente tanto no Brasil como em Portugal.

O ambiente colonial estimulou o grande desenvolvimento da taxonomia étnica ou racial: no Brasil, o descendente de pais de origem branca e índia era também chamado de "mameluco", uma referência óbvia à elite militar egípcia composta de escravos cristãos caucasianos convertidos ao islã. A referência à traição das origens era clara, já que muitos mamelucos eram caçadores ativos de escravos índios para os portugueses. "Caboclo" significava, na sua origem, índio, mas na bacia do Amazonas e no Nordeste do Brasil rapidamente passou a designar o descendente de branco e índia, ou um índio capaz de falar a língua geral homogeneizada, a padronização levada a cabo pelos jesuítas da língua tupi. "Carijó" era uma designação original dos índios guaranis que habitavam as regiões do Sul do Brasil. Na língua tupi designava, simultaneamente, o descendente de um branco e um pássaro pintalgado com penas brancas e pretas. Em Minas Gerais, no século XVIII, o termo aplicava-se ao descendente de índio e negra. Nessa mesma região, o filho de branco e índia era chamado de "curiboco", significando um mestiço com pele acobreada e cabelo preto liso.[24]

Os portugueses (nascidos ou apenas residentes no Brasil) davam bastante uso ao vocabulário nativo, em especial nos seus conflitos internos. Em 1708-9, em Minas Gerais, durante a guerra civil entre os habitantes de São Paulo, que reivindicavam os direitos exclusivos ao ouro da região, e os forasteiros de outras partes do Brasil e de Portugal, esses forasteiros eram designados "emboabas", um termo inspirado na palavra tupi para bando de agressores. Em 1710, durante a guerra civil que estourou na região de Pernambuco entre os senhorios de Olinda e os comerciantes do Recife, aqueles eram chamados "mazombos", um termo retirado diretamente do idioma africano quimbundo, que significava um indivíduo taciturno, rústico, bruto ou retrógrado, enquanto estes eram chamados "mascates", uma referência ao porto do golfo Pérsico concebida para diminuir o estatuto dos comerciantes, sugerindo que se tratava de vendedores de quinquilharias. O termo "cafuzo", outra designação para o filho de negro e índia encontrada no Brasil oitocentista, provavelmente se inspirou no quimbundo *kufunzaka*, que significa descolorir e que revela a visão africana do processo de mistura racial.[25]

O uso constante das línguas americanas nativas e africanas para a taxonomia racial é uma das principais características do sistema português, mais desenvolvido do que o espanhol nesse aspecto, porém ainda menos estável nos significados. Segundo estudos recentes, em finais do período colonial, a nomenclatura racial no Brasil designava mais de 150 categorias; o problema, no entanto, é situá-las nos seus contextos espaciais e históricos precisos, de forma que se compreendam a sua evolução ou desaparecimento. Nas colônias portuguesas não houve nada de semelhante à pintura de castas, mas é difícil dizer se isso se deveu aos ambientes interétnicos díspares ou à reconhecida deficiência portuguesa na cultura visual no que diz respeito a temas seculares ou civis. Só com a ocupação holandesa da maior parte do Nordeste brasileiro, entre 1630 e 1654, houve as primeiras representações suntuosas de índios, negros e mestiços realizadas por pintores ilustres da Europa Setentrional, como Frans Post, Albert Eckhout e Zacharias Wagener, convidados pelo conde Maurício de Nassau, governador-geral do Brasil holandês entre janeiro de 1637 e maio de 1644. No entanto, quando comparada com a mexicana, a tipologia que vemos nessas pinturas é muito simples.

Figura 10.7. Mulher tapuia segurando uma mão decepada e com um cesto contendo um pé decepado, c. 1641, óleo sobre tela de Albert Eckhout, 272 × 165 cm. Copenhague, Coleção Etnográfica, Museu Nacional da Dinamarca, n. inv. N38A2.

Figura 10.8. Mulher tupi brasileira segurando uma criança, com um cesto na cabeça, 1641, óleo sobre tela de Albert Eckhout, 274 × 163 cm. Copenhague, Coleção Etnográfica, Museu Nacional da Dinamarca, n. inv. N38A4.

Eckhout foi o artista que criou a série mais completa de tipos humanos, baseada em casais, mas com cada parceiro representado separadamente: índios selvagens (tapuia), índios integrados (tupi), africanos negros e indivíduos de raça mista de origem europeia e índia (mamelucos) — algumas dessas imagens estão reproduzidas aqui. A hierarquia era estabelecida pelas cenas naturais de fundo, pelos gestos e pela aparência dos sujeitos. Os tapuia eram representados na floresta, quase nus e sem quaisquer roupas europeias. O homem surge entre animais selvagens, como a jiboia ou a caranguejeira, na posse de armas índigenas tradicionais — a borduna, as lanças e a zarabatana. O pênis está visível, decorado com um fio de material vegetal, num contraste com o toucado de penas de papagaio e os adornos feitos com penas de ema nas costas. Mostra dois ossos brancos trespassando as faces e uma pedra ou pedaço de resina verde-azulada por baixo do lábio inferior. A mulher segura uma mão decepada e leva às costas um cesto de fibras vegetais com um pé decepado — sinais óbvios de canibalismo (ver figura 10.7). Usa um cinto de corda com folhas verdes que lhe cobre o sexo e, tal como o homem, calça sandálias de fibras vegetais. Entre os pés surge representado um cão domesticado, animal levado pelos portugueses e que pode ser um sinal de transição. Ao fundo veem-se os familiares desnudos da tribo, entre as pernas da índia, enquanto a cena em seu redor é repleta de árvores, plantas e frutos nativos.

A mulher tupi, por outro lado, usa uma saia de tecido europeu, o que a distingue de imediato (ver figura 10.8). O resto do corpo está nu, mas a faixa listrada que lhe prende o cabelo surge como característica distintiva. Segura uma criança no braço direito e um cesto com o esquerdo, em que transporta cabaças, caixas e uma rede de dormir. A criança enverga uma fita semelhante na cabeça. Ao fundo surge uma quinta europeia com fileiras ordeiras de árvores, vacas e trabalhadores a labutar nos campos. Ao seu lado estão uma bananeira importada e animais nativos. O homem veste calção de tecido europeu, tem uma faca europeia e segura arco e flechas nativos, sinais da sua posição intermediária. Ao fundo vemos um veleiro europeu e tupis lavando roupas europeias. Mais uma vez temos produtos do mundo natural familiares dos tupis representados junto ao índio integrado.

O casal negro apresentado por Eckhout é mais intrigante. A mulher está representada com um cesto africano de palha com frutos, entre os quais um mamão papaia do Brasil. Enverga o que provavelmente será um chapéu javanês com penas de pavão. A saia e o elegante cinto de algodão tingido que enverga em volta da cintura são já um misto de roupas e formas europeias e africanas. Tem um

Figura 10.9. Mestiço brasileiro com mosquete e florete (mameluco), 1641, óleo sobre tela de Albert Eckhout, 274 × 170 cm. Copenhague, Coleção Etnográfica, Museu Nacional da Dinamarca, n. inv. N38A5.

cachimbo preso no cinto, o que sugere um hábito feminino africano que era mostrado na imagética da cartografia holandesa seiscentista e que ainda surgia nas fotografias e nos postais de finais do século XIX, especialmente em Cabo Verde. Os ornamentos da negra são espantosos: um colar de coral, um colar de fiada dupla de pérolas, brincos de pérola e pulseiras. O filho, curiosamente de tez mais clara do que a da mãe, exibe uma espiga de milho numa mão e um periquito nativo da África Central e Ocidental na outra. Estão cercados por árvores e frutos nativos. Ao fundo temos a imagem de um porto e de navios ao largo no mar, numa referência à chegada da África. O homem está representado com uma espada cerimonial africana akan (da atual Gana) numa bainha de pele de raia, um cinto de tecido africano, uma azagaia e uma lança delgada de ponta de ferro, à semelhança das usadas pelas tribos da África Austral. Está rodeado pela presa de um elefante africano, por uma palmeira e por conchas do Atlântico sul, o que indica as suas origens, ao mesmo tempo que introduz um toque exótico, já que as conchas eram usadas tanto como dinheiro como para a adivinhação.

O casal mestiço de mamelucos, a última criação de Eckhout nessa série de casais coloniais, é ilustrado com algum esplendor. O homem está descalço e tem cabelo encaracolado, o que significa que tem sangue africano, além de branco e índio (ver figura 10.9). Dificilmente estaria mais bem-vestido: camisa e saia de

tecido branco europeu, além de um colete de couro. No lado esquerdo, um florete sofisticado está preso a um cinturão de pele de jaguar, enquanto no direito podemos ver o punho de uma adaga. Com a mão esquerda segura um mosquete.
Trata-se de uma disposição que se adequaria a um comandante de milícia, um
capataz de plantação ou um caçador de escravos que atingiu uma posição importante na sociedade colonial. Note-se que à sua volta se vê a cana-de-açúcar introduzida pelos portugueses, bem como árvores e frutos nativos. Ao fundo temos
uma praia impressionante e navios europeus no mar. A mulher também está descalça, mas enverga um elegante vestido asiático comprido de algodão branco, um
belo colar europeu com joias, pulseiras e um adereço de cabeça com flores. Tem
o mesmo tipo de cabelo do homem, o que sugere uma origem miscigenada semelhante. Segura um cesto de bambu com flores e está rodeada por árvores, frutos e
animais (tanto nativos como importados pelos portugueses). Estamos num ambiente agrícola, com quintas ao fundo.[26]

O historiador Peter Mason já frisou que essas imagens são compósitos, resultantes de uma "montagem maravilhosa" ou encenação no contexto das formações visuais exóticas.[27] Os pintores setentrionais como Eckhout embelezavam a
"realidade" racial ou étnica, ampliando a riqueza e a fantasia do retrato com peças
das suas coleções ou provenientes dos gabinetes de curiosidades dos seus patronos. Isso é essencial para a compreensão das origens díspares de muitos elementos das pinturas, que não podem ser tomadas como "documentos étnicos", pois
foram compostos pelo artista. Isso é bastante notório no caso do casal africano,
mas o mesmo se passa com o par mameluco, especialmente devido às armas sofisticadas com que o homem é representado. No entanto, temos aqui algo também importante para a minha tese: cinquenta anos antes da criação da pintura de
castas no México, esses artistas no Brasil holandês já apresentavam tipos raciais
num ambiente natural, entre plantas, árvores e animais, como mais um importante produto da terra.

CLASSIFICAÇÃO NA ÁFRICA E NA ÁSIA

A América ibérica, esse espantoso laboratório colonial da mistura interétnica, da taxonomia racial e das imagens dos vários tipos humanos, tem de ser vista
num contexto mais vasto. Os preconceitos integrados nas formas de classificação

foram transferidos de um continente para outro. Os nativos americanos, por exemplo, eram designados constantemente como negros da terra, querendo dizer que partilhavam a selvageria e o atraso com os africanos. Essa transferência ocorreu de uma forma absolutamente oficial na Ásia portuguesa: as listas de indivíduos na folha de pagamentos do rei incluíam a estimativa dos habitantes de cada forte, divididos em dois grupos principais de "brancos" e "negros" casados, indicando asiáticos convertidos com algum elemento de ascendência portuguesa (mestiços, basicamente) e asiáticos convertidos sem sangue europeu. O preconceito baseado na cor da pele foi assim transferido da África para a América e da América para a Ásia; os nativos, mesmo quando convertidos e integrados na sociedade colonial, nunca deixavam de ser considerados negros (ou bárbaros). A particularidade dessa classificação era o fato de os mestiços de ascendência europeia serem considerados brancos na Ásia devido à configuração particular do império português na região, bastante dependente dos recursos humanos locais.[28]

Na África Oriental, a diversidade étnica do atual Moçambique foi o resultado das frequentes migrações de africanos, mas também se deveu à presença de muçulmanos e indianos (em muitos casos indianos muçulmanos, especialmente de Gujarate), que já se encontravam na região antes da chegada dos portugueses. Essas etnias muçulmana e indiana, que se dedicavam ao comércio, eram pejorativamente chamadas *monhé* (do macua *m'monhe*), muçulmano, e *caneco*, filho de indiano e europeia, significando, entre outras coisas, um demônio — um termo encontrado no século XIX, mas que provavelmente tem uma origem mais antiga. Em Angola, desde o século XVIII a situação específica em Luanda era expressa num sistema simples de castas baseado na cor da pele: branco, mulato e negro, complicado por outras duas categorias, cabrito (filho de um branco e um mulato com pele escura mais clara) e cafuzo (filho de um mulato e um negro).[29] Cabrito é mais um exemplo de metáfora animal. Já vimos a adaptação posterior de cafuzo no Brasil, onde passou a ser usado para indicar filho de índio e negro.

A taxonomia usada nos entrepostos comerciais holandeses no golfo da Guiné não era muito diferente da usada em Angola; é preciso ter em mente que os holandeses, que ocuparam Elmina em 1637 e Luanda durante um breve período (1641-8), adaptaram as anteriores práticas portuguesas no terreno. Negro foi traduzido como *swert*, mouro ou *donker* (escuro), enquanto moreno ou *baço* foi traduzido como *bruin* e *olijff coleur*, e mulatos como *mulacken*. Mouro, em holandês, provavelmente mudou de conteúdo semântico de africano negro para muçulmano, sendo aplicado inclusive nas Índias Orientais em finais do século XVII, tendo, no entanto, mais tarde recuperado o significado original.[30]

Também no mundo colonial britânico se importaram desde cedo do vocabulário espanhol e português as taxonomias étnicas e raciais básicas — a saber, "preto", "negro", "mouro", "mouro negro", "mestiço", "mulato" ou "sambo" (filho de índio e negro, do português e do espanhol *zambo*). O abuso verbal, porém, teve um desenvolvimento autônomo: por exemplo, o provérbio "Deus fez o branco, o diabo fez o mulato" estava bastante disseminado no século XVIII, confirmando a pouca consideração com que os indivíduos de raça mista eram tratados no mundo anglo-saxônico.[31] Existem ainda ditos e provérbios marcantes relacionados aos negros, ou que jogam com o contraste entre branco e preto, como "preto como o diabo", encontrado a partir do século XIV, ou "não há branco sem preto, nem doce sem amargo", citado desde o século XVIII.[32] Essa análise leva-nos ao simbolismo das cores, com uma dinâmica relativamente autônoma: o preto esteve sempre associado a contextos culturais e religiosos, tradicionalmente à morte e, no caso do cristianismo, à representação de criaturas pecaminosas e demoníacas.[33] Concluindo, o colonialismo europeu na África e na Ásia não produziu uma taxonomia interétnica e racial tão variada como na América devido ao seu impacto mais limitado. Contudo, ele reflete a competição interétnica local, projeta as designações locais e adapta o vocabulário recebido de outras fontes.

CRITÉRIOS E OBJETIVOS DE CLASSIFICAÇÃO

A derradeira questão a abordar diz respeito à relação entre a cor da pele (real ou imaginária), as características fenotípicas e os atributos mentais e comportamentais presentes na ideia de ascendência. Trata-se de algo essencial para compreender a ambiguidade do processo de definição étnica e de racialização. O historiador Jack B. Forbes chamou a atenção para a ausência do conceito de raça no mundo pré-moderno e a consequente ausência do conceito de mistura racial. Para o autor, as diferenças raciais não eram tão importantes como as nacionais ou religiosas, manifestadas na terminologia usada para designar sarracenos, judeus, cristãos, moçárabes, mudéjares etc. Oponho-me a essa visão, baseada no pressuposto de que a raça é meramente física. Como citado na Introdução, o termo "raça" encontra-se em uso desde a Idade Média, tendo começado por significar linhagem e depois subdivisões da humanidade. Na Península Ibérica foi aplicado a muçulmanos, judeus e negros para referir uma ascendência impura. Não era algo que se baseasse apenas em características fenotípicas; caso trajassem as mesmas vestes, muçulmanos e judeus podiam ser identificados como cristãos. No caso dos convertidos e dos mouriscos, indivíduos discriminados e segregados após uma conversão forçada, a mistura de raça, religião e política torna-se ainda mais visível. Nessa época, uma religião anterior era um marcador importante para a definição de atributos e de comportamentos que supostamente seriam transmitidos de geração em geração, o que demonstra o afastamento da tradição cristã de igualdade entre crentes e significa que os interesses políticos e sociais se serviam da memória da antiga fé religiosa para criar uma linha divisória no seio da comunidade cristã. Essa divisão baseava-se na ideia de ascendência. A genealogia era crucial, mas a genealogia é a construção da linhagem, o que significa que a própria cultura fica enredada nas representações da natureza (nesse caso através da reprodução sexual), dedicando-se à disposição e ao reordenamento da ascendência. Trata-se de um bom estudo de caso para a interligação entre natureza e cultura.[34]

Com a expansão europeia, as características fenotípicas tornaram-se um aspecto essencial para a definição dos diferentes tipos de humanidade. Além das características fenotípicas vinha a descrição estereotipada de atitudes e comportamentos, que viria a ser absorvida pelas teorias das raças (ver a parte IV). Os outros povos do mundo eram hierarquizados de acordo com os critérios europeus para a definição do que era um comportamento controlado ou civilizado. Esses critérios eram expressos segundo a cor da pele, com base na oposição entre preto e branco, algo reforçado com a experiência colonial. A grande variedade de designações cromáticas — no mundo ibérico, por exemplo — não implicava a ausência do conceito de raça, mas sim exatamente o oposto: refletia, isso sim, a mistura de características físicas e mentais. A dificuldade de combinar tons de pele com profissões e ocupações concretas fez parte das intensas criações interétnicas produzidas pelo período colonial na América ibérica.

A solução encontrada nos Estados Unidos em finais do século XVIII e no século XIX, reduzir a variedade interétnica a duas raças, brancos e negros, foi política, confirmando a relação entre a classificação e o conflito social. O rebaixamento de todos os indivíduos mestiços, classificados como negros ou índios, reforçou o conceito de sangue branco puro. Tal processo de racialização foi simples, visível e eficaz segundo o ponto de vista dos interesses dos brancos nas sociedades escravagistas meridionais dos Estados Unidos. Na América ibérica, a classificação complicada não significou a inexistência do processo de racialização; implicou apenas a muito maior complexidade da estrutura interétnica, devido à integração dos nativos americanos como vassalos e ao modelo político relativamente centralizado, o que forçou a conversão de escravos e transformou todos os cristãos em vassalos.

11. Estrutura étnica

De um modo geral, uma sociedade colonial representa uma comunidade nova criada em território ultramarino por migrantes europeus. O modelo grego resultou da superpopulação de uma determinada área, o que viria a desencadear a busca de um local ideal que garantisse água, terra e um porto a determinada comunidade. Tinha como pressuposto uma comunidade agrícola apoiada por um ambiente urbano, mas havia exemplos mais antigos de colônias comerciais no Egito ou no mar Negro.[1] Esse modelo seria reproduzido pelos romanos. As condições políticas e militares de um império que se estendia desde o Atlântico até o Oriente Médio estimularam novas formas e funcionalidades para as povoações, em certos casos estabelecidas nos locais de acampamentos militares fundados em posições estratégicas. As invasões bárbaras renovaram o conceito de colonização, consequência da transferência de populações e da reorganização de identidades étnicas em ambientes rurais e urbanos. Na Idade Média, a expansão genovesa e veneziana baseou-se em colônias comerciais, embora a conquista e o controle dos territórios mostrassem a inspiração no modelo antigo. A expansão portuguesa e espanhola começou supostamente com rumos diferentes, com portugueses estabelecendo colônias comerciais e espanhóis desenvolvendo colônias de ocupação, mas isso deveu-se apenas ao fato de lidarem com diferentes realidades ultramarinas, pois as suas práticas coloniais convergiram na América. As duas nações partilhavam a estratégia da criação de fortes e do controle marítimo da costa no Norte da África, seguindo-se as colônias ou os enclaves comerciais portugueses na África Ocidental e Central, as colônias espanholas na América, favorecidas pela rede urbana dos nauatles e dos incas, e o controle português de portos-chave na Ásia, além das colônias agrícolas no Brasil. Os holandeses e os britânicos estabeleceram colônias comerciais na Ásia, mas desenvolveram comunidades agrícolas na África do Sul e na América. É óbvio que as condições locais desempenharam um papel importante na criação de diferentes tipos de colônias, especialmente as militares desenvolvidas pelos portugueses na Ásia para impor e proteger o comércio marítimo privilegiado.

Com exceção das ilhas do Atlântico — Canárias, Madeira, Açores e Cabo Verde —, do rio Cuanza, do vale do Zambeze, do Cabo, na África do Sul e de parte das Filipinas, na Ásia, às quais se poderia acrescentar, até certo ponto, partes do Sri Lanka, de Java e uma extensão da costa noroeste da Índia, até meados do século XVIII, a expansão europeia só deu origem a verdadeiras sociedades coloniais na América. O domínio colonial, tal como imposto na Índia após a conquista britânica na segunda metade do século XVIII, não implicava, necessariamente, a criação de uma sociedade colonial. Isso obrigaria não só ao domínio político, como também a uma significativa transferência populacional e a algum tipo de controle social de estilo europeu das novas comunidades.

Aqui pretendo abordar a migração europeia diferenciada para os diversos continentes entre os séculos XVI e XVIII, a distribuição geográfica dos escravos africanos transportados em massa para o Novo Mundo, o impacto das epidemias, da guerra e das transferências populacionais no acentuado declínio demográfico dos nativos americanos e o contraste entre as novas sociedades coloniais na América e as resistentes sociedades e civilizações na África e na Ásia. O objetivo é compreender as diferentes condições étnicas e sociais em que se desenvolveram os novos preconceitos étnicos, bem como as ações discriminatórias. Em certos casos, os europeus criaram sociedades coloniais a partir do nada; em outros desenvolveram uma nova organização social e étnica absorvendo as estruturas locais, tendo o segundo sistema dado por vezes origem a sociedades híbridas que conseguiram criar um certo nível de variedade cultural.[2] Os europeus envolveram as elites locais e, em determinadas circunstâncias, desenvolveram na Ásia um sistema de domínio indireto, ao passo que na África aceitaram uma posição relativamente subordinada até o século XIX. É essa diversidade que será analisada no presente capítulo, já que os diferentes modelos de discriminação e de segregação se moldaram através de formas distintas de interação social e étnica.

EMIGRAÇÃO EUROPEIA

A emigração espanhola para o Novo Mundo talvez tenha envolvido 300 mil pessoas até finais do século XVI, 400 mil no século XVII e 500 mil no século XVIII — ou seja, 1,2 milhão de pessoas no início do período moderno.[3] Em cerca de 50 mil casos, entre 1493 e 1600, sabemos o destino dessas pessoas (na sua maioria habitantes da Andaluzia e de Castela): 34,3% dirigiram-se ao México e ao Iucatã, 23,9% ao Peru, 10,6% às ilhas do Caribe, 9,8% a Nova Granada (Colômbia, Venezuela e Equador), 6,8% a Tierra Firme (Panamá), 5,1% ao rio da Prata, 4% à América Central, 3,6% ao Chile e 1,9% à Flórida.[4] No século XVIII ocorreram duas grandes alterações: o número de catalães e de bascos entre os migrantes espanhóis subiu acentuadamente, tendo o seu fluxo dirigido para o rio da Prata, Chile, Venezuela e Cuba, em vez do México e do Peru.[5] A proporção entre homens e mulheres, extremamente desigual nas primeiras décadas de emigração (18-15 para 1), assumiu uma maior igualdade durante a segunda metade do século XVI (4 para 1). É provável que a proporção tenha se tornado ligeiramente mais equiparada graças à estabilização da colonização europeia e ao desenvolvimento de redes urbanas (a principal característica da expansão espanhola). A breve viagem de dois meses entre a Espanha e a América e a baixa taxa de mortalidade foram encorajando gradualmente a migração por parte das famílias. As Filipinas foram colonizadas a partir do México, o que implicou a reemigração da população espanhola e crioula. Na África, a emigração para os fortes espanhóis na costa mediterrânica foi relativamente insignificante, assim como as colônias na Guiné Equatorial e no Saara Ocidental, estabelecidas muito mais tarde, não contaram com um fluxo significativo de migrantes. Outros casos de migração europeia para regiões tropicais tiveram como resultado uma taxa de sobrevivência reduzida. Ainda assim, a capacidade reprodutiva da população branca na América espanhola foi surpreendentemente elevada: em 1760 estimavam-se 3 milhões de brancos.

Os portugueses migraram ainda em maior número — provavelmente 50 mil entre 1415 e 1500, 280 mil entre 1501 e 1580, 360 mil entre 1581 e 1640, 150 mil entre 1641 e 1700, 600 mil entre 1701 e 1760, e 120 mil entre 1761 e 1800, num total de mais de 1,5 milhão de habitantes de uma população cinco a seis vezes menor do que a espanhola.[6] Os destinos eram mais diversos e alteraram-se mais com o tempo do que o que se verificou no mundo espanhol: no século XV, a Madeira e os Açores atraíam o grosso dos migrantes, seguindo-se os fortes do Norte da África; no século XVI, a maioria dirigiu-se à Índia, mesmo sendo a mortalidade a bordo durante a viagem de seis meses provavelmente superior à verificada na travessia do Atlântico. O êxito do cultivo do açúcar no Brasil e a segunda grande crise no comércio marítimo da Índia dirigiram, a partir do último quartel do século XVI, o fluxo de migrantes para a América do Sul. O Brasil era o destino preferido no século XVII, algo encorajado pela taxa de mortalidade muito mais baixa na viagem de dois a três meses. A descoberta de ouro e de pedras preciosas no Brasil explica o boom na emigração durante o século XVIII. A proporção entre homens e mulheres foi ainda mais desequilibrada do que no caso espanhol, e durante os primeiros dois séculos a população branca concentrou-se mais nas zonas rurais do que nas urbanas, num contraste com a América espanhola. Além disso, a relação entre a migração e o desenvolvimento de uma população local estabelecida foi muito mais fraca do que na América espanhola: em 1760, a população branca no Brasil rondava os 390 mil indivíduos. Essa população branca representava menos de 30% da população colonial total; a migração branca com uma porcentagem muito mais elevada de homens do que no caso espanhol dera origem a uma vasta população mulata.

Os portugueses foram os únicos europeus a manter uma presença duradoura na África, especialmente nas regiões do rio Cuanza (Angola), no vale do Zambeze (Moçambique), nas ilhas de Cabo Verde e nos rios da Guiné e de São Tomé, embora as doenças impedissem um fluxo significativo de migrantes. Em mais do que um aspecto, a África foi o oposto da América: estavam instalados sistemas políticos resistentes e, em certas regiões, a taxa de mortalidade dos europeus podia ultrapassar os 40% (até mesmo os 90%) num único ano. Só a generalização do uso de quinino, na segunda metade do século XIX, a revolução na artilharia e o desenvolvimento das armas de repetição abriram caminho a projetos mais ambiciosos de conquista na África.[7] Após três séculos de colonização (1760), a população portuguesa na África subsaariana chegava a um total de apenas 2500 elementos.[8] A migração portuguesa para a Ásia foi extremamente relevante no século XVI, chegando aos 2 mil indivíduos anuais, mas, devido à competição anglo-holandesa, o fluxo diminuiu acentuadamente ao longo do século XVII, não chegando a se recuperar durante o século XVIII. O auge da presença portuguesa na Ásia deve ter se verificado nas primeiras duas décadas do século XVII, mas o valor médio das melhores décadas se aproximaria dos 10 mil indivíduos ali estabelecidos devido à elevada taxa de mortalidade e ao fluxo regular de emigrantes regressados. Em 1760, os portugueses seriam por volta de 3 mil, a maioria nas forças militares.[9] A separação de emigrantes europeus em zonas tropicais está assim bem documentada.[10]

A migração britânica para a América teve início um século depois das migrações espanholas e portuguesas. Durante o século XVII envolveu, acima de tudo, emigrantes ingleses, mas contou igualmente com escoceses e irlandeses. Essas proporções alteraram-se marcadamente no século XVIII, com um predomínio de irlandeses, escoceses e alemães se dirigindo à América britânica. Estimou-se que a migração europeia para a América durante o século XVII tenha se situado nos 355 mil indivíduos, com quase metade dirigindo-se ao continente e metade às ilhas caribenhas. No século XVIII migraram 686 mil pessoas, a grande maioria (84%) para o continente. Durante esses dois séculos, mais de 1 milhão de europeus migraram para a América britânica. A maior parte dessas pessoas era composta de homens jovens, trabalhadores por dívida e deportados. A proporção entre homens e mulheres era desequilibrada: entre os trabalhadores por dívida britânicos a proporção subiu de 3 para 1 na segunda metade do século XVII para 9 para 1 na primeira metade do século XVIII. Esses trabalhadores dirigiam-se, sobretudo, a Chesapeake, na sequência do aumento do cultivo de tabaco, enquanto os colonizadores da Nova Inglaterra eram, em geral, famílias britânicas com uma proporção entre gêneros muito mais equilibrada e que chegavam em menor quantidade.[11] A população europeia na América britânica cresceu acentuadamente ao longo do século XVIII, de pouco mais de 400 mil em 1700 para 1,5 milhão em 1750 e 2,7 milhões em 1770 (83% viviam no continente).[12]

A migração para a Ásia com contratos temporários com a Companhia das Índias Orientais (CIO), criada em 1600, tinha objetivos completamente diferentes, sendo os principais emigrantes marinheiros, soldados, oficiais, amanuenses e agentes comerciais que planejavam regressar à Grã-Bretanha. Foram muito menos as pessoas a procurar trabalho na Índia, quando comparadas com a América; um terço desses migrantes regressou, ao passo que a maioria morreu na Índia. O número de migrantes com contratos deve ter sido muito mais reduzido do que no caso do império holandês na Ásia, pois a CIO não dispunha de um número comparável de entrepostos comerciais e antes de 1757 não se dedicou à conquista territorial. Após essa data, a situação alterou-se profundamente. A desproporção entre o número de migrantes e a população instalada era marcante: em 1780 havia apenas entre 3 mil e 4 mil britânicos (não militares) e eurasiáticos a eles associados nas cidades portuárias. O número de navios e de funcionários permanentes no terreno (na prática, o número de soldados) aumentou significativamente com a conquista da Índia, desencadeada em 1757 com a ocupação de Calcutá. O número de europeus nos exércitos da CIO cresceu de 5 mil em 1760 para 20 mil em 1800.[13]

A expansão holandesa baseou-se em companhias comerciais privilegiadas. Os empregados tinham contratos renováveis e alguns deles prolongaram o serviço na Ásia durante décadas, mas esperava-se que regressassem à Europa. Em 1608, a Verenigde Oostindische Compagnie (VOC), criada em 1602, tinha quarenta navios e quinhentos funcionários na Ásia, com uma média de doze navios a serem enviados anualmente da Europa. Em 1688 atingiu um número elevado de cerca de 7500 soldados, 2400 marinheiros e artesãos, e setecentos amanuenses e agentes comerciais nos territórios asiáticos diretamente controlados pela VOC, além de centenas de funcionários em entrepostos comerciais fora das zonas controladas pela companhia. Em 1720, o número de navios de partida para a Ásia chegava aos 24 por ano e envolvia cerca de 6 mil funcionários, ao passo que o comércio inter-regional asiático envolvia oitenta navios e 4 mil funcionários.[14] Isso corresponde, no total, a 16 mil empregados permanentes da VOC na Ásia, excluindo quem trabalhava nos navios que faziam a ligação com a Europa. Contudo, um número significativo de marinheiros e de soldados não era composto de europeus, uma tendência que se intensificou com o desenrolar do século XVIII. Durante o período anterior a 1800, cerca de 1 milhão de europeus partiram para a Ásia com a VOC, embora muitos desses indivíduos fossem empregados com contratos renováveis. Um terço regressou, na maior parte marinheiros, já que os soldados apresentavam uma taxa de mortalidade muito superior. A VOC não encorajava a colonização e procurava evitar a presença de cidadãos livres após o final dos respectivos contratos. A única exceção foi a Província do Cabo na África do Sul, onde, em finais do século XVIII, existiam 16 mil colonos. Em Batávia, centro do esforço colonial holandês, em 1811 só existiam 2031 habitantes de origem europeia, dos quais apenas 522 haviam nascido na Europa. A migração holandesa para a Ásia foi, em grande medida, circular, mas, como veremos, verificou-se mais mistura com as populações locais do que seria de esperar.

Podemos encontrar uma estrutura comercial semelhante nas operações atlânticas da West-Indische Compagnie (WIC), criada em 1621, embora os holandeses tentassem encorajar a migração para o Nordeste do Brasil, ocupado entre 1630 e 1654, para reprimir a resistência da população portuguesa que lá estabelecera raízes. Os resultados foram pouco expressivos, e os portugueses acabariam por derrotar os holandeses, mas o número de empregados da WIC chegou aos 10 mil em 1639, e em 1645 eram 3 mil os cidadãos livres. Procedeu-se aos mesmos esforços no Suriname, na Guiana e na Nova Holanda, na América do Norte, bem como nas ilhas do Caribe (acima de tudo em Curaçao), com resultados variados: a Nova Holanda foi claramente o caso de migração mais bem-sucedido, com 9 mil brancos em 1664, antes de os britânicos conquistarem a região, mas Curaçao, com 2781 colonos no início do século XIX, era a colônia mais rentável, sendo o centro do comércio holandês na região. Calculou-se que a migração holandesa para as colônias atlânticas chegou a um total de 25 mil indivíduos até 1800,[15] mas a quantidade de pessoas envolvidas nas operações holandesas na área seria muito mais elevada. Pesquisas recentes sobre os empregados trabalhando sob bandeiras holandesas enviados para a África Ocidental por companhias privadas e depois pela WIC entre 1599 e 1673 chegaram a uma estimativa de 33 mil pessoas.[16] Durante o período de 1623-36, a WIC chegou a recrutar 67 mil pessoas em todas as suas operações.[17] Esses dados correspondem às necessidades comerciais para o transporte de bens e ao esforço militar requerido para a proteção das cargas e para o empreendimento de atividades corsárias; além das ações mais notórias, como a captura, em 1628, da frota espanhola da prata, num valor de 11,5 milhões de florins, a WIC capturou 547 navios de carga portugueses entre 1623 e 1638 e outras 249 embarcações no período 1647-8.[18] Se projetarmos esses dados, chegaremos a pelo menos 300 mil pessoas recrutadas pelas operações holandesas no Atlântico, e isso só no século XVII, já contando com períodos de crise e de declínio. No entanto, a vasta maioria desses indivíduos não se tornou colona.

Os franceses não tiveram um fluxo significativo de migrantes ultramarinos antes do século XIX, razão pela qual as suas várias tentativas de estabelecer colônias no Brasil (França Antártica e França Equinocial) e na Flórida malograram. Na Índia, as iniciativas militares levadas a cabo na segunda metade do século XVIII para deter a expansão dos britânicos não foram bem-sucedidas, em parte pelas mesmas razões, embora os recursos empregados (navios e soldados) tivessem chegado a níveis sem precedentes. Aconteceu a mesma coisa na América durante a Guerra dos Sete Anos (1756-63) e no período em que os franceses apoiaram os norte-americanos na sua Guerra da Independência, mas esses empreendimentos militares nunca foram acompanhados por migrações equiparáveis. É difícil avaliar o verdadeiro impacto dessas tropas no terreno. É provável que tenha sido relativamente marcante na Índia, já que os franceses intervieram nas disputas locais, e um pouco menos na América, embora a rede de fortes franceses no interior do continente, em especial na região dos Grandes Lagos, possa ter tido alguma influência. Não obstante, nos séculos XVII e XVIII, os franceses conseguiram instalar-se na zona a que chamaram de Nova França (Acádia, Quebec e Grandes Lagos), bem como na Louisiana, nas Antilhas, na Guiana e nas ilhas Mascarenhas do oceano Índico (Maurícia e Reunião). As estimativas do número de migrantes franceses para as Américas entre 1500 e 1800 variam, mas ele pode rondar os 100 mil indivíduos, se incluirmos soldados.[19] A comparação entre a população europeia da Nova França e a das treze colônias britânicas no continente americano é reveladora: em 1715 havia uma proporção de 1:23, ou 18500 para 430 mil habitantes, e em 1744 a proporção era de 1:30, ou 48 mil para 1,42 milhão.[20]

Esses dados revelam claramente o principal destino dos migrantes europeus entre 1500 e 1800: o Novo Mundo atraiu mais de 3,5 milhões de pessoas. Graças ao seu maior acesso a recursos humanos e financeiros, os holandeses e os britânicos aumentaram a escassa presença europeia na Ásia, mas esses indivíduos eram, acima de tudo, soldados e marinheiros, com os agentes comerciais e os administradores representando uma pequena porcentagem do total. Os europeus do norte presentes na Ásia não eram colonos, e antes de 1800 poucos foram aqueles que se dedicaram ao comércio privado, ao contrário dos portugueses e dos espanhóis. Já foi mencionada a imensa desproporção entre recursos e resultados aparentes — a conquista europeia da Índia e do Sudeste Asiático; o uso sistemático dos recursos locais é a chave para esse enigma, sendo um tema a que regressarei, pois influenciou as relações étnicas.[21] O paradoxo asiático ajuda a acentuar o papel do Novo Mundo na absorção do excedente populacional europeu e, no longo prazo, na criação de um mercado que incentivou o crescimento europeu.[22] Claro que o mais relevante para o meu argumento é o fato de a imensa migração europeia para as Américas ter levado à erradicação da maioria da população nativa através da guerra, da escravidão, dos trabalhos forçados, do serviço militar obrigatório, da transferência populacional forçada e das epidemias de doenças europeias fatais, por exemplo a varíola, às quais os índios não eram imunes.

NATIVOS AMERICANOS E ESCRAVOS AFRICANOS

A estimativa quanto à dimensão da população nativa americana antes da chegada dos europeus é bastante contestada, mas os valores mais comumente aceitos estão entre 50 milhões e 60 milhões de indivíduos. A população nativa das ilhas do Caribe, do México e do Peru sofreu um declínio imediato, mas toda a América seria direta ou indiretamente afetada, dependendo do grau de isolamento das comunidades. No final do século XVI, o número de nativos americanos teria provavelmente caído para 5 milhões ou 6 milhões, ou cerca de 10% do total original.[23] Em 1492, e tendo em conta as formas intensivas de produção agrícola e as redes urbanas que sustentavam, por exemplo, Tenochtitlán, a capital da confederação dos nauatles, que teria, provavelmente, 200 mil habitantes e era maior do que qualquer cidade europeia da época, a maior parte da população nativa americana viveria no México (32% do total) e nos Andes (cerca de 30%). O impacto europeu foi mais forte no Caribe, onde 3 milhões de nativos americanos desapareceram no espaço de duas gerações. Os povos nômades ou seminômades eram claramente os mais vulneráveis a epidemias na América do Norte e do Sul, mas o impacto europeu foi devastador até mesmo nas regiões de agricultura intensiva: na zona central do México, a população caiu de 16,9 milhões para 1,1 milhão de habitantes, e na zona central dos Andes passou de 12,1 milhões para 1,5 milhão em menos de um século, tendo os habitantes das terras baixas sido muito mais afetados do que os das terras altas.

Esse declínio acentuado da população nativa americana viria a facilitar a colonização europeia relativamente homogênea, tal como aconteceu na América do Norte, e a encorajar a importação de escravos africanos para as zonas onde se havia introduzido o sistema de plantation, sobretudo na América ibérica e nas colônias austrais britânicas, bem como nas ilhas caribenhas. Por outro lado, muitos nativos americanos foram integrados na sociedade colonial ibérica através de uniões mistas. A recuperação demográfica das comunidades indígenas na América espanhola teve início entre as décadas de 1590 e de 1620, sobretudo no Equador, no Peru e no México, mas não podemos falar de um movimento generalizado devido às diferentes condições no nível regional e local. Ainda assim, essas áreas, que anteriormente haviam abrigado concentrações de população nativa, revelaram-se mais resistentes, com a recuperação demográfica (embora nunca a ponto de restaurar níveis populacionais anteriores) conduzindo à manutenção de uma população significativa de nativos americanos descendentes exclusivamente de ancestrais pré-colombianos.

O comércio escravagista teve igualmente um enorme impacto no Novo Mundo. A partir da década de 1440 desenvolveu-se uma primeira onda, operada por navegadores portugueses, da costa ocidental da África para a Península Ibérica. Esse comércio, que substituiu o anterior tráfico escravagista do mar Negro e do Leste Europeu, ajudou a prolongar o escravagismo na Europa Austral (acima de tudo no sul de Portugal, na Andaluzia e em Valência, mas também no sul da Itália), em contraste com o norte da Europa. Pesquisas recentes mostram que o número total de escravos africanos vendidos na Península Ibérica teria atingido valores entre 250 mil e 300 mil indivíduos entre 1440 e 1600.[24] O fluxo reduziu-se após essa data, mas só foi interrompido na segunda metade do século XVIII. O êxito na transferência das plantações de cana-de-açúcar do sul da Espanha e do Algarve para a Madeira, as ilhas Canárias e São Tomé, e depois no Brasil e no Caribe, criou um novo mercado nas Américas para os negreiros africanos.[25] A proibição da escravatura de nativos americanos, implementada pelos espanhóis e depois pela Coroa portuguesa ao longo do século XVI, foi a resposta à anterior ausência da instituição no Novo Mundo, ao lado da devastação obviamente provocada por várias décadas de experiência colonial brutal. A instituição da escravatura na África e o comércio tradicional da África equatorial com o Norte da África e o Oriente Médio, redirecionado, em parte, pelos navegadores portugueses para a Península Ibérica, garantiram uma fonte alternativa de mão de obra forçada. O comércio marítimo de escravos africanos já havia sido estabelecido graças a uma rede de portos, agentes, navios e tripulações que podiam ser orientados para o Novo Mundo. O comércio escravagista transatlântico tornou-se rapidamente mais importante do que o comércio para a Península Ibérica, chegando a 152 373 pessoas em 1576-1600 e a 352 843 em 1601-25. Esses valores subiram acentuadamente durante o século XVIII, de mais de 1 milhão de escravos por quartel para mais de 2 milhões em 1776-1800. Mesmo durante o período de abolição do comércio escravagista, de 1807 na Grã-Bretanha a 1850 no Brasil, os valores permaneceram extremamente elevados, com entregas de mais de 3,5 milhões de escravos.[26]

O comércio escravagista transatlântico envolveu um total de mais de 12,5 milhões de africanos, embarcados sobretudo no centro-oeste da África (45%) e no golfo da Guiné (42%), mas também na Senegâmbia e em Serra Leoa (9%) e no sudeste africano (4%). Os portugueses foram responsáveis pelo transporte de mais de 5,8 milhões de escravos (47% do total), seguidos pelos britânicos, com mais de 3,2 milhões (26%), pelos franceses, com mais de 1,3 milhão (11%), e pelos espanhóis, que transportaram cerca de 1 milhão (8%). Os holandeses, os norte-americanos e os dinamarqueses tiveram cotas mais baixas nesse mercado infame.[27] A perda de escravos importados para as Américas começava como consequência das más condições durante a viagem: apenas 10 702 656 chegaram vivos, representando uma perda de 15%. Mais de 5 milhões, quase metade do total, foram desembarcados no Brasil, com a América britânica recebendo mais de 2,7 milhões (26%), as colônias francesas mais de 1,1 milhão (11%) e a América espanhola perto de 900 mil (8%), seguidas pelas colônias holandesas e dinamarquesas. No entanto, essa divisão pelas potências coloniais é enganadora, já que o segundo grande destino do comércio escravagista, depois do Brasil, eram as ilhas do Caribe, que absorveram mais de 4 milhões de escravos.[28] Esses dados obrigam a alguma reserva: uma pequena proporção dos escravos enviados para o Brasil acabou na América espanhola, vítima do contrabando.[29] Alguns dos navios que velejavam com pavilhão espanhol, especialmente durante o período de união das coroas ibéricas (1580-1640), pertenciam a portugueses ou eram operados por eles.

O comércio negreiro para o Brasil sempre apresentou um volume bastante grande: a elevada taxa de mortalidade devido às condições brutas de trabalho nas plantações de cana-de-açúcar não permitia a reprodução natural; para manter a força da mão de obra era preciso importar grandes quantidades de escravos.[30] As condições laborais nas ilhas britânicas, holandesas e francesas eram semelhantes, mas o boom do açúcar ocorreu mais tarde, inspirado no êxito das plantações criadas pelos britânicos em Barbados e na Jamaica a partir da década de 1660. O Caribe britânico continuava a ser o centro do Império Britânico quando eclodiu a Revolução Americana. Mesmo assim, a importação de escravos aumentara no território continental, estimulada pela disseminação do cultivo de arroz na Carolina do Sul e na Geórgia, bem como pela substituição dos trabalhadores por dívida por escravos nas plantações de tabaco de Chesapeake. Consequentemente, nas vésperas da Revolução Americana, havia mais escravos no território continental do que nas ilhas britânicas do Caribe, em razão não do comércio, mas sim da muito mais elevada reprodução dos escravos no continente.[31] Os franceses importavam escravos para a Louisiana, mas o principal destino eram as ilhas caribenhas, sobretudo Saint-Domingue (futuro Haiti), o principal produtor mundial de açúcar no século XVIII. Nesse caso, a combinação da proporção extraordinariamente desigual de donos em relação a escravos (mesmo no contexto do Caribe) com a elevada pressão sobre a mão de obra provocou, primeiro, a taxa mais elevada de escravos fugidos na América e, depois, a revolta de 1791, que destruiu completamente o sistema colonial. Os espanhóis levaram africanos para as regiões despovoadas: primeiro para o Caribe e depois para os atuais Venezuela, Equador, Peru e México. Contudo, o aumento do comércio escravagista verificou-se apenas com o boom posterior das plantações de cana-de-açúcar nas ilhas caribenhas espanholas a partir do início do século XIX, o que justificaria os valores elevadíssimos registrados no período entre 1801 e 1866.

SOCIEDADES COLONIAIS NA AMÉRICA

Todos esses movimentos de migração, despovoamento e transporte forçado de escravos para o Novo Mundo deram origem a sociedades coloniais, em alguns casos criadas a partir do zero e em outros integrando estruturas já existentes numa empreitada totalmente nova dominada pelos europeus. A América apresenta um exemplo único que foi reproduzido apenas em parte em algumas regiões específicas de outros continentes, sobretudo na África do Sul e, até certo ponto, nas Filipinas, mas sem a mesma capacidade de fazer germinar novas configurações multiétnicas que perdurassem nos séculos seguintes. Essas configurações evoluíram profundamente com o passar do tempo, com a brutal discriminação e segregação étnica do período colonial a ser aprimorada na segunda metade do século XIX e na primeira metade do século XX, sobretudo no Sul dos Estados Unidos. Contudo, os processos de independência, de guerra civil e, muito mais tarde, de democratização racial desafiaram os antigos valores estabelecidos pelo sistema escravagista. Quais as estruturas étnicas das diferentes regiões e o seu impacto nas percepções sociais?

Apesar da elevada taxa de mortalidade dos escravos africanos no Brasil, a dimensão dos números envolvidos teve um impacto natural na estrutura da sociedade colonial. Em 1590, um total de mais de 100 mil indivíduos dividia-se em 30 mil portugueses, 28 mil índios e 42 mil africanos, com as capitanias de Pernambuco e da Bahia, onde o cultivo da cana-de-açúcar já era importante, apresentando uma grande concentração de africanos, além de uma presença significativa de índios, muitos deles escravizados logo nas primeiras décadas de colonização.[32] No início do século XVIII, a composição da sociedade colonial pode ter se estabilizado em cerca de 25% de brancos, 30% de mestiços e 45% de negros, numa população total de 300 mil indivíduos. As estimativas do período não incluem uma categoria separada de nativos americanos, alguns dos quais haviam sido integrados na categoria de mestiços, ou então, ao longo de várias gerações, absorvidos na categoria de brancos. Um número significativo de nativos americanos continuava a viver em comunidades autônomas, não só nas periferias coloniais, mas também no seio da zona de influência colonial — nos *aldeamentos*, por exemplo, controlados pelos jesuítas até a secularização imposta em 1757 pelo governo do marquês de Pombal.[33] Só na segunda metade do século XVI, os jesuítas criaram doze aldeias ao redor de Salvador (na época, a capital do Brasil), nas quais viviam cerca de 40 mil índios.[34] No início do século XIX, quando a população total já chegava aos 3 milhões de habitantes, estimava-se que a proporção de brancos rondasse 28%, a de mulatos e negros livres 28%, a de escravos (na sua maioria negros) 38%, e a de índios 6%.[35] A bacia do Amazonas e a capitania do Rio Grande do Sul, nas periferias brasileiras, continham, como é óbvio, as maiores concentrações de índios, enquanto os mulatos e os negros livres ultrapassavam a média em Pernambuco, Goiás, Minas Gerais e Bahia. Os escravos negros atingiam uma porcentagem mais elevada na Bahia, em Goiás, no Maranhão — resultado do recente boom no cultivo de algodão e arroz —, no Rio de Janeiro e em Minas Gerais. Devido ao número mínimo de escravos na região, os brancos ultrapassavam a média no Rio Grande do Sul e no Rio de Janeiro, que se tornara capital da colônia em 1763.[36]

Esses dados revelam uma porcentagem elevada de indivíduos mestiços, acima de tudo de origem branca e negra, mas também alguns descendentes de origem índia. O censo de 1808 identificava "libertos", o que aponta para a visibilidade social desse grupo. A porcentagem de indivíduos livres de origem escrava era muito mais alta do que nas colônias britânicas e francesas na América, encontrando paralelo apenas na América espanhola. Essa porcentagem elevada é um indicador importante da prática regular de alforria, em especial através dos testamentos dos donos de escravos.[37] A grande disseminação de confrarias também desempenhou um papel relevante no que diz respeito a essa prática, já que essas associações religiosas apoiavam a compra da liberdade e pressionavam os proprietários.[38] O reconhecimento da categoria "mulato" nos diferentes censos e cálculos de população é igualmente revelador: indica que os mestiços dispunham de um status social e político na América portuguesa.

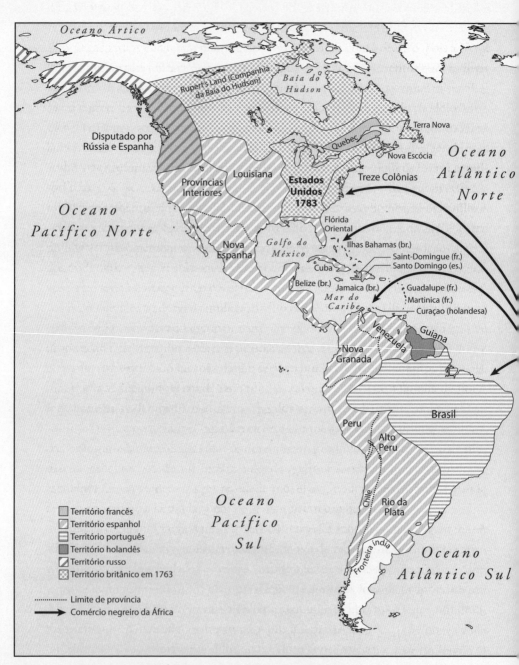

Mapa 11.1. América colonial em 1763 (após a Guerra dos Sete Anos).
Fonte: Geoffrey Barraclough (Org.), The Times Atlas of World History. Londres: Times Books, 1990, pp. 164-5.

O jesuíta italiano Giovanni Antonio Andreoni (1649-1716) viveu na Bahia durante os últimos 33 anos de vida e ocupou as posições mais elevadas da ordem religiosa. Deixou um extraordinário tratado sobre a economia e as finanças brasileiras, *Cultura e opulência do Brasil por suas drogas e minas*, impresso em 1711. Na primeira parte do seu tratado, acerca da economia do açúcar, Andreoni reflete sobre a organização da propriedade — especificamente, a importância da escolha do capataz correto e os deveres da equipe responsável por atividades diversas. Um dos capítulos centrais aborda os diferentes comportamentos dos escravos. Andreoni classifica as capacidades dos africanos de diferentes regiões e coloca os mulatos no topo da preferência para qualquer cargo, mas considera-os arrogantes e perversos, capazes de quaisquer abusos. O autor queixa-se do fato de os mulatos encantarem os senhores por terem o mesmo sangue; são considerados mimados. Acusa os donos das plantações de estarem nas mãos dos mulatos — uma situação que justifica o provérbio "o Brasil é inferno dos negros, purgatório dos brancos e paraíso dos mulatos e das mulatas". Andreoni reconhece a frágil posição dos mulatos, já que a desconfiança e o ciúme podem transformar o amor em ódio, seguido pela crueldade e pelo despotismo, mas reconhece que "não se lhes há-de dar tanto a mão que peguem no braço, e de escravos se façam senhores". Considera uma tolice a alforria de mulatas inquietas, pois elas compram a emancipação com o corpo e, uma vez libertadas, arruínam os homens que iludem.[39] Temos aqui um catálogo de todos os preconceitos contra

Figura 11.1. Jean-Baptiste Debret, Voyage pittoresque et historique au Brésil. *Paris: Firmin Didot et Frère, 1834-9, v. 2, ilustração 6 (litografia). Interior de casa-grande com jovens escravos como bichos de estimação.*

os indivíduos mestiços, elogiados como colaboradores da elite branca, mas suspeitos devido à posição ambígua como mediadores sociais. O papel do intermediário social numa sociedade prenhe de conflitos, baseada na extraordinária opressão dos escravos, implicava estar sujeito a uma vigilância constante.

A magnífica série de retratos da vida diária realizados por Jean-Baptiste Debret (1768-1848) no seu *Voyage pittoresque et historique au Brésil* possibilita uma abordagem visual dessa diversidade étnica, já que nessa obra surgiam representadas cenas diárias da vida pública e doméstica.[40] Em 1816-31, Debret foi pintor oficial da corte real no Brasil e fundador da Academia de Belas-Artes local, onde encenou cerimônias dramáticas e régias, inventando o ritual e a indumentária da nova corte imperial brasileira independente. No entanto, a sua reputação foi granjeada através da representação de índios no seu ambiente natural, uma série de retratos de indivíduos de diferentes etnias africanas (homens e mulheres), imagens da domesticidade feminina nas casas-grandes, repletas de parentes e de escravos, com as crianças negras sendo tratadas como animais de estimação pelos brancos (ver figura 11.1), cenas animadas de lojas e de vendedores ambulantes, de transporte de brancos por escravos e de famílias brancas numa proximidade familiar com os escravos. Os mulatos são representados como capatazes e colaboradores íntimos dos senhores, mas o que domina na série são as cenas grosseiras de

Figura 11.2. Jean-Baptiste Debret, Voyage pittoresque et historique au Brésil. *Paris: Firmin Didot et Frère, 1834-9, v. 2, ilustração 5 (litografia). Funcionário do governo com família e escravos.*

Figura 11.3. Jean-Baptiste Debret, Voyage pittoresque et historique au Brésil. *Paris: Firmin Didot et Frère, 1834-9, v. 2, ilustração 23 (litografia). Loja de escravos no Rio.*

castigo de escravos, da sua venda e dos trabalhos duros impostos aos negros. Apesar da extraordinária capacidade por parte do artista de observar a realidade social, será enganador considerar as suas representações como uma mera documentação visual da sociedade colonial brasileira: é digna de nota a influência orientalista em muitas das suas imagens (ver figuras 11.2 e 11.3).[41]

Debret elogiou o tratamento "humanitário" dos escravos por parte dos portugueses — um tema extremamente questionável das décadas de 1820 e 1830 também reproduzido por Georg Wilhelm Friedrich Hegel.[42] No entanto, são exatamente a brutalidade e o sofrimento presentes nessas cenas raciais e opressivas, também representadas no Brasil por outros artistas, em especial por Johann Moritz Rugendas, contemporâneo de Debret, que estabelecem o contraste com a representação de outros povos latino-americanos durante o mesmo período, mostrando o fluxo e o impacto característicos do comércio negreiro.[43] Basta consultar as séries de cenas apresentadas por Léonce Angrand em Lima, por Raymond Quinsac Monvoisin na Argentina e especialmente por Claudio Linati, Johann-Friedrich von Waldeck e Johann Rugendas (que viajou por toda a América ibérica) no México para ver as diferenças nas tipologias humanas.[44] Elas revelam o declínio na escravidão, verificado nessas regiões desde o século XVII, e a importância dos índios e das castas na sociedade local, visíveis nos trajes e no comportamento dos indivíduos, enquanto o sofrimento de uma sociedade baseada na escravatura já se tornara uma recordação distante. Deve-se mencionar que Debret, que recebia uma pequena pensão do governo brasileiro, não se furtava a criticar o sistema escravagista e a opressão sofrida pelos negros na vida diária, publicando comentários incisivos sobre o tema junto a algumas das suas imagens. Chegou a reproduzir o abuso verbal que fazia parte dos maus-tratos escravagistas, como "cala a boca, preto".

Em 1789, estimava-se que a população da América espanhola fosse de 14 milhões de habitantes, dos quais 56% eram índios, 23% brancos, 8% mulatos, 7% mestiços e 6% negros. Destes, 4,7 milhões, ou 34% do total, viviam num ambiente urbano. Nesse caso, a porcentagem de brancos estava quase no mesmo nível da dos índios, 36% ou 37%, seguidos pelos mestiços (14%), pelos mulatos (9%) e pelos negros (4%).[45] A estrutura racial variava profundamente entre regiões. No México, em 1810, numa população de cerca de 6 milhões de habitantes, 60% eram índios, 22% eram mestiços e 18% brancos (além de um número residual de negros). Também se encontravam porcentagens elevadas de índios no Equador (65% da população total), no Peru (58%), na Guatemala (58%), na Bolívia (48%) e em Honduras (41%). Havia porcentagens reduzidas de índios na Colômbia (20%), na Venezuela (18%) e no Chile (10%), um valor mais aproximado da porcentagem brasileira. Os mestiços e as castas marcavam uma presença importante em Honduras (53%), na Colômbia (48%), na Venezuela (45%), na Guatemala (38%) e na Bolívia (31%). Com exceção do Caribe, os negros só mantinham uma presença significativa na Venezuela (16%), na Colômbia (8%) e no Peru (7%). Em todos os outros casos do continente, calculou-se que a população seria inferior a 2%.[46] Nas ilhas espanholas do Caribe, o cultivo da cana-de-açúcar em grande escala só teve início nas últimas décadas do século XVIII. O boom do açúcar no século seguinte concentrou-se em Cuba, algo que se reflete na progressão do número e das porcentagens de escravos: entre 23% e 24% da população total entre as décadas de 1770 e 1790, e 41% e 43% entre as de 1820 e 1840. Nessas últimas décadas, o número de escravos tornou-se, pela primeira vez, mais elevado do que o de brancos, mas o desmantelar do comércio negreiro e a imigração europeia inverteram de imediato essa tendência. Os dados sobre os não brancos libertos (mulatos, na sua grande maioria) são igualmente reveladores: entre 21% e 20% entre as décadas de 1770 e 1790, e 15% entre as de 1820 e 1840. Os dados acerca de outras ilhas caribenhas espanholas revelam um número muito menos significativo de escravos e um número mais

Figura 11.4. Cena de feira livre no México, c. 1831-4, óleo sobre tela de Johann Moritz Rugendas, 56 × 70 cm. Hamburgo, Hamburger Kunsthalle, n. inv. 3494.

elevado de indivíduos não brancos libertos; em Porto Rico, em 1775, os não brancos livres representavam 48% da população total.[47]

Podemos ver que a América espanhola definiu um modelo multiétnico baseado numa população índia e mestiça dominada por uma elite branca, em que o elemento africano, no longo prazo, viria a manter e a aumentar uma presença importante nas ilhas caribenhas. No território continental, a população índia gozava de um status superior ao dos mestiços, mulatos e negros, tanto de um ponto de vista político como religioso: tinham acesso à educação; não seriam questionados quanto à fé; e poderiam ter acesso à estrutura eclesiástica local, mediante certas condições. Para a elite índia, a conquista abriu vastos círculos de conhecimento mundial. O resultado da interação prolongada com os colonos foi o hibridismo, que não se limitou à criação física de castas, ganhando expressão cultural na literatura, na música, na gastronomia, na pintura e na arquitetura (ver figura 11.5).[48] Essa riqueza criativa de novos grupos interétnicos não tem sido devidamente avaliada. Ao mesmo tempo, não devemos nos esquecer de que ainda era preciso superar os preconceitos étnicos tradicionais de uma sociedade colonial baseada na ideia da supremacia branca. Mesmo assim, verificavam-se diferenças particulares entre regiões, bem como possibilidades que acabaram por se exprimir em ações políticas. Entre 1858 e 1872, Benito Juárez, um índio zapoteca formado em direito, foi presidente da República do México durante cinco mandatos,

Figura 11.5. Mexicanas prepararando tortilhas, c. *1834, litografia de Jean-Frédéric Waldeck.*

tendo resistido à ocupação francesa, mantido a república e promovido a modernização do país. Isso seria impensável no Brasil, dominado pela elite branca e apenas com uma pequena porcentagem de índios na população, embora mesmo aqui a imagética nacional tivesse ido beber nas origens índias do país para expressar a sua oposição à anterior potência colonial. A forte presença de uma população mestiça ou mulata — característica específica da América espanhola e portuguesa — contrasta com a situação verificada nas colônias da Europa Setentrional.

Devido ao impacto do sistema de plantation no Sul, que envolvia um grande número de escravos, a América britânica apresentava uma divisão clara da estrutura étnica nas quatro zonas principais convencionalmente definidas. Nas colônias do Norte (Nova Inglaterra, onde se incluíam Nova Escócia, New Hampshire, Massachusetts, Rhode Island e Connecticut), que dependiam de madeira, peles, pesca, estaleiros e transportes marítimos, a porcentagem de negros era extremamente limitada, representando entre 2% e 3% da população total durante todo o período colonial. As colônias centrais (Nova York, Nova Jersey, Pensilvânia e Delaware) tinham um número significativo de africanos devido ao mercado urbano doméstico e à atividade rural bem desenvolvida, mas nunca alcançou os níveis do sistema de plantation; na verdade, esse número caiu de 12% em 1640 para 6% em 1770. A economia das colônias do Sul (Maryland, Virgínia, Carolina do Norte, Carolina do Sul e Geórgia) baseava-se no sistema de plantation, embora na região de Chesapeake o cultivo de tabaco tivesse começado a ser desenvolvido com o trabalho por dívida. A produção de arroz e de algodão na região mais austral foi, desde o início, mais dependente do trabalho escravo. Ao longo do século XVIII, o custo cada vez mais elevado do trabalho por dívida e o custo relativamente baixo dos escravos levaram à substituição do primeiro tipo de mão de obra. A porcentagem de negros entre a população foi crescendo progressivamente, de 5% em 1660 para 25% em 1710 e depois 40% em 1760, sendo que em 1790 ainda representavam 36% da população. A economia das ilhas caribenhas (Barbados, Antígua, Monserrate, Névis, São Cristóvão, Virgens e Jamaica) baseava-se no cultivo de cana-de-açúcar, contando desde o início com uma vasta mão de obra escrava: os negros representavam 50% da população em 1660, 83% em 1710 e 88% em 1760. As ilhas atlânticas (Bermudas e Bahamas) seguiram o modelo das colônias do Atlântico sul, com a porcentagem de negros disparando de 5% da população em 1660 para 40% em 1710 e 47% em 1760.[49] A expansão dos Estados Unidos para oeste, que começou sob o domínio colonial britânico, levou à expansão do cultivo do algodão, com base em trabalho escravo, para novas colônias e estados sulistas.

Existe um problema na forma como os dados foram originalmente produzidos e até que ponto podem ser analisados. A ideia de que os nativos americanos foram totalmente segregados não tem base, mesmo havendo certas narrativas sobre a recusa britânica de cruzamentos com determinadas comunidades indígenas durante as viagens de exploração. Quando Walter Raleigh narrou a sua viagem à Guiana, gabou-se, sob juramento, de que nenhum dos seus homens havia tocado numa nativa, mas não poupou os comentários pessoais sobre a beleza das índias.[50] A verdade é que a legislação local nas colônias era muito mais favorável à integração dos índios do que à dos africanos. A interação sexual que atravessasse as fronteiras étnicas provavelmente foi influenciada pela quantidade de mulheres brancas e pelo grau de controle comunitário. Deve ter sido bastante mais generalizada em Chesapeake do que na Nova Inglaterra. Ao longo do século XVII verificou-se em Chesapeake uma tendência para a emancipação, provavelmente de indivíduos de raça mista, e os escravos libertados adquiririam terras, alcançando um estatuto semelhante ao dos brancos. A reação fez-se sentir na virada do século: a assembleia de brancos na Virgínia proibiu que os donos libertassem os escravos e opôs-se veementemente à miscigenação.[51] Trata-se de um exemplo claro de como a legislação local reprimiu o possível desenvolvimento de um sistema interétnico relativamente aberto, remodelando o comportamento normal e obrigando as várias etnias a constituir apenas duas raças, brancos e negros, com os indivíduos de raça mista contados como negros. No entanto, em 1755, em Maryland, 8% da população escrava estava registrada como mulata, sendo essa percentagem na Virgínia certamente mais elevada, mas os latifundiários continuaram a pensar em termos de duas raças.[52]

Nas ilhas caribenhas britânicas, os mulatos eram classificados como "de cor", refletindo um conceito racial tripartite, mesmo provavelmente não sendo o número de mulatos tão elevado como na região de Chesapeake. A presença de uma maioria esmagadora de negros levou à aceitação de um certo status social para os indivíduos de raça mista, presentes tanto nas áreas rurais como nas profissões urbanas baixas e médias. Em 1810, as chamadas pessoas de cor compunham 12% da população escrava das ilhas principais. Os não brancos livres (mulatos, na sua maioria) só começaram a ser incluídos nas contagens populacionais nas últimas décadas do século XVIII. Era uma categoria limitada, pois entre os escravos havia uma porção significativa de indivíduos de raça mista. Na ilha de Barbados, os não brancos livres passaram de 1% da população total em 1786 para 7% em 1834.[53] Na Jamaica mantiveram uma porcentagem estável de 2% a 3% entre 1758 e 1800, mas em 1834 haviam chegado aos 12%. No Império Britânico, o comércio escravagista foi abolido em 1807 e a escravidão em 1833.[54] A prática da alforria era extremamente limitada, quando comparada com o seu uso nas colônias americanas portuguesas e espanholas, o que suscita a questão das políticas e dos hábitos locais. Podemos observar esse mesmo padrão nas colônias holandesas e dinamarquesas. Os indivíduos de raça mista — a grande maioria de escravos — conseguiam controlar o acesso às posições mais íntimas do serviço doméstico. É bem conhecido o papel da família Hemings no Monticello de Thomas Jefferson. Havia ainda outros grupos de raça mista, especialmente comerciantes da costa africana, descendentes de famílias brancas e negras que se haviam miscigenado.[55]

A estrutura étnica das colônias francesas na América foi definida pela escassa migração europeia, em grande contraste com as imensas reivindicações territoriais nessas áreas, que cercavam as treze colônias britânicas e chegavam ao Canadá, aos Grandes Lagos, a Illinois e à Louisiana, sendo que esta incluía uma grande área que seguia os contornos do vale do Mississippi. O contraste entre os projetos coloniais e as realidades locais levou a uma aliança permanente com os nativos americanos, baseada na oferta contínua de presentes, aproximando-se de uma política de tributos. Essa dependência explica a relação muito mais próxima entre os europeus e os seus aliados índios, o que levou a um certo grau de relações sexuais interétnicas e a um determinado número de uniões, com muito mais jovens franceses a se juntarem às comunidades nativas americanas do que no caso dos britânicos, em busca das atrações de uma vida selvagem.[56] No entanto, os descendentes dessas uniões seriam absorvidos pelo ambiente nativo devido à natureza mais flexível dos costumes, em que a hospitalidade sexual para com os estrangeiros era uma instituição social que promovia a troca e a integração pacífica.

A escravização dos índios inimigos, muitas vezes perpetrada pelos nativos aliados dos europeus, era outro elemento da sociedade colonial canadense: registraram-se 2087 escravos nativos e 1517 escravos africanos durante o período de domínio francês — números inegavelmente limitados.[57] O número de escravos africanos era mais significativo em Illinois: subiram de 25% da população colonial em 1726 para 32% em 1752.[58] A derrota francesa na Guerra dos Sete Anos teve como resultado a integração do Canadá ao Império Britânico. As comunidades locais de elementos de raça mista permaneceram, mas alguns colonos franceses mudaram-se para o alto Mississippi e para o Missouri, onde se misturaram com os sioux, os cheyenne e os arapaho, enquanto outros viajaram ainda mais para sul, até os territórios dos kiowa e dos comanche, criando novos grupos de mestiços aliados dos nativos americanos.[59] Na Louisiana, o número de escravos africanos subiu de 4 mil em 1740 para 6 mil em 1763, com a maioria trabalhando nas plantações de anil e de arroz nos arredores de New Orleans. Devido ao pequeno número de brancos, a proporção na região entre estes e escravos negros era de quatro para um na década de 1730 e de dois para um na de 1760.[60] As ilhas caribenhas francesas seguiam a estrutura étnica da região, com uma categorização tripartite da população multiétnica. O boom do açúcar teve início muito mais tarde do que nas colônias britânicas e holandesas, ainda que Saint-Domingue viesse a se tornar o maior produtor mundial durante o século XVIII. As estimativas disponíveis indicam a presença de não brancos livres — uma categoria em que a grande maioria seria considerada de cor —, mas também havia uma minoria de indivíduos de raça mista entre os escravos. Em 1789, dois anos antes da revolta dos escravos, Saint-Domingue tinha 434 429 escravos (89% da população total) e 24 848 indivíduos não brancos livres (5%). Embora a população, no seu todo, fosse muito menor em Guadalupe e na Martinica, a porcentagem de escravos na época era de 84% e 87%, respectivamente, enquanto a de não brancos livres correspondia apenas a 3% e a 5%.[61]

SOCIEDADES COLONIAIS NA ÁFRICA E NA ÁSIA

Agora abordarei as sociedades coloniais europeias na África e na Ásia, para comparar os dados numa escala mais vasta. Os portugueses viviam acima de tudo em portos ou em enclaves onde comerciavam escravos ou ouro, como na Mina, na Costa do Ouro do golfo da Guiné. Em cada entreposto residia um número limitado de brancos, que se uniam em casamentos miscigenados e tinham filhos com nativas, mas esses descendentes eram reabsorvidos pela sociedade nativa local, pois não existia uma verdadeira colônia de dimensões mínimas. Na África Ocidental, na região dos rios da Guiné, muitas centenas de portugueses conhecidos como lançados ou tangomaus instalaram-se nas comunidades locais. Os cristãos-novos foram parte importante dessa migração. Os tangomaus introduziram-se nas chefaturas locais e desempenharam um papel importante como mediadores entre as potências africanas e a portuguesa, ou outras potências europeias, contrabandeando e vendendo escravos.[62] Tornaram-se nativos com mais de uma identidade, e as suas comunidades não podem ser consideradas sociedades coloniais.

Nas últimas décadas do século XV criou-se uma sociedade colonial nas ilhas de Cabo Verde, desabitadas antes das viagens portuguesas. Durante quase dois séculos, as ilhas funcionaram como plataforma para o comércio negreiro a partir da África Ocidental. Em 1582 viviam cerca de 16 mil pessoas nas ilhas, sendo a sua grande maioria escravos (87% da população total). Brancos e mulatos viviam lado a lado num curioso agrupamento de 1600 "vizinhos", havendo já quatrocentos negros livres casados e provavelmente menos de duzentos brancos. Em 1731, os escravos representavam apenas 15% da população; a maior parte dos habitantes era de indivíduos livres de raça mista e negros.[63] O arquipélago de São Tomé e Príncipe, no golfo da Guiné, foi outro caso de uma sociedade colonial baseada no cultivo de cana-de-açúcar, embora as frequentes revoltas de escravos tenham perturbado a sua economia por várias vezes. Em meados do século XVI estimava-se a existência de setecentos vizinhos — o que significava pessoas livres —, mas não sabemos quantos eram brancos, enquanto as sessenta propriedades produtoras de açúcar seriam provavelmente compostas de uma concentração de 10 mil escravos. No século XVIII espalharam-se pelas ilhas pequenas fazendas de indivíduos livres negros e de raça mista, nas periferias das grandes plantações.[64] Tal como em Cabo Verde, desde o início havia negros livres, provavelmente africanos da costa que levavam a cabo trocas com as suas antigas comunidades e que haviam encontrado um nicho na sociedade colonial portuguesa.[65]

No território continental, os portugueses mantiveram uma forte presença no reino do Congo, onde atuavam como clérigos, comerciantes e soldados. A facilidade com que o cristianismo foi aceito pela família real congolesa, pelas elites e pela população urbana do reino foi um caso único na África quinhentista, o que deve ser avaliado segundo o ponto de vista da mitologia local e das necessidades do poder político.[66] Desenvolveu-se uma identidade nova, ainda que temporária, baseada numa forma específica de cristianismo, que combinava práticas e crenças religiosas anteriores. Relevante para o nosso argumento é o fato de, a longo prazo, as ações militares portuguesas nas periferias do Congo, ao lado da dependência estrutural portuguesa do comércio negreiro, terem corroído as relações com o reino africano. O crescente preconceito europeu contra os clérigos e os governantes nativos é justificado pela divergência dos projetos políticos. A relação desmoronou-se em 1665 com a batalha de Ambuíla, em que o rei congolês foi derrotado pelos portugueses. A isso seguiu-se o longo declínio político do reino do Congo; no início do século xix já não havia vestígios de cristianismo.[67]

Durante dois séculos, as colônias portuguesas em Angola concentraram-se em Luanda, na região do rio Cuanza e em Benguela, raramente ultrapassando os quinhentos brancos.[68] A influência portuguesa no interior foi crescendo ao longo do século xviii, mas em 1798 a cidade de Luanda contava apenas com 562 europeus, contra 1259 indivíduos mestiços e 5383 africanos, na maioria escravos.[69] Nesse mesmo período, o número de indivíduos de raça mista no interior do que é atualmente o território angolano poderá ter chegado a 4500 pessoas, representando, no entanto, menos de 1% da população total. Essas proporções são corroboradas por dados estatísticos muito mais precisos de 1950: na época, apenas 0,7% da população de Angola era de raça mista. Verificou-se em Moçambique uma situação histórica semelhante com uma colônia portuguesa mais dispersa, inicialmente inserida nas chefaturas da confederação Monomotapa e depois reduzida ao vale do Zambeze, mas com vários entrepostos comerciais na costa e ao longo dos rios principais. Mais uma vez, a proporção extremamente baixa de indivíduos mestiços manteve-se até o século xx, representando apenas 0,4% da população em 1950.[70] Esta é uma questão importante: no contexto africano, os indivíduos de raça mista eram em geral reabsorvidos pela sociedade como um todo — uma diferença estrutural em relação ao Brasil, onde existia um lugar específico para os grupos interétnicos.[71] É verdade que em alguns lugares cruciais, como Luanda, os indivíduos de raça mista tiveram um papel importante durante séculos, mas essa não era a regra nos vastos territórios africanos.[72]

A situação do Estado português na Índia também foi diferente. Devido ao acesso limitado ao capital e à mão de obra europeus, os portugueses dependiam dos recursos locais. Os portugueses começaram desde logo por basear a sua presença em alianças locais com comerciantes, banqueiros e informantes. A estratégia de casamentos inter-raciais foi implantada no nível local, indo contra a política segregacionista advogada pela Coroa.[73] As políticas de conversão assumiram importância na criação de grupos nativos relativamente afastados das tradicionais alianças políticas locais que pudessem servir de ponte para os interesses políticos portugueses e, em certos casos, ser mobilizados para fins militares. O capítulo seguinte analisa as políticas de erradicação de outras religiões e o impacto da Inquisição, mas neste momento é essencial frisar a existência em Goa de uma forte comunidade cristã nativa entre as décadas de 1560 e 1740, além de pequenos enclaves cristãos, como era, por exemplo, o caso de Macau. Esses casos estabeleciam um contraste com outras colônias geridas por uma minúscula elite cristã minoritária, especialmente a Província do Norte, uma faixa de território na costa noroeste indiana, ou o Ceilão (Sri Lanka), controlado, de um modo geral, pelos portugueses entre as décadas de 1590 e 1620. Os inventários das colônias portuguesas na Ásia, especialmente os mais detalhados, compilados em 1635 por António Bocarro e Pedro Barreto Resende, revelam a divisão entre *casados* brancos e negros (homens católicos casados): de um total de 43992 indivíduos, 4937 eram classificados como brancos e 39055 como negros.[74] Essa classificação obriga a alguns esclarecimentos: entre os indivíduos casados excluíam-se os soldados (uma grande parte da população portuguesa nos fortes que servia nas colônias), e a categoria de homens católicos casados implicava que o número de familiares, criados e escravos no mesmo agregado familiar deveria ser multiplicado pelo menos por dez, segundo as condições asiáticas, o que daria um número total de cerca de 450 mil católicos sob o domínio português. No entanto, o mais marcante é o fato de os casados brancos serem, na sua maioria, indivíduos mestiços de ascendência europeia e de os convertidos nativos serem rotulados de negros num relatório oficial. Os portugueses dependiam dos nativos, misturavam-se com eles e concediam status aos descendentes, mas não se tornaram menos abusivos no vocabulário usado.

O padrão da presença colonial espanhola nas Filipinas baseou-se na evangelização da população local, com o controle do processo de colonização nas mãos das ordens religiosas.[75] É verdade que a população não fora ainda tocada pelas religiões do Livro, à exceção das ilhas austrais islamizadas; o território não era rico em metais preciosos; e as colônias encontravam-se dispersas, o que impediu o impacto imediato por parte das doenças europeias. Esses três fatores contribuíram para níveis comparativamente mais baixos de combates, transferências populacionais e epidemias, embora o declínio da população nas Visayas e em Luzón tenha recentemente sido recalculado por Linda A. Newson como correspondendo a dois terços do total — de provavelmente 1,5 milhão de habitantes, antes da chegada dos espanhóis, para 500 mil em 1655.[76] O declínio da população nativa foi significativamente mais baixo do que na América, mas a recuperação teve início mais tarde. Em 1571, os espanhóis transformaram Manila no seu quartel-general e mantiveram o domínio sobre as ilhas (à exceção do sul) até 1898, com um breve mas decisivo interlúdio britânico 1762-4. A disseminação do catolicismo definiu uma sociedade colonial baseada numa elite espanhola ínfima (setecentas pessoas em 1588, entre as quais trezentos soldados e 150 monges), com uma grande comunidade de migrantes chineses e uma porcentagem significativa de indivíduos de raça mista (brancos e chineses, bem como brancos e tagalos).

Os holandeses e os ingleses na Ásia e na África misturaram-se intensamente com os nativos, algo que vai contra o pressuposto comum de que desde o início se instaurara a segregação. Em 1650, Johan Maetsuyker, governador holandês do Ceilão, que ainda combatia os últimos redutos da resistência portuguesa, relatou a existência de 68 cidadãos livres casados com mulheres locais, na sua maioria de ascendência portuguesa. Outros duzentos cidadãos livres casaram com mulheres indo-portuguesas depois da conquista de Colombo e de Jaffna, em 1656-8.[77] Em Batávia e nos entrepostos comerciais do Extremo Oriente holandês existiram famílias miscigenadas durante os séculos XVII e XVIII, tendo muitos dos descendentes vindo a casar-se com agentes importantes da VOC, entre eles governadores-gerais.[78] Cornelia van Nijenroode, filha de uma gueixa e de um mercador holandês no Japão, é um caso extraordinário de uma mulher abastada que na Batávia seiscentista lutou pelos seus direitos contra o segundo marido ganancioso, um advogado holandês.[79] Nas últimas décadas do século XVIII, oficiais conhecidos da Companhia das Índias Orientais inglesa, como o major James Achilles Kirkpatrick, residente britânico na corte de Hyderabad, ou o general William Palmer, residente em

Poona, tinham esposas e famílias indianas, tendo adotado a maioria dos rituais, trajes, alimentos e hábitos nativos. Estima-se que, a essa altura, um terço dos britânicos na Índia tivesse esposas ou concubinas nativas, sendo pais de crianças de raça mista.[80] Portanto, os portugueses não foram os únicos europeus na Ásia a criar comunidades de raça mista ou a desenvolver uma relação íntima com as sociedades locais. A diferença entre as potências europeias na Ásia estava no status político atribuído (ou não) a essas comunidades.

Já em 1612, Pieter Both, o primeiro governador-geral das Índias Orientais holandesas, defendia os casamentos miscigenados com mulheres nativas e cristãs convertidas (católicas) de várias partes da Ásia, em especial de Amboina. O Heren XVII (o órgão gestor da VOC) autorizou o governador-geral e o seu conselho a permitir que os homens em fim de contrato, mercadores, amanuenses, soldados e marinheiros, se instalassem na Ásia. Esses homens livres podiam negociar bens sobre os quais não existisse monopólio — por exemplo arroz, sagu ou gado — e esperava-se que se juntassem aos efetivos militares locais em caso de guerra. Começaram por se instalar nas Molucas, depois em Batávia, em Malaca e no Sri Lanka, acompanhando a expansão holandesa. Continuariam sujeitos às regras e à jurisdição da companhia, podiam ser autorizados a se casar com asiáticas batizadas, e os filhos deveriam ser educados como cristãos. No entanto, os homens livres casados com asiáticas não tinham autorização para regressar à Europa. Em 1644, os escravos, os indivíduos de raça mista e as esposas de raça mista foram proibidos de viajar para a Europa — proibição reiterada em 1650 e em 1713. Mesmo os cidadãos livres casados com europeias só podiam regressar à Europa com posses pessoais. Em 1672, as autoridades de Batávia proibiram a contratação de empregados asiáticos para funções administrativas, a menos que tivessem uma permissão especial — esse veto foi renovado em 1715 e estendido em 1718 aos descendentes de europeus. Só em 1727 teve início o processo inverso: a promoção de eurasiáticos nos territórios administrados pela VOC.[81]

Embora essas regras, que se prolongaram até o primeiro quartel do século XVIII, indiquem um processo de segregação, o objetivo principal era controlar o grupo de homens livres que pretendessem continuar a viver na Ásia. Esses antigos funcionários eram considerados potenciais concorrentes dos agentes da companhia em termos de comércio, contrabando e pirataria. Esse tipo de legislação manteve os homens livres às margens do sistema, e por isso eles nunca se tornaram um grupo social importante. A VOC nunca dependeu deles em Java, no Sri

Lanka ou na Índia, pois os chineses, os gujarati, os bengali e outros grupos mercadores eram muito mais eficazes com as suas redes de comércio local, regional e inter-regional. Os cidadãos livres dedicavam-se, sobretudo, à hospedagem, o que nos dá uma ideia da escala limitada das suas atividades comerciais. A única exceção foi a colônia da Cidade do Cabo, que funcionava como ponto de abastecimento da Marinha da VOC a caminho da Ásia. Nesse caso, os cidadãos livres misturavam-se com a população local, usavam escravos da África Oriental — especialmente de Madagascar — e criaram uma base sólida para a produção agrícola e pecuária. Na África Ocidental, onde a WIC, no auge da sua presença, na década de 1640, dispunha de 1170 empregados permanentes, com uma elevada taxa de mortalidade de 68% ao ano, com o tempo usou cada vez mais mulatos, primeiro como soldados e artesãos, e depois como agentes comerciais, apesar da pressão constante e das medidas concretas contra as relações sexuais com a população nativa.[82] Alguns tornaram-se mercadores independentes importantes ou obtiveram uma posição influente nas estruturas holandesas, chegando mesmo a tornar-se membros do conselho da WIC, como foi o caso de Jan Nieser e de Jacob Ruhle, no início do século XIX.[83] Claro que se tratou de um grupo limitado num contexto específico, tendo como cenário a exclusão dos africanos de quaisquer cargos ou posições relevantes dentro da WIC; os africanos só eram usados como escravos para carregar e descarregar navios, ou, quando muito, como artesãos. Nos casos asiáticos, onde existem indícios de significativos casamentos mistos após a conquista, o grupo de cidadãos livres não se desenvolveu como esperado inicialmente. Mesmo no Sri Lanka, onde o casamento misto era fortemente encorajado, a comunidade eurasiática não permaneceu estável e coerente durante muito tempo, embora existam linhagens de indivíduos com descendência europeia.

O caso inglês é mais complicado, pois o império foi estabelecido muito tarde na Ásia; até 1757 só houve uma série de entrepostos comerciais e fortes, sem controle efetivo de uma área significativa de território. A política de conquista de Robert Clive veio alterar completamente a situação, estimulando a emigração a partir das Ilhas Britânicas e aumentando os contatos com as comunidades locais. O surgimento de famílias miscigenadas ocorreu bastante tarde em comparação com os casos português e holandês; era um assunto considerado privado, tolerado e gerido individualmente durante um breve período de tempo. As famílias miscigenadas nunca se tornaram "comunidades" porque os ingleses dispunham do capital (acima de tudo nativo, diga-se de passagem), do pessoal e da tecnologia militar que lhes permitiram alargar o domínio político na Índia sem depender de indivíduos mestiços. A tendência inicial para com as famílias miscigenadas foi confrontada, em finais do século XVIII, com a cristalização em lei dos preconceitos étnicos. Em 1793, a decisão de excluir os indivíduos de raça mista do serviço público definiu uma política de discriminação (e segregação) que estabeleceu o rumo das relações sociais entre colonos e nativos para todo o século XIX.[84] A criação de famílias miscigenadas sofreu uma redução significativa na virada do século, servindo de bom estudo de caso sobre o impacto da legislação na alteração dos valores e dos comportamentos humanos.

Existe uma derradeira questão que não pode ser aqui analisada: a identificação das diferentes etnias e religiões entre os africanos ou os nativos americanos. O fato de os critérios de classificação estarem praticamente monopolizados pelos tons da cor da pele não significa que os observadores — governadores, administradores, capitães, viajantes e escritores — não tivessem noção da imensa variedade étnica encontrada na África ou na América. Muitos observadores eram não só capazes de identificar dezenas de etnias originais quando se referiam à comunidade escrava africana de determinado local, como também notaram as diferentes formas de religião praticadas antes da viagem atlântica entre a África e a América. O islã era o problema religioso óbvio com os escravos levados da África Ocidental. Essa fé religiosa, que em geral implicava alfabetização e contato com o Alcorão, tornava naturalmente mais difícil a conversão ao cristianismo — onde quer que fosse praticado sistematicamente. Em certos casos, o islã levou a uma resistência mais aguerrida entre os escravos.[85] A identificação étnica estava ainda associada a outra questão: a procura de determinadas competências, especialmente mineração ou artes e ofícios especializados, atribuídas a linhagens e etnias africanas específicas. O problema é que o conhecimento de tais competências não foi transformado num sistema taxonômico; foi apenas usado com objetivos práticos e, mesmo assim, não de forma consistente. Os principais sistemas de categorização baseavam-se na cor da pele, pois eram simples de usar e não contemplavam exceções. É por isso que a história da raça suplantou a história da linhagem e da etnia; esta era muito mais complexa, baseando-se na migração constante, na recomposição e na fluidez de alianças.

12. Projetos e políticas

É importante analisar os projetos e as políticas das principais potências coloniais para compreender como a legislação (central ou local, formal ou informal) perturbou ou reforçou as práticas interétnicas no terreno, moldando as sociedades coloniais. É preciso responder a duas questões principais: Como encaravam o seu papel as potências europeias envolvidas na exploração do mundo e como lidaram com os poderes políticos estruturados em outros continentes? Qual a experiência das potências coloniais locais quanto às interações diárias com as populações nativas? Essas questões pressupõem que as idealizações étnicas não se resumiram ao resultado espontâneo da interação concreta no terreno entre os europeus e as populações nativas; em muitos casos, elas foram consequência da dinâmica dos interesses sociais e políticos refletidos nas ideias e nas políticas concretas definidas pelas estruturas centrais ou pelos grupos privilegiados locais.

MODELOS IBÉRICOS

A competição entre os reis português e castelhano pela exploração da costa noroeste e ocidental da África estabeleceu o modelo para o formato ibérico de exploração do mundo: os aventureiros ibéricos exploraram as costas, conquistaram ou ocuparam portos e fortes importantes, estabeleceram tratados de paz temporários com as potências locais, colonizaram ilhas desabitadas de importância estratégica (Madeira e Açores) e conquistaram, escravizaram e praticamente erradicaram a população nativa das ilhas Canárias. Graças a um período relativamente pacífico no território do reino durante esse período inaugural, algo que contrastou com as sucessivas guerras civis em Castela, Portugal dedicou-se com mais sucesso à exploração marítima: a partir de 1455, uma série de bulas papais legitimou os direitos portugueses exclusivos à navegação e ao comércio ao sul das ilhas Canárias, bem como a sua jurisdição sobre os territórios muçulmanos e pagãos já conquistados ou a serem tomados. No entanto, essa intervenção não solucionou as disputas ibéricas quanto aos direitos comerciais, de navegação e de conquista, travadas aguerridamente pelas ilhas Canárias, alvo de várias importantes expedições militares organizadas por ambos os lados.

O casamento de Isabel de Castela com Fernando de Aragão, em 1469, a derrota do rei português (e da sua esposa, Joana, pretendente ao trono castelhano) na batalha de Toro, em 1476, e a ascensão de Isabel e de Fernando aos tronos de Castela e de Aragão, em 1474 e 1479, respectivamente, vieram estabelecer um novo equilíbrio de poder na Península Ibérica. Em 1479, o tratado de Alcáçovas reconheceu o direito português à navegação, ao comércio e à conquista ao sul das ilhas Canárias, ao passo que os portugueses reconheciam aos espanhóis o direito à conquista das ilhas propriamente ditas. O direito à conquista do reino de Fez e à posse de outras ilhas atlânticas (Madeira e o arquipélago dos Açores) foi também reconhecido como pertencente a Portugal. Esse frágil equilíbrio foi quebrado pela viagem de Colombo, em 1492; no ano seguinte, os reis católicos conseguiram o reconhecimento do direito exclusivo de navegação para oeste por parte do papa Alexandre VI, que desenhou uma linha norte-sul imaginária cem léguas a oeste dos Açores ou das ilhas de Cabo Verde, demarcando o território reservado à exploração espanhola. A latitude foi substituída pela longitude como fronteira imaginária, mas o rei português não ficou satisfeito. Em 1494 obteve um acordo bem mais favorável junto dos reis católicos com o tratado de Tordesilhas, segundo o qual a linha de demarcação era deslocada para 370 léguas a oeste das ilhas de Cabo Verde, o que abria a possibilidade da descoberta e conquista do Brasil. Em troca, o rei português reconhecia o direito dos reis católicos à conquista do Norte da África a leste do estreito de Gibraltar. Mantinham-se todos os acordos prévios.[1]

A exploração marítima era assim uma atividade privada, patrocinada desde o início pela família real e supervisionada pelo rei. A atividade exigia um investimento avultado e apresentava um risco enorme devido à possibilidade de naufrágios e de derrotas militares. Os investidores privados desempenharam um papel essencial no desbravamento da costa, conseguindo, durante algum tempo, monopolizar o grosso do comércio subsequente, mas os reis reservavam-se o direito de gerir quaisquer conquistas e de distribuir terras como parte dos seus novos direitos senhoriais — tal como aconteceu nas ilhas Canárias, onde os direitos de conquista foram cedidos aos reis castelhanos pelo clã normando de Béthencourt, responsável pela primeira colônia europeia. A longa resistência dos guanches, os habitantes nativos das Canárias, adiou a conquista total das ilhas, tendo os recursos dos conquistadores sido dirigidos a operações escravagistas como forma de compensar as suas perdas. Tais empreendimentos eram, em geral, orientados pelos capitães e pelos governadores locais. Os direitos políticos, econômicos e pessoais dos guanches foram os primeiros a serem discutidos publicamente, mas, tal como viria a acontecer no Caribe, a guerra e as doenças aniquilaram a população nativa.

A concessão de direitos reais aos *adelantados*, colonos raianos que arriscavam o investimento armado para reconhecimento futuro das suas conquistas, foi uma prática transferida da Península Ibérica para os territórios ultramarinos. Colombo foi um dos casos mais marcantes, embora os seus direitos como almirante e governador tivessem sido rapidamente limitados pelos reis católicos com a nomeação de magistrados ordinários nas Antilhas. A geração seguinte foi submetida aos mesmos princípios políticos: Hernán Cortés rejeitou a suserania de Diego Velázquez, governador de Cuba, e conseguiu obter o reconhecimento direto do monarca para a sua conquista do México; chegou até a conseguir o título de marquês, mas perdeu o cargo de governador. O conquistador do Peru, Francisco Pizarro, seguiu o mesmo caminho, mas foi assassinado por outros espanhóis durante combates entre facções. A determinação, por parte do monarca, de evitar novos casos de domínio longínquo sem controle acabou por prevalecer. Esse mesmo padrão foi observado na expansão portuguesa: a primeira fase de concessões de terras a capitães donatários nas ilhas atlânticas, no Brasil e em Angola viria a terminar com a subordinação dessas concessões à administração real, ou então à sua integração. O rei controlou desde o primeiro momento o empreendimento indiano, fazendo as principais nomeações, embora no terreno as políticas essenciais fossem definidas pelo governador local e pelas elites coloniais.

Não pretendo enfatizar demais um processo imperial precocemente centralizado no caso ibérico, pois houve bastante margem para uma série de iniciativas relativamente autônomas, como as que levaram à conquista das duas mais importantes estruturas políticas nativas na América. Porém, não se pode negar que a expansão foi orientada pelo poder real, que supervisionava ou legitimava os principais empreendimentos, em geral iniciativas patrocinadas, chegando mesmo a assinar contratos para a exploração marítima; quando a conquista era alcançada, o monarca acabava por controlar diretamente a estrutura política e administrativa da operação. A supervisão atenta ou a intervenção por parte das coroas ibéricas não inibiram os poderes coloniais locais; pelo contrário, eles ganharam legitimidade. Veremos como esses poderes conseguiram se tornar bastante autônomos com a distância, desenvolvendo, durante algum tempo, as suas próprias políticas e chegando mesmo a impor decisões estratégicas significativas que acabariam por ter consequências de vulto. O sistema permitia uma enorme margem de manobra no que diz respeito à iniciativa, mesmo estando o período habitual de governança limitado a três anos, embora por vezes fosse renovado — ainda que isso tenha acontecido mais no caso espanhol do que no português, devido ao lapso temporal nas comunicações provocado pela distância.

Em virtude dessa supervisão atenta, o poder real era responsável pelo que acontecia nas colônias, especialmente em relação aos nativos. Os guanches escravizados, por exemplo, desafiaram de imediato a legitimidade do processo perante os reis católicos. No caso da escravização traiçoeira dos súditos do senhor de Guimar, aliado em Tenerife dos espanhóis, as vítimas reclamaram ser um povo livre e pacífico que assinara tratados com o governador espanhol da Gran Canaria. Trata-se de um dos poucos casos documentados em que os reis foram obrigados a intervir e libertar indivíduos que viram justificados os seus protestos.[2] Isso não significa que as coroas conseguissem, ou estivessem sistematicamente dispostas a controlar o abuso colonial. Sabe-se que até finais do século xv um grande número de expedições portuguesas e espanholas teve como objetivo a captura e a escravização de guanches. Não obstante, os novos conquistadores seriam obrigados a aceitar a questão dos direitos dos povos nativos que se haviam tornado súditos e sido obrigados a se converter ao cristianismo. Nos casos ibéricos, o Estado imperial sempre fora um Estado étnico ou racial, legitimando as construções e hierarquias étnicas. A questão aqui é até que ponto a supervisão atenta levada a cabo pelo poder real implicou uma redução real dos abusos mais extremos.[3]

A conquista do México e do Peru são bons casos a ter em conta. Por exemplo, a distribuição da população nativa entre os conquistadores, que como *encomenderos* se serviam do trabalho dessas pessoas para os seus objetivos pessoais, deu origem a vastos protestos acerca do abuso óbvio que tal prática acarretava. A primeira tarefa dos administradores reais era definir regras, limitar os direitos dos *encomenderos* e proteger os índios já dizimados de novas imposições ilegítimas. A existência de um poder real distante era usada como justificativa para protestos locais, pois o domínio imperial sobre populações nativas implicava a obrigação política de definir e implementar direitos — a base da legitimidade de todo o sistema. Isso explica o motivo por que a Coroa decidiu criar a *república de indios*, reconhecendo, no nível local, os direitos políticos das comunidades nativas da Nova Espanha. O resultado foi uma forma de poder local com um alcaide e outros administradores eleitos, investidos pelo rei de todos os atributos de um município espanhol, incluindo terrenos comunitários, fornecimento de água e infraestrutura urbana. As povoações — *pueblos de indios* — eram construídas segundo a mesma planificação geométrica imposta a todas as cidades espanholas na América, estruturadas em torno da praça central, com uma igreja, uma sede municipal e um pelourinho para castigos públicos. O planejamento urbano refletia a nova ordem política. A Coroa proibia que outras raças e castas (brancos, negros e mestiços) residissem nessas comunidades indígenas (através das leis de 1551, 1563, 1578 e 1680). A segregação, que acabou por fracassar no longo prazo, tinha como objetivo manter uma base mínima de representação política indígena, o exercício local da lei consuetudinária tradicional e uma estrutura socioeconômica local que protegesse os nativos de novos declínios populacionais.[4]

A ambiguidade desses objetivos está patente na vasta operação organizada pelo poder espanhol na América para transferir e concentrar a população nativa. A criação de centenas de novas povoações, muitas das quais tiveram de ser restabelecidas devido às medíocres condições ambientais, agravou os problemas de saúde dos nativos, já debilitados pelas sucessivas epidemias.[5] Isso veio reforçar o controle imperial sobre as populações nativas, estabelecendo precedentes para operações semelhantes nos tempos modernos, embora no caso da América espanhola a transferência não fosse para locais a milhares de quilômetros de distância. Na América espanhola, a ideia era manter a relação entre a população e a sua região original, com o intuito de criar uma estrutura urbana colonial que impusesse uma hierarquia política absolutamente nova, com regras e tipos de comportamento diferentes. É óbvio que a república de índios foi uma forma subordinada e hierárquica de integração de comunidades nativas que as excluíam do estrato administrativo superior dos vários vice-reinos. Não obstante, a Coroa reconhecia os direitos de propriedade dessas comunidades e tentava proteger o povo dos trabalhos pesados que serviriam para romper ainda mais o seu tecido social. Era proibido empregar nativos americanos nas plantações e nas refinarias de açúcar. A Coroa também possibilitou o acesso a universidades, colégios e escolas por parte das elites nativas assimiladas. Os africanos negros e os mestiços de ascendência ilegítima estavam excluídos dessas estruturas educativas. Quando se estabeleceu a Inquisição no Novo Mundo, em 1569-70, Filipe II excluiu os índios recém-convertidos dos inquéritos quanto às suas crenças e práticas religiosas. Tratava-se de uma exceção que contrastava com a contínua perseguição inquisitorial na Espanha dos cristãos-novos de origem judaica ou dos mouriscos — algo mais tarde replicado no Novo Mundo no caso do judaísmo. Também diferia da prática da Inquisição no Império Português, que perseguiu os nativos recém-convertidos no Brasil e na Índia.

Com esses gestos de discriminação positiva, os monarcas espanhóis reconheciam o status dos nativos americanos como primeiros detentores do território, embora isso fosse equilibrado com a exigência de tributos impostos a todas as populações conquistadas. A legislação pode muitas vezes não ter sido implementada, já que os habitantes ou as elites locais evitavam leis contrárias aos seus interesses. No entanto, a legislação também criou uma estrutura que moldou novas formas de comportamento e de negociação na vida cotidiana. No longo prazo, todas essas medidas fizeram com que as castas invocassem ascendência indígena sempre que eram acusadas pela Inquisição, ao passo que os índios se vestiam como elementos das castas, mudavam-se para cidades espanholas e aprendiam a falar castelhano para escapar dos tributos. Em certos casos, como no Peru e na Guatemala, os *zambaigos* (filhos de negros e de índios) e os *cholos* (filhos de mestiços e de índios) eram obrigados a pagar tributos, à semelhança dos índios.[6]

O papel das povoações supostamente reservadas aos espanhóis também foi crucial de um ponto de vista administrativo, político e cultural, pois eram os locais onde se tomavam as principais decisões, a partir de onde se colonizou o mundo rural, e onde ocorria o intercâmbio cultural. A hierarquia da cidade era definida pela praça central: as casas mais imponentes das famílias importantes de *encomenderos*, administradores ou agentes reais situavam-se aí ou nas ruas adjacentes.

Os ofícios mais importantes poderiam servir para designar as ruas nas cidades principais. Os espanhóis mais pobres seriam relegados para as periferias das povoações. Os índios dispunham de bairros próprios fora das povoações. Em muitos casos, as ordens religiosas, sobretudo as mendicantes (dominicanos e franciscanos), instalavam os seus conventos no meio desses bairros para oferecer orientação e conforto religiosos às comunidades locais, mas também para manter um certo controle sobre as atividades desses indivíduos. O apoio dos índios locais contra os restantes nativos americanos nas guerras travadas pelos colonizadores foi, em certos casos, recompensado com o acesso privilegiado a determinados lotes para construção de edifícios em torno da praça central. A hierarquia da cidade não sofreu alterações profundas com o tempo, mas os indivíduos de raça mista foram ocupando áreas cada vez mais significativas nas periferias das povoações, enquanto os índios foram penetrando no tecido do centro urbano.

A Coroa espanhola proibiu a escravização de nativos americanos, em resposta a protestos contra a tremenda escala de abusos apresentados pelas ordens religiosas, acima de tudo pelos dominicanos, durante e após a conquista. Era por esse motivo que as autoridades espanholas encorajavam o tráfico de escravos da África, como forma de reduzir a pressão para a escravização dos nativos americanos sob o pretexto de uma guerra justa — a única porta deixada aberta pela legislação. O comércio escravagista transatlântico começou a funcionar numa escala sem precedentes, superando as tradicionais caravanas para os países muçulmanos. No entanto, é importante destacar o papel crucial desempenhado pela decisão por parte da Coroa de transformar os nativos americanos convertidos em súditos (ou vassalos) que não podiam ser escravizados, enquanto os africanos negros podiam ser transportados para realizar os trabalhos mais árduos. Sabemos que a porcentagem de africanos entre a população americana sofreu variações significativas no tempo e no espaço, acabando, no longo prazo, num nível reduzido na Nova Espanha. Não obstante, a imagem dos africanos negros como o estrato mais baixo, quase desprovido de direitos — embora tal afirmação deva ser qualificada —, foi indubitavelmente reforçada por essa política. Ao mesmo tempo, a Coroa espanhola encorajava os casamentos católicos entre as elites espanhola e nativa americana e não proibia o casamento entre mestiços ou castas, embora os filhos ilegítimos fossem excluídos dos estudos superiores e dos cargos públicos, enquanto os que se casaram com negras vieram a ser excluídos da administração pública em 1687.[7]

A Igreja católica desempenhou um papel inegável na moderação do abuso colonial, não só através do sacramento do matrimônio, mas também através do desenvolvimento de confrarias entre todos os estratos da população, incluindo os escravos negros. As confrarias dominicanas do rosário, criadas para os negros, tanto escravos como libertos, intervieram nos principais casos de brutalidade contra escravos e ajudaram-nos a pagar a alforria. A legislação espanhola favorecia a emancipação — não havia entraves legais, e a variedade de opções era considerável: por testamento do proprietário, através de trabalho externo e subsequente pagamento pelo escravo, ou em troca de uma contribuição de uma instituição de caridade.[8] A condição dos escravos não era da exclusiva responsabilidade do proprietário; o escravo podia legalmente denunciar o tratamento brutal, solicitar alteração de senhor e pedir a intervenção do rei. Essas possibilidades legais não correspondiam exatamente às práticas diárias, mas a estrutura das confrarias permitia um certo nível de informação e de ação.

O caso português apresentava características semelhantes, embora os direitos dos nativos americanos nunca tivessem sido reconhecidos: o rei doou vastas áreas do Brasil, declarado como "a minha costa e terra", desde o mar até o interior, para atrair colonos europeus, como se o território estivesse totalmente fora do domínio nativo.[9] O fato de os colonos terem de lidar com populações seminômades ajudou-os a manter um enorme nível de escravatura nativa sob o pretexto da guerra justa. Os defensores dominicanos dos direitos dos nativos, como Las Casas, não estavam ativos no lado português, papel mais tarde desempenhado pelos jesuítas, o que fez com que alguns deles fossem expulsos sumariamente para Portugal pelos colonos furiosos de São Paulo e São Luís do Maranhão, os principais centros de caça a escravos indígenas. Os jesuítas promoveram os direitos dos índios, obtiveram o apoio da Coroa e, no longo prazo, conseguiram limitar a prática da escravização dos nativos por parte dos colonos. Claro que os jesuítas não eram completamente inocentes; eles queriam controlar o acesso aos nativos americanos e geriam uma força laboral indígena nas suas missões, onde também eles dispunham de refinarias de açúcar e de escravos africanos. Em certas regiões fizeram acordos com os colonos, enviando das missões os "seus" índios para realizar temporariamente trabalhos privados e públicos.[10]

Enquanto os reis portugueses pretendiam estabelecer o seu domínio político sobre os súditos nativos escassamente protegidos, cujo direito à propriedade só foi reconhecido formalmente no século XVIII, os jesuítas tinham a sua própria visão de mundo, baseada numa sociedade teocrática autônoma, organizada em torno de missões, através das quais conseguiram definir o seu território na região que atualmente é o Paraguai, na época uma periferia política entre os impérios espanhol e português na América do Sul. O choque surgiu em meados do século XVIII, quando o governo português do marquês de Pombal (1750-77) desenvolveu políticas seculares contra os interesses religiosos tradicionais: as missões foram secularizadas, e os jesuítas acabaram por ser expulsos de Portugal e do império. Só recentemente se começou a avaliar devidamente o impacto dessa ação. Embora o funcionamento de muitas comunidades tivesse sido prejudicado a partir do momento em que perderam a supervisão jesuíta, outras missões foram transformadas com êxito em vilas e aldeias civis, povoações geridas diretamente por nativos americanos. A nova legislação favoreceu o direito indígena à propriedade e ao comércio, abolindo a discriminação formal. Esse período também assistiu, pela primeira vez, ao reconhecimento dos direitos civis dos cristãos-novos de origem judaica, cuja segregação — inclusive no acesso a universidades, ordens militares, confrarias e cargos públicos — foi proibida. Os chineses em Macau começaram a ter direito a assumir cargos públicos; as mulheres timorenses foram autorizadas a migrar para Macau; os indianos batizados passaram a ter acesso preferencial a posições públicas; e o comércio escravagista com destino a Portugal e a escravidão nesse país, embora não nas colônias, foram abolidos em determinadas circunstâncias.[11]

Na Ásia, o governador Afonso de Albuquerque (1509-15) concebeu a política portuguesa de casamentos miscigenados entre europeus e a elite local. Ao conquistar Goa, em 1510, Albuquerque encorajou de imediato os casamentos mistos entre os conquistadores portugueses e as mulheres locais com dotes financeiros vultuosos. Uma facção de nobres portugueses opôs-se a essa política, escandalizados com o que consideravam um procedimento impuro, denunciando-o ao rei. D. Manuel pediu a Albuquerque que deixasse de promover os casamentos miscigenados, mas só conseguiu a suspensão dos dotes régios. Albuquerque argumentou que sem esses casamentos os portugueses nunca se enraizariam na Ásia, afirmando que não dispunham de mão de obra suficiente e que a existência do Império Português na Ásia dependia da criação de um grupo forte de descendentes de lusitanos. Foi a primeira decisão política tomada claramente a favor da criação de indivíduos de raça mista, embora Albuquerque se visse obrigado a informar que só aceitaria muçulmanas e brâmanes de tez clara; o preconceito ibérico contra indivíduos de pele escura iria, provavelmente, ao encontro dos preconceitos locais (ver o capítulo 19). Essa política tornou-se arraigada, e o rei deixou de incomodar o governador com esse assunto. A questão não voltaria a ser abordada, num reconhecimento tácito da força do argumento de Albuquerque.

Na Ásia, o processo constante de negociação de tratados com os poderes locais para obter acesso a terras, declarações de vassalagem ao rei português e até testamentos que concedessem direitos de sucessão ao monarca, tal como aconteceu em Ternate e no Sri Lanka (o reino de Cota), impediu inicialmente um maior abuso colonial, embora o desprezo étnico e a discriminação fossem práticas comuns. O ataque aos direitos dos nativos concentrava-se em geral na religião, considerada pelos portugueses como a base do seu império. Em Goa, nas décadas de 1550 e 1560, os vice-reis portugueses levaram a cabo uma vasta campanha de destruição de templos hindus, quebrando a aliança estabelecida com os brâmanes locais contra os muçulmanos antes da conquista pelos portugueses. Essa política foi estabelecida pelo rei como forma de impor o cristianismo. Os portugueses não tiveram a força necessária para implementar tal política nas demais colônias asiáticas, mas os direitos religiosos das comunidades nativas nunca foram considerados positivamente. Apesar da dependência estrutural dos banqueiros e comerciantes nativos por parte dos portugueses, a razão religiosa prevaleceu sempre sobre a razão política até meados do século XVIII. A tolerância com as religiões nativas só viria a ser implementada de forma ativa após a conquista dos territórios em torno de Goa em 1747-63.[12]

As políticas portuguesas na África foram formuladas cuidadosamente desde o início devido à complexidade dos sistemas políticos locais e à elevada taxa de mortalidade dos europeus. A conversão da família real e da nobreza congolesas ao cristianismo se valeu de uma diplomacia cuidadosa, que atribuía um status semelhante a ambos os reis, além de conseguir projetar uma sociedade cortesã portuguesa na realidade africana. Mesmo quando o rei congolês Álvaro I foi derrotado pelos imbangalas (chamados de jagas pelos portugueses) em 1569 e se retirou para uma ilha no rio Zaire, ficando dependente do poderio e do apoio militar português para recuperar o seu reino, não lhe foram impostos vassalagem e tributos. Em 1595, o rei congolês, apoiado pelos portugueses, conseguiu a criação pelo papa de um episcopado com sede em São Salvador, a capital do reino do Congo. A nova religião teve um impacto inegável sobre a população local, batizada em grandes números. Essa política relativamente pacífica foi afetada pelo extraordinário desenvolvimento do tráfico de escravos ao longo do século XVII, sendo rompida com a ocupação holandesa de Luanda (1641-48). A situação estabelecia um contraste com a política de conquista desenvolvida mais ao sul contra o reino de Ngola, a partir de 1571.

Os portugueses instalaram-se em Luanda, bem como nos vales dos rios Bengo e Cuanza, firmando alianças com os chefes locais e convertendo sistematicamente os seus povos ao cristianismo, transformando-os em vassalos sempre que possível. Enviaram missões aos ngolas e aos imbangalas, às vezes acompanhadas de iniciativas congolesas semelhantes. A influência cristã no centro-oeste da África disseminou-se significativamente, em muitos casos apoiada pelos líderes locais. Toda essa interação deu origem a alterações étnicas, notoriamente a criação de um grupo importante e disseminado de luso-africanos com descendentes de raça mista que controlava uma boa parte dos postos comerciais, militares e administrativos nos vários reinos, bem como o sacerdócio secular. Os luso-africanos tornaram-se mediadores importantes da cultura crioula atlântica emergente, que misturava elementos religiosos, bem como culturais, cristãos e africanos.[13] Os resultados de todos esses movimentos foram desiguais: a influência portuguesa e cristã sobre as populações africanas locais aumentou de forma acentuada no século XVI e início do XVII, ao passo que a reputação dos africanos entre os europeus entrou em declínio, devido ao comércio de escravos e às guerras constantes. A projeção da sociedade europeia na África durante o primeiro século de contatos foi substituída por uma atitude mais distante e por preconceitos mais fortes.

Os novos governadores portugueses de Angola após 1648, heróis da guerra brasileira contra os holandeses, levaram consigo tropas mestiças imunes às doenças locais e travaram uma guerra consistente contra o reino do Congo, quebrando assim uma longa aliança. Em finais do século XVIII, o cristianismo praticamente desaparecera da região. Paradoxalmente, a supremacia branca foi reforçada durante o processo de intensificação da mistura racial: os reis portugueses mantiveram uma fachada de conselhos municipais controlados por portugueses, ou por descendentes "puramente" portugueses. No entanto, as políticas referentes às forças armadas eram mais brandas; em 1684 foi proibida por decreto a discriminação entre os elementos da guarnição de Luanda.[14] Nos arquipélagos de Cabo Verde e de São Tomé, onde se instalara uma sociedade colonial, nem essa fachada pôde ser mantida devido ao número extremamente limitado de brancos. O rei permitia explicitamente que indivíduos mulatos fossem eleitos para os conselhos municipais — uma violação notória das leis anteriores.

OS MODELOS HOLANDÊS E BRITÂNICO

A expansão britânica e holandesa para o leste baseou-se em companhias criadas em 1600 e 1602 por acionistas que obtiveram o monopólio comercial do Estado — daí o nome de companhias privilegiadas. Essa organização financeira e comercial definia uma estrutura diferente da existente na expansão ibérica, na qual o Estado, de alguma maneira, supervisionava toda a operação. É verdade que os monopólios comerciais estatais, como no caso português, concediam direitos exclusivos na forma de contratos e concessões de determinados produtos e viagens. No entanto, tal como no caso espanhol, o rei controlava a *carrera de Indias*, onde o que estava em jogo era bem mais importante, já que o principal produto a ser comercializado era a prata. As coroas ibéricas debatiam-se já com um déficit operacional devido ao avultado investimento na construção naval, nas forças armadas, na construção de fortes e na burocracia — aquilo a que poderíamos chamar custos de proteção do comércio e custos administrativos do domínio —, mas as operações ultramarinas eram lucrativas para a maior parte dos agentes que delas participavam.

Por princípio, as companhias holandesas e britânicas eram unicamente motivadas pela lógica do lucro, pois tinham de pagar dividendos aos acionistas, ao passo que os empreendimentos ibéricos eram motivados, em parte, pela expansão do domínio imperial e pela conversão religiosa, além da redistribuição de lucros entre os leais vassalos nobres e os súditos mercadores, especialmente os banqueiros, que desfrutavam de contratos reais e em troca se disponibilizavam a ajudar o rei durante crises financeiras e militares. Na sua primeira fase, o modelo anglo-saxônico dava primazia aos entrepostos comerciais e ao comércio pacífico, em detrimento da construção de fortes e do domínio territorial. Apesar da cultura organizacional radicalmente diferente, as companhias holandesas e britânicas reproduziram as práticas anteriores de pirataria e de saque, ocuparam baluartes que lhes dariam acesso a mercados, voltaram-se uma contra a outra, iniciaram guerras contra os portugueses, os espanhóis e os franceses, tentaram impor monopólios comerciais e, por fim, estabeleceram domínios territoriais para controlar os mercados e excluir os concorrentes. Ao longo do século XVIII, os holandeses dedicaram-se de tal modo ao controle territorial que acabaram por perder a flexibilidade que lhes permitia evitar os vultosos custos administrativos de investimentos que já não eram rentáveis. Na segunda metade do século XVIII aconteceu o mesmo aos britânicos, após a conquista da Índia, onde, do ponto de vista financeiro, a cobrança de impostos fundiários se tornou mais importante do que o comércio marítimo.

O relativo apagamento de fronteiras entre os dois modelos organizacionais tem o seu melhor exemplo na política expansionista de Rijkloff van Goens (1660--75) no Sri Lanka: baseava-se em pretensões legais de sucessão aos direitos de conquista portugueses, e mesmo aos direitos de soberania atribuídos em 1580 à Coroa portuguesa pelo rei católico João Dharmapala de Kotte no seu testamento. Os holandeses replicaram as políticas portuguesas — não só no Sri Lanka, mas também em Amboina, em Luanda, em Malaca e em Cochim — quanto à conversão (ou reconversão) forçada, à promoção dos que haviam se convertido, ao apoio aos descendentes europeus (mestiços) e ao grande uso de nativos para empreendimentos militares. Entre 1650 e 1658, 268 cidadãos livres casaram-se com eurasiáticas cristãs no Sri Lanka.[15] Só em 1665, no distrito de Vanni, na região setentrional e tâmil do Sri Lanka, os holandeses reconverteram ao calvinismo 4533 adultos cristãos convertidos pelos portugueses. O caso de d. João de Castro, chefe dos mudaliares — administradores das províncias — no Sri Lanka, é revelador: Castro era descendente de uma família convertida por missionários portugueses que mantiveram o nome português; foi confidente do governador Goens e desempenhou um papel relevante nas principais embaixadas, servindo como conselheiro para as relações com o reino de Kandy e na nomeação de nativos para cargos políticos e administrativos.[16]

Até que ponto as diferenças na cultura organizacional de ambos os modelos de expansão — holandês e britânico — influenciaram os preconceitos e as ações discriminatórias? O papel comparativamente reduzido desempenhado pelos valores aristocráticos no empreendimento holandês na Ásia, refletido na origem social dos seus governadores e capitães, pode ter favorecido uma maior mistura étnica. Com efeito, até a elite administrativa e militar se dedicou a um determinado grau de mistura, mas, com exceção do Sri Lanka, durante o século XVII tal prática não se difundiu em camadas sociais inferiores devido a leis restritivas. Os empregados circulavam pelas colônias e regressavam à Europa em grande número. Os holandeses e os britânicos dispunham de elementos e de capital suficientes para evitar o nível de dependência dos portugueses de recursos humanos nativos para as operações diárias. Além disso, negociavam ainda com comerciantes e banqueiros locais — uma prática que atingiu o seu auge durante a conquista britânica da Índia, algo possibilitado única e exclusivamente pelo dinheiro local. De um modo geral, podiam dar-se ao luxo de manter um certo nível de separação étnica.

Os holandeses perceberam a vantagem de permitir que os empregados com contratos encerrados permanecessem no terreno, se tornassem cidadãos livres e criassem uma interface com a sociedade local. A voc chegou inclusive a encorajar o casamento com mulheres eurasiáticas, mas estabeleceu limites bem definidos para evitar o surgimento de concorrentes no contrabando e no comércio (ver o capítulo anterior). Os preconceitos étnicos foram óbvios nas várias proibições impostas ao longo do século XVII e início do XVIII: escravos, mestiços, esposas mestiças e cidadãos livres casados com asiáticas foram proibidos de viajar para a Europa (devido às leis de 1644, 1650 e 1713). As autoridades batavas proibiram ainda o emprego de descendentes asiáticos e europeus como amanuenses (através das leis de 1672, 1715 e 1718), embora as regras começassem a afrouxar após 1727, coincidindo com o declínio do poderio holandês na Ásia. Nos séculos XVIII e XIX, os indivíduos de raça mista multiplicaram-se e obtiveram um status social mais favorável na Ásia e na África do Sul holandesas. Os eurasiáticos começaram a ser classificados como holandeses, e em 1850 o seu número pode ter chegado a mais da metade da população branca. Na África do Sul, onde os brancos se misturaram bastante com os hotentotes, os primeiros sinais de segregação só se fizeram sentir a partir de 1787, quando foi constituída uma milícia exclusivamente branca.[17]

Aconteceu o processo oposto com os britânicos na Ásia: a segregação dos descendentes europeus teve início com a decisão, em 1793, de excluir os indivíduos de raça mista dos cargos políticos, administrativos e militares. Essa política manteve-se por duas gerações e só pode ser explicada através do debate ideológico e político sobre a Companhia das Índias Orientais na Inglaterra, onde foi acusada de corrupção em todos os níveis, supostamente influenciada pelas práticas indianas veiculadas pelos indivíduos de raça mista. Tal como apontado por Christopher Bayly, essa decisão coincidiu com uma série de regulamentações concebidas para separar os mundos indiano e europeu.[18] O exclusivismo racial tornou-se parte da ideologia da estrutura governamental britânica na Índia e em outras colônias, como o Sri Lanka, moldada pelo debate político sobre a independência moral, a virtude cívica e a separação de poderes, mas igualmente influenciada pelo desenvolvimento da nova definição científica das hierarquias raciais (ver a parte IV).[19] As fontes britânicas dão vastas provas da absorção da linguagem abusiva portuguesa e espanhola, como a designação de indianos e cingaleses como negros.

A colonização britânica da América começou se baseando em concessões régias de terras a companhias ou grupos protegidos por patronos respeitados. À dinâmica da agitação religiosa e política na Inglaterra durante a maior parte do século XVII vieram juntar-se a autonomia dessas iniciativas e a dificuldade das primeiras décadas de migração. A grande migração puritana e até mesmo católica levou à criação de comunidades relativamente autônomas que desenvolveram formas variadas de autogoverno e mais tarde se organizaram em assembleias regionais de representantes, mais ou menos ligadas à pátria de origem. Não existia um governo-geral de estilo ibérico, embora os laços com a Coroa tenham se estreitado durante o século XVIII. Não obstante as alianças militares, os nativos americanos nunca foram considerados vassalos, nem tratados como tais por essas comunidades: os tratados de paz que reconheciam os direitos dos nativos em cada território específico foram sistematicamente violados pela expansão europeia. O domínio imperial e os direitos dos índios como súditos nunca se colocaram da mesma forma que na América espanhola. As colônias rurais predominantes na América britânica até o século XIX, que estabeleciam um contraste marcante com a sociedade colonial urbana espanhola, definiam um modo de vida muito diferente do dos nativos americanos seminômades. A segregação que se seguiu estava não só associada ao projeto colonial dos colonos europeus, mas também aos seus antecedentes religiosos: o calvinismo não permitia concessões, e a conversão era associada à reflexão profunda sobre as escrituras e o modo de vida cristão.[20] As assembleias coloniais regionais desempenharam um papel importante no que diz respeito à segregação. No início do século XVIII na Virgínia, por exemplo, a assembleia proibiu os proprietários de libertarem os seus escravos e opôs-se à miscigenação. Em 1806, esse mesmo estado decidiu expulsar os negros livres do território, em uma demonstração extrema dos receios de miscigenação por parte dos brancos.[21]

O CASO FRANCÊS

O caso francês na América situa-se entre o britânico e o ibérico, pois a Nova França desenvolvia uma política clara de apoio real aos casamentos com nativos convertidos, apoiada por dotes significativos. Mas essas políticas viriam a ser alteradas com o tempo, aproximando a sociedade colonial francesa do modelo britânico. O *code noir* (código negro), estabelecido em 1685, tinha como objetivo regulamentar o tratamento e a posição dos escravos e dos negros em geral, mas acabou por reforçar os preconceitos religiosos e étnicos: os judeus foram expulsos; todos os escravos tinham de ser declarados pelos donos e de se converter ao catolicismo; foi proibida a manifestação pública de outras religiões; só os católicos podiam ter escravos; os homens livres com filhos ilegítimos de escravas pagariam multas pesadas, perdendo as escravas e os filhos (caso fossem solteiros, os acusados poderiam evitar a multa casando-se com a escrava); o casamento entre escravos só poderia ocorrer com o consentimento do dono; os descendentes de escravos pertenceriam ao dono da mulher; o filho entre um homem livre casado e uma escrava seria considerado escravo; o escravo não tinha direito a nenhum tipo de propriedade, nem sequer a objetos pessoais, salvo com o consentimento do dono; o escravo era declarado incapaz para o serviço público e para inquéritos judiciais, mas podia ser acusado e condenado; um escravo que atacasse a família do dono seria condenado à morte; os escravos fugidos seriam condenados a punições físicas severas que poderiam chegar à morte; os homens livres que protegessem escravos fugidos seriam castigados; os donos eram proibidos de torturar ou de mutilar os escravos; os donos seriam julgados pelo assassinato de escravos; e os escravos eram considerados propriedade móvel que poderia ser trocada, passada de dono em dono e herdada, além de constituírem um bem tributável.[22]

Esses regulamentos estavam mais ou menos de acordo com a lei romana. A alforria, que privilegiara os escravos domésticos e de raça mista, era limitada através do controle de atividades externas rentáveis levadas a cabo por escravos, como a venda de bens no mercado ou a prestação de serviços fora da propriedade do dono. O código negro aceitava a alforria e atribuía aos libertos os mesmos direitos, privilégios e imunidades desfrutados por quem nascia livre. O código chegava mesmo a aceitar a alforria por donos com vinte anos (na época, a maioridade era atingida aos 25 anos). No entanto, os decretos reais de 1721 e 1743 proibiram todos os donos com números modestos de escravos de libertá-los e impuseram o controle judicial e as obrigações fiscais do procedimento. Em 1724, o código negro da Louisiana proibia os escravos de comprar a sua alforria, uma prática comum na América ibérica, rotulando de mercenários os donos que aceitassem tal pagamento. No entanto, os legisladores franceses não decidiram apenas limitar a alforria; eles visaram igualmente ao casamento inter-racial, permitido durante o primeiro código negro. Em 1681, um agente governamental de Saint-Domingue condenou tais casamentos como deboche, embora fosse uma prática aceita nas zonas controladas pelos povos ibéricos. O casamento entre brancos e negros foi proibido em 1711 em Guadalupe e em 1724 na Louisiana, tornando-se lei em todas as colônias francesas em 1734. Luís XIV revogou os títulos nobiliárquicos de todos os nobres casados com mulheres "de cor". Em 1720, as leis suntuárias, sobretudo na Louisiana, proibiam os negros de se vestirem da mesma forma que os brancos.

Os indivíduos de raça mista, integrados na categoria de brancos no século XVII, viriam a ser classificados como negros do século XVIII — uma prática imposta por decreto real em 1713. Em 1733, os indivíduos de raça mista (mulatos) foram excluídos do serviço em tribunais e na milícia. Em 1764 foram proibidos de exercer medicina e cirurgia. Essa série de leis segregacionistas contra os indivíduos de raça mista foi produzida no auge de um período durante o qual esse estrato interétnico cresceu rapidamente, e durante o qual os libertos e os mulatos começaram a se aproximar das profissões dos brancos, chegando inclusive a adquirir propriedades rurais. Na primeira metade do século XVIII, as políticas de segregação foram estendidas à França: os negros não podiam ter escravos; os escravos não se podiam casar; e um batalhão de raça mista criado em 1740 foi rapidamente dissolvido. Foi esse o resultado da insegurança dos brancos e da aversão à miscigenação, mesmo onde o número de negros era irrisório: em meados do século XVIII havia talvez 5 mil negros em uma população francesa de 20 milhões de habitantes, contra 20 mil na Inglaterra, em uma população de 8 milhões.[23] A legislação referente à alforria e ao casamento inter-racial modelou a sociedade colonial francesa ao longo do século XVIII e dissociou o modelo francês do ibérico.

13. Discriminação e segregação

Nas sociedades coloniais, discriminação significa uma distinção prejudicial que reduz a possibilidade, ou que impede determinadas categorias da população, de ter acesso a certas posições, profissões ou ocupações. A segregação, por outro lado, significa a separação física ou o isolamento de grupos étnicos ou raciais específicos do grosso da população ou de estruturas sociais essenciais. O presente capítulo dá conta do resultado da migração forçada ou voluntária, das alterações sofridas pelas populações nativas e do impacto dos projetos políticos e das políticas coloniais através da análise da integração ou da segregação de várias comunidades.

SEGREGAÇÃO ESPACIAL

A segregação espacial é visível no planejamento urbano americano espanhol, que se baseava numa grade ou rede, com uma praça central em torno da qual se concentravam as principais instituições políticas, administrativas, religiosas e econômicas da povoação ou cidade: a igreja (ou catedral), sede municipal, coluna para castigos judiciais (*picota* ou *pelourinho*) e mercado.[1] Em vários casos, como em Cuzco, a planificação espanhola sobrepunha-se a uma estrutura previamente existente, e aquilo que fora um enorme centro cerimonial era reduzido à escala de uma *plaza mayor* convencional. No caso da Cidade do México, o Zócalo foi construído no local do principal templo nauatle, criando um enorme espaço aberto à frente da catedral e do palácio dos governadores. A escala das estruturas coloniais espanholas — igrejas, conventos e palácios — era em geral maior do que na Península Ibérica; os colonizadores tinham de se equiparar à enorme dimensão dos templos e palácios nauatles ou incas. A população urbana vivia no centro, enquanto os indivíduos de raça mista eram banidos para as periferias. Os nativos americanos podiam criar os seus bairros no exterior das muralhas da localidade, organizando-se em geral por etnias e dispondo-se em torno dos conventos das ordens religiosas, que exerciam o controle sobre essas áreas.

Em finais do século XVII, os bairros indígenas no exterior das muralhas da Cidade do México abrigavam entre 40 mil e 50 mil pessoas. Os mistecas e os zapotecas eram tutelados pelos dominicanos, e os meztitlanos pelos agostinianos. Nos Andes, a tradição da separação por etnia original foi mantida com ainda mais cuidado. La Paz tinha três bairros indígenas no exterior das muralhas, Cuzco oito e Potosí catorze. Em cada caso, os números equiparavam-se aos das províncias que pagavam *mita* (do quíchua, *mit'a*), um tributo que consistia numa semana de trabalho público. Como podemos ver, o número de bairros e a complexidade da população envolvida estavam ligados à dimensão da cidade e às funções nela concentradas. Cada bairro indígena dispunha de uma praça e de uma igreja próprias, bem como da sua administração política autônoma. Em certos casos especiais eram atribuídos à família governante terrenos para construção na Plaza Mayor, em reconhecimento ao apoio prestado durante o processo de conquista. O cacique Aymoro teve acesso à praça central de Sucre, capital do departamento de Chuquisaca (na região de La Plata), e os seus yamparas estavam isentos da *mita* e encontravam-se sob a tutela dos franciscanos.[2]

A dimensão das *manzanas*, ou quarteirões de edifícios, nas cidades americanas espanholas era imensa, mas mesmo nesse contexto especial algumas instituições, como os conventos das ordens religiosas, funcionavam a partir de locais que representavam uma porção enorme da propriedade urbana. O convento de São Francisco em Lima, por exemplo, ocupava nada mais nada menos do que oito quarteirões — uma concentração que incluía várias igrejas, edifícios usados pelos membros da Ordem Terceira, casas de meditação, oração e outros exercícios espirituais, além de pomares e hortas. Em finais do século XVIII, a Cidade do México podia gabar-se de ter 150 mil habitantes com cem igrejas, cinquenta conventos e dezessete hospitais, para não falar da sua universidade, colégios, seminário, teatros, circo e praças de touros. Apesar de todos esses equipamentos, concentrados em torno do quartel-general do vice-rei, a segregação espacial na Cidade do México foi gradualmente desvanecendo ao longo dos séculos XVII e XVIII; os quarteirões tenderam para a redução da dimensão e a propriedade urbana sofreu um processo de fragmentação.[3] A penetração dos indivíduos de raça mista e até dos nativos americanos no centro da cidade foi consequência não só da reforma urbana, mas também do declínio da elite verificado ao longo de várias gerações: pátios, cercados e lotes abandonados foram ocupados pelos novos grupos em troca de rendas e de serviços. Para os nativos americanos, a sua chegada ao centro, seguida da aquisição de competências linguísticas e de roupas europeias, representou a oportunidade de inventar uma identidade de casta e de evitar os tributos. O ideal da segregação desmoronava-se, assim, no último período de domínio colonial. As reformas urbanas lançadas pelo arcebispo do México, Francisco António de Lorenzana y Butrón, concebidas na década de 1760 e implementadas em 1771, ignoravam completamente a tradicional divisão entre espanhóis e índios.

É difícil distinguir concretamente entre a *urbs* (a cidade física) e a *civitas* (a comunidade política e social).[4] O foco na *civitas*, porém, permite-nos identificar desde logo o conceito de *vecino* (vizinho) como um cidadão enraizado no Império Espanhol, associado a uma comunidade urbana reconhecida formalmente pelo rei.[5] Só os *vecinos* tinham direito à *encomienda* ou *repartimiento*, a mão de obra nativa para trabalho privado, além da distribuição das terras que haviam feito parte dos antigos territórios nauatles, das propriedades da elite ou das terras comunitárias abandonadas pelas aldeias dizimadas, fragmentadas ou deslocadas.[6] Os *vecinos* controlavam as principais funções administrativas das povoações e desempenhavam um papel central na política local, negociando os seus interesses com as *audiencias* (tribunais regionais) e com a vice-realeza. Esses cidadãos podem ser definidos como a elite crioula de ascendência espanhola que perpetuou o seu poder político local, mesmo quando, por motivos financeiros, a Coroa leiloava sistematicamente os principais cargos.

Esse conceito de cidadania foi replicado na república de índios e nos bairros indígenas, com os seus próprios *alcaldes* e *regidores* de justiça.[7] A antiga elite nauatle que se alinhou com Cortés, especialmente os descendentes de Montezuma, e a elite de Tlaxcala, que desempenhou um papel crucial na conquista, foram reconhecidas como nobreza nativa e foi-lhes atribuída uma ligação direta com o rei espanhol como seus vassalos privilegiados. As povoações ou bairros indígenas eram privilegiados através da "segregação positiva", o que significa que os brancos ou os indivíduos de raça mista, incluindo mesmo os *encomenderos*, estavam proibidos de viver nessas zonas, havendo uma área definida em torno dessas urbes em que não se podiam construir casas, quintas e outras estruturas urbanas. Os índios estavam protegidos da escravidão, embora se saiba que a prática continuou, apesar da legislação real, sobretudo nas periferias. Estavam ainda excluídos do serviço negros ou indivíduos de raça mista. O rei espanhol reconhecia-lhes o direito à propriedade e outros direitos básicos, além de tratá-los como vassalos, pois haviam sido forçados a se converter ao cristianismo. No entanto, o âmbito político e administrativo da república de índios era bastante limitado: dizia respeito, basicamente, aos interesses de pequenas comunidades. Os seus membros eram tratados como cidadãos de segunda classe, apesar de os seus filhos desfrutarem de acesso privilegiado a escolas, seminários e universidades. O essencial a reter é o fato de não haver obstáculos ao casamento com espanhóis e ao pertencimento à elite colonial. Claro que, a essa altura, os nativos já não eram nativos.

A série de motins que assolou a Cidade do México — em 1537, 1549, 1624 e 1692 — foi indicadora da dificuldade de integração de uma população segmentada definida por castas que muitas vezes vivia no limiar da sobrevivência. A dimensão da cidade facilitava a comunicação e garantia espaço para a ação política, em geral atrelada ao comércio. Os negros e os mestiços foram habitualmente acusados dos motins, revelando o receio branco em relação aos escravos descontrolados e o desconforto pela mobilidade social ascendente dos nativos que se encontravam no centro da cidade disfarçados de indivíduos de raça mista. O principal problema social era a elevada porcentagem de filhos ilegítimos entre os indivíduos de raça mista, o que os excluía do acesso aos sistemas educativo e religioso. A maioria dessas pessoas nascera fora do casamento, minando o sacramento do matrimônio e a ordem católica estabelecida. O paradoxo que aqui encontramos é a presença de nativos entre os indivíduos de raça mista. De um ponto de vista político, os nativos eram mais privilegiados do que os indivíduos de raça mista e do que os africanos negros, mas nas suas povoações e bairros eram obrigados a pagar tributos, ao passo que a residência como mestiços no centro colonial significava a fuga aos tributos e o aumento da possibilidade de entrar para o serviço doméstico.

Os relatórios referentes ao grande motim de 1692 apontam para o desmoronamento da segregação, além da penetração generalizada dos indivíduos de raça

Figura 13.1. Panorama do Zócalo da Cidade do México, c. *1695, óleo sobre tela de Cristóbal de Villalpando, 180 × 200 cm. A pintura inclui as ruínas da fachada do palácio do vice-rei depois do motim de 1692 (canto superior direito do quadrante central, junto com o mercado).*

mista e nativos no centro da cidade. Os sacerdotes foram os principais relatores desses acontecimentos. O padre Bernabé Núñez de Páez, da paróquia de San Pablo, lamentava que as índias usassem saias espanholas em vez do tradicional *huipil* (algo entre uma blusa e uma túnica), enquanto os homens usavam meias, sapatos, *valonas* (grandes colarinhos que cobriam parte das costas, os ombros e o peito) e sobretudos, deixando o cabelo crescer em melenas (grandes madeixas de cabelo que lhes cobriam os olhos e atrás e de lado chegavam aos ombros) para serem identificados como indivíduos de raça mista. A roupa e a aparência física, sobretudo o penteado, eram consideradas os principais critérios de identificação. O sacerdote lamentava especialmente o uso de sobretudos, que na sua opinião levavam os nativos a agir com grande altivez, ao passo que o uso de mantas (ou ponchos) os tornava mais humildes e obedientes, já que ficavam com menos aparência de mestiços. Esses comentários, que nos oferecem um catálogo de preconceitos coloniais, prosseguiam, lamentando que os nativos houvessem aprendido espanhol e tivessem se tornado ladinos, "o início do atrevimento, pois são muito mais humildes quando falam a sua língua". A perspectiva branca foi também expressa pelo padre Agustín de Betancur, sacerdote da paróquia de San Juan: "Os negros, os mulatos e os mestiços [...] são homens inquietos de maus hábitos, ladrões, jogadores, viciados, perdidos", que maltratam os índios nas suas aldeias e lhes "ensinam maus hábitos e preguiça".[8] A língua, as vestes e o penteado podiam realmente transformar uma pessoa, implicando que as características fenotípicas não eram essenciais e confirmando a ideia de que os indivíduos na sociedade colonial espanhola podiam jogar com diferentes identidades, ou simplesmente mudar de identidade, sem se afastarem necessariamente do vago sistema de castas, mas negociando a sua posição de acordo com as regras informais.

O status dos índios na América portuguesa não era assim tão definido devido à falta de um sistema político ou urbano nativo complexo prévio à conquista, embora o rei chamasse de vassalos esses povos depois de convertidos. A proibição da escravização, reiterada várias vezes em decretos reais, foi constantemente violada sob o pretexto de guerra justa. As expedições de caça a escravos dos paulistas (habitantes de São Paulo) continuaram até o final do século XVII, e a prática da escravização de índios continuou em vigor durante o século XVIII nas capitanias mais pobres do Maranhão e do Grão-Pará, na bacia do Amazonas. Como resultado, os índios foram expulsos para as periferias das colônias, ou então assimilados pelo sistema colonial sem deixar rastro. Os índios convertidos só eram visíveis por terem sido concentrados em grande número nas aldeias missionárias pelos jesuítas e por outros elementos de ordens religiosas (franciscanos, carmelitas e mercedários). Mesmo aí, o seu status não era claro, suspenso entre a tutela religiosa e a pressão por parte dos colonos para usá-los em trabalhos forçados.

Só em 1755, durante o governo do marquês de Pombal, é que se formularam políticas imperiais seculares claras quanto ao status dos índios. O domínio dos missionários foi quebrado, com as aldeias secularizadas e entregues à administração civil. Nas aldeias transformadas em vilas, os índios tinham autorização de concorrer a cargos municipais, inclusive no sistema judicial. Introduziram-se os símbolos do poder político (sede municipal, pelourinho e prisão), além da forma aceita de planejamento urbano (praça central e estrutura geométrica). Ocorreram perturbações, mas, pela primeira vez, partes dessa importante rede urbana passaram a estar ligadas.[9] Em 1757, o diretório de índios introduziu uma política de integração baseada nos direitos civis, que definia a emancipação de todos os indígenas, concedendo-lhes os mesmos direitos dos brancos, entre eles o direito à propriedade e ao comércio. O diretório encorajava uma política de miscigenação, pois não apresentava nenhuma cláusula de segregação espacial, e favorecia

Figura 13.2. Panorama de Cochim, *1635, aquarela de Pedro de Barreto de Resende, em António Bocarro,* Livro das plantas de todas as fortalezas, cidades e povoações do Estado da Índia Oriental, *Biblioteca Pública de Évora, manuscritos, cxv/2-1. A cidade nativa localizava-se mais no interior, separada da cidade portuguesa.*

explicitamente as relações entre índios e brancos. O reverso dessa política de integração — ou a sua consequência lógica — era que os índios teriam de abdicar da sua língua em favor do português e teriam de pagar impostos. Com essas novas condições, a Coroa esperava obter a integração da mão de obra indígena na sociedade colonial.

Na Ásia, a segregação espacial era visível nas novas povoações construídas pelos portugueses no interior das suas fortificações (ou protegidas por estas), reservadas aos cristãos e que contrastavam com as povoações nativas das redondezas.[10] Bom exemplo disso é a povoação de Cochim; os portugueses controlaram o porto local, edificaram um forte importante e desenvolveram a cidade no interior das muralhas. A cidade nativa situava-se nas proximidades, a montante do rio, sendo lar não só de hindus e muçulmanos, mas também de judeus e outros não cristãos governados pelo rajá, que por sua vez era protegido pelos portugueses. Mesmo depois de Goa se tornar a capital do Estado da Índia, Cochim serviu durante bastante tempo de porto principal da carreira da Índia (a frota de especiarias controlada pelo rei), pois situava-se perto das principais áreas de produção de pimenta. Podemos observar essa mesma divisão entre as cidades cristã e nativa em Diu ou Damão; tal divisão foi replicada em praticamente todos os locais ocupados pelos portugueses onde já existia uma povoação nativa com uma população relevante. O caso de Goa foi excepcional, já que os portugueses conseguiram usar o seu poder político na década de 1550 para transformar a cidade já existente numa urbe cristã, destruindo todos os templos não cristãos. Em Malaca, os portugueses reservaram para si o palácio real e os bairros centrais, aproveitando-se do desmoronamento da elite local. No entanto, como era o caso na maioria dos portos asiáticos, já existia uma tradição de divisão em bairros segundo as diferentes etnias dos comerciantes.

A fé religiosa era o principal critério de integração. Os nativos convertidos e os indivíduos de raça mista desfrutavam de um status especial na Ásia portuguesa, sendo aceitos nos bairros ou nas povoações governadas pelos portugueses. No Sri Lanka, onde entre 1597 e 1630 os portugueses controlaram a maior parte da ilha, a cidade de Colombo serviu de capital administrativa, atraindo escravos e nativos convertidos; a cidade manteve a sua característica mistura étnica após a conquista holandesa. Apesar da integração de nativos convertidos e de indivíduos de raça mista, o preconceito étnico continuou a fazer parte normal da vida, ainda visível na designação moderna "burguês negro" (indivíduo de ascendência portuguesa, africana e nativa). Em Manila foram visíveis desde o início as mesmas práticas de segregação espacial tanto no interior como no exterior das muralhas da cidade, construídas em 1590, sendo a minúscula presença espanhola reforçada por um vasto programa de conversões nativas levado a cabo pelas ordens religiosas.[11] O principal receio dizia respeito à comunidade chinesa, que chegou aos 10 mil elementos em 1586, ultrapassando de longe os oitocentos espanhóis presentes na época, e aos 20 mil habitantes em 1621, apesar do massacre sofrido em 1603, seguido por outros em 1639 e 1662, pelas mãos dos espanhóis e dos tagalos. Os chineses, que controlavam o comércio com a China e algumas das profissões urbanas, ocuparam uma zona específica da cidade, Parián, mas isso não impediu os casamentos miscigenados com a população nativa.[12] A fé religiosa foi a principal componente da expansão ibérica na Ásia. Verificava-se uma divisão entre cristãos e não cristãos tanto intramuros como no exterior das muralhas, embora a disseminação do catolicismo tenha levado à indistinção das fronteiras.[13]

A segregação espacial na América britânica e holandesa tornou-se muito mais arraigada do que na América ibérica, pois os projetos coloniais dessas duas potências e as características das suas colônias eram totalmente diferentes. A natureza rural do longo período de colonização britânica contrastava com a elevada urbanização existente desde o início nas áreas de expansão espanhola. Na

América espanhola foram criadas 330 povoações antes de 1630, não havendo, um século depois, nada de comparável na América britânica. A comparação da dimensão das cidades espanholas também é reveladora: em finais do século XVII, a Cidade do México tinha cerca de 100 mil habitantes, Boston 6 mil, Nova York 4,5 mil e Filadélfia 2,2 mil. Em meados do século XVIII, a situação não se alterara marcadamente: Boston tinha 16 mil habitantes, Nova York 11 mil e Filadélfia 13 mil, valores muito abaixo de sete cidades americanas espanholas (México, Lima, Havana, Quito, Cuzco, Santiago de Chile e Caracas) e de quatro cidades americanas portuguesas (Salvador, Rio, São Paulo e Ouro Preto).[14] A medíocre urbanização significava menos oportunidades para contatos interétnicos devido à existência limitada de mercados e de serviços. A relativa homogeneidade étnica das áreas urbanas britânicas e holandesas foi igualmente uma consequência da sua dimensão. O predomínio de áreas rurais e o sistema de plantation das colônias meridionais britânicas na América do Norte deram origem a uma população relativamente isolada que controlou uma força de trabalho contratada e depois escravos africanos. Esse controle foi reforçado por legislação local e regional que criava obstáculos à alforria e, consequentemente, à livre circulação de pessoas.

O caso de Madras, atual Chennai, na costa Coromandel do sudeste indiano, é bem conhecido. Fundada em 1639-40 pela Companhia das Índias Orientais no exterior da aldeia de pescadores de Madraspatnam, a cidade evoluiu segundo o anterior modelo colonial português testado na África e na Ásia. O entreposto comercial fortificado protegia os europeus, enquanto os nativos desenvolveram o seu bairro no exterior dos muros. Em 1706, após vários ataques de Nawab Daud Khan, Madras foi muralhada. A Cidade Branca e a Cidade Negra, tal como as autoridades britânicas as chamavam explicitamente, passaram por uma coexistência difícil, pois precisavam uma da outra, mas não partilhavam os mesmos objetivos. A povoação nativa encontrava-se dividida pela religião (seções hindu e muçulmana) e pela definição de casta. A fronteira permeável entre as duas cidades foi exposta pela breve conquista francesa em 1746: os franceses restabeleceram a Cidade Negra a quatrocentos metros de distância dos portões da Cidade Branca, criando uma zona intermediária que foi mantida pela Companhia das Índias Orientais quando esta, dois anos mais tarde, reocupou a cidade. O espaço adicional criado pela impiedosa operação francesa permitiu aos britânicos desenvolver uma complexa fortificação de estilo Vauban. Na sequência da reconquista, os britânicos decidiram igualmente resolver as suas diferenças com os portugueses e

Figura 13.3. Jacques-Nicolas Bellin, Le Petit Atlas maritime. *Paris, 1764, v. 3, ilustração 37. Plano de Madras após a reconquista pelos britânicos. A cidade britânica ficava no interior da muralha, separada da cidade indígena ou "negra".*

com os armênios, que haviam ficado ao lado dos franceses, tendo esses povos sido expulsos da cidade branca (ver figura 13.3).[15]

Madras representa um caso marcante de uma divisão por cor que revela preconceitos étnicos combinados com ações segregacionistas. Isso estava mais ligado à classificação portuguesa de povos e às práticas urbanas na Ásia do que à experiência atlântica britânica. Nova York é um bom exemplo das cidades britânicas e holandesas relativamente homogêneas na América do Norte. Foi fundada em 1624-6 pelos holandeses como Nova Amsterdam e tomada pelos britânicos em 1664. Em 1658 foi erigida uma muralha para proteger a cidade tanto dos índios como dos colonos britânicos da Nova Inglaterra. A lei proibia que os índios vagueassem ao sul da muralha durante a noite, algo que acompanhava legislação semelhante aprovada em outras povoações norte-americanas. A exceção eram as "vilas de oração" de Massachusetts, onde, em meados do século XVII, o reverendo John Eliot fundou catorze comunidades de índios convertidos — uma experiência interessante que ainda terá de ser comparada com as aldeias missionárias da América ibérica.[16] As povoações britânicas na América eram habitadas por uma vasta maioria de europeus, embora se empregassem escravos negros, em números variados, no serviço doméstico.[17] O controle desse grupo racial "inquieto" era uma grande preocupação das autoridades locais, que em certos casos, como o de Nova York, se viram confrontadas com colonizações espontâneas no exterior das muralhas. Isso explica a decisão, durante a década de 1710, de obrigar os escravos negros a viver intramuros. Os donos de escravos foram recordados da sua responsabilidade de alojar os escravos em suas casas. O controle social dos escravos continuou a ser um assunto privado; a criação de zonas urbanas informalmente segregadas seria deixada para um período muito posterior.[18]

DIREITOS CIVIS

Os direitos civis são a segunda questão crucial, bastante ligada à segregação espacial. No mundo ibérico, os nativos convertidos eram vassalos do rei e podiam reinvidicar a justiça e a proteção reais. O fato de os escravos africanos serem convertidos também criava uma ligação entre eles e os monarcas ibéricos. Trata-se de um paradoxo óbvio, já que os escravos eram considerados propriedade dos donos e estavam privados de direitos civis, embora se reconhecesse a sua condição humana, tendo as autoridades o direito de intervir em casos de brutalidade injustificada ou de assassinato cometidos pelo dono. No entanto, essa obrigação geral podia ser levada mais longe, tal como nos prova a série intrigante de documentos reais portugueses em que o rei concedia perdões em resposta aos pedidos de escravos e de libertos no Brasil.[19] A crença religiosa dos escravos desempenhou obviamente um papel essencial nesse reconhecimento implícito dos direitos civis básicos. O fato de os escravos não poderem testemunhar em inquéritos judiciais equiparava-se à exclusão dos convertidos e dos mouriscos do direito de fazer acusações religiosas contra cristãos-velhos. Ambos os grupos étnicos tinham direitos reduzidos na esfera judicial religiosa: podiam ser acusados, mas não podiam acusar. Esses grupos estavam ainda excluídos do acesso a ordens religiosas, a cargos eclesiásticos e ao serviço público (ver capítulo 9). Os cristãos-novos estavam excluídos dos colégios, das universidades e também de certas profissões; os descendentes dos convertidos punidos pela Inquisição padeciam da mesma falta de direitos que os antepassados. Os convertidos e os mouriscos estavam proibidos de viajar para a América e para a Índia — uma forma de discriminação que sublinhava o seu status inferior de um ponto de vista religioso e étnico. Os cristãos-novos conseguiam contornar a proibição graças a autorizações especiais do rei. Também se aproveitaram da união das coroas ibéricas (1580-1640) e renovaram a comunicação entre os dois impérios para aumentar a sua influência nas redes mercantis que cruzavam o Atlântico. No entanto, nas décadas de 1630 e 1640 foram atacados pela Inquisição, que visou aos cristãos-novos como o principal grupo de vítimas nessa área e na Ásia ibérica.[20]

A integração ou exclusão de nativos e de indivíduos de raça mista é a base das políticas interétnicas. Já analisei as vantagens e as limitações da república de índios. A república foi adaptada a outros territórios dos impérios ibéricos, sobretudo as Filipinas, como uma espécie de governo indireto local. Esses indivíduos eram em geral tutelados por uma ordem religiosa. O seu status como vassalos do rei dava aos índios um acesso privilegiado a escolas, colégios e universidades, algo negado a todos os negros, bem como aos indivíduos de raça mista nascidos fora do casamento. Embora os nativos convertidos conseguissem obter acesso ao sacerdócio secular na Ásia e na África, eles foram sistematicamente discriminados e em grande medida excluídos das ordens religiosas mais prestigiadas. Não obstante, essa visão geral tem de ser esclarecida. A exclusão de indianos asiáticos das ordens religiosas só foi implementada em finais do século XVI, após o que viria a ser praticada ao longo do século XVII e durante boa parte do século XVIII. O acesso dos nativos americanos a posições como clérigos seculares e regulares ocorreu nas primeiras décadas após a Conquista espanhola. Foi depois proibido pelos dois primeiros sínodos provinciais do México e pelo segundo sínodo provincial de Lima, tendo a proibição sido imitada, na segunda metade do século XVI, por quase todas as ordens religiosas. Os convertidos japoneses e chineses desfrutaram de uma integração muito melhor nas ordens religiosas, chegando a vários níveis, embora nunca houvessem alcançado as posições de topo. Não houve clérigos seculares nativos em Moçambique até o século XX, em contraste com o número significativo de nativos ordenados no Congo e em Angola. Verificou-se a ordenação de africanos no centro-oeste da África, mas não na América. O fato de o acesso dos nativos americanos a posições como clérigos seculares estar bloqueado contrastava com o acesso nativo significativo na Índia portuguesa.[21]

Como podemos ver, a hierarquia dos povos do mundo de Acosta foi projetada através do grau de exclusão ou de acesso a posições no clero, embora a recusa de nativos americanos de sangue puro não acompanhasse o modelo. A importância da rivalidade e da competição surge claramente em alguns episódios: nas décadas de 1630 e de 1640, os clérigos regulares portugueses na Ásia impediram a nomeação de missionários nativos e chegaram a opor-se à sagração do bispo nativo d. Mateus de Castro (bispo de Crisópolis *in partibus infidelium*), ordenado em Roma e promovido pela Congregação Propaganda Fide.[22] O bispo, um brâmane goês que se deslocou por várias vezes a Roma em busca de apoio para a sua luta contra o clero português, foi insultado pelo seu principal adversário, d. Afonso Mendes, o patriarca jesuíta da Etiópia, como sendo "um negro de rabo ao léu", o que sugeria que Castro não só era "maculado" pela cor da pele, como nem sequer conseguia vestir-se decente-mente.[23] Esses insultos perversos e pouco cristãos contra um bispo ordenado pelo papa revelam o ponto a que chegava o preconceito étnico. A ideia manifesta, bastan-te comum entre os clérigos regulares europeus, era de que os nativos não dispu-nham de firmeza moral nem de capacidade intelectual para serem ordenados como padres. O desprezo e os insultos baixos eram generalizados, situação denunciada não só por Castro nos seus relatórios para Roma, como também por alguns mem-bros da elite colonial, que entendiam a importância dos clérigos nativos.

Os preconceitos étnicos eram bem conhecidos em Roma, sendo passíveis de estimular algumas interpretações agudas. Em vários relatórios e relatos das décadas de 1620, 1630 e 1640, Francesco Ingoli, secretário da Propaganda Fide, denunciou a oposição ao acesso por parte dos nativos como uma maquinação dos clérigos portu-gueses que não desejavam partilhar as suas rendas.[24] As ordens religiosas argumen-tavam ainda que a admissão de nativos iria alienar a elite colonial europeia, respon-sável pelo grosso dos donativos à Igreja. Ingoli pode ter exagerado a importância dos interesses materiais para os missionários que desfrutavam do patrocínio real ibérico, mas havia realmente um elemento básico de competição. Nas Filipinas, onde o domínio espanhol muito lucrou com a prevenção dos piores excessos milita-res por parte dos missionários, o acesso dos nativos ao sacerdócio foi em grande medida bloqueado pelas ordens religiosas que mantiveram, até o século XIX, o mo-nopólio da maioria das paróquias locais. Em 1870, só 181 das 792 paróquias eram administradas por clérigos nativos. A acumulação de fortuna pelas ordens religiosas era de tal ordem que durante o século XVIII as autoridades lançaram vários inquéri-tos, recebidos com a recusa obstinada por parte do clero europeu em aceitar as decisões judiciais. A discriminação sentida pelos clérigos nativos foi uma das queixas por trás da ascensão do movimento nacionalista em finais do século XIX, tendo a secularização sido a palavra de ordem do movimento.[25]

Os indivíduos de raça mista também se viram em grande medida excluídos de posições sacerdotais seculares e regulares, embora, aparentemente, os espanhóis os considerassem num nível intelectual superior ao dos nativos americanos. Esse preconceito permitiu a ordenação de um certo número de indivíduos de raça mista, pois falavam as línguas nativas. A oposição por parte da maior parte dos clérigos europeus ao acesso concedido a esse clero de raça mista por certos bispos foi expressa numa série de petições ao rei e refletiu-se nas proibições aprovadas pelos sínodos provinciais. Nas décadas de 1560 e 1570, Filipe II enviou várias cartas repreendendo os bispos por ordenarem mestiços, o que significava que as petições haviam tido o seu impacto. Em 1578, Filipe II foi mais longe: produziu um decreto (*cédula real*), dirigido a todos os arcebispos e bispos, que excluía os mestiços das ordens. Ao decreto se seguiram outras ações por parte das audiências reais: o bispo de Quito foi intimado não só a refrear a ordenação de novos mestiços, mas também a afastar aqueles a quem tinham sido concedidos benefícios, como *curatos* e *prebiendas*. Os membros da audiência foram ainda mais longe, declarando que, se o bispo não afastasse os mestiços, eles próprios o fariam. Ordenaram ainda aos *encomenderos* que não fizessem pagamentos aos padres mestiços e, aos índios, que não lhes dessem comida. Trata-se do caso mais extremo de discriminação contra sacerdotes de raça mista, completamente humilhados pelo poder da corte aos olhos da população. No entanto, tal ação levantava uma questão crucial: a competência do rei para interferir na esfera estritamente religiosa.

O decreto real ia contra as proclamações do Concílio de Trento, que não referiam restrições étnicas ou raciais nos requerimentos para que se recebessem as ordens. Ia ainda contra uma bula emitida dois anos antes pelo papa Gregório XIII, que concedia aos bispos das Índias o direito de ordenar como clérigos quem falasse as línguas nativas, mesmo sendo ilegítimos. Os defensores do decreto real consideravam-no justificado devido ao patrocínio concedido pelo rei à Igreja, algo referido pela audiência como *cédula real del patronato*. O conflito em torno do decreto revela a tremenda importância na sociedade colonial do acesso a posições eclesiásticas. A ligação entre as questões espirituais, sociais e políticas estava patente nesse caso.

A reação de um grupo de padres de raça mista no Peru foi de uma eficácia surpreendente: em 1583 escreveram uma missiva ao papa, num latim impecável e elegante, em que contestavam os preconceitos subjacentes à cédula real. Mostraram as suas competências e formação. Contradisseram as principais acusações e condenaram as calúnias proferidas pelos clérigos espanhóis, descrevendo-os como padres egoístas e ambiciosos, com mais interesse na sua promoção pessoal do que na salvação de almas e que deixavam os territórios assim que enriqueciam. Esse documento extraordinário antecedeu em mais de quatro décadas acusações semelhantes feitas contra os missionários portugueses pelo secretário da Propaganda Fide, Francesco Ingoli. A carta foi enviada pelo papa ao núncio na Espanha. Como seria de se esperar, o papa aproveitou o protesto para questionar se os limites da intervenção em assuntos religiosos haveriam sido quebrados pelas ações reais. Em 1582, padres de raça mista já haviam mobilizado alguns clérigos notáveis espanhóis para a defesa do seu movimento: durante o terceiro sínodo provincial de Lima lançaram *probanzas* (provas baseadas em testemunhos) para mostrar a sua capacidade como sacerdotes. Em Cuzco, a confraria de *Santa Misericordia* iniciou uma *probanza* paralela. Filipe II, que provavelmente teria conhecimento do movimento, não se vergou de imediato ao pedido papal, mas em 1588 proclamou um novo decreto que autorizava a admissão de indivíduos de raça mista (referindo-se a descendentes ou filhos de espanhóis e índias) nas ordens, desde que fossem filhos legítimos e cumprissem todos os requerimentos estabelecidos pelo Concílio de Trento.

O acesso de mestiços a posições eclesiásticas de cúpula, sobretudo as que envolviam rendas cruciais, revelou-se muito mais difícil. O caso de Don Gonzalo García del Zorro, o primeiro mestiço nomeado como cônego da catedral de Santa Fe na Nova Espanha, exigiu mais de uma década de petições ao rei e ao papa. Zorro enfrentou um sem-fim de abusos, incluindo períodos de detenção, e teve de se deslocar várias vezes à Europa para finalmente superar a oposição aguerrida do capítulo da catedral, contrariando ordens claras do rei e do papa. No entanto, a resolução real de 1588 não encerrou o debate. Em 1636, um novo decreto impedia a ordenação de mulatos, mestiços e filhos ilegítimos — uma decisão reiterada em 1676. Só em 1697 se verificou novamente a autorização da ordenação de mestiços e de descendentes de governantes indígenas. A resistência local por parte do clero europeu continuava a se fazer sentir em 1769, quando um decreto real estabeleceu que um terço ou um quarto das admissões aos seminários deveria ser reservado a índios e mestiços, embora não existam provas claras da implementação desse decreto.[26]

14. Abolicionismo

O TESTEMUNHO DE OLAUDAH EQUIANO

"Perdi de uma só vez um gentil intérprete, um companheiro agradável e um amigo fiel; que, aos quinze anos, descobriu uma mente superior ao preconceito; e que não se envergonhava de ver, de se associar, de ser amigo e instrutor de um ignorante, um estranho de cor de pele diferente e um escravo!"[1] Foi assim que Equiano (1745-97), o famoso abolicionista negro liberto, descreveu o sentimento de perda do primeiro amigo que fizera quando fora um escravo de dez anos de idade a bordo de um navio negreiro. O estigma que marcava os negros foi observado de forma perspicaz por Equiano, vítima constante de humilhação e de abusos. Nesse caso, o seu amigo, um jovem branco nascido na América cuja família era dona de escravos, quebrara obviamente a regra normal que era ignorar ou troçar do jovem escravo negro. Tal encontro reduziu as distâncias sociais, étnicas e culturais baseadas no preconceito. Equiano diz-nos que os escravos estavam posicionados no fundo da sociedade colonial, alvos de submissão permanente e de desprezo: eram vistos como inferiores, um sentimento que lhes era imposto; eram obrigados a realizar serviços e satisfazer as ordens do senhor; não deveriam receber formação, a menos que houvesse motivo para isso; e não deviam ser amigos de brancos.

A extraordinária autobiografia escrita e publicada por Equiano serviu à causa abolicionista (ver figura 14.1). Embora outros negros libertos — Briton Hammon, James Albert Ukawsaw Gronniosaw, Phillis Wheatley, Ignatius Sancho, John Marrant e Ottobah Cugoano — houvessem publicado livros ou poemas acerca da questão desde a década de 1760, tanto na América como na Inglaterra, foi Equiano quem mais claramente deu voz a uma nostalgia pela sociedade africana original por ele conhecida, ao mesmo tempo que expunha as terríveis condições da viagem transatlântica, a crueldade dos donos de escravos e a profunda injustiça da sociedade colonial. Tratava-se do testemunho em primeira mão de um antigo escravo negro que aprendera a ler e a escrever, que trabalhara em diferentes ocupações, que conseguira comprar a sua própria liberdade, lutara contra o abuso constante nas Índias Ocidentais, mesmo após a alforria, que se tornou súdito do rei inglês e enfim foi reconhecido como defensor dos direitos dos negros, levando a cabo uma campanha pública e apresentando várias petições ao Parlamento e ao rei. Foi a voz de que os abolicionistas brancos precisavam para propagar a causa: um africano autodidata capaz de provar a inteligência da sua raça e de expor as iniquidades do comércio negreiro através de suas experiências pessoais.

The Interesting Narrative revela a devoção religiosa de Equiano, a conversão ao metodismo e os seus padrões morais. Equiano adota como seus os valores mais bem cotados da sociedade britânica: honestidade, justiça, moderação, resistência e perseverança. No seu livro chama várias vezes a atenção para o importante papel desempenhado pelos quakers e pelos protestantes britânicos no movimento abolicionista.[2] Pertencia a um círculo destacado de abolicionistas, liderados pelo amigo Thomas Clarkson, que defendeu a supressão do comércio escravagista com um membro do Parlamento, William Wilberforce. Equiano tece ainda comentários mordazes quanto à posição subordinada dos gregos em relação aos turcos, comparando-a com a relação entre negros e brancos nas Índias Ocidentais.[3] Numa carta aberta ao Public Advertiser publicada em 1788, ele afirmava que "o glorioso sistema do Evangelho destrói toda parcialidade tacanha e torna-nos cidadãos do mundo ao nos obrigar a professar a benevolência universal".[4] Equiano não poderia ter expressado um afastamento mais radical e cosmopolita das limitações da classificação racial.

A vasta lista de subscritores do livro de Equiano, mais de 1300 pessoas ao longo de nove edições, incluía elementos da família real, nobres, membros do

Figura 14.1. Olaudah Equiano, The Interesting Narrative. *Londres, 1789. Gravura com o retrato do autor.*

Parlamento, oficiais, bispos, sacerdotes e mercadores. A lista mostra claramente a disseminação do abolicionismo pelas elites britânicas. Embora nessa época os abolicionistas não passassem de uma minoria em crescimento, Equiano e os seus amigos tinham um grande apoio. A lista reflete o sofisticado mercado britânico de livros e informação, alimentado pela publicação de folhetos políticos e jornais. Representa ainda uma sociedade civil inconformista baseada em associações, menos limitada pela censura do que em outros países europeus, habituada a discussões públicas veementes sobre questões políticas e religiosas, onde os antigos escravos encontravam expressão pública.

As petições referentes à abolição do tráfico de escravos começaram a ser apresentadas no Parlamento em 1783, exatamente no fim da Guerra da Independência Americana, que abriu um novo espaço de reflexão moral.[5] Em 1788, no ano seguinte à criação da Sociedade para Efetuar a Abolição do Comércio Escravagista, houve mais de cem petições. Em 1792 foram apresentadas pelo menos 519 petições, que envolveram mais de 400 mil pessoas, muitas delas mulheres, de todos os condados ingleses, além do País de Gales e da Escócia.[6] A abolição do comércio negreiro viria finalmente a ser aprovada em 1807, mas foi imposta através de campanhas sucessivas, apoiadas por um número crescente de petições. Essas campanhas influenciaram a abolição, nesse mesmo ano, do comércio escravagista pela Dinamarca e pelos Estados Unidos. A derradeira abolição da escravatura nas Índias Ocidentais Britânicas entre 1833 e 1838

Figura 14.2. Medalhão de jaspe com um escravo ajoelhado, com a inscrição "Não serei homem e irmão?", de autoria de Wedgwood, para a Sociedade Britânica para Efetuar a Abolição do Comércio Escravagista, 1787. Museu Britânico.

envolveu milhões de peticionários na Inglaterra (uma das petições foi assinada por 700 mil mulheres), que impuseram opções claras aos candidatos durante as eleições parlamentares.[7]

O movimento abolicionista também projetou uma iconografia espantosa, por exemplo, o diagrama do navio negreiro *Brookes*, com a representação das condições atrozes dos escravos, bem como os medalhões (ver figura 14.2), medalhas e placas com retratos dignos de escravos e libertos, que se pretendia que estabelecessem um contraste com a cultura material escravagista de cabeças africanas como cachimbos, frascos de tabaco, canecas de cerveja e copos.[8] É marcante como a igualdade entre os seres humanos se tornou um tópico essencial ao observarmos as formas de arte espiritual. No seu *House of Death*, por exemplo, William Blake representou corpos com diferentes características fenotípicas (ver figura 14.3), todos igualmente medidos por Deus.[9] Esse movimento abolicionista popular é espantoso quando comparado com a discrição extrema nos Países Baixos, o silêncio "pesado" em Portugal e na Espanha — um silêncio que se prolongou pelo século XIX —, ou o debate limitado sobre o tema verificado na França, mesmo durante a revolução.[10]

Figura 14.3. A casa da morte, c. 1795, impressão com arte-final a pena, giz e aquarela de William Blake, 479 × 603 mm. Cambridge, Reino Unido, Fitzwilliam Museum.

O DEBATE CATÓLICO

No mundo católico não havia precedentes históricos de um debate sistemático sobre o tráfico de escravos africano que conduzisse ao abolicionismo. A ideia clássica de liberdade baseada na lei natural entrava em conflito com o conceito aristotélico de escravidão natural. Aquino é um exemplo da ambiguidade envolvida, já que ele aceitava que determinados seres humanos deveriam estar subordinados a outros, e que havia diferenças no mérito e nas necessidades sociais dos seres humanos, embora não adotasse a visão aristotélica sobre o tema. Já vimos como Las Casas, a escola de Salamanca e, mais tarde, os jesuítas lutaram sistematicamente contra a escravatura dos nativos americanos e procuraram promover a sua liberdade básica. No entanto, não houve o alargamento de um debate no mesmo nível sobre o comércio escravagista africano e sobre a escravidão negra, salvo por parte de Las Casas, que deixou manuscritos que condenavam o tráfico de escravos africanos, mas nunca assumiu uma posição pública sobre a questão.[11]

No século XVI, a vasta maioria dos teólogos e dos autores políticos aceitava o uso dos escravos africanos nas colônias europeias como uma necessidade. Defendiam ainda a legitimidade da escravidão como resultado da guerra, das dívidas e da venda pessoal ou de elementos da família quando havia a carência absoluta de meios de subsistência. Os dominicanos e os jesuítas levantaram dúvidas quanto à legalidade da escravização de pessoas livres, quer perpetrada por africanos, quer por europeus. Domingo de Soto, Tomás de Mercado, Diego Covarrubias e Luis de Molina condenavam a compra de escravos feitos cativos através da violência, mas não contestavam a escravidão como instituição.[12] Francisco Suárez também se mostrou preocupado com a legitimidade do estatuto de muitos escravos, acompanhando Aquino na oposição da lei das nações, baseada nas necessidades práticas e na conveniência, à lei natural, definida por princípios eternos. Bartolomé Frías de Albornoz foi mais longe, questionando os motivos clássicos usados para legitimar a escravatura. Num tratado sobre a construção naval, Fernando Oliveira condenava o tráfico negreiro e o uso de escravos africanos, mas foi uma voz solitária. Frei Alonso de Montúfar, arcebispo do México, escreveu a Filipe II para condenar a dualidade de tratamento dos nativos americanos e dos escravos africanos, mas a questão não foi adiante. Os jesuítas Gonçalo Leite e Miguel Garcia foram expulsos do Brasil por se oporem ao uso de escravos africanos, mas a sua argumentação perdeu-se sem deixar rastro. No século XVII, quando Alonso de Sandoval (1576-1652) reproduziu as dúvidas dos seus colegas quanto à legitimidade da escravidão na África, o autor citou Molina, embora não tenha contestado a escravidão como instituição.[13]

É preciso esperar até 1682 para encontrarmos dois tratados poderosos contra o comércio negreiro e o uso de escravos africanos nas sociedades coloniais, escritos pelos frades capuchinhos Francisco José de Jaca e Epifânio de Moirans.[14] Os dois religiosos analisaram de forma sistemática os principais argumentos a favor da escravatura, demonstrando a ilegitimidade do comércio negreiro e defendendo a libertação dos escravos convertidos. Jaca defendia que os senhores deveriam emancipar os seus escravos com indenizações, sob pena de excomunhão, caso desobedecessem. Moirans serviu-se da Bíblia para demolir a ideia da escravidão natural dos africanos baseada na lenda de Cam, já que a maldição de Noé tinha a ver com Canaã e seus descendentes no Oriente Médio, não na África. O caso desses dois capuchinhos, alocados na Venezuela, tornou-se público por eles terem expressado a sua opinião em sermões e por terem recusado o sacramento da penitência aos donos de escravos que não se arrependessem. Foram enviados para Cuba, onde continuaram a defender publicamente as suas opiniões. Seriam então detidos, excomungados e deportados para a Espanha, mas devolveram a excomunhão e conseguiram recuperar a liberdade. Foram proibidos de regressar à América, embora tivessem apelado à congregação da Propaganda Fide em Roma, solicitando uma decisão clara quanto à legitimidade do tráfico de escravos e da escravidão africana.

Essa petição coincidiu com outra apresentada por Lourenço da Silva de Mendonça, procurador das confrarias de negros do Brasil, Lisboa e Madri, que expressou preocupações semelhantes e pediu a proibição perpétua da escravidão entre cristãos.[15] A Propaganda Fide declarou-se incompetente em assuntos doutrinais e, em 1686, outra petição de Mendonça levou a uma consulta à congregação do Santo Ofício. A Inquisição romana decidiu que a escravidão ilegítima era inaceitável, mas recusou-se a ordenar a libertação dos escravos convertidos. Quando a Propaganda Fide enviou o resultado da consulta aos bispos dos impérios ibéricos, viu-se confrontada com a realidade do Padroado Régio: a congregação não tinha jurisdição sobre esses bispos. Curiosamente, durante o século XVIII, o debate católico sobre a escravatura foi reduzido à questão tradicional do "tratamento cristão" dos escravos, exceção feita ao frade capuchinho José de Bolonha, expulso da Bahia em 1794 por declarar publicamente que o comércio escravagista era ilegal devido às condições ilegítimas da escravatura. A escravidão negra só foi condenada pelo papa Gregório XVI em 1839. A Igreja católica, contudo, só tomou medidas quanto ao tema quando da abolição final no Brasil, em 1888.[16]

No que diz respeito ao pensamento político — sendo que nesse caso temos de olhar para ambos os lados da divisão cristã —, Jean Bodin foi o único autor quinhentista que rejeitou claramente a escravidão, equiparada n'A República a crueldade, corrupção e ameaça ao Estado. Bodin contestou diretamente Aristóteles e a tradição escolástica, tratando um a um os principais argumentos a favor da escravatura; defendeu a emancipação de todos os escravos, que deveriam receber formação para que pudessem ganhar o seu sustento e se integrar na sociedade.[17] A posição de Bodin não foi influente, o que apenas serve para confirmar o desenvolvimento não linear da história das ideias. Hugo Grócio declarou que as pessoas não poderiam ser escravas pela lei da natureza, mas aceitava a escravidão segundo a lei das nações como resultado da atividade humana, mesmo reconhecendo a influência moderadora da religião entre cristãos e muçulmanos, que se abstinham de escravizar os irmãos capturados em combate.[18] Hobbes considerava a escravidão como parte do sistema tradicional de autoridade. Defendia ainda o princípio da igualdade entre os povos, ao mesmo tempo que aceitava a realidade histórica sob um governo despótico.[19] Pufendorf via a escravidão como um fato embutido na ideia de disciplina social.[20] John Locke rejeitava a escravidão como questão de princípio na primeira frase dos *Dois tratados sobre o governo*, definindo-a mais à frente no texto como um estado de guerra contínua, mas aceitava a instituição num ambiente colonial, que deixava fora do contrato social.[21] À semelhança de Bodin, Montesquieu demoliu as asserções tradicionais a favor da escravidão, declarou que todos os seres humanos nasciam livres, rejeitou a escravatura nas sociedades ordeiras e associou-a ao despotismo colonial como parte da sua teoria climática.[22]

A escravatura colonial era assim aceita entre os pensadores políticos mais lidos do período moderno inicial, embora Bodin, Locke e Montesquieu tivessem, em princípio, rejeitado a escravatura. A *Encyclopédie* aprofundou o raciocínio de Montesquieu contra a escravatura, definida como um direito baseado na violência e perpetuado através desta, incluindo a servidão civil e política. Pela primeira vez, a escravatura surgia em oposição não só à lei natural, mas também ao direito público. Consequentemente, todas as vendas de seres humanos deviam ser consideradas sem efeito. A *Encyclopédie* eliminou toda ambiguidade prévia quanto à realidade da escravatura.[23] Rousseau equiparou a escravatura à desumanização. Considerava absurda, ilegítima e inválida a ideia de que a liberdade pudesse ser negada. Rousseau definiu a escravatura como violência abusiva contra a natureza. Segundo a análise do autor, a escravidão fazia parte do governo corrupto e arbitrário; ele cunhou o conceito de direitos humanos.[24] O abade Guillaume Raynal e seus colaboradores, sobretudo Denis Diderot, basearam a sua visão crítica da expansão europeia na defesa do antiescravismo. As condições do comércio negreiro e da escravatura na América foram analisadas e criticadas, tendo a libertação dos escravos pelos quakers na Pensilvânia sido relatada em detalhes como um precedente importante.[25] O marquês de Condorcet publicou anonimamente um dos mais aguerridos ataques contra a escravatura, definindo a instituição como um crime, propondo a sua abolição e recusando as indenizações, pois isso recompensaria o comércio ilícito e a propriedade ilegítima.[26]

UM NOVO SISTEMA DE VALORES

A escravatura foi muitas vezes usada como metáfora para designar um governo despótico e contrastá-lo com as liberdades europeias (ou britânicas). No seu ensaio sobre a sociedade civil, Adam Ferguson foi um dos principais autores a introduzir a escravidão como metáfora política, sobretudo baseada em referências clássicas. Ao analisar sociedades "grosseiras" ou bárbaras referia-se às sociedades nativas americanas, tais como descritas por Pierre-François-Xavier de Charlevoix e Joseph-François Lafitau, mas não refletia sobre a escravatura colonial contemporânea.[27] De certa forma, Ferguson representava o culminar de uma longa tradição de pensamento legal e político, estabelecida no século XIV por Bartolo da Sassoferrato, segundo o qual a Europa abandonara havia muito a escravização de prisioneiros de guerra, sendo seguido por autores ingleses e franceses que defendiam a supressão da escravatura nos seus territórios.[28] Essa tradição levaria a várias sentenças judiciais famosas no século XVIII, sobretudo na Inglaterra, contra a manutenção do status dos escravos trazidos para a metrópole, decisões que tiveram impacto nas colônias, alimentando o movimento abolicionista.

O principal golpe ideológico contra a instituição da escravatura durante o Iluminismo provavelmente veio do novo pensamento econômico liberal. Hume desmantelou a ideia tradicional de que na Antiguidade houvera uma população mais vasta devido à suposta fertilidade dos escravos, o que contribuiu decisivamente para a ideia de arcaísmo econômico da escravatura.[29] Benjamin Franklin (1706-90) seguiu a mesma linha de raciocínio e, pela primeira vez, submeteu a escravatura a uma análise econômica, a partir da qual chegou à conclusão de que os escravos eram mais caros do que o trabalho livre. Em 1790, ano da sua morte, Franklin interveio no debate sobre a abolição com a paródia de um ministro muçulmano de Argel, que supostamente respondera ao pedido por parte de uma seita cristã para banir a escravatura declarando que as indenizações aos donos de escravos seriam enormes, que só os escravos eram capazes de trabalhar com tempo quente e, além disso, os cristãos eram escravos na sua própria terra, e por certo preferiram ser escravos em Argel, onde estavam expostos à verdadeira fé e eram tratados de forma humana.[30] O conde de Mirabeau e os fisiocratas condenaram a destruição de populações, além do esgotamento do solo causado pela agricultura colonial. Para eles, a escravatura corrompera o trabalho e o comércio coloniais, levando a custos e desperdícios exorbitantes, a monopólios e privilégios. De acordo com o seu raciocínio, o mercado livre era essencial. François Quesnay comparara a circulação de bens à circulação do sangue.[31]

Tais antecedentes viriam a se revelar importantes. Adam Smith declarou explicitamente que o trabalho dos escravos, à primeira vista barato por depender apenas dos custos de manutenção de cada indivíduo, era improdutivo e comparativamente mais dispendioso do que o trabalho livre. Por trás desse raciocínio estava a ideia de que o escravo só se interessava em comer tanto quanto possível e fugir quanto pudesse ao trabalho; só a violência conseguia arrancar-lhe o trabalho. Smith desenvolveu esse princípio ao referir-se ao vasto investimento feito em escravos na América colonial, afirmando que os quakers na Pensilvânia haviam conseguido libertar os escravos africanos devido ao seu número pouco relevante. Frisou que o lucro extraordinário conseguido com o açúcar e (em menor grau) com o tabaco significava que a despesa de produção com mão de obra escrava era sustentável, sugerindo implicitamente que os lucros seriam ainda mais elevados com trabalho livre.[32] Thomas Clarkson, fundador do movimento abolicionista na Inglaterra, defendia que a escravatura era contrária aos interesses econômicos, mas a principal propaganda do movimento acentuava a questão moral baseada na dignidade humana. A questão econômica seria renovada muito mais tarde, e segundo uma perspectiva marxista, por Eric Williams, que afirmou que a escravidão se tornara desvantajosa.[33] Embora a rentabilidade da escravatura tenha sido reavaliada e o seu declínio contestado — especialmente tendo em conta os grandes lucros produzidos pelas economias escravagistas de Cuba, do Brasil e dos estados sulistas dos Estados Unidos na primeira metade no século XIX —, não há como negar a existência de um novo discurso, centrado na economia, que ganhou expressão no raciocínio de Smith.[34]

O movimento abolicionista não poderia ter sido desencadeado sem uma alteração significativa no sistema de valores europeu, algo frisado por David Brion Davis. As mudanças econômicas, com os ideais emergentes do trabalho e do comércio livre, e as mudanças políticas, com a nova visão de uma sociedade composta de cidadãos livres e iguais perante a lei, já haviam criado um ambiente estimulante. No entanto, verificou-se igualmente uma mudança ética fundamental, fazendo com que a escravidão fosse considerada inaceitável — uma manifestação de corrupção e pecado e uma violação da dignidade humana. O lugar central da integridade humana nessa visão crítica da escravatura foi antecedido pelo desenvolvimento do conceito de tolerância religiosa. O pensamento protestante teve pelo menos o mesmo impacto sobre o abolicionismo que a argumentação dos *philosophes* e dos economistas influentes, embora as dúvidas quanto à escravatura surgissem de correntes minoritárias no seio do protestantismo, e mesmo estas só tornadas efetivas perto de meados do século XVIII. Os fundadores do protestantismo não foram inovadores nesse campo, mas a questão da legitimidade do comércio escravagista já era discutida desde as primeiras décadas do século XVII. William Perkins e Samuel Willard rejeitavam a ideia aristotélica de escravidão natural, tal como o fizera a escola católica de Salamanca no século anterior.

O sínodo protestante de Rouen em 1637 rejeitou o "excesso de escrúpulos" sobre a ilegalidade do comércio de escravos, o que sugere que a questão já fora bastante analisada. Católicos como Jean-Baptiste du Tertre acusaram os protestantes de se negarem a batizar escravos por estes poderem reivindicar a emancipação. Richard Baxter e Morgan Godwin recusaram-se a aceitar tal crítica, alinhando as doutrinas protestante e católica quanto à questão, algo que se refletiu na legislação colonial britânica. Na década de 1630, Eliot criara aldeias para os índios convertidos na Nova Inglaterra, mas considerou-se impróprio que se forçassem os africanos à conversão. Foram necessárias várias campanhas, iniciadas por Godwin na década de 1680, para difundir a prática da conversão de escravos nas colônias protestantes, onde os colonos finalmente aceitaram que esses métodos poderiam contribuir para impedir a resistência e a insurreição. Os sucessivos programas de conversão insistiram no tratamento humano dos escravos — um tópico desenvolvido por filantropos, pela Sociedade Anglicana para a Promoção do Conhecimento Cristão, pela Sociedade para a Propagação do Evangelho no Estrangeiro e pelos pietistas alemães que migraram para a América. A criação de escolas para negros foi parte desse movimento, em que morávios e quakers desempenharam um papel essencial. A resistência dos colonos estabelecidos permaneceu aguerrida. Em 1740, por exemplo, a Carolina do Sul aprovou uma lei que proibia o ensino da escrita aos negros.

O atraso substancial dos debates e da ação protestantes é surpreendente, quando comparado com as práticas católicas no que diz respeito à conversão, à evangelização e mesmo à educação dos escravos. Usar a lei para manter o analfabetismo dos escravos porque o acesso ao conhecimento poderia levá-los à rebelião era algo que nunca passaria pelas mentes da América ibérica, onde a censura era considerada mais eficiente, já que a confissão e a consulta podiam resolver qualquer crise de consciência entre eventuais colonos escrupulosos. Essa estrutura institucional católica, com um controle permanente que levava à inércia e a concessões à ordem social vigente, contrastava com o debate público entre os protestantes. É por isso que o desenvolvimento do receio protestante do pecado nos ambientes tropicais viria a se revelar mais poderoso no longo prazo, sendo capaz de romper com as premissas centrais da ordem colonial — a saber, o sistema de plantation, o sistema de trabalho urbano e o serviço doméstico, tudo isso baseado na escravatura.

Em 1736, o quaker Benjamin Lay rotulou o comércio negreiro e a escravatura como "uma prática infernal", o "pecado capital" e "a pior parte da mercadoria das prostitutas velhas".[35] Equiparava a pureza religiosa ao antiescravismo e lançou aquela que seria a primeira campanha séria contra a escravatura. Os quakers estavam especialmente preparados para entrar no debate sobre a escravidão, pois desde a década de 1680 se interrogavam internamente quanto à prática. Tinham como estímulo as ideias de luz interior, de igualdade da condição humana, de ausência de autoridade eclesiástica, de pacifismo, de resistência passiva, de responsabilidade pessoal e de regeneração social através da reforma dos hábitos e do comportamento, incluindo a recusa do pagamento de dízimos, de jurar perante magistrados e de fazer mesuras ou tirar o chapéu aos superiores. Com as tradições judaica e cristã do ascetismo e do milenarismo, partilhavam a recusa das consequências inevitáveis do pecado original, a ideia de que a corrupção era provocada pelo cativeiro, o conceito da libertação da servidão, a busca pela perfeição da alma e a visão de um mundo baseado na igualdade e no amor. Os seus princípios opunham-se à aceitação de precedentes ou ao compromisso com costumes antigos. No entanto, seria preciso mais uma geração de dissidentes e a Guerra dos Sete Anos para precipitar uma ação concreta, na sequência da recusa por parte dos quakers de combater ou de pagar impostos. Os quakers demitiram-se dos cargos públicos na Pensilvânia; em 1757, o Encontro Anual de Londres lançou um inquérito sobre os membros envolvidos no comércio de escravos; durante o ano seguinte, a Assembleia da Filadélfia excluiu os membros que compravam e vendiam escravos; em 1760, os quakers da Nova Inglaterra tornaram a importação de escravos uma questão disciplinar; e em 1780, a Pensilvânia aboliu a escravatura, sendo seguida por Nova York (1799) e Nova Jersey (1804).

Protestantes de outras confissões também contribuíram para o debate. Em 1700, Samuel Sewall, um juiz de Massachusetts, publicou um opúsculo contra a escravatura na sequência de um longo julgamento que se encerrou com a libertação de um escravo. Em Boston, ele reproduziu o *Athenian Oracle*, um periódico inglês editado por John Dunton e que em 1705 incluíra um longo artigo que atacava o comércio escravagista e rebatia os argumentos que justificavam a escravatura. Entretanto, a nova ética da benevolência, introduzida pelos arminianos holandeses, pelos latitudinários ingleses e pelos pietistas alemães, promovera a visão da redenção como um processo histórico no qual os seres humanos poderiam aprimorar os padrões morais e alcançar a razão eterna. O impacto da Restauração explica o interesse por "sociedades primitivas" como modelos de inocência e virtude naturais. O primitivismo na literatura seguiu uma linha de argumentação própria nos trabalhos de autores como Thomas Tryon, Aphra Behn, barão de Lahontan, John Dennis, James Thomson e Daniel Defoe. No entanto, essa tendência fora iniciada pela busca dos teólogos de um sentido moral inerente, da virtude natural e da empatia pelos infortúnios alheios, opondo-se à ideia de Hobbes de seres humanos egoístas dominados pelos seus próprios interesses e emoções.

Foi essa tradição, desenvolvida por eruditos e clérigos como Benjamin Whichcote, Isaac Barrow, Henry More e John Tillotson, que levou a virtude ao centro dos debates teológicos, fundindo sentimentalismo e racionalismo. O sofrimento dos escravos negros, um tema essencial no dilúvio de literatura antiescravista do século XVIII, foi destacado por esse debate teológico e associado aos desenvolvimentos da filosofia moral, sobretudo através da produção de Francis Hutcheson e de James Foster. Em 1762, quando o quaker Anthony Benezet publicou na Filadélfia *A Short Account of That Part of Africa Inhabited by the Negroes*, a atmosfera intelectual na Grã-Bretanha e nas colônias norte-americanas britânicas estava receptiva ao lançamento de uma campanha abolicionista séria. Em 1769, Granville Sharp, um advogado que se envolveu em batalhas legais para a libertação de escravos negros na Inglaterra, publicou a mais forte rejeição da escravatura, *A Representation of the Injustice and Dangerous Tendency of Tolerating Slavery in England*, que ditou o tom das discussões que viriam.[36]

REVOLTAS DE ESCRAVOS

O abolicionismo, porém, não foi motivado unicamente pelas profundas alterações no pensamento ético, político e econômico europeu e americano. Os escravos negros contribuíram para a sua libertação. Tinham aspirações próprias, que se expressavam numa resistência constante, nos pedidos de alforria, nos protestos contra os maus-tratos, nas fugas individuais ou coletivas, na organização de comunidades de escravos fugidos, e em tumultos e revoltas, algumas em grande escala. A crescente importação de escravos na segunda metade do século XVIII e na primeira do século XIX serviu apenas para aumentar esses esforços, tal como se verificou em Cuba entre 1789 e 1815. No entanto, só depois de a guerra de independência ter rebentado em Cuba em 1869 é que se aprovou uma lei espanhola que garantia emancipação parcial, pois era preciso recrutar escravos como soldados em troca da promessa de alforria. O acordo de paz de 1878 libertou todos os escravos e foi seguido por uma lei geral de emancipação em 1880.[37] Na América espanhola continental, a resistência à abolição foi menos veemente devido ao número bastante inferior de escravos africanos. As guerras de independência das décadas de 1810 e 1820 deram um duro golpe no sistema escravagista, já que o recrutamento militar de escravos por ambos os lados fez com que estes alcançassem um novo poder de negociação, que teve como resultado a abolição gradual e total do comércio escravagista e da escravidão durante esses anos.[38]

Os mais importantes motins de escravos e ocupações de terras no Brasil ocorreram entre 1798 e 1835 na Bahia, embora ao longo dos mais de três séculos de escravatura na região um número elevado de escravos tivesse fugido e criado comunidades autônomas (quilombos).[39] A resistência à abolição foi alimentada pela prosperidade do sistema de plantation, que enfrentava menos concorrência por parte das ilhas caribenhas francesas e britânicas, cujas economias entraram num acentuado declínio após 1791 e 1807. A abolição do comércio negreiro só foi implementada em 1850, na sequência de ações militares da Marinha britânica, que inspecionava sistematicamente navios negreiros e bloqueava os portos brasileiros.[40] A escravatura propriamente dita só foi abolida em 1888 — a derradeira abolição nas Américas. Os resultados da Guerra Civil Americana e da Guerra de Independência Cubana não foram suficientes para desencorajar os governantes e os donos de escravos brasileiros, mas influenciaram a disseminação tardia do movimento abolicionista nas décadas de 1870 e 1880, promovendo uma campanha bem-sucedida por "solo livre" no Ceará. Em consequência dessa política, o sistema escravagista fora claramente abalado na década de 1880 com a disseminação de fugas coletivas, responsáveis por uma queda de 40% no número total de escravos.[41]

Em Portugal, cuja classe mercantil dominava o comércio escravagista brasileiro, a abolição do tráfico humano só foi decretada oficialmente em 1836, também como resultado da ação naval britânica, embora tivesse sido necessário um bloqueio dos portos brasileiros para implementá-la, e, mesmo assim, apenas parcialmente. A abolição da escravatura nas colônias africanas só ficou decidida graças a uma série tortuosa de leis aprovadas entre 1853 e 1875. A abolição precoce, em 1761, do comércio negreiro em direção a Portugal e a abolição da escravatura na metrópole em 1773 (segundo o princípio do "ventre livre": a concessão de liberdade aos filhos de escravos) não estabeleceram um precedente para as colônias.[42] Como os interesses do comércio escravagista estavam de tal modo arraigados, não se verificou um movimento abolicionista em Portugal. Na Espanha, só em meados do século XIX é que se assistiu ao surgimento de um movimento, limitado à classe média liberal e às elites anticlericais. Verificou-se a mesma ausência de um movimento abolicionista nos Países Baixos, onde a escravatura só foi abolida em 1860-3, não obstante a crescente agitação escrava no Suriname.[43]

A revolta de escravos na colônia francesa de Saint-Domingue (Haiti) em 1791 superou qualquer tumulto anterior na América no seu grau de violência, escala de envolvimento dos escravos e resultados políticos. A destruição pelo fogo de 2 mil plantações e o assassinato de mil proprietários no início da revolta abriram caminho aos muitos milhares de mortos de ambos os lados nos anos que se seguiram. Essas ações foram transformadas numa revolução apoiada por um exército vitorioso; o Estado autônomo e, no final (1804), independente conseguiu resistir às várias tentativas francesas de reconquista do Haiti.[44] O nível de brutalidade de ambos os lados deteve temporariamente as ideias liberais sobre a escravatura entre as elites coloniais brancas na América, mas o argumento contra a escravatura como uma violência que gera mais violência progrediu. A revolta estimulou a primeira abolição francesa da escravatura, em 1794. Embora não tivesse sido devidamente implementada na maioria das colônias e fosse anulada por Napoleão em 1802, ela juntou escravos, antigos escravos e povos não brancos nos ideais de emancipação e cidadania, criando uma nova realidade no mundo atlântico.[45] O movimento abolicionista francês nunca foi tão vigoroso como os movimentos britânico ou norte-americano, e perdeu o seu ímpeto nas primeiras décadas do século XIX. A abolição do comércio escravagista, aceita em 1815 pela França no congresso de Viena, só foi implementada em 1831, enquanto a escravatura nas colônias francesas só viria a ser finalmente abolida em 1848.[46]

No mundo colonial britânico, a revolta de 1816 em Barbados, que destruiu plantações mas praticamente não matou proprietários, abrandou o movimento antiescravagista na Inglaterra, enquanto a repressão violenta da revolta de Demerara em 1823, com centenas de execuções, além da detenção e morte em cativeiro de um missionário branco que apoiava os escravos, teve um impacto marcante entre os britânicos, suscitando indignação e novas ações abolicionistas. A "Guerra Batista" da Jamaica em 1831-2 repetiu, em maior escala, o padrão da revolta de Demerara, com as brutais repressão e execuções contrastando com a contenção evidenciada pelos escravos, situação que incentivou ainda mais o abolicionismo no Reino Unido e levou à emancipação dos escravos em 1833. A extensão do abolicionismo à Índia foi, por outro lado, uma operação de cima para baixo, desencadeada pela opinião pública britânica, tendo contado no início com a oposição das autoridades coloniais, que temiam a reação das elites locais. Em 1843, os britânicos decidiram suprimir a estrutura legal que sustentava a escravatura, tornando crime a venda de cativos. Nos Estados Unidos, embora as revoltas de escravos fossem poucas nas décadas anteriores à secessão (1860) e à Guerra Civil (1861-5), a declaração por parte da União da liberdade dos escravos sulistas aumentou acentuadamente a fuga de escravos da Confederação. Isso levou ao recrutamento por parte da União de 200 mil antigos escravos como soldados, o que contribuiu para a vitória nortista. A definitiva abolição da escravatura nos Estados Unidos (1865) marcou o fim do comércio escravagista interno e pressagiou o fim da escravatura nas Américas. Nesse caso, a mobilização em massa de abolicionistas nortistas após a década de 1830, apoiados por um número significativo de migrantes europeus que partilhavam o ideal de solo livre, contrastou com a mobilização igualmente determinada e maciça da opinião pró-escravagista nos estados sulistas.[47]

O processo antiescravagista e abolicionista deparou com uma enorme resistência por parte dos interesses estabelecidos entre latifundiários, investidores, comerciantes escravagistas, armadores, marinheiros e mercadores. As monoculturas baseadas no trabalho escravo constituíam um sistema econômico poderoso que representava milhões de libras de capital investido em terras, colheitas e escravos, além dos imensos lucros comerciais e benefícios fiscais que o comércio de algodão, açúcar, tabaco e café representavam para os Estados onde se localizavam as plantações. Até o popular movimento abolicionista no Reino Unido se viu obrigado a superar os interesses políticos arraigados ligados ao sistema de plantation que se fizeram sentir nas sucessivas rejeições por parte da Câmara dos Lordes da

Figura 14.4. Revolta de escravos em Saint-Domingue, c. 1791, gravura de autor desconhecido.

legislação já aprovada pela Câmara dos Comuns. A Declaração de Independência dos Estados Unidos, em 1776, e a Declaração dos Direitos Humanos francesa, em 1789, poderiam ter estabelecido, de uma vez por todas, um novo sistema de valores baseado na igual dignidade dos seres humanos, mas tratava-se de declarações obviamente dirigidas à população branca.[48] Não obstante, elas deram aos escravos e aos abolicionistas novos argumentos e novas reivindicações, num fluxo de ideias que se revelava imparável e que dirigia a opinião para a ampliação desses direitos a todas as raças.

IMPACTO SOBRE OS DIREITOS HUMANOS

Para o meu argumento é importante a compreensão do impacto do movimento abolicionista sobre o ódio étnico e racial. Teria reduzido os preconceitos e as ações discriminatórias? Teria disseminado a noção de direitos humanos aplicada a todas as raças? A abolição da escravatura levou, com efeito, à destruição de um sistema econômico baseado no trabalho escravo, mas essa destruição não foi implementada de um dia para o outro. Na maior parte dos casos as abolições

Figura 14.5. Retrato do deputado Jean-Baptiste Belley, negro liberto de Saint-Domingue, na Convenção Nacional, 1797, óleo sobre tela de Anne-Louis Girodet-Trioson, 158 × 113 cm. Museu Nacional de Versalhes.

foram graduais, com períodos de transição com o antigo dono. Em muitos casos, a escravatura foi substituída por trabalho forçado, não só nas Américas como também na África. Nesse sentido, a situação prolongou-se pelo século XX em algumas colônias europeias. Os antigos escravos estiveram envolvidos em todos os processos transitórios e demorados para chegar ao trabalho livre. A desumanização foi substituída pela segregação: os negros continuaram à margem do sistema econômico durante muitos anos, o que perpetuou as condições materiais para o desprezo. A substituição da escravatura pelo trabalho por dívida nas ilhas coloniais europeias dos oceanos Índico e Atlântico ao longo da segunda metade do século XIX, com a migração organizada de muitos indianos e chineses, levou ainda à renovação dos preconceitos contra os povos asiáticos, algo que coincidiu com os novos e vastos projetos imperiais no Oriente.

Na Inglaterra, o vasto movimento abolicionista conseguiu ultrapassar muitos preconceitos anteriores, mas a opinião pró-escravatura dava continuamente voz a ideias sobre a inferioridade racial dos negros. Esse preconceito era aceito de maneira implícita entre os abolicionistas de primeira geração: eles defendiam a abolição gradual para criar condições de melhoria dos escravos. Esse era um dos motivos para que o movimento se concentrasse na abolição do tráfico de escravos e não na abolição do sistema de escravatura, embora houvesse ainda motivos de conveniência política para essa ênfase. Na França, num manifesto de 1789, a Société des Amis des Noirs — criada em 1788 por Jean-Pierre Brissot e que envolveu Condorcet, Mirabeau, o marquês de La Fayette, o duque de La Rochefoucauld e Olympe de Gouges — recusou explicitamente a abolição da escravatura: os negros não estavam aptos para a liberdade; teriam de ser preparados.[49] A primeira geração de abolicionistas foi motivada pela ideia da dignidade partilhada dos seres humanos, incluindo todas as raças, embora algumas tivessem de ser elevadas à suposta posição superior do branco. A ideia do escravo grato estava implícita em muitos textos literários e políticos.[50] Essa atitude filantrópica distinguia os abolicionistas dos defensores da escravidão: estes defendiam que os escravos negros estavam presos à sua servidão, pois não só eram inferiores, como nunca seriam capazes de se elevar ao nível dos brancos. De certa forma, esse debate de finais do século XVIII, estendido para os séculos XIX e XX, renovou a discussão entre Las Casas e Juan Ginés de Sepúlveda quanto aos índios americanos, em que a ideia de um comportamento infantil contrastava com a noção de escravidão natural. No entanto, quer mutável, quer imutável, a condição inferior dos escravos negros em particular e do povo africano negro em geral era um conceito partilhado por praticamente todos os brancos.

Essa ideia pode ser ilustrada ao observarmos os trabalhos dos principais autores do Iluminismo. Montesquieu introduziu uma seção estranha em *Do espírito das leis*, que começava com "Tendo eu de justificar o direito da escravidão dos negros". O autor usa do exagero para escarnecer dos preconceitos contra os indivíduos de cor: não somos capazes de imaginar que Deus tivesse colocado uma alma no interior de um corpo negro; os negros têm o nariz tão largo que nem conseguimos ter pena deles; e os negros preferem colares de vidro a colares de ouro, o que prova a falta de bom senso. Montesquieu introduziu essas declarações irônicas na seção acerca do extermínio dos ruivos por parte dos egípcios para sublinhar a arbitrariedade dos preconceitos em torno da cor, mas o exercício permanece ambíguo.[51] Rousseau enalteceu a inocência dos africanos e dos nativos americanos, reavaliando os escritos de Montaigne, além da literatura primitivista de finais do século XVII e início do XVIII. Criticava a civilização europeia através da promoção do bom selvagem — bom, mas ainda assim selvagem.[52] Voltaire partilhava essa visão desiludida da civilização europeia como corrupta e constantemente envolvida em guerras inexplicáveis provocadas por governantes ambiciosos, mas o uso constante do tema do bom selvagem era toldado a espaços por uma troça irresistível.[53] O abade Raynal, que lançou um dos mais consistentes ataques contra a escravatura, representava a África como um continente desolado, com habitações, mobiliário e roupas medíocres, além de uma agricultura limitadíssima realizada por escravos no meio de vastos campos vazios, enquanto a população vivia ignorante e indolente, mergulhada nas superstições locais, sem qualquer ideia da arte da política.[54] Condorcet, que também criticava a escravatura, considerava que os escravos libertos teriam de ser submetidos a uma disciplina severa, pois haviam perdido a capacidade de raciocínio, ficando corrompidos e idiotas em virtude da opressão e do aviltamento constantes por parte dos donos. É verdade que Condorcet fala sempre acerca dos resultados da escravatura; o autor não reproduz a ideia dos africanos negros ignorantes e bárbaros; e chega mesmo a dedicar o seu livro a escravos negros, dirigindo-se a eles como amigos e irmãos numa carta aberta. Contudo, os futuros libertos não eram vistos como capazes de ser cidadãos ou senhorios. Estava implícita a necessidade de um longo período de integração.[55] Alexis de Tocqueville, que sempre se apresentara como abolicionista, criticando a escravatura como corrupção da dignidade dos seres humanos, tentou acomodar os interesses dos colonos brancos durante os debates parlamentares franceses das décadas de 1830 e 1840: não só se mostrou a favor das compensações financeiras, como também propôs excluir os escravos libertos do acesso à propriedade durante um determinado período para evitar o aumento brutal dos salários. Tocqueville sabia o que estava fazendo, pois em *Democracia na América* declarara quão importantes eram os direitos da propriedade e da sucessão. É óbvio que defendia um longo período de transição até que os libertos se tornassem cidadãos de plenos direitos.[56]

Tais argumentos contra a escravatura foram sobretudo formulados segundo o ponto de vista da lei natural, ou então, após as décadas de 1770 e 1780, segundo a noção de direitos humanos cunhada por Rousseau e difundida pelas declarações americana e francesa. No entanto, as posições antiescravagistas foram igualmente assumidas por quem procurava acabar com a concorrência entre o trabalho livre e a escravatura, ou entre o solo livre e o solo escravo, tal como viria a ser designado nos Estados Unidos durante as disputas sobre o estatuto dos novos estados criados pela migração para oeste. Mesmo tendo a questão da escravatura de ser decidida em cada estado para evitar novas tensões que pudessem derrubar o projeto federativo dos Estados Unidos, ela tornou-se a principal questão política que levou à Guerra Civil. A corrida dos migrantes europeus para os estados nortistas reforçou o movimento pelo solo livre, mas o generoso movimento abolicionista teve ainda de se confrontar com a sugestão de que se opunha à escravatura para manter uma população estritamente branca, ou "imaculada". Nos países americanos ibéricos independentes, como o Brasil, a política de atração dos migrantes europeus, que chegavam cada vez em maior número após a abolição da escravatura, foi explicitamente definida como um projeto para "embranquecer" a população. Essa ideia manteve-se dominante no Brasil até a década de 1930, quando Gilberto Freyre criou uma nova visão de uma população feliz e realizada de indivíduos de raça mista.[57]

A extensão dos direitos humanos a todas as raças como ideal e prática política não aconteceu nem durante o período de revoluções nem no longo século XIX. O *Essai sur la régénération physique et morale des Juifs* do abade Grégoire, publicado em 1788, foi uma das primeiras afirmações públicas católicas a favor da integração formal dos judeus no Estado francês, abrindo assim caminho para o seu reconhecimento como cidadãos após a revolução. Em 1790 e 1791, Grégoire também se envolveu na atribuição de cidadania a escravos libertos negros e de raça mista. O seu *De la Noblesse de la peau*, publicado em 1826, foi um dos primeiros trabalhos a abordar diretamente a questão do preconceito contra os africanos negros, sem se comprometer com a ideia dominante de raças inferiores, concluindo que a verdadeira nobreza é uma virtude, privilégio dos seres humanos de todas as cores. Incluía referências ao sistema de castas na Índia, bem como à divisão entre cristãos-velhos e cristãos-novos na Península Ibérica. Afirmava que a ideia de "nobreza da pele" sucedera à ideia de "nobreza do sangue", consequência da ânsia colonial para justificar a escravatura — ou, tal como observado pelo abade Grégoire: "Para os brancos, esse preconceito era uma invenção maravilhosa para sustentar o seu domínio".[58] No entanto, Grégoire, um católico e republicano que se revelou demasiado radical para o gosto de Napoleão e foi obrigado a se retirar após a restauração da monarquia sob os Bourbon, não representava a opinião pública dominante.

A inclusão progressiva de outras raças nos direitos humanos foi um processo longo e demorado. Os nativos americanos, por exemplo, só foram reconhecidos como cidadãos norte-americanos já no século XX. O movimento antiescravagista e abolicionista estimulou, como reação, o desenvolvimento de argumentos para justificar a escravatura, sobretudo no Sul dos Estados Unidos, onde o debate ideológico foi levado a extremos. Os primeiros debates sobre a representação da escravatura na Bíblia foram difíceis de sustentar devido às profundas reinterpretações das escrituras e ao processo de secularização que afetava a sociedade ocidental. A definição dos escravos como propriedade era muito mais eficaz e persistente. Os escravos eram considerados parte de um sistema econômico que não poderia ser ignorado da noite para o dia. Eram demasiados os interesses em jogo, desde os investimentos individuais até as rotas comerciais que distribuíam os produtos da escravatura, além dos benefícios fiscais para o Estado. Tendo em conta o precedente criado pelos britânicos em 1833, o centro da discussão eram as possíveis indenizações aos donos de escravos. Os sulistas serviram-se de cálculos leoninos quanto às compensações a serem pagas pela abolição nos Estados Unidos para dissuadir qualquer iniciativa séria. Até mesmo na França, onde o investimento em escravos representava menos de um décimo do capital empatado nos Estados Unidos, o governo só conseguiu fazer aprovar uma lei de abolição da escravatura, em condições especiais, durante a revolução de 1848, devendo-se o seu êxito aos esforços de Victor Schœlcher, um excepcional subsecretário de Estado da Marinha, exilado pelo Segundo Império e que dedicou a vida ao combate à escravidão.

Os principais argumentos do lado pró-escravatura, tanto nos Estados Unidos como em outros países, baseavam-se na suposta inferioridade racial dos africanos negros e seus descendentes, na incapacidade dos escravos negros de se tornarem cidadãos, e de um fosso insuperável de inteligência, maneiras e sentimentos entre os negros e os brancos. Foi essa a linha de argumentação desenvolvida pelo político sulista John Caldwell Calhoun (1782-1850) no Senado dos Estados Unidos antes da Guerra Civil.[59] O debate sobre a escravidão impulsionou a teorização científica acerca da raça, mostrando como os interesses políticos prementes podiam interferir nos novos campos de conhecimento, sobretudo a classificação das espécies. O preconceito racial e as ações discriminatórias se beneficiaram desse apoio científico, conseguindo prolongar o debate e as práticas escravagistas. As conclusões para este capítulo são, assim, bipartidas: por um lado, o abolicionismo criou novas condições ideológicas e políticas para a disseminação da noção de direitos humanos, abrindo caminho para a inclusão, no longo prazo, de raças não brancas no conceito de cidadania; por outro lado, a tentativa de justificação da escravatura levou ao reforço de definição científica de hierarquias raciais, o que contribuiu para a perpetuação das formas de segregação e de discriminação.

Só no Novo Mundo se criaram sociedades coloniais de raiz. Fora das Américas, e salvo algumas exceções, a expansão europeia teve um impacto econômico e político variável, sem uma reestruturação efetiva de longo prazo das configurações sociais existentes. Nas Américas, a migração europeia envolveu 3,5 milhões de pessoas até 1800, com mais de 12,5 milhões de escravos africanos importados até a década de 1860, e os nativos americanos sendo reduzidos para 5 milhões ou 6 milhões de indivíduos no primeiro século de intervenção europeia. A presença de mulheres era bem mais elevada entre os migrantes britânicos do que entre os espanhóis e os portugueses, fato que ajuda a explicar os níveis mais elevados de mistura europeia com nativos e africanos no lado ibérico. Os diferentes modelos políticos também ajudam a explicar a divergência entre as sociedades coloniais: enquanto na América do Norte britânica as comunidades coloniais eram bastante autônomas, com uma relação esparsa com o governo central até o início do século XVIII, a presença de instituições reais na América ibérica desde o início estimulou as conversões forçadas dos nativos americanos e dos escravos africanos, com aqueles transformados em vassalos e estes em membros da Igreja católica.

As populações nativas no México e nos Andes contribuíram acentuadamente para o modelo interétnico existente na América espanhola. A criação da república de índios levou a uma segregação positiva, mas, no geral, as sociedades coloniais ibéricas basearam-se na integração interétnica hierárquica e na discriminação baseada na superioridade branca, além de uma escala graduada de indivíduos de raça mista. Na América do Norte, os índios foram classificados como estrangeiros até finais do século XIX, ao passo que os escravos africanos só foram alvo da conversão cristã sistemática a partir das últimas décadas do século XVIII. Os nativos seminômades foram alvo de segregação desde o início da colonização. A miscigenação com escravos africanos seguiu o mesmo modelo no longo prazo: os indivíduos de raça mista acabaram por ser segregados e classificados como negros, com a emancipação sendo proibida em certas colônias, como a Virgínia, onde os libertos foram expulsos após a independência. As leis formais contra o casamento interétnico ratificaram o modelo britânico de segregação. Durante o século XVIII, o caso francês, que começou mais próximo do ibérico devido às políticas de casamentos inter-raciais na Nova França, reverteu para o modelo britânico de segregação. No Caribe, esses modelos revelaram alguma interação, mas a experiência continental moldara as principais políticas.

A importância da experiência colonial americana é óbvia por três motivos: a relação orgânica com a Europa, de um ponto de vista econômico, social, demográfico e político; a quantidade de trabalho escravo e por dívida, que contribuiu para definir o branco e o negro como polos opostos; e as políticas quanto aos nativos e aos indivíduos de raça mista, que deram origem a novas formas de classificação interétnica. A escravatura passou a estar associada à cor negra, que por sua vez se tornou sinônimo dos nativos que viviam no seio da estrutura da expansão europeia, sendo aplicada aos nativos americanos e aos asiáticos, à exceção dos chineses e dos japoneses. A segregação na América britânica, holandesa e (mais tarde) francesa contrastava com a integração relativa, além da discriminação, na América ibérica. O longo processo de exclusão dos indivíduos de raça mista na América britânica levou a uma classificação binária de indivíduos brancos ou negros, com os nativos americanos sendo considerados simples estrangeiros.

A pintura de castas refletia uma classificação interétnica obsessiva, estruturada por polos opostos — branco/negro; índio integrado/selvagem vivendo no ermo —, mas que revelava uma enorme flexibilidade no sistema, definido por gradações, possíveis inversões do processo de ascendência e alteração do status. Trata-se de um gênero artístico mexicano que não pode ser tomado levianamente, pois desenvolveu o seu próprio sistema de valores, mas que pode ser associado a taxonomias encontradas um pouco por toda a América ibérica, o que confirma a flexibilidade das hierarquias interétnicas. A pureza de sangue, bem representada nas ficções genealógicas, contribuiu certamente para a afirmação da supremacia branca, enquanto a classificação interétnica contribuiu para a obsessão iluminista pela taxonomia e pela observação dos seres humanos como parte da natureza. Não obstante, a ideia de uma construção racial precoce não sobrevive à análise, pois as hierarquias de castas têm um âmbito local e não universal, e não promovem a ideia de características imutáveis transmitidas de geração em geração que acabam por dar forma às teorias de raças.

As condições locais e os projetos coloniais deram origem a sociedades diferentes, mas tanto os sistemas de classificação interétnica duais como os múltiplos colocam os negros no último patamar da hierarquia social. O status dos indivíduos libertos e de raça mista variavam nas diferentes sociedades coloniais, não só na América, mas também na Ásia e na África. A dependência financeira e demográfica dos portugueses em relação aos nativos e aos indivíduos de raça mista na Ásia garantiu a eles um status negado nas colônias e nos entrepostos comerciais holandeses e britânicos, com uma força de trabalho europeia muito mais vasta. Embora os preconceitos não fossem uniformes, a ação discriminatória era menos visível no caso português. Este também é útil para estabelecer um contraste entre as experiências coloniais africana e americana: enquanto os indivíduos de raça mista na África, à exceção de Luanda, eram em geral integrados na sociedade local, no Brasil eles criaram um segmento distinto da sociedade colonial que desfrutava de um status social relevante.

Essas experiências coloniais provocaram efeitos variados na percepção europeia, mas serviram para confirmar a visão dos negros como um tipo humano inferior, enquanto a integração dos nativos americanos no México e no Peru não eliminou a visão de um tipo americano definido pelo canibalismo e pela selvageria. A discriminação e a segregação nas diferentes partes do mundo onde os europeus conseguiram desenvolver sociedades coloniais ou enclaves levaram ao enraizamento de preconceitos étnicos, além de formas concretas de aviltamento ou de exclusão. No último quartel do século XVIII, a escravatura foi finalmente contestada por um impressionante movimento abolicionista britânico, coincidindo com a disseminação da noção de direitos humanos. No entanto, essa campanha pela dignidade dos escravos africanos não propagou a percepção da igualdade de direitos. No longo prazo, o abolicionismo ajudou a disseminar os direitos humanos para os indivíduos emancipados, mas os debates aguerridos estimulados pelos interesses econômicos e políticos baseados na escravatura contribuíram para a perpetuação dos preconceitos, bem como para o desenvolvimento de novas formas de segregação.

Parte IV
Teorias de raça

Em 1737, Carl Linnaeus, ou Lineu (1707-78), encomendou um retrato de si próprio em que surgia vestindo trajes sami (lapões), com um longo casaco de pele e acessórios entre os quais se contavam uma boina redonda de cabedal, um extraordinário par de botas de cano alto e um cinto nativo do qual pendiam um calendário rúnico, uma faca, caixas de casca de bétula, bolsas de pele de rena e um tambor de xamã (ver figura 15.1). Algo igualmente essencial, que segurava na mão direita, era a flor branca de uma pequena planta do Ártico a que batizara como *Linnea borealis* e que viria a se tornar a sua marca.[1] Com uma imagem única mas complexa, Lineu firmava as suas credenciais como botânico, viajante e pesquisador. A imagem remetia explicitamente à viagem de Lineu à Lapônia cinco anos antes, missão financiada pela Real Sociedade da Suécia e que representou um ponto de virada nos seus interesses e carreira científicos. O quadro foi produzido quando da longa estada de Lineu na Holanda (1735-8), durante a qual ele se doutorou em medicina, trabalhou com os principais botânicos da época, desenvolveu a sua rede científica europeia e publicou algumas das suas principais obras, com destaque para a primeira edição do *Systema Naturæ*.[2] O trabalho de Lineu, que ampliou a classificação de plantas, passando a

Figura 15.1. Retrato de Lineu "com trajes lapões", 1805, gravura de H. Kinsbury, segundo o retrato de Martin Hoffman (1737).

abranger igualmente os animais, seres humanos incluídos, foi descrito por Michel Foucault como a pedra angular da episteme do período clássico, os séculos XVII e XVIII.[3] O retrato sugere os principais processos dessa ordem de conhecimento — observação e coleta, análise e classificação —, mas é claramente dominado pelo olhar etnográfico: o observador está disfarçado de observado, ou, dito de outra forma, o civilizado está vestido como selvagem. Na verdade, a essa altura, um século após um duro processo de colonização em que se assistiu à abertura de minas com trabalhos forçados, à transferência de populações e a um processo de cristianização que implicou a supressão radical das práticas xamanistas, os sami eram ainda considerados selvagens. Na prática, a Lapônia correspondia às Índias Ocidentais suecas.

Essa afirmação visual inverte a normal representação dos selvagens: as suas vestes adquirem uma nova dignidade quando usadas por um cientista branco. O retrato tem sido interpretado como uma operação de marketing bem-sucedida, dirigida aos colegas de Lineu.[4] Contudo, existia o risco óbvio de não ser levado a sério. Desde o famoso festival dos tupinambás, encenado em Rouen, em 1550, para deleite da corte real francesa, no qual desfilaram nativos americanos ao lado de normandos, todos quase nus e emplumados, que se sentia um prazer irresistível na adoção de modos nativos perante o horror pudico cristão.[5] No seu retrato, Lineu está coberto da cabeça aos pés, embora na época o seu sistema de classificação, baseado no sexo das plantas, fosse considerado útil mas indecente. Mesmo tendo a publicidade possivelmente desempenhado um papel relevante, o retrato não se limitava a ter uma função estratégica: durante esse período, Lineu descreveu os trajes, os hábitos e as cerimônias sami com empatia.[6] Mesmo manifestando a sua repulsa pelos padrões locais de higiene, ou referindo-se de forma pouco gentil à "pele de sapo" de uma mulher "escura" que o ajudou, Lineu elogiava as roupas e o calçado sami como bem mais naturais e adequados ao desenvolvimento muscular do que as vestes suecas, com a sua rigidez e obstrução de agilidade. Mostrava-se impressionado com a velocidade da corrida e da caminhada dos sami. Em ocasiões especiais usava o traje sami em Uppsala, levando-o consigo nas suas viagens. Não se tratava apenas de exibicionismo: o seu uso transmitia uma valorização das vestes naturais, adaptadas ao clima e ao corpo. O retrato chama assim a atenção para a personalidade multidimensional de Lineu, além dos diferentes tipos de discurso que usava como botânico, etnógrafo, economista, médico e teólogo.[7] A experiência com os sami garantiu a Lineu uma primeira reflexão crucial sobre a relação entre a natureza e a cultura, algo que o marcaria para o resto da vida e que contribuiu para defini-lo como historiador natural.

O desenvolvimento da história natural nos séculos XVIII e XIX levou ao estabelecimento da química, da anatomia comparativa, da fisiologia, da biologia e da geologia como disciplinas que definiram novas estruturas de pensamento que modificaram a visão dos seres humanos. As percepções do tempo alteraram-se profundamente: o criacionismo bíblico e as cronologias cristãs do mundo, já desafiados no século XVII, foram forçados a incorporar relatos cada vez mais complexos de povos e de reinos, bem como a descoberta arqueológica de civilizações mais antigas do que os hebreus. A geologia desempenhou um papel essencial, ultrapassando os limites do tempo. A visão dos fósseis como antepassados de animais contemporâneos ou de formas desaparecidas de animais demorou tempo para ser aceita, com o estudo dos estratos de sedimentos colocando os seres humanos num plano cronológico mais vasto.[8] O impacto do conceito do universo de Sir Isaac Newton demorou décadas a ser absorvido e desenvolvido através de novas ideias sobre o resfriamento da Terra, conceitos que não poderiam ser contidos na percepção bíblica do tempo, pondo em xeque a compreensão literal dos seis dias da Criação. O enorme período de tempo já sugerido por Buffon (1707-88) em 1749 — mesmo nunca tendo o autor se atrevido a publicar os seus cálculos acerca da idade da Terra, que chegavam aos 10 milhões de anos (sabemos agora que tem 4,5 bilhões de anos) — associou-se à questão do espaço.[9] A localização do paraíso ocupara diversos autores e leitores europeus desde a Idade Média até o Iluminismo, embora a descoberta do Novo Mundo, a exploração da Ásia e da África, e, por fim, a descoberta da Oceania — desenvolvimentos que haviam levado à identificação de uma enorme variedade de comunidades de seres humanos — tivessem desafiado a ideia da descendência dos seres humanos de um único casal primevo, Adão e Eva.[10] Eram vários os autores que advogavam a existência de seres humanos anteriores a Adão, com destaque para Isaac de La Peyrère (1596-1676), que tentou encontrar na Bíblia uma justificação para a sua tese.[11] Essa visão fora precedida, no século XVI, pelas teorias de Paracelso e de Giordano Bruno, que desenvolveram ideias antigas sobre geração espontânea transmitidas por Avicena, Diodoro Sículo e Pietro Pomponazzi.[12] A questão das criações múltiplas, tanto de inspiração bíblica como não bíblica, associou-se à pesquisa sobre a variedade de seres humanos no mundo.

O debate entre os apologistas da criação plural de seres humanos (poligenistas) e os que advogavam a ascendência única (monogenistas) percorreu os séculos XVIII e XIX, vindo a ser relativamente atenuado, embora não eliminado, pela perspectiva evolutiva introduzida por Charles Darwin (1809-82).[13] Nesse debate, o poligenismo veio desafiar radicalmente a narrativa judaico-cristã da Criação, abrindo a porta à divisão natural da humanidade e trazendo consigo uma hierarquia natural de tipos humanos. O monogenismo podia acomodar uma longa formação de seres humanos, opondo-se assim à interpretação literal do Gênesis sem contestar o caráter único da humanidade, a qual se acreditava ter atingido diferentes estados de diferenciação e de complexidade. As questões religiosas eram aqui cruciais: a referência generalizada ao criacionismo bíblico fazia com que os monogenistas fossem sempre dominantes.[14] No século XVIII, a ideia de degeneração, usada para justificar a variação dentro da mesma espécie, originada pela perfeita Criação divina, começou a ser posta em xeque pela ideia de aperfeiçoamento c de perfectibilidade.

Nesse mesmo período estava sendo igualmente contestada a ideia clássica da cadeia dos seres.[15] Segundo essa noção, acreditava-se que os minerais inanimados, além das plantas e dos restantes seres vivos, desde os níveis mais básicos às formas mais complexas, estavam ligados através de uma gradação progressiva e imperceptível, o que implicava hierarquias, formas discretas de transição, continuidades e plenitude. Segundo essa visão, os seres humanos não se encontravam separados da natureza. Aristóteles, por exemplo, classificava os seres humanos como parte dos animais, frisava a estrutura comum dos quadrúpedes e sugeria uma analogia de faculdades entre todos os animais. Numa das suas referências às variedades de seres humanos, baseadas geralmente na distinção entre gregos e bárbaros, chegou mesmo a corrigir o erro cometido por Heródoto ao atribuir uma cor diferente ao esperma dos negros.[16] A ideia da cadeia dos seres acomodava o conceito judaico-cristão de seres humanos criados à imagem de Deus, embora historiadores naturais como Buffon separassem as pessoas dos outros animais por motivos fisiológicos — inteligência, linguagem, habilidade manual e expressão de emoções. As noções de operações fisiológicas, interações entre funções e a relação entre órgãos contribuíram para arrasar o sistema artificial da natureza concebido pela cadeia dos seres, dando primazia ao estudo das ligações. A descrição controlada metodologicamente, a análise e a classificação da natureza dentro do âmbito comparativo limitado preferido por Cuvier, que separava o mundo animal em quatro ramos diferentes, assumiram uma influência significativa, mas foram desafiadas de imediato pelas noções de Jean-Baptiste Lamarck (1744-1829) de características adquiridas e de transformação dos organismos devido ao ambiente em constante mudança, enquanto os métodos comparativos sistemáticos desenvolvidos por Geoffroy Saint-Hilaire (1772-1844) levaram à ideia de um plano único que abrangia todos os animais. Os seres humanos estavam envolvidos nessa pesquisa cada vez mais comparativa da natureza, o que por sua vez incentivou o interesse na sua origem e nas causas da variedade.

A etnologia foi criada através do diálogo com os principais desenvolvimentos da história natural. Em muitos casos, os etnólogos eram igualmente historiadores naturais, tal como vimos com Lineu; desenvolveu-se uma interação criativa do conhecimento com figuras como Kant (1724-1804), Johann Gottfried von Herder (1744-1803) e James Cowles Prichard (1786-1848). A reflexão sobre a humanidade fez parte dessa discussão cada vez mais aberta sobre a natureza. Os sistemas de classificação baseavam-se naturalmente em estereótipos associados aos diferentes tipos de seres humanos; traziam consigo a presunção de uma catalogação rigorosa da natureza que afetava o modo hierárquico segundo o qual as variedades de seres humanos eram descritas. O estudo científico multiplicou os métodos e as suposições para explicar as diferenças entre seres humanos. Já não bastava descrever as características fenotípicas, bem como os supostos graus de inteligência, os hábitos e o comportamento. Recolheram-se e mediram-se crânios; compararam-se esqueletos; e estabeleceu-se uma hierarquia de diferenças entre seres humanos, segundo uma escala de proximidade ou de distância dos símios. Esses padrões gerais de medida — ou melhor, de falsa medida, tal como rotulada por Stephen Jay Gould — deu nova credibilidade às formas de classificação expressas através da noção de raça.[17] Nesse contexto, o termo "raça" adquiriu um status científico que contribuiu para resumir as diferenças: acreditava-se que as características fenotípicas desafiavam a influência das circunstâncias externas, ao passo que as capacidades morais e intelectuais estavam inextricavelmente ligadas à aparência física.[18]

A parte IV deste volume tem como objetivo compreender o desenvolvimento das várias teorias de raças concorrentes mediante a análise dos autores mais influentes; a forma como os seres humanos se posicionavam em relação aos outros animais; e o modo como a variedade dos seres humanos foi definida, cristalizada e organizada hierarquicamente. Tal processo viria a abranger grande parte do século XVIII e todo o século XIX, deixando uma marca indelével no século XX — sendo apenas interrompido pela Segunda Guerra Mundial e pelo Holocausto. É preciso enquadrar esse processo na sua estrutura intelectual em mutação. A representação, no século XVIII, de Deus como força transformadora fez que se começasse a pôr em xeque a ordem social estabelecida, ao passo que a história era vista como sendo um processo criativo. Essas ideias colidiram com as percepções estáticas da velha ordem perfeita, estimulando assim o desenvolvimento da história natural e de novas disciplinas científicas. Entretanto, não podemos, de todo, falar de uma progressão linear de ideias, tal como o demonstrará a análise dos novos e dos velhos pressupostos, das idealizações raciais e dos preconceitos renovados quanto à ascendência.

15. Classificações dos seres humanos

FUNDAÇÕES

Em 1735, Lineu, no seu *Systema Naturæ*, colocava os seres humanos no topo do reino animal, liderando a classificação dos quadrúpedes, imediatamente acima dos *simia* (macacos). A publicação era composta de seis fólios repletos de tabelas, precedidas por uma breve introdução sobre a natureza. O conteúdo era apresentado em três partes: rochas e minerais, o reino vegetal e o reino animal. Este dividia-se em quadrúpedes, aves, anfíbios, peixes, insetos e vermes. O homem surgia classificado em quatro categorias: europeu, definido como branco; americano, definido como vermelho; asiático, definido como escuro; e africano, definido como negro.[1] A crueza e a brevidade dessa classificação são marcantes, e provavelmente foram o segredo do seu êxito. Não havia descrições, justificações ou explicações. O essencial era que os seres humanos estavam integrados na natureza e associavam-se a outros animais numa hierarquia implícita. E o mais importante era essa hierarquia da natureza.

O *Systema Naturæ* tornou-se mais sofisticado em edições posteriores, dando lugar à inclusão de descrições que viriam a preencher vários volumes. O homem passou a ser definido não só como *Homo*, mas sim como *Homo sapiens*, liderando os mamíferos e os primatas. Acrescentaram-se, surpreendentemente, duas outras categorias no início e no final da classificação dos seres humanos: o homem selvagem, classificado como quadrúpede, mudo e hirsuto; e o homem monstruoso, "variando com o clima e o ar". Nessa categoria, Lineu estabelecia a distinção entre montanheses pequenos, ativos e tímidos, patagônios grandes e indolentes, hotentotes menos férteis, americanos imberbes, chineses de cabeça cônica e canadenses de cabeça chata. Mantiveram-se as quatro categorias iniciais, mas estas foram desenvolvidas com a inclusão de atributos físicos e psicológicos: os americanos eram definidos como acobreados, coléricos e eretos, com cabelo preto, liso e grosso, narinas largas, rosto anguloso e barba rala; como satisfeitos e livres; e pintando-se com linhas vermelhas finas, regulados por costumes. Os europeus eram pálidos, sanguíneos e musculosos, com cabelo sedoso amarelo ou castanho e olhos azuis; eram ágeis, perspicazes e inventivos; e cobriam-se com vestes apertadas, regulados pelos costumes e pela lei. Os asiáticos eram escuros, melancólicos e rígidos, com cabelo preto e olhos escuros; eram severos, orgulhosos e ambiciosos; usavam roupas largas; e eram governados pela opinião. Os africanos eram negros, fleumáticos e descontraídos; tinham cabelo preto encrespado, pele acetinada, nariz achatado e lábios grossos; eram indolentes, negligentes e astuciosos; untavam-se com gordura; e eram governados pelo capricho.[2]

A diferença entre a classificação do homem feita por Lineu e a anterior é bastante interessante. No primeiro caso, a hierarquia estabelecia-se pela cor da pele, de branco a negro, o que colocava os tipos asiático e americano no meio da tabela. No segundo caso, redefinia-se a hierarquia com a introdução de dois novos tipos, o selvagem e o monstruoso, sendo o primeiro um estado intermediário implícito entre o ser humano e o macaco, e o segundo uma expressão de degeneração, com ambos a completarem a sequência nesse contexto de afastamento ambíguo da ideia da cadeia dos seres. Esses tipos não eram novos — ambos possuíam uma longa tradição literária, da Antiguidade ao Iluminismo, embora os monstros contassem com estereótipos desenvolvidos durante o curso da expansão europeia, o que veio a influenciar a percepção dos hotentotes. A descrição física e psicológica das quatro raças humanas resumia os preconceitos desenvolvidos ao longo dos três séculos anteriores, mesmo encontrando-se as origens das tipologias africana e asiática na Antiguidade Clássica — divertidos e descuidados por um lado, gananciosos e autoritários por outro, personificando a percepção tradicional da África inconsistente e do despotismo oriental. O quadro ficava assim completo com os estereótipos políticos: os americanos eram regulados pelos costumes, os europeus eram controlados pela lei, os asiáticos eram orientados pela opinião e os africanos eram regidos pelo capricho. Lineu frisava ainda a suposta superioridade dos europeus: musculosos, inventivos e perspicazes. O modelo geográfico desses tipos humanos também não era novo, sendo meramente desenvolvido a partir da personificação alegórica dos continentes (ou das quatro partes do mundo) criada na Europa ao longo do século XVI (ver a parte II). Ainda assim, o contexto científico para a classificação minuciosa da natureza era sem dúvida novo, o que criava uma estrutura diferente para os velhos estereótipos.

Gould afirma que essas quatro raças humanas representavam um modelo geográfico que mais tarde seria transformado na ordem hierárquica, discutida mais adiante, das cinco raças definidas por Blumenbach (1752-1840). Como vimos, os modelos geográfico e hierárquico já haviam sido desenvolvidos na Renascença, recebendo um novo significado nas classificações de Lineu, com o primeiro sendo organizado por cor da pele e o segundo pelos supostos atributos físicos, psicológicos e políticos. O desenvolvimento imediato de teorias de raças também não se enquadrava na narrativa esquemática de Gould: Buffon, que em 1749 publicou os três primeiros volumes de uma nova e vasta história natural, de grande impacto na Europa, criticava a obsessão de Lineu pelas classificações. Buffon estava interessado na descrição da variedade de seres humanos através dos continentes, tendo como objetivo compreender o impacto que o clima, a alimentação, os hábitos e as migrações têm sobre o homem.[3] O autor identificou vários tipos a que chamou indiferentemente raças, nações ou variedades, que não estavam em conformidade com o modelo geográfico dos continentes. Buffon provavelmente buscou a inspiração para essa visão no médico e viajante francês François Bernier (1625-88).[4] Os povos setentrionais que viviam perto do Ártico, tanto no Novo Mundo como no Velho Continente, entre eles os lapões (ou sami) e os esquimós (ou inuit), eram considerados selvagens e vistos como partilhando características semelhantes (baixos, entroncados, com pele escura e vários graus de deformidade). Os tártaros distinguiam-se dos europeus setentrionais pela alimentação e pelos hábitos diferentes, o que levava a configurações físicas e psicológicas distintas, mesmo vivendo em latitudes semelhantes. Os tártaros eram tidos como vagabundos e ladrões que viviam em tendas, pequenos mas robustos, de barba rala, sem religião e, em alguns casos, ainda envolvidos no comércio escravagista. Os mongóis, conquistadores da China, eram considerados o povo mais civilizado e com melhores proporções entre os tártaros.

Na edição de 1777, Buffon distinguia ainda os dinamarqueses, os noruegueses, os suecos e os russos dos poloneses, dos alemães e de outros povos europeus, pois o segundo grupo sofrera uma diversificação infinita devido à miscigenação — uma opinião que curiosamente se opunha às idealizações raciais oitocentistas. Buffon atribuía ainda as distinções feitas entre tártaros e chineses às diferenças de habitat, já que as características fenotípicas não eram excessivamente dessemelhantes, embora considerasse os chineses mais bem constituídos e com tons de pele que variavam de norte para sul. Também refere o costume de se cingir os pés das mulheres chinesas, deixando-as coxas em nome de um ideal de beleza. Na edição de 1777, Buffon apontava a miscigenação entre tártaros e russos. Frisava ainda as semelhanças entre chineses e japoneses, baseadas em hábitos e civilização comuns, embora acreditasse que estes tivessem uma compleição mais forte e tez mais escura, em virtude da sua posição mais austral. Os indianos eram considerados fisicamente semelhantes aos europeus apesar da cor da pele diferente, e eram definidos pelos costumes bizarros, como os rituais alimentares, as vestes largas e o comportamento promíscuo (só as mulheres mongóis eram consideradas castas). As migrações no sul da Ásia e no Sudeste Asiático eram levadas em conta na visão de Buffon das populações da região, enquanto povos particularmente robustos, como os javaneses, eram destacados como dignos de nota.

A exploração da Oceania, sobretudo da vasta massa continental da Austrália (na época Nova Holanda), ocorreu no século XVIII, com Buffon integrando de imediato no seu trabalho descrições das diferentes comunidades, particularmente dos aborígenes australianos. Identificaram-se negros em várias partes da Oceania (apenas designada como tal no século XIX), no Sudeste Asiático e no sul da Ásia. Buffon equiparava-os aos povos negros da África por mostrarem os efeitos das temperaturas elevadas em continentes distintos, enquanto os aborígenes australianos eram associados aos hotentotes sul-africanos. Buffon destacou variações de tom de pele na Turquia, na Pérsia e na Arábia, bem como diferentes graus civilizacionais, considerados mais elevados nos dois primeiros casos, já que o autor associava os árabes aos tártaros. No entanto, para desenvolver a sua visão esquemática inicial, na edição de 1777 incluiu uma longa seção acerca dos árabes. A existência de selvagens em diferentes partes dos velhos continentes (Europa e Ásia) era explicada pelas condições extremas do clima (o Ártico), pela posição periférica nas regiões montanhosas (por exemplo, em Formosa, ou nas ilhas setentrionais japonesas), ou pelo isolamento relativo no caso das ilhas. Diversas características fenotípicas na África foram atribuídas ao clima e à alimentação, pois os ventos de monções temperavam o clima da costa leste. É por isso que Buffon identificava os norte-africanos como brancos e distinguia os negros (do Sudão, além da África Ocidental e Central) dos cafres (africanos orientais, boxímanes e hotentotes) — um tema desenvolvido na edição de 1777 (não fez menção à fé cristã abissínia).

Os diferentes graus de civilização começaram por ser associados à aparência física, embora no contexto de uma variedade de costumes, maneiras e competências técnicas. A designação de selvagens estava reservada aos povos negros que viviam no interior. Considerava-se a diversidade de tipos humanos na América menos acentuada do que na África, com Buffon atribuindo a ausência de negros na América ao clima ameno, quando comparado com o calor excessivo de certas regiões africanas. Frisava como origem da população nativa do Novo Mundo a migração asiática (tártara) através do estreito de Bering. A primeira impressão de Buffon de uma natureza americana medíocre, com animais, plantas e seres humanos (sempre categorizados como selvagens, com exceção dos astecas e dos incas) inferiores quando comparados com os de outros continentes, influenciou Cornelius de Pauw e Raynal, que proclamaram o efeito degenerativo do Novo Mundo — até sobre os migrantes europeus, segundo De Pauw.[5] Contudo, Buffon, que nunca foi tão longe como esses autores, corrigiu essa sua primeira ideia na edição de 1777, na qual criticou explicitamente a avaliação sem fundamento de De Pauw das supostas brutalidade, estupidez, compleição e inteligência humanas inferiores dos índios americanos. Reviu a sua visão dos nativos americanos, recusando-se a aplicar o conceito de degeneração ao Novo Mundo, embora mantivesse a ideia de que existiam menos espécies e quadrúpedes menores (comparou o puma com o leão, o lama com o camelo e o tapir com o elefante). Buffon aceitou implicitamente os protestos de Benjamin Franklin, embaixador dos Estados Unidos em Paris em 1776-82. Franklin, dono de um senso de humor extraordinário, pediu certa vez a Raynal e aos seus outros convidados para jantar que se levantassem. Frisou então que todos os comensais americanos eram muito mais altos do que os franceses, ridicularizando assim a ideia do efeito degenerativo do Novo Mundo.[6]

É óbvio que Buffon tinha critérios de classificação muito próprios, ainda que bem mais flexíveis do que os de Lineu. O autor gostava de estabelecer comparações que mostrassem a continuidade entre tipos humanos de um continente para outro. Identificou contrastes entre tipos humanos extremos no mesmo continente, por exemplo na África ou na Ásia. Foi um dos poucos historiadores naturais que destacaram o impacto da migração, distanciando-se da visão essencialista de sociedades autóctones supostamente vivendo nos mesmos territórios por séculos, talvez até milênios. Buffon também se interessava pela mudança cultural. Apontou o México e as Filipinas como as regiões do mundo com a maior variedade de tipos humanos; não criticou a miscigenação, recusando o preconceito habitual contra os indivíduos de raça mista. Em vez disso, o autor estudou os curiosos casos de albinos em vários ambientes, tentando compreender os acidentes que poderiam dar origem a "monstros" ou "gigantes", numa renovação das pesquisas quinhentistas de Ambroise Paré e Ulisse Aldrovandi. Reconhecem-se claramente nos escritos de Buffon preconceitos contra certos tipos de seres humanos, expressos pelos estereótipos de negros malcheirosos, dissimulados mas alegres, lapões feios, estúpidos e supersticiosos, chineses cerimoniosos, indolentes e dependentes, japoneses fortes, corteses mas vaidosos, tártaros ferozes, resistentes e duros, e índios promíscuos, supersticiosos e bizarros. Buffon afastou-se da visão comum dos judeus como indivíduos de tez escura, afirmando claramente que eles se adaptavam aos diferentes climas, tendo apenas os judeus portugueses mantido uma cor de pele escura, ao passo que os judeus alemães haviam se tornado brancos. Apontou outras mudanças, especialmente nos hábitos, citando o exemplo dos russos, que em tempos idos haviam sido escravos — um povo duro e brutal, sem coragem nem bons modos —, mas que se tinham tornado civilizados, interessados em artes e ciências, no comércio e nas novidades engenhosas.

Buffon defendia que a cor primordial da natureza era o branco, sugerindo que os europeus eram os seres humanos mais equilibrados e perfeitos por viverem na região temperada entre os quarenta e os cinquenta graus de latitude. Aproveitou, sem que o citasse, a opinião do viajante Jean Chardin de que as mulheres caucasianas eram as mais belas do mundo, inspirando-se na sua reputação como concubinas escravas e esposas brancas dos governantes da Pérsia e da Turquia.[7] Reproduziu os estereótipos habituais contra vários povos do mundo, sobretudo negros, nativos americanos e esquimós, ao mesmo tempo que introduziu outros, relativos aos povos da Oceania. Buffon também replicou preconceitos tradicionais contra povos nômades e seminômades, considerados vagabundos e ladrões. Reconheceu, por outro lado, o impacto devastador da conquista europeia na população americana nativa, e foi inspirado pelas visões de Montaigne e de Rousseau quanto aos selvagens virtuosos e inocentes. Além disso, Buffon sublinhou as enormes diferenças entre os seres humanos e os símios, bem como a visão monogenista de um único tronco de seres humanos espalhados por todo o globo. Insistiu na reprodução entre os diferentes tipos humanos como a principal definição da espécie, separando-os de todos os outros animais. Buffon questionou explicitamente o tratamento brutal imposto aos escravos pelos proprietários europeus. Por fim, defendeu a noção de que todos os seres humanos são aperfeiçoáveis.

Buffon teve um impacto profundo tanto em pesquisadores como na opinião pública europeia e americana. Foi uma figura central na corte real francesa e entre as autoridades científicas, sendo constantemente visitado por estadistas, políticos e diplomatas. Entretanto, existiam visões concorrentes que foram disseminadas para um público mais vasto. Voltaire, que definiu corretamente o preconceito como uma opinião sem fundamento, subscreveu a visão de De Pauw da natureza e dos seres humanos americanos. A ideia do bom selvagem, desenvolvida por Rousseau, adversário de Voltaire, foi usada para criticar a religião e os costumes europeus, mas nunca foi levada a sério, suprimida pela visão irônica e condescendente do selvagem antropófago mas inocente. Como poligenista, Voltaire ajudou a naturalizar a variedade de seres humanos, atribuindo diferentes tipologias humanas às diferentes criações. Embora tenha escrito sobre tolerância, rejeitando a perseguição religiosa e a Inquisição, profundamente ridicularizada no seu *Cândido*, Voltaire reproduziu estereótipos antijudaicos tradicionais no *Dictionnaire philosophique*, em que os judeus eram vistos como escravos e vítimas das próprias superstições, cuja mentalidade fora reproduzida pelo cristianismo.[8] A percepção dos judeus por parte de Voltaire, visão que manteve apesar das discussões constantes com vários membros da comunidade, sobretudo Isaac Pinto, serve para nos recordar a extensão do preconceito público que borbulhava sob a superfície ao longo do século XVIII.

Kant é outro autor crucial bastante lido na Europa. Lecionou filosofia, geografia física e antropologia na Universidade de Königsberg, e os seus escritos contribuíram para a reflexão sobre as teorias das raças. Kant aceitava a regra da reprodução de Buffon na definição das espécies naturais, embora tivesse introduzido um princípio de regeneração ou degeneração quanto a um "filo único" original (comunidade básica original). As raças eram definidas segundo o princípio da diferenciação ou degeneração irreversível das subespécies, manifestado através da reprodução persistente de características de geração em geração ou das variações resultantes da mistura. As estirpes, por sua vez, preservavam sempre o filo original em todas as transplantações e misturas com outras, sustentando a ideia de regeneração. Finalmente, as variedades eram determinadas pela regeneração possível, embora não constante. Essa noção de raça tem como exemplo a mistura entre brancos e negros, a qual resulta, necessariamente, em filhos de raça mista (mulatos), não se considerando os indivíduos louros e morenos raças diferentes, mas sim estirpes diferentes de brancos, pois podem dar origem a filhos louros ou morenos. Kant acreditava que a qualidade do solo e a nutrição levavam a diferenças hereditárias, que poderiam tornar-se variedades ou desaparecer ao longo de várias gerações, de acordo com as alterações ambientais.[9] O autor distinguia quatro raças — brancos, negros, hunos (mongóis ou calmucos) e hindus (ou hindustani) —, mas sublinhava a ideia de que brancos e negros eram as duas raças básicas. Entre os brancos contavam-se os mouros do Norte da África, os árabes, os povos turco-tártaros, os persas e os povos asiáticos não incluídos noutras raças. Os negros englobavam os nativos da África subsaariana e da Nova Guiné. Os hunos, também chamados calmucos, mongóis ou eleutas, incluíam os koschutas puros, cujo sangue se misturou com o dos tártaros nos torguts, e ainda mais nos dzungarianos. A raça hindustani era considerada pura, sendo uma das raças humanas mais antigas, originária do Tibete e distinta do povo que habitava o lado oposto da península indiana. Quando nos dedicarmos ao arianismo, no capítulo seguinte, deveremos ter em mente essa distinção entre a raça pura da Índia setentrional e as raças mais escuras do sul (embora nunca tivessem sido explicitamente rotuladas como tais por Kant). Kant considerava que todas as outras características étnicas hereditárias derivavam dessas quatro raças. O sangue hindustani, por exemplo, ao ser misturado com o sangue cítico e huno poderia ter dado origem às raças mistas dos indianos austrais, dos tung-chin e dos chineses.

Kant sugeria que os responsáveis pelas diferenças na forma do corpo e na cor da pele eram "germes" e a predisposição para ser afetado pelas condições ambientais. O frio úmido estava associado aos louros da Europa Setentrional, o frio seco à pele acobreada americana, o calor úmido aos negros da Senegâmbia e o calor seco à pele de um tom azeitona-amarelado dos indianos. Os pequenos lapões, "um filo secundário dos húngaros" derivado dos hunos, teriam sido moldados pelas condições geladas do Ártico. A elevação protuberante por baixo dos olhos dos calmucos, o seu queixo imberbe, nariz achatado, lábios finos, olhos semicerrados e rosto plano haviam resultado da adaptação ao ar frio. Os americanos eram considerados uma raça huna que ainda não se adaptara totalmente às diferenças ambientais entre o norte e o sul do Novo Mundo desde que haviam levado as suas características do nordeste da Ásia e da América do Norte para a América do Sul.

A grande questão da explicação ambiental era o fato de regiões semelhantes não conterem as mesmas raças. A ideia de Kant era que, assim que uma raça se enraizava e sufocava outros "germes", ela passava a resistir à transformação. O seu segundo ensaio sobre as raças humanas desenvolveu esses argumentos, mas Kant acrescentou uma crítica ao poligenismo, defendendo que, se as raças haviam sido criadas para se enquadrarem em diferentes ambientes, não havia justificativa para a constante transmissão das suas características distintas quando das misturas. A capacidade de adaptação dos seres humanos a todos os climas e solos só poderia ser explicada através de um único filo que contivesse todas as predisposições que viriam a desenvolver-se nas diferentes partes do mundo. Kant insistia nas inabaláveis diferenças hereditárias das raças. Reproduziu estereótipos antigos, como o "forte odor dos negros, que nenhuma limpeza consegue evitar", e aventou uma explicação científica para a pele negra como saturada com o "ar flogístico" das florestas densas e das regiões pantanosas da África Ocidental.[10]

Herder, cujo trabalho teve um impacto duradouro no pensamento filosófico e político europeu, não se envolveu no debate sobre as raças humanas, mas produziu uma vasta obra sobre o tema, baseada, em parte, na filosofia da linguagem. O autor era um indivíduo monogenista e religioso, mas recusava-se a aceitar a origem divina da linguagem. Herder considerava a gênese e o desenvolvimento da linguagem um fenômeno humano, presente no contexto da natureza, num mundo animal-humano, e parte do processo progressivo de formação humana — "os seres humanos foram animais até encontrarem palavras".[11] Considerava os lapões, os finlandeses e os estônios os selvagens residuais da Europa, por supostamente se servirem de sons pouco articulados e impossíveis de reproduzir por escrito, à semelhança dos hurões e dos peruanos. Herder também essencializou uma forma de pensar ao afirmar que os povos bárbaros transformavam sempre as abstrações em mixórdias: "O que aconteceu a Aristóteles nas mãos dos árabes? Em que se transformou o papado na China? Aquele tornou-se muçulmano e este um confucianismo vivo".[12] Contudo, o autor acreditava nas predisposições comuns partilhadas por todos os seres humanos e na capacidade partilhada pelos humanos de perfectibilidade — "um todo progressivo único" com "um plano característico distintivo" —, frisando as profundas alterações da Terra (a sua forma, superfície e condições), bem como as alterações na raça, modo de vida, estilo de pensamento, forma de governo, gosto nacional, sensações e necessidades.[13]

Foi Herder o primeiro a apresentar de forma clara o princípio do relativismo cultural, ao afirmar que era necessário "deixar o nosso tempo e o nosso povo para avaliar tempos e povos distantes", recusando-se a avaliar as virtudes dos antigos egípcios com os critérios de outro tempo e lugar.[14] Aprofundou a crítica feita por Montaigne ao etnocentrismo: o termo "bárbaro" é analisado como um bordão que revela o desprezo pelos estrangeiros que não falam a nossa língua, não partilham a nossa forma de pensar e de agir, não são nossos iguais em sabedoria ou coragem, algo que revela não só ignorância e orgulho, mas também insegurança, através da rejeição de tudo o que contradiga a nossa maneira de pensar.[15] Herder ridicularizou as pretensões de progresso e universalismo dos filósofos franceses, denunciando a devastação, os danos e a escravidão impostos a três quartos do mundo, enquanto a Europa banira a escravatura por ser menos dispendioso usar o trabalho livre. A complexidade do pensamento de Herder surge na sua crítica da obliteração do caráter nacional a favor do cosmopolitismo, no lamento pela mistura social advinda da ascensão das classes baixas "para o lugar dos superiores ressequidos, orgulhosos e inúteis, para em breve serem piores do que estes", na repulsa pela tendência igualitária em que "todos nos tornamos irmãos" e no elogio da tradição, do conhecimento limitado e das artes e ofícios contra as ideias cada vez mais generalizadas de racionalização, eficiência e industrialização.[16] Herder abriu caminho à visão das diferentes culturas nos seus próprios termos, ajudando a contestar a hierarquia dos povos do mundo, embora essa sua visão pouco impacto viesse a ter no seu próprio tempo.

MEDIÇÕES E DIVERGÊNCIAS

Entretanto, a pesquisa dominante sobre a variedade de seres humanos avançava por intermédio da medição das diferenças raciais. Petrus Camper (1722-89) deu o primeiro passo para a criação de um sistema supostamente científico de medição dos diferentes tipos humanos.[17] Criticava o poligenismo e defendia a ideia da origem comum da humanidade. Camper concordava com a hierarquia estética dos tipos humanos de Buffon. Contribuiu para a eliminação do mito do papel dos continentes na criação das raças: os lapões apresentavam uma compleição mais trigueira do que os javaneses; muitos persas não eram mais escuros do que os espanhóis; os cafres eram extraordinariamente diferentes dos angolanos e dos núbios; a origem das tribos americanas remontava aos países setentrionais asiáticos (o autor referiu o mapa de Cook da passagem entre a Ásia e a América); os molucanos pareciam ter absorvido as características africanas e asiáticas — descrição que abriu caminho ao tipo malaio de Blumenbach. O autor aceitava ainda a existência de tipos fisionômicos nacionais e regionais, embora, em muitos casos — como na Holanda —, a migração houvesse borrado as distinções. Essa mesma linha de raciocínio declarava que as periferias mantinham determinadas características muito depois de terem desaparecido dos grandes centros populacionais. Camper, curiosamente, minimizava a importância da cor da pele, sendo que, para ele, a cor não era "material", tratando-se apenas do resultado da refração da luz. No entanto, nenhum outro autor seguiu tal ideia. Camper sublinhava a importância das maneiras, dos costumes e da educação na formação do corpo, além da relevância dos alimentos, do clima e da doença, da guerra, da colonização, do comércio, da navegação e dos naufrágios na diferenciação ou na fusão da humanidade. Tudo isso é o resumo grosseiro de um raciocínio complexo, mas a visão de Camper em nada se opunha fundamentalmente ao flexível sistema de classificação de Buffon; este era apenas ampliado e enquadrado numa estrutura que favorecia a separação da ideia da cadeia dos seres e da metafísica.[18]

Camper era professor de anatomia e escultor em Amsterdam, estando muito mais interessado na reprodução rigorosa do corpo humano do que os seus colegas naturalistas. Foi nesse ponto que ocorreu a inovação. Camper desenvolveu uma "máquina" — uma folha de desenho quadrangular composta de uma rede de linhas horizontais e verticais — em que projetava os crânios dos vários tipos

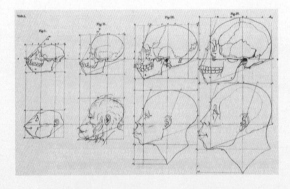

Figura 15.2. Petrus Camper,
The Works of the Late Professor Camper on the Connection between the Science of Anatomy and the Arts of Drawing, Printing, Statuary. *Trad. para o inglês de T. Cogan. Londres: C. Dilly, 1794, ilustração 1, 132. A ilustração mostra os ângulos faciais e faz uma comparação de crânios de humanos e de símios.*

humanos, tornando fácil visualizar as diferentes configurações. A vantagem dessa invenção foi o fato de a configuração dos olhos, dos narizes e dos rostos em geral poder, pela primeira vez, ser claramente associada à estrutura de ossos em que assentavam os músculos e os tecidos. Esse desenho quadrangular deveria medir objetivamente os crânios e depois compará-los de acordo com os diferentes ângulos produzidos em pontos cruciais — a entrada do canal auditivo, o malar, a primeira vértebra do pescoço, os dentes incisivos e o osso occipital. Camper inventou o conceito do ângulo facial como espaço mensurável entre a linha desde o osso nasal até a frente da cabeça, e a linha entre o osso nasal e a orelha.

O problema foi o fato de Camper ter comparado os crânios de dois macacos com os de um africano, um mongol e um europeu. Esse exercício inspirou-se na ideia de sequências e de diferenças graduais, mas pressupunha diferenças físicas fundamentais entre as raças e as espécies. Os tipos identificados dessa forma não se basearam numa amostragem séria, mas sim numa coleta aleatória de crânios com idades, gêneros e históricos nutricionais distintos. Embora Camper pretendesse frisar as diferenças entre o africano e o macaco, o resultado dessa imagem poderosa foi a posição intermediária dos crânios africano e mongol. Os seus ângulos faciais mediam setenta graus, entre os 58 graus do orangotango e os oitenta graus do crânio europeu. Camper comparou ainda as suas medições de crânios com as medições obtidas em estátuas gregas e romanas, tendo descoberto que os gregos haviam chegado a um ângulo facial máximo de cem graus, enquanto os romanos estabilizaram a sua representação de beleza humana nos 95 graus. Comparou também a posição dos maxilares inferior e superior, a posição dos malares e as distâncias relativas desde a orelha até o nariz e o osso occipital. Camper discutia os modelos de beleza estabelecidos pelos autores clássicos, porém naturalistas preconceituosos viriam mais tarde a reciclar as suas imagens para provar a distância entre o crânio europeu (baseado nas estátuas gregas) e o africano. O inovador trabalho de Camper foi de imediato replicado e usado por naturalistas, que o interpretaram como a primeira tentativa bem-sucedida de medição científica das diferenças físicas raciais. Charles White (1728-1813), médico e poligenista inglês, desempenhou um papel importante na difusão do modelo de Camper entre os naturalistas britânicos e americanos (ver figura 15.3).[19]

Johann Friedrich Blumenbach (1752-1840) foi um médico, anatomista e antropólogo que lecionou medicina em Göttingen e cujas publicações tiveram um grande impacto nas teorias das raças. Viria a se tornar um dos principais autores de história natural, depois de Buffon e antes de Cuvier. Blumenbach criticou Lineu pelas suas declarações ambíguas no que diz respeito à separação entre humanos e símios, defendeu a unidade da espécie humana contra os poligenistas e advogou a capacidade de qualquer ser humano — nomeadamente o africano — de aperfeiçoar as suas capacidades. Blumenbach contestou as classificações arbitrárias da variedade humana e sugeriu um esquema mais complexo do que o de Lineu, sublinhando as semelhanças entre vários tipos de diferentes partes do mundo, em consonância com o trabalho de Buffon. O autor frisou ainda a dificuldade verificada para estabelecer as fronteiras entre as variedades e acusou os poligenistas de definirem arbitrariamente diferenças. Na primeira edição do seu tratado *De generis humani varietate natura* [Sobre a variedade natural da espécie humana], publicada em 1776, Blumenbach seguia a classificação de Buffon de quatro tipos humanos, mas propondo um outro recorte através dos continentes. Segundo o autor, o primeiro tipo incluía os europeus, os asiáticos a oeste do Ganges e a norte do rio Amur e os americanos mais próximos da Europa; o

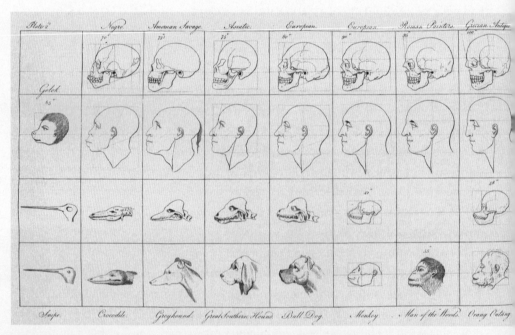

Figura 15.3. Charles White, An Account of the Regular Gradations in Man and in Different Animals and Vegetables. *Londres: D. Dilly, 1799, ilustração 2. A imagem mostra a comparação entre crânios e rostos de seres humanos, macacos e outros animais.*

segundo tipo incluía asiáticos além do Ganges e ao sul do Amur e os habitantes das ilhas do Pacífico e da Austrália; o terceiro tipo englobava os africanos; e o quarto tipo abrangia o resto da América.

Blumenbach corrigiu essa classificação na segunda edição do livro, em 1781. Nela incluiu os norte-africanos no tipo europeu/asiático ocidental e explicitou quais americanos pertenciam a esse tipo: os groenlandeses e os esquimós. Subdividiu o tipo asiático oriental em duas raças — uma na China, na Coreia e na Indochina, e a outra abrangendo os siberianos, os manchus, os tártaros, os calmucos (ou mongóis) e os japoneses. O terceiro tipo incluía agora apenas os africanos subsaarianos, com o quarto tipo compreendendo o resto da América. Nessa edição, porém, Blumenbach criava um quinto tipo humano, situado no mundo austral, e que incluía as ilhas Sunda, Molucas e as Filipinas, além do arquipélago do Pacífico. Esse tipo dividia-se em duas tribos: por um lado, os neozelandeses, os ilhéus amigáveis e os ilhéus das Marquesas, todos seres humanos

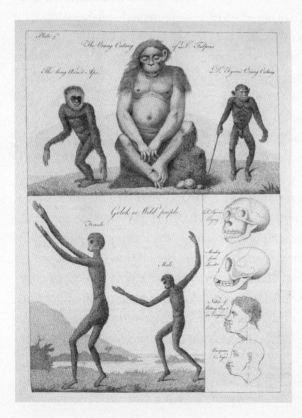

Figura 15.4. Charles White, An Account of the Regular Gradations in Man and in Different Animals and Vegetables. *Londres: D. Dilly, 1799, ilustração 3. A ilustração faz uma comparação entre humanos e macacos, enfatizando a posição intermediária dos negros.*

de aparência elegante e modos selvagens; e, por outro lado, os habitantes da Nova Caledônia e das Novas Hébridas, negros, de cabelo encaracolado e de natureza mais desconfiada e feroz. Blumenbach também reproduziu estereótipos anteriores: os asiáticos tinham tez acastanhada, rosto reto, pálpebras estreitas e cabelo ralo; os africanos eram negros e musculosos, com maxilar superior proeminente, lábios grossos, nariz arrebitado e cabelo encaracolado; e os americanos tinham pele acobreada, corpo magro e cabelo ralo. Por fim, Blumenbach incluiu características linguísticas e psicológicas: os chineses eram definidos pela sua língua monossilábica, pela depravação e pela perfídia de espírito e de modos.

Foi na terceira edição do livro (1795) que Blumenbach cunhou a noção de um tipo caucasiano, inspirado em Buffon e baseado explicitamente num julgamento estético. Esse tipo encontrava-se no topo de uma hierarquia que contava com o mongol, o etíope, o americano e o malaio. Os finlandeses, os lapões (sami) e os esquimós (inuit) foram reposicionados abaixo dos mongóis, enquanto a denominação malaio substituía os anteriores tipos austrais (sudeste-asiáticos e ilhéus do Pacífico). O caucasiano foi considerado o tipo original — "primevo" —, sendo colocado no ponto central de um contínuo ao longo do qual se colocavam os outros. O mongol encontrava-se num dos extremos do espectro, precedido pelo americano, e o etíope estava no outro, antecedido pelo malaio. A degeneração das raças, importante tópico de debate na época, foi usada para justificar a estética e o modelo cultural branco superior, num contraste com os tipos inferiores, resultantes da adaptação a outros climas e topografias.[20]

Blumenbach promoveu a abolição do comércio escravagista, citou Thomas Clarkson, pôs em xeque o conceito de selvagens, conheceu Olaudah Equiano, reuniu uma biblioteca de autores negros, apresentou exemplos de excelentes autores e clérigos negros e elogiou a perfectibilidade dos africanos. Inspirou-se profundamente em Buffon e contribuiu para o enfraquecimento dos preconceitos sobre os indivíduos de raça mista. Esse autor dos mais influentes reproduziu estereótipos étnicos, novos e antigos, sobre os atributos mentais e físicos dos tipos humanos, mas implementou novos métodos de observação, discutiu as fronteiras raciais, a fertilidade das raças mistas e a degeneração e melhoria do homem no meio da natureza.

A ruptura do estabelecimento científico provocada pela Revolução Francesa foi seguida, em 1793 e 1794, pela reorganização e expansão da pesquisa, especificamente através da criação do Institut de France, da transformação do Jardin des Plantes no Musée d'Histoire Naturelle e da instituição das novas cadeiras de anatomia comparativa e de zoologia. Georges Cuvier (1769-1832) prosperou nesse novo ambiente: foi nomeado em pouco tempo para o Musée d'Histoire Naturelle e para o Collège de France, detendo uma posição central na Académie des Sciences. Cuvier provavelmente foi o mais influente cientista do seu tempo. Associou-se ao regime de Napoleão, mas conseguiu sobreviver à Restauração com o prestígio e as posições institucionais intactas. O autor criou uma visão da natureza ao mesmo tempo especializada e compartimentada. Identificou quatro tipos diferentes de animais ligados a ambientes específicos. Distinguiu o homem dos quadrúpedes devido à sua postura vertical, duas mãos — definidas pelos polegares —, voz e linguagem. Reconheceu que o homem era apenas uma espécie e que os limites dessa espécie eram determinados pela sua capacidade de reprodução. Por outro lado, o autor considerava que havia configurações hereditárias de homens que compunham raças diferentes, sendo as mais distintas de todas a branca (ou caucasiana), a amarela (ou mongol) e a negra (ou etíope). A primeira raça compreendia a maior parte dos povos civilizados e belos, formada pelos ramos aramaico, indiano, celta e tártaro da humanidade. A segunda supostamente partilhava as mesmas características físicas — malares proeminentes, rosto chato, olhos estreitos e oblíquos, barba rala (o gênero masculino era sempre a referência nessas classificações) e pele cor de azeitona — e era capaz de criar grandes impérios, mas deixara que as suas civilizações estagnassem. Era composta de calmucos, chineses, manchus, japoneses, coreanos e malaios. A terceira raça, que habitava a África ao sul das montanhas do Atlas, era definida pela pele negra, cabelo encaracolado, crânio comprimido e nariz achatado. Cuvier considerava que a raça negra, com a zona frontal do rosto proeminente e lábios grossos, estava próxima dos símios; o boxímane, equiparado ao hotentote, era explicitamente classificado como ocupante de uma posição intermediária entre o homem branco e os símios. As "peuplades" (tribos) negras haviam permanecido num estágio bárbaro, o que sugeria uma deficiência permanente. Os esquimós e os lapões encontravam-se entre os mongóis e os tártaros (ou cíticos), enquanto os nativos americanos eram colocados entre os europeus e os mongóis, embora mais próximos destes, sem uma raça definida.[21] Isso mostra os critérios voláteis de tais classificações, que deslocavam sucessivamente povos entre raças, criavam ou agregavam novas categorias e situavam alguns povos entre categorias. Cuvier desempenhou um papel crucial na racialização da humanidade e na consolidação de preconceitos antigos, sobretudo os relacionados com o estado bárbaro permanente dos africanos negros e com a estagnação das civilizações asiáticas.

O discurso escrupuloso de Cuvier, condizente com seu paradigma científico de conhecimento especializado afastado da filosofia, pode ser contrastado com as reflexões do seu colega mais velho do Musée d'Histoire Naturelle, Lamarck, sobre o desenvolvimento da vida, dos organismos mais simples até os mais complexos, progredindo através de uma sucessão gradual de formas cada vez mais complicadas, dotadas de órgãos progressivamente mais especializados devido ao exercício de certas funções. Segundo a visão de Lamarck, as alterações ambientais criam necessidades, levando a adaptação, redução ou desenvolvimento de órgãos no mundo animal. Num mundo definido pela transformação de formas de vida, Lamarck chamou a atenção para o significado do sistema nervoso e sua crescente complexidade como sendo um elemento importante de diferenciação entre os animais. O autor considerou o estudo do cérebro humano, além das suas partes e funções, como o principal desafio da pesquisa científica.[22] Saint-Hilaire, também pesquisador do Musée d'Histoire Naturelle, seguiu um caminho diferente, desenvolvendo comparações extensivas das formas animais que o levaram a defender a ideia de um plano organizacional único, baseado nas observações que fez das conexões e funções relacionadas, bem como na sua recusa de considerações a priori. Notou, por exemplo, a correspondência entre os órgãos dos peixes e os dos animais superiores. O conflito com Cuvier, que rejeitava essa abordagem como um raciocínio especulativo, levou Saint-Hilaire a reavaliar as ideias transformistas de Lamarck. O debate entre Saint-Hilaire e Cuvier na Académie des Sciences em 1830 teve repercussões um pouco por toda a Europa, tendo sido de imediato reconhecido por Johann Wolfgang von Goethe como o acontecimento crucial desse ano — mais importante do que a Revolução Francesa de julho.[23] Lamarck e Saint-Hilaire não se interessavam particularmente pela variedade da humanidade, mas contribuíram para a integração dos seres humanos em geral na natureza. Lamarck chegou inclusive a defender que os seres humanos eram apenas um auge temporário na escala animal, destinados a serem suplantados por formas mais avançadas — uma declaração que foi usada para acusá-lo de ateísmo.[24]

O enquadramento religioso da noção de natureza decaiu durante a segunda metade do século XVIII e as primeiras décadas do século XIX. A história natural tornou-se cada vez mais autônoma, com o desenvolvimento de campos específicos de conhecimento garantindo novos dados que estimularam a reflexão sobre a transformação dos organismos e um plano único para a organização da natureza. Não obstante, a visão de Cuvier privilegiava uma tipologia estável de animais criados na perfeição, recusando quaisquer indícios de transformismo; para ele, os fósseis eram os restos de animais extintos, não os antepassados de animais vivos. Essa posição científica foi desafiada a partir da década de 1820. As duas décadas seguintes trouxeram novos desenvolvimentos na ordem do conhecimento. Étienne Serres (1786-1868), um embriologista que lecionava anatomia comparativa no Musée d'Histoire Naturelle de Paris, defendia que os embriões das classes mais elevadas de animais recapitulavam sucessivamente a forma dos que pertenciam às classes inferiores.[25] Entretanto, o romantismo trouxe consigo necessidades espirituais e a renovação de um questionamento religioso que sempre fora importante na Alemanha, onde o pietismo (a tradição da ênfase luterana na religiosidade individual e na forte vida cristã, renovada em finais do século XVII) desempenhou um papel significativo. É por esse motivo que o criacionismo bíblico sempre esteve presente, de alguma forma, nos principais debates ao longo do século XIX.

O complexo contexto político, cultural e científico entre as décadas de 1820 e 1840 definiu o importante período para a classificação dos seres humanos. Julien-Joseph Virey (1775-1846), um médico que em 1801 publicou a *História natural da espécie humana*, ampliada para uma edição de três volumes em 1824, poderá servir de guia (ver figuras 15.5 e 15.6).[26] Virey não foi um estudioso com uma influência significativa nas principais academias e escolas, mas publicou uma vasta obra, dirigida a um público letrado com interesse pelas ciências, composta, sobretudo, de artigos em enciclopédias e dicionários. Recuperou a tradição do filósofo naturalista, manifestada na sua participação na monumental reedição dos trabalhos de Buffon. Virey não partilhava todas as ideias de Lamarck ou de Saint-Hilaire, embora se mostrasse atento ao progresso das ideias científicas nos países germânicos e na Grã-Bretanha, o que o levou a desenvolver um projeto a um tempo fisiológico e antropológico.

Virey mantinha uma visão ambígua quanto às origens da humanidade, algo entre o monogenismo e o poligenismo, com base na criação progressiva de espécies, desde os macacos aos grandes símios (orangotangos), seguidos pelos hotentotes, ao lado dos negros e dos brancos. "Os macacos", escreveu Virey,

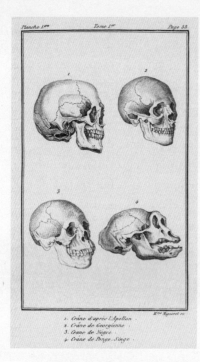

Figura 15.5. Julien-Joseph Virey, Histoire naturelle du genre humain. *2. ed. Paris: Crochard, 1824, 3 v., livro 1, ilustração 1, p. 58. Litografia com os crânios de Apolo, um georgiano, um negro e um macaco.*

parecem ser a base da humanidade, precedendo o homem original: os seres humanos foram criados e organizados progressivamente, quer com os mais perfeitos derivando dos menos nobres e menos competentes durante as antigas eras do nosso planeta, quer com cada espécie se formando independentemente das outras, com o seu próprio grau de perfeição natural. Entretanto, vemos uma gradação do branco para o negro, o hotentote, o orangotango e os outros macacos; não podemos negar essa progressão, quer na sua forma descendente, quer ascendente.[27]

O poligenismo limitado de Virey baseava-se na oposição entre branco e negro: o negro era considerado não só uma raça distinta, mas também uma espécie diferente, já que as suas características intelectuais, comportamentais e físicas não se alteravam com o continente, o clima ou as circunstâncias.[28] Virey o representava como estúpido (um adjetivo que repetiria várias vezes), um imitador, tal como o macaco, indolente, sensual ("ele sente, mais do que pensa"), voluptuoso, despreocupado, preguiçoso, feio, sujo e malcheiroso — problema agravado pela aplicação regular de sebo ou do uso de peles em decomposição como roupas.[29] A contradição entre a suposta preguiça e a aptidão para a escravidão é reforçada

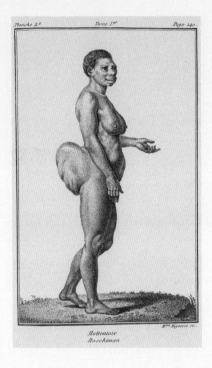

Figura 15.6. Julien-Joseph Virey, Histoire naturelle du genre humain. 2. ed. Paris: Crochard, 1824, 3 v., livro 1, ilustração 2, p. 240. Litografia com mulher hotentote.

através da comparação entre a produção de açúcar e a de mel, com os negros equiparados às abelhas.

Virey discutiu a prática das medições humanas. Recusou o volume do crânio como critério de inteligência, já que isso dependia de características físicas individuais. Por outro lado, frisou a suposta semelhança entre a cabeça dos botocudos, uma tribo de índios brasileiros, e a dos orangotangos. Virey concordava com as dúvidas de Blumenbach quanto à pertinência da teoria do ângulo facial de Camper, pois eram muitos os casos que se afastavam das supostas normas. Contudo, viria a desenvolver a sua própria definição de duas espécies humanas servindo-se dessas normas, incluindo as raças branca, amarela, acobreada e castanha (árabes, indianos, celtas, caucasianos, chineses, mongóis, americanos, malaios e polinésios) na primeira espécie, com um ângulo facial de cerca de 85 graus, e as raças negras (negros, cafres, hotentotes e os povos da Papua) na segunda espécie, com um ângulo facial entre 75 e oitenta graus.[30]

Virey aceitava ainda a noção de Cuvier de que a pélvis humana negra era próxima da do orangotango, além de defender que o orifício occipital dos povos negros estava mais recuado do que o dos brancos, o que significava que os

363

africanos não eram eretos, curvando-se de modo a ficar a meio caminho da posição transversal dos macacos.[31] Essa ideia foi exposta como totalmente infundada por Willem Vrolik e Karl Otto Weber, patologistas e anatomistas holandês e alemão, cujos argumentos foram usados por Victor Schoelcher (1804-93) em 1847, muitos anos depois da publicação original de Virey e um ano antes da abolição da escravatura na França, mostrando como o debate científico estava associado à política. Schoelcher, um famoso jornalista e abolicionista, redigiu a lei francesa que aboliu a escravatura de acordo com as condições especiais da revolução de 1848. Uma alteração da atmosfera política podia também causar um impacto na ciência. Em 1831, Virey recebeu a primeira crítica por parte de Saint-Hilaire, que o acusou de trair o "discurso verdadeiro" de um cientista, enquanto o naturalista Bory de Saint-Vincent (1778-1846) o criticaria por defender uma ordem providencial da natureza. Na década de 1850 seria rejeitado como amador por Armand de Quatrefages (1810-92), que viria a ficar com a cadeira de antropologia no Muséc d'Histoire Naturelle. Ainda assim, os artigos de Virey sobre os negros e sobre a humanidade, redigidos e publicados na década de 1810, continuaram a influenciar os artigos que versavam sobre esses tópicos na enciclopédia *Larousse* de 1865-90.[32]

Virey não se encontrava preso a uma única visão, tentando reconciliar diferentes posições, por vezes no espaço de algumas páginas ou até no mesmo parágrafo. O seu desprezo pelos negros era particularmente forte, mas o autor não tinha palavras mais amáveis para os americanos no que dizia respeito a sua inteligência ou engenhosidade, ao passo que os mongóis eram classificados como pusilânimes e pérfidos, vergando-se às eternas exigências do despotismo. É interessante notar que Virey era a favor da miscigenação, opondo-se assim a uma das bases do preconceito quanto à ascendência. Considerava a interpenetração das raças uma forma eficaz de reduzir as doenças hereditárias e de compensar a carência de inteligência ou de estética.[33] Virey equiparava ainda a escravatura ao status social das mulheres, revelando a complexidade desse raciocínio racializado. Declarou explicitamente que a escravatura começava com a escravização das mulheres — uma ideia que se afastava dos escritos misóginos de certos autores contemporâneos, sobretudo o socialista libertário Pierre-Joseph Proudhon. Virey louvou Pedro, o Grande, por elevar o status das mulheres russas.

Na segunda edição do seu trabalho, Virey introduziu dois capítulos em que se opunha à escravidão dos negros.[34] Embora considerasse obviamente os negros como inferiores, Virey, talvez influenciado por Blumenbach, insistia na sua perfectibilidade. Sugeria que a infeliz situação educativa e o estado político da África seriam os responsáveis pela condição dos negros, invertendo argumentos anteriores de uma inferioridade natural e inata. Essas posições tardias podem ser atribuídas à reação do público, e especificamente à das mulheres, as quais, provavelmente, comporiam uma parte significativa dos leitores dos seus trabalhos e das enciclopédias para as quais contribuiu. A atividade política também pode ter desempenhado o seu papel. O abolicionismo não era um movimento poderoso na França, sobretudo desde o início do século XIX até a década de 1820, mas Virey se tornou membro do grupo liberal de centro-esquerda dos parlamentos de 1831 e 1834, junto com Tocqueville. Essas contradições aparentes associam a reconciliação feita por Virey do princípio vital do transformismo à visão providencial do universo, a hereditariedade das características adquiridas aos constrangimentos do ambientalismo, a abordagem científica às ambições metafísicas, a imanência à transcendência, e o monogenismo ao poligenismo como possíveis interpretações dos fenômenos empíricos.[35]

No século XIX, a pesquisa quanto à variedade de seres humanos refletia ainda a aspiração de alcançar o conhecimento universal. O esforço para associar as disciplinas científicas em desenvolvimento a uma etnologia que dava os seus primeiros passos sérios está bem representado em Prichard, um médico destacado, quaker e cidadão britânico empenhado no movimento abolicionista. Entre 1813 e 1847, Prichard publicou três edições do seu principal trabalho, *Researches into the Physical History of Mankind* [Pesquisas sobre a história física da humanidade]. Seguiu as pegadas de Blumenbach quanto à unidade essencial da espécie humana, à separação clara entre grandes símios e seres humanos e à perfectibilidade dos africanos. A mais importante contribuição de Prichard foi a rejeição da ideia de Blumenbach de uma classificação original de raças. Para Prichard, a raça não era uma categoria causal rígida. Aceitava as características inatas, bem como o surgimento de características novas, formadas por mutação, associadas a diversificação, diferenciação e difusão, mas rejeitava a hereditariedade das características adquiridas. Na sua abordagem etnográfica para explicar a variedade humana, Prichard misturou biologia, linguística e sistemas sociais e políticos, razão pela qual se serviu indiferente ou ambiguamente das denominações já estabelecidas de tribos, nações e raças. Para ele não havia raças marcadas de maneira clara, declarando que era impossível definir o tipo humano "negro" e aplicá-lo a uma única nação da África, tal era a variedade existente.

Logo em 1826, a segunda edição de *Researches* revelava a imensidão de material etnográfico recolhido. Prichard afastou-se da ideia de uma única raça americana nativa, por exemplo, passando a falar de raças americanas, incluindo mais de três centenas de entradas americanas no seu repertório daquilo a que hoje em dia chamamos etnias. Esse catálogo sobre a variedade humana foi bastante ampliado na terceira edição, que se tornou uma enciclopédia maciça sobre o conhecimento etnográfico do tempo de Prichard, ilustrada com gravuras de crânios e de diferentes tipos de seres humanos.[36] Os mapas etnográficos do mundo por ele publicados em 1843 contribuíram para essa enorme angariação de informação, tentando situar os principais grupos humanos em cada continente.[37] Nessa empreitada, Prichard terá certamente sido ajudado por linguistas contemporâneos, os quais, a partir de Anquetil-Duperron, William Jones e Friedrich Schlegel, fizeram grandes progressos quanto às origens e à evolução das línguas. Um atlas linguístico anterior, de autoria de Adrien Balbi e publicado em 1826, reflete a importância dessa nova tendência, que em pouco tempo identificou a diversidade comparativa das línguas americanas nativas.[38]

Na primeira edição do seu livro, Prichard defendia que a "estirpe primitiva de homens era negra" — uma afirmação eliminada da segunda edição. Prichard não era transformista, mas aplicou sistematicamente a ideia de progresso ao desenvolvimento físico e mental humano. À semelhança de muitos outros liberais do seu tempo, Prichard aceitava a ideia de homem branco civilizado como o padrão a alcançar — com crânios de maior capacidade, mais delicados e elegantes, no geral, mais aptos a adquirirem os hábitos de uma vida aperfeiçoada —, ao qual opunha o africano negro — mais duro e grosseiro, embora com órgãos sensoriais mais perfeitos e passível de aperfeiçoamento.

As conclusões científicas e etnográficas de Prichard foram influenciadas pela sua fé cristã, além da avaliação conservadora que fez da Revolução Francesa. Nunca citou os principais filósofos franceses, nem os que tendiam para o deísmo, nem os que se inclinavam para o materialismo. Pelos mesmos motivos, nem sequer citou os autores do Iluminismo escocês, mesmo tendo estudado em Edimburgo. Prichard recusava explicitamente o poligenismo professado por Henry Home, Lord Kames, e durante toda a vida manteve uma posição monogenista, baseada na sua visão da religião revelada.[39] Também nunca contestou a principal tradição cronológica da Bíblia, que já fora abandonada pela maior parte dos cientistas da época.[40]

Este capítulo investigou teorias das raças plurais e por vezes contraditórias. Apresentou os primeiros desafios à consistência de tais teorias, as quais destacavam as fronteiras indistintas e em constante mudança entre categorias. Alexander von Humboldt (1769-1859), discípulo de Blumenbach e uma das principais autoridades científicas da primeira metade do século XIX, levou ainda mais longe essa crítica. Humboldt aprofundou alguns dos principais argumentos de Prichard e recuperou a visão de Herder da linguagem, sustentado pela vasta, inovadora e mais precisa investigação linguística do irmão, Wilhelm von Humboldt. Humboldt considerava que a linguagem estava intimamente associada à afinidade das raças, sugerindo a semelhança entre as estruturas linguísticas. Defendia a unidade da humanidade, citando as muitas gradações intermediárias da cor da pele e da forma dos crânios — o que impossibilitaria uma distinção clara entre raças. Frisou que os alegados contrastes anatômicos entre os seres humanos haviam desaparecido com as recentes investigações de Friedrich Tiedemann sobre o cérebro dos negros e o dos brancos, ou dos estudos de Vrolik e de Weber sobre a forma das pélvis. Segundo Humboldt, as comparações entre as populações negras da África, do sul da Índia e dos arquipélagos australianos ocidentais não haviam mostrado nenhuma ligação entre a cor da pele, o cabelo encaracolado e a configuração geral.

Humboldt recuperou a velha afirmação de Buffon quanto à fertilidade e à reprodução: as diferentes raças eram variações de uma espécie única, não sendo espécies diferentes de um gênero, já que, nesse caso, os descendentes híbridos seriam estéreis. Humboldt foi mais longe do que autores anteriores, condenando a falta de uma definição clara no nome das raças e propondo, em vez disso, o uso da expressão variedades de seres humanos. Fez menção às cinco raças identificadas por Blumenbach e às sete raças sugeridas por Prichard, mas afirmou que "não reconhecemos nenhuma definição típica nítida ou nenhum princípio geral ou fundamentado na divisão desses grupos". Humboldt observou ainda que havia vários grupos que não podiam ser incluídos em nenhuma categoria e que as áreas geográficas não podiam servir de pontos de partida das raças de um modo específico, já que várias regiões haviam sido habitadas por grupos diferentes em épocas distintas. Segundo essa visão, procurar o "berço da raça humana" era perseguir um mito. Por fim, Humboldt recusou explicitamente "a presunção deprimente de raças de homens superiores e inferiores" e a infeliz doutrina aristotélica da escravatura como instituição natural que atribuía diferentes direitos de liberdade aos seres humanos. Humboldt considerava que todas as nações estavam destinadas à liberdade e (citando o irmão) condenava a criação de barreiras entre os seres humanos para impedir a perfectibilidade natural — consequência do preconceito.[41]

Os problemas metodológicos da construção racial, o conteúdo conceitual em constante mudança do termo "raças", os antecedentes de preconceitos responsáveis pela hierarquia dos tipos humanos e o significado político das teorias de raças eram, assim, expostos. Mas essa visão crítica não interrompeu as principais experiências e a busca de uma explicação para a variedade de seres humanos. O debate sobre as tipologias das raças continuaria, com base na longa pesquisa levada a cabo desde Lineu até Prichard que o presente capítulo procurou descrever. A relação entre seres humanos e outros animais, discutida de modo científico desde Lineu (vimos como a tipologia de Cuvier foi contestada pelo transformismo de Lamarck e pelo plano único dos animais de Saint-Hilaire), prosperaria nesse novo ambiente. A medição dos seres humanos, inspirada no interesse de Camper no ângulo facial e na anatomia comparativa de Cuvier, seria ainda mais aprofundada nas décadas seguintes. Uma vez que este capítulo se centrou, acima de tudo, nos desenvolvimentos científicos quanto ao conceito de variedade humana entre as décadas de 1730 e 1840, será agora necessário mostrar como as profundas mudanças políticas de meados do século XIX influenciaram a pesquisa. Após um longo período de múltiplas alterações estruturais, as décadas de 1840 e de 1850 representaram um ponto de virada a partir do qual a pesquisa científica sobre a variedade dos seres humanos se tornou muito mais assertiva, ideologicamente agressiva e politicamente empenhada. Chamo de racialismo científico esse novo desenvolvimento, pois trouxe consigo um esforço científico para justificar e reificar as divisões, bem como as hierarquias de raças, que supostamente seriam inatas, imutáveis e perpétuas.

16. Racialismo científico

As revoluções de 1848 perturbaram a nova ordem conservadora que se estabelecera por toda a Europa após o domínio de Napoleão. Essas revoluções foram resultado dos conflitos internos que se deveram aos processos de industrialização, urbanização, migração intensa, reconhecimento político da classe média e exigências políticas da nova classe operária, cujas condições miseráveis se agravaram devido às fracas colheitas e à crise agrícola. As resistentes estruturas políticas, sociais e econômicas do Antigo Regime, que haviam sobrevivido ou sido em parte reconstituídas após o primeiro impacto da Revolução Francesa, foram profundamente abaladas. Os tumultos intensos, sobretudo em Paris, Viena e Berlim, espalharam-se pelo reino da França, pelo Império Austríaco e pelo reino da Prússia. As revoltas varreram tanto as áreas urbanas como as zonas rurais da Europa, atravessando quase todas as fronteiras, salvo as da Península Ibérica, da Escandinávia e da Rússia. Levaram a projetos nacionais de independência, sobretudo na Hungria, mas também na Boêmia e nos Bálcãs. O projeto alemão de unificação foi apoiado pelo movimento liberal, que conseguiu criar um Parlamento geral em Frankfurt. O projeto foi bloqueado na Prússia e na Áustria pelos interesses das elites tradicionais, que se sentiram incapazes de controlar o processo. Na Itália, a revolta liberal milanesa contra o Império Austríaco fracassou, apesar da intervenção militar do reino de Piemonte, tendo a experiência republicana em Veneza

Mapa 16.1. Estados Confederados e da União durante a Guerra Civil (1861-5).
Fonte: Geoffrey Barraclough (Org.), The Times Atlas of World History. Londres: Times Books, 1990, p. 222.

sofrido o mesmo destino. Em Roma, a república criada em oposição ao compromisso de Pio IX com Viena foi dominada militarmente pelos franceses, sob as ordens do seu novo líder, Napoleão III, ansioso por se adiantar à chegada das tropas austríacas, enquanto a revolta liberal na Sicília foi subjugada pelo reino de Nápoles.

Em todos esses movimentos, os monárquicos liberais viram-se obrigados a concorrer com republicanos, socialistas e comunistas. Sobre a mesa estava a questão social: o sofrimento da classe operária, as privações e a exclusão política haviam dado origem a ideologias igualitárias que desafiavam a legitimidade da propriedade privada e receberam o apoio do público. A ideologia nacionalista baseada na noção de comunidades étnicas de cidadãos que partilham a mesma língua e cultura abalou décadas de liberalismo internacional. A república da Hungria, subjugada pelas forças combinadas da Áustria e da Rússia, viu-se obrigada a enfrentar a oposição militar dos croatas, dos sérvios e dos romenos. O choque entre os tchecos e os alemães na Boêmia também foi indicador das limitações dos projetos nacionalistas, tendo resultado a favor da composição da monarquia

Habsburgo. A vitória conservadora de 1849-51, um pouco por toda a Europa, não significou que tudo se manteria como estava: os últimos vestígios da servidão e dos direitos feudais, além dos deveres, foram eliminados; instituíram-se constituições mais ou menos centralizadas nos soberanos; e lançaram-se as sementes de projetos nacionalistas num ambiente de compromisso em que o liberalismo internacional e o cosmopolitismo perderam o encanto.[1] A extraordinária disseminação da revolta apresentara novos desafios sociais e políticos: enquanto o mérito continuava a lutar para se afirmar contra o privilégio no novo sistema de valores, a luta da igualdade contra a desigualdade (conceitos naturalmente baseados em múltiplos pontos de vista) tornou-se uma questão importante no que diz respeito à separação conceitual entre a nova e a antiga ordem social. Na Europa, a reflexão sobre a raça e a busca científica pelas origens da variedade humana tornaram-se ferramentas essenciais para provar as supostas origens inerentes da desigualdade, numa tentativa de minar o poderoso movimento pela igualdade, mostrando-o como artificial e antinatural.

Nos Estados Unidos não se verificou um acontecimento específico que incitasse o racialismo científico, que resultou do acúmulo de tensões políticas e sociais, além dos conflitos sentidos desde a Revolução Americana. Obviamente, a questão da escravatura esteve em jogo desde a Declaração da Independência, em 1776: pressionado pelos delegados sulistas, Jefferson suprimiu uma passagem que condenava o rei George III pelo estímulo do comércio escravagista. O espírito igualitário da declaração foi afamadamente definido pelo segundo parágrafo — "Consideramos essas verdades evidentes em si mesmas, que todos os homens são criados iguais e dotados pelo Criador de certos Direitos inalienáveis, entre eles a Vida, a Liberdade e a procura da Felicidade" —, mas destinava-se apenas aos brancos.[2] A discussão da Constituição baseou-se numa concessão: a questão da escravatura seria tratada por cada estado, não no nível federal. O principal debate dizia respeito à representação dos escravos pelos brancos, já que os estados sulistas afirmavam ter deveres quanto a essa população, que deveria ser reconhecida politicamente na Câmara dos Representantes. Decidiu-se contar cada escravo como representando três quintos de uma pessoa para efeitos de cálculo eleitoral, uma metáfora importante para o valor dos seres humanos como bens.[3] Entre 1780 e 1804, os estados ao norte de Maryland decidiram abolir a escravatura, embora de forma gradual — com exceção do caso radical de Massachusetts — e sem garantir direitos políticos à população liberta. A proibição, em 1807, do tráfico de escravos veio pressionar ainda mais os estados sulistas, com a inflação dos preços e a promoção do rapto e contrabando de negros livres.

No entanto, foi com a expansão dos Estados Unidos para o oeste e a disputa entre os defensores do solo livre e os do solo escravo que se identificou de imediato a potencial ameaça à União. Em 1787, a Northwest Ordinance proibiu a escravatura nos territórios a noroeste do rio Ohio. Em 1820, o debate congressional sobre a Emenda de Tallmadge para limitar a escravatura fracassou, embora ficasse acordado que seria proibida nos territórios estabelecidos a norte do paralelo de latitude 36 graus e 33 minutos. As consequências dessa decisão viriam a se revelar significativas: em 1845-8, a anexação do Texas, além da conquista do Novo México e da Califórnia ao México, deu origem a novas tensões, com a criação de solo escravo em territórios onde até então a escravatura fora ilegal. As tensões se agravariam no ano seguinte devido à decisão californiana de rejeitar a escravatura e de criar um estado baseado em solo livre. Como é óbvio, os estados sulistas sentiram-se na obrigação de ampliar a escravatura para os novos estados para manter o equilíbrio político, mas tais esforços sensibilizaram os movimentos antiescravismo nortistas, cada vez mais apoiados pelo grande número de imigrantes europeus que, naturalmente, optavam por estados de solo livre. O compromisso a que se chegou em 1850 reforçou o status quo com a Lei dos Escravos Fugitivos, segundo a qual todos os escravos em fuga deveriam ser devolvidos aos donos sulistas. Essa lei foi condenada com veemência pelos movimentos antiescravismo, em que novas figuras, como os antigos escravos Sojourner Truth e Frederick Douglass, desempenharam um papel importante (ver figura 16.1).

Não há dúvida de que foi a Lei Nebraska-Kansas, aprovada pelo Congresso em 1854, junto com uma emenda para eliminar o Compromisso do Missouri e abrir a possibilidade de estabelecer solo escravo a norte do paralelo de latitude 36 graus e 33 minutos, que suscitou a oposição vigorosa por parte dos estados nortistas, cujos habitantes começaram a boicotar a Lei dos Escravos Fugitivos. Durante os anos seguintes, o voto comprado do Kansas a favor do solo escravo expôs a constante pressão sulista pela ampliação territorial da escravidão. A escravatura estava na ordem do dia do debate político. Entretanto, a ambiguidade dos estados nortistas — o solo livre era acompanhado pela ideia de homogeneidade branca, e a abolição da escravatura significava não tanto a dignidade dos seres humanos mas sim a exclusão total dos negros, removidos de forma explícita de Vermont em 1777 — fora apenas parcial e temporariamente superada. O movimento

Figura 16.1. Fotografia anônima de Frederick Douglass aos 38 anos de idade, 1856.

antiescravismo ganhou ímpeto nos estados nortistas nas décadas de 1820 e 1830, na sequência da campanha pela emancipação imediata lançada pelo jornalista William Lloyd Garrison, que em 1833 criou a Sociedade Americana Antiescravismo junto com Theodore Weld, um ministro evangélico, e Robert Purvis, um afro-americano livre. Esse movimento preparou a opinião pública dos estados nortistas para se opor à secessão decidida pelos estados sulistas em 1860, após a eleição de Abraham Lincoln, com um discurso antiescravismo moderado, para presidente dos Estados Unidos.[4] É nesse contexto político e social que temos de analisar o racialismo científico e suas ramificações complexas, sobretudo o debate entre monogenistas e poligenistas que ultrapassou as fronteiras norte-sul.

Por fim, a expansão do Império Britânico na Ásia suscitou novas questões quanto à justificativa e à afirmação ideológica em diferentes níveis administrativos (local, regional e central). A conquista da Índia e a expansão do Império Britânico na Ásia a partir da década de 1750 levaram a toda uma nova relação entre conquistadores e dependentes, devido não só à escala do empreendimento — muito mais vasto do que os anteriores domínios português e holandês do comércio marítimo intercontinental e de territórios espalhados —, mas também ao sistema de controle indireto, que a partir da década de 1790 impediu a criação de uma elite de raça mista. Essa situação estabelecia um contraste com experiências imperiais europeias anteriores na região, exigindo novas bases ideológicas para envolver as elites e as populações locais. Enquanto os portugueses haviam se servido da religião e da promoção social de indivíduos de raça mista para estabelecer pontes com as populações asiáticas locais, os britânicos recorreram à tradução dos Vedas para encontrar um antecedente comum. As consequências dessa criação linguística e antropológica foram vastas: durante o processo de criação de uma nação, algo que o liberalismo disseminou pelo mundo, tornou-se crucial a identificação dos antepassados ou dos fundadores nacionais.[5] O arianismo foi usado na Europa para promover a ideia de uma origem branca das principais civilizações, o que justificava os projetos imperiais contemporâneos, mas foi também empregado na Ásia, tanto pelas elites europeias como pelas locais, para encontrar um ponto comum de compreensão e interação. O desafio aqui presente, tal como indicado por Tony Ballantyne, é superar a tradicional abordagem eurocêntrica e incluir a apropriação dessa construção ideológica pelas elites locais, quer nativos lealistas ansiosos por reforçar a sua posição no sistema colonial, quer nativos militantes interessados em afirmar a sua própria identidade com base numa ancestralidade nobre, viril e guerreira.[6]

Esses três contextos históricos distintos — novos desafios à desigualdade social na Europa, desigualdade racial nos Estados Unidos e domínio imperial europeu na Ásia — nunca foram considerados influenciadores conjuntos do desenvolvimento do racialismo científico. O objetivo do presente capítulo é fazer isso.

A HISTÓRIA COMO COMPETIÇÃO RACIAL

O livro *Races of Man* [Raças do homem], publicado em 1850 por Robert Knox (1791-1862), oferece uma introdução útil ao racialismo científico que surgiu nas décadas de 1840 e 1850 em oposição ao humanismo de Blumenbach, Prichard e Humboldt.[7] Para Knox, as raças eram o centro da história humana: não eram o resultado de acidentes; não eram alternáveis; representavam as leis da descendência hereditária, além dos efeitos do solo e do clima. Essa abordagem essencialista — que defendia que os atributos físicos e mentais da raça eram inalteráveis — levou Knox a desprezar a ideia de progresso na civilização humana e a recusar o conceito de aperfeiçoamento proporcionado pela educação ou pelo governo.[8] A sua mensagem incluía uma crítica a Humboldt: "A Irlanda é civilizada?", questionava ironicamente, dois anos após a revolta popular na ilha.[9] A religião também não era importante: o cristianismo não deixara uma marca significativa, já que as suas diferentes formas — grega, romana ou luterana — apenas haviam expressado as características essenciais de raças diferentes: sármatas (ou russos), celtas e saxões. Criticou o historiador e político Thomas Babington Macaulay por apontar a religião como o principal agente de mudança histórica e indagou sarcasticamente: "Quem está melhor, os celtas caledonianos [protestantes] ou os hibérnicos [católicos]?".[10] Para ele, os impérios, as monarquias e as nações eram criações humanas, mantidas com frequência pela fraude e pela violência. Autodenominado saxão das terras baixas escocesas, Knox sentia-se ressentido pelo fato de o governo de Londres ter sido criado pelos normandos, ser dominado pelos flamengos do sudeste e opor-se aos celtas e aos saxões do resto do país. Ofereceu o exemplo de um negro e de um tasmaniano nascidos por acaso na Inglaterra: seriam ingleses, mas não se poderiam tornar saxões.

Como seria de esperar, Knox contestou a grande mudança representada pelo esforço de Prichard de criar uma enciclopédia da variedade humana; para ele, todas as raças importantes encontravam-se na Europa, não na Tasmânia, nem nas terras dos hotentotes. Zombou da ideia de Blumenbach de uma raça caucasiana e de François Guizot por ter escrito sobre a civilização europeia, "uma abstração que não existe".[11] O objetivo do trabalho de Knox era mostrar que as raças europeias difeririam tanto entre si como os negros dos boxímanes, os cafres dos hotentotes, ou os índios vermelhos dos esquimós. Isso sugere que os preparativos para a nova fase do imperialismo europeu, definido pela ocupação territorial da Ásia e pela partilha da África, haviam dado origem a uma disputa eurocêntrica interna sobre as raças mais capazes. No entanto, Knox criticou os projetos imperiais europeus, escarnecendo da afirmação de que pretendiam converter ou civilizar os povos, algo que, segundo o autor, não passava de um pretexto para o roubo e para a escravização. Considerava que as raças expressavam a relação entre a descendência hereditária e o ambiente, e que a migração exporia os europeus à corrupção local, tornando inevitável a degeneração futura. Essa afirmação aplicava-se aos Estados Unidos: "A condição social do saxão só pode ser vista nos estados livres da América [...] na Grã-Bretanha, ele foi escravizado por uma dinastia normanda, antagonista da sua raça".[12] Mas o saxão acabaria por degenerar até o nível dos índios — e Knox cita o exemplo do europeu bárbaro na África do Sul, onde serviu com as tropas britânicas. O autor defendia que só as melhores raças, que houvessem permanecido no seu ambiente original, prevaleceriam, fazendo eco às palavras de De Pauw. O crucial debate político contemporâneo sobre a condição das nações seria abafado pelo debate ao mesmo tempo intranacional e supranacional sobre a raça. Não obstante, a teoria das raças viria a ser reinterpretada e reutilizada com os paradigmas e projetos políticos nacionais. O próprio Knox viria a estabelecer a ligação doze anos depois; a segunda edição do seu livro receberia em 1862 o subtítulo *A Philosophical Enquiry on the Influence of Race over the Destiny of Nations* [Análise filosófica sobre a influência da raça no destino das nações].

A principal dificuldade do trabalho de Knox foi estabelecer as fronteiras entre as diferentes raças na Europa. O saxão superior se encontraria na Escandinávia, a norte e a leste do Reno, na Escócia e na Inglaterra orientais, no norte e no leste da Irlanda, em partes da Suíça (entre os protestantes, obviamente) e entre os povos mais nobres da Grécia clássica, embora na época o saxão houvesse desaparecido da Europa Austral e da França. Esse saxão seria supostamente alto, vigoroso e atlético, com cabelo louro, olhos azuis, uma compleição delicada (a única raça clara do mundo), mas não tinha boas proporções, já que o tronco era demasiado grande. Era considerado apaixonado pelo trabalho, pela ordem e pela limpeza, pelo lucro e pela retidão nos negócios. No entanto, o saxão não era visto como inventor ou teórico e tinha o pior dos gostos na arte e na música. O saxão era o único democrata natural no mundo — o único ser humano que realmente compreendia o significado da palavra "liberdade" — e era tolerante, com um sentido abstrato de justiça, uma autoestima desmesurada (e, logo, um ódio pelo gênio), amor pela independência e pela lealdade, e ódio pelas dinastias e pelos governos. Politicamente, Knox advogava uma confederação republicana de saxões na Europa.[13]

O celta podia ser encontrado no sul da Europa, na França, no oeste da Irlanda, em partes do País de Gales e nas terras altas escocesas. Era representado como um fanático fervoroso (católico), indolente, mentalmente escravo, sem autoconfiança, incapaz de compreender a palavra "liberdade", apaixonado pela guerra, antagonista da ordem e do esforço paciente, sem hábitos acumulativos, inquieto, traiçoeiro e indeciso. Os celtas estavam condenados ao declínio, e Knox recuperou a antiga ideia, demolida por Hume, da população decrescente na Espanha e em Portugal, onde havia menos pessoas do que no tempo dos romanos. Não obstante, Knox sublinhou por várias vezes a sua admiração pela França como a melhor expressão do talento celta para a música e para a literatura, e pelo seu maior líder, Napoleão, cujos sonhos de soberania mundial haviam sido minados pela própria raça.[14]

O eslavônico, também denominado flamengo, encontrava-se na Polônia, na Áustria, no sul da Alemanha e na Bélgica. Essa raça carecia dos principais atributos dos saxões e apresentava as sementes do despotismo, tal como sucedia na

Áustria. Knox se contradisse em várias partes do livro, começando por considerar os eslavônicos a mais intelectual de todas as raças, atribuindo depois essa qualidade aos saxões-germânicos e declarando, por fim, que os eslavônicos (eslavos) e os russos tinham crânio mais curto do que o dos saxões. Os sármatas (ou russos) eram descritos como tendo ocupado parte do Leste Europeu, mas, nesse caso, o autor não desenvolveu os estereótipos. É possível observar novas hesitações óbvias quanto à nomenclatura e à identificação geográfica das raças europeias quando Knox analisa as regiões que se cruzam: os celtas interagiam com os saxões e os flamengos/eslavônicos no sul da Inglaterra e na Suíça, enquanto os saxões se misturavam com os eslavônicos na Áustria e no Reno, e com os eslavônicos e os sármatas no Leste Europeu.[15]

Knox expressou um desprezo profundo pelos indivíduos de raça mista, ignorando deliberadamente os dados empíricos já disponibilizados por Buffon, Blumenbach e Prichard, que se opunham à ideia tradicional de que os seres oriundos de raças diferentes eram inférteis. Knox reproduziu todos os estereótipos acumulados desde a Antiguidade Clássica. Quando surgem acidentalmente mulas ou híbridos na natureza, eles deixam de existir, já que ou não são férteis, ou a estirpe mais fraca desaparece. Segundo as palavras do autor, os mulatos eram "uma raça inútil", incapaz de sobreviver além da terceira ou da quarta geração "devido à lei da especialização, à lei da descendência hereditária e à lei da deformação". Serviu-se do exemplo dos espanhóis na América que se misturaram com a população nativa, tendo os mulatos resultantes degenerado em índios. Segundo a visão de Knox, os povos indígenas prevaleceriam sempre, portanto a energia vital dos espanhóis (mesmo não sendo de raça pura) estava destinada à extinção. Knox também apontou os celtas franceses no Canadá e os saxões britânicos na América como estando supostamente em declínio físico, embora a antipatia natural do saxão para com as raças escuras e a falta de miscigenação atrasassem o processo. A frase mais desdenhosa foi reservada para "a raça mista de escravos bárbaros e selvagens, agora chamada de egípcios [ciganos (romani)]".[16]

Se os povos de raça mista eram um desastre para Knox, ele não mostrava maior respeito pelas raças não europeias. O livro é uma antologia de todos os preconceitos e abusos verbais para com os seres humanos, algo que, contra toda a lógica, continuaria a ser reproduzido até o Holocausto e mais além (ver figura 16.2). Será relevante destacar algumas das passagens de Knox, pois elas deixam bem claros os preconceitos disseminados:

O cigano, à semelhança dos judeus, decidiu não trabalhar, vivendo da industriosidade dos outros [...] mendigando e lendo a sorte.[17] [...] Não tem engenho, poder inventivo, aptidão mecânica ou científica. [...] O verdadeiro judeu não tem ouvido para a música como raça, não tem amor pela ciência ou pela literatura [...] não inventa nada, não pesquisa. [...] A única ocupação é conseguir um bom negócio para [...] revender a um preço mais alto. A sua vida infame é passada entre essas duas mentiras.[18] [...] Os habitantes da África Central não têm história [...]. [Se] a África Central [...] afundasse no oceano, levando com ela a raça negra, o que perderíamos? [...] [Não] há invenções, descobertas, belas-artes, pensamentos sublimes, nada que distinga homens de animais.[19] [...] Os hindus e os chineses trabalharão como escravos por dez séculos.[20] [...] A ignorância deles [dos chineses] era tão profunda que não conseguiram enviar uma única pessoa à Europa para obter informações sobre o armamento que acabou por derrotá-los e saqueá-los.[21]

Knox também refletiu sobre os coptas, que supostamente haviam criado as pirâmides e que talvez houvessem migrado para a África Ocidental e para a América Central, entrando então em declínio por terem se misturado com a raça africana.[22] A principal ideia era de que as raças eram imutáveis. As raças africana e americana não poderiam ser civilizadas: "as raças escuras ficam imóveis, as claras progridem".[23]

Knox era um cirurgião, anatomista e zoólogo escocês, membro da Royal Society de Edimburgo, e membro do Royal College de Cirurgiões de Edimburgo, onde criou o Museu de Anatomia Comparativa. Estudara na Universidade de Edimburgo e servira no Exército entre 1814 e 1820, primeiro em Bruxelas, onde tratou os feridos da batalha de Waterloo, e depois na África do Sul. Também trabalhou e estudou em Paris com Cuvier e Saint-Hilaire. Na sua abordagem da raça, Knox aproximava-se da visão compartimentada de Cuvier, que separava os tipos zoológicos associados a ambientes específicos e sujeitos à extinção. O autor foi ainda mais longe, colocando as raças no nível das espécies, criadas sucessivamente na Terra, o que o aproximava do poligenismo.[24] Criou uma curiosa mistura de republicanismo, anticlericalismo, pensamento livre e racialismo científico distante do criacionismo, e que viria a influenciar outros autores. Knox também se dedicou à pesquisa etnológica, apresentando como trabalho de campo as observações estereotipadas que fez de uma comunidade de ciganos (romani), de passagem temporária pela Escócia, e da comunidade judaica em Londres. Knox foi afastado

Figura 16.2. Robert Knox, The Races of Man: A Philosophical Enquiry into the Influence of Race over the Destinies of Nations. *Londres: Henry Renshaw, 1862, p. 193. Representação dos judeus. Cambridge University Library V.20.24.*

da Escola de Anatomia de Edimburgo por aceitar de uma quadrilha de assassinos cadáveres de prostitutas e de alcoólatras — o caso de Burke e Hare, que tanto revoltara a cidade. O escândalo afetou profundamente a reputação de Knox, mas, como veremos, a sua visão essencialista das raças como imutáveis, hierárquicas e naturalmente avessas à mistura causou impacto.

O alcance da influência de Knox tem sido motivo de disputa. A historiadora Nancy Stepan defende que Knox representou um ponto de virada na compreensão totalmente biológica da raça na Grã-Bretanha, afastando-se do Iluminismo e dos valores cristãos universais.[25] Essa imagem de uma nova forma de pensar britânica, racializada e estritamente hierárquica, foi adotada por Catherine Hall e depois por Robert Young, que citaram Knox em profusão nos seus respectivos trabalhos.[26] Peter Mandler, por outro lado, contestou a influência de Knox, frisando que a recepção do livro do autor pela imprensa geral e especializada foi supervalorizada.[27] Mandler mostra-nos que apenas uma de três críticas à obra foi positiva. O autor contesta a ideia de que o racismo biológico se tornara uma moda intelectual importante, citando Robert Latham, um contemporâneo de Knox com uma perspectiva oposta, como um estudioso popular e bem-sucedido da variedade humana.

Oponho-me à ideia de Knox como racista biológico. O autor não acrescentou nenhum fato ou argumento biológico relevante à estrutura básica estabelecida na década de 1810 pelo seu mestre, Cuvier. Além disso, Knox incluiu todos os estereótipos linguísticos, etnográficos e históricos que haviam sido acumulados ao longo dos séculos e transformados em definições de raças pela história natural do Iluminismo e do início do século XIX. Knox acrescentou ainda novos estereótipos resultantes do seu suposto trabalho de campo. Novidade no seu trabalho foi a estrutura intelectual que fundia a reafirmação da imutabilidade das raças, o fracasso inevitável das miscigenações, o afastamento do criacionismo bíblico e a visão irreligiosa geral. O livro de Knox foi citado por poligenistas na América do Norte devido ao enaltecimento dos anglo-saxões como raça superior e ao desprezo para com as raças não brancas, mas o seu materialismo não foi partilhado. Ainda assim, Knox foi lido por quase todos os autores interessados na variedade humana nas décadas de 1850 e 1860, sendo citado até mesmo por Darwin. Não basta analisar a recepção de um autor através das críticas dos jornais, tal como o faz Mandler; os livros podiam ser bastante lidos e influentes, mesmo recebendo poucas críticas, por vezes até mesmo negativas. James Hunt, secretário da Sociedade Etnológica e posteriormente Antropológica de Londres partilhava muitas das ideias de Knox. Catherine Hall sublinhou de forma acertada a nova atmosfera ideológica de meados do século XIX, mas as ideias de Knox não representavam o racionalismo vigente na Grã-Bretanha.

É preciso ultrapassar as fronteiras nacionais para compreendermos que Knox foi crucial no outro lado do Atlântico. A referência de Mandler a Latham como contraponto popular de Knox é importante: Latham foi o curador da exposição sobre a variedade humana organizada para a inauguração do Crystal Palace em Sydenham, em 1854 — uma exposição definida pela mesma hierarquia de raças proposta por Cuvier, mas amenizada pela sucessão de diferentes fases dos estilos de vida humanos, como a caça, o pastoreio, a agricultura e o comércio, além das ideias de difusão e de progresso.[28] Latham manteve a ligação à anterior etnologia humanista em face das ideias de Knox e de Hunt. Publicou uma vasta obra sobre a etnologia do mundo, bem como sobre os povos europeus e britânicos. Contestou o conceito da pureza das raças, destacando a mistura contínua, em várias combinações e em vários graus, sobretudo nas Ilhas Britânicas. Latham esperava que essa tendência viesse a ganhar força no futuro.[29]

Arthur Gobineau (1816-82), que atribuiu a si mesmo o título de conde de Gobineau, publicou o seu longo *Essai sur l'inégalité des races humaines* em 1853-5, reforçando a visão de raças inatas e imutáveis.[30] O livro teria pouco impacto na

França contemporânea, mas foi de imediato traduzido e reinterpretado, em 1856 nos Estados Unidos, por Josiah Nott (o primeiro volume), e em 1898-1901 na Alemanha, por Ludwig Schemann, discípulo de Richard Wagner. Os estudos sérios sobre Gobineau começaram a ser publicados na França por Ernest Seillière, em 1903, e por Robert Dreyfus, em 1905, seguindo-se uma nova edição dos seus trabalhos produzida por Clément Serpeille na década de 1920, que acabou finalmente por chamar a atenção do público. No entanto, seria a propaganda nazista da década de 1930 que viria a contribuir decisivamente para a criação de uma visão particular do autor. Gobineau, na verdade, não era antissemita: elogiava os hebreus como um povo de guerreiros, agricultores, comerciantes, médicos, criadores de Estados e migrantes bem-sucedidos, forte, capaz e inteligente.[31] Também não enaltecia os alemães contemporâneos "extremamente misturados" como representantes do sangue ariano puro, algo que o autor pensava ter deixado os últimos vestígios, embora defendesse que estavam em declínio, na Escandinávia, na Inglaterra e na América do Norte.[32] Gobineau também não descrevia todos os negros como incapazes, já que isso, por sua vez, o obrigaria a afirmar que todos os europeus eram inteligentes, algo bastante distante do seu raciocínio elitista.[33]

Gobineau estava obcecado pela nova tendência popular da igualdade; não é por acaso que o termo "desigualdade" se encontra no centro do título do seu livro, já que o autor queria provar que a desigualdade se encontrava profundamente enraizada na natureza. Tinha como projeto uma história do mundo em que o impacto da hierarquia das raças mostraria que algumas eram, em essência, bem mais capazes do que outras, opondo-se ao "dogma liberal da fraternidade", que pressupunha a "igualdade absoluta das raças".[34] Gobineau desenvolveu uma estrutura erudita, demonstrando uma impressionante capacidade de coleta de dados arqueológicos, linguísticos, históricos, etnológicos e científicos para sustentar o seu argumento. A sua vida foi moldada pelo impacto direto das revoluções de 1848: embora fosse realista e *légitimiste* (apoiador dos Bourbon), em 1849 Gobineau tornou-se secretário de Tocqueville, ministro dos Negócios Estrangeiros do governo de Napoleão III — um cargo que lhe abriu as portas da carreira diplomática. Ao contrário de Tocqueville, um aristocrata liberal moderado que aceitava como inevitável a ascensão das massas, o futuro dos princípios democráticos e a supressão do privilégio de nascença, Gobineau manteve uma opinião elitista e um desprezo profundo pelo princípio da promoção pelo mérito. Foi por isso que o sensato Tocqueville manteve distância de Gobineau após a publicação do livro, que Tocqueville descrevia como o produto de um vendedor de cavalos (*maqui-gnon*) que pretendia explicar tudo através das diferenças entre as raças, e criticava como fatalista a ideia de que o nascimento e o sangue afetam povos inteiros, comparando-a às doutrinas do materialismo e da predestinação.[35]

Gobineau não citou Knox, e o seu projeto não se centrou estritamente na Europa; tinha um âmbito mundial, baseado na promoção dos arianos como a raça branca da Ásia Central que supostamente deixara a sua marca em todas as grandes civilizações — hindu, egípcia, assíria, chinesa, grega, romana, germânica, algonquiana, asteca e inca — antes de se retirar para a Europa e de exercer o que lhe restava de influência sobre os países anglo-saxões.[36] No entanto, ele argumentava (à semelhança de Knox) que a disseminação do cristianismo não alterava o estilo de vida, a configuração política ou a capacidade para a civilização das várias raças e povos convertidos.[37] Gobineau também postulou a degeneração de todas as raças devido à mistura e o consequente enfraquecimento das populações desde a Antiguidade, embora sem ter recolhido nenhum dado sério que provasse essa afirmação.[38] Decidiu não se assumir monogenista ou poligenista, apontando os defeitos de ambas as posições. Por outro lado, interessava-se claramente pelo conceito de Cuvier de ambientes específicos para a localização das espécies, recusava o argumento do clima como justificativa para a variedade, e defendia que os brancos haviam experimentado um desenvolvimento isolado — ideias que o aproximavam do poligenismo.[39] Além disso, foi beber no sistema de Cuvier de três raças básicas — branca, negra e amarela — consideradas puras e originais, recusando, assim, as variedades híbridas integradas por Blumenbach e Prichard nas suas classificações.[40]

Gobineau criticou todos os critérios para a medição do crânio: primeiro os de Camper (ângulo facial); depois os de Blumenbach (medição vertical a partir do topo), os de Richard Owen (medição vertical a partir de baixo) e os de Samuel George Morton (1799-1851; capacidade do crânio ou dimensão do cérebro), frisando a ausência de critérios idênticos para a idade, além da posição econômica e social dos crânios medidos.[41] Não contestou os criacionistas bíblicos, acomodando na sua narrativa as genealogias pós-bíblicas, embora as suas convicções acerca da pureza original das raças, associadas a ambientes específicos, e o desprezo pela moralidade cristã, que ele equiparava ao éthos dos escravos e considerava responsável pelas ideias democráticas e igualitárias, o tenham tornado apetecível aos olhos dos pensadores sulistas dos Estados Unidos. No centro do seu livro estava a ideia de uma antipatia essencial entre raças e um antagonismo entre as suas capacidades intelectuais: "O europeu não pode pretender civilizar o negro, já que ele apenas será capaz de transmitir ao mulato um fragmento das suas aptidões. [...] [A] cultura mista está apenas um grau mais próxima da cultura branca; a desigualdade da inteligência entre as diferentes raças está bem estabelecida".[42] A ideia de decadência era crucial: Gobineau argumentava que a idade de ouro da pureza racial passara havia muito. Para ele, a história do mundo envolvia a miscigenação constante de povos, com os elementos mais capazes providenciando o impulso inicial, até serem assoberbados pelos elementos mais baixos da mistura, o que levava ao declínio inevitável. No entanto, o autor acreditava numa certa permanência de características físicas, considerando-a responsável pelas diferenças radicais na aparência e na capacidade.[43]

Os estereótipos quanto às diferentes raças faziam parte da explicação de Gobineau: verificava-se uma desigualdade na força devido à capacidade inferior dos "selvagens" americanos, dos hindus, dos australianos e dos povos negros em geral; e havia desigualdade intelectual entre os diferentes povos no tempo e no espaço, algo usado para contestar a ideia de perfectibilidade de todas as raças e que era a base da argumentação de Gobineau contra as ideias igualitárias.[44] Nos mundos clássicos hindu, grego e romano, o autor encontrava certos picos na retórica, na literatura e na filosofia que desde então nunca haviam sido contestados. Não acreditava no progresso: os seres humanos fazem as coisas de forma diferente; as novas tecnologias não alteram significativamente as maneiras básicas de pensar; e aquilo que se ganhou em condições materiais, bem como em complexidade política, perdeu-se em capacidade espiritual e em visão ética.[45] Essa constante análise de perdas e ganhos era o que definia o raciocínio de Gobineau, pois a mistura de raças facilitava a difusão da civilização, do mais forte para o mais fraco, ao mesmo tempo que continha as sementes da degeneração devido à inevitável submersão das elites (ou raças superiores) nos padrões mais básicos das massas (ou raças inferiores). O autor chegou a reconhecer que o gênio artístico e literário, além dos modos e das crenças, se aprimorava com a miscigenação, embora esses benefícios temporários não evitassem o inevitável declínio até a desordem.[46]

Segundo o ponto de vista de Gobineau, as raças selvagens sempre haviam sido selvagens, continuando a ser até desaparecerem.[47] O autor repetiu a ideia da bestialidade das raças negras, reproduzindo os "indícios" de Cuvier da pélvis símia, algo que já fora refutado, e a suposta testa mais estreita e inteligência inferior, dominada pelas paixões e pelos sentidos, além do humor instável e das emoções incontroláveis de povos que eram ao mesmo tempo covardes e assassinos.[48] À raça amarela atribuíam-se as características opostas: uma testa grande, tendência para a obesidade, baixo vigor físico, apatia, desejos fracos, vontade obstinada, gosto por prazeres materiais, gula seletiva, compreensão superficial dos problemas, e gosto pela utilidade prática. Eram povos pragmáticos, mas não inventores. A raça branca caracterizava-se pela energia inteligente, sentido de utilidade mais elevado do que o da raça amarela, perseverança associada à força física, um extraordinário instinto pela ordem, acentuado sentido de liberdade e honra, bem como sentido de proporção. Eram, no entanto, inferiores no que diz respeito ao desenvolvimento dos sentidos.[49]

A única ideia original aventava que a raça amarela teria a sua origem na América e migrara para a Ásia, e não o contrário, o que dava mais espaço aos arianos e explicava o florescimento de civilizações brancas na Eurásia.[50] Segundo a perspectiva de Gobineau, todas as civilizações haviam sido desenvolvidas a partir da raça branca, instalada e politicamente organizada logo desde o início.[51] O governo aristocrático, elitista e de pares de inteligência, força, honra e beleza superiores, que o autor identificava como pertencendo aos arianos, bem como aos segmentos mais claros das populações semítica e celta, eram qualidades constantemente postas em xeque pela mistura e pelo inevitável declínio, com as raças mais escuras contendo em si as sementes da democracia e do igualitarismo, que floresciam devido aos seus baixos padrões. A visão de Gobineau da história mundial procurava obsessivamente identificar o progresso e a inovação como associados às raças brancas com ideais nobres e feudais, seguindo-se a degeneração e o declínio devido à mistura com raças mais escuras estruturadas pelos hábitos comunitários.[52] O governo sábio e moderado da realeza era assim ameaçado pelo regime absoluto da república.[53] Desse modo, a visão de Gobineau da Idade Média europeia opunha a nobreza à burguesia de raça mista, sendo aquela próxima dos princípios arianos, e esta equiparada a escravos, negros na Europa Austral e finlandeses na setentrional.[54] Os normandos eram considerados arianos no mesmo nível dos anglo-saxões, correspondendo à então popular avaliação dos vikings e suas migrações.[55]

Essa visão baseava-se na identificação sistemática e arbitrária de seções de arianos ou de semitas brancos nas populações mistas, definidas por hierarquias de proporções de sangue.[56] Fiquemos com um exemplo dessa arbitrariedade: o egípcio de 2000 a.C. teria, supostamente, um terço de sangue ariano, um terço de sangue branco como descendente de Sem e um terço de sangue negro, ao passo que em 700 a.C. a proporção de sangue negro chegara à metade e o sangue ariano reduzira-se para um décimo.[57] Gobineau serviu-se de mitologia comparativa e linguística para estabelecer genealogias fabulosas que ligavam hindus e egípcios, bem como hindus e chineses, e que associavam arianos, celtas e semitas para produzir os romanos; também desenvolveu os elementos egípcios e árabes originais dos abissínios e a sociedade baseada em castas, transmitida pelos hindus às tribos germânicas.[58] A análise dos supostos antecedentes raciais das principais religiões e civilizações baseia-se em geral em princípios imaginados e num raciocínio dedutivo. Por fim, Gobineau defendeu a resistência das principais raças à mudança, apresentando o caso dos hindus e dos chineses, que poderiam ser conquistados, mas nunca alterariam os seus modos de pensar e de agir.[59] É preciso realçar a continuidade dos estereótipos básicos. Gobineau desenvolveu esse refrão, adicionando o louvor da nobreza feudal como expressão suprema das supostas virtudes da desigualdade natural e a noção do declínio inevitável da humanidade devido ao processo generalizado de miscigenação.

HIERARQUIAS RACIAIS IMUTÁVEIS

Entretanto, nos Estados Unidos, a medição de crânios humanos fora motivada pela coleta de centenas de espécimes e por um novo método, agora baseado na capacidade cúbica, de calcular a dimensão do cérebro. As primeiras tentativas de identificação das diferentes raças através da forma do cérebro haviam sido postas em xeque, sendo a óbvia ideia subjacente à nova operação a de que a inteligência resultava da magnitude do cérebro. Contudo, esse novo critério, promovido por Morton, exigia uma vasta amostragem para estabelecer as suas credenciais científicas. Recolheram-se centenas de crânios de todo o mundo, mas, por questões práticas, Morton concentrou os seus estudos em dois povos, os índios americanos e os egípcios, pois haviam sido generosamente fornecidos em número considerável por George Robins Gliddon (1809-57), vice-cônsul dos Estados Unidos no Cairo (ver mais adiante). Morton, um cientista natural com publicações relevantes sobre geologia, hibridismo em animais e em plantas, e a anatomia dos seres humanos, serviu-se da medição de crânios para o seu projeto sobre variedade humana.

No seu livro *Crania Americana*, publicado em 1839, Morton distinguia cinco categorias principais de seres humanos — caucasianos, mongóis, malaios, americanos e etíopes —, subdivididas em vintes famílias, seguindo uma abordagem semelhante à de Blumenbach. Curiosamente, o volume era dedicado a Prichard, cuja visão monogenista viria, anos depois, a ser atacada por essa geração de historiadores naturais. A atribuição de características específicas a cada variedade humana acompanhava os estereótipos prévios, embora Morton acreditasse que os mongóis eram engenhosos e bastante propensos ao desenvolvimento, enquanto os malaios eram um povo ativo, migrantes e marinheiros capazes. Os índios americanos eram supostamente incapazes de aperfeiçoamento: eram lentos para adquirir conhecimentos, inquietos, vingativos e apaixonados pela guerra, mas desprovidos do espírito para a aventura marítima. Os etíopes (ou povos africanos) eram considerados o mais baixo nível da humanidade, e os hotentotes eram a maior aproximação aos animais inferiores.[60] A pesquisa de Morton confirmou que o cérebro caucasiano era o maior, com uma média de 1425 cm^3; o cérebro do índio americano chegava aos 1343 cm^3; e o africano media 1278 cm^3.[61] Ironicamente, Gobineau foi o primeiro a expor as falhas metodológicas do método de Morton.

A diferença estava na abordagem poligenista. As características físicas e mentais de diferentes povos, explicava Morton na sua introdução, referindo-se aos árabes, hindus e judeus, eram as mesmas havia milhares de anos — uma ideia baseada nas reproduções das imagens encontradas por arqueólogos nas pirâmides. Assim sendo, as diferenças eram independentes de causas externas, com cada raça adaptada, desde o início, ao seu meio ambiente específico.[62] Morton não rejeitava o criacionismo; pelo contrário, ele aproveitou-o: a sua ideia era a de que as múltiplas criações expressavam o objetivo perfeito de Deus, adaptando as variedades humanas às circunstâncias morais e físicas específicas em que deveriam viver — uma opinião formulada em 1830 pelo poligenista e destacado médico americano Charles Caldwell, que fazia eco a poligenistas anteriores, como Lord Kames e White. O segundo livro de Morton, *Crania Aegyptiaca*, publicado em 1844, revelou mais um pouco do seu programa político: os egípcios que haviam construído as pirâmides eram naturalmente brancos — uma afirmação provada pelo ângulo facial e pela dimensão do crânio. Morton dividiu os crânios entre as raças caucasiana e negra, com a primeira subdividida em pelagianos (antepassados dos gregos), semitas (testa recuada; nariz comprido, arqueado e proeminente; e distância

386

acentuada entre os olhos) e egípcios (testa mais estreita e recuada; rosto mais proeminente, com um ângulo facial mais reduzido; nariz aquilino, rosto angular e feições marcadas; e cabelo comprido, macio e encaracolado). Essas características estruturais, que supostamente dividiam brancos e negros desde antes de 2000 a.C., confirmavam a sua opinião quanto às diferenças imutáveis entre raças, as quais, assim sendo, estavam mais próximas de espécies. Morton também abordou o hibridismo, projetando as suposições gerais da época nos coptas, considerados uma raça mista de antepassados caucasianos e negros.[63] Foi exatamente essa falha no seu sistema a ser atacada pelo monogenista John Bachman — um ministro luterano, reformista social e naturalista que defendia a unidade da espécie humana —, numa polêmica lançada contra Morton.

A influência de Morton foi significativa. Nascido na Filadélfia, formou-se em medicina na Universidade da Pensilvânia e obteve uma formação avançada na Universidade de Edimburgo. Morton trabalhou toda a vida na Filadélfia, tornando-se professor de anatomia na Universidade da Pensilvânia e presidente da Academia de Ciências Naturais da Filadélfia. Desempenhou um papel importante ao convencer, em 1846, Louis Agassiz (1807-73), discutido mais adiante, a mudar a sua perspectiva, do monogenismo para o poligenismo. Com uma formação quaker, Morton tornou-se mais tarde episcopaliano, e embora fosse cientista ficou conhecido como o fundador da etnologia americana. O autor mostra significativamente como o novo racialismo científico atravessava as fronteiras culturais: Morton era um cidadão distinto do primeiro estado norte-americano a abolir a escravatura, mas, à semelhança de muitos outros nortistas, defendia a ideia da hierarquia das raças. O papel, nesses anos, da Filadélfia como centro de um debate racial institucionalizado nunca recebeu o destaque merecido. Grupos como a Sociedade para o Aperfeiçoamento Social organizavam de maneira periódica conferências e discussões públicas, com a grande concentração de tipografias da cidade reproduzindo os debates entre abolicionistas e antiabolicionistas, impregnados de ideais de igualdade branca que atravessavam as fronteiras culturais reforçadas pela exclusão dos negros.[64]

Essa tensão entre as aspirações igualitárias dos brancos e as suas ideias acerca da suposta inferioridade dos negros distingue os racialistas científicos americanos dos autores europeus, mais interessados em justificar a desigualdade entre os brancos. O caso mais pertinente dessa tendência americana é John Campbell (1810-74), que em 1848 publicou *A Theory of Equality*, com base nas palestras que fez sobre a Revolução Francesa, obra seguida, em 1851, por *Negro-Mania: Being an Examination of the Fabulous Assumed Equality of the Various Races of Men*, e em 1861 por *Unionists versus Traitors*, mostrando como o pensamento racialista podia opor--se à secessão sulista. Rotulou os defensores da igualdade entre brancos, vermelhos e negros como fanáticos ignorantes e atacou especificamente Prichard como proponente dessa visão. Afirmou a inferioridade inata dos negros (e dos não brancos em geral), refutou a ideia de subdesenvolvimento devido à opressão branca e colocou as questões habituais: o que fez a raça negra em 5 mil anos? Onde estão os monumentos na África? Onde estão as leis? Onde estão os escritores, os políticos, os cientistas, os inventores, os exploradores e os artistas? No que diz respeito ao hibridismo, Campbell citou Charles Hamilton Smith, que reforçara a ideia de infertilidade nos casais interétnicos, indo contra as crescentes provas científicas.[65]

Josiah Clark Nott (1804-73) tornou-se o membro crucial desse grupo americano de poligenistas que trabalharam juntos ou se influenciaram mutuamente. Nott, nascido na Carolina do Sul, filho do político federalista e juiz Abraham Nott, formou-se em medicina na Universidade da Pensilvânia e completou os estudos em Paris. Viveu em Mobile, no Alabama, tendo lá fundado o College of Medicine, onde foi professor de cirurgia. Durante a Guerra Civil serviu como cirurgião e inspetor hospitalar confederado. Nott trabalhou com Gliddon para promover e desenvolver a abordagem de Morton quanto às raças humanas. Foi um dos cientistas que envolveram Agassiz nessa nova teoria das raças, em que criações múltiplas (ou poligenismo), além da localização de animais, plantas e seres humanos nos seus ambientes específicos, se misturavam com a medição de crânios, a análise de antigas imagens em pirâmides e a reprodução de velhos estereótipos sobre os atributos de raças diferentes e a decadência irreversível dos indivíduos de raça mista.

O título completo do livro organizado por Nott e Gliddon em 1854 revela o seu objetivo e método: *Types of Mankind or Ethnological Researches, Based upon the Ancient Monuments, Paintings, Sculptures, and Cranes of Races, and upon Their Natural, Geographical, and Biblical History* [Tipos de seres humanos ou pesquisas etnológicas, com base em monumentos antigos, pinturas, esculturas e crânios de raças, e em sua história natural, geográfica e bíblica]. A ideia era mostrar as características físicas, bem como mentais, inatas e imutáveis das diferentes raças, com base em análises de crânios mumificados e imagens milenares. O objetivo do livro foi claramente definido por um dos autores, Henry S. Patterson, que indicou o papel central desempenhado pela América na adaptação de três raças diferentes — branca, vermelha e negra —, confrontadas agora com a imigração de uma quarta (chineses e indianos). Segundo Patterson, as relações entre todos esses povos, e a sua gestão, dependiam das características raciais intrínsecas. O principal alvo de Patterson foi Humboldt e sua visão crítica da hierarquia de raças, supostamente baseada em julgamentos morais e não na realidade física. Nott questionava a perfectibilidade das raças, argumentando que haviam sido imutáveis durante 4 mil anos. Serviu-se do conceito de etnologia, cunhado por Luke, como ciência das diferenças mentais e físicas da humanidade, além das leis orgânicas de que dependiam, procurando deduzir os princípios da organização humana a partir dessas pesquisas.[66] Essa visão prática e política da etnologia racializada foi empregada por Nott na sua associação com Calhoun, o famoso senador da Carolina do Sul que se tornou secretário da Guerra e sétimo vice-presidente dos Estados Unidos; Nott forneceu a Calhoun a munição científica para os argumentos políticos contra a abolição da escravatura.

O derradeiro elemento essencial do grupo foi Louis Agassiz (1807-73): ictiólogo, glaciologista, zoólogo, geólogo e historiador natural. Agassiz estudou em Zurique, Heidelberg e Munique antes de conhecer Cuvier e Humboldt em Paris. Recebeu o apoio destes para conseguir o seu primeiro trabalho na Universidade de Neuchâtel. Em 1846, Agassiz mudou-se para os Estados Unidos e tornou-se professor de zoologia e geologia em Harvard, onde fundou o Museu de Zoologia Comparativa. Nesse mesmo ano conheceu Morton e mudou do monogenismo para o poligenismo, passando a participar de conferências e publicações organizadas por Nott. Manteve-se fiel ao seu mestre Cuvier durante toda a vida. Agassiz baseou a sua visão da natureza na tipologia de Cuvier do mundo animal, alicerçada na ideia compartimentada de que diferentes espécies haviam sido criadas perfeitas de início e concebidas para ambientes específicos, segundo uma ordem divina. Agassiz opunha-se claramente ao transformismo de Lamarck e ao plano único dos seres vivos de Saint-Hilaire. Era contra a ideia de ligação dos quatro grandes ramos zoológicos. As múltiplas criações independentes relacionadas ambientalmente (algo na época chamado de criacionismo especial) pareciam confirmar as suas anteriores pesquisas sobre fósseis de peixes e glaciares, garantindo uma nova coerência à visão de Cuvier sobre a natureza e contrariando o ataque sistemático à ordem de conhecimento do mestre por parte do número crescente de transformistas.

O ensaio produzido por Agassiz para *Types of Mankind*, de Nott e Gliddon, intitulado "Sketch of the Natural Provinces of the World and Their Relation to the Different Types of Men" [Levantamento das províncias naturais do mundo e sua relação com os diferentes tipos de homens), foi um trabalho inicial no qual, associadas às condições da temperatura, solo e vegetação, o autor selecionou oito raças relacionadas à natureza: ártica, mongol, europeia, americana, negra, hotentote, malaia e australiana. No *Essay on Classification*, publicado em 1857 como parte das *Contributions to the Natural History of the United States* e impresso posteriormente em Londres (1859) e Paris (1869, numa edição significativa aumentada), Agassiz desenvolveu todas as suas ideias básicas sobre a natureza e as raças humanas, equiparando-as a espécies, tal a diferença que acreditava existir entre cada uma.[67] A visão de Agassiz quanto à hierarquia das raças não o impediu de manter uma posição confortável em Harvard e de apoiar o unionismo, à semelhança de muitos outros nortistas que advogavam a abolição da escravatura, mesmo defendendo a inferioridade física, social e mental inata dos negros.

É nesse contexto que devemos analisar a expedição de Agassiz ao Brasil, entre abril de 1865 e agosto de 1866, imediatamente após o fim da Guerra Civil. A expedição contou com um número significativo de peritos e de jovens estudiosos, como William James (1842-1910), o futuro psicólogo e filósofo, que na época se encontrava no Lawrence Scientific Institute, em Harvard. A viagem foi terrível para James, que contraiu varíola e enjoou no barco. A sua família abolicionista, grande defensora da União durante a Guerra Civil, não se sentiu desconfortável com o projeto de Agassiz. Na verdade, a viagem de pesquisa no campo das ciências naturais procurava encontrar provas para contestar a teoria de Darwin sobre a origem das espécies e confirmar a teoria das raças de Agassiz.

Durante essa viagem, Agassiz compilou, comentou e desenhou um grande número de espécies. Além disso, o relato da expedição, publicado pela esposa, incluiu trechos do diário de Agassiz, em que o autor manifestava o horror de testemunhar uma sociedade multirracial. Ele acreditava que a escravatura tinha aspectos ainda mais odiosos no Brasil do que nos Estados Unidos, devido à "raça menos enérgica e poderosa dos portugueses e dos brasileiros [...] comparada com os anglo-saxões". Defendia que "em inteligência, os negros livres estão à altura dos brasileiros e dos portugueses", que transmitiam "o espetáculo único de uma raça superior sendo influenciada por outra mais baixa, de uma classe educada adotando os hábitos e descendo ao nível dos selvagens". Por exemplo, o tratamento cortês dado às índias pelos cavalheiros brasileiros chocou Agassiz. Sentia-se igualmente repugnado com a extensão do hibridismo: "Toda a distinção de tipo ficou borrada, sendo o resultado um compósito vago desprovido de caráter e de expressão. [...] [O] fato, que no Brasil parece uma grande honra, de o negro livre ter acesso total a todos os privilégios do cidadão livre tende ao aumento e não à diminuição do número". Voltou a comparar os seres humanos com animais, equiparando as qualidades híbridas dos indivíduos de raça mista (cafuzo, mameluco e mulato) às qualidades da mula — um tópico já velho. O resultado do "contato ininterrupto entre raças é uma classe de homens em que o tipo puro desaparece tão completamente como as boas qualidades, físicas e morais, das raças primitivas, dando origem a um bando de mestiços tão repugnantes como os cães sem raça definida".[68]

Os velhos estereótipos usados de forma ofensiva contra os indivíduos de raça mista estão bem patentes em Agassiz, mostrando que eram a base do racialismo científico. Para Agassiz, o Brasil era um bom exemplo do tipo de sociedade de raça mista que os Estados Unidos deveriam evitar. Era essa a mensagem clara de *A Journey in Brazil*. O livro teve seis edições num ano, com várias reimpressões na década de 1870 e novamente em 1895, o que significa que foi bem recebido, tanto no Norte como no Sul dos Estados Unidos, por brancos que na época procuravam um modelo para as suas relações com os negros. Agassiz serviu-se da sua experiência no Brasil para promover a segregação e a discriminação contra os negros nos Estados Unidos após a abolição da escravatura. É preciso relacionar essa intervenção com as práticas políticas no terreno: a derrota da Confederação e a vitória do abolicionismo não conduziram a direitos iguais. Após o breve período de Reconstrução fracassada com base na ideia de igualdade humana, as leis de segregação de Jim Crow, impostas a partir de 1876, refletiram a restauração do controle político branco no Sul através de violência manifesta e intimidação diária. Bandos de brancos linchavam regularmente indivíduos negros, instigados por organizações semipúblicas como a infame Ku Klux Klan, ativa pela primeira vez entre 1865-74. Os negros perderam efetivamente os seus direitos, com a segregação, patente na vida diária nas escolas, nos transportes e em locais públicos, apoiada pela lei.[69] O livro de Agassiz condensa a verdadeira essência do racialismo científico nos Estados Unidos: um desenvolvimento ativamente político da teoria das raças a favor das políticas sulistas de exclusão, segregação e discriminação que duraram até a década de 1960, sob o olhar impávido dos pragmáticos brancos nortistas que partilhavam os mesmos preconceitos raciais básicos.

ARIANISMO

Entretanto, e tal como vimos com a análise do principal trabalho de Gobineau, na Ásia e na Europa criava-se e difundia-se o mito dos arianos como antepassados brancos de várias populações. O arianismo tem de ser analisado no contexto de uma tendência europeia de longo prazo de aviltamento, embora também de fascínio, pelos povos, objetos e ideias asiáticos.[70] Quando, na década de 1680, Giovanni-Paolo Marana contestou a narrativa bíblica do tempo, imaginou livros brâmanes com uma história do mundo com 30 milhões de anos.[71] A ideia de que a Índia e a China teriam uma história muito mais antiga do que a judaica fora aventada no século XVII por missionários jesuítas, sobretudo Martino Martini. A acumulação jesuíta, ao longo do século XVIII, de informações sobre textos indianos e chineses levara a um interesse renovado pela tradução de textos em sânscrito com milhares de anos. A tradução dos textos cruciais brâmanes (e persas) por John Zephaniah Holwell, em 1765, Anquetil-Duperron, em 1771, Charles Wilkins, em 1785, e William Jones, em 1796, na sua maioria funcionários da Companhia das Índias Orientais, originou um movimento que levou à criação de escolas de línguas orientais em Benares (1791), Paris (1795), Calcutá (1800) e Londres (1805), além da criação de cadeiras nas principais universidades da Inglaterra, Alemanha e França.[72] O vasto trabalho de Friedrich Max Müller (1823-1900), que traduziu os *Rig-Veda* a partir de 1849, inspirou ainda mais o movimento, embora Müller insistisse que a linguística não deveria levar à especulação antropológica.[73] O fascínio pelo Oriente fora alimentado por Voltaire, que subvertera textos jesuítas para minar a Bíblia, argumentando que derivara de tradições orientais muito mais antigas.[74] A origem lendária dos brancos mudou do Cáucaso para a Ásia Central. Kant já em 1775 citava populações brancas no Tibete e no norte da Índia, mas foi Gobineau quem, em meados do século XIX, cristalizou o conceito de que os arianos eram os antepassados dos brancos de todo o mundo.

Os *Rig-Veda* mencionavam as migrações de povos pastoris chamados arya para a Índia e o choque entre esses nobres invasores de tez clara e as populações escuras locais consideradas bárbaras. É essa a fonte do mito do arianismo, pois os *Rig-Veda* foram talvez compostos por volta de 2000 a.C. Considerou-se que o texto revelava os primeiros indícios de conflitos entre populações de tez clara e outras de pele escura. Gobineau associava as principais conquistas das várias civilizações nos diversos continentes, dos egípcios aos astecas e aos incas, passando pelos chineses e pelos indianos, à presença de arianos. A criação de mitos tem sempre um objetivo. Nesse caso, os arianos eram úteis para promover a supremacia branca, sendo ainda usados para atribuir uma condição natural à desigualdade social de todo o mundo. Gobineau atribuía várias proporções de sangue ariano aos diferentes povos para justificar a força original das elites, seguidas de um declínio inevitável devido à mistura de sangues. O arianismo tornou-se uma ideologia conveniente para o imperialismo britânico na Ásia, pois enfatizava a ancestralidade branca comum das elites indiana e britânica.[75] Ao mesmo tempo, para afirmar o seu próprio status social, certos grupos indianos também se serviram da ideia de que esses povos pastoris brancos da Ásia Central haviam conquistado a Índia e subjugado a população drávida do sul. Essa ideologia de uma origem superior disseminou-se pela Ásia e pela Oceania, fazendo com que povos nativos de pontos tão distantes como a Nova Zelândia a usassem para enaltecer a sua posição social e para negociar com os colonizadores.[76]

O arianismo teria igualmente um impacto extraordinário na Europa, devido à visão racializada da humanidade. Na França, Marcelin Berthelot e Hippolyte Taine difundiram as ideias de Gobineau. O arianismo foi aceito como referência importante por Paul Broca, mas ignorado por Armand de Quatrefages, ambos naturalistas destacados. A geração seguinte deu continuação ao debate sobre os graus de sangue ariano, com Paul Topinard aceitando a sua influência geral e Vacher de Lapouge lamentando a extinção dos arianos devido à emergência de povos de sangue misto. Na Alemanha, o mito ariano foi disseminado através de diferentes projetos e autores: Rudolph Virchow organizou uma vasta pesquisa de características físicas entre crianças, que invalidou a sua posição ideológica quanto à pureza ariana dos alemães, pois uma porcentagem significativa de judeus partilhava as supostas características físicas distintivas dos arianos; Richard Andree advogava a força do sangue judaico, capaz de absorver indivíduos de outras origens; o antropólogo Ludwig Woltman defendia a supremacia dos povos nórdicos, equiparados aos arianos; o historiador Heinrich von Treitschke considerava os brancos os aristocratas da espécie humana em oposição à calamidade dos judeus; e Alfred Rosenberg promoveu a mística ariana.[77]

A difusão do arianismo coincidiu com a ideia do pangermanismo, que fundia o nacionalismo com a construção racial. Porém a ideia de arianismo não se difundiu em toda a Europa. No sul era praticamente inexistente, até ser introduzida na Itália durante a fase final da aliança entre Benito Mussolini (1883-1945) e

Adolf Hitler (1889-1945). Na Inglaterra, e apesar de ter sido citado por Darwin, o arianismo nunca se enraizou e teve de competir com outras origens místicas, sobretudo a saxônica e a teutônica. A equiparação do teutônico ao ariano teve algum impacto nos Estados Unidos. Na virada do século, William Z. Ripley, um destacado sociólogo e economista americano que acreditava que as raças explicavam de modo fundamental as diferenças humanas, serviu-se do índice cefálico para dividir a população da Europa em três grupos — teutônicos, alpinos e mediterrânicos.[78] É contra esses desenvolvimentos da construção racial, que se cristalizaram durante o período que levou à Guerra Civil nos Estados Unidos, na sequência das revoluções europeias de 1848 e com a expansão do Império Britânico na Ásia, e que contribuíram para a invenção do arianismo, que teremos de analisar as novas ideias de Darwin e o seu impacto na percepção da variedade dos seres humanos.

17. Darwin e a evolução social

A segunda metade do século XIX assistiu a uma sequência dramática de acontecimentos econômicos, políticos e sociais que estiveram diretamente ligados às teorias das raças. Já discutimos a recomposição da supremacia branca no Sul dos Estados Unidos através da eliminação violenta dos direitos da população negra emancipada. Na Europa, a derrota dos movimentos revolucionários de 1848 foi seguida pela organização de uma nova ordem conservadora, que refletia a emergência de uma classe burguesa, além de uma classe média, misturadas com elementos institucionais e simbólicos do Antigo Regime, embora este tivesse se degradado como sistema social. As condições de vida da classe operária industrial levaram à criação de sindicatos de trabalhadores, bem como de movimentos socialistas e comunistas. A breve existência da Comuna de Paris tornou-se um testemunho das consequências da divisão social e política, refletidas numa horrível guerra civil e na maciça repressão da revolução. A nova estrutura nacionalista dos processos de unificação alemão e italiano nas décadas de 1860 e 1870 teve um importante impacto político. As tendências nacionalistas espalharam-se por toda a Europa, levando a questões de divisão social e étnica num clima de profunda mudança econômica — consequência da industrialização, junto com a abolição dos privilégios, direitos e deveres rurais feudais.

A partir da década de 1870 surgiram na Rússia e na Alemanha movimentos antijudaicos nascidos de diferentes tradições — exclusão judaica na Rússia, confrontada com as consequências da assimilação de grandes comunidades resultantes da partição da Polônia; inclusão na Europa Central estimulada pelas leis napoleônicas —, mas também do profundo abalo causado pela modernidade — uma nova estrutura econômica, migração e a perturbação de ambientes sociais locais. Entretanto, a nova onda de expansão colonial, iniciada pela conquista britânica da Índia entre meados do século XVIII e a década de 1810, ganhou ímpeto nas décadas de 1830 e 1840 com a conquista francesa da Argélia, a expansão britânica no Canadá, na Oceania e na África, a ocupação holandesa da Indonésia, seguida pela expansão francesa na Indochina na década de 1860 e pela partilha da África nas décadas de 1880 e 1890 — com a participação de novas potências europeias, Alemanha, Itália e Bélgica. Entre 1830 e 1913, a superfície do mundo controlada pelas potências ocidentais aumentou seis vezes, e a população de súditos mais do que duplicou.[1] Como é óbvio, essa vasta expansão europeia ao longo do século XIX e nas primeiras décadas do século XX levantou novas questões quanto às relações interétnicas em todo o mundo.

No entanto, a relação entre as tendências políticas e as construções raciais não pode ser vista como puramente instrumental. É certo que houve um inquérito científico específico quanto à variedade de seres humanos, influenciado por preconceitos tradicionais e associado às questões políticas da legitimidade colonial, das relações interétnicas e da criação de nações, mas isso não pode ser reduzido a uma estratégia ideológica. Tal como vimos, as teorias das raças não eram de todo coerentes, com algumas refletindo os novos desenvolvimentos da história natural e outras projetando formas de resistência. A divisão entre monogenistas e poligenistas foi a maior de todas, embora não a única, representando opiniões que não eram consistentes de um ponto de vista político e abrangendo abolicionistas e defensores da escravatura. As novas teorias das raças, por outro lado, poderiam ter um impacto sobre as diferentes estruturas científicas, políticas e ideológicas, remodelando os pontos de referência e garantindo ferramentas para o conflito entre as diferentes etnias nas suas interações do dia a dia. Como vimos, essas teorias estavam ligadas a noções científicas gerais relacionadas à criação do mundo, à origem das espécies e ao aperfeiçoamento ou degeneração das espécies. A ideia da criação de espécies perfeitas por Deus, que levou à ideia dominante da degeneração das espécies para explicar a variedade, só foi seriamente contestada em finais do século XVIII. Foi com Lamarck, que projetou a noção de uma transformação permanente da natureza, e com Saint-Hilaire, que promoveu a ideia de um plano único entre os animais, que o conceito de degeneração começou a ser contestado no seu nível mais profundo a partir de uma perspectiva científica, abrindo caminho para a insistência no aperfeiçoamento como explicação viável para a variedade. Essa ideia não estava longe da noção de progresso, desenvolvida ao longo do século XVIII tanto no campo religioso como no político. Contudo, seria a teoria evolutiva formulada por Darwin durante as décadas de 1840 e 1850 e publicada, finalmente, num livro de 1859, *A origem das espécies*, que viria decisivamente contribuir para arrasar a ordem de conhecimento promovida por Cuvier e Agassiz. Pretendemos aqui reconstituir os principais aspectos dessa nova visão, o seu impacto sobre a construção racial e a forma como os preconceitos quanto à ascendência se adaptaram à nova estrutura científica.

A TEORIA DA EVOLUÇÃO DE DARWIN

Em 1831, com apenas 22 anos de idade, Darwin partiu para a sua viagem científica de cinco anos ao redor do mundo a bordo do *Beagle*, após uma boa formação em botânica, zoologia e geologia. Seriam anos formativos cruciais, durante os quais Darwin aperfeiçoaria os seus poderes de observação. Os cadernos com os apontamentos e o texto final do *Journal of Researches*, livro publicado em 1839 e que estabeleceu a reputação de Darwin como cientista, mostram um jovem pesquisador erudito e engenhoso, ansioso por refletir sobre as novas descobertas, confrontá-las com o conhecimento disponível e procurar explicações radicalmente novas — por exemplo, em relação à formação dos recifes de coral. A observação da natureza andava de mão dada com a observação dos povos em diferentes habitats. A etnologia surgia em diálogo com a história natural. O ponto de vista de Darwin é interessante por mais de um motivo. Em primeiro lugar, Darwin gozou de uma formação liberal: o avô paterno, Erasmus Darwin (1731-1802), recebia visitas dos mais destacados intelectuais da época, ansiosos por conhecer o médico erudito que desenvolvera uma visão independente da natureza, afastada do criacionismo bíblico e próxima das ideias transformistas de Lamarck.[2] Charles Darwin casou-se com a prima, Emma Wedgwood, da família da empresa de cerâmica; ambos possuíam antepassados abolicionistas. Quando estudou medicina em Edimburgo (1825-7), Darwin travou amizade com John Edmonstone, um negro liberto que o ensinou a embalsamar animais.[3] Darwin foi abolicionista durante toda a vida. Tanto a sua capacidade de observação como a posição abolicionista tornam ainda mais interessantes seus comentários sobre povos selvagens.

O choque do encontro com os nativos da Terra do Fogo foi expresso detalhadamente por Darwin: "Não poderia ter imaginado como é vasta a diferença entre os selvagens e os homens civilizados: é maior do que entre um animal selvagem e outro domesticado, pois o homem dispõe de uma maior capacidade de aperfeiçoamento".[4] Darwin comparou favoravelmente o corpo poderoso de três jovens de 1,80 metro que lá conheceu e os "desgraçados enfezados mais a ocidente", mas lamentou que a sua única veste fosse um manto feito de pele de guanaco com a lã voltada para fora, usado sobre os ombros e que lhes deixava o corpo meio exposto (outras tribos usavam peles de foca ou de lontra). A descrição que fez da sua aparência ficava completa com a referência à "cor de um vermelho acobreado sujo" da pele, imunda e oleosa, ao cabelo emaranhado, voz dissonante, rosto horrendo, gestos violentos, pinturas corporais e penas como ornamentos, o que fazia com que os foguenses se assemelhassem à representação em palco do diabo. As suas atitudes eram consideradas abjetas, a expressão do rosto desconfiada, surpreendida e espantada. A língua da Terra do Fogo era considerada inarticulada, baseada em sons roucos e guturais, com estalidos. As várias tribos eram canibais em tempo de guerra, e "quando, no inverno, a fome os pressionava, matavam e devoravam as idosas antes de matarem os cães", pois estes podiam apanhar lontras.[5] Darwin representou os nativos dormindo no solo molhado, encolhidos como animais, sem nenhuma proteção contra o vento e a chuva. Era da opinião de que os nativos não dispunham de governo nem de chefes, sendo-lhes estranho o conceito de lar e ainda mais a afeição doméstica, "pois o marido trata a mulher como um senhor brutal trata um escravo laborioso", capaz de agredir crianças pela mais leve falta.[6] Concluía da seguinte forma: "Ao observar tais homens, é difícil acreditar que são criaturas como nós, e habitantes do mesmo mundo".[7]

Darwin admitia que os nativos eram excelentes mímicos, capazes de imitar qualquer gesto europeu e de reproduzir frases inteiras. Eram igualmente sensíveis à música e à dança europeia. Foi só nesse ponto da narrativa que Darwin revelou a existência de três jovens foguenses a bordo do navio, capturados pelo capitão Fitz Roy numa expedição anterior, educados na Inglaterra e levados de volta à sua terra natal. Falavam inglês e vestiam-se como europeus. Darwin descreveu cada um deles: Jemmy Button era o seu preferido, devido ao bom humor do jovem, mas todos sofriam de emoções descontroladas. Destacou ainda a excelente visão, muito melhor do que a de qualquer marinheiro. Darwin ficou chocado quando Button finalmente encontrou a mãe, que, inconsolável, o procurara após o desaparecimento. O encontro foi considerado menos interessante do que o de um cavalo ao cruzar com um antigo companheiro: mãe e filhou entreolharam-se brevemente sem nenhuma demonstração de afeto, após o que a mãe foi cuidar da canoa. O encontro relativamente feliz do filho pródigo em breve degenerou em dissensão no seio da tribo de Button, provocada pelo saque sistemático das posses dos europeus, sendo o primeiro alvo o missionário levado para ficar com a tribo. A narrativa concentrou-se nos índios educados: primeiro embaraçados com a aparência e com os modos dos outros membros da tribo; depois divididos entre a lealdade nativa ou europeia; e, por fim, abandonando os gestos europeus para se tornarem mais uma vez nativos tanto na aparência como nas ações.[8]

O derradeiro comentário de Darwin sobre o sistema social dos habitantes da Terra do Fogo mostra uma vez mais como as reflexões sobre os diferentes estágios da humanidade e as idealizações raciais predominantes estavam associadas à questão da desigualdade, algo que no início do século XIX foi debatido entre William Godwin e Thomas Robert Malthus, aqui refletido através da referência à afirmação de Malthus de que o único motivador da humanidade é o interesse pessoal.[9] Para Darwin, a igualdade perfeita entre os indivíduos que compunham as tribos da Terra do Fogo havia retardado sua civilização. Os povos governados por monarcas hereditários eram considerados mais capazes de aperfeiçoamento e, entre as raças, as mais civilizadas dispunham dos governos mais sofisticados.[10] Darwin equiparava a igualdade à baixeza: pedaços de tecido oferecidos aos foguenses foram rasgados em tiras e distribuídos; nenhum indivíduo seria mais rico do que os outros. A propriedade individual, o conceito de superioridade e a acumulação de poder eram noções impensáveis naquele regime tribal, mas para Darwin tais noções eram a base do aperfeiçoamento. A comparação entre os "selvagens" e os "bárbaros" que Darwin encontrou durante a sua viagem à volta do mundo sublinha a sua hierarquia. Os foguenses surgiam na parte inferior da escala, junto com os belicosos neozelandeses (ou maori), canibais e assassinos, os aborígenes australianos (habilidosos com o bumerangue, a lança e a tábua de arremesso, mas com uma capacidade mental fraca) e as "miseráveis" tribos sul--africanas, que vasculhavam a terra em busca de raízes. Todos eram contrastados de forma desfavorável com os ilhéus relativamente civilizados do mar do Sul

— elogiavam-se os modos e até as tatuagens dos taitianos — e com os competentes esquimós, com as suas cabanas subterrâneas e canoas totalmente equipadas.[11]

Darwin tinha uma mente arguta e independente, embora dependesse dos diários do capitão Cook para algumas das suas observações. Essas observações revelam continuidades nas descrições dos povos do mundo, recordando-nos os primeiros relatos de nativos americanos por Colombo, Vespúcio ou Caminha, embora o distanciamento (e a repugnância) em relação aos selvagens pareça ainda mais acentuado depois de séculos de contato. A divergência foi reforçada pela noção setecentista de civilização e aumentada pela Revolução Industrial e pelo progresso no conforto do dia a dia, bem como na qualidade dos transportes. A viagem do *Beagle* certamente foi mais confortável e segura do que anteriores circum-navegações do mundo, embora a segunda viagem feita por Cook (1772-5) tenha sido particularmente bem-sucedida em termos de redução acentuada da perda de vidas humanas.[12] A imundície do corpo nativo, além das parcas roupas, das diabólicas pinturas corporais e tatuagens, da guerra de vingança constante, do canibalismo, da crueldade e ausência de justiça, bem como as línguas locais inferiores, não eram tópicos novos; a repulsa veemente era a expressão da projeção da forma como os europeus viam a si próprios. Contudo, as descrições de Darwin representam o expoente máximo dos relatos de viagem da época. Mostram atenção para com o habitat, as habitações, a cultura material, a estrutura familiar, a divisão do trabalho e a especialização política.

A afirmação de que a desigualdade era uma fonte de aperfeiçoamento social encontrava-se no centro dos debates contemporâneos entre socialistas e liberais; isso mostra que Darwin tinha noção das principais discussões políticas e sociais da época. Não obstante, a falta de empatia de Darwin em relação aos selvagens não abalou as suas convicções abolicionistas. Darwin expressou a sua indignação quando se deparou com a crueldade diária contra os escravos no Rio de Janeiro, onde viu os instrumentos usados para torturá-los, ouviu os gritos dos escravos sendo castigados e, em várias ocasiões, interveio para deter novos sofrimentos. Para ele, a escravatura era o rebaixamento de toda uma sociedade; opunha-se à ideia da escravidão como sendo um mal tolerável, condenando a forma como as pessoas ficavam "cegas com a alegria constitucional do negro"; e recusava-se a tentar "suavizar a escravatura comparando o estado dos escravos com o dos nossos camponeses mais pobres". Darwin levantou uma questão crucial que poderia ser associada a muitas outras situações de opressão: "Os que veem o dono com bons olhos e o escravo com o coração gelado parecem nunca se colocar na posição deste", concluindo emocionalmente: "Faz-nos ferver o sangue, mas estremecer o coração, pensar que nós, ingleses, e os nossos descendentes americanos, que tanto se gabam da liberdade, fomos, e somos, tão culpados: mas é um consolo pensar que, pelo menos, fizemos um sacrifício como nunca antes visto para expiar os nossos pecados".[13]

Os primeiros escritos de Darwin não provocaram grande comoção, mas são interessantes como testemunho das suas reflexões acerca de tópicos tão próximos do nosso tema. Foi a sua reflexão sistemática e as conclusões sobre a origem das espécies que criaram uma nova estrutura de raciocínio científico, com um impacto inegável na percepção natural dos seres humanos e na construção racial. O livro *A origem das espécies* foi publicado quando Darwin já tinha cinquenta anos, depois de dedicar a maior parte da vida à observação sistemática da natureza e à coleta de informações através de uma extraordinária rede de correspondentes em todo o mundo. A obra criticava as duas principais suposições do racialismo científico: a ideia de criação independente das espécies e o conceito de caráter imutável das espécies sobreviventes. A crítica da segunda suposição não era linear, já que os naturalistas haviam aceitado a variação devido a condições externas, sobretudo o clima e os alimentos, mas Darwin defendia que a teoria não explicava o processo de modificação orgânica interna. Darwin também criticava a concepção lamarckiana da transformação da natureza, popularizada na Inglaterra por Robert Chambers num livro anônimo, *Vestiges of the Natural History of Creation*, publicado em 1844, pois não explicava os processos de modificação e adaptação dos seres orgânicos.[14]

As duas principais inspirações para a nova abordagem de Darwin foram Charles Lyell, no campo da geologia, e Malthus, no da demografia. Lyell sugeriu que a formação da crosta da Terra demorara muitos milhões de anos.[15] A consequência óbvia para Darwin (mas não para o próprio Lyell) seria que a evolução das espécies não poderia ficar contida na estrutura bíblica tradicional de alguns milhares de anos. Esse período temporal ampliado, já sugerido pelos naturalistas setecentistas, abriu um espaço epistemológico para a avaliação de processos de variação extremamente lentos nos organismos — uma reflexão alimentada pela discussão, bastante disseminada desde o século XVII, sobre a natureza dos fósseis. Malthus estabeleceu os princípios da demografia com base no aumento geométrico das populações confrontadas com o aumento aritmético dos recursos.

Embora Malthus tenha levantado outras questões essenciais da demografia, como a taxa de mortalidade e o controle da taxa de natalidade através da idade do casamento, foi a ideia de uma escassez permanente de alimentos e da competição por esse recurso que chamou a atenção de Darwin.[16] A projeção da luta pela sobrevivência para o mundo animal e vegetal criou a base para a nova ideia crucial de seleção natural através da extinção de formas de vida menos aperfeiçoadas, além do êxito dos mais aptos para a vida no seu ambiente através de variações sucessivas superiores.[17]

A demonstração feita por Darwin do processo de seleção natural foi fundamental para o êxito da sua obra: começou pela variação das espécies através da domesticação, baseando-se em experiências reconhecíveis, e passou então para a luta pela existência na natureza, abordando os mundos vegetal e animal de um modo abrangente e interdependente. Darwin realçou a destruição na natureza como o resultado das alterações nas condições de vida — clima, alimentos e migração —, o que por sua vez explicava o motivo por que a variação nas espécies era essencial para a adaptação e para a sobrevivência num mundo de recursos limitados. O longo e demorado processo de modificação das espécies garantia vantagens a algumas sobre outras, vantagens essas reforçadas por novas modificações e expressas através da sucessiva diversificação, especialização e aperfeiçoamento dos órgãos e da estrutura associados a funções específicas para possibilitar a adaptação a diferentes ambientes. A força da obra de Darwin encontra-se no manancial de exemplos apresentados e na análise exaustiva de cada caso, sempre associados à demonstração da tese central e reforçados por um diagrama da árvore da vida que representa gradações imperceptivelmente tênues ao longo de milhões de gerações durante milhões de anos, com a extinção em massa de formas intermédias e menos aperfeiçoadas. A teoria dos animais inter-relacionados que se desenvolvem a partir de espécies diferentes era explicada através da transição de seres orgânicos de um ambiente aquático para outro terrestre, e dos ambientes aquático e terrestre para o ar graças ao desenvolvimento do voo. Através dessas transições, Darwin sublinhava a modificação da estrutura, a alteração das funções dos órgãos e a presença de órgãos residuais e agora inúteis como recordação física única de funções anteriores. Rejeitou a ideia da criação independente das espécies relacionada a formas específicas de ambiente, já que existiam espécies diferentes em habitats semelhantes, ao mesmo tempo que as espécies migravam de um habitat para outro. A ideia de um cataclismo a assolar todo o mundo (o dilúvio de

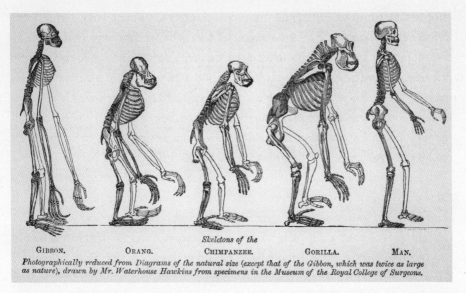

Figura 17.1. Thomas Henry Huxley, Evidence as to Man's Place in Nature. Londres: William and Norgate, 1863. Ilustração na página anterior ao frontispício com comparação evolutiva dos esqueletos de símios e de seres humanos.

Noé) também foi rejeitada, devido à existência de uma sucessão contínua de gerações. A embriologia dava testemunho das reais afinidades entre todos os seres orgânicos, pois os embriões dos mamíferos, das aves, dos répteis e dos peixes eram bastante semelhantes, ao passo que apresentavam uma forma adulta completamente distinta, o que indicava com clareza uma conformidade de descendência. Darwin concluía que todos os animais e plantas descendiam de protótipos partilhados e que "todas as coisas vivas têm muito em comum na sua composição química, nas suas vesículas germinativas, na sua estrutura celular e nas suas leis de crescimento e de reprodução".[18]

A demolição do criacionismo bíblico alterou o paradigma da história natural, abrindo caminho a um entendimento no longo prazo da evolução de todas as espécies vegetais e animais da Terra. Embora Darwin tenha decidido não publicar os capítulos relativos à humanidade para evitar um debate religioso desnecessário centrado no lugar dos seres humanos na Criação, as consequências da teoria que apresentava eram óbvias para todos os leitores. Em 1863, Thomas Henry Huxley, um dos mais devotos seguidores de Darwin, publicou o ensaio Evidence as to Man's Place in Nature (ver figura 17.1).[19] O primeiro crânio de Neanderthal havia sido encontrado, e Huxley refletia o sentimento geral da nova geração de naturalistas atraídos pelas ideias de Darwin: a relação dos seres humanos com outros mamíferos, sobretudo os grandes símios, na árvore da vida, partilhando os mesmos antepassados, ganhou um novo vigor. A única concessão de Darwin à instituição religiosa foi a referência deísta, no final d'*A origem*, às "leis impressas por Deus na matéria", ligeiramente ampliada, em edições posteriores, para a "[vida] originalmente soprada pelo Criador".[20] Isso não o protegeu da fúria de alguns dignitários das Igrejas anglicana e católica, mas a reação eclesiástica de nada valeu; o público culto e a maior parte dos naturalistas, já incluídos na vasta correspondência de Darwin, mostraram-se, em grande medida, receptivos. Alfred Wallace, que em 1858 produziu um ensaio com uma teoria de evolução semelhante, o que levou Darwin a apressar-se a completar *A origem*, acreditava na competência de Darwin como general para comandar as tropas evolutivas. Mais tarde viriam a discordar quanto à seleção sexual (a formação socialista de Wallace levava-o a não acreditar na beleza e nos modelos estéticos aristocráticos) e aos limites do pensamento evolutivo (Wallace tornou-se um espiritualista, afastando os seres humanos do esquema geral da natureza). Não obstante, Darwin mostrou perseverança e espírito estratégico, mantendo-se constantemente em contato, envolvendo ou neutralizando naturalistas de todo o mundo e aguardando cautelosamente que outros desenvolvessem novos campos, como nos casos de Huxley, na paleontologia, e de Ernst Häckel, na embriologia, para difundir as suas próprias teorias em termos mais radicais, até sentir ser chegada a hora de publicar o seu próprio livro, produzido penosamente em meio a dúvidas e a crises psicossomáticas.

The Descent of Man, and Selection in Relation to Sex [A descendência do homem e seleção em relação ao sexo] foi publicado em 1871, doze anos depois d'*A origem*, quando o debate era generalizado e as ideias de Darwin já não surgiam como um choque.[21] Não obstante, Darwin sabia que a instituição religiosa, que continuava detentora de poder, reagiria violentamente contra o abandono total do criacionismo, agora que a evolução através da seleção natural passava a incluir os seres humanos — questão que n'*A origem* estivera apenas implícita. O receio da comuna "vermelha" em Paris nesse mesmo ano e a sublevação feniana irlandesa em 1867 — espalhando-se para o território inglês através de atentados à bomba — não ajudaram a acalmar a indignação moral sentida contra mais um ataque ao criacionismo bíblico, apontado por grande parte da instituição religiosa como resultando na proteção da selvageria, da criminalidade e da revolta política e social. *The Descent of Man* foi criticado por disseminar ideias irreligiosas e por agravar a corrupção da sociedade, mas vendeu muitos milhares de exemplares já em 1871, tendo sido de imediato traduzido para cinco línguas. Foi um enorme sucesso científico e popular.

The Descent of Man foi escrito para mostrar que os seres humanos (sempre designados como homem), à semelhança de outras espécies, tiveram origem em formas de vida preexistentes, e que os humanos haviam sido formados ao longo de um vasto período de tempo, tendo evoluído para diferentes raças. Afirmava-se que os humanos e todas as variedades de seres humanos deveriam ser situados na natureza; que não havia espaço para o criacionismo bíblico como origem da humanidade, nem para raças inferiores mais próximas dos símios; e que todas as variedades descendiam de formas anteriores. O fato de os seres humanos resultarem da evolução a partir de antepassados comuns criava uma estrutura completamente diferente a partir da qual considerar possibilidades passadas e futuras, o que veio a ter um impacto inegável no modo como se entendiam as raças. É por isso que temos de seguir as fases do pensamento de Darwin. O autor começou por comparar os humanos com outros mamíferos, mostrando as semelhanças das estruturas óssea e cerebral, dos músculos, tecidos e sangue, funções reprodutoras, doenças, desenvolvimento embrionário e órgãos residuais já sem uso. A importância da mão, partilhada com os símios porém mais sofisticada nos seres humanos, o impacto de um corpo ereto no funcionamento dos sentidos, a adaptação dos seres humanos a todos os climas e o desenvolvimento do cérebro — tudo isso era atribuído à seleção natural e levava à rejeição de criações separadas. Darwin também se opunha ao volume do cérebro como medida adequada de avaliação da inteligência, afirmando que não havia "diferença fundamental entre o homem e os mamíferos superiores no que diz respeito às faculdades mentais".[22] Frisou que os seres humanos partilhavam os sentidos e as emoções, além da capacidade de imitação e de recordação, com outros animais, embora só os seres humanos se destacassem na imaginação e na razão, tendo desenvolvido a linguagem como ferramenta para a reflexão e para a conceitualização. Os seres humanos como animais sociais distinguiam-se pelo sentido moral, embora se considerasse que os selvagens dispunham dele até certo ponto, tal como mostrado pela compaixão supostamente limitada pela tribo, tinham insuficientes poderes de raciocínio quanto ao bem comum e possuíam fraca capacidade de autodomínio.

Os estudiosos James Moore e Adrian Desmond atribuem a posição mais conservadora de Darwin nesse livro ao endurecimento das atitudes na década de 1860,[23] mas, se olharmos para um exemplo relevante, o comentário de Darwin em relação à imoralidade dos selvagens, usado para contrariar os argumentos benevolentes do historiador irlandês William Lecky, estava em consonância com as observações feitas dos selvagens durante a viagem a bordo do *Beagle*.[24] Contudo, no que diz respeito à eugenia, concordo com Moore e Desmond: Darwin citou William Greg, Wallace e Francis Galton quanto ao fracasso da seleção natural nas nações civilizadas como resultado da vacinação, das leis dos pobres e dos asilos — cuidados médicos e assistência social para os mais desafortunados, o que promovia a sobrevivência e a propagação dos elementos mais fracos da sociedade, levando à "deterioração da parte mais nobre da nossa natureza".[25] Darwin uniu a eugenia a uma abordagem essencialista das nações. Chamou a atenção para outro processo de seleção negativa, produzido ao longo de séculos pela Inquisição espanhola, que excluiu sistematicamente os indivíduos de pensamentos e ações mais ambiciosos, sendo assim responsável pelo declínio no longo prazo, ao passo que a emigração dos europeus mais enérgicos para a América britânica produzira o efeito oposto.[26] No entanto, Darwin reconhecia que todas as nações civilizadas descendiam de bárbaros, revelando o possível aperfeiçoamento dos selvagens, que iam subindo na escala da civilização. Citava o antropólogo Edward Tylor, que em 1865 publicara *Researches into the Early History of Mankind and Development of Civilization*, baseado na ideia de competências intelectuais partilhadas por todos os grupos de pessoas e de diferenças, resultantes da educação, na evolução social.[27] Darwin rejeitava explicitamente a ideia do declínio do ser humano: "Acreditar que o homem era originalmente civilizado e que veio a sofrer uma degradação absoluta em tantas regiões é ter em muito pouca conta a natureza humana", defendendo, em vez disso, "que o progresso tem sido muito mais geral do que o retrocesso; que o homem evoluiu, embora com passos lentos e intermitentes, de um estado inferior para os mais altos padrões já obtidos em conhecimento, moral e religião".[28]

A classificação de Lineu dos seres humanos entre os primatas era elogiada, quando comparada com as tentativas de Blumenbach e de Cuvier de instalar os seres humanos numa ordem à parte. Darwin segue na esteira de Huxley, que considerava menos significativas as diferenças entre os seres humanos e os símios superiores do que as entre estes e os símios inferiores. Darwin formulou a hipótese de um antepassado comum para os seres humanos e para os símios superiores, provavelmente na África. O capítulo sobre as raças humanas reafirmava uma ancestralidade comum, embora Darwin considerasse que as raças difeririam nas características físicas (mesmo nas convoluções do cérebro), mentais e intelectuais. Contradisse explicitamente Agassiz, frisando que diferentes raças humanas estavam distribuídas pelo mundo em diversas condições de solo e de clima. A ambiguidade quanto ao hibridismo e à fertilidade era excluída pelos casos extremos de mistura racial no Brasil e no Chile, ao passo que, ao descrever a extrema variabilidade nas características distintivas de todas as raças, Darwin ecoava Prichard ao condenar as divisões e as classificações artificiais. Darwin recusava-se explicitamente a classificar os diferentes grupos de seres humanos como espécies, dedicando-se a uma longa explanação sobre as semelhanças entre eles para concluir que as modificações eram resultado direto da exposição a diferentes condições ou então o resultado indireto de alguma forma de seleção.[29]

A evolução social era sugerida nas seções finais da parte I, em que Darwin se dedicava à questão da extinção de raças devido à guerra, à chacina, ao canibalismo, à escravatura e à absorção, concentrando-se nos casos recentes de colonização da Nova Zelândia e da Austrália, com a subsequente disseminação de doenças e alteração das condições da vida diária tendo como resultado o declínio acentuado da população nativa. Darwin lembrou que os filhos de pais ingleses e taitianos eram mais resistentes a doenças e que aumentavam de número quando se instalavam nas ilhas Pitcairn, o que sugere que não partilhava o preconceito comum contra os indivíduos de raça mista.[30] Ao abordar a formação das raças de seres humanos, Darwin defendeu que, em certos casos, o cruzamento entre raças distintas levara à criação de uma nova raça — mais um eco da recusa por parte de Prichard de uma identidade racial inalterável. Também referiu as fronteiras indistintas entre as raças, citando Broca, na época um destacado médico e antropólogo físico francês: "Os europeus e os hindus, que pertencem à mesma estirpe ariana e falam aquilo que é, fundamentalmente, a mesma língua, têm um aspecto muito diferente, ao passo que os europeus pouco diferem dos judeus, que pertencem à estirpe semita e falam uma língua completamente diferente".[31]

Darwin desviou a discussão sobre a variedade humana do plano divino para uma origem natural, de criações separadas para uma árvore da vida, da degeneração para a evolução. Recusou-se a classificar as variedades de seres humanos, mesmo partilhando os estereótipos contemporâneos sobre selvagens e acreditando claramente nas qualidades superiores dos brancos, mas passou toda a vida como abolicionista, defendendo a possibilidade de aperfeiçoamento de todos os seres humanos. O impacto do trabalho de Darwin para a explicação da variedade humana poderá, talvez, ser resumido da seguinte forma: colocava todos os seres humanos na natureza; afastava-se da ideia de características inatas e imutáveis; e promovia o conceito da evolução através de seleção natural. Darwin contribuiu certamente para a criação de uma nova estrutura científica — uma estrutura em que a evolução significava a luta pela sobrevivência, levava ao declínio e à destruição maciça dos não aptos, mas ao mesmo tempo pressupunha o aperfeiçoamento constante dos mais aptos. Tal estrutura obrigou à adaptação dos preconceitos relativos à ascendência étnica e às construções raciais. As ideias tradicionais, como as que advogavam o escravo natural, além das características físicas e mentais imutáveis, deixavam de poder ser mantidas, embora os conceitos da hierarquia em evolução, da inferioridade dos não aptos e do fosso civilizacional entre grupos sofisticados e rudimentares tivessem chegado ao discurso público através do novo sistema evolutivo. O melhor exemplo é o de Nott (citado anteriormente), um médico e naturalista dedicado à promoção das construções raciais com base na ideia de criações separadas para sustentar a intervenção política a favor da escravatura no Sul dos Estados Unidos. Nott não teve grande dificuldade em incorporar as ideias de Darwin sobre a evolução através da seleção natural na sua visão quanto à hierarquia das raças humanas. Entretanto, a visão da natureza por parte de Darwin estava exposta a críticas sociais radicais. Karl Marx (1818-83) escreveu ironicamente ao seu amigo Friedrich Engels que "Darwin redescobre, entre os animais e as plantas, a sociedade inglesa, com a sua divisão de trabalho, concorrência, abertura de mercados, 'invenções' e 'luta' malthusiana 'pela existência'. Essa visão é a *bellum omnium contra omnes* de Hobbes e é reminiscente da *Fenomenologia* de Hegel, em que a sociedade civil surge como um 'reino animal intelectual', ao passo que em Darwin o reino animal surge como 'sociedade civil'".[32] Marx gostava do "materialismo" de Darwin, mas opunha-se às ideias liberais adotadas pelo naturalista.

EVOLUÇÃO SOCIAL

Marx era lamarckiano, assim como Auguste Comte (1798-1857), que morreu antes da publicação d'*A origem*, e Herbert Spencer (1820-1903). Para esses três pensadores sociais fundamentais do século XIX, a ideia do transformismo na natureza confirmava o conceito de progresso e de mudança social; o darwinismo não teve grande impacto nas suas ideias. As três fases da humanidade definidas por Comte — religiosa, metafísica e positiva ou científica — tinham como objetivo explícito a projeção do pensamento científico para a sociedade e a descoberta das suas leis de progresso. O positivismo era um sistema que se baseava claramente na tradição ocidental. Comte só mencionava indivíduos de outras zonas do mundo quando os considerava úteis para demonstrar as suas ideias acerca das diferentes fases da humanidade — sobretudo o fetichismo, o politeísmo e o sistema de castas. Excluiu explicitamente a história dos indianos e dos chineses por não terem sido influentes, querendo com isso dizer que não haviam contribuído para o progresso. Para o autor, a sua inclusão seria enganadora, criando um obstáculo à compreensão das leis da "evolução social" (termos exatos de Comte). Segundo Comte: "A nossa exploração histórica terá de ser reduzida à elite ou à vanguarda da humanidade, que consiste na maior parte da raça branca ou das nações europeias".[33]

Também Marx tinha como objetivo a descoberta das leis da evolução social, embora — ao contrário de Comte e de Spencer — não se tivesse dedicado a longas reflexões sobre os desenvolvimentos científicos. Foi inspirado pela tradição filosófica alemã (Hegel e Ludwig Feuerbach) e pela tradição britânica de pensamento econômico (David Ricardo), mas desenvolveu a sua própria perspectiva, baseando-se na progressão dialética de modos de produção e numa sucessão de classes sociais em conflito, cada uma ligada a um novo sistema econômico, luta social resolvida de forma definitiva pela classe operária, que libertaria a humanidade através da revolução, separando-se do capitalismo em declínio e do Estado burguês para estabelecer o advento do comunismo, uma comunidade global final e harmoniosa que significaria o fim da história. O lado interessante da teoria de Marx era a sua recusa em aceitar a superioridade das classes mais altas, que via como condenadas a um declínio inevitável, e o enaltecimento das virtudes da classe operária. O afastamento dos preconceitos hierárquicos (e sua inversão) teria consequências importantes mais tarde, sobretudo para o debate sobre a construção racial. Contudo, o "socialismo científico" baseava-se totalmente na análise do capitalismo ocidental; as referências a outros casos econômicos serviam apenas para sustentar o argumento central. Marx replicou a ideia de Comte de uma vanguarda ocidental, e as suas reflexões sobre a Ásia baseavam-se no despotismo oriental. A questão das raças era secundária quando comparada com a das classes, mesmo tendo Marx dedicado um ensaio, "Sobre a questão judaica", moldado pelos estereótipos contra os seus próprios antepassados.[34]

O darwinismo social foi definido como o uso político e social dado às ideias evolutivas de Darwin entre 1859 e a Segunda Guerra Mundial.[35] Embora o rótulo tenha começado por ser usado em finais da década de 1870 e início dos anos 1880, só se tornaria reconhecido generalizadamente após a publicação, em 1944, da obra de Richard Hofstadter *Social Darwinism in American Political Thought, 1860-1915*, influenciada por Talcott Parsons.[36] O livro foi criticado por aplicar esse rótulo a vários cientistas sociais americanos, por exemplo William Graham Sumner (1840-1910), abertos a outras influências e que se dedicavam a uma gama mais vasta de questões teóricas. O acadêmico Robert Young reforçou a ideia de que o darwinismo é social, já que a ciência nunca se separa das questões sociais, econômicas e ideológicas; nesse caso, a teoria da evolução através de seleção natural é interpretada por meio da visão marxista de mudança industrial e social, além do espírito vitoriano da competição.[37] Outro pesquisador, Mike Hawkins, chega inclusive a contestar a recusa revisionista da existência do darwinismo social, definindo-o como um conjunto de ideias interligadas — seleção natural, luta pela existência e sobrevivência do mais apto —, sujeitas à mudança com o passar do tempo.[38] A investigação foi estendida à influência do darwinismo social na França, com base sobretudo em Gustave Le Bon.[39] No entanto, a intervenção de Spencer torna o argumento mais complicado.

Pode haver bons motivos para manter a designação darwinismo social, pois as ideias de Darwin influenciaram a análise social. No entanto, a ligação entre a transformação da natureza e a transformação da sociedade precedeu Darwin. A noção de evolução social foi cunhada por Comte e desenvolvida de forma paralela por Spencer. A influência da ideia de Lamarck sobre a herança de características adquiridas fora incorporada por Darwin no seu sistema de pensamento e aceita pelos pensadores sociais contemporâneos, até que em 1883 August Weismann (1834-1914) desconstruiu os seus princípios ao descobrir que as células germinais (óvulos e espermatozoides) são independentes das células somáticas e não são afetadas pela experiência, sublinhando a importância da ideia de seleção natural avançada por Darwin. Não obstante, as ideias de Lamarck foram cruciais para o novo pensamento social oitocentista. É por isso que prefiro a noção de evolução social, para poder incluir os vários autores que refletiram sobre o transformismo, a seleção natural e/ou a luta pela existência aplicada à sociedade sob o vasto guarda-chuva do aperfeiçoamento individual e coletivo.

Spencer partilhava o interesse de Comte pelas leis universais e pela filosofia sintética, aceitava a noção de sociologia como disciplina nova e cunhou o conceito de sociedade como organismo social. Entrou em diálogo com Darwin. O sistema de pensamento de Spencer baseava-se claramente na ideia de evolução progressiva, referindo-se com isso à divisão laboral e à diferenciação da sociedade, de formas simples para complexas, mas também em princípios liberais, sobretudo o laissez-faire econômico e a sobrevivência social do mais apto, rejeitando a intervenção do Estado coercivo (estando com isso próximo da visão de Godwin), o imperialismo e o militarismo.[40] Essa posição antimilitarista e anti-imperialista, em consonância com a tradição de pensadores liberais como Smith e Edmund Burke, teve um impacto profundo no pensamento conservador liberal americano, sobretudo em Sumner. Nessa sua abordagem à evolução, Spencer tentou incluir todos os grupos humanos. Em *Principles of Sociology*, por exemplo, defendia uma ligação entre o atraso físico e o mental dos selvagens, que ele acreditava terem características deficientes inclusive no sistema nervoso.[41] Essa visão persistente de diferenças físicas e mentais entrelaçadas entrava em contraste com a ideia de diferenças exclusivamente culturais defendida por Tylor (citado anteriormente) no seu *Researches into the Early History of Mankind and the Development of Civilization*. Além de levar a cabo um espantoso programa de pesquisa que abrangeu gestos, arte, cartografia, nomenclaturas, escrita (incluindo o quipo usado pelos incas), mitos, fogo e preparo de alimentos, Tylor declarou que as diferenças civilizacionais e de estado mental dos povos eram diferenças de desenvolvimento e não de origem, de grau e não de tipo, associadas aos estágios de progresso partilhados por toda a humanidade.[42]

O programa de pesquisa sociológica levada a cabo por Spencer foi certamente mais complexo do que o aventado acima. O autor deu início a um projeto de pesquisa coletiva, recolhendo dados sobre cada grupo humano para completar um conjunto de tabelas uniforme e comparável que apresentassem uma descrição estrutural e funcional dos povos (características físicas e mentais), e divididas em mecanismos operacionais e regulativos abrangendo estruturas políticas, eclesiásticas e familiares, costumes, sentimentos, ideias e linguagem, terra e ofícios, ferramentas, habitação, alimentação, vestuário e armamento. Spencer incluiu as raças da Oceania, da África, da Ásia e da América. Destacou as antigas civilizações do México, da América Central e do Peru, bem como os hebreus e os fenícios, além dos franceses e dos ingleses, e descreveu-as a partir de um ponto de vista histórico.[43] O projeto incluiu ainda informações sobre chineses, gregos, antigos egípcios, assírios, romanos e árabes, revelando uma divisão implícita entre povos com história e povos sem ela — um pressuposto generalizado. Os estereótipos básicos quanto aos selvagens ou aos povos primitivos eram notórios, inclusive sendo apresentados de forma muito mais descritiva e abrangente, recordando-nos dos esforços enciclopédicos anteriores de Prichard sobre a variedade humana. As referências aos chineses (uma sociedade rígida e obediente), aos otomanos e aos incas (sociedades militares, vulneráveis aos choques externos) reproduziam antigos pressupostos que denegriam os indivíduos de raça mista, como os mestiços das novas repúblicas hispânicas da América, mostrando-os como incapazes de criar instituições estáveis, embora Spencer reconhecesse os benefícios da mistura ascendente, como no caso dos hebreus com outras raças semíticas, ou dos atenienses, romanos e britânicos com raças "arianas".[44]

A geração seguinte de evolucionistas sociais afastou-se da tendência secular e materialista da primeira geração, voltando a introduzir no quadro geral a religião e seus méritos. Benjamin Kidd (1858-1916) apresenta o exemplo mais interessante dessa linha de pensamento. O seu livro *Social Evolution* (1894) reconhecia a importância da religião na evolução da sociedade e atribuía ao cristianismo o mérito de garantir os princípios básicos da civilização ocidental.[45] Criticava a crueldade, a fraude, a violência e a intimidação como as práticas que haviam levado ao extermínio dos povos nativos da Austrália e da Nova Zelândia. Embora lamentasse a discriminação contra os negros, discutisse a Lei dos Pobres inglesa e abordasse a "questão social", mostrando-se a favor da humanização das condições de vida dos "tipos de humanidade mais baixos e fracos", Kidd argumentava que não havia poder que alterasse as leis básicas da competição e da seleção. Um caso concreto era a inferioridade dos negros após a abolição da escravatura nos Estados Unidos: Kidd reconhecia o uso do ostracismo e do preconceito, da intimidação e da violência por parte dos brancos para manter o poder; criticava a indiferença ou mesmo o apoio dessas práticas por "muitos cidadãos ilustres do Norte", indo contra os ideais de liberdade, religião e governo. Ao mesmo tempo, acreditava que tudo isso fazia parte de um processo inevitável no qual as massas se erguiam lentamente, com as barreiras do nascimento, da classe e do privilégio sendo derrubadas, algo impulsionado pelos tipos mais bem-sucedidos de seres humanos.

Apesar dessa posição humanitária (retórica), Kidd considerava a violência uma expressão de rivalidade e de seleção natural numa sociedade cada vez mais competitiva e sujeita a tensão e a um ritmo acelerado de mudanças, na qual as formas menos adequadas iriam desaparecer. Os povos progressistas eram enérgicos, vigorosos e viris; a ausência dessas qualidades fazia com que as nações, os grupos e os indivíduos ficassem para trás, como os "negros descuidados, indolentes e facilmente contentados dos Estados Unidos e das Índias Ocidentais".[46] Segundo as palavras de Kidd, a luta pelo progresso era um fato da vida humana, algo feito pelos anglo-saxões às custas de outras raças (externas e internas) para se tornarem a civilização mais desenvolvida. Não se tratava de um acidente histórico nem de depravação inata; era o resultado de "causas fisiológicas arraigadas, de cujo funcionamento seremos sempre incapazes de fugir".[47] Kidd trouxe para a esfera natural o poder político e social, encarando a supremacia branca como fato da evolução social, como no caso do extermínio dos índios ou dos maoris. Usava-se a aplicação dos princípios evolutivos para explicar o declínio dos povos mais fracos pelas mãos dos mais fortes, bem como a subordinação e a exclusão dos menos eficientes (outra palavra-chave). Kidd opunha-se às soluções socialistas, pois eram antinaturais, promovendo assim o autor a naturalização explícita da desigualdade social e material. Segundo essa visão, o futuro ficava por sua conta; os sacrifícios causados pela rivalidade e pela competição eram necessários para o progresso do organismo social no seu todo.

Nem todos os evolucionistas sociais partilhavam esse fervor por uma justificativa ideológica da violência e do abuso disfarçados de retórica caridosa. Sumner, professor de sociologia em Yale, era um liberal clássico que defendia o comércio livre e o padrão-ouro, declarando-se contra a intervenção estatal e contra o socialismo. Sempre consistente com os seus princípios, contestou a expansão imperialista dos Estados Unidos (a Guerra Hispano-Americana e a guerra contra a insurgência nas Filipinas), ridicularizada como "a conquista dos Estados Unidos pela Espanha" — ou seja, a absorção dos princípios hispânicos de conquista e de subjugação de povos que levariam à decadência do país, que passaria a ser controlado por banqueiros e empresários dependentes de subsídios e de contratos governamentais.[48] Nas suas reflexões acerca do imperialismo, Sumner cunhou a importante noção de etnocentrismo. *Folkways* (cultura popular) é outro dos conceitos de Sumner. Essas noções tinham como objetivo promover a análise sociológica do comportamento moral moldado pelos vários costumes e instituições de sociedades passadas e presentes de todo o mundo.[49] Sumner rejeitava o objetivo da igualdade social, advogando a ideia da competição e da luta pela vida como princípios da evolução social. Opunha-se às leis dos pobres e aceitava a ideia de que o fosso entre a pobreza e a riqueza aumentava nas civilizações mais elevadas. Expressava, ao mesmo tempo, uma repulsa clara pela prática do linchamento de negros no Sul, que considerava um ataque à lei e uma violação dos direitos básicos.[50]

Os evolucionistas sociais abraçaram tanto os estereótipos tradicionais como os novos, usados com os povos selvagens e primitivos, sendo os estereótipos mais recentes vistos como uma nova designação que refletia a ideia de passos sucessivos no progresso de toda a humanidade. As teorias evolutivas não clarificaram a visão confusa das hierarquias mentais e físicas nos grupos de seres humanos, mas deram início ao desvio das explicações biológicas para outras históricas quanto à

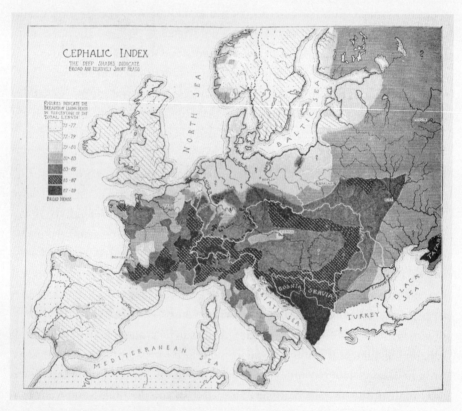

Figura 17.2. William Z. Ripley, The Races of Europe: A Sociological Study. *Londres: Kegan Paul, 1899. Mapa de raças europeias, baseado no índice cefálico.*

diversidade cultural humana, renovando a tradição de Acosta e de Lafitau.[51] As teorias de evolução social ofereciam uma diversidade de formas e de significados que podiam incluir a inversão dos princípios progressivos de seleção natural, permitindo assim a ideia de um arianismo primordial e superior destinado ao declínio. Digno de referência é o livro de G. Vacher de Lapouge, de finais do século XIX, que se opunha às "políticas sentimentais" inspiradas no cristianismo. O autor considerava ficções os ideais centrais da Revolução Francesa (liberdade, igualdade e fraternidade), já que, para ele, a realidade era formada pela força das leis, das raças e da evolução natural, todas impulsionando a crescente especialização, desigualdade e interdependência, e levando a uma liberdade cada vez mais reduzida do indivíduo, oprimido pelas alterações ambientais e pelas leis da descendência. A visão de Lapouge animou movimentos racialistas e extremistas e inverteu os princípios de Spencer, inspirando-se no pessimismo de Gobineau sobre o declínio da influência ariana: a seleção social eliminaria os melhores através da guerra e do poder das massas, com estas abrangendo a visão negativa de Lapouge sobre sindicatos laborais, movimentos e associações feministas e socialistas.[52]

Apesar de uma referência depreciativa ao mito ariano feita por Ripley, o arianismo contava com boa saúde no início do século XX (ver o capítulo 16). Contudo, a visão do mesmo autor da raça teutônica apresentava uma definição equivalente da raça branca superior como sendo alta, de tez clara, loura, de olhos claros e dotada de um índice cefálico superior de capacidade craniana (ver figura 17.2).[53] Madison Grant, que desempenhou um papel importante nas décadas de 1910 e 1920 e influenciou as políticas de imigração nos Estados Unidos, foi inspirado não só pela teoria de raças de Ripley, como também pela eugenia de Galton. Os eugenistas procuravam aperfeiçoar as raças através da identificação da inteligência herdada e da elaboração de políticas para impedir a reprodução de misturas "disgênicas" ou de seres humanos menos capazes. Para Grant, a história era movida pelo conflito racial. As características físicas e psicológicas herdadas explicavam a divergência social; as classes eram equiparadas a raças antigas. Grant rejeitava a noção não só de igualdade mas também de democracia, afirmando que a Declaração de Independência só se dirigia aos homens brancos. Promoveu a ideia de que os Estados Unidos haviam sido criados por protestantes e nórdicos, e criticou a falta de dignidade de raça entre espanhóis, portugueses e franceses, que haviam se misturado com outras raças, seguindo os ensinamentos da Igreja católica. Grant mostrava-se preocupado com o declínio da raça branca e o regresso ao barbarismo no Caribe. Opunha-se à imigração irlandesa, europeia austral, mexicana e asiática. Por fim, considerava a política do presidente Woodrow Wilson, a favor do livre-arbítrio no mundo, como suicida para o homem branco.[54]

Lothrop Stoddard desenvolveu ainda mais essas ideias, invocando o espectro da revolução social e a ameaça da futura independência do mundo colonial, acontecimentos que iriam engolir o mundo civilizado. Segundo Stoddard, esse espectro surgia exatamente no auge da supremacia ocidental no mundo, já contestada pelas capacidades militares japonesas, pelo pan-islamismo, pela solidariedade negra e pelo movimento de independência indiano.[55] Quando acusado de genocídio no tribunal de Nuremberg, após a Segunda Guerra Mundial, Karl Brandt, major-general da ss, médico pessoal de Hitler e a mais importante autoridade clínica na Alemanha nazista, argumentou que Grant justificara a eliminação de povos inferiores.[56]

Em resumo, as teorias da evolução social tornaram obsoleto o criacionismo e a visão de raças imutáveis com características inatas, mas reforçou as ideias de hierarquia e de ritmos diferentes no progresso humano, ou de acesso a formas mais elevadas de civilização. Embora as características físicas não tivessem desaparecido das explicações para a variedade humana, na segunda metade do século XIX as particularidades culturais vieram a ganhar cada vez maior importância. Entretanto, a incrível expansão colonial europeia na África e na Ásia suscitou nova curiosidade pública em relação às diferenças humanas. Entre as décadas de 1870 e de 1930, a exposição de tipos humanos de diferentes continentes, além dos produtos de diferentes terras, fez parte do programa de mostras universais e coloniais na Europa e na América. O fato de Darwin ter trazido todos os seres humanos (conceitualizados como sendo do gênero masculino) para o plano natural não alterou a visão tradicional dos selvagens na natureza. Os jardins zoológicos humanos tornaram-se extraordinariamente bem-sucedidos.[57] O fato de africanos, asiáticos e nativos americanos estarem sujeitos ao escrutínio branco europeu ou norte-americano definia uma hierarquia clara entre sujeito e objeto que confortava as classes operária e média brancas num mundo em constante e imensa mudança social. Os antropólogos difundiam ideias sobre a perfectibilidade de todos os seres humanos e sobre a possibilidade de progresso, mas os habitantes do mundo ocidental sentiam que já faziam parte de uma civilização superior que olhava com desprezo os selvagens, os primitivos e os bárbaros que ficavam para trás, sujeitos ao jugo colonial e levados para serem exibidos no centro da civilização (as metrópoles) como criaturas exóticas semelhantes aos animais selvagens que já se encontravam em zoos como o Jardin d'Acclimatation de Paris. As teorias da evolução social desalojaram as hierarquias baseadas nas raças imutáveis, mas essas teorias aceitavam as hierarquias baseadas em diferentes estágios de civilização, trazendo assim para o campo natural a competição social e a exploração colonial. Essa nova estrutura teórica não amenizou os preconceitos contra povos de outros continentes, expressos, por exemplo, na publicidade ubíqua a produtos coloniais — igualmente mostrados nas inúmeras exposições coloniais e universais. As teorias da evolução social seriam igualmente usadas contra minorias racializadas em diferentes países do mundo ocidental.

A estrutura científica para a classificação dos seres humanos teve início com Lineu, que colocou os humanos entre os mamíferos. Lineu desenvolveu o conceito de subdivisões, baseadas em fenótipos e características mentais. Combinou as alegorias dos continentes e os estereótipos sobre os diferentes povos do mundo, surgidos a partir da expansão oceânica europeia. Sucessivas gerações de naturalistas ampliaram o âmbito da pesquisa, trazendo consigo novas descobertas e avanços extraordinários no campo da informação etnográfica. O debate entre a criação única ou plural, ou entre monogenistas e poligenistas, desenvolveu-se entre os séculos XVII e XIX. A noção de antepassado comum explicava a variação com o clima, a alimentação e a migração, enquanto o conceito de antepassado diferente localizado em ambientes específicos explicava a variação através de uma concepção original e características inatas e imutáveis. As construções raciais refletiam tal debate. Todavia, as definições variáveis quanto ao número e à localização das raças levantaram dúvidas sobre a validade do procedimento — ceticismo manifestado sobretudo por Prichard e por Humboldt.

Entretanto, as noções de degeneração de uma Criação perfeita eram confrontadas com ideias de progresso e de aperfeiçoamento, transferidas para o campo do naturalismo através dos conceitos de transformismo (Lamarck) e de um plano único entre os animais (Saint-Hilaire). A anatomia comparativa, que levara à visão compartimentada de Cuvier, podia igualmente permitir o reconhecimento de ligações entre diferentes espécies, baseando-se na ideia de mudança e na herança de características adquiridas. Enquanto Agassiz desenvolveu a visão de Cuvier de raças humanas hierárquicas, inatas e imutáveis, Darwin veio abalar os debates anteriores com a ideia de evolução através de seleção natural. A degeneração da Criação perfeita foi substituída pela lenta modificação, variação e extinção de espécies ao longo de milhões de anos. A visão das raças como inatas e imutáveis, tão crucial nos Estados Unidos antes e depois da Guerra Civil para justificar a escravatura, adaptou-se ao impacto das teorias evolutivas, mas não abandonou o campo político. As teorias de evolução social inspiradas em Lamarck e em Darwin fizeram com que se substituíssem hierarquias inatas por diferentes fases do processo civilizacional, integraram a cultura e a história, e criaram uma estrutura flexível para justificar a nova expansão colonial ocidental. O arianismo era passível de ser absorvido por essas diferentes estruturas: acabou por desempenhar um papel mais ambíguo, permitindo que vários povos do mundo reclamassem antepassados brancos da Ásia Central, criando assim antecedentes identificáveis para projetos políticos específicos.

Parte V
Nacionalismo e mais além

Os preconceitos quanto à ascendência étnica combinados com ações discriminatórias aumentaram significativamente nos séculos XIX e XX com a expansão do nacionalismo. Esse novo ambiente ideológico começou afetando a Europa e o Oriente Médio, embora rapidamente tenha se espalhado para outras regiões do mundo. O nacionalismo estimulou novos projetos políticos que levariam à reinvenção ou à afirmação de identidades, além da divisão ou fusão de Estados organizados de acordo com a lógica imperial ou com a tradição local. A enorme reorganização política e social do período teve o seu impacto sobre preconceitos étnicos. A definição de inimigo ou inimigos se assentava nas discordâncias nacionais, que incluíam pressupostos acerca da religião e da raça. A identidade religiosa ganhou uma importância renovada, especialmente no que diz respeito às minorias, mesmo a nova estrutura política baseando-se, em grande medida, na língua em comum e nos pressupostos acerca da ascendência partilhada. Assim sendo, a ideia de uma divisão racial religiosa substituída pela moderna naturalização da divisão racial proposta por Fredrickson parece esquemática e anacrônica.

À medida que as nações foram se afirmando contra os impérios (Otomano, Austríaco e Russo — todos eles multiétnicos por natureza) ou reinventaram Estados nacionais contra os interesses locais e regionais fragmentários, tal como aconteceu na Alemanha e na Itália, os territórios em disputa ficaram no centro dos debates políticos. As políticas de exclusão tornaram-se essenciais com a reestruturação fronteiriça, algo que teve um impacto profundo na Europa Central e no Leste Europeu. O debate sobre os direitos humanos, estimulado pela Declaração de Independência americana e, de forma ainda mais decisiva, pela Revolução Francesa, acabou por centrar-se na questão de quem teria direitos ou seria privado de cidadania e de direitos civis. A emergência da democracia, que acelerou o declínio dos impérios multiétnicos, teve igualmente um lado sombrio, já que levou à rivalidade intercomunitária e internacional pelo controle dos territórios.[1] As teorias das raças marcaram de forma profunda esse período. Como integrou o nacionalismo europeu as noções de raça que anteriormente haviam se concentrado nos povos do mundo? Terá havido uma fusão entre raça e nação devido à ênfase comum na ascendência? Onde e como ocorreu essa fusão, e por que foi rejeitada em outros locais? Terá o genocídio sido o resultado extremo das ideologias de nação racial? São esses os tópicos que compõem a estrutura do capítulo sobre o nacionalismo.

O nacionalismo teve o seu impacto fora da Europa. Foi integrado na América ibérica, estendeu-se para a Ásia e penetrou no continente africano. O ideal nacional, transmitido tanto pelas velhas potências coloniais como por novas, definiu um novo cenário para as percepções interétnicas sobre os diferentes continentes. As elites da América ibérica independente, em geral ligadas a oligarquias que remontavam aos tempos coloniais, viram-se obrigadas a lidar in loco com a diversidade de formações étnicas, desde o México, com a sua maioria de nativos americanos, até o Brasil e sua população majoritariamente de ascendência africana. A formulação de mitos sobre origens tornou-se parte das novas construções nacionais — associados à confederação asteca, no caso mexicano, e aos tupinambás, no caso brasileiro, embora a presença de nativos americanos neste último caso fosse remota. Os mitos nacionais de fundação revelaram a nova necessidade por parte das elites de negociar o poder com populações ativamente envolvidas nos processos de independência ou nas guerras após essa independência. As realidades multiétnicas definiam as possibilidades (e os limites) de aceitação de ideologias nacionais de ascendência comum.

Na Ásia, as ideologias nacionalistas sustentaram as velhas crenças etnocêntricas de superioridade, sobretudo entre os yamatos, no Japão, ou os han, na China — ambas consideradas as etnias centrais nos respectivos países. O declínio da dinastia Qing fomentou novos projetos políticos por parte dos han, enquanto no Japão a ideologia nacional ajudou a reformar e a modernizar a política de controle dos yamatos. Nesses casos, a percepção dos desígnios imperiais ocidentais desempenhou um papel crucial na difusão da estrutura nacional e na formulação de projetos imperiais, sobretudo no Japão. Na Índia, os projetos nacionais entraram em conflito com o sistema de castas e a divisão religiosa entre hindus e muçulmanos, mas desempenharam um papel importante na resistência contra o imperialismo ocidental. Após a divisão entre Paquistão e Índia, afirmou-se uma estrutura nacional através da noção de ascendência associada à fé religiosa, sobretudo no Paquistão. Na África, os antigos padrões de divisão étnica haviam sido influenciados pelas construções raciais, sobretudo no Sahel. As potências coloniais influenciaram significativamente a construção racial mais ao sul, na região dos lagos, mas também em outras regiões, como a África do Sul, onde em 1948 surgiu uma sociedade formalmente segregada. Aqui, a questão é compreender a verdadeira influência das construções raciais e a relação complicada com os projetos nacionais. Isso estabelece os antecedentes para o último capítulo comparativo.

18. O impacto do nacionalismo

NAÇÕES E RAÇAS

Os desenvolvimentos políticos na Europa e no Oriente Médio durante a segunda metade do século XIX e a primeira metade do século XX vieram alterar profundamente o debate sobre a variedade entre seres humanos. A diversidade étnica interna europeia fora, em grande medida, ignorada por Darwin e pelos evolucionistas sociais, enquanto a contribuição religiosa para tal diversidade praticamente desaparecera do quadro geral de análise. A variedade global monopolizara a reflexão sobre o tópico. Agora, a ascensão do nacionalismo na Europa, além do expansionismo das três grandes potências — os impérios Russo, Austro-Húngaro e Alemão —, colocavam as relações entre as diferentes etnias no centro da ação política.[1] A questão já fora levantada durante as revoluções de 1848, quando da revolta dos húngaros e dos tchecos contra Viena, que acabaram confrontados com as aspirações políticas dos romenos, dos croatas e dos sérvios no primeiro caso, e com as ambições de uma significativa minoria alemã no segundo caso. Nas décadas de 1850 e de 1860, a nova ordem estabelecida na Europa após o fracasso da revolução incorporou lentamente os sonhos políticos de unidade alemã ou italiana anteriormente defendidos pelos liberais. O processo de unificação italiana contribuiu para a redefinição do equilíbrio do poder político na Europa, pois a

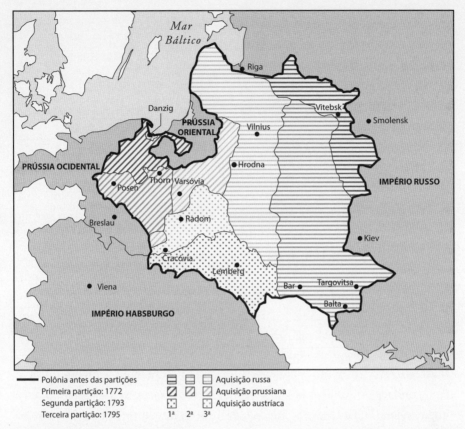

Mapa 18.1. Partição da Polônia, 1772-95.
Fonte: Geoffrey Barraclough (Org.), The Times Atlas of World History. Londres: Times Books, 1990, p. 197.

Itália era agora levada em consideração. Ainda assim, a unificação não teve nenhum desdobramento étnico significativo, já que minorias como os gregos e os albaneses haviam sido mais ou menos assimiladas ao longo do tempo. A comunidade judaica, a única minoria identificável, era pequena e não particularmente visada, embora sofresse vários casos de conflitos desencadeados pela Igreja católica.[2]

Por outro lado, a unificação alemã, na qual a Prússia desempenhou um papel de destaque, teve grande impacto na Europa.[3] A Alemanha não precisou lidar com minorias étnicas internas relevantes, exceção feita ao caso dos eslavos, no leste — resultado da partição, entre 1772-95, da Polônia entre a Prússia, a Rússia e a Áustria —, e da comunidade judaica. Mas o processo de unificação teve consequências no exterior da Alemanha devido ao seu impacto sobre as minorias alemãs nos impérios Austro-Húngaro e Russo. A composição multinacional da monarquia Habsburgo favorecia o equilíbrio entre diferentes etnias, algo expresso na elevação da Hungria ao estatuto de monarquia conjunta com a Áustria (1867), transformando assim o império numa monarquia dupla, enquanto a Croácia obteve a sua autonomia (1868). A agitação de outras nacionalidades não foi apaziguada com o sufrágio universal masculino introduzido em 1907 na Cisleitânia, a parte austríaca do Império Austro-Húngaro. A presença eslava cada vez mais ampliada no Parlamento de Viena serviu apenas para exacerbar o ressentimento da minoria alemã privilegiada — ressentimento já expresso pelo Partido Pangermânico criado em 1879 por Georg Ritter von Schönerer e (em parte) pelo Partido Social Cristão, criado em 1893 pelo futuro presidente do município de Viena, Karl Lueger. A participação da Áustria na divisão da Polônia expandira as suas regiões eslavas, enquanto a intervenção nas guerras oitocentistas nos Bálcãs com os impérios Otomano e Russo havia aumentado ainda mais a diversidade étnica.[4]

Entretanto, a questão nacional provocara uma crise geral nos territórios otomanos na Europa. A revolução grega de 1821, apoiada pela intervenção britânica, francesa e russa, levou à independência em 1830. Isso fora precedido pelas revoltas sérvias de 1804-17, que tiveram como resultado o estatuto autônomo da Sérvia. As sublevações dos romenos, dos búlgaros e dos sérvios nas décadas de 1860 e 1870 deram origem a uma nova tendência para a independência nacional, reconhecida em parte em 1878 pelo tratado de Berlim, depois de anos de confrontos em que se verificaram massacres étnicos e migrações em massa. A Torre das Caveiras, edificada em Niš pelos otomanos com os crânios de revolucionários sérvios assassinados, simboliza cabalmente o nível de atrocidades. Os novos Estados e entidades políticas autônomas expandiram-se ao longo das décadas seguintes, até que a Guerra dos Bálcãs (1912-3) reduziu os territórios otomanos na Europa à Trácia Oriental.[5]

No Império Otomano, os refugiados ocidentais haviam sido precedidos pelos refugiados do leste; a expansão sucessiva do Império Russo nos séculos XVIII e XIX teve como consequência o controle total por parte da Rússia das fronteiras setentrionais e orientais do mar Negro, levando a uma migração em massa de tártaros (o canato da Crimeia caiu em 1783) e de circassianos (o seu governo independente no noroeste do Cáucaso desmoronou em 1864, após três décadas de guerra). Durante esse longo período, a política russa de imposição do cristianis-

Mapa 18.2. Processo de unificação alemã (1815-71).
Fonte: Geoffrey Barraclough (Org.), The Times Atlas of World History. Londres: Times Books, 1990, p. 216.

mo ortodoxo levou a novas migrações muçulmanas para o Império Otomano. Como consequência de todos esses acontecimentos, em 1913, o território do Império Otomano viu-se reduzido de 3 milhões para 1,3 milhão de quilômetros quadrados. Estima-se que até essa data tenham entrado nos territórios otomanos entre 6 milhões e 7 milhões de refugiados muçulmanos, dos quais 4 milhões terão provavelmente chegado do Cáucaso e da Crimeia.[6] Entretanto, a expansão russa no Leste Europeu durante o século XVIII levara à integração no Império Russo da vasta maioria da população judaica europeia, que até então vivera na Polônia e na Ucrânia. Essa expansão desafiou a tradicional política de excluir os judeus dos seus territórios por parte das autoridades russas, que se viram agora obrigadas a receber 4 milhões de judeus — uma minoria significativa nos territórios recém-adquiridos.

Concordo com a ideia de Ernest Gellner e de Eric Hobsbawm de que o nacionalismo em geral precedeu a nação, embora com frequência existisse algum tipo de sentimento étnico coletivo que sustentasse os projetos nacionalistas.[7] A origem étnica das nações — na Inglaterra, em Portugal e na França — é, sem dúvida, mais observável na Europa Ocidental do que em qualquer outro lugar, mesmo mostrando o caso complicado da Espanha, com os limites de uma divisão rígida entre ocidente e oriente. Será necessário fazer uso das construções raciais, já que a equiparação de nação a raça em finais do século XIX e início do século XX reforçou as percepções de sangue partilhado, ascendência comum e atributos superiores. Podemos observar a existência do nacionalismo antes da existência de nações no Leste Europeu, nos Bálcãs e no Oriente Médio, onde os projetos políticos anteciparam, em muitos casos, a criação das nações como comunidades de cidadãos com direitos e obrigações iguais.

O direito à cidadania no nascimento expressa uma divisão importante estabelecida em finais do século XVIII, início do século XIX: o *jus soli* foi instaurado pelas revoluções americana e francesa e significava o direito à cidadania para todas as crianças nascidas nesses territórios, ao passo que a Alemanha e os países do Leste Europeu estabeleceram o *jus sanguinis*, limitando o direito à cidadania aos filhos de cidadãos já existentes. Assim sendo, a noção de ascendência era crucial na visão essencialista da nação representada pelo *jus sanguinis*, ao passo que o *jus soli* representava uma compreensão mais aberta e flexível de cidadania. A divisão entre a Europa Ocidental e o Leste Europeu quanto a essa questão se tornou menos distinta desde então devido às medidas mais restritivas impostas durante os últimos trinta anos na Europa Ocidental, mas as Américas continuam a seguir a regra do *jus soli*, algo associado à forte tradição histórica da imigração.

A secularização não teve um impacto significativo na Europa Central e no Leste Europeu no século XIX. Numa região moldada pela formação de Estados baseados em etnias múltiplas, a religião continuava a mostrar-se relevante na definição das nações e das alianças políticas internacionais. A Áustria opôs-se à independência grega, vista como uma ameaça ao equilíbrio político dos Bálcãs, enquanto a Rússia conservadora se serviu do seu poderio militar para apoiar o movimento nacional liberal, em parte devido à fé religiosa partilhada. Essa mesma lógica aplicou-se aos movimentos independentistas na Sérvia, na Romênia e na Bulgária, já que essas nações partilhavam o cristianismo ortodoxo. A reação otomana teve, igualmente, uma base religiosa: as elites políticas tentaram equilibrar o domínio islâmico tradicional com novos direitos para as minorias cristãs, embora a independência albanesa de 1912, promovida pelos muçulmanos com o apoio das minorias cristãs (ortodoxa e católica), tenha criado uma nova divisão no seio do império. A crise no Império Otomano levou ao nacionalismo turco. O Comitê para a União e o Progresso (CUP, ou Jovens Turcos), criado em 1889, desempenhou um papel importante na derradeira fase do governo otomano (1908-18), originando uma nova política centrada na Anatólia e na Trácia turcas que levou a uma impiedosa limpeza étnica. A perda de vastos territórios no Oriente Médio durante a Primeira Guerra Mundial fez desabar a estrutura institucional do Império Otomano; a invasão grega e aliada da Anatólia em 1919-22 desencadeou o renascimento militar de forças resistentes lideradas por Mustafa Kemal, que derrotou a intervenção estrangeira e declarou, por fim, a República da Turquia em 1923.[8]

A Primeira Guerra Mundial teve também impacto nos outros dois impérios. O Império Austro-Húngaro não sobreviveu à derrota militar e desmembrou-se, com a secessão da Hungria, a independência da Iugoslávia e a criação da Tchecoslováquia, além da perda do Tirol do Sul, de Trieste e de Ístria. O Império Russo, abalado pela revolução democrática de fevereiro de 1917 e radicalizado pela revolução comunista de novembro desse ano, assistiu à criação dos novos Estados da Finlândia, Estônia, Letônia e Lituânia. A recriação da Polônia afetou os três impérios existentes na Europa Central e no Leste Europeu. A entidade política austro-húngara não voltaria a se reconstituir; a União Soviética conseguiu recuperar a maior parte do território do anterior Império Russo, embora com uma estrutura ideológica e nacional completamente diferente.[9] A principal contribuição dos soviéticos para a nova ordem mundial foi a promoção de uma posição anticolonialista e de emancipação nacional, algo que emergia na Ásia e na África desde a década de 1880. A solidariedade cristã desmoronou-se por completo: a Rússia soviética apoiou ativamente a resistência turca de 1920-2 com armas e dinheiro; e o tratado de Kars em 1921 garantiu à Turquia o estabelecimento favorável de fronteiras nordestes. As consequências mais graves adviriam da humilhação sofrida pela Alemanha após cinquenta anos de desenvolvimento, vitórias militares e crescente orgulho nacional.[10] Entre outras condições, a Alemanha foi obrigada a devolver a Alsácia-Lorena à França, além do pagamento de vultosas compensações de guerra, ao mesmo tempo que se verificou a oposição à sua união com uma Áustria territorialmente reduzida. É nesse cenário que podemos avaliar as novas condições para a expressão de preconceitos contra a ascendência étnica, combinadas com ações discriminatórias. De um modo geral, é necessário compreender a nova configuração do preconceito racial e seu respectivo papel nos projetos políticos.

As revoluções americana e francesa contribuíram decisivamente para colocar a noção de direitos civis no centro do novo sistema de valores. O fosso entre as promessas e as realidades tornou-se patente: no caso americano, os direitos civis só diziam respeito aos brancos, estando as mulheres excluídas em ambos os casos. Porém o debate sobre os direitos civis serviu-se de casos históricos de minorias oprimidas para refletir sobre os limites (ver o capítulo 9). A "questão judaica" era assim usada como teste para o secularismo universal e para a cidadania nacional.[11] Os Estados Unidos, em 1788, e a França, em 1791, haviam sido os primeiros países a reconhecer direitos civis e igualdade de cidadania para os judeus. A prática da atribuição de cidadania aos judeus alastrou-se para outros países europeus durante o século XIX com a difusão da ideologia liberal, sobretudo na Europa Central, chegando ao Império Austro-Húngaro (1867), à Confederação da Alemanha do Norte (1869) e ao Império Alemão (1871). Isso não constituiu uma concessão especial, mas sim o resultado da emergência das noções de cidadania e de direitos civis, que ganharam ímpeto contra a mistura tradicional de privilégios nobres e de isenções de impostos, de obrigações feudais e deveres de servidão e de direitos concedidos a classes e comunidades específicas — de forma resumida, contra o princípio de desigualdade legal que definira o Antigo Regime. A noção de estatuto igual para todos os estratos e comunidades limitava-se a incluir os judeus, libertando-os da opressão secular dos encargos com impostos, bem como da exclusão de profissões e de cargos.

O êxito dos judeus foi inegável, sobretudo nas finanças e nas profissões liberais, embora muitos dos seus artesãos (o grosso da comunidade) tivessem sido afetados — à semelhança dos artesãos de todas as outras etnias — pela Revolução Industrial. A saída das comunidades judaicas do tradicional estado de opressão não passou despercebida. Durante esse longo período de difícil transição dos privilégios feudais e senhoriais para a modernidade, as dificuldades econômicas e as alterações radicais no estilo de vida impostas pelos processos de industrialização e de urbanização trouxeram consigo as sementes da revolta.

Os judeus tornaram-se um alvo fácil do descontentamento, que podia basear-se em precedentes históricos. No início, a extensão dos direitos civis aos judeus contou com a oposição de todos os países: em 1757, na Inglaterra, uma proposta *whig* para a naturalização dos judeus residentes foi vetada por uma forte oposição; em 1808, Napoleão limitou os direitos dos judeus por dez anos; em 1819 verificaram-se tumultos antijudaicos em várias partes da Alemanha; na Alsácia, em 1870, verificaram-se tumultos com ataques à propriedade privada num protesto contra a naturalização de 35 mil judeus; em 1881-2 ocorreram manifestações antijudaicas na Prússia ocidental, na Romênia e no Império Austro-Húngaro; em 1893 e 1899 verificaram-se motins na Boêmia; em 1898, associados ao caso Dreyfus, ocorreram tumultos em 55 localidades francesas, mas sem nenhuma morte; nesse mesmo ano verificaram-se pogroms na Galícia ocidental; em 1907 aconteceram pogroms na Romênia; em 1918, na Polônia, os judeus foram visados pela nova república; e em 1919, o fracasso da revolução comunista na Hungria foi seguido por pogroms.[12]

Ao longo do século XIX, a ação discriminatória antijudaica baseada nos preconceitos tradicionais cristãos tornou-se a principal expressão das tensões sociais e políticas nas regiões ocidentais do Império Russo (essencialmente, o que fora a Polônia e a Ucrânia). Em finais do século XIX viviam nessas regiões cerca de 5,2 milhões de judeus. O termo "pogrom", uma palavra russa, foi cunhado nesse período para designar um tumulto ou um ataque a uma comunidade judaica, seguido de saque ou massacre. Tais atividades já haviam ocorrido no passado, sobretudo na Ucrânia — em Odessa, por exemplo, registraram-se pogroms em 1821, 1849, 1859 e 1871, antes dos grandes massacres de 1881 e 1905 —, mas a instabilidade política após o assassinato do tsar Alexandre II, em 1881, criou as condições para a disseminação de ações de ódio em grande escala, que afetaram regiões diferentes e envolveram dezenas de povoações. Nesse mesmo ano foi aprovada a legislação antijudaica, embora apenas um dos conspiradores houvesse sido identificado como judeu. A instabilidade política aumentou durante as últimas décadas do Império Russo, uma situação que se refletiu em três grandes ondas de pogroms: 1881-4, 1903-6 (com o auge após a revolução de 1905) e 1919-20, com a morte de muitos judeus e a destruição extensa de propriedade (habitações, lojas e fábricas).[13] As primeiras duas ondas não foram ordenadas pelo Estado, embora nada tenha sido feito pelo governo para impedir; por outro lado, a polícia secreta difundiu propaganda antijudaica inflamativa, sobretudo em 1903, com a infame falsificação conhecida como *Os protocolos dos sábios de Sião*, que atribuía aos judeus a autoria de planos para o domínio mundial. Aí e não só, vários movimentos socialistas condenaram o antissemitismo como resultado de uma percepção retrógrada e preconceituosa dos conflitos sociais, mas os seus proponentes foram acusados pela ordem conservadora de serem manipulados pelos judeus, uma forma de racializar e, logo, de conter a oposição política.

A revolução de fevereiro de 1917 mostrou-se fiel às suas bases liberais e aboliu todas as limitações legais impostas aos judeus, que se tornaram cidadãos com direitos iguais — status mantido, naturalmente, pela revolução bolchevique, oposta, em princípio, ao preconceito racial. Tais privilégios inflamaram ainda mais os sentimentos antijudaicos entre as elites do Antigo Regime e as populações locais com dificuldades econômicas. O Exército Branco russo e o Exército de Voluntários antibolchevique promoveram diretamente a última onda de pogroms durante o período de guerra civil na Rússia e na Ucrânia; na época, a perseguição antijudaica foi claramente utilizada como expediente para mobilizar a população contra o Exército Vermelho. A devastação na Ucrânia foi incomparavelmente mais profunda do que o verificado com pogroms anteriores, pois o Exército de Voluntários serviu-se de técnicas militares de assalto e de homicídios em grande escala; estima-se que as mortes tenham chegado a um número entre 160 mil e 200 mil indivíduos numa população de 1,6 milhão de judeus na região.[14] A ligação entre a segunda e a terceira ondas de pogroms antijudaicos está bem patente no grito de guerra partilhado pelas milícias dos Cem Negros e pelo Exército Branco: "Derrotem os judeus e salvem a Rússia!".

Os pogroms eram em geral incitados durante a Semana Santa, segundo um pretexto familiar desde os motins medievais: o suposto desprezo judeu pela celebração sagrada do sacrifício de Cristo. No entanto, a essas queixas juntava-se a acusação política de que os judeus exploravam o povo. Embora os efeitos catastróficos da industrialização nos territórios ocidentais da Rússia imperial tenham afetado tanto os judeus como os cristãos, o ódio pelos judeus aumentou devido à sua integração política e social relativamente bem-sucedida. Os judeus estavam integrados no serviço militar desde 1827, e o acesso ao sistema educativo havia levado a um desenvolvimento extraordinário da sua posição em todas as áreas do conhecimento, mesmo nas profissões e nos cargos públicos mais relevantes. Nesse caso, o ódio racial não era justificado pela hierarquia e pelo domínio. Tratava-se da situação oposta: era uma reação contra a integração de uma etnia anteriormente oprimida, combinada com a redução da capacidade competitiva da maioria cristã da população. No contexto da difícil transição para a sociedade moderna, o terror racial russo na guerra civil, que visou aos judeus, acusando-os de exploração, bem como de cumplicidade com o regime comunista, deu origem a atos de violência muito mais letais em outros locais, com os Estados totalitários decidindo usar os judeus como bodes expiatórios.

Como vimos, os pogroms antijudaicos russos não foram os únicos, embora não tivessem paralelo em dimensão e ferocidade. No período entre 1870 e 1920, as piores formas de terrorismo racial verificaram-se no Império Otomano. As tentativas de reforma, sobretudo a Constituição liberal de 1876, do Império Otomano, encurralado entre a expansão russa a leste e a emergência de Estados nacionais nos Bálcãs, envolvido em combates e vinganças étnicas sangrentas, assoberbado, ao longo do século XIX, por milhões de refugiados muçulmanos de ambos os lados, os quais levavam com eles ressentimento e sentimentos anticristãos, traumatizado por derrotas constantes e pela perda de grandes áreas de território, bloqueado por um sistema político e cultural fossilizado, acabaram por se revelar inconsequentes e breves. O tratado de Berlim de 1878 atribuiu a proteção das minorias religiosas à supervisão internacional. O dever de cuidar das minorias entrava, pela primeira vez, no âmbito do direito internacional, mas a população muçulmana otomana considerou tal gesto uma intrusão.

O GENOCÍDIO ARMÊNIO

O Estado otomano, que durante o período de reorganização (Tanzimat) de 1839-76 tentara reduzir a desigualdade entre etnias, obteve uma melhor integração no curto prazo, mas também aumentou a rivalidade. Nas últimas décadas do século XIX deixou de proteger a população multiétnica e multirreligiosa de súditos, diferenciados pelos sistemas de impostos, além de um acesso desigual às profissões e aos cargos, aceitando, ou até promovendo, a perseguição étnica. Em 1894-6, os massacres das populações cristãs armênias provocaram entre 100 mil e 250 mil mortes — valores muito mais elevados do que todos os casos russos contra judeus até essa data. À semelhança de outras etnias, nas últimas décadas do século XIX, os armênios criaram os seus próprios movimentos nacionalistas. Alguns estavam armados para autodefesa, já que as comunidades locais eram visadas regularmente pelos

Mapa 18.3. Novos Estados nos Bálcãs, 1800-1913.
Fonte: Geoffrey Barraclough (Org.), The Times Atlas of World History. Londres: Times Books, 1990, p. 215.

refugiados muçulmanos e pelas tribos curdas nômades. A maioria dos armênios vivia tradicionalmente nas províncias sudestes e orientais da Anatólia, junto às novas fronteiras com o Império Russo, o que os deixava sob suspeita constante. Porém é preciso ressaltar que os armênios também tinham uma forte presença no Cáucaso, onde competiam com as populações muçulmanas. Durante o movimento geral de divisões nacionalistas, o conflito de lealdade (e interesses) dos armênios entre os dois impérios foi constantemente lembrado pelos seus rivais.

A criação, em 1889, do movimento nacionalista turco representou uma alteração profunda nas percepções e práticas políticas do Império Otomano tardio.

Os Jovens Turcos viam a Anatólia (e a Trácia) como o centro territorial de um Império Otomano baseado na nacionalidade turca. Segundo o censo de 1881-93, e apesar das vastas baixas da guerra e da emigração constante, que atingiu o seu auge na década de 1890 e na primeira década do século XX e afetou principalmente a população cristã, o Império Otomano contava então com 17,4 milhões de habitantes; destes, 4,5 milhões eram cristãos, metade dos quais armênios e quase metade gregos.[15] A população concentrava-se precisamente nos territórios centrais, com os gregos a oeste e os armênios a leste, enquanto Istambul contava com 56% de cristãos numa população de 900 mil habitantes. A maior parte da população armênia era rural e considerada mais "moderna" do que as populações muçulmanas dominantes.

À semelhança dos judeus no Império Russo, os armênios não foram visados para justificar inferioridade na hierarquia social; as perseguições resultaram da melhor integração e das tentativas de reforma com vista a uma maior igualdade de direitos — ou seja, foram desencadeadas pelo êxito relativo e pelo aumento da competitividade dessa minoria. Os armênios foram sistematicamente acusados de especulação e de usura, mais um paralelo com a situação judaica. No Império Otomano, as nações estavam geralmente associadas à religião, mas na atmosfera europeia do início do século XX as nações eram também interpretadas como raças. Embora não se defendesse publicamente um programa específico de limpeza étnica, a ideia de um Estado nacional turco homogêneo definia os armênios como um inimigo interno que teria de ser eliminado. Eram considerados uma quinta-coluna da expansão russa e do projeto russo de partição da Anatólia. O processo de transição do Império Otomano para um Estado turco foi complexo, pois os Jovens Turcos favoreciam a modernização e a liberalização da sociedade otomana. Os Jovens Turcos entraram em diálogo com várias organizações armênias e estabeleceram canais regulares de comunicação durante o período constitucional (1908-15), embora o processo tenha sido perturbado com o massacre de 25 mil armênios na Cilícia, em abril de 1909. Esse massacre coincidiu com uma tentativa de golpe conservador contra os Jovens Turcos, os quais, durante esse período de fraqueza temporária, não se opuseram à violência contra os armênios, definindo assim a sua posição futura.

A participação do Império Otomano na Primeira Guerra Mundial, aliado dos alemães e dos austro-húngaros contra os russos, foi o golpe fatal nas relações precárias entre comunidades. Embora os armênios tivessem se empenhado no serviço militar, com um desempenho equiparável ao dos turcos, as derrotas transformaram-nos num bode expiatório ideal, sendo acusados de deserção e de espionagem a favor dos russos. Os ataques e os saques regulares a povoados armênios não foram controlados após 1909, tendo aumentado durante a guerra. Em 16 de julho de 1914, os líderes do Partido Hunchakiano social-democrata foram detidos e acusados de separatismo (onze seriam enforcados em maio de 1915). Não obstante, a detenção de centenas de líderes políticos e intelectuais armênios em Istambul, em abril de 1915, e a implementação imediata de um vasto programa de deportação da comunidade armênia apanharam de surpresa a elite política armênia. Estava em jogo a sobrevivência da comunidade, com a aniquilação total sendo preparada pelo Estado e implementada pela Organização Especial, composta de dezenas de milhares de criminosos libertados propositadamente da cadeia, controlada por agentes militares e políticos de peso e apoiada pelas estruturas locais do governo. As deportações incluíram ainda o saque e o massacre sistemático das populações envolvidas, especificamente as das províncias orientais. Parte das populações armênias deportadas da Cilícia (sudeste da Anatólia) e das regiões ocidentais da Anatólia conseguiram chegar ao seu destino (Síria e Iraque). Os deputados e os líderes armênios que não conseguiram fugir foram abatidos a sangue-frio. A estimativa consensual de mortes armênias no período de 1915-6 é de cerca de 1 milhão de pessoas, valor que provavelmente representaria metade da população total de armênios ainda vivendo na Anatólia. A outra metade conseguiu refugiar-se no Império Russo, e de lá alguns voltaram a emigrar, sobretudo para a França e para os Estados Unidos. Uma pequena minoria regressou após a Primeira Guerra Mundial, voltando a se tornar alvo durante a guerra de 1919-22.[16]

Foi o primeiro exemplo de um genocídio programado cometido por um Estado contra uma minoria nacional específica. Já não se tratava de comunidades vulneráveis abandonadas por um Estado que não conseguia (ou que não queria, como no caso da Rússia) garantir proteção e segurança. As deportações foram organizadas por agências governamentais responsáveis pela identificação de indivíduos a serem detidos, pela formação de colunas e pela apreensão de propriedades. O governo local envolveu-se diretamente, sobretudo no saque e no confisco de bens. As deportações foram um mero pretexto para o homicídio em massa, quer levado diretamente a cabo pela Organização Especial, quer delegado às tribos nômades curdas convidadas para saquear as colunas de deportados. As mulheres e as crianças foram as principais vítimas dos massacres, uma vez que os homens adultos se encontravam na guerra ou já haviam fugido, sendo a prática turca e curda a de começar por desarmar e executar a população masculina dos povoados, visto que os homens poderiam resistir. Algumas mulheres e crianças armênias foram convertidas violentamente ao islã e integradas nas comunidades locais. Embora os Jovens Turcos tenham destruído vastas quantidades de registros em 1918, foram conservados testemunhos, relatórios locais e ordens centrais para o assassinato de civis inocentes que foram apresentados nos julgamentos (abortados) que se seguiram, em 1919.

Tratou-se de um caso óbvio de criação de um bode expiatório para o declínio e a derrota do Estado, justificando assim a limpeza étnica, a mobilização da população turca e o envolvimento dos curdos em ações criminosas, uma vez que os seus líderes haviam sido tentados por uma aliança com os armênios. Serviu igualmente de programa para a turquificação das populações muçulmanas. O extermínio dos armênios destinava-se a servir de mensagem a outras comunidades não turcas, algumas igualmente suspeitas devido à secessão anterior de albaneses muçulmanos. As tribos nômades curdas podem ter sido úteis para levar a cabo saques e massacres em determinadas ocasiões, mas também estavam ameaçadas, já que os curdos sedentários tinham relações normais com os armênios, ajudando-os em muitas situações. Várias centenas de milhares de curdos foram deportados após a remoção dos armênios, sendo objeto de uma política de assimilação em pequenos grupos, fora da vida comunal tradicional, sobretudo a partir de 1923.[17] As regras do jogo mudaram subitamente quando as políticas seculares e republicanas de Kemal precipitaram o conflito. Em 1924, a rebelião dos curdos alevitas, seguida, um ano depois, pela rebelião do xeque curdo Said Piran contra a abolição do califado e as reformas judiciais previstas, sobretudo a substituição das cortes islâmicas por cortes seculares e da *sharia* por um código penal e civil de inspiração ocidental, marcaram o início de uma longa sequência de ações militares turcas contra os curdos, que ainda hoje continuam.[18]

A perseguição a comunidades cristãs nos derradeiros anos do Império Otomano não visou exclusivamente aos armênios. Os cristãos siríacos também foram vítimas de perseguição, incluindo saques e massacres quase no mesmo nível dos armênios, embora esse caso seja menos conhecido devido à dimensão mais reduzida da sua comunidade. Obviamente, a comunidade grega, de extrema importância na Anatólia ocidental, também se encontrava sob suspeita, embora a existência do Estado grego levasse à ameaça de represálias e contribuísse para minimizar os abusos diários — tal como observado de imediato por Arnold Toynbee.[19] Não obstante, estima-se que no final da Primeira Guerra Mundial 500 mil gregos tenham sido massacrados na região de Ponto. Em 1923, a troca, entre os dois Estados, de 1,5 milhão de gregos por 500 mil turcos marcou o final da limpeza étnica em ambos os lados. Isso explica o motivo por que o Império Otomano fez o possível para evitar a criação de um Estado armênio no Cáucaso, estendendo a guerra a essa região depois da queda do Exército Russo após a revolução de 1917. Em 1915, a Rússia ocupara parte da Anatólia oriental, transformando em realidade provável o pesadelo otomano da partição do seu território central. O projeto de Estado armênio viu-se limitado pela Guerra Turco-Armênia de 1920 e pela intervenção bolchevique, quando o Exército Vermelho obteve o controle do Cáucaso no final da guerra civil e integrou o reduzido território na União Soviética.

Longe de ser esquecida, como previu Talat Paxá, líder dos Jovens Turcos e grão-vizir entre fevereiro de 1917 e outubro de 1918, a questão armênia viria a manter-se na memória coletiva, tornando-se um tópico importante de debate na segunda metade do século xx. Talat Paxá não poderia antecipar as reviravoltas da história ao declarar aos embaixadores ocidentais que os armênios haviam sido erradicados da Anatólia; teria até se gabado de ter feito mais para "resolver" a questão armênia em três meses do que o sultão Abdul Hamid II em trinta anos. Henry Morgenthau, embaixador americano em Istambul em 1915-6, relatou a sua reação à primeira das três justificativas (especulação à custa dos turcos, separatismo e conluio com uma potência estrangeira) que Talat Paxá apresentou para as deportações: "massacres como forma de destruir a concorrência empresarial são um conceito original".[20] Em vários aspectos, os Jovens Turcos estabeleceram um precedente para a Alemanha nazista, baseado na fusão dos conceitos de nação e de raça, ao visarem para deportação e exclusão física a toda uma etnia considerada uma nação rival que não deveria partilhar o mesmo território.[21] Os nazistas trocariam os métodos arcaicos de saque e de massacre de armênios nas estradas, deixando cadáveres aos milhares durante semanas e meses a céu aberto, por um homicídio em massa moderno e organizado eficientemente. Havia outra diferença importante: no caso turco, a rivalidade religiosa tradicional não excluiu casos de raptos de mulheres e crianças para que fossem convertidas à força e adotadas. Por fim, o exemplo armênio trouxe uma inovação crucial no direito internacional: em 24 de maio de 1915, a Tríplice Entente declarou que os signatários veriam os elementos do governo otomano e os funcionários públicos que houvessem participado nos massacres como pessoalmente responsáveis por crimes contra a humanidade.

O HOLOCAUSTO

À exceção do Império Russo, entre 1870 e 1920 não se verificou nada do gênero na Europa, embora a propaganda antijudaica tivesse proliferado na França e na Alemanha. Na década de 1870, a postura francesa, em geral calma e respeitosa, em relação aos judeus alterou-se, possivelmente estimulada pela depressão econômica, pelo desastre da Guerra Franco-Prussiana e pela perturbação causada pela Comuna. Teve início uma nova campanha antijudaica, não só na imprensa, mas também através de literatura de segunda categoria. Contudo, foi o escândalo com a condenação, em 1894, de Alfred Dreyfus (1859-1955), um oficial de artilharia de origem judaica e alsaciana acusado de espionagem a favor dos alemães, que desencadeou a maior erupção de propaganda antijudaica na França. Rapidamente veio à tona que o oficial fora acusado maliciosamente sem provas convincentes, o que levantou a questão da discriminação racial. Passados dois anos, surgiram provas que apontavam para outro oficial, Ferdinand Esterhazy, como o verdadeiro culpado, mas as altas instâncias militares francesas absolveram-no e aceitaram novos documentos forjados contra Dreyfus. A opinião pública dividiu-se em grupos a favor e contra Dreyfus. Autores como Émile Zola serviram-se da sua reputação para defender o condenado inocente, que também recebeu o apoio de Anatole France, Henri Poincaré e Georges Clemenceau. Dreyfus foi exonerado em 1906, readmitido no Exército com a patente de major e serviu durante a Primeira Guerra Mundial.[22] A Action Française, movimento de extrema direita liderado por Charles Maurras, interveio profundamente no caso, embora o resultado mostre que a sociedade francesa dispunha de defesas contra a propaganda antijudaica, tendo a decência acabado por prevalecer.

A campanha contra os judeus foi mais estruturada na Alemanha, onde, pouco depois da unificação, autores como Wilhelm Marr (1819-1904) condenaram o suposto controle judaico das finanças e da indústria, que lhes permitia explorar o Estado e o povo. Em 1879, Marr publicou um longo panfleto, *Der Sieg des Judenthums über das Germanenthums* [A vitória do judaísmo sobre o germanismo], em que pela primeira vez se apresentava o conflito entre as duas raças como crucial para o futuro do país. Segundo essa visão, não havia margem para integração ou compromisso, apenas um conflito mortal para impedir a derrota da Alemanha diante do crescente controle judaico de todas as esferas da vida.[23] Nesse mesmo ano, Marr criou a Liga Antissemita (foi ele quem cunhou o termo "antissemita") para promover a expulsão dos judeus do país. Entretanto, novos e velhos estereótipos antijudaicos (cupidez, taxas de juro escandalosas, especulação em tempo de escassez, monopólio do comércio, manipulação de preços após fracas colheitas e condições industriais inumanas) compunham o coquetel de acusações disseminadas pela imprensa, como se todos os problemas do capitalismo industrial se devessem às maquinações judaicas. Hermann Ahlwardt, condenado em tribunal por falsificar documentos judaicos, o que não o impediu de ser eleito para o Parlamento e obter imunidade governamental, publicou uma série de longos panfletos antijudaicos, alguns deles com títulos bem reveladores, como *Die Gipfel Judischer Frechheit* [O auge da audácia judaica], de 1891, ou *Der Verzweiflungskampf der Arischen Völker mit dem Judenthum* [A luta desesperada do povo ariano contra os judeus], em 1892. O choque entre as duas raças proposto por Marr era aprofundado nessas obras, o que contribuiu para aumentar o nível de antijudaísmo. Os intelectuais também não ficaram imunes a esses esforços propagandistas; o historiador Heinrich von Treitschke, por exemplo, rotulou infamemente os judeus como materialistas e desonestos.[24]

Entretanto, a ideologia racial tornava-se fonte de explicação geral para a grande variedade de sociedades humanas. Muitos autores, encantados com a virtude germânica reforçada pelo processo de unificação, elogiaram os teutônicos ou os arianos como responsáveis pela evolução humana. O lado popular e tradicional dessa moda pode ser exemplificado com o jornal para indivíduos louros de Lanz von Liebenfels, mas o antropólogo Ludwig Woltmann mostrou-se mais sério, uma vez que o seu trabalho juntava o orgulho ariano com uma discussão sobre o marxismo.[25] À visão marxista da luta de classes, o autor contrapunha uma visão racial de luta baseada nas qualidades essenciais dos diferentes povos, à época equiparados a nações. Ao contrário dos pressupostos da historiografia moderna, o darwinismo social de pouco ou nada serviu na inspiração de tais conceitos, pois essa visão considerava que os atributos dos povos estavam sujeitos a mudanças; o padrão das qualidades imutáveis e perpétuas associadas ao clima e ao solo havia sido estabelecido em meados do século XIX pelo racialismo científico (ver o capítulo 16). Seria esse corpo de ideias, disseminado por vários autores, que viria a influenciar Hitler e os nazistas, com o darwinismo social desempenhando um papel secundário.

O livro de Houston Stewart Chamberlain (1855-1927) *Die Grundlagen des Neunzehnten Jahrhundert* [Fundamentos do século XIX], publicado em 1899, expressava sentimentos antijudaicos alimentados pelos intelectuais nacionalistas alemães envolvidos no círculo de Bayreuth de admiradores de Wagner (em 1908, Chamberlain viria a se casar com Eva Wagner, filha do compositor).[26] O livro de Chamberlain vendeu 100 mil exemplares antes de 1914. O autor, um britânico que assumiu a nacionalidade alemã e que durante a Primeira Guerra Mundial publicou panfletos de propaganda alemã contra a Grã -Bretanha, tornou-se amigo do imperador. A sua obra promovia a ideia de supremacia teutônica na história mundial, influenciada pela visão do arianismo. Müller era citado, embora o autor tivesse tido o cuidado de alertar contra o uso de referências arianas em qualquer sentido que não o linguístico. Gobineau era citado diversas vezes sobre a superioridade ariana no mundo, mas, tal como vimos, o autor francês não fora antijudaico e considerava os alemães uma raça mista. Chamberlain categorizou os principais povos nórdicos e teutônicos como arianos, mas fez o mesmo com os gregos, os romanos, os celtas e os eslavos, embora sugerisse que estes haviam perdido o elemento ariano com o tempo, ao contrário dos nórdicos. Adotava claramente a visão de Marr do choque crucial entre as raças judaica e alemã. Com efeito, o autor contestava a ideia de Leopold von Ranke de o século XIX ser o século das nacionalidades. Para Chamberlain era o século das raças, ameaçadas pela mistura crescente, e todo o futuro dependeria do resultado desse conflito racial de vida ou morte.[27] Os europeus setentrionais haviam conseguido o status de autores da história mundial graças à criação de Estados, ao pensamento inovador e à arte original.[28] Outros grandes avanços civilizacionais na Europa Austral haviam sido feitos graças à influência gótica (ou ariana), sobretudo pela mão do que Chamberlain chamava de germano-helênicos, além dos godos lombardos e dos visigodos espanhóis.

Chamberlain reconhecia que todas as grandes raças haviam se misturado até certo ponto, mas defendia que os judeus eram o mais distante que existia de uma raça pura, já que provavelmente seriam 50%, 5%, 10% indo-europeus (amorreus) e 35% de ascendência mista, o que fazia deles mestiços devido ao fosso entre os elementos constituintes, e piores do que os resultados do cruzamento entre espanhóis e sul-americanos.[29] Seria possível indagar como tal baixeza poderia representar um "risco para a Europa", mas Chamberlain declarava que a nação israelita existia apenas como ideia e desejo, baseada numa forma especial de sentir e de pensar, algo sustentado pelo interesse pecuniário da sua nobre casta sacerdotal, que maquinava constantemente a criação de um império universal.[30] O recente florescer da cultura judaica era atribuído aos seus poderes de imitação, usados para o controle da civilização europeia, o que levaria à destruição desta através da imposição de costumes e modos de pensar orientais, à semelhança da forma como a visão fatalista islâmica (rotulada de maometana) do mundo reduzira uma nação enérgica, os turcos, à passividade absoluta.[31] Chamberlain condenava a emancipação dos judeus, além da atribuição de direitos civis iguais e do direito de casar com indivíduos não judeus, privilégios comprados pelos líderes financeiros judeus, que casavam as filhas fora da comunidade, embora os descendentes destas não deixassem de ser judeus, ao passo que os filhos só se casavam no seio da comunidade.[32] Desprezou a visão setecentista da fraternidade entre nações como sendo sentimentalista e considerava abjetas tanto as ideias liberais de reforma como as socialistas.[33] Chamberlain recuperou a ideia do poligenismo (a teoria das criações múltiplas; ver o capítulo 16) para afirmar que só os judeus eram descendentes de Adão e Eva, ao passo que o resto da humanidade tinha uma origem muito mais antiga — outro indicador da importância do racialismo científico na representação da supremacia teutônica.[34] Também eliminou a religião do caso: o judaísmo era materialista, isento de portento contemplativo, sem mistérios, baseado nos rituais e nos preceitos, não na revelação, e era uma "monolatria", não um "monoteísmo".[35] A preservação do judaísmo acontecera, sobretudo, graças ao cristianismo: "embora Cristo fosse o construtor, fomos buscar a arquitetura nos judeus", já que estes instilaram no cristianismo um espírito não ariano (ou seja, não combatente, não criativo e não enérgico).[36] Tal como outros o diriam de forma mais clara, o cristianismo era considerado a religião dos escravos.

Essa posição anti-humanista e anticompassiva estava bastante de acordo com o espírito da época. Ao longo do século XIX, o liberalismo criara um sistema secular de valores que promovia o respeito pelo indivíduo e pelos direitos civis, isento de referências à divindade e livre da obediência às Igrejas das diferentes confissões. A descristianização notória levara a sucessivas intervenções papais contra o pensamento liberal, como o *Syllabus Errorum*, publicado por Pio IX em 8 de dezembro de 1864, uma lista de proposições condenadas pela Igreja.[37] No final do século XIX, os movimentos nacionalistas de direita eram considerados em maior ou menor medida a favor da restauração católica, embora em vários casos as novas ideologias houvessem condenado as tradições religiosas como inúteis e anacrônicas. Consequentemente, os agentes envolvidos não se moviam pelos princípios religiosos básicos da caridade ou do respeito pelos outros seres humanos; o mandamento "não matarás" passou simplesmente a ser ignorado como obsoleto. Tal como vimos no caso da perseguição aos judeus na Rússia ou do genocídio armênio na Turquia, a desumanização dos inimigos políticos ou dos alvos raciais fez parte da mudança para a indiferença diante do sofrimento humano de quem não pertencia à nação ou à raça corretas.

Esse cenário está presente no livro de Chamberlain, assumindo a forma de uma mistura específica de estereótipos com ideias tradicionais e modernas. Verificamos uma notória recuperação do poligenismo quatro décadas após Darwin; Chamberlain elogiava o cientista, mas rejeitava as suas teorias, em parte devido à influência do seu professor, Karl Vogt, um discípulo de Agassiz que tentou juntar o poligenismo e as teorias evolutivas.[38] A promoção da importância das raças, e a luta entre elas, na definição do futuro da humanidade estava em consonância com os autores poligenistas das décadas de 1840 e 1850. As afirmações sobre as capacidades imitativas dos judeus ou sobre o seu projeto de império universal não eram novas. A principal inovação foi negar completamente as características físicas imutáveis e os ideais religiosos sublimes da raça judaica, reduzida assim a um repositório de interesses e de ganância, enquanto ao mesmo tempo se criticava o cristianismo como uma ilusão inútil de caridade, um obstáculo às convincentes políticas arianas. A Revolução Francesa era tida como uma catástrofe, e a ideia de progresso foi posta em xeque, num reflexo das teorias de Gobineau.[39] As ideias antiliberais e antissocialistas estavam na base do enaltecimento da luta racial, acompanhando a corrente norte-americana definida por Ripley e Grant (ver o capítulo 17).

Seria essa narrativa anti-humanista e impiedosa sobre a luta dos arianos (teutônicos) pelo seu futuro e pelo futuro da humanidade a ser recuperada no contexto de uma Alemanha derrotada e ressentida. Adolf Hitler (1889-1945), nascido na Áustria, de pais alemães, viveu em Viena e depois em Munique, onde se ofereceu como voluntário para o serviço militar na Primeira Guerra Mundial. Envolvido em propaganda e espionagem entre unidades militares no final da guerra, Hitler tornou-se membro do Partido dos Trabalhadores Alemães, que em 1920, já sob a sua liderança, foi rebatizado como Partido Nacional-Socialista dos Trabalhadores Alemães. Hitler foi detido como promotor do *Putsch* de Munique de 1923. Serviu-se do julgamento para difundir as suas ideias nacionalistas, usando o tempo passado na prisão para escrever *Mein Kampf*, publicado em 1925.[40] Deu bastante uso ao livro de Chamberlain. Hitler visitou Chamberlain em Bayreuth, prestou-lhe homenagem pública como mentor ideológico, correspondeu-se com ele, tornou-o membro do Partido Nacional-Socialista e esteve presente no funeral do autor. Hitler não citou explicitamente nenhum autor, apropriando-se tanto quanto possível de outros para a sua mistura específica de ideias, mas Chamberlain foi claramente a origem da noção de ausência de uma verdadeira religião e de ancestrais puros na raça judaica, e da acusação de os judeus procurarem alcançar um império universal, algo sustentado pela obra *Os protocolos dos sábios de Sião*, encarada como um documento sério e considerada provada pelas principais realizações judaicas.[41] As supostas alianças matrimoniais estratégicas dos judeus também foram citadas diretamente, embora com um toque sarcástico: "Na pior das hipóteses, algumas gotas de água batismal resolveriam o assunto, podendo a partir daí o judeu prosseguir com os seus negócios".[42]

Chamberlain nunca desenvolvera um programa político, o que em *Mein Kampf* era vasto e coerente, colocando os judeus num papel central negativo. Hitler analisou as políticas dos principais partidos políticos alemães na Áustria, explicando as suas falhas. Schönerer era elitista e não abordou os problemas da classe operária, algo que Hitler dizia conhecer, pois trabalhara em Viena como operário durante cinco anos. O domínio do poder político pelas classes mais elevadas era visto como insignificante. O conflito de Schönerer com a Igreja católica fora um grande erro, pois o apoio de tais instituições era importante para o êxito de qualquer projeto político. Para Hitler, Lueger baseava o seu antissemitismo na religião, não na raça; tratava-se de proselitismo que não perturbava os judeus. Os socialistas cristãos haviam fracassado porque "o movimento carecia da única fonte de energia a partir da qual um partido político consegue retirar a força necessária".[43] Assim sendo, o antijudaísmo era entendido explicitamente como o impulsionador do projeto político de Hitler.

Os judeus eram acusados de controlar as finanças e a indústria, despersonalizar os negócios através da bolsa de valores, manipular a imprensa, provocar a degeneração da arte, da literatura e do teatro e influenciar todas as esferas da vida pública.[44] Eram liberais mas também marxistas, capitalistas mas ao mesmo tempo socialistas, exploradores da classe operária e organizadores de sindicatos. Mais tarde, Hitler afirmaria que os judeus haviam matado ou atacado 30 milhões de pessoas na Rússia, que os comissários comunistas na União Soviética eram judeus e que expropriavam a riqueza dos capitalistas, mas que também se encontravam no outro lado, que lucrava com o processo.[45] Os judeus teriam inventado os direitos civis e a democracia para promover os seus próprios interesses, pois a igualdade permitia-lhes controlar o sistema, ao passo que o poder baseado na representação numérica rebaixava os alemães como raça.[46] Aqui, Hitler estaria provavelmente pensando na Áustria e na "eslavização" do império através do sufrágio universal. O cosmopolitismo e o capitalismo internacional eram associados a interesses judaicos, e não a interesses da nação. Assim sendo, os judeus eram responsabilizados por todos os fracassos econômicos, sociais e políticos, sobretudo a derrota na guerra; eram responsáveis tanto pela exploração capitalista como pela falsa alternativa marxista. Os judeus eram acusados de desprezar o trabalho manual e de terem criado o rótulo proletariado para aviltar o orgulho da classe operária, enquanto eles, como parasitas, viviam à custa do trabalho dos outros. Eram também acusados de separar artificialmente as categorias de nação e de bem social, algo que para Hitler estaria naturalmente associado (daí o nacional-socialismo). Como motor do projeto político de Hitler, o antijudaísmo satisfazia todos os requisitos do descontentamento.

Ao seu ataque, Hitler acrescentou uma crítica totalitária ao liberalismo: o regime parlamentar era tão corrupto e falso como os judeus. Para ele, a democracia não passava de um precursor do marxismo, apelidado de bacilo e de peste, tal como os judeus, rebaixados como seres humanos. A crítica ao marxismo, considerado uma doutrina judaica, era reminiscente das teorias raciais oitocentistas, com um toque do elogio da desigualdade de Gobineau: "[O marxismo] rejeita o princípio aristocrático da natureza, trocando-o pelo princípio eterno da força e da energia, da massa numérica e do seu contrapeso"; nega o valor individual da personalidade humana, contradiz a importância essencial da nacionalidade e da raça, elimina as bases da civilização humana.[47] A única democracia genuína fora a tradicional alemã, baseada na escolha de um líder (Hitler não explica como) que é obrigado a aceitar a total responsabilidade pelas suas ações e omissões. Como é óbvio, o controle e a responsabilidade pelas ações do líder foram ignorados. A referência depreciativa à opinião pública como estando sempre vulnerável à manipulação indica a fonte do desprezo de Hitler pela democracia.[48] Segundo essa visão, as massas só eram capazes de alcançar alguma coisa quando sob o controle de um líder.

No entanto, o que daria Hitler à classe operária? Orgulho de raça, equiparada à nação; um espírito renovado com uma missão civilizadora; e expansão territorial na Europa. O objetivo central era limpar a nação da influência judaica ("pestilência moral"). Os membros do partido recuperariam a sua dignidade graças ao uso de fardas e à participação nas tropas de assalto, lançando ataques terroristas e exercendo uma intimidação brutal sobre os judeus, bem como contra os adversários políticos. Hitler depositou nas massas a esperança de cumprir os seus sonhos militares (vingança pela derrota e pela extração de compensações que se seguiu), pois a "burguesia alemã, sobretudo a dos círculos mais elevados, é pacifista a ponto da negação de si própria".[49] Para ele, a integração da Áustria seria o primeiro passo a caminho da emancipação da nação alemã.[50] A seguir viria a expansão territorial, pois a Alemanha não dispunha de espaço suficiente para aumentar a população.

A competição entre raças era considerada limitada pelas fronteiras territoriais; as raças culturalmente superiores que fossem menos impiedosas seriam dominadas por raças inferiores. Hitler rejeitava as aventuras coloniais em outros continentes, devendo a expansão territorial ocorrer apenas na Europa, e não em Camarões.[51] A influência da visão poligenista do século XIX das raças imutáveis associadas ao solo e ao clima está aqui bem patente: Hitler afirmava que os alemães só poderiam manter o seu caráter original na Europa. Ambicionava obviamente o Leste Europeu, considerado subpovoado na época. Em *Mein Kampf* expressava repetidamente o seu desprezo pelas populações eslavas. Hitler regozijou-se com a vitória japonesa de 1905 sobre os russos, por exemplo, algo que considerou um rude golpe contra o eslavismo austríaco.[52] As raças superiores estavam limitadas aos alemães, aos escandinavos, aos holandeses, aos britânicos e aos norte-americanos. Hitler criticava Viena como a Babilônia das raças. O arianismo era usado de acordo com Gobineau e Chamberlain, ignorando a desconstrução anterior da sua lenda por Salomon Reinach, em 1892, e por Sigmund Feist, em 1915.[53] Hitler reproduziu todos os estereótipos sobre a miscigenação como fonte de degeneração e caos. O livro propagava que o Estado alemão era uma nação alemã, tendo o programa para a mobilização das massas sido baseado na definição dos judeus como o inimigo interno; defendia que a derrota na Primeira Guerra Mundial acontecera por se ter ignorado esse inimigo doméstico.[54] O objetivo derradeiro era definido no epílogo: "Um Estado que, em plena época de adulteração racial, se entregue ao dever que é a preservação dos melhores elementos da sua estirpe racial deverá, um dia, tornar-se o governante do mundo" — um desejo de domínio universal que Hitler repetidamente atribuíra aos judeus.[55]

Em *Mein Kampf*, Hitler definia as bases do seu pensamento, a sua visão para a Alemanha e o programa político do partido. A mensagem do livro era clara: não havia dissimulação. Todo o raciocínio tinha como base a erradicação dos judeus (não se sabe ao certo em que ponto Hitler se decidiu pelo extermínio total em vez da emigração forçada), a expansão territorial e a supremacia mundial da nação alemã. Promoviam-se manifestamente princípios antiliberais, antidemocráticos e antimarxistas. A influência do racialismo científico estava bem patente. Embora Hitler reconhecesse o potencial de transformar os judeus em alvo para mobilizar as massas e ao mesmo tempo ameaçar os inimigos políticos através da imposição de terror contra uma minoria indefesa da população, era óbvio que acreditava nas características raciais imutáveis como explicação para as tendências históricas, sociais e políticas, além de vê-las como possibilidades. A tradução dessa teoria de raças em ação política seria letal. Como veremos, o genocídio dos judeus e dos ciganos (romani) atingiu uma escala sem precedentes de atrocidades sistemáticas. A eliminação de todos os adversários políticos também fazia parte do programa. Hitler, com um estilo grosseiro, já definira o seu grande objetivo: o extermínio do marxismo (nunca se deu ao trabalho de distinguir entre sociais-democratas e comunistas, embora as políticas características destes últimos fossem patentes desde o início do século numa divisão criada pela revolução bolchevique). Também a posição anti-humanista foi proposta em *Mein Kampf*: "Quando as nações lutam pela existência [...] há que ignorar todas as considerações compassivas e estéticas".[56] Hitler manifestou-se abertamente contrário ao ideal pacifista e humanitário, que só seria útil "quando o tipo humano de maior superioridade conseguir subjugar o mundo" — em outras palavras, quando esse tipo humano estiver no controle das nações conquistadas.[57]

As políticas da Alemanha nazista estavam em sintonia com o programa que Hitler definira logo de saída. O mais surpreendente é a rapidez com que o Estado alemão se deixou moldar pelo preconceito racial e pela ação discriminatória. A Alemanha nazista é o caso em que mais completamente se assistiu à aplicação política das teorias raciais.[58] É também o caso mais desconcertante e aparentemente ilógico, já que a realidade era bem distinta da imagem de risco e de ameaça propagandeada por Hitler e pelos seus apoiadores. Os judeus representavam menos de 1% do total da população alemã; segundo a estimativa oficial de 1928, havia 564 mil judeus num universo populacional de 65 milhões de habitantes. Além disso, os judeus não eram, de todo, uma comunidade isolada. O processo de integração aumentara marcadamente no século anterior de um ponto de vista econômico, social, profissional e físico, algo manifesto pelos 60% de casamentos mistos entre judeus e cristãos em 1932.[59]

Não obstante, a exclusão racial destaca-se como política de Estado, sendo sistematicamente imposta através de ações paramilitares. As tropas de assalto nazistas, que chegavam aos 700 mil membros, contribuíram de maneira profunda para a destruição da democracia graças a constantes batalhas de rua contra os comunistas, sobretudo o provocativo "Domingo Sangrento" de Altona (Hamburgo), em 17 de julho de 1932. Quando os nazistas subiram ao poder — Hitler foi investido como chanceler alemão em 30 de janeiro de 1933 —, as tropas de assalto foram usadas de imediato para aniquilar os direitos de propriedade, a segurança pessoal, a estabilidade profissional e os direitos básicos da comunidade judaica, sublinhando o rebaixamento da sua cidadania com ações agressivas sustentadas pela lei. No dia 1º de abril de 1933, um boicote geral contra os judeus representou a eliminação dos seus direitos civis; invadiram-se e fecharam-se lojas, o accsso ao trabalho foi bloqueado e prenderam-se pessoas. Esse ataque intimidador precedeu o afastamento legal de judeus do sistema judicial (como juízes, promotores, advogados e tabeliães), da função pública (incluindo hospitais e universidades) e das artes, da cultura e da ciência. Nesse mesmo mês, os indivíduos não arianos foram definidos legalmente com base na genealogia: um único pai ou avô judeu era quanto bastasse para excluir um indivíduo da cidadania. Usavam-se como prova certidões de nascimento, licenças de casamento dos pais e cadernetas militares. Hitler acreditava que a raça era espiritual (no sentido de algo desejado, ou enquanto ideal) e física, não religiosa, embora, mais uma vez, e paradoxalmente, não existissem critérios espirituais ou físicos objetivos que a definissem. Quanto às políticas de exclusão, os critérios de identificação eram os tradicionais, baseados em investigações genealógicas e na reputação.

A política estatal afetou todos os níveis da sociedade, criando segregação em restaurantes, hotéis e clubes, rompendo contratos públicos e perturbando relações privadas. O passo seguinte foi o confisco da propriedade dos exilados judaicos ou políticos. Em julho de 1935, um motim antijudaico em Berlim preparou a opinião pública para as Leis de Nuremberg, que completavam o quadro jurídico do Estado racial com a seguinte definição de cidadania: "Um cidadão do Reich é um súdito do Estado, de sangue alemão ou relacionado, que prove, através da sua conduta, que está disposto e apto a servir fielmente ao povo alemão e ao Reich". Isso significava a exclusão de todos os judeus, mas também dos adversários do regime nazista. Os socialistas e os comunistas haviam sido banidos em março de 1933; eram agora excluídos da cidadania e implicitamente equiparados aos judeus — uma operação coerente com a ideologia de Hitler. As leis proibiam o casamento e as relações extraconjugais entre judeus e alemães. Os judeus ficavam explicitamente excluídos da cidadania do Reich, sem direito de voto e impedidos de assumir cargos públicos. A definição de judeu revela mais uma vez a base frágil do Estado racial: "Um judeu é uma pessoa que descende de pelo menos três avós totalmente de raça judaica. [...] Um *Mischling* [mestiço ou de raça mista] que seja súdito do Estado é também considerado judeu caso descenda de dois avós totalmente de raça judaica". A lei também rotulava como judeus indivíduos que fossem membros da comunidade religiosa judaica, casados com judeus, e nascidos de um casamento que incluísse um judeu, ou nascidos de uma relação sexual extraconjugal com um judeu.[60] Essas categorias artificiais recordam a definição inquisitorial de cristãos-novos com sangue judeu total, com metade de sangue judeu, um quarto ou um oitavo. Essa categorização baseava-se apenas na genealogia, mesmo depois de dois séculos de discussão científica sobre raça; salvo o critério tradicional da afinidade, não havia nada de objetivo que definisse um judeu. O que não era de espantar, já que uma vasta investigação levada a cabo na Alemanha em 1875-6 por Rudolph Virchow — uma pesquisa que envolvera milhões de crianças em idade escolar — mostrara que cerca de 32% dos judeus tinham cabelo louro e 19% olhos azuis; uma pesquisa feita por Maurice Fishberg em Nova York e publicada em 1911 rejeitara o estereótipo do nariz adunco judaico; e uma pesquisa desenvolvida durante a Primeira Guerra Mundial mostrara que nem sequer os grupos sanguíneos, cuja existência fora descoberta recentemente, serviam para identificar judeus.[61]

A anexação da Áustria pela Alemanha em março de 1938 foi recebida com entusiasmo pelos apoiadores nazistas locais, que iniciaram motins antijudaicos e ocuparam as propriedades dos judeus. A Ordem Nazista para a Declaração da Propriedade Judaica seguiu a obliteração dos direitos dos judeus, oferecendo a expropriação "legal" como compensação para os supostos danos causados pelos judeus ao povo alemão. A expulsão dos judeus poloneses da Alemanha e da Áustria foi o passo seguinte para a libertação do espaço territorial alemão de elementos não arianos. Em novembro de 1938, o assassinato, em Paris, de um diplomata alemão pelas mãos de um judeu polonês atormentado foi o pretexto para a pior série de pogroms na história da Alemanha e da Áustria — os pogroms da Noite dos Cristais, durante os quais tropas de assalto nazistas incendiaram mais de

Figura 18.1. Fotografia após a Noite dos Cristais, novembro de 1938, autor desconhecido. Ridicularização e humilhação dos judeus de Baden-Baden, escoltados pela SS pelas ruas com um letreiro em que se lê: "Deus não nos abandona".

quatrocentas sinagogas, saquearam 7500 negócios judaicos, pilharam milhares de casas e detiveram e enviaram 34 mil judeus para campos de concentração (ver figuras 18.1 e 18.2). O Estado nazista confiscou prontamente o espólio da devastação promovida. Para expiar a morte do diplomata foi imposta uma multa de 1 milhão de marcos à comunidade judaica, ao mesmo tempo que o Estado confiscou todos os seus bens (num total estimado de 6 bilhões de marcos). Foi essa a jogada final do programa de arianização da economia, expulsando física e legalmente os judeus. Em finais de 1938, apenas entre 150 mil e 170 mil judeus haviam deixado a Alemanha; o pogrom da Noite dos Cristais levou à emigração imediata de muitos mais, apesar das oportunidades ínfimas oferecidas por outros países, bem como dos parcos recursos financeiros deixados a uma comunidade que fora sucessivamente saqueada, expulsa do mercado de trabalho e aterrorizada. Os judeus restantes foram enviados para campos de concentração, reunidos em guetos e confinados a trabalhos forçados.[62]

Durante a Segunda Guerra Mundial, os esforços nazistas para a exclusão racial não diminuíram, à semelhança dos do Império Otomano durante a Primeira Guerra Mundial; pelo contrário, esses esforços foram ampliados para o extermínio total.[63] Seria de se pensar que as limitações dos recursos militares e as dificuldades da economia de guerra iriam fazer esquecer as políticas antijudaicas, mas

Figura 18.2. Fotografia após a Noite dos Cristais, 10 de novembro de 1938, autor desconhecido. Uma mulher é humilhada nas ruas com um letreiro em que se lê: "Sou uma porca cristã e compro coisas dos judeus".

ocorreu exatamente o oposto, verificando-se o envolvimento de muitos milhares de tropas especiais, além de gastos significativos em armas, combustível, transportes e construção de campos de extermínio com câmaras de gás e crematórios. Durante um discurso em 30 de janeiro de 1939, Hitler já prometera aniquilar a raça judaica na Europa, fazendo perversamente dos judeus os responsáveis pela guerra, mesmo tendo o Terceiro Reich já ocupado a Áustria e a Tchecoslováquia. A conquista da Polônia, da Bélgica, da Holanda, da França e de parte dos Bálcãs estendeu violentamente a erradicação dos direitos dos judeus e a expropriação dos seus bens, junto com a proliferação de campos de concentração e de trabalhos forçados. Mas foi durante as primeiras fases da guerra com a Rússia (segundo semestre de 1941) que se definiu o programa de extermínio de todos os judeus na Europa. Os nazistas passavam a agir em uma escala completamente diferente. Antes da conquista da Polônia viviam no país 3 milhões de judeus; a União Soviética tinha cerca de 5 milhões de judeus, embora um número significativo tivesse sido acrescentado nos dois anos anteriores, através de anexações e da chegada de refugiados poloneses. Em 20 de janeiro de 1942, a ata da Conferência de Wannsee, de que participaram os principais ministros e os líderes da SS responsáveis pela "solução final", registrava 11 milhões de judeus na Europa.[64] O objetivo explícito era limpar áreas necessárias ao povo alemão.

Mapa 18.4. *Expansão nazista na Europa, 1942.*
Fonte: *Geoffrey Barraclough (Org.)*, The Times Atlas of World History. *Londres: Times Books, 1990, p. 272.*

A conquista do Leste Europeu representava para Hitler o "espaço vital" para a colonização e a expansão alemã — um espaço em que as populações eslavas locais seriam reduzidas a um status subordinado, e as crianças "racialmente valiosas" seriam retiradas dos pais e germanizadas. O extermínio dos judeus era a parte essencial desse vasto projeto de purga e substituição racial. O terror contra os judeus desempenhou um papel óbvio na neutralização de possíveis adversários políticos, mas não há como negar que Hitler acreditava nas suas políticas raciais, já que ordenou a morte de todos os judeus em campos de concentração em caso de revolta civil para erradicar possíveis líderes. Também estendeu o programa de extermínio de judeus a todas as áreas ocupadas pela Alemanha ou sob influência alemã. A França de Vichy replicou as leis nazistas e colaborou na deportação de dezenas de milhares de judeus para campos de concentração. Em julho de 1938, o Estado italiano fascista declarou a origem ariana da sua população e decretou a remoção da população judaica, expulsando todos os refugiados chegados após 1919 e excluindo da função pública e das profissões liberais os demais judeus. A deportação teve início quando o regime fascista italiano desmoronou e os nazistas assumiram o controle. Durante as últimas fases da guerra na Hungria deportaram-se mais de 725 mil judeus, sendo os restantes concentrados em guetos. Na Bulgária, os judeus dos novos territórios foram deportados. Na Iugoslávia, a milícia fascista croata Ustaša, que em 1941 controlava um Estado sob a proteção nazista, assassinou 300 mil sérvios, judeus e ciganos (romani). A deportação de judeus da Grécia ocupada pelos nazistas foi devastadora. Só em Salônica, foram 48 mil, de uma comunidade que contara com 56 mil elementos em 1940, deportados e mortos. Mas o extermínio nas regiões do Leste Europeu controladas pelos nazistas atingiu números sem paralelo.

Em alguns casos, as populações locais recusaram-se a colaborar com os nazistas. Na França, a maior parte da comunidade judaica sobreviveu, com apenas uma pequena porcentagem dos negócios judaicos confiscados sendo reutilizados. Na Itália, a deportação permaneceu relativamente limitada, já que deparou com uma resistência organizada e com a proteção local de instituições católicas e mesmo de figuras da cúpula da sua hierarquia. O caso de maior êxito verificou-se na Dinamarca, que resistiu o tempo todo à entrega dos judeus, enquanto as autoridades transportaram quase toda a comunidade, 7 mil pessoas, para a Suécia, um país neutro.[65] O resultado da política de extermínio sucessivo de Hitler, levada impiedosamente a cabo até o final da guerra, mesmo com a derrota inevitável à vista, foi o assassinato de 6 milhões de judeus pelos nazistas; dois terços foram vítimas de homicídio em massa perpetrado por unidades armadas móveis na Polônia e na União Soviética, e um terço foi exterminado em campos de concentração (ver figura 18.3).[66]

Os judeus foram o alvo central da purificação racial nazista, mas não foram os únicos. Em 15 de outubro de 1935, a Lei para a Proteção da Saúde Hereditária do Povo Alemão proibiu o casamento e as relações sexuais com "raças estrangeiras" e "grupos de menor valor", sobretudo ciganos (romani), negros e seus "bastardos". Em 8 de dezembro de 1939, os ciganos (romani e sinti) foram definidos como criminosos e associais, um incômodo do qual o Estado tinha de se livrar, e transformados em alvos pelo programa de purificação racial. Estima-se que mais de 500 mil tenham sido mortos na Europa ocupada pelos nazistas.[67] A eugenia fazia parte do projeto nazista, embora, infelizmente, a Alemanha não estivesse sozinha nesse campo.[68] A questão da raça fazia parte do programa de purificação da população alemã, que incluía a esterilização de grupos significativos, sobretudo indivíduos de raça mista, mas também envolveu a eliminação de 70 mil pessoas consideradas física ou mentalmente incapacitadas, entre elas homossexuais. O bispo de Münster escreveu uma carta de protesto, um dos poucos casos de manifestação pública da Igreja católica contra as políticas nazistas. Socialistas e comunistas também foram visados depois de terem sido banidos, em março de 1933, tendo também eles sido enviados para campos de concentração. Em 17 de julho de 1941, a diretiva de guerra quanto à invasão da Rússia requeria explicitamente a eliminação de todos os comunistas e judeus. Antes da guerra, a elite intelectual bolchevique e comunista já fora selecionada para extermínio futuro, com o objetivo de decapitar a resistência organizada. Os judeus continuaram a ser as principais vítimas nos campos de concentração e de extermínio, embora tenham partilhado o seu destino com comunistas, socialistas e democratas liberais ativos da Alemanha e dos países ocupados. A elite política, o Exército e a aristocracia da Polônia também foram visados para prevenir focos de

Figura 18.3. Libertação do campo de Bergen-Belsen por tropas britânicas em 15 de abril de 1945. Franz Hoessler, primeiro-tenente da SS, antigo comandante do campo feminino de Auschwitz-Birkenau, posa junto a um caminhão com cadáveres para um documentário cinematográfico britânico. Fotografia de 24 de abril de 1945.

resistência. O desprezo pelas populações eslavas, consideradas sub-humanas, manifestou-se na negligência e no homicídio em massa de prisioneiros de guerra. Foram chacinados uns impressionantes 3,5 milhões de soldados do Exército Vermelho, capturados nos primeiros meses da invasão da Rússia. Em março de 1941, Heinrich Himmler estimou que na União Soviética teriam de ser exterminados entre 20 milhões e 30 milhões de pessoas.[69] A derrota alemã fez com que o valor "só" tivesse chegado ao número mais baixo, revelando que os nazistas tinham perfeita noção da escala da operação levada a cabo.

A ideologia de raças de Hitler não sofreu alterações durante os doze anos que passou no poder, dos quais seis consistiram em guerra e confrontos diretos com muitos outros povos. Sucessivas concentrações de poder permitiram que Hitler transformasse as suas ideias em políticas cada vez mais letais, desde a emigração forçada ao extermínio. As "conversas à mesa", ou monólogos, com o seu círculo íntimo de colaboradores foram registradas e constituem um testemunho interessante das suas reflexões e intenções. Durante os primeiros meses de invasão vitoriosa da Rússia, um Hitler eufórico mostrou o desprezo sentido pelos povos do Leste: "o húngaro é tão preguiçoso quanto o russo"; "o território russo é a nossa Índia"; "iremos governá-lo com um punhado de homens"; e "se outros povos, começando pelos vikings, não tivessem levado as bases da organização para a população russa, os russos continuariam a viver como coelhos". O projeto de Hitler para a Rússia impediria o regresso ao cristianismo, pois isso daria um elemento organizativo aos europeus do Leste. Seus territórios seriam tomados, sendo entregues a alemães, dinamarqueses, holandeses, noruegueses e suecos.[70] Nesses monólogos, o cristianismo teria como destino uma morte natural (ideia reiterada várias vezes), já que servira de protótipo para os bolcheviques e para a emancipação de escravos. O declínio do cristianismo era atribuído ao recrutamento democrático.[71] A "raça inferior" certamente surpreendeu Hitler com uma reação e uma capacidade militar que ele não tinha previsto.

Enquanto vivia os últimos meses de retirada e derrota num bunker, Hitler refletiu sobre a ideologia racial. Rejeitava o colonialismo, pois a raça branca fora sempre incapaz de impor mudanças: "Os hindus permaneceram hindus, os chineses permaneceram chineses, e os muçulmanos ainda são muçulmanos [...]. [P]ermaneceram, em essência, inalterados".[72] Nessas frases podemos ver o essencialismo do racialismo científico, embora haja mais, relacionado com a mesma visão de raças ligadas ao solo e ao clima. Hitler declarou-se perturbado ao "pensar nos milhões de alemães [...] que emigraram para os Estados Unidos e que são agora a espinha dorsal do país". Considerava-os não só perdidos para a pátria, mas também inimigos, "implacavelmente mais hostis do que quaisquer outros. [...] O emigrante alemão retém as qualidades da industriosidade e do empenho, mas rapidamente perde a alma. Não existe nada menos natural do que um alemão que se tornou expatriado".[73] Além disso, "uma raça da mente é algo mais sólido, mais durável do que uma simples raça. Se transplantarmos um alemão para os Estados Unidos, o transformaremos em americano. O judeu, no entanto, permanece judeu para onde quer que vá, uma criatura impossível de assimilar por qualquer ambiente".[74] Ainda pensava que "nunca antes houve uma guerra tão tipicamente, e ao mesmo tempo tão exclusivamente, judaica".[75]

Hitler acreditou, ou fingiu acreditar, até o fim na sua própria propaganda, segundo a qual os russos, os britânicos e os americanos eram judeus ou estavam infestados por judeus. Lamentava não ter sido mais audaz no combate contra o colonialismo devido à aliança feita com Mussolini. Afirmava que tal posição teria servido para espalhar credibilidade entre os povos colonizados, sobretudo os muçulmanos, mobilizando-os contra os britânicos. Rejeitava o simulacro ariano que eram os povos latinos. Também lamentava o fato de que o "orgulho da raça é uma qualidade que o alemão não possui na sua essência". Os alemães haviam sido perturbados pela dissensão interna e pelas guerras religiosas, sujeitos a influências estrangeiras. "O cristianismo não é uma religião natural para os alemães; é, isso sim, uma religião importada, que não lhes sensibiliza o coração e está distante do gênio inerente à raça." Hitler destacava os austríacos e os prussianos pelo seu orgulho de raça, povos que nunca haviam sido dominados por outra raça (eco de Tácito e dos germânicos imbatíveis) e que possuíam a experiência acumulada do domínio e do poder, ao passo que lamentava "o complexo de inferioridade de que tantos alemães sofrem", algo que implicitamente considerava responsável pelos desastres da guerra.[76]

A fusão entre nação e raça era já notória no caso turco, que levara ao genocídio armênio, além dos massacres contínuos e das exclusões de muitas centenas de milhares de gregos e de curdos. A religião era a principal justificação para a limpeza étnica, mas os curdos também eram muçulmanos. Tratou-se do primeiro caso extremo em que se visou outras comunidades (também designadas como raças) para limpar uma área vista como o território nuclear — nesse caso, para a nação turca. Por trás dessas ações estava a ideia de que uma nação homogênea deveria governar um território homogêneo. Só a resistência cultural e política curda impediu a implementação total dos planos para tornar toda a população turca. A fusão entre nação e raça foi aprofundada pelo Estado racial da Alemanha nazista, no qual a ideia de alemães puros definia a cidadania sem meios-termos, excluindo as minorias que houvessem lutado pelo país em guerras anteriores. O projeto político nazista de um império na Europa e do domínio mundial obrigava ao extermínio dos judeus, definidos como o principal inimigo dos alemães, e à subordinação das raças inferiores, como os eslavos, os quais deveriam ser expulsos das suas terras e usados como fonte de mão de obra servil. O racismo chegava a níveis sem precedentes, baseando-se em projetos políticos nacionais ou expansionistas. A expulsão das minorias foi substituída pelo extermínio numa sociedade secularizada em que a luta política eliminara os principais obstáculos à aviltação completa dos seres humanos. Esse modelo de nação-raça foi seguido nas regiões da Europa onde se disseminaram movimentos nazistas ou fascistas. A Itália de Mussolini e a França de Vichy adotaram os procedimentos nazistas de perseguição aos judeus. Porém, antes de concluirmos o presente capítulo, é importante analisar as exceções a esse fenômeno.

A ausência de perseguição aos judeus na Espanha e no Portugal modernos continua a ser um ponto relativamente ignorado.[77] Trata-se de uma questão importante, já que, em épocas anteriores, a Península Ibérica convertera violentamente e expulsara judeus e muçulmanos, tornando-se o caso mais marcante do início da modernidade de discriminação e segregação de minorias. A distinção, que estruturava essas sociedades, entre cristãos-novos e cristãos-velhos com base na pureza de sangue foi abolida em 1773 em Portugal, e só entre 1835 e 1870 na Espanha, ilustrando a resiliência da divisão étnica (ver o capítulo 9). Espanha e Portugal mantiveram a neutralidade durante a Segunda Guerra Mundial, apesar da intervenção direta da Alemanha na Guerra Civil Espanhola. No seu romance *Raza*, o ditador Francisco Franco rejeitava a importância da questão histórica das raças em conflito, enaltecendo, em vez disso, a relação com a terra e a ideia comum de *hispanidad*.[78] Os falangistas (movimento fascista espanhol) e o próprio Franco elogiaram a expulsão dos judeus levada a cabo pelos reis católicos, nunca criticaram as políticas raciais hitleristas e equiparavam os judeus aos maçons e aos comunistas. No entanto, não se verificaram ações políticas contra os judeus. Manteve-se a extensão da cidadania concedida em meados do século XIX às comunidades sefarditas. O regime português de António de Oliveira Salazar foi ainda mais discreto, não tendo a pequena comunidade judaica sido perturbada. A questão essencial seria até que ponto se aceitariam judeus refugiados do restante da Europa.[79]

Essa ausência de perseguição só pode ser explicada em termos históricos, sociológicos e políticos. Aqui, a memória coletiva é importante: o feroz debate entre liberais e absolutistas no século XIX quanto ao passado histórico deixou sequelas para o século XX. Em Portugal, os absolutistas abandonaram as questões da Inquisição e da pureza de sangue imediatamente após a revolução liberal de 1820, ao passo que a resistência conservadora espanhola nunca envolveu mais do que uma referência nostálgica ao passado católico puro. Ninguém queria recuperar projetos controversos que haviam causado tantas mazelas. O catolicismo conservador do século XX evitava novas divisões étnicas, o que contribuiu para impedir que Franco e Salazar adotassem uma posição racialista histórica. Hitler atribuiu as culpas da neutralidade espanhola durante a guerra ao cunhado "jesuíta" de Franco.[80] Além disso, em finais do século XIX a Espanha perdera quase todas as colônias e via-se confrontada com os projetos autônomos das suas ricas periferias industrializadas, a Catalunha e o País Basco — situação definida por José Ortega y Gasset como "Espanha invertebrada".[81] Em Portugal, a sobrevivência das colônias até 1975 deixou bastante espaço para discursos raciais e para políticas racistas, mas os judeus nunca foram visados.[82] A monarquia constitucional liberal (1834-1910) e a república (1910-26) haviam deixado marcas inegáveis. A questão também é sociológica: os judeus haviam regressado a Portugal em meados do século XIX, vindos do Norte da África e da França, ao passo que na Espanha a maior parte dos judeus regressou após a independência marroquina, em 1956. Em meados do século XX eram menos de 10 mil pessoas. Isso significa que as comunidades judaicas em Portugal e na Espanha eram residuais; não tinham peso ou visibilidade em campo nenhum. Na ausência de intervenção direta, não havia motivos para um projeto político que tivesse como objetivo a sua discriminação, segregação, expulsão ou extermínio.

19. Comparações globais

EUROPA: DEPORTAÇÕES, MIGRAÇÕES FORÇADAS E TRABALHO ESCRAVO

Na Europa, durante a Segunda Guerra Mundial, a supremacia racial contou com a oposição da "virtude" da classe operária no choque entre os dois regimes totalitários (nazi-fascista e comunista). A transformação da Alemanha em Estado racial levou a que os não alemães fossem classificados segundo uma hierarquia racializada. Os ciganos (romani) encontravam-se no ponto mais baixo da escala, vistos como criminosos e associais; os negros eram considerados de pouco valor; os judeus eram visados como inimigo interno; e os eslavos eram rotulados como raça inferior. Os judeus foram condenados ao extermínio por serem definidos como risco social e político. Os eslavos eram representados como sub-humanos para que fossem destinados a trabalhos forçados. A classificação era assim motivada por projetos políticos e por contexto social. Os asiáticos eram considerados imutáveis e presos às suas tradições, mas os nazistas não viram necessidade de incluí-los no seu sistema racial, pelo menos até que alcançassem o domínio sobre a Europa. O projeto de um grande regresso aos trabalhos forçados (escravização) tornou-se uma realidade crescente em tempo de guerra, por mais que fosse questionável a possibilidade de impor em todo um continente um sistema racial em que a vasta maioria da população seria explici-

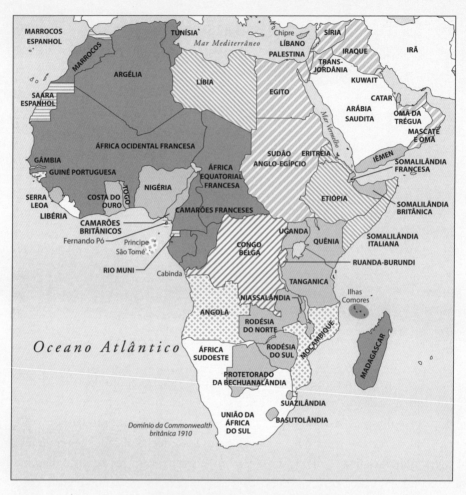

Mapa 19.1. Mundo colonial ocidental em 1939.
Fonte: Geoffrey Barraclough (Org.), The Times Atlas of World History. *Londres: Times Books, 1990, pp. 276-7.*

tamente considerada inferior. A recusa, por parte do sistema soviético, de uma divisão racial, considerada uma justificativa capitalista para a divisão mundial do trabalho, revelou-se limitada: algumas etnias eram vistas como mais resistentes do que outras à ação política anticlasse operária (ou seja, anticomunista). O internacionalismo serviu para ampliar a influência da União Soviética e criar uma comunidade de interesses entre os agentes orgânicos da classe operária (a nova elite internacional promovida pelo projeto político soviético). Durante

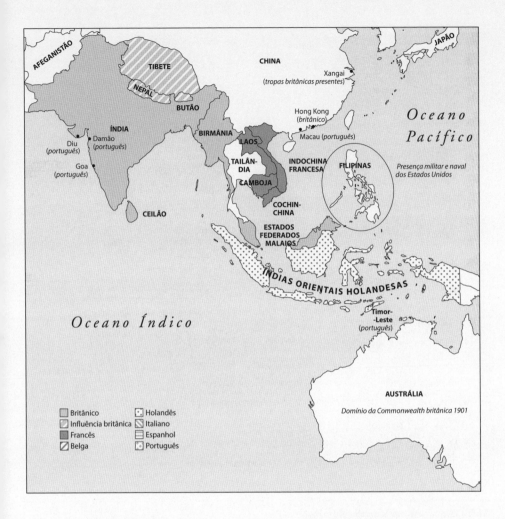

algum tempo, a divisão de classes revelou-se mais inclusiva do que a divisão racial. Ainda assim, o nacionalismo desempenhou um papel importante na lógica política da União Soviética de Ióssif Stálin. O nacionalismo russo revelou-se a mais eficaz das armas ideológicas no que diz respeito à mobilização da população contra a invasão nazista.

A deportação das minorias nacionais na Europa não parou com o final da Segunda Guerra Mundial. É verdade que a base do conflito surgira com as invasões nazistas, os massacres, as deportações e a colonização de territórios conquistados pelos alemães. Os horrores da guerra e as suas bases raciais haviam deixado memórias bem vívidas nos territórios ocupados, mas a paz poderia ter sarado as

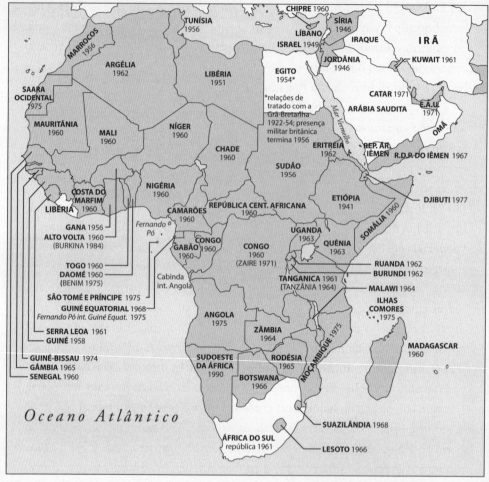

Mapa 19.2. *Territórios independentes desde 1947.*
Fonte: *Geoffrey Barraclough (Org.),* The Times Atlas of World History. *Londres: Times Books, 1990, pp. 276-7.*

feridas e imposto métodos civis para a integração das minorias. Contudo, não foi isso que aconteceu: na União Soviética, Stálin deportou os alemães étnicos que havia muito viviam ao longo do Volga, bem como os que viviam em Königsberg (Kaliningrado), enquanto a Polônia, a Tchecoslováquia e a Hungria procederam a expulsões maciças de comunidades alemãs. Estima-se que 12 milhões de alemães tenham sido exilados entre 1945 e 1948, com provavelmente 500 mil deles morrendo durante o processo.[1] A lealdade nacional tornara-se uma questão crucial após a guerra. O conceito de Estado-Nação, além da fidelidade política,

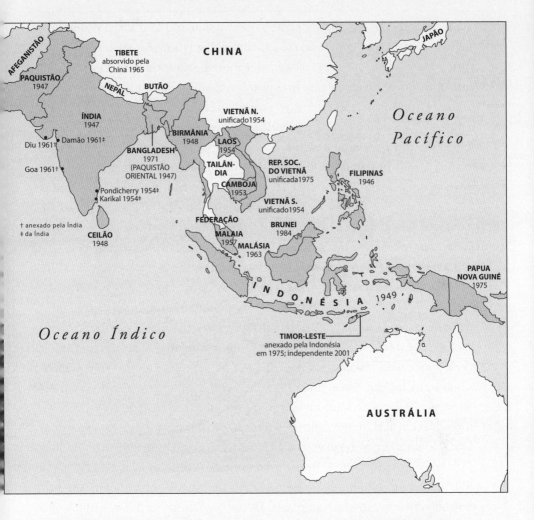

tornou-se importante mesmo nos regimes comunistas do Leste Europeu que se encontravam agora sob a influência soviética, apesar da pretensão de internacionalismo da classe operária. A questão das minorias nacionais afetava Estados teoricamente aliados. A minoria húngara na Romênia, por exemplo, continuou a ser alvo de romenização até a queda do regime comunista.

A reconstituição da Iugoslávia após a Segunda Guerra Mundial, sob a liderança do líder da resistência antinazista Josip Broz Tito, um croata comunista, adiou grandes erupções de vingança étnica e nacional até a queda do comunismo no Leste Europeu. A guerra entre sérvios, croatas e muçulmanos bósnios ou albaneses entre 1991 e 1995, devido à criação de novos Estados, deu origem a novos

Mapa 19.3. Alterações territoriais e movimentos populacionais na Europa, 1945-9.
Fonte: Geoffrey Barraclough (Org.), The Times Atlas of World History. Londres: Times Books, 1990, p. 274.

projetos políticos, sobretudo com vista a uma Grande Sérvia, e levou a atrocidades étnicas por toda a região, dividindo populações que haviam passado por um nível significativo de casamentos mistos. A divisão religiosa foi acompanhada por divisões nacionais e étnicas, restaurando alianças de finais do século XIX. Mas não foi tudo: em 1955, em Istambul, a memória do genocídio e dos massacres não bastou para impedir um vasto motim contra a comunidade grega, o qual levou à migração definitiva de 200 mil gregos que o Tratado de Lausanne permitira que ficassem na Turquia.[2]

A União Soviética rejeitou a teoria racial como arcaica e de inspiração capitalista, mas, no decorrer da Segunda Guerra Mundial, os judeus, que haviam sido relativamente protegidos durante a guerra civil, tornaram-se alvo de suspeita de traição de classe. Viram-se obrigados a lidar com a ameaça diária de serem enviados para o gulag — uma atmosfera habilmente recriada em *Vida e destino*, de Vassili Grossman.[3] A deportação de grupos étnicos suspeitos teve início em finais da década de 1920 com os finlandeses ingrianos, estendendo-se para os tártaros da Crimeia, gregos, calmucos, caracais, turcos, coreanos do Extremo Oriente, poloneses, romenos, lituanos, estonianos, tchetchenos e inguches. Estima-se que 5,9 milhões de pessoas tenham sido sujeitas a tais migrações internas forçadas, ao passo que outros 6 milhões foram afetados pela migração forçada de países vizinhos.[4] As etnias suspeitas eram com frequência encerradas em campos de trabalhos forçados juntamente com o inimigo da classe, a classe superior urbana e os camponeses rurais, com o pretexto da sua "reeducação através do trabalho". O gulag soviético foi crescendo até contar entre 2,1 milhões e 2,5 milhões de pessoas nas décadas de 1940 e 1950, até a derrocada provocada por Nikita Khruschóv em 1956. No século XX, e ironicamente, a emancipação da classe operária levou à criação de uma imensa escravatura moderna com Stálin. O mapa étnico da União Soviética foi remodelado, embora Khruschóv tenha permitido o regresso de vários grupos étnicos aos seus territórios de origem. Entretanto, a contribuição econômica dos trabalhos forçados foi muito menos eficiente do que na Alemanha nazista, onde foram destinados a empresas privadas.[5]

A situação na Alemanha foi diferente. Em 1938 conseguira-se o pleno emprego, e a mobilização de guerra acentuou a necessidade de trabalho imigrante. As conquistas trouxeram consigo prisioneiros de guerra — um recurso que durante a Primeira Guerra Mundial já fora maciçamente canalizado para trabalhos forçados. A categorização racial orientou a segregação, a seleção e a migração forçada dos eslavos. Durante a Segunda Guerra Mundial trabalharam na Alemanha cerca de 13,5 milhões de estrangeiros, 12 milhões como trabalhadores forçados. No outono de 1944, de um total de 8,1 milhões de pessoas obrigadas a realizar trabalhos forçados, 2 milhões eram prisioneiros de guerra. O historiador Seymour Drescher frisou corretamente que tais números são comparáveis ao comércio escravagista transatlântico: a Alemanha conseguiu absorver tantos trabalhadores forçados em seis anos como todas as colônias europeias na América ao longo de um período de 350 anos.[6] Porém o ódio racista e o extermínio racial planejado criaram muito mais desperdício de vidas no caso alemão: quase 7 milhões de potenciais trabalhadores perderam-se para o esforço de guerra alemão devido à exaustão, à fome e ao homicídio em massa. Com o aumento acentuado da taxa de morte de jovens alemães — morreram desnecessariamente 2,6 milhões de alemães nos últimos dez meses de guerra devido à constante negação nazista da derrota —, os líderes nazistas pretenderam desenvolver uma economia escrava para o futuro que se seguiria à vitória — um objetivo a que Himmler deu voz.[7] Trata-se do caso mais claro de um projeto político e prática de um sistema escravagista baseados em teorias raciais na Europa do século XX.

DISCRIMINAÇÃO E SEGREGAÇÃO NAS AMÉRICAS

Nas Américas, as políticas raciais deram origem a uma vasta discriminação e segregação, mas não chegaram ao nível de escravização e extermínio da Europa do século XX. A expulsão dos nativos americanos das suas terras foi um processo longo, concluído em maior ou menor medida durante o século XIX. Os processos de independência do domínio espanhol ampliaram os direitos individuais e limitaram os direitos comunais sobre a terra, pois os políticos liberais privilegiavam o acesso individual à terra em relação à posse coletiva, um desenvolvimento que afetou os direitos tradicionais dos índios. Em certos casos, como o dos mapuche do Chile e da Argentina, a expropriação dos territórios indígenas prolongou-se pelos séculos XIX e XX devido à resistência local. Em 1884, no Chile, os mapuche foram colocados à força em reservas cujas fronteiras foram sendo repetidamente reduzidas entre 1927 e 1961, até que, em 1962, as reservas propriamente ditas foram abolidas.[8] As consequências desse processo foram o desenraizamento dos nativos americanos, a perda de grande parte da sua ligação com o ambiente tradicional e a sua crescente assimilação. No Brasil, a ocupação tardia de um vasto território reivindicado pelo Estado deixou regiões periféricas, sobretudo na bacia do Amazonas, sob o controle relativo de tribos americanas nativas, regiões essas que se encontravam dispersas devido aos padrões oitocentistas de concentração e desalojamento de populações. O controle nativo da terra viria a ser regulado em grande medida após a criação, em 1910, do Serviço de Proteção ao Índio; as políticas liberais foram recuperadas no início da década de 1960 e novamente em finais da década de 1980. Em 1961, a criação do Parque Indígena do Xingu, uma área de 26420 km^2 em Mato Grosso, no Brasil, teve como objetivo preservar os territórios de catorze grupos étnicos e garantir-lhes um ambiente especial, dando início a um movimento para a concentração de terras para proteção dos nativos.[9] Contudo, a descoberta de minerais preciosos, a exploração lucrativa de madeira e, mais recentemente, o desenvolvimento de plantações de soja têm reduzido as dimensões de territórios índios relativamente autônomos que não estejam sob proteção formal. Relataram-se casos de criminalidade atroz contra os índios em várias regiões, o que mostra que os preconceitos racistas continuam vivos entre a população urbana que equipara os hábitos nômades dos índios à vagabundagem.

Na América do Norte, o legado colonial britânico implicou um conflito permanente entre as tribos nativas e os europeus que chegavam em busca de terras. Essas guerras envolveram a destruição em larga escala de comunidades nativas, bem como de plantações e rebanhos, além do desalojamento de populações, o que por vezes levou ao extermínio de tribos inteiras. O conceito da reserva indígena foi inventado pelos britânicos em 1646, na Virgínia, espalhando-se pelos Estados Unidos no século XIX durante a conquista do Oeste. A reclusão foi o principal motivo para as centenas de tratados impostos a quase todas as tribos após anos de guerra, raramente respeitados, devido à descoberta de metais preciosos ou às novas ondas de migrantes que se dirigiram a territórios anteriormente tidos como reservas. A política de transformação dos nativos americanos em agricultores em tempo integral, formulada pelo presidente Jefferson, deparou-se naturalmente com resistência. A compra da Louisiana, incluindo o Meio-Oeste, dos franceses (1803) e a captura da Flórida dos espanhóis (1810-9), seguida pela anexação do Texas (1845), pela integração do Oregon, anteriormente partilhado com os britânicos (1846), e a conquista do Novo México, do Arizona e da Califórnia do México (1846-8) levaram muitas das tribos locais a entrar em guerra. Os conflitos entre os euramericanos e os nativos americanos recrudesceram na sequência da descoberta de ouro na Califórnia, em 1848.

A Lei de Remoção dos Índios de 1830 implicou grandes transferências de populações nativas. As guerras índias prolongaram-se em todos os territórios até 1890, com campanhas importantes em 1848-61 e em 1866-90. De um ponto de vista legal, os nativos americanos sempre foram considerados nações estrangeiras, motivo por que as autoridades britânicas e dos Estados Unidos assinaram tratados com os nativos. Podiam ser integrados como indivíduos, já que os casamentos mistos, as uniões informais e as adoções não deixavam de ocorrer, mas não como entidades coletivas, pois supostamente teriam a sua própria soberania. Essa política, contestada pela Corte Suprema em 1831 durante a análise de uma petição apresentada pelos cherokees, foi abolida em 1871: os nativos americanos deixavam de ser reconhecidos como nações estrangeiras; seriam tratados como nações domésticas dependentes, a cargo do governo, sem soberania absoluta. Desde então foram assinados acordos, mas não tratados. A cidadania só foi conferida a todos os índios pela Lei da Cidadania Indígena de 1924.[10] Isso veio criar uma situação peculiar — que ainda se verifica —, em que um americano nativo que fosse membro de uma tribo tinha tripla cidadania: dos Estados Unidos, do estado onde vivia e da tribo a que pertencia.

Até as décadas de 1920 e 1930, os nativos da América do Norte foram consistentemente encarados como raça inferior pelos europeus e seus descendentes; a compaixão começou enfim a substituir a hostilidade. As memórias persistentes dos modos de vida tradicionais ajudaram os índios americanos a resistir à longa transição forçada para a sociedade moderna onde se encontravam em desvantagem permanente. Também representam um caso importante de crescente miscigenação: oito em cada dez nativos americanos são de ascendência mista, o que mais uma vez levanta a questão da definição racial com base na percepção e na identificação pessoal de cada um. O censo de 2010 dos Estados Unidos identificou aproximadamente 2,8 milhões de índios numa população de 308,7 milhões de habitantes (0,9%).[11] O Gabinete de Assuntos Indígenas supervisiona 225 mil km^2 de terras sob proteção dos Estados Unidos para os nativos americanos, apesar das vastas perdas de territórios atribuídos a reservas entre 1880 e 1934. Esses territórios servem 1,9 milhão de nativos americanos e nativos do Alasca; 400 mil pessoas são atualmente súditos de 565 governos tribais reconhecidos pela Federação.[12] Os nativos americanos foram favorecidos com as campanhas pelos direitos civis dos afro-americanos da década de 1960, embora sempre tivessem tido uma atividade própria, e a sua representação política foi responsável pela Lei de Reorganização Indígena de 1934 (reposição de auto-organização e autonomia) e pela Lei da Comissão de Direitos Indígenas de 1946 (compensação monetária pelas violações de tratados e pela má gestão de recursos). A melhoria da imagem dos índios em todos os níveis de educação, o desenvolvimento de museus específicos do patrimônio indígena e a reavaliação da cultura e da história indígenas durante os últimos cinquenta anos alteraram a percepção branca.[13]

O mesmo movimento para a reavaliação da cultura indígena disseminou-se pela América Latina durante as décadas de 1980 e 1990. Contudo, o desenvolvimento de políticas favoráveis nas mais altas instâncias das agências que lidam com os nativos, além do aumento de relações entre os serviços museológicos e as populações nativas, não acompanhou a realidade local devido aos interesses econômicos de mineiros, agricultores e de todos os que exploram as florestas equatoriais. No Brasil, o último censo de 2010 identificou cerca de 818 mil indígenas numa população de 190,7 milhões de habitantes (0,4%).[14] A inclusão de descendentes de raça mista de nativos americanos produziria um número bem mais elevado. Embora os nativos americanos, que vivem com a sua cultura tradicional em reservas específicas, tenham vindo a ser mais bem protegidos ao longo das últimas décadas, graças às políticas ambientais implementadas na Amazônia, a situação está longe de ser satisfatória. Em outros países da América Latina, sobretudo no México ou no Peru, os descendentes de nativos americanos representam uma porção significativa da população, coincidindo em geral com as camadas mais baixas. A ampliação dos direitos civis reduziu as expressões de racismo por parte dos estratos dominantes, embora os problemas econômicos e sociais tenham se agravado em diferentes regiões, sobretudo em Chiapas, no México. Na América Latina como um todo, o normal é a mistura étnica, embora as proporções variem.[15]

A Lei dos Direitos Civis de 1866, além da 14ª e 15ª emendas da Constituição dos Estados Unidos (1868 e 1870), concedia a cidadania a todos os indivíduos nascidos ou naturalizados nos Estados Unidos, garantindo direitos de voto iguais a todos os cidadãos, qualquer que fosse a "raça, cor ou anterior condição de servidão", e a Lei dos Direitos Civis de 1875 proibiu a segregação racial.[16] No entanto, a resistência branca nos estados sulistas impediu a implementação dessas leis. A ideologia da supremacia branca foi reforçada graças a grupos paramilitares como a Ku Klux Klan, que exerciam intimidação violenta sistemática contra a população negra. A partir de 1876 aprovaram-se leis de segregação em escolas, transportes públicos, locais públicos, restaurantes, hotéis, teatros e em todos os locais da esfera pública nos estados sulistas. Ansiosos por acabar com a divisão entre Norte e Sul após o governo do presidente, e antigo general, Ulysses Grant (1869-77), o Supremo Tribunal e o governo dos Estados Unidos aceitaram essas políticas. As leis de segregação também proibiam o casamento ou as relações sexuais inter-raciais. A migração negra para os estados nortistas foi seguida pela segregação informal no Norte, sobretudo no que diz respeito ao acesso à educação, a finanças e à habitação, mas nos estados sulistas a lei reforçava formalmente a segregação. A população negra na prática ficou privada de direitos de voto no Sul; o imposto individual e o veto a analfabetos excluíam a vasta maioria dos negros do sufrágio. Ao contrário do que se poderia esperar, a abolição da escravatura imposta ao Sul no final da Guerra Civil não foi seguida por uma verdadeira emancipação.[17] Uma vez que deixaram de representar a propriedade (ou o capital) dos donos de escravos, os negros passaram a ser submetidos a violência arbitrária sem restrições, culminando na prática extrema do linchamento (ver figura 19.1). Embora o linchamento fizesse originalmente parte da experiência do "Oeste selvagem" de praticar uma "justiça" apropriada, a prática foi sendo cada vez mais usada nos estados sulistas para intimidar os negros que se revelassem agricultores independentes, destemidos e bem-sucedidos que reivindicassem os seus direitos ou não fossem suficientemente submissos.

Sam Hose foi um trabalhador rural negro que viveu perto de Newman, na Geórgia. Em abril de 1899 procurou o latifundiário Alfred Crawford para receber o seu salário. Segundo algumas versões dessa história, Hose pediu um aumento; segundo outras, pediu o salário que o patrão lhe devia ou autorização para visitar a mãe. Não importa qual foi o pedido de Hose, o fato é que Crawford recusou, e seguiu-se uma discussão acalorada. No dia seguinte, o dono da fazenda chegou enquanto Hose cortava lenha e retomou a discussão, ameaçando-o com uma pistola. Hose atirou o machado na direção de Crawford, acertou-lhe a cabeça e matou-o instantaneamente. Outras versões situam o acontecido na casa de Crawford. Hose foi rapidamente detido por uma turba que o acusou de homicídio do fazendeiro, de pilhar a casa do branco e de violar a esposa de Crawford — alegação que esta negou a um detetive branco. Estiveram presentes mais de 2 mil pessoas no linchamento, algumas delas chegadas num comboio especial vindo de Atlanta. Hose foi despido e acorrentado a uma árvore. Os carrascos autonomea-

Figura 19.1. Fotografia do linchamento de W. C. Williams, em Ruston, Louisiana, Estados Unidos, 15 de outubro de 1938, autor desconhecido.

dos deceparam-lhe os dedos, as orelhas e os órgãos genitais. Também lhe esfolaram o rosto e houve quem trespassasse a carne da vítima com facas. Depois ensoparam Hose com querosene e lançaram-lhe fogo com um archote. A turba observou as contorções do corpo, a distorção das feições de Hose e os olhos quase a saltarem das órbitas. Enquanto esteve vivo, Hose só gritou "Ó, meu Deus!" e "Ai, Jesus!". Quando o corpo arrefeceu, cortaram o que sobrou do coração, do fígado e dos ossos em pedaços que foram divididos pela multidão.[18]

Nesse caso verificou-se um homicídio, ao que tudo indica em autodefesa. Em muitas outras situações praticamente não havia provas, ao mesmo tempo que aumentavam os linchamentos com base em confusão de identidade. Claro que isso pouco importava, desde que o linchamento cumprisse o seu objetivo de aterrorizar os negros e de mantê-los "no seu lugar". A tortura de Hose não foi um fato isolado, coincidindo com muitas outras descrições. As fotografias de linchamentos eram por vezes transformadas em orgulhosos postais "turísticos" do Sul.

É especialmente marcante que os participantes posassem ao lado dos executados; ninguém ocultava o rosto. As fotografias funcionavam como prova da validade do ato, ao mesmo tempo que comprometiam e envolviam a comunidade, sublinhando a coesão e a normalidade contra a transgressão.[19] Como fica óbvio, os brancos não consideravam o linchamento um crime. Nos poucos casos em que algo do gênero chegou a um tribunal, os júris brancos absolveram os acusados. Nos linchamentos juntavam-se cidadãos respeitados, autoridades locais e até senadores. Eram pessoas religiosas que frequentavam a igreja sem nenhum remorso. Defendia-se abertamente que o linchamento representava a Justiça, apesar do fato de ser algo bastante mais sádico do que as execuções modernas (salvo em condições tumultuosas). Compareciam famílias inteiras para a ocasião, e os pais pediam que as escolas fossem fechadas para que as crianças pudessem assistir. Nas fotografias, algumas das pessoas sorriam junto dos corpos carbonizados. Em casa, os brancos penduravam fotografias do acontecimento nas paredes, com "relíquias" (troféus) da vítima. Essa prática regular de execuções ilegais continuou até a década de 1940, com vários casos ainda registrados nas décadas de 1950 e 1960. Estima-se que 4742 negros tenham sido linchados entre 1882 e 1968.[20]

O desprezo, o aviltamento e a desumanização fizeram parte do ódio racial branco extraordinariamente prolongado no Sul dos Estados Unidos, como reação à emancipação. Tal como vimos, a segregação não era exclusiva do Sul; a inclusão de negros nas Forças Armadas dos Estados Unidos durante a Primeira Guerra Mundial continuou a ser definida pela segregação, situação que só se atenuou na Segunda Guerra Mundial. Foi a vivência do sacrifício negro que em 1948 deu origem à Ordem Executiva 9981 do presidente Truman, estipulando um tratamento igual para todas as raças representadas no Exército. Foi necessária uma longa e corajosa luta pelos direitos civis para contestar as leis de segregação e forçar a intervenção federal, luta essa levada a cabo por movimentos e associações negras, além de figuras respeitadas da Igreja, como Martin Luther King Jr. Os defensores dos direitos civis viram-se obrigados a suportar assassinatos, detenções, vilificação permanente e abusos, sempre sem perder a dignidade que atrairia apoio e inverteria a hostilidade branca. A radicalização do movimento desempenhou um papel essencial na alteração do clima da década de 1960. Com a intensificação da Guerra Fria devido à crise dos mísseis cubanos, a segregação escandalosa de uma parte significativa da população americana era contraditória com a reivindicação dos Estados Unidos de ser o líder do "Mundo Livre".

Durante a Segunda Guerra Mundial verificou-se a perseguição de outros setores da população americana, como os cidadãos de origem japonesa, detidos em campos de internamento (mais de 100 mil), mas a segregação regular da população negra persistiu durante bastante tempo. O ponto de virada deu-se em 1954, quando a Suprema Corte reconheceu finalmente que a segregação em escolas públicas era inconstitucional — uma decisão implementada, mesmo com a resistência branca sulista. A dessegregação prosseguiu em 1964 com a Lei dos Direitos Civis, que proibia qualquer tipo de discriminação, seguida, em 1965, pela Lei do Direito de Voto, que ilegalizava as restrições ao direito de voto dos negros e criava condições para um recenseamento mais amplo. Nesse mesmo ano, o presidente Lyndon Johnson proclamou a Ordem Executiva 11246, a qual exigia que os empreiteiros governamentais implementassem discriminação positiva no que diz respeito ao emprego de minorias. Em 1968, a Lei dos Direitos Civis proibia a discriminação na venda, arrendamento e financiamento de habitação. A dessegregação foi ainda mais longe com a Nova Lei dos Direitos Civis de 1988 e 1991, que bania a discriminação da força de trabalho por parte de instituições privadas com financiamento federal.[21] A segregação informal mantém-se, sendo particularmente notória na composição dos bairros, mas já não está escondida, tendo se tornado uma questão política importante. O racismo não se evaporou, mas deixou de ter o apoio da lei. Além disso, o movimento dos direitos civis nos Estados Unidos criou um exemplo que influenciou a luta pela reforma em outras paragens, contribuindo para a norma antirracista que se espalhou pelo mundo nos últimos cinquenta anos.

A luta pela abolição da escravatura seguida pela segregação influenciou a classificação de raças. Embora até o início do século XIX houvesse algum espaço para os indivíduos de raça mista, no final do século a oposição entre brancos e negros era soberana; as pessoas de raça mista desapareceram das classificações de raça; um elemento de ancestralidade negra classificava o indivíduo como negro. A pureza de raça branca era o critério essencial para o status elevado, beneficiando os brancos pobres à custa dos negros. Os afro-americanos viriam a lucrar com o movimento dos direitos civis, conquistando o acesso a melhores condições laborais, financeiras e de habitação. Ainda assim continuam a se verificar muitos problemas de exclusão econômica e social. Os indivíduos negros podem ascender na escala social, mas continuam a ser identificados pelos antecedentes raciais. Entretanto, a lógica autodefensiva de identidade virou do avesso a classificação histórica das raças baseada na percepção branca da hierarquia: as comunidades afro-americanas passaram a se orgulhar naturalmente da sua ascendência, começando a usar o termo "raça" para promover a herança partilhada através do movimento de direitos civis. O desejo pela raça substituiu e desafiou o desprezo pela raça.[22]

Acontece o oposto no Brasil, onde os indivíduos de raça mista podem tornar-se brancos. São três os motivos principais que explicam esse fenômeno. Em primeiro lugar, com o tempo, as fronteiras entre as populações branca e negra foram se borrando, com a proporção de indivíduos de raça mista atingindo rapidamente um nível significativo. Em segundo lugar, a gestão de uma sociedade escrava por uma elite branca de 20% ou 30% da população baseava-se historicamente numa porcentagem significativa de alforrias, dependendo de um grupo intermediário de trabalhadores e supervisores de raça mista competentes. Em terceiro lugar, o Brasil situa-se na América ibérica, onde o normal eram as populações de raça mista, embora essa mistura se baseasse muito mais em nativos americanos nas colônias espanholas do México e do Peru. O mexicano José Vasconcelos, que em 1929 publicou o livro crucial *A raça cósmica*, foi o primeiro a declarar o orgulho em pertencer a uma raça mista.[23] No Brasil, a ideologia da supremacia branca, a qual, entre 1880 e 1930, foi importante para atrair a migração europeia, foi decididamente contestada pelo livro de Gilberto Freyre *Casa-grande e senzala*, publicado em 1933.[24] Freyre recriou a mitologia nacional brasileira e o orgulho nacional com base nas virtudes da mistura racial.[25] Ignorou praticamente os nativos, mas frisou as mais-valias culturais, econômicas e sociais africanas e europeias. As consequências desse ponto de virada foram vastas: as classificações raciais no Brasil continuam a ser complexas, já que se utilizam várias categorias para a identificação dos elementos de raça mista nos censos, e a mobilidade social individual é em geral associada à mobilidade racial, com os indivíduos de raça mista bem-sucedidos se assumindo como brancos. O problema brasileiro continua a ser o fato de a exclusão social estar em geral associada à negritude. Nas décadas de 1950 e 1960, Marvin Harris, Fernando Henrique Cardoso e Octávio Ianni desafiaram o mito da harmonia racial relativa através de pesquisas que identificaram um racismo arraigado na vida cotidiana.[26] Desde então, os movimentos negros vêm intensificando a sua influência política, tendo a restauração da democracia em 1985 sido seguida por uma discriminação positiva que teve como objetivo mitigar a exclusão social.[27] O modelo norte-americano se baseia agora firmemente na legislação para a dessegregação. O modelo brasileiro é menos eficaz em termos de legislação antirracista, especialmente no que diz respeito à discriminação no mercado de trabalho, mas tem como vantagem a tradição da mobilidade racial individual e a aceitação de uma gradação mais abrangente da cor da pele que torna a raça menos dominante como marcador social.

APARTHEID E GENOCÍDIO NA ÁFRICA

O continente africano mostrou-se mais resistente à cultura europeia e seus legados do que as Américas. Isso pode ser explicado não só pelas estruturas políticas e econômicas, mas também, até finais do século XIX, pelo efeito natural das doenças: na África, foi o sistema imunológico dos europeus que se viu incapaz de lidar com a malária, com a cólera e com a febre amarela. O racismo é, em grande medida, um legado colonial, embora a ideia de uma influência exclusiva europeia tenha sido contestada chamando-se a atenção para a interação muçulmana, sobretudo no Sahel, na África Ocidental, bem como o antagonismo histórico entre etnias africanas, alimentado pelas disputas territoriais.[28] Mesmo tendo o mercado escravagista transatlântico sido baseado em anteriores práticas africanas e muçulmanas, é impossível negar o seu impacto extraordinário, tanto na percepção que se tem dos povos africanos, como nas normas das sociedades coloniais. Na maior parte do continente africano, o colonialismo europeu só foi eficaz entre as décadas de 1880 e de 1950, um período de tempo muito mais breve do que nas Américas. Mesmo no caso português, o domínio territorial entre os séculos XV e XIX viu-se reduzido a enclaves costeiros, com a exceção de Moçambique, onde a presença portuguesa foi significativa no vale do Zambeze, e de Angola, onde os portugueses exerceram grande influência ao longo do rio Cuanza e através da aliança relativamente estável mantida durante quase dois séculos com o reino do Congo. A miscigenação manteve-se extremamente limitada na África portuguesa. Em 1959 (o último ano em que se realizou uma estimativa censitária racial), menos de 1% da população em Angola e Moçambique era classificada como sendo de raça mista, ao passo que nas ilhas de São Tomé e Príncipe os indivíduos de raça mista representavam 7%. Só nas ilhas de Cabo Verde, onde esse valor saltava para os 70%, é que se podia encontrar uma sociedade comparável à do Brasil, embora não se baseasse numa economia de plantation. A transição da escravatura, e depois dos trabalhos forçados, para o trabalho livre foi atrapalhada pela industrialização tardia, mas ganhou novo ritmo na década de 1960, durante as guerras coloniais, quando Angola e Moçambique registraram um crescimento econômico extraordinário. O sistema colonial baseava-se, naturalmente, na discriminação racial e, no caso de Moçambique, na segregação informal influenciada pela experiência sul-africana. Em todos os casos, a independência obrigou à recuperação política dos territórios por africanos. Mas os preconceitos raciais não desapareceram completamente; a ligação do partido governante (o MPLA) com a significativa elite de raça mista de Luanda foi usada nas décadas de 1980 e de 1990 pelos adversários do regime, que tentaram afirmar as suas credenciais políticas através da negritude. Nos casos das colônias francesas, belgas e inglesas, a chegada tardia do domínio colonial foi marcada pela distância assumida pelas elites coloniais, uma atitude baseada no preconceito racial e na ação discriminatória. A atmosfera nessas colônias pode ser apreciada em diários como o famoso L'Afrique fantôme, de Michel Leiris, publicado após o regresso da missão etnográfica francesa entre Dakar e o Djibuti (1931-3).[29] Nele foram registrados, de forma direta, comentários sobre hierarquia racial, preconceitos, paternalismo, irrisão, problemas da administração colonial, o saque das culturas locais disfarçado de proteção e os erros da pesquisa antropológica.

A presença colonial alemã na Namíbia foi limitada no tempo (1886-1914), mas revelou-se surpreendentemente devastadora. Os hererós, uma população seminômade de pastores e agricultores, ocupavam uma parte fértil do território central da Namíbia ambicionada pelos colonos alemães, já que a maior parte do país era um deserto. A pressão dos colonos desencadeou naturalmente a resistência nativa, levando a incidentes em janeiro de 1904, o que por sua vez serviu de pretexto para uma vasta operação militar liderada pelo general Lothar von Trotha. O general levou a cabo uma perseguição implacável aos hererós através do deserto, sofrendo estes uma grande mortandade, ao passo que os rebanhos desapareceram devido à fome e à sede. Von Trotha pretendia expulsar os hererós da Namíbia e exterminar os que tentassem permanecer, incluindo explicitamente mulheres e crianças. Essa decisão foi tomada em nível local, mas apoiada pelo governo de Berlim. No início de 1905, o Parlamento alemão revogou a política de extermínio de Von Trotha e ordenou a detenção dos hererós sobreviventes, levados para campos de concentração e usados para trabalhos forçados até 1908.[30] As estimativas demográficas variam, mas de uma população de cerca de 80 mil indivíduos, apenas 15 mil hererós sobreviveram. Foram proibidos de possuir terras ou gado, as duas condições básicas para a sua subsistência. Não foram o único grupo étnico visado. Os nama foram chacinados ao mesmo tempo, embora a população não tivesse sido reduzida para tais níveis.

Em 1948, a Convenção para a Prevenção e Repressão do Crime de Genocídio da ONU elencou o seguinte como sendo atos significativos: assassinato de membros do grupo, atentado grave à integridade física e mental de membros do grupo, sujeição deliberada do grupo a condições de existência que acarretarão a sua destruição física, total ou parcial, medidas destinadas a impedir os nascimentos no seio do grupo e transferência forçada das crianças do grupo para outro grupo.[31] O caso namibiano cumpre claramente os três primeiros critérios: o primeiro ano de erradicação brutal e a posição vulnerável em que ficaram os hererós tornaram desnecessário levar a cabo os outros dois atos, embora a mudança de política tenha provavelmente poupado os 20% restantes da população. Trata-se de um caso claro de genocídio de um grupo étnico, com uma intenção publicamente definida e correspondente prática de extermínio. O preconceito racial desempenhou um papel inegável, baseando-se no desprezo pelas etnias africanas e na irritação provocada pela resistência desse grupo étnico. O genocídio estava associado ao projeto político dos colonos: ocupar as melhores terras e expulsar os nativos.

O caso sul-africano é muito mais complexo, sem nunca chegar ao nível do genocídio, mas desenvolvendo uma sucessão de formas de segregação até a era do apartheid (1948-94). Revela igualmente a herança do período colonial, em que a ocupação dos territórios do interior foi radicalmente ampliada durante os séculos XVIII e XIX. Durante as Guerras Napoleônicas, os britânicos ocuparam o que fora uma colônia holandesa, tendo o principal impacto sido a abolição da escravatura em 1833. Acredita-se que os colonos que viviam nas fronteiras se serviram muito mais da segregação no avanço posterior para o interior do que na primeira fase do período colonial, definida por intensas relações sexuais e casamentos mistos com os khoikhoi. As novas repúblicas bôeres — Natal, Orange e África do Sul — excluíam do sufrágio os não brancos, estabelecendo um contraste com as práticas relativamente liberais praticadas na Cidade do Cabo durante grande parte do século XIX. Em 1854, a Lei dos Refugiados do Natal estipulava que os imigrantes negros teriam de servir durante três anos com salários oficiais. A questão do trabalho nativo revelou-se crucial na nova tendência para a segregação. Na década de 1860 importou-se mão de obra contratada da Índia para trabalhar nas plantações de cana-de-açúcar, mas os indianos livres que seguiram na posição de comerciantes foram discriminados através de impostos e de exclusão política; as repúblicas bôeres impediam-nos de possuir ou de arrendar propriedade imóvel, e em 1907 limitou-se a imigração indiana. Em 1877 legalizou-se o castigo corporal por infrações laborais, a mobilidade nativa foi limitada e criaram-se reservas, a que se seguiu a transferência forçada de populações. Em 1913, a Lei da Terra Nativa proibiu os nativos de ocupar terrenos fora das reservas, a não ser como trabalhadores arrendatários, privando assim completamente os nativos de terras. A segregação territorial foi reforçada em 1920 com a Lei das Questões Nativas. Com o tempo, a exclusão do acesso dos nativos à terra levou a que esta ficasse disponível para uso comercial branco.[32]

As alterações econômicas desempenharam um papel relevante nesse processo: a descoberta de diamantes em Kimberley, em 1871, e de ouro no Transval, em 1886, atraiu grandes ondas de migração, levou a duas guerras que integraram as repúblicas bôeres na África do Sul e criou uma industrialização baseada na divisão racial do trabalho, limitando a utilização dos negros a trabalhos não qualificados. O impacto da indústria mineira foi visível na organização da sua força de trabalho segundo linhas raciais; a lei de 1894 limitou o ensino do ofício a brancos, excluindo assim os negros do trabalho qualificado. A segregação residencial urbana endureceu na década de 1890, mas foi durante o século XX que se tornou uma realidade generalizada, imposta pela Lei dos Nativos de 1923. A divisão dos serviços religiosos entre brancos e negros, a separação dos hospitais e das prisões e a segregação informal dos vagões dos trens (terceira classe para os negros) já haviam sido estabelecidas durante a segunda metade do século XIX. A segregação institucionalizada na educação teve início com a Lei das Escolas de 1905, confirmada em 1923. Entretanto, hotéis, ginásios esportivos, teatros e outras instalações de entretenimento foram afetados pela segregação, reforçada durante as décadas de 1930 e 1940.

Na década de 1890, as políticas britânicas de assimilação haviam dado lugar a políticas de segregação; as guerras sucessivas com grupos étnicos nativos resistentes e a união das repúblicas bôeres explicam esse novo desenvolvimento, equiparável às leis de segregação do Sul dos Estados Unidos. Com efeito, a África do Sul e o Sul dos Estados Unidos representam uma comparação pertinente.[33] Em 1936 aboliram-se as liberdades africanas na Cidade do Cabo, com mais terreno a ser concedido às reservas para desenvolver a visão segregacionista dos partidos políticos brancos. A criação do apartheid em 1948 foi, assim, assentada em bases fortes. A segregação territorial foi levada aos limites: em 1951, a Lei das Autoridades Bantu definiu um processo político de retribalização das reservas; em 1959, a Lei da Independência Bantu veio reforçar a ficção das entidades independentes africanas, supostamente distintas de um ponto de vista étnico; em 1970, a Lei da Cidadania da Pátria Bantu obrigava todos os africanos a se tornarem cidadãos de um bantustão, mesmo que vivessem numa zona branca, numa tentativa de lhes negar a cidadania sul-africana total. Entre 1960 e 1985, 3,5 milhões de pessoas foram forçadas a se deslocar. Em 1949 foram proibidos os casamentos mistos, e no ano seguinte criminalizaram-se as relações sexuais entre brancos e negros. Na década de 1950 desenvolveram-se zonas comerciais separadas para brancos e negros.

O racialismo científico revelou-se mais uma vez essencial para a justificação ideológica do apartheid um século depois do êxito (relativo) desse mesmo processo nos Estados Unidos. A ideia de um plano divino para o mundo, ou de Deus como "grande separador", foi adaptada às condições da África do Sul, que se encontrava agora num nível de segregação territorial branca e negra que nada tinha a ver com a ideia de Agassiz de uma ligação entre a raça e o ambiente. As diferenças raciais imutáveis, a suposta inferioridade negra e a superioridade branca foram mais uma vez colocadas diante do escrutínio internacional, também levado a cabo em finais da década de 1940 e na década de 1950, feito por vários fóruns internacionais dedicados à análise do cenário racista da Segunda Guerra Mundial. O forte movimento africano e as críticas internacionais levaram ao isolamento progressivo do regime de apartheid, desencadeando mudanças ideológicas, sobretudo quanto à ideia do "desenvolvimento separado" das diferentes raças e ao argumento insustentável de que as instalações segregadas tinham qualidade semelhante. O sistema entrou em declínio na década de 1970 com a crise dos bantustões inviáveis, a legalização dos sindicatos negros e o colapso da segregação. Os casamentos mistos eram agora permitidos em determinadas circunstâncias, seguindo-se o acesso multirracial às universidades, bem como a tentativa de integrar os indivíduos de cor e os indianos num sistema político triplo criado em 1984. Em 1989, a queda do Muro de Berlim foi o golpe fatal do regime de apartheid, que se afirmava um baluarte contra o comunismo. Em 1994, os africanos puderam finalmente votar nas primeiras eleições sérias organizadas no país. Foi um resultado importante do processo de dessegregação, mas ainda há um grande caminho a percorrer para superar a profunda desigualdade introduzida pelo desalojamento sistemático dos africanos pelos colonos brancos.[34]

O genocídio dos tútsis perpetrado pelos hútus em Ruanda poderia ser interpretado como um feudo interétnico clássico, mas ele enquadra-se na definição de racismo como preconceito e ação discriminatória contra um grupo que se julga partilhar atributos específicos transmitidos de geração em geração. A avaliação dos indivíduos segundo a cor da pele é apenas um preconceito entre muitos outros — algo frequentemente ausente, tal como vimos no caso da divisão racial no Império Otomano e na Alemanha nazista. Em Ruanda, as classificações raciais europeias misturaram-se com a tradicional prática política da distinção e da divisão étnica. Os ideais europeus de beleza e de divisão racial foram projetados na região que é agora Ruanda e Burundi: os tútsis (15%, tradicionalmente pastores que controlam o grosso da terra e do poder político) eram vistos como mais próximos do ideal clássico de beleza devido ao nariz fino e longo, à altura e à suposta tez mais clara. A lenda da descendência bíblica de Cam foi mais uma vez invocada para aproximar os tútsis dos cuchitas e dos etiosemitas. Na década de 1980, porém, esse pressuposto foi substituído pela ausência genética nos tútsis da célula falciforme (encontrada em outros povos da região e responsável pela resistência destes à malária) e pela capacidade dos tútsis de digerir leite (muito superior à que se verifica entre os hútus). No período colonial tardio, os belgas emitiram documentos de identificação diferentes para os tútsis e para os hútus, contribuindo para a separação entre etnias, embora já houvesse um nível significativo de casamentos mistos, algo intensificado nas décadas de 1970 e 1980. Os tútsis começaram por ser privilegiados em relação aos hútus devido ao domínio político histórico dos pastores sobre os agricultores, mas os belgas acabaram por aceitar a revolução política hútu de finais da década de 1950, algo que teve um efeito profundo no processo de independência, com a queda da monarquia tútsis e a criação de uma república.

A violência entre os dois grupos étnicos, racializada através do processo de conflito pelo poder e pelos recursos, sobretudo o acesso à terra, teve início durante o processo de independência. Milhares de refugiados tútsis fugiram de Ruanda e Burundi, sobretudo para Uganda, após o que fugiram milhares de refugiados hútus, sobretudo para o Congo. Em 1972, as mortes em massa perpetradas pelo Exército do Burundi, controlado pelos tútsis, foram responsáveis pelo êxodo dos hútus; os refugiados tútsis fugiram durante as sublevações hútus de 1993. Refugiados de ambas as etnias desempenharam um importante papel político em outros países, sobretudo os tútsis em Uganda, onde combateram pelo Movimento de Resistência Nacional e fizeram parte do governo e da elite do Exército até serem excluídos do poder. Criada sobretudo por tútsis em 1979, a Aliança Ruandesa pela Unidade Nacional foi substituída em 1986 pela Frente Patriótica Ruandesa, que decidiu invadir Ruanda em 1990 com antigos comandantes e soldados tútsis do Movimento de Resistência Nacional de Uganda. Seguiu-se a guerra civil, suspensa, em 1993, por um acordo de paz precário mediado pelas Nações Unidas que sucumbiu em 6 de abril de 1994, quando o avião do presidente Juvenal Habyarimana foi abatido perto do aeroporto de Kigala, matando-o, juntamente com o presidente do Burundi, Cyprien Ntaryamira. A guerra civil voltou de imediato a rebentar — o batalhão da Frente Patriótica Ruandesa estacionado junto de Kigali teve de abrir caminho à força de armas para se refugiar nas montanhas do Norte —, ao mesmo tempo que o governo e as milícias hútus espalhadas pelo território lançaram uma vasta operação de genocídio de tútsis e de hútus moderados, considerados traidores, o que revela planejamento e coordenação centrais. Estima-se que tenham morrido mais de meio milhão de pessoas. O genocídio só acabou com a vitória final da Frente Patriótica Ruandesa, no início de julho de 1994. A matança foi precedida pela desumanização dos tútsis: os jornais hútus condenaram os tútsis como baratas a serem eliminadas, opuseram-se aos casamentos mistos e acusaram de traição as relações normais entre as duas etnias.[35]

PÁRIAS E DISCRIMINAÇÃO NA ÁSIA

A comparação com a Ásia das situações descritas anteriormente torna-se mais significativa quando temos em conta que esse continente foi menos influenciado pela expansão europeia do que outros. É importante analisarmos se os povos asiáticos sofreram preconceitos que tenham ido além do etnocentrismo para definir hierarquias, bem como para propor uma construção racial que justificasse o domínio político ou desenvolvesse os projetos políticos. A breve análise que se segue vai concentrar-se nas três principais civilizações asiáticas: chinesa, japonesa e hindu. Os textos clássicos do confucionismo estabeleceram a divisão entre a cultura Han e os bárbaros.[36] Os costumes ou modos chineses foram definidos como o padrão em relação ao qual se avaliava o comportamento dos povos exteriores ao império. A definição cultural de bárbaro era comparável à grega: teoricamente, o bárbaro poderia ser assimilado culturalmente, tornando-se chinês. No entanto, as características físicas e as tendências culturais eram muitas vezes difusas: a linhagem e a ascendência desempenhavam um papel importante na construção da identidade, e a ideia da "natureza" imutável dos diferentes povos encontra-se presente na tradição chinesa. A oposição entre seres humanos e animais, que já tínhamos visto na Europa e na América, usada para denegrir indivíduos quando equiparados a animais, era igualmente crucial na representação de "selvagens" ou de minorias tribais que viviam nas periferias do império, sobretudo nas regiões montanhosas. Os rong eram comparados a pássaros, os di (uma tribo do norte) a cães, os man e os min (tribos austrais) a répteis, e os qiang a ovelhas. A separação entre pessoas comuns e distintas e pessoas vis (criados, assistentes, artistas, prostitutas, atores, pedintes, barqueiros, pescadores e escravos) foi legalmente abolida em 1723 pelo imperador Yongzheng, mas os preconceitos e a discriminação persistiram, sobretudo no que diz respeito aos casamentos mistos.

O Livro dos Ritos (século III a.C.) dividia o mundo em cinco partes, fazendo do centro imperial o fulcro da civilização, cercado pelo domínio real e pelas terras dos príncipes feudais, além das quais se estendia uma zona de pacificação que separava as duas zonas centrais das duas zonas exteriores, habitadas por bárbaros e selvagens. O simbolismo cromático era usado na representação dos pontos cardeais da bússola: preto para norte, branco para oeste, vermelho para leste, azul para sul e amarelo (a cor do imperador, da glória e do desenvolvimento) ao centro. O mito do Imperador Amarelo Huang Di, supostamente nascido em 2704 a.C. e considerado o antepassado de todos os han, terá certamente desempenhado um papel importante na tradição da raça amarela, introduzida na Europa em finais do século XVII e aceita pelos reformistas chineses no século XIX. A divisão entre bárbaros crus e cozidos (selvagens e submissos) reflete a projeção da oposição arcaica dos hábitos alimentares para a hierarquia dos povos do mundo. Os chineses descobriram já tarde os povos africanos, mas, a partir do século XII, a pele negra, o cabelo encrespado e o hábito de consumir alimentos crus foram equiparados aos de servos do diabo. À semelhança do que acontece com outras culturas asiáticas, a oposição entre branco e preto pode ser observada na China desde tempos remotos: encontramos o enaltecimento da pele de "jade branco" na poesia mais antiga, e as gradações cromáticas não só separavam os chineses dos outros povos do mundo, como também distinguiam os trabalhadores de "cabeça preta", mostrando a relação entre as divisões externas e internas (sociais), como na Europa.[37] O cabelo e os pelos eram outro marcador físico importante devido à falta de pelos faciais e corporais dos chineses. Os indivíduos hirsutos eram necessariamente bárbaros, como os povos negros do Império Nam-Viet Cham, os khmers ou os indivíduos de cabelo ondulado das montanhas, e mesmo o povo distante das ilhas Andamão (baía de Bengala), que se acreditava serem antropófagos (uma percepção receosa dos limites da civilização partilhada com os europeus). Os contatos sucessivos com os europeus confirmaram a identificação de indivíduos hirsutos como bárbaros, ao passo que a cor da pele desenvolveu conotações de uma natureza demoníaca branca. A tez negra era considerada feia e suja, como o carvão, sendo os negros vistos como escravos.

O domínio das dinastias de origem estrangeira, sobretudo os mongóis (Yuan, 1271-1368) e os manchu (Qing, 1644-1911), contribuiu tanto para manter o sistema relativamente aberto como para consolidar os han como a etnia principal. Durante o século XVIII, a ideia de ascendência enraizou-se politicamente, tendo o Império Chinês assumido uma classificação e uma hierarquia rígidas de etnias. A rejeição dos casamentos com estrangeiros e a percepção das etnias mistas como raças mestiças generalizaram-se. Contudo, foi a erosão da dinastia Qing ao longo do século XIX que desencadeou ideias afins à noção de pureza racial, alimentadas pela crescente oposição à dinastia e pelas rebeliões étnicas: a Rebelião de Taiping, levada a cabo pelos hakka (minoria han) em Guangxi, Jiangxi, Zhejiang, Anhui e Jiangsu (1850-64); a Rebelião Panthai da minoria hui em Yunan (1856-73); a Revolta Dungan, parcialmente muçulmana, em Shaanxi, Gansu, Ningxia e Xinjiang (1862-77); e as guerras de clãs hakka-punti (ambas minorias han) em Guangdong (1855-67). Só a Rebelião de Taiping teve como resultado cerca de 20 milhões de mortes — a pior guerra civil do século XIX em qualquer parte do mundo. Embora essas rebeliões envolvessem alianças e inimizades étnicas, a divisão racial não foi o principal motivador.

As derrotas diante dos britânicos (Guerras do Ópio, 1839-42, 1856-60) e dos japoneses (1894-5) marcaram a transição para o nacionalismo associado às noções de raça, coincidente com desenvolvimentos semelhantes na Europa. As antigas ideias dos estrangeiros como demônios, sub-humanos, hirsutos e malcheirosos associaram-se à crença de que esses povos pretendiam escravizar os chineses. Os japoneses, ainda considerados vassalos do império, eram denegridos como escravos anões. Embora a abertura da China ao mundo ocidental tenha sido mais lenta do que a do Japão, com a tradução de autores científicos mais tarde, as missões chinesas na Europa e nos Estados Unidos nas últimas décadas do século XIX e nas primeiras do século XX, seguidas por um número significativo de estudiosos chineses em universidades ocidentais e japonesas, garantiram a disseminação das ideias de Lamarck, Darwin e Spencer. Como é normal, os empréstimos culturais foram criativos e diversificados; é difícil definir uma tendência dominante. Tan Sitong (1865-98) estabeleceu uma hierarquia de povos do mundo dominados pelos Estados chineses (China, Coreia, Tibete, Vietnã e Birmânia), seguidos pelos Estados bárbaros (Japão, Rússia, Europa e América do Norte) e pelos Estados das Bestas (África, América do Sul e Austrália). Essa classificação fundia a raça e a geografia política, que fora introduzida recentemente na China, para definir o âmago do universo chinês. Yan Fu (1853-1923), que disseminou as ideias de Darwin, Huxley e Spencer na China, abandonou as divisões culturais a favor de uma construção racial baseada nas características físicas e na linhagem. O simbolismo cromático estabeleceu um terreno comum entre o Oriente e o Ocidente: as quatro raças identificadas por Yan Fu eram de cor amarela (na maior parte da Ásia), branca (na Europa), castanha (nas ilhas desde as Filipinas até a Índia) e negra (na África e nas zonas tropicais). Liang Qichao (1873-1929), que criou o jornalismo moderno na China e percorreu os Estados Unidos, introduziu uma quinta raça, os índios americanos vermelhos, adaptando a hierarquia para abranger a importância simbólica para os chineses do número cinco. Outros reformadores desenvolveram a divisão intelectual entre as raças amarela e branca, bem como entre as raças vermelhas, castanha e negra. A definição das quatro ou cinco raças foi beber tanto no racialismo científico como no darwinismo: eram imutáveis e estavam associadas a ambientes específicos; e a ideia da sobrevivência do mais apto justificava a extinção progressiva das raças vermelha, castanha e negra, ao passo que as brancas se expandiam. Os reformadores que atribuíam aos han a capacidade de reagir e enfrentar o desafio ocidental deixavam transparecer a mesma sensação de ameaça com a ideia de vir a partilhar o mesmo destino das raças inferiores.

A ideia de homogeneidade racial nacional tornou-se crucial nas primeiras décadas do século XX, partilhada por reformadores e por revolucionários, e rapidamente adotada pela elite intelectual republicana sob o domínio de Sun Yat-sen (1866-1925), que enaltecia a raça chinesa (han) como contando com 400 milhões de elementos contra as raças mistas dos mongóis (alguns milhões), dos manchu (1 milhão), dos tibetanos (alguns milhões) e dos turcos (mais de 1 milhão). A percepção da Índia por parte dos chineses nesse período é reveladora: os britânicos haviam conquistado a Índia devido às divisões internas do sistema de castas, que impedia a coesão racial nacional. Entretanto, os preconceitos norte-americanos contra os negros haviam se infiltrado no raciocínio chinês, com os preconceitos alemães contra os judeus sendo igualmente reproduzidos; os africanos e os aborígenes australianos teriam, supostamente, um cérebro pequeno; os escravos negros estavam relacionados com os gorilas, e os malaios com os orangotangos, sendo os birmaneses descritos como preguiçosos, os tailandeses como covardes e os vietnamitas como frívolos e desonestos. Seguiu-se a medição de crânios, corpos e narizes, além da descoberta dos tipos de sangue durante a Primeira Guerra Mundial; o tipo racial prevalente han foi definido por Li Chi como braquicefálico-leptorrino (nariz pequeno) com tipo sanguíneo O, embora os testes de QI fossem, em grande medida, rejeitados como culturalmente parciais. A eugenia também teve defensores chineses, embora indivíduos como Zhang Junjun, que se preocupavam com o declínio da raça e com a necessidade de aprimorá-la, nunca tenham conseguido criar uma estrutura institucional significativa para a implementação das suas ideias. A necessidade política de integrar outras etnias abafou a reivindicação de pureza racial; na década de 1930, vários intelectuais sublinharam a contribuição de outras etnias, enaltecendo a mistura cultural e a infusão de sangue novo. A cor branca deixou de ser vista como superior, ao passo que os pelos corporais ralos foram considerados um indicador crucial de raça avançada.

O pan-asianismo surgiu em diferentes períodos como projeto político de coligação contra a expansão branca, acabando por ser frustrado pelo imperialismo japonês; as caricaturas antijaponesas da década de 1930 definiam os invasores como anões hirsutos bestiais. Como é óbvio, a revolução comunista aboliu o discurso sobre a raça para realçar a unidade da classe operária, além da luta contra a burguesia e os elementos feudais remanescentes. Não obstante, o conflito com a Rússia na década de 1960 veio criar alguma ambiguidade, incitado pela reivindicação, por parte da China, da liderança dos países em vias de desenvolvimento não alinhados. A imagem moderna da China como Estado pluralista e multiétnico não pode ser ignorada, pois representa um extraordinário passo à frente, mesmo que o status autônomo das 55 minorias étnicas reconhecidas e a gestão da (re)integração politicamente controversa do Tibete representem grandes desafios. À política de migrações internas forçadas seguiu-se, nas décadas de 1970 e 1980, o reconhecimento das etnias, mas o cenário étnico sofreu uma transformação completa — por exemplo, em Xinjiang, os uigures autóctones, que eram dominantes, estão se tornando uma minoria, assoberbados pelos migrantes han. Os han de várias partes da China veem os uyghur como primitivos, religiosos (muçulmanos) e criminosos, incapazes de falar mandarim ou de se adaptarem ao desenvolvimento e capazes de ganhar a vida apenas vendendo comida.[38] As migrações internas sazonais geraram novas tensões no cenário da enorme industrialização, enquanto as etnias se definem em termos de ascendência, religião, língua e proximidade cultural dos han.[39] As divisões internas rotulam tradicionalmente as comunidades tribais, sobretudo os zou, os aborígenes montanheses de Taiwan, os yi, os miao e os yao das montanhas do sudoeste da China, como primitivos e retrógrados.[40] Nem mesmo os han, que constituem 92% do 1,3 bilhão de chineses, são imunes a feudos internos, tal como revelado pelos conflitos oitocentistas entre os hakka e os punti, ou pelas experiências divergentes da diáspora hakka em diferentes regiões e países.[41]

Em resumo, na China tem-se assistido à ideia tradicional de ascendência, diferença cultural e hierarquia em relação aos povos periféricos, embora a necessidade de assimilação cultural de outros povos impeça formas extremas de ação discriminatória. A conquista e o domínio por dinastias de origem estrangeira mantiveram o sistema relativamente aberto, com a seleção dos grupos administrativos e políticos através de concursos públicos e a sua promoção através do desempenho, criando uma situação em que a hierarquia se baseia, teoricamente, no mérito e não na hereditariedade, na mobilidade individual e não na linhagem imutável. Não obstante, e na sequência do impacto das divisões ocidentais da humanidade, durante os séculos XVIII e XIX, a centralidade dos han associou-se progressivamente à ideia de raça pura. O nacionalismo, associado às teorias das raças, foi introduzido no início do século XX como resposta à crise geral da dinastia Qing. A tendência racista foi interrompida, de um modo geral, pela conquista do poder por parte dos comunistas, embora os preconceitos contra as minorias continuem visíveis e ativos.

O Japão difere da China em quatro pontos essenciais. O seu território é composto de ilhas, fato que durante muito tempo impediu uma visão abrangente do mundo, embora a mitologia tradicional da origem divina do imperador e seus súditos ou descendentes sustentasse a ideia de que os japoneses eram um povo superior (conceito ensinado por Hirata Atsutane, 1776-1843). A Restauração Meiji de 1868 como reação à intrusão ocidental e à abertura forçada dos portos japoneses proporcionou uma industrialização e uma modernização extremamente rápidas, muito antes da China; enquanto a China expandira as suas fronteiras até o século XVIII assimilando territórios contíguos, a experiência colonial japonesa ocorreu em finais do século XIX e início do século XX, desenvolvida durante a Segunda Guerra Mundial sob a influência do imperialismo ocidental. Por fim, as noções polarizadas de pureza e impureza de ocupações entraram cedo no Japão, logo a partir dos séculos VI a VIII, dando origem a uma casta de intocáveis segregados pela lei até o século XIX — o impacto dessa lei ainda hoje é sentido. As missões japonesas aos Estados Unidos e à Europa em 1860 e 1871-3 absorveram as construções raciais relativas não só a outros povos do mundo, mas também a minorias internas do mundo ocidental, como os afro-americanos e os judeus. O historiador Kuma Kunitake assimilou a ideia do declínio inevitável da população indígena de peles-vermelhas, mostrando a sua preocupação com a população asiática. Takahashi Yoshio propôs o aperfeiçoamento da estirpe japonesa através de casamentos mistos com europeus. A ideia disseminou-se de tal maneira que o primeiro-ministro Itō Hirobumi (1841-1909) consultou Spencer sobre o tema, embora a resposta do autor tenha sido negativa.[42]

Os japoneses partilhavam a repulsa chinesa por indivíduos hirsutos, embora dessa vez o estereótipo negativo fosse projetado no seu próprio povo nativo periférico, os ainu. Serviram-se de preconceitos ocidentais contra os chineses para representar a Guerra Sino-Japonesa de 1894-5 como um conflito entre a civilização e o despotismo oriental decadente.[43] Darwin e Spencer foram bastante traduzidos entre as décadas de 1870 e 1890, tornando-se o darwinismo social uma importante estrutura teórica, com Katō Hiroyuki defendendo uma monarquia constitucional e uma democracia representativa, tal como seria exigido pela evolução social e natural.[44] Os japoneses impressionaram profundamente as potências ocidentais com as suas vitórias contra os chineses e os russos; foram a única potência asiática convidada para as negociações do Tratado de Versalhes após a Primeira Guerra Mundial. O governo e os diplomatas japoneses estavam tão cientes dos preconceitos raciais ocidentais que tentaram introduzir no tratado o princípio da igualdade racial. Os britânicos e os norte-americanos recusaram o pedido por não quererem abolir as limitações impostas à emigração asiática (e japonesa) para a Austrália e para os Estados Unidos. Os franceses foram os únicos a apoiar a igualdade racial como princípio universal, expondo o caráter contraditório das ideias de Woodrow Wilson sobre a autodeterminação dos povos e a desigualdade racial.[45]

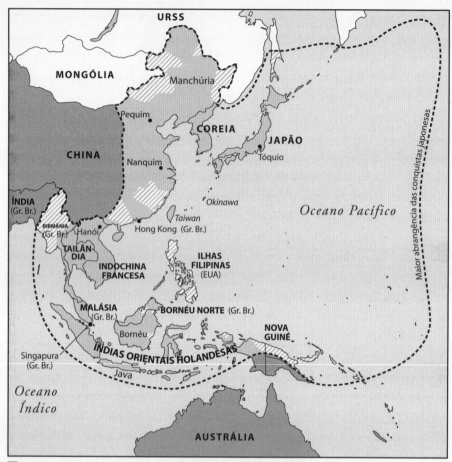

▪ Território controlado pelo Japão quando da rendição, 14 de agosto de 1945
▨ Área ocupada pelo Japão e reconquistada pelos Aliados antes de agosto de 1945
▪ Território controlado pelos Aliados

Mapa 19.4. *Expansão japonesa, 1894-1945*.
Fonte: Jane Burbank e Frederick Cooper, Empires in World History: Power and the Politics of Difference. Princeton, NJ: Princeton University Press, 2010, p. 401.

A ideia de uma população homogênea é vista de modo semelhante tanto no Japão como na China: os yamatos constituem cerca de 96% da população total de 128 milhões de habitantes registrados no censo japonês de 2010.[46] As estimativas da real dimensão das minorias — chineses, coreanos, brasileiros, filipinos e ainu (nativos de Hokkaido e das ilhas Curilas) — variam bastante; existem ainda 2 milhões de estrangeiros, entre eles um número significativo de trabalhadores muçulmanos do Paquistão, de Bangladesh e do Irã (provavelmente 100 mil). Além disso, o 1,6 milhão de ryukyuanos, ilhéus austrais categorizados como yamatos, só foram integrados ao Japão em 1872, após um longo período em que foram um povo tributário tanto da China (a partir de 1372) como do Japão (a partir de 1609). Não eram considerados japoneses puros, e a sua língua e a sua cultura foram suprimidas durante décadas. As suspeitas quanto à sua lealdade surgiram durante a Segunda Guerra Mundial e os japoneses chacinaram os ryukyuanos durante a batalha de Okinawa, contra os norte-americanos. As ilhas Ryukyu permaneceram sob a administração dos Estados Unidos até serem devolvidas ao Japão, em 1972. Os nativos ainu, que viviam nas zonas setentrionais de Hokkaido e nas ilhas Curilas, só viram os seus territórios efetivamente integrados após a Restauração Meiji de 1868 (a ocupação das ilhas Curilas verificou-se com o Tratado de São Petersburgo, negociado com a Rússia em 1875). Os japoneses (wajin) rapidamente superaram os ainu em número, expulsando-os das terras agrícolas mais produtivas. Os ainu viram-se reduzidos a uma minoria, sendo considerados primitivos e presos ao seu modo de vida tradicional: foram exibidos numa "aldeia nativa" na Exposição Industrial de Osaka em 1903, junto com aborígenes taiwaneses, bem como malaios e javaneses. A mostra baseou-se na Exposição Universal de Paris de 1889, onde os povos coloniais haviam sido exibidos como "produtos da terra". A Exposição de Osaka teve 4,3 milhões de visitantes, o que significa que a construção racial e o desprezo pelos povos coloniais eram partilhados por uma porcentagem significativa da população.[47] O governo japonês só começou a abordar seriamente a situação dos ainu nas décadas de 1960 e de 1970, após um longo período de discriminação e de segregação.

A experiência colonial japonesa, sobretudo em Taiwan (conquistada em 1895) e na Coreia (anexada em 1910), levou a deslocamentos forçados de população e à introdução de mão de obra barata no Japão, especialmente nas décadas de 1920 e 1930, devido à rápida absorção da população em idade ativa pelo mercado de trabalho e ao envolvimento do Japão na guerra com a China (1937-45) e, mais tarde, na Segunda Guerra Mundial (1941-5), o que acarretou uma precisão crescente de mão de obra, não só para o desenvolvimento industrial militar, mas também para as necessidades básicas da população. O número de coreanos no Japão aumentou de 14 mil em 1917 para 1 milhão em 1939 e 2,1 milhões em 1945.[48] Os coreanos foram empregados em minas e fábricas, recebendo sistematicamente salários muito inferiores aos dos colegas japoneses nas mesmas profissões. Durante o período colonial, os coreanos gozaram de cidadania japonesa e de acesso à seguridade social, mas isso chegou ao fim com a independência coreana. Os coreanos que permaneceram no Japão (agora provavelmente 800 mil indivíduos, dependendo dos critérios para a inclusão de pessoas naturalizadas) tiveram de lidar não só com a falta de cidadania, mas também com uma discriminação generalizada no que diz respeito ao trabalho e à habitação. O problema só começou a ser abordado nas décadas de 1960 e 1970, quando os japoneses assinaram tratados internacionais que lidavam direta ou indiretamente com os direitos dos coreanos.[49] O processo de naturalização tornou-se mais aberto na década de 1990, mas os preconceitos contra uma suposta raça inferior, devido aos antecedentes coloniais e à divisão da Coreia moderna, continuam a limitar a identidade da comunidade.

A situação dos chineses no Japão (provavelmente 600 mil pessoas), descendentes, em parte, de migrantes da Taiwan colonial, é comparativamente melhor devido às relações diplomáticas com a China e ao reconhecimento público do tremendo crescimento econômico do seu país de origem. O status dos chineses também é diferente: são mais abastados graças às suas ocupações como comerciantes e artesãos. O exemplo da Chinatown de Kobe, promovida como grande atração turística desde 1985, favorece a percepção da comunidade, embora os preconceitos não tenham desaparecido. A comunidade brasileira (mais de 300 mil pessoas), que se aproveitou da abertura, em 1991, das fronteiras japonesas aos nikkei, descendentes de japoneses no estrangeiro, é vista como uma população ruidosa, cujos modos descontraídos e expressivos, adquiridos graças a quatro gerações no Brasil, não se enquadram na cultura local, reservada e controlada. A comunidade filipina (cerca de 300 mil elementos) é bastante recente, sendo o resultado de um boom no turismo e no serviço doméstico. A percepção japonesa dos filipinos como sendo, em sua maioria, prostitutas e artistas é generalizada, afetando os casamentos mistos com os japoneses (uma porcentagem significativa do total).[50]

A existência de párias (indivíduos intocáveis) é o que mais profundamente separa o Japão da China no que diz respeito ao preconceito e às ações discriminatórias contra grupos populacionais específicos. O xintoísmo e o budismo convergiram para definir a noção espiritual e física de poluição associada a ocupações específicas, sobretudo a remoção de cadáveres (humanos ou animais), o abate de animais (o budismo condena explicitamente a interferência no ciclo da vida) e a preparação ou uso de produtos animais. Os ferimentos, o sangue, a morte e a sujidade assumem a mesma noção de impureza, o que não só estigmatiza determinadas profissões — como açougueiros, coveiros e executores —, como também as mulheres em período menstrual ou que se aproximam do momento do parto. As mulheres viram-se obrigadas a transportar o estigma da impureza em momentos específicos e recorrentes da vida, não só no Japão, como também em muitas outras culturas, incluindo as europeias. As castas intocáveis na sociedade japonesa tradicional incluíam dois tipos diferentes de pessoas: as fixas e as errantes. O primeiro grupo, os eta (que significa, literalmente, muito imundos), era intocável devido às suas ocupações poluídas: lidar com couro, ossos, entranhas ou peles; abate de animais e açougues; domar animais; fabricar selas, couraças, cordas de arcos e de instrumentos musicais; ocupação como guardas de aldeias, carrascos e prestadores de serviços mortuários; trabalho no comércio de fertilizantes; fabricação de cestos e de sandálias de palha; e tinturaria têxtil. Tais pessoas ficavam encerradas nas mesmas ocupações de geração em geração, transportando consigo um estigma hereditário. O segundo grupo, chamado hinin (ou não pessoa), era composto de pedintes, prostitutas, artistas e fugitivos da Justiça, mas eram indivíduos que podiam instalar-se em comunidades normais — ou seja, o seu status não era adquirido nem reproduzido pela descendência. Os eta podiam ser donos de terras e especializar-se em ofícios como a tecelagem e a produção de couro, alcançando, por vezes, uma fortuna significativa; tinham inclusive autonomia local e podiam estabelecer contratos com comunidades "normais" para executar trabalhos tradicionalmente considerados inferiores. Contudo, todos os intocáveis eram segregados: tinham de se dirigir às chamadas pessoas normais pela porta dos fundos, evitar tocar nessas pessoas e de jeito nenhum podiam casar-se com elas.

Os termos "eta" e "hinin" foram abolidos em 1870, época em que essas pessoas foram reconhecidas como yamatos e legalmente isentadas de quaisquer defeitos. Mais tarde foram designadas "burakumis", que significa cidadãos de comunidades especiais. O problema foi o fato de a discriminação não ter desaparecido com a abolição do seu status inferior, ao mesmo tempo que deixou de ter o monopólio das suas ocupações tradicionais, inclusive nos curtumes — uma consequência negativa do processo de dessegregação. No nível físico, os burakumins são totalmente inidentificáveis; são yamatos que vivem nas tradicionais regiões centrais da civilização japonesa, embora os preconceitos antigos lhes atribuíssem uma origem estranha ou menos do que humana. Evitava-se o casamento misto, pois os guetos tradicionais dos burakumins estavam bem identificados. A segregação nas salas de aula, por exemplo, só foi abolida em 1930 (a Lei dos Direitos Civis promulgada pelo Parlamento também visava à discriminação em cargos públicos), após décadas de ação política, mas a discriminação na comunicação social, sobretudo nas histórias em quadrinhos, continuou (tanto para os burakumins como para os povos coloniais). A Constituição de 1946 especificava direitos iguais para todos os cidadãos, e dez burakumins foram eleitos para o Parlamento, enquanto Matsumoto Jiichiro se tornou vice-presidente da Câmara dos Conselheiros e alguns dos burakumins saíram beneficiados com a reforma agrária. A desigualdade institucional era assim interrompida.

A possibilidade de os burakumins cruzarem a divisória e se misturarem com a sociedade no geral aumentou nas últimas décadas. As estimativas quanto à população de burakumins variam entre 1 milhão e 2 milhões de indivíduos, o que significa que se trata de uma minoria significativa. Embora o Japão não seja uma sociedade estruturada de acordo com um sistema de castas, a existência de intocáveis segregados, baseada na noção de impureza mas não de funcionalidade econômica, levanta a questão de como se perpetuam as antigas classificações e preconceitos afins das construções raciais. Trata-se de um estudo de caso interessante de um ponto de vista teórico, pois nos obriga a refletir sobre os conceitos de racismo e de raça. George De Vos frisou as semelhanças entre as posturas psicológicas associadas aos preconceitos de casta e raciais, embora tenha reconhecido que "o racismo baseia-se em geral numa mitologia biológica pseudocientífica secularizada, ao passo que a casta [...] é muitas vezes baseada numa mitologia religiosa-pseudo-histórica".[51] As castas não se baseiam necessariamente em ideias religiosas, e as raças não se justificam necessariamente através do uso de ideias científicas, mas De Vos está certo ao sublinhar as posturas psicológicas comuns estruturadas pelas ideias de hierarquia social, pelas definições de inferioridade e pela exclusão de grupos de determinadas linhagens. Isso nos leva a pensar em outras sociedades onde encontramos o conceito de contaminação, barreiras de castas e posições sociais herdadas formalmente.

No Tibete, os intocáveis são conhecidos como ragyabpu; são responsáveis pelo tratamento dos cadáveres, pela remoção das carcaças de animais mortos e pela procura de criminosos e vagabundos. Na Coreia, os principais grupos de intocáveis são os parkchong — carniceiros, açougueiros e curtumeiros — e os chiain — pequenos criminosos, prostitutas, adivinhos, pedintes e vendedores itinerantes, que se julga descenderem de um grupo errante estrangeiro por vezes identificado com os tártaros. Essas pessoas têm sido obrigadas a viver em comunidades segregadas. O paralelo que se pode estabelecer com o Japão é óbvio, com uma divisão semelhante entre comunidades instaladas e errantes, mas, ao passo que no Japão os intocáveis estão fora da sociedade, na Coreia são identificados como castas inferiores. Essas categorias, porém, sempre foram aplicadas a uma pequena minoria da sociedade.[52]

O caso da Índia é completamente diferente. No país, o sistema de castas atravessa todos os níveis da sociedade com base em noções de pureza e de impureza, limpeza e poluição, proteção e contaminação, superioridade e inferioridade, endogamia e herança ocupacional, e segregação espacial e regras partilhadas sobre o comportamento hierárquico. No cerne do sistema encontramos a lógica de que os trabalhos imundos estão associados à degradação social; a contaminação ritual leva à expulsão dos grupos superiores. A dimensão das castas intocáveis é muito superior na Índia quando comparada com a do Japão; em 2011, a população total na Índia chegava a 1,21 bilhão de habitantes.[53] Uma projeção baseada em porcentagens anteriores, estáveis há várias décadas, representaria cerca de 170 milhões de indivíduos intocáveis. É por esse motivo que os intocáveis têm estado no centro da ação política na Índia, tanto durante o processo de independência como desde então. Já em 1923 os britânicos publicavam leis antidiscriminatórias quanto à educação, e em 1935 rotulavam os intocáveis como "castas marcadas". Essas castas continuam a ser designadas da mesma forma.

A Constituição indiana de 1949 abolia a noção de intocáveis e criminalizava a prática da sua exclusão; declarava ainda ser dever do Estado proteger os interesses desses grupos. A essa ação política decisiva seguiu-se a Lei das Ofensas da Intocabilidade de 1954, que proibia as restrições ao uso de espaços e equipamentos públicos. Mohandas Karamchand Gandhi (1869-1948) não contestava o sistema Varna, baseado em quatro funções (espiritual — os sacerdotes brâmanes; política — os xátrias nobres; comercial e agrícola — os Vayshias; e servil — os shudras), mas defendia que a intocabilidade não fazia parte do hinduísmo. Apesar dos esforços políticos, a realidade do estigma dos intocáveis ainda persiste. O político B. R. Ambedkar, intocável e contemporâneo de Gandhi, sempre defendeu que o estigma só poderia ser erradicado junto com o sistema de castas. A crença na reencarnação garante alguma flexibilidade ao sistema, uma vez que as ações em vida definem o nosso lugar na próxima vida a ser vivida; no entanto, a mobilidade através da recompensa (ou castigo) é adiada para outra vida, o que ajuda a manter a hierarquia do sistema. Em décadas recentes, a explosão da industrialização e da urbanização veio redefinir a organização, bem como as possibilidades de ocupações na Índia, aumentando drasticamente a mobilidade social. Nesse contexto, a intocabilidade perde, teoricamente, o sentido. Contudo, e tal como vimos no Japão, a ausência de uma base racional econômica não impede a continuação do preconceito e da segregação. As vastas zonas rurais indianas, que ainda ocupam 50% da mão de obra total, contribuem para a perpetuação da lógica tradicional da intocabilidade.

O debate em torno do sistema de castas e da construção europeia de uma visão hierárquica da complexa sociedade indiana desenvolveu-se a partir da visão estrutural de Louis Dumont, embora este tenha reconhecido a transição de um sistema de relações para outro de elementos, ou da estrutura para a substância.[54] De um modo geral, os estudiosos aceitaram a definição de um sistema de castas relacional como operacional, enquanto a ideia inicial de uma gradação topo-base linear na hierarquia de castas foi rejeitada como rígida e afastada da realidade. A percepção contrastante da casta por oposição à classe, do holismo por oposição ao individualismo, da hierarquia por oposição à igualdade e da estabilidade por oposição à transformação foi rejeitada como parte de uma abordagem essencialista.[55] A evolução das castas, a criação de novas categorias de grupos e o processo contínuo de alteração sistêmica são temas destacados pela investigação recente. As ligações entre castas e ocupações têm sido debatidas com frequência, pois estas não coincidem nas diferentes regiões da Índia. A posição comparativa das castas na hierarquia do sistema também varia. O trabalho de Gnana Prakasam na exploração do status em constante mudança do movimento satnami, iniciado por Ghasi Das entre os satnami de Chhattisgarh e inspirado na tradição bhakti de um rumo devoto específico no hinduísmo, mostra como essa nova seita conseguiu libertar-se do seu elo tradicional a uma ocupação estipulada pelas castas, opor-se ao sistema de castas e desenvolver uma ideologia igualitária. Os satnamis acabaram por se transformar numa comunidade regional politizada com um forte sentido de identidade, aberto à concorrência e à ação coletiva. Eliminaram com êxito o isolamento espacial e a segregação de castas associados aos intocáveis, quebrando as barreiras que impediam a coabitação entre castas. Esse caso representa um exemplo interessante de mudanças no sistema de castas em um nível regional.[56]

A abordagem topo-base em relação às castas também foi contestada por não permitir uma compreensão adequada da flexibilidade do sistema, além das diferentes percepções das castas inferiores, das suas formas de identidade e da articulação entre as dimensões espiritual e material. O estudo de Rosa Maria Perez sobre os vankhar de Valthara (Gujarate) sugere a ambiguidade da divisão entre pureza e impureza e a necessidade de reavaliar a lógica da poluição, pois os intocáveis se sentem poluídos pela presença de um elemento de uma casta superior nas suas instalações, levando a cabo rituais de purificação após a saída desse indivíduo. A lógica reversível do sistema foi também tornada manifesta com uma longa seca durante a qual as castas superiores rogaram aos vankhar que executassem rituais de chuva: os intocáveis poderiam encontrar-se na base do sistema, mas supostamente controlariam o processo de influência da chuva. Além disso, os vankhar dispunham de origens míticas próprias, segundo as quais descendiam de reis.[57] As lógicas complementares e reversíveis do sistema de castas foram expostas através dessa abordagem a partir da base, embora se deva frisar que os vankhar só desfrutaram de um nível simbólico de compensação, distante do acesso a recursos políticos e econômicos.

A perseguição dos judeus na Rússia do século XIX e início do século XX representou o primeiro caso de ódio racial moderno fundado em divisões religiosas e étnicas associadas a projetos nacionais e políticos. A integração de uma minoria antiga na ordem liberal emergente, baseada na noção de igualdade de direitos e de cidadania, testou os limites do universalismo secular na conturbada transição para uma sociedade urbana e industrial em vários países europeus. Entretanto, o Império Otomano desmoronou com a rivalidade entre projetos nacionalistas e imperialistas, pois os primeiros promoviam a fusão das noções de nação, religião e raça. O genocídio da população armênia na Anatólia foi o resultado mais desastroso de um século de migrações forçadas, massacres e limpezas étnicas, desencadeado pelo projeto político dos Jovens Turcos de reservar a Anatólia e a Trácia Oriental para a sua própria nação. A escravização maciça de populações pela Alemanha nazista foi motivada pela ideologia racial associada a projetos políticos imperiais, em que o extermínio dos judeus supostamente perigosos se juntava ao desalojamento e à subordinação dos povos eslavos.

A União Soviética registrou um processo de escravização quase na mesma escala, motivado pela reeducação de classes, embora as etnias suspeitas também fossem visadas. O vasto processo de expulsão de minorias nacionais verificado após a Segunda Guerra Mundial no Leste Europeu foi reflexo das consequências de massacres e migrações forçadas anteriores, em grande medida catalisadas pela ideia de nação como ascendência partilhada. As últimas guerras na Europa em que se refletiu o processo renovado de divisão nacional, religiosa e étnica ocorreram na Iugoslávia, em 1991-5 e em 1998-9. Entretanto, o desalojamento, a segregação ou a assimilação forçada de nativos americanos foram concluídos no início do século xx. Nas Américas, a compaixão só começou a substituir a hostilidade nas décadas de 1910 e 1920. A segregação de afro-americanos nos Estados Unidos foi institucionalizada nos estados sulistas na sequência da Guerra Civil e do fracasso da Reconstrução. Foi preciso um demorado movimento pelos direitos civis para demolir o racismo institucional a partir da década de 1960. O racismo informal ainda é bastante marcado no mundo ocidental, mas ao longo dos últimos cinquenta anos o antirracismo tornou-se a norma.

Na África, os projetos coloniais para retirar os nativos das suas terras levou ao primeiro caso de perseguição racial e genocídio de uma população inteira — os hereros, na Namíbia, em 1904. Na África do Sul, o regime de apartheid (1948--94) foi precedido por políticas de discriminação contra a população nativa, expulsa das suas terras e excluída das profissões qualificadas. A segregação tornou-se sistemática durante o apartheid, com a população nativa sendo obrigada a realizar migrações maciças e a ser em parte realojada em bantustões. Os africanos negros foram privados da cidadania total, bem como de direitos políticos e civis, até que a transição para a democracia foi imposta por lutas de libertação e pela pressão internacional. O genocídio dos tútsis pelos hútus em Ruanda em 1994 representa um caso de preconceito quanto à ascendência que desde o período colonial pairara sobre a região. A luta pela terra e pelos recursos políticos provocou um longo conflito entre a maioria de agricultores hútus e a minoria de pecuaristas tútsis, que controlaram a maior parte do território até o período colonial. As construções raciais na África devido à intervenção muçulmana no Sahel ou à rivalidade étnica na região dos lagos mostram algumas semelhanças: o conflito entre os tuaregues e os africanos negros, ou entre os pastores e os lavradores no Mali e no Níger, pode ser considerado equivalente ao conflito em Ruanda e Burundi.

Na Ásia, o preconceito quanto à ascendência foi associado à definição das etnias centrais na China e no Japão. Na China, a tradição da promoção pelo mérito não encorajou divisões no longo prazo; os descendentes dos conquistadores viram-se obrigados a lidar com a assimilação cultural imposta pelo sistema han. Os povos periféricos foram discriminados e o colapso da dinastia Qing impulsionou o novo orgulho han como raça central, mas não se verificaram massacres motivados por critérios de raça. A existência de intocáveis no Japão, na Coreia e no Tibete é indicador de discriminação e de segregação em longo prazo baseadas na noção de ocupações impuras. As construções raciais influenciaram os projetos coloniais japoneses tardios na Coreia, na China e no Sudeste Asiático, deixando sinais de discriminação contra os coreanos. Na Índia, o sistema de castas revela a vasta e arraigada segregação dos intocáveis, que representam cerca de 15% da população. Os intocáveis passaram a ser formalmente protegidos com a Constituição de 1949, embora ainda persistam as práticas resultantes da noção de impureza e de contaminação.

Conclusões

O presente livro comprovou a minha hipótese inicial de que o racismo foi motivado historicamente por projetos políticos. A única possível exceção diz respeito à exclusão dos ciganos (romani), já que a perseguição imposta a essa minoria nômade expressava o receio sentido pelas comunidades sedentárias em relação a outros modos de vida. Porém estava aqui em jogo o monopólio dos recursos contra uma minoria que pretendia manter a sua independência enquanto atravessava fronteiras sem integrar nenhuma ordem econômica, social e política específicas. Os ciganos (romani) converteram-se ao cristianismo, mas de um modo geral sempre foram vistos como estranhos. O papel das condições econômicas específicas, incluídas na minha hipótese inicial, mostrou ser relativamente importante no processo de transição para a modernidade, canalizado pelos projetos políticos envolvendo lutas interétnicas ou internacionais pelo território, ou a elas subordinado.

Pela primeira vez, a discriminação e a segregação contra muçulmanos e judeus convertidos na Península Ibérica criaram uma linha divisória no seio da comunidade cristã contra os princípios universais de são Paulo, embora estivessem incluídos na mesma formação social. Essa nova separação mostrou que o conflito religioso entre as três religiões do Livro havia sido associado ao preconceito quanto à ascendência étnica: à conversão violenta ou forçada não se seguiu a integração completa. A competição pelo controle de cidades, bairros, atividades econômicas e pelo acesso a posições eclesiásticas e políticas motivou, em grande medida, a diferença de status entre cristãos-velhos e cristãos-novos. A tensão entre a integração religiosa forçada combinada com a discriminação e a segregação pode ser interpretada como um desenraizamento das crenças religiosas, seguido por um status subordinado no seio da comunidade cristã. A expropriação dos principais elementos de identidade coletiva para um melhor controle político tinha como objetivo transformar as maiorias — muçulmanas, no sul — em minorias, desfazendo, assim, a sua principal ferramenta de resistência.

Não obstante, a realidade veio a mostrar-se mais complexa: a discriminação e a segregação contaram com a oposição de estratos superiores de cristãos-velhos, sobretudo os latifundiários aristocráticos das zonas rurais, que dependiam do trabalho e do conhecimento dos mouriscos, ao passo que a hierarquia eclesiástica estava longe de se mostrar unida nesse projeto, uma vez que, desde o início, o papa, os cardeais e alguns bispos tiveram consciência dos riscos acarretados pela divisão da comunidade cristã. Os estatutos da pureza de sangue foram implementados por um movimento composto de estratos inferiores, médios e superiores de cristãos-velhos urbanos, que criaram um conjunto de interesses que garantiam um status distinto às camadas mais baixas da população. Essa consolidação de interesses sociais que promoviam os segmentos inferiores da população, à custa da discriminação e da segregação de comunidades étnicas, seria mais tarde replicada em contextos sociais completamente diferentes, sobretudo na África do Sul e no Sul dos Estados Unidos.

A instituição da Inquisição contra as comunidades étnicas violentamente convertidas desempenhou um papel importante na Península Ibérica. O tribunal contribuiu para a difusão da noção de pureza de sangue através de inquéritos genealógicos sistemáticos e da exclusão dos condenados e seus descendentes de determinadas profissões. O objetivo explícito do Santo Ofício era a condenação da heresia entre cristãos-novos e mouriscos, embora também se dedicasse às heresias dos cristãos-velhos. O grau das penas era diferenciado segundo a etnia. O tribunal mantinha as populações étnicas produtivas e competitivas sob pressão através de um escrutínio constante, contribuindo para a institucionalização do racismo. Em 1492 inspirou a primeira decisão real de Castela e Aragão de expulsar os judeus, supostamente para proteger a comunidade convertida de um regresso à antiga fé. O tribunal teve alguma dificuldade em apoiar a expulsão dos mouriscos da Espanha em 1609-10, pois isso eliminaria os seus principais clientes em certas regiões.

A expulsão envolveu cerca de 300 mil pessoas, mas muitas outras haviam sido integradas, sobretudo nas zonas rurais. Isso significou que, no longo prazo, a política de integração e subordinação tenha acabado por fracassar, em parte. Os cristãos-novos de origem judaica representaram uma situação muito mais complexa, pois ou fugiram para o Império Otomano, para o Norte da África e para outros Estados europeus, ou então foram integrados no longo prazo — um movimento facilitado pelo seu ambiente urbano. Seja como for, a Península Ibérica representa um caso claro de preconceito em relação à ascendência étnica, combinado com ações discriminatórias institucionalizadas.

A reconquista cristã da Sicília e o Reino Latino de Jerusalém são bons exemplos contrários, pois os muçulmanos convertidos também sofreram discriminação, embora de forma individual, provavelmente pelos números envolvidos serem inferiores aos registrados na Península Ibérica, onde os muçulmanos haviam se enraizado durante cinco a oito séculos de domínio político constante. Os cristãos não latinos também foram alvo de discriminação. A hierarquia da Igreja ortodoxa foi eliminada pela conquista normanda da Sicília e do sul da Itália, bem como do Reino Latino de Jerusalém, embora nesse caso a fraqueza política ante as grandes potências muçulmanas na região tenha imposto restrições, permitindo a sobrevivência de alguns bispados e a manutenção da rede de conventos. Foi desenvolvida a mesma política de discriminação contra outras minorias cristãs na região, sobretudo jacobitas e siríacos; só os armênios e os maronitas se tornaram aliados graças ao seu reconhecimento do papa. O caso mais relevante em que os gregos foram tratados como uma etnia inferior teve lugar durante o processo de escravização pelos catalães do ducado de Atenas, que os venderam no Mediterrâneo ocidental até que o rei aragonês proibiu essa prática. Ocorreu uma situação semelhante na Península Ibérica, com os cristãos escravizando moçárabes durante as incursões em territórios muçulmanos, mas essa prática também não durou. O colonialismo interno na Europa replicou a discriminação das etnias periféricas cristianizadas desde o início (como os irlandeses) ou numa fase mais tardia (como os sami ou lapões). Contudo, todos esses casos representam rivalidades étnicas no seio da comunidade cristã ou rivalidade religiosa entre Igrejas cristãs que não conduziram a racismo: a integração de cristãos no ritual latino ou nas comunidades principais não foi seguida por discriminação ou segregação baseada em preconceitos contra a ascendência étnica.

Os nativos americanos foram considerados nações estrangeiras na América britânica e nos Estados Unidos até o século xix. Na Nova Inglaterra, na década de 1630, a tentativa de converter os nativos americanos e de promover a primeira fase da sua integração através de aldeias específicas controladas por pregadores não foi bem-sucedida. A integração acontecia individualmente, mas não em termos coletivos. Só em 1871 se alterou esse status, de nações estrangeiras para nações dependentes domésticas; a cidadania só seria concedida em 1924. Os nativos convertidos na América espanhola foram integrados com êxito, embora sofressem uma discriminação constante baseada em preconceitos relacionados à ascendência étnica. Tornaram-se vassalos do rei, com uma posição política reconhecida, mas eram cidadãos subordinados. A criação das repúblicas de índios com um certo nível de autonomia levou a uma discriminação positiva para evitar novas perturbações das comunidades locais e da produção agrícola. Os nativos foram reconhecidos como os primeiros ocupantes da terra; as elites tiveram acesso a colégios e a universidades, embora durante bastante tempo fossem excluídas das posições eclesiásticas e do acesso a ordens religiosas. No caso brasileiro, a guerra e as doenças europeias também dizimaram os nativos americanos, mas a sua condição de nômades e seminômades tornava-os ainda mais vulneráveis do que os nativos da América espanhola. Alguns foram integrados à população branca, mas, no longo prazo, a grande diferença entre a América portuguesa e a espanhola foi a presença avassaladora de escravos africanos no primeiro caso.

A escravatura levou à intensificação de preconceitos anteriores contra os povos africanos subsaarianos. A vasta mistura entre diferentes etnias na América ibérica, além da conversão sistemática de nativos e escravos, levou à formação de uma estrutura complexa de preconceitos sociais, que no caso mexicano foram expressos através das pinturas de castas. O aviltamento das castas inferiores através de metáforas animais foi uma característica crucial dessas classificações. A hierarquia de castas, porém, não levou a um sistema de descendência fechado: a significativa mobilidade social individual expressava abertura. No Brasil, a atribuição do status de branco aos indivíduos de raça mista bem-sucedidos tornou-se a norma, enquanto ao longo dos últimos vinte anos a equiparação da pobreza à negritude levou à política de ações afirmativas para reduzir a desigualdade social e política. A longa desigualdade social na América ibérica está associada aos direitos de conquista, ao desalojamento dos nativos americanos, à escravatura como sistema social e a uma tradição de governo por parte de elites reduzidas de descendência branca. O acesso crescente por parte dos estratos mais baixos da população aos direitos civis e as alterações nas elites no poder corrigiram de certa forma a situação, mas o racismo não desapareceu.

Em contraste, a descendência mista na América britânica foi alvo de discriminação e segregação constantes. A existência de indivíduos de raça mista foi reconhecida desde o século XVII até meados do século XIX, embora as leis segregacionistas após a Guerra Civil tenham institucionalizado a regra da definição da negritude através de uma única gota de sangue. Os negros não foram apenas privados dos direitos civis adquiridos com a abolição da escravatura em 1865; foram também submetidos a uma segregação formal e a intimidações diárias violentas, incluindo o linchamento regular. Foi preciso um século de campanhas pelos direitos civis e o movimento negro da década de 1960 para acabar com a segregação formal. As leis antissegregação e as mudanças na elite no poder ao longo das últimas quatro décadas derrubaram o racismo institucional. No Caribe, a divisão entre negros e brancos foi complicada pela existência de pessoas de cor, fazendo com que os indivíduos de raça mista conseguissem algum tipo de reconhecimento devido ao número reduzido de brancos. Os desenvolvimentos políticos em diferentes países abalaram a tradição colonial da supremacia branca, embora a desigualdade e o racismo persistam em vários níveis.

A experiência americana do colonialismo europeu criou o primeiro ambiente para a ampliação dos preconceitos em relação à ascendência combinados com ações discriminatórias a outros continentes e a outros povos do mundo. A expressão "negros da terra" foi aplicada aos nativos americanos e aos asiáticos, primeiro pelos portugueses e depois pelos espanhóis, pelos britânicos e pelos holandeses, com o objetivo de justificar o domínio e a hierarquia. As comunidades de raça mista foram cruciais para os portugueses na Ásia, pois estes dependiam delas, mas a ficção de elites locais constituídas por cristãos-velhos puros (ou seja, europeus) manteve-se até o século XIX. As companhias das Índias Orientais holandesa e britânica dispunham de melhor acesso a mão de obra (masculina) europeia, que se misturou em grande quantidade com as populações nativas até finais do século XVIII, época em que os britânicos começaram a excluir os indivíduos de raça mista de cargos na Companhia das Índias Orientais e os holandeses na África do Sul começaram a desenvolver milícias brancas.

As primeiras hierarquias de povos mundiais foram diretamente influenciadas pela experiência colonial. Em 1570, os quatro tipos alegóricos de humanidade identificados segundo continentes, representados por Ortélio no frontispício do seu famoso atlas, resumiam setenta anos de experiências iconográficas relacionadas com a expansão europeia e as ambições universais do Sacro Império Romano. O impacto profundo do frontispício é visível em centenas de desenhos, gravuras, pinturas e esculturas produzidas na Europa no início da era moderna. A cultura visual expressava melhor do que a cultura escrita as hierarquias dos povos do mundo, definidas por atributos físicos e mentais. Tais atos visuais foram alimentados por preconceitos étnicos tornados cada vez mais complexos pelos relatos de viagens e pelos tratados geográficos. Eram complementados por outros critérios de hierarquia dos povos do mundo através dos vários continentes, tal como sugerido por Acosta. Contudo, foi a visão sintética da tipologia de Ortélio que se revelou mais bem-sucedida, acabando por ser inscrita na nova classificação da natureza criada por Lineu no século XVIII.

O racismo precedeu a teoria das raças, mas a inclusão numa estrutura científica de preconceitos novos e antigos relacionados com a ascendência étnica acentuou a ação discriminatória, uma vez que cristalizou os preconceitos étnicos, atribuindo-lhes um status de conhecimento superior. As teorias das raças tiveram um impacto extraordinário, não só no mundo ocidental como também em outros continentes, onde foram adaptadas às necessidades locais. Mesmo então, as tipologias quanto à variedade dos seres humanos continuaram a ser precárias e variáveis: a partir do século XVII, o monogenismo (criação única) foi confrontado com o poligenismo (criações múltiplas), o que reforçou a ideia de desigualdade impressa na natureza desde o início dos tempos. As primeiras gerações de historiadores naturais monogenistas (Buffon, Camper e Blumenbach) reconheceram o aperfeiçoamento da humanidade, quebrando assim o velho princípio da criação perfeita, seguida pela degeneração. A sua classificação variava e não era rígida, abrangendo vários continentes. Por outro lado, os poligenistas como White rapidamente aproveitaram a primeira medição do crânio humano através do ângulo facial sugerida por Camper para provar a existência de criações múltiplas e a maior proximidade dos africanos em relação aos símios. As tipologias rígidas propostas por Cuvier, que reduziam a variedade humana às raças branca, amarela e negra, contribuíram para reforçar a tendência poligenista, mesmo que não intencionalmente. Lamarck e Saint-Hilaire contestaram o sistema natural de Cuvier, promovendo ideias de transformação e ligação entre diferentes classes de animais. Prichard e Humboldt arrasaram ainda mais a noção compartimentada das raças, mas esse ponto de vista crítico foi de imediato contestado pela visão imutável das raças promovida pelos poligenistas norte-americanos envolvidos no debate abolicionista de meados do século XIX, sobretudo no caso de Morton, Nott e Agassiz. As novas medições (metodologicamente erradas) de crânios humanos sustentavam tal perspectiva. Esses racialistas científicos tornaram-se extremamente influentes para a definição das políticas nacionalistas e totalitárias de direita até a Segunda Guerra Mundial. Inspiraram as leis segregacionistas dos Estados Unidos e da África do Sul. Entretanto, Gobineau promovia a visão dos arianos como os elementos brancos superiores responsáveis por todos os progressos da civilização no mundo e equiparava a miscigenação à degeneração. Enquanto o arianismo era usado no mundo ocidental para promover a supremacia branca e na Europa para justificar os projetos expansionistas internos, os povos asiáticos e da Oceania apercebiam-se da vantagem de reivindicar antepassados brancos nobres para reforçar a sua posição no seio do Império Britânico ou para reivindicar autonomia e independência.

A noção de evolução através da seleção natural defendida por Darwin acabou por tornar irrelevante o debate entre poligenistas e monogenistas, afirmando a ideia da humanidade como espécie única. O paradigma das espécies lentamente modificadas ao longo de milhões de anos garantiu o contexto para a variação dos seres humanos no esquema geral da evolução. As teorias da evolução social inspiradas em Lamarck e Darwin substituíram as hierarquias inatas por diferentes fases do processo civilizacional. A naturalização das hierarquias foi reintroduzida segundo premissas evolutivas; o aperfeiçoamento e a perfectibilidade eram aceitos, mas também a possibilidade de declínio associada à competição pelos recursos, além da incapacidade de adaptação a novas condições econômicas, sociais e políticas. O impacto de longo prazo do abolicionismo, desde a década de 1770, na Inglaterra, até a década de 1860, nos Estados Unidos, reflete bem a ambiguidade desse quadro teórico. A ideia de respeito pela dignidade humana fortaleceu o movimento pela abolição do tráfico de escravos e da escravatura, embora os negros não fossem necessariamente considerados iguais ou prontos a dispor de todos os direitos civis, sobretudo o direito básico à propriedade, alicerce das estruturas sociais.

O nacionalismo trouxe consigo a fusão de nação e de raça, com a identidade coletiva baseada na ideia de uma língua e de uma ascendência partilhadas. O impacto desse movimento político foi sentido primeiro nos impérios multiétnicos, sobretudo o otomano e o austríaco. A emergência do nacionalismo nos Bálcãs e no Cáucaso reduziu acentuadamente o território do Império Otomano, onde o antagonismo de longa data entre muçulmanos e cristãos se transformou na perseguição racial a armênios e gregos, com os Jovens Turcos procurando criar um Estado homogêneo. O primeiro genocídio na Europa — como extermínio premeditado de um grupo étnico, nacional ou religioso — ocorreu em 1915 contra os armênios no Império Otomano. Às deportações em massa seguiram-se massacres organizados pelo Estado, resultando na morte de 1 milhão de pessoas. O objetivo era limpar o território, bem como exterminar uma raça-nação acusada de ser excessivamente competitiva e que se aproveitava da população muçulmana. A perseguição em grande escala e o massacre da população grega não atingiram o mesmo nível devido à existência de um Estado grego. O preconceito quanto à ascendência levou ao extermínio, ao massacre e à expulsão, incitados pelo óbvio projeto político de criação de um Estado racial baseado exclusivamente na identidade turca. A repulsa por indivíduos considerados possuidores de características negativas transmitidas de geração em geração baseava-se no antagonismo religioso. Os curdos não poderiam ser submetidos ao mesmo nível de atrocidades por serem muçulmanos, mas também foram alvo de deportações, transferência de populações e tentativas sistemáticas de assimilação pela identidade turca. A religião e um conceito específico da natureza estiveram fortemente implicados nesse caso moderno de racismo que levou ao genocídio.

A transformação dos judeus em bodes expiatórios para os problemas trazidos pela transição para a modernidade teve início com a Revolução Francesa e seu impacto na Europa. A visão universal dos direitos civis fraturou os antigos privilégios e abalou as bases do Antigo Regime; a promoção dessa comunidade religiosa tradicionalmente oprimida foi vista como um teste aos limites desses projetos. Vários países deram voz à oposição à integração das comunidades judaicas, algo fomentado pela presença cada vez mais bem-sucedida de judeus na educação, nos negócios e na política. A crise econômica da década de 1870 trouxe consigo novas tendências antijudaicas, que assumiram uma importância ainda mais significativa na Alemanha. Entretanto, ao longo dos séculos XIX e XX ocorreram pogroms sucessivos nos territórios ocidentais da Rússia. O mais marcante é o fato de as teorias das raças não terem abordado os judeus por muitos autores estarem, isso sim, interessados na classificação das principais variedades humanas em todo o mundo. Knox tinha os judeus como alvo, invocando antigos preconceitos, mas foi Chamberlain quem, no início do século XX, colocou a ameaça judaica no centro de uma luta alemã pelo futuro, baseando-se em tendências antissemíticas anteriores. Segundo essa visão, a luta racial opunha-se à luta de classes. A competição pelo espaço e pelos recursos foi dramatizada como uma luta pela sobrevivência, inspirada tanto no racialismo científico (predominante, com as suas ideias de características raciais inatas e imutáveis) como pelo darwinismo social. Hitler seguiu as ideias de Chamberlain e transformou-as em ação política, fazendo dos judeus o inimigo interno que precisava ser expulso (mais tarde exterminado) caso a Alemanha pretendesse alcançar a supremacia sobre a Europa. Os socialistas e os comunistas foram equiparados aos judeus, ou estigmatizados como contaminados pelos judeus.

A Alemanha tornou-se um Estado racial animado pelos preconceitos quanto à ascendência étnica, combinados com ações discriminatórias. As comunidades judaicas perderam o direito à cidadania e os direitos civis; os judeus foram deportados, reunidos em campos de concentração, obrigados a executar trabalhos forçados e exterminados. Esse genocídio provocou 6 milhões de mortes. A religião esteve ausente do processo, pois os judeus foram privados das suas crenças para que fossem apresentados como empresários oportunistas. Mas, sem a divisão religiosa e respectivos preconceitos tradicionais, a ação política não teria sido possível. É por isso que a ideia de dois tipos diferentes de racismo — racismo natural moderno e racismo religioso pré-moderno — é insustentável. Apesar dos esforços laboratoriais, a Alemanha nazista nunca conseguiu identificar características naturais específicas da população judaica; foram identificadas através dos métodos tradicionais de reputação e genealogia usados no passado pela Inquisição. Além disso, o antagonismo tradicional entre alemães e eslavos foi racializado, pois Hitler pretendia transformar os eslavos "inferiores" em mão de obra forçada privada de propriedade. Vinte milhões de russos foram mortos durante a Segunda Guerra Mundial, ao passo que 12 milhões de eslavos foram escravizados e enviados para campos de trabalho. O racismo voltava a servir a projetos políticos — nesse caso, as políticas nazistas de supremacia e expansão alemãs. A eugenia, que promovia a ideia de que a engenharia social e biológica poderia aprimorar as qualidades de uma raça, foi implementada contra indivíduos com defeitos físicos, judeus, ciganos (romani) e negros. Os ciganos (romani) também foram alvo de um vasto processo de extermínio.

A União Soviética defendia a luta de classes, mas deportou, tanto antes como depois da Segunda Guerra Mundial, várias etnias suspeitas de serem desleais para com o regime, ao mesmo tempo que escravizou milhões de opositores políticos e sociais em campos de concentração para trabalhos forçados. Alemães foram deportados em massa de vários países do Leste Europeu depois da guerra, ao passo que se praticaram ou se tentou levar a cabo limpezas étnicas em vários países comunistas que teoricamente seriam aliados militares. Na Iugoslávia, um país reconstituído após a Segunda Guerra Mundial, o ódio étnico foi contido até a queda do bloco soviético. Em 1991, a criação de novos Estados na antiga federação iugoslava levou a uma guerra baseada em divisões religiosas e nacionais, seguida por processos de limpeza étnica.

O velho conflito entre gregos e otomanos, traduzido na Guerra da Independência (1821-30), na Guerra dos Bálcãs (1912-3) e na Guerra Greco-Turca (1919-22), assistiu a vastos massacres de populações civis e finalmente à troca de minorias expulsas de ambos os países. As sequelas desse ódio, em que nação se equiparava à religião e à raça, foram duradouras: em 1955 ocorreram motins antigregos, levados a cabo pela multidão em Istambul, enquanto a independência de Chipre em 1960 foi seguida por massacres, e a invasão turca de 1974 levou à partição da ilha e a novas limpezas étnicas. Nesse processo estiveram em jogo projetos locais de integração com a Grécia, opostos aos projetos políticos de expansão turca.

A ausência de uma postura antijudaica na moderna Península Ibérica surge como contraponto a essas tendências: apesar da longa obsessão pela pureza de sangue entre finais do século XV e início do século XIX, o século XX não assistiu a um verdadeiro movimento contra os judeus. A razão disso reside no número residual de elementos da comunidade e na memória do debate sobre essa questão histórica que atravessou todo o século XIX e inviabilizou a utilização dos judeus na implementação de projetos políticos.

O preconceito quanto à ascendência foi visível na África colonial, levando a várias formas de discriminação e de segregação. Em 1904, os hererós, na Namíbia alemã, foram alvo de um processo de perseguição e extermínio em massa, representando o primeiro caso de genocídio moderno. A intervenção tardia do Parlamento alemão levou a que menos de 20% da população tenha sobrevivido. Esse caso esteve claramente associado à limpeza étnica de indivíduos nos territórios centrais, desejados pelos agricultores coloniais; tratou-se de um projeto para privar o povo das suas terras comunais. O caso sul-africano nunca atingiu as mesmas proporções, mas a segregação das populações africanas seria legalmente enquadrada pela legislação ao longo do século XIX, sobretudo nas novas repúblicas bôeres após a abolição britânica da escravatura em 1833. A emergência de uma indústria de mineração nas últimas décadas do século XIX reforçou a divisão do trabalho segundo linhas raciais baseadas na supremacia branca e na exclusão dos negros do trabalho qualificado. Os migrantes indianos também foram transformados em alvo à medida que a supremacia branca ia se afirmando.

A criação do apartheid entre 1948 e 1994 institucionalizou a segregação racial em todos os níveis — educação, lazer, espaços públicos e intervenção política — e foi seguida pela transferência significativa de populações africanas e pela criação de regimes sustentados por brancos, os bantustões, para despojar as populações nativas das suas terras e dos direitos civis. A oposição política e o fim da Guerra Fria marcaram o final do apartheid. É motivo de debate se em outras regiões africanas, especificamente os Grandes Lagos, onde em 1994 ocorreu o genocídio dos tútsis, ou na região do Sahel, na África Ocidental, onde nas últimas décadas os tuaregues vêm se revoltando contra as maiorias étnicas africanas, o ódio étnico foi incentivado pelas divisões coloniais e pelas teorias de raças ou pelas percepções locais de ascendência. O exemplo dos tuaregues pode mostrar sinais de antigos preconceitos muçulmanos contra os povos africanos partilhados com os europeus, embora o antigo conflito entre pastores e agricultores possa ter servido de catalisador para a antiga ideia de ascendência. Essa linha divisória também é visível em Ruanda e Burundi entre os tútsis e os hútus, embora nesse caso os exemplos racistas europeus e as divisões coloniais tenham desempenhado um papel inegável.

O racismo não é exclusivo do mundo ocidental. Tivemos oportunidade de ver como a ideia de ascendência já se encontrava presente nas noções africanas de linhagem e de parentesco. Os preconceitos raciais estiveram associados, em várias áreas, a ações discriminatórias que levaram ao genocídio durante e após o período colonial. Na Ásia, a noção de ascendência está arraigada há milênios. Na China, os han eram considerados a etnia central que abraçou outras etnias durante o processo de expansão, impondo os seus critérios culturais e políticos sobre os governantes estrangeiros. Ainda hoje se observam preconceitos e discriminação contra os povos das periferias — os montanheses do sudoeste ou os muçulmanos da Ásia Central —, o que explica a migração de indivíduos do centro para alterar a composição étnica das áreas periféricas contestadas. A ausência de elites feudais poderosas, porém, impediu a justificação do domínio social através do sangue, enquanto a prática do recrutamento de elites administrativas e políticas através de concursos públicos perpetuou um ideal de promoção através do mérito. O regime comunista rejeitou formalmente a visão racial do mundo, embora, mais uma vez, certas etnias continuem a ser tratadas com mais desconfiança do que outras.

No Japão, as hierarquias sociais e étnicas têm uma história completamente diferente. O imperador reivindicava uma origem divina, enquanto os yamatos, a etnia central que representa a vasta maioria da população, eram considerados sob a influência do imperador. A aceitação do confucionismo não levou à promoção através do mérito aferido por concursos públicos. Os daimyos (casta militar que controlava a terra) foram reorganizados segundo o sistema Tokugawa de feudalismo centralizado, enquanto aos samurais foram atribuídas funções administrativas. A noção de sangue e ascendência estava bem presente. O Japão tem indivíduos intocáveis, os burakumins, segregados devido às suas ocupações poluídas tradicionais: trabalho com partes e produtos animais, lidar com a morte e cuidar de dejetos. A segregação institucionalizada foi proibida em 1870, 1930 e 1946, mas a discriminação informal ainda persiste. Os ainu, da ilha setentrional de Hokkaido, eram considerados bárbaros, e foi levada a cabo a colonização, desalojando os nativos dos seus melhores terrenos. A expansão colonial japonesa tardia levou a caricaturas chinesas de "anões hirsutos", ao passo que os coreanos levados para o Japão como mão de obra barata entre as décadas de 1920 e 1940 perderam a cidadania após a independência do seu país.

Na Índia, o sistema de castas atravessa todos os níveis da sociedade, baseando-se em noções de pureza e impureza, limpeza e poluição, proteção e contaminação, endogamia e herança ocupacional, segregação espacial e regras partilhadas de comportamento hierárquico. Aqui, as castas intocáveis são muito mais importantes do que em qualquer outro local, representando cerca de 15% da população total. Estudos recentes contestaram a ideia de que o sistema seria imutável, mostrando que novas castas foram criadas, os status coletivos podem ser alterados, as noções de integridade podem ser invertidas e a compensação ritual de párias pode ocorrer. No entanto, a noção de descendência de casta está profundamente arraigada na sociedade, continuando a servir de base a formas de discriminação.

Logo na década de 1870, a pesquisa científica na Alemanha abandonara a ideia de encontrar características físicas específicas que distinguissem a população judaica. A descoberta dos grupos sanguíneos durante a Primeira Guerra Mundial não levou a associações distintivas de grupos raciais previamente definidos. À sequenciação e ao mapeamento do genoma humano no ano 2000 seguiu-se um debate renovado sobre a raça. Alguns genes e mutações estão relacionados com grupos étnicos específicos e podem aumentar a imunidade ou a propensão para determinadas doenças, mas não coincidem com as concepções mais vastas de raças. As diferenças genéticas dentro de grupos raciais tradicionalmente definidos são consideradas mais importantes do que as diferenças entre esses grupos. A definição de fronteiras continua a ser um enigma para os cientistas interessados na variedade dos seres humanos. O Holocausto veio provar, sem sombra de dúvida, o risco extremo de qualquer visão de sociedades futuras baseadas no conflito entre raças. Imediatamente após a guerra, a Organização das Nações Unidas para a Educação, Ciência e Cultura (Unesco) lançou um debate sobre as teorias das raças para esclarecer as suas bases precárias. A isso seguiu-se o movimento negro pelos direitos civis da década de 1960 nos Estados Unidos, que contribuiu para a rejeição generalizada da discriminação baseada na ideia da inferioridade natural. A percepção de raça foi virada do avesso, sendo o termo agora usado para expressar a identidade coletiva e proteger as minorias segundo as noções desenvolvidas pela bioética.

A principal ideia desenvolvida pela minha pesquisa é a de que o racismo assumiu diferentes formas, moldadas por conjunturas específicas. Não existe algo como um racismo cumulativo e linear. Em todos os casos significativos que estudei, os preconceitos quanto à ascendência étnica associados a ações discriminatórias foram motivados por projetos políticos. As conjunturas específicas de crise econômica ou política revelaram-se cruciais para explicar a mobilização de preconceitos e sua transformação em ações políticas a serviço de interesses sociais específicos. A discriminação e a segregação dos judeus e dos muçulmanos na Europa medieval foram seguidas por ações semelhantes contra os cristãos-novos e os mouriscos, mostrando a transferência dos preconceitos existentes apesar da integração religiosa. O monopólio de recursos econômicos, políticos e sociais esteve sempre em questão à medida que essas práticas eram renovadas sob diferentes estruturas religiosas. O preconceito e a discriminação poderiam perpetuar as posições sociais e étnicas subordinadas, sobretudo no caso dos escravos negros e dos libertos no Novo Mundo, mas também podiam minar competidores bem-sucedidos, como os armênios no Império Otomano, ou os judeus na Rússia e na Alemanha. Embora as teorias das raças garantissem uma estrutura científica às classificações da humanidade, a religião confundiu-se com as percepções de ascendência nas formas de ódio étnico do período medieval, do período moderno e do período contemporâneo. Entretanto, as divisões coloniais de trabalho alimentaram as formas raciais de discriminação. A associação da nacionalidade à raça (e, em muitos casos, à religião) trouxe consigo novas formas de disputa territorial. A violência das limpezas étnicas atingiu níveis sem precedentes no século xx, com formas nunca vistas de escravização e de genocídio que se espalharam da Europa para outros continentes onde já se vislumbravam dinâmicas específicas de conflito étnico.

A norma de comportamento antirracista prevalece agora na maior parte do mundo. Mas o racismo não desapareceu. Abandonou, isso sim, a reivindicação de diferenças físicas, substituindo-as pela incapacidade cultural. A migração não é criticada com argumentos físicos, mas sim através da ideia de atraso cultural e de incapacidade de adaptação. O argumento da inferioridade foi abandonado no debate político; agora, os imigrantes são acusados de desfrutarem de assistência social que não foi criada para eles. Continua a haver disputas sobre identidade e exclusão; os critérios para a atribuição da cidadania são ainda a principal ferramenta para definir a pertença. Não obstante, as identidades nem sempre coincidem com a cidadania formal, já que as formas informais de discriminação podem ser extremamente poderosas sem enquadramentos institucionais ou a sua aplicação estatal. Sendo esse o estado da discussão no mundo ocidental, isso não quer dizer que os velhos problemas tenham sido resolvidos, seja aí, seja em qualquer outra parte. A violência diária entre etnias continua a ser visível em diferentes partes do mundo, tal como a escravatura e a escravização, frequentemente baseadas nos preconceitos relacionados à ascendência étnica. Em resumo, é preciso ainda percorrer um longo caminho para cumprir o sonho da dignidade humana e da real implementação dos direitos humanos.

Notas

INTRODUÇÃO [pp. 21-34]

1. Servi-me, entre outras fontes, da coleção de imagens de negros de Le Menil, atualmente no Warburg Institute, da Universidade de Londres, e no W. E. B. Du Bois Institute for African and African American Research, da Universidade Harvard. Para o resultado desse projeto, ver David Bindman e Henry Louis Gates (Orgs.), *The Image of the Black in Western Art* (Cambridge, MA: Belknap Press, 2010-2, 8 v.).

2. Pierre van den Berghe, *Race and Racism: A Comparative Perspective*. 2. ed. (Nova York: Wiley, 1978); Carl N. Degler, *Neither Black nor White: Slavery and Race Relations in Brazil and the United States* (Nova York: Macmillan, 1971); George M. Fredrickson, *Diverse Nations: Explorations in the History of Racial and Ethnic Pluralism* (Boulder: Paradigm, 2008). Outras obras lidam com essa comparação; ver sobretudo Charles V. Hamilton, Lynn Huntley, Neville Alexander, Antônio Sérgio Alfredo Guimarães e Wilmot James (Orgs.), *Beyond Racism: Race and Inequality in Brazil, South Africa, and the United States* (Boulder: Lynne Rienner, 2001).

3. Ver David Bindman, *Ape to Apollo: Aesthetics and the Idea of Race in the 18th Century* (Londres: Reaktion, 2002).

4. Lucien Febvre, *Pour une Histoire à part entière* [1962]. reimp. Paris: École des Hautes Études en Sciences Sociales, 1982, p. 15.

5. Benjamin Isaac, *The Invention of Racism in Classical Antiquity*. Princeton: Princeton University Press, 2006.

6. Frank M. Snowden, *Before Color Prejudices: The Ancient View of Blacks*. Cambridge, MA: Harvard University Press, 1983.

7. George M. Fredrickson, *Racism: A Short History*. Princeton: Princeton University Press, 2002.

8. Claude Lévi-Strauss, *L'Anthropologie face aux problèmes du monde moderne* (Paris: Seuil, 2011), pp. 105-46 [trad. bras.: *A antropologia diante dos problemas modernos* (São Paulo: Companhia das Letras, 2012)]. O mesmo raciocínio está implícito em id., *L'Autre Face de la lune: Écrits sur le Japon* (Paris: Seuil, 2011) [trad. bras.: *A outra face da Lua: Escritos sobre o Japão* (São Paulo: Companhia das Letras, 2012)].

9. Peter Wade, *Race, Nature, and Culture: An Anthropological Perspective*. Londres: Pluto, 2002; id., *Race and Ethnicity in Latin America*. 2. ed. Londres: Pluto, 2010.

10. Arthur Keith, *Ethnos or the Problem of Race Considered from a New Point of View*. Londres: Kegan Paul, 1931, pp. 26, 73-4.

11. Ver Stuart Hall, "Race, Articulation, and Societies Structured in Dominance". In: Philomena Essed e David Theo Goldberg (Orgs.), *Race Critical Theories: Text and Context* (Oxford: Blackwell, 2002), pp. 38-68.

12. Étienne Balibar e Immanuel Wallerstein, *Race, Nation, Class: Ambiguous Identities*. Londres: Verso, 1991.

13. Michael Omi e Howard Winant, *Racial Formation in the United States from the 1960s to the 1990s*. 2. ed. Londres: Routledge, 1994.

14. Max Weber, *Economy and Society*, trad. de Guenther Roth e Claus Wittich (Berkeley: University of California Press, 1978, 2 v.), pp. 385-98, 932-5. Para a passagem relevante ver ibid., p. 386.

15. Alain Rey (Org.), *Dictionnaire historique de la langue française* (Paris: Le Robert, 1998), v. 3, pp. 3056-7. O surgimento dos termos em inglês seguiu um rumo semelhante. Ver John A. Simpson e Edmund S. C. Weiner (Orgs.), *Oxford English Dictionary* (Oxford: Clarendon, 1989, 20 v.).

16. Simpson e Weiner, *Oxford English Dictionary*, v. 13, pp. 69-70; *Grande Dizionario della Lingua Italiana*. Turim: Unione Tipografica Editrice Torinese, 1990, v. 15, pp. 586-8; Arlette Jouana, *L'Idée de race en France au XVIe siécle et début du XVIIe*. 2. ed. Montpellier: Université Paul Valéry, 1981, 2 v.; Joan Corominas, *Diccionario crítico etimológico castellano e hispánico*. Madri: Gredos, 1981, 7 v.; Rafael Bluteau, *Vocabulario portuguez e latino*. Coimbra: Colégio das Artes, 1712-28, 10 v.; Antônio Houaiss (Org.), *Dicionário Houaiss da Língua Portuguesa* (Rio de Janeiro: Objetiva/ Instituto Houaiss, 2001).

17. Ver Claudio Pogliano, *L'ossessione della razza: Antropologia e genetica nel XX secolo* (Pisa: Edizioni della Normale, 2005); Sheldon Krimsky e Kathleen Sloan (Orgs.), *Race and the Genetic Revolution: Science, Myth, and Culture* (Nova York: Columbia University Press, 2011).

18. Michael J. Bamshed e Steve C. Olson, "Does Race Exist?". *Scientific American*, v. 289, n. 6, pp. 78-85, dez. 2003; Race, Ethnicity, and Genetic Working Group, "The Use of Racial, Ethnic, and Ancestral Categories in Human Genetic Research". *American Journal of Human Genesis*, v. 77, n. 4, pp. 519-32, out. 2005; David B. Goldstein e Joel N. Hirschhorn, "In Genetic Control of Disease, Does 'Race' Matter?". *Nature Genetics*, v. 36, n. 12, pp. 1243-4, dez. 2004.

19. Sarah Daynes e Orville Lee (Orgs.), *Desire for Race* (Cambridge: Cambridge University Press, 2008). A questão foi levantada para o contexto colonial. Ver Ann Laura Stoler, *Race and the Education of Desire: Foucault's "History of Sexuality" and the Colonial Order of Things* (Durham, NC: Duke University Press, 1995).

20. Ver Henri Tajfel (Org.), *Social Identity and Intergroup Relations* (Cambridge: Cambridge University Press, 1982); Craig Calhoun (Org.), *Social Theory and the Politics of Identity* (Oxford: Blackwell, 1994).

21. Frank Dikotter (Org.), *The Construction of Racial Identities in China and Japan*. Londres: Hurst and Co., 1997; Peter Robb, *The Concept of Race in South Asia*. Oxford: Oxford University Press, 1997.

22. Bruce S. Hall, *A History of Racism in Muslim West Africa, 1600-1960*. Cambridge: Cambridge University Press, 2011.

23. Rey, *Dictionnaire historique de la langue française*, v. 1, pp. 1325-6; *Thesaurus Lingua Latina*. Leipzig: E. B. Teubneri, 1931-53, v. 5, pp. 923-94; J. C. Niermeyer e C. van De Kieft, *Media Latinitatis Lexicon Minus*. 2. ed. Leiden: Brill, 2002, v. 1, p. 502.

24. James M. Jones, *Prejudice and Racism*. 2. ed. Nova York: McGraw-Hill, 1997; Simpson e Weiner, *Oxford English Dictionary*.

25. Convenção para a Prevenção e Repressão do Crime de Genocídio, Resolução 260(III)A, Assembleia Geral da ONU, 9 dez. 1948. Disponível em: <http://www.hrweb.org/legal/genocide. hmt>. Acesso em 3 set. 2011.

26. Michael Adas, *Machines as the Measure of Men: Science, Technology, and Ideologies of Western Dominance*. Ithaca: Cornell University Press, 1989.

27. Marc Bloch, *The Historian's Craft*. Trad. de Peter Putnam. Manchester: Manchester University Press, 1954.

PARTE I: AS CRUZADAS [pp. 35-6]
I. DAS PERCEPÇÕES GREGAS ÀS MUÇULMANAS [pp. 37-43]

1. Neste ponto deixo-me orientar por Benjamin Isaac, *The Invention of Racism in Classical Antiquity* (Princeton: Princeton University Press, 2006).

2. Marcel Detienne, *Comment être autochtone: Du pur Athénien au Français raciné*. Paris: Seuil, 2003.

3. Frank Snowden [*Before Color Prejudice: The Ancient View of Blacks* (Cambridge, MA: Harvard University Press, 1983)] rejeita o preconceito quanto à descendência nesse período.

4. P. D. King, "The Barbarian Kingdoms". In: J. H. Burns (Org.), *The Cambridge History of Medieval Thought, c. 350-c. 1450*. Cambridge: Cambridge University Press, 1988, p. 137.

5. Herwig Wolfram e Walter Pohl (Orgs.), *Typen der Ethogenese unter besonderer Berucksichtigung der Bayern*. Viena: Österreichischen Akademie der Wissenschaften, 1990, 2 v.; Andrew Gillett (Org.), *On Barbarian Identity: Critical Approaches to Ethnicity in the Early Middle Ages*. Turnhout: Brepols, 2002; Thomas F. X. Noble (Org.), *From Roman Provinces to Medieval Kingdoms*. Londres: Routledge, 2006; Peter Heather, *Empires and Barbarians*. Londres: Macmillan, 2009.

6. Não vou aqui discutir a ficção da *translatio imperii* promovida pelos governantes bizantinos. Ver D. M. Nicol, "Byzantine Political Thought", em J. H. Burns (Org.), *The Cambridge History of Medieval Thought, c. 350-c. 1450* (Cambridge: Cambridge University Press, 1988), p. 59.

7. Victor de Vita, *History of the Vandal Persecution*. Trad. de John Moorhead (Liverpool: Liverpool University Press, 1990). A *Historia persecutionis vandalorum* original, redigida por um bispo

católico que fora testemunha ocular, foi diversas vezes impressa nos séculos XVI, XVII e XVIII. Para o contexto histórico original, ver Chris Wickham, *The Inheritance of Rome: A History of Europe from 400 to 1000* (Londres: Penguin, 2009), pp. 76-82. As percepções negativas dos vândalos ao longo da história estão reunidas no *Shorter Oxford English Dictionary on Historical Principles*, 5. ed. (Oxford: Oxford University Press, 2002), v. 2, p. 3502. A devastação limitada e a distorção feita oficialmente pela Igreja contra os vândalos arianos foram frisadas em Yitzhak Hen, *Roman Barbarians: The Royal Court and Culture in the Early Medieval West* (Basingstoke: Palgrave, 2007), cap. 3.

8. Sobre a conversão dos reinos bárbaros e as relações entre cristãos e judeus, ver Peter Brown, *The Rise of Western Christendom* (Princeton: Princeton University Press, 1996); Bruno Dumezil, *Les Racines chrétiennes de l'Europe: Conversion et liberté dans les royaumes barbares Ve-VIIIe siècle* (Paris: Fayard, 2005).

9. Sobre o processo complexo da sua expansão e sedentarização, ver Halil Inalcik, *An Economic and Social History of the Ottoman Empire*, v. 1, *1300-1600* (Cambridge: Cambridge University Press, 1994); David J. Roxburgh (Org.), *Turks: A Journey of a Thousand Years, 600-1600* (Londres: Royal Academy of Arts, 2005).

10. Fernand Braudel, *Grammaire des civilisations* [1963]. reimp. Paris: Flammarion, 1993, pp. 71--124; Albert Hourani, *A History of the Arab Peoples*. Cambridge, MA: Belknap, 1991, pp. 7-208.

11. Al-Muqaddasī, *Ahsan at-Tāqasīm fī Ma'rifat al-aqālīm (La Meilleure Répartition pour la connaissance des provinces)*. Org. e trad. de André Miquel. Damasco: Institut Français de Damas, 1963, pp. 75-8.

12. André Miquel, *La Géographie humaine du monde musulman jusqu'au milieu du XIe siècle*. Paris: Mouton, 1975, v. 2, pp. 65-6, 101, 141-3, 195; Bernard Lewis, *Race and Slavery in the Middle East: An Historical Enquiry* (Oxford: Oxford University Press, 1990), pp. 31-2.

13. *Shorter Oxford English Dictionary*, v. 2, p. 2669; Alain Rey (Org.), *Dictionnaire historique de la langue française*. Paris: Le Robert, 1998, v. 3, pp. 3386-7.

14. *Diccionario de la Lengua Espanola*. 22. ed. Madri: Real Academia Española, 2001, pp. 1043, 1379; Antônio Houaiss (Org.), *Dicionário Houaiss da Língua Portuguesa*. Rio de Janeiro: Objetiva/Instituto Houaiss, 2001, pp. 1969, 2523; *Dizionario Italiano*. Milão: Rizzoli, 1988, pp. 616, 900; *Shorter Oxford English Dictionary*, v. 1, p. 1828, v. 2, p. 2669; Rey, *Dictionnaire historique de la langue française*, v. 2, p. 2168.

2. RECONQUISTA CRISTÃ [pp. 44-67]

1. No seu *Monumenta Cartographica Africa et Agypti* [(Cairo, 1926-51), sobretudo a parte 2, v. 2 (1932)], de dezesseis volumes, Yossouf Kamal publica uma lista de 466 dioceses norte-africanas nos anos 482 a 484 (fl. 329r-v). Sobre essa literatura apocalíptica, ver Jean Flori, *L'Islam et la fin des temps: L'interprétation prophétique des invasions musulmanes dans la chrétienté médiévale* (Paris: Seuil, 2007).

2. A *jihad* como dever pessoal e coletivo é uma ideia desde cedo bem documentada, sobretudo durante os seculos VIII, IX e X; ver, por exemplo, Ibn Hawqal e Ibn Ahmad, em *Biblioteca Arabo-Sicula*, org. de Michele Amari (1880-1; reimp. Bolonha: Arnaldo Forni, 1981), v. 1, pp. 24, 392. Sobre a tradição cristã e o islã, ver Benjamin Z. Kedar, *Crusade and Mission: European Approaches toward the*

Muslims (Princeton: Princeton University Press, 1984); James M. Powell, *The Crusades, the Kingdom of Sicily, and the Mediterranean* (Aldershot: Ashgate, 2007).

3. Kedar, *Crusade and Mission*, p. 23.

4. Ver Jonathan Riley-Smith, *The First Crusade and the Idea of Crusading* (Londres: Athlone Press, 1986).

5. É aqui que discordo de Paul Alphandéry e Alphonse Dupront [*La Chrétienté et l'idée de Croisade* (1954-9; reimp. Paris: Albin Michel, 1995)], que limitam a noção de Cruzada às expedições para a conquista ou proteção de Jerusalém, embora reconheçam o fato de que a Primeira Cruzada não tinha relação com a Cidade Santa nem com lugares sagrados. Também se recusam a considerar a conquista normanda da Sicília ou a reconquista cristã da Península Ibérica como parte do espírito ou como precursoras das Cruzadas (ibid., pp. 29-30). Ironicamente, essa posição foi relativizada em Alphonse Dupront, *Le Mythe de croisade* (Paris: Gallimard, 1997), v. 1, p. 367: "l'Espagne a sa croisade à elle. Jusqu'où celle de la Chrétienté lui importe-t-elle?". Para uma visão mais ampla das Cruzadas, ver Jonathan Riley-Smith, *The Crusades: A Short History* (Londres: Athlone Press, 1987).

6. Judith Herrin mostra a ausência de uma separação formal que sustente a ideia de um "grande cisma" no seu *Byzantium: The Surprising Life of a Medieval Empire* (Londres: Penguin, 2008), pp. 47-8.

7. Ver Michel Balard, *Les Latins en Orient (X^e-XVe siècle)* (Paris: Presses Universitaires de France, 2006), pp. 382-90.

8. Ver J. B. Harvey e David Woodward (Orgs.), *Cartography in Prehistoric, Ancient, and Medieval Europe and the Mediterranean* (Chicago: University of Chicago Press, 1987).

9. Segui a reconstrução dos acontecimentos proposta em Josef Deér, *The Dynastic Porphyry Tombs of the Norman Period in Sicily*, trad. de G. A. Gillhof (Cambridge, MA: Harvard University Press, 1959). Também concordo com os principais aspectos dessa interpretação artística dos monumentos funerários, embora Deér não analise os apoios dos sarcófagos.

10. Importa dizer que Rogério II imitou os imperadores bizantinos e adotou símbolos imperiais, tal como frisado por Deér (ibid.). Sabe-se que o pregador na Capela Palatina de Palermo se dirigia a Rogério II como basileu. Ver Hubert Houben, *Roger II of Sicily: A Ruler between East and West*, trad. de Graham A. Lord e Diana Milburn (Cambridge: Cambridge University Press, 2002), p. 133.

11. O leão foi usado na heráldica medieval como símbolo de força e poder, sobretudo a partir dos séculos XII e XIII. Ver Michel Pastoureau, *Figures de l'héraldique* (Paris: Galimard, 1996), pp. 58-61; id., *Une Histoire symbolique du Moyen Âge occidental* (Paris: Seuil, 2004), pp. 49-64. A imagem do leão como símbolo da soberania e da justiça está patente nos bestiários medievais, e mais tarde foi incluída em livros de emblemas.

12. A cabra como símbolo de luxúria na Antiguidade pagã foi transformada em símbolo dos condenados no juízo (Mt. 25,32-3). Ver James Hall, *Dictionary of Subjects and Symbols in Art* (Londres: John Murray, 1979), pp. 139-40. Durante a Idade Média, a cabra foi igualmente usada para representar o diabo. Ver Jean Chevalier e Alain Gheerbrant, *Dictionnaires des symboles* (Paris: Seghers, 1973), v. 1, pp. 221-4.

13. Rogério II conquistou a rica ilha de Djerba em 1135, lançou ataques sucessivos até que o reino zirida se tornasse seu tributário, em 1143, e conquistou Bresk, Cherchell e as ilhas de Kerkena em 1144-5, imediatamente antes da doação do sarcófago. A conquista prosseguiu: Trípoli caiu em 1146; Mahdia, Susa, Sfax e Gabes foram derrotadas em 1148; e Bona seguiu-se em 1153. Ver Hubert Houben, *Roger II of Sicily*, pp. 77-80. Guilherme I perdeu esses territórios em 1156-60.

14. Ver Michael McCormick, *Eternal Victory: Triumphal Rulership in Late Antiquity, Byzantium, and the Early Medieval West* (Cambridge: Cambridge University Press, 1986), p. 162. Em 956, em Constantinopla, soldados bizantinos viraram do avesso o estandarte islâmico durante a humilhação ritual de Abu'l Asã'ia, primo do emir de Alepo. Existe um relato literário quinhentista dessa tradição reconstituída em Constantinopla com os turcos, que a realizaram contra os cristãos derrotados. Ver Juan de Ulloa Pereira, *Viaje de Turquia*, org. de Fernando G. Salinero (Madri: Catedra, 2000), ms. 1557--8, 154-5.

15. Roberto Salvini ["Monuments of Norman Art in Sicily and Southern Italy", em C.N.L. Bruke (Org.), *The Normans in Sicily and Southern Italy* (Londres: British Academy, 1977), pp. 64-92] sugere que nesse cenário estão representados um árabe, um grego, um normando e um "latino" [sic], mas as figuras não estão claramente identificadas.

16. Na época era essa a indumentária padrão na Europa Ocidental, algo que durou até a passagem do século XIII para o XIV. Ver Françoise Piponnier e Perrine Mane, *Dress in the Middle Ages*, trad. de Caroline Beamish (New Haven: Yale University Press, 1997), pp. 40-1.

17. Existe um exemplo mais tardio dessa tipologia na base do Candelabro Pascal na Capela Palatina, esculpido na década de 1180, em que quatro leões sustentam dois animais e dois seres humanos. Ver William Tronzo, *The Cultures of His Kingdom: Roger II and the Capela Palatina in Palermo* (Princeton: Princeton University Press, 1997), p. 84.

18. A questão do título dos reis da Sicília é levantada em Houben, *Roger II of Sicily*, pp. 131-2.

19. David Abulafia, *The Two Italies: Economic Relations between the Norman Kingdom of Sicily and the Northern Communes*. Cambridge: Cambridge University Press, 1997.

20. Charles Verlinden, *L'Esclavage dans l'Europe médiévale*. Gent: Rijksuniversiteit te Gent, 1977, v. 2, pp. 196-208.

21. Aziz Ahmad, *A History of Islamic Sicily*. Edimburgo: Edinburgh University Press, 1975.

22. Henri Bresc, *Politique et société en Sicile, XIIᵉ-XVᵉ siècle*. Aldershot: Variorum, 1990, texto 1.

23. Ibid.

24. Relatado pelo *Chronicon* de Romualdo II, arcebispo de Palermo, e sobretudo por (dubiamente) Hugo Falcando, *La Historia*, em Giuseppe del Re (Org.), *Cronisti e Scrittori sincroni della dominazione normanna nel Regno di Puglia e Sicilia* (Nápoles: Stamperia dell'Iride, 1845), v. 1, pp. 33, 382-3.

25. Francesco Giunta, *Bizantini e Bizantinismo nella Sicilia Normanna*. Palermo: Priulla, 1950, p. 89.

26. Não existe referência a esse governante nas crônicas árabes, e Michele Amari [*Storia dei musulmani di Sicilia* (Florença: Felice Le Monnier, 1868), v. 3, p. 149] rejeita a sugestão de Ibn-el--Wardi como sendo o nome original.

27. Geoffrey Malaterra, *The Deeds of Count Roger of Calabria and Sicily and of His Brother Robert Guiscard*. Trad. de Kenneth Baxter Wolf. Ann Arbor: University of Michigan Press, 2005, p. 177 (4.1.).

28. Steven Runciman, *The Sicilian Vespers: A History of the Mediterranean World in the Later Thirteenth Century* (Cambridge: Cambridge University Press, 1958). As principais fontes são Saba Malespina, *Rerum sicularum historia*, em Giuseppe del Re (Org.), *Cronisti e Scrittori sincroni della dominazione normanna nel Regno di Puglia e Sicilia* (Nápoles: Stamperia dell'Iride, 1845), v. 2; Nicolo Jamsilla, *De rebus gestis Frederici II imperatoris ejusque filiorum Conradi et Manfredi Apulia et Sicilia Regum*, em Giuseppe del Re (Org.), *Cronisti e Scrittori sincroni della dominazione normanna nel Regno di Puglia e Sicilia* (Nápoles: Stamperia dell'Iride, 1845), v. 2.

29. Verlinden, *L'Esclavage dans l'Europe médiévale*, v. 2, pp. 287-90.

30. Ver os capítulos de Pierre Bonnassie, Pierre Guichard e Marie-Claude Gerbet em Bartolomé Bennassar (Org.), *Histoire des espagnols, VIe-XXe siècles*, 2. ed. rev. (Paris: Robert Laffont, 1992), pp. 11-285; Vicente A. Álvarez Palenzuela e Luis Suárez Fernandez, *Historia de España: La España musulmana y los inicios de los reinos cristianos (711–1157)* (Madri: Gredos, 1991); id., *Historia de España: La consolidación de los reinos hispánicos (1157-1369)* (Madri: Gredos, 1988); É. Lévi-Provençal, *Histoire de l'Espagne Musulmane* (Paris: Maisonneuve, 1950, 4 v.).

31. Ver José Orlandis, *Historia de España: Época visigoda (409-711)* (Madri: Gredos, 1987); José Ángel García de Cortázar, *Historia de España Alfaguara: La época medieval* (Madri: Alianza, 1983); Miguel Ángel Ladero Quesada (Org.), *La reconquista y el proceso de diferenciación política (1035-1217)* (Madri: Espasa-Calpe, 1998); Maria Helena Cruz Coelho e Armando Luís Carvalho Homem (Orgs.), *Portugal em definição de fronteiras (1096-1325)* (Lisboa: Estampa, 1996).

32. Ver também Maria Filomena Lopes de Barros, *Tempos e espaços de mouros: A minoria muçulmana no reino português (séculos XII a XV)* (Lisboa: Fundação Calouste Gulbenkian, 2007); James M. Powell (Org.), *Muslims under Latin Rule, 1100-1300* (Princeton: Princeton University Press, 1990); Pierre Guichard, *Les Musulmans de Valence et la reconquête* (Damasco: Institut Français, 1990-1, 2 v.); Robert I. Burns, *Islam under the Crusaders: Colonial Survival in the Thirteenth Century Kingdom of Valencia* (Princeton: Princeton University Press, 1973).

33. Ver também María Luisa Ledesma, *Estudios sobre los mudéjares en Aragón* (Teruel, 1996); Miguel Ángel Ladero Quesada, *Los mudéjares de Castilla en tiempos de Isabel I* (Valladolid: Instituto Isabel la Católica, 1969); Mark D. Meyerson, *The Muslims of Valencia in the Age of Fernando and Isabel: Between Coexistence and Crusade* (Berkeley: University of California Press, 1991); José Hinojosa Montalvo, *Los mudéjares: La voz del Islam en la España cristiana* (Teruel: Centro de Estudios Mudejares, 2002, 2 v.).

34. Ainda há trabalho a fazer sobre a história dos moçárabes. Ver Diego Adrián Olstein, *La era del mozárabe: Los mozárabes de Toledo (siglos XII y XIII)* (Salamanca: Universidad de Salamanca, 2006). Ainda útil é Francisco Javier Simonet, *Historia de los mozárabes de España* (1897-1903; reimp. Valladolid: Maxtor, 2005, 2 v.).

35. Aires A. do Nascimento (Org. e trad.), *Hagiografia de Santa Cruz de Coimbra: Vida de D. Telo, Vida de D. Teotónio, Vida de Martinho de Soure* (Lisboa: Colibri, 1998), p. 117. Para uma referência sobre o episódio, ver José Mattoso, *D. Afonso Henriques* (Lisboa: Temas e Debates, 2007), p. 163.

36. Aires A. do Nascimento (Org. e trad.), *De expugnatione lixbonensi: Conquista de Lisboa aos Mouros; Relato de um cruzado* (Lisboa: Vega, 2001). Também referido em Mattoso, *D. Afonso Henriques*, p. 247.

37. Fortunato de Almeida, *História da Igreja em Portugal* [1930]. reimp. Porto: Portucalense Editora, 1967), v. 1, p. 274.

38. Para uma versão traduzida do lamento poético do rabi Abraão ibn Ezra, ver S. Schwartz, "Elegia de Rabi Abraham ibn Ezera (1092-1167) sobre a tomada de Lisboa", *Revista Municipal*, Lisboa, p. 55, 1952.

39. Orlandis, *Época visigoda*, pp. 262-4.

40. McCormick, *Eternal Victory*, p. 312.

41. Luís Suárez Fernández, *Judíos españoles en la Edad Media*. Madri: Rialp, 1980; id., *Los Judíos*. Barcelona: Ariel, 2005; Maria José Ferro Tavares, *Os judeus em Portugal no século XIV*. 2. ed. Lisboa: Guimarães, 2000.

42. David Nirenberg, *Communities of Violence: Persecution of Minorities in the Middle Ages*. Princeton: Princeton University Press, 1996; Maria José Ferro Tavares, *Os judeus em Portugal no século XV*. Lisboa: Universidade Nova de Lisboa, 1982-4, 2 v.

43. Albert A. Sicroff, *Les Controverses du statut de pureté de sang en Espagne, XVᵉ-XVIIᵉ siècle* (Paris: Marcel Dicher, 1960). Sobre a divisão de castas, ver Francisco Bethencourt, *The Inquisition: A Global History, 1478-1834* (Cambridge: Cambridge University Press, 2009), pp. 323-30.

44. Jaime Contreras et al., *La expulsión de los judíos de España*. Madri: Información y Historia, 1997; Ángel Alcalá Galve (Org.), *Judíos, sefarditas y conversos: Las consecuencias de la expulsión de 1492*. Valladolid: Ambito, 1995; François Soyer, *The Persecution of the Jews and Muslims of Portugal: King Manuel I and the End of Religious Tolerance (1496-7)*. Leiden: Brill, 2007.

45. Léon Poliakov, *Histoire de l'antisémitisme* (1956; reimp. Paris: Calmann-Lévy, 1981), v. 1: *L'Âge de la foi*, pp. 241-66. Para o debate ideológico, ver Jeremy Cohen, *The Friars and the Jews: The Evolution of Medieval Anti-Judaism* (Ithaca: Cornell University Press, 1982); id., *Living Letters of the Law: Ideas of the Jew in Medieval Christianity* (Berkeley: University of California Press, 1999).

46. Ronnie Po-chia Hsia e Harmut Lehmann (Orgs.), *In and Out of the Ghetto: Jewish-Gentile Relations in Late Medieval and Early Modern Germany* (Cambridge: Cambridge University Press, 2002); Miri Rubin, *Gentile Tales: The Narrative Assault on Late Medieval Jews* (New Haven: Yale University Press, 1999). Sobre acusações de antropofagia e homicídio ritual, ver Gavin I. Langmuir, *Toward a Definition of Antisemitism* (Berkeley: University of California Press, 1990).

47. Mark R. Cohen e Abraham L. Udovitch (Orgs.), *Jews among Arabs: Contacts and Boundaries*. Princeton: Darwin Press, 1989; Mark R. Cohen, *Under Crescent and Cross: The Jews in the Middle Ages*. 2. ed. Princeton: Princeton University Press, 2008.

48. Ver Poliakov, *Histoire de l'antisémitisme*, v. 1, p. 60.

49. Yedida Kalfon Stillman, *Arab Dress from the Dawn of Islam to Modern Times*. Leiden: Brill, 2000, pp. 101-9.

50. Poliakov, *Histoire de l'antisémitisme*, v. 1, p. 85.

51. Joshua Prawer, *The Crusaders' Kingdom: European Colonialism in the Middle Ages* [1972]. reimp. Londres: Phoenix Press, 2001, pp. 57-9, 233-51; id., *The History of the Jews in the Latin Kingdom of Jerusalem*. Oxford: Clarendon Press, 1988, cap. 5.

52. Ronnie Ellenblum [*Frankish Rural Settlement in the Latin Kingdom of Jerusalem* (Cambridge: Cambridge University Press, 1998)] mostra a existência de uma minoria latina importante com mais laços no mundo muçulmano do que o reconhecido pelas gerações anteriores de estudiosos.

53. Ludolfo de Sudheim, "Le Chemin de la Terre Sainte". Trad. de Christiane Deluz. In: Danielle Régnier-Bohler (Org.), *Croisades et pèlerinages: Récits, chroniques et voyages en Terre Sainte, XIIᵉ--XVIᵉ siècle*. Paris: Robert Laffont, 1997, p. 1035.

54. Usama Ibn Munqidh [*The Book of Contemplation: Islam and the Crusades*, trad., intr. e notas de Paul M. Cobb (Londres: Penguin, 2008)] menciona saques e confrontos militares frequentes entre cristãos e muçulmanos, mas também relações pacíficas.

55. Benjamin Z. Kedar, "The Subjected Muslims of the Frankish Levant". In: James M. Powell (Org.), *Muslims under Latin Rule, 1100-1300*. Princeton: Princeton University Press, 1990, pp. 135-74.

56. Thomas S. Asbridge, *The Creation of the Principality of Antioch, 1098-1130*. Woodsbridge: Boydell Press, 2000.

57. Ver Gabriella Uluhogian, Boghos L. Zekiyan e Vartan Karapetian (Orgs.), *Armenia: Impronte di una civiltà* (Milão: Skira, 2012).

58. Prawer, *The Crusaders' Kingdom*, pp. 52-5. É fascinante comparar as descrições das igrejas cristãs orientais de Louis de Rochechouart em 1461 e de Guy de Toureste em 1486; ver Danielle Régnier-Bohler (Org.), *Croisades et Pèlerinages: Récits, chroniques et voyages en Terre Sainte, XIIe-XVIe siècle* (Paris: Robert Laffont, 1997), pp. 1151-4, 1187-92.

59. Bernard Hamilton, *The Latin Church in the Crusaders States: The Secular Church*. Londres: Variorum, 1980, cap. 7.

60. Bernard Hamilton, *Crusader, Cathars, and the Holy Places*. Ashgate: Variorum, 1999.

61. Ibid.

62. Hamilton, *The Latin Church*, cap. 8.

63. Prawer, *The Crusaders' Kingdom*, pp. 159-91, 214-32.

3. UNIVERSALISMO: INTEGRAÇÃO E CLASSIFICAÇÃO [pp. 68-81]

1. Luca D'Ascia, *Il Corano e la tiara: L'Epistola a Maometto II di Enea Silvio Piccolomini (papa Pio II)* (Bolonha: Pendragon, 2001). A carta está traduzida para o italiano e transcrita no latim original, precedida por uma extensa introdução.

2. Pio II, *Commentaries*. Org. de Margaret Meserve e Marcello Simonetta. Cambridge, MA: Harvard University Press, Villa I Tatti Renaissance Library, 2003-7, 2 v.

3. Luca D'Ascia, *Il Corano e la tiara*, p. 236 (transcrição latina da carta).

4. Ibid., pp. 238, 269-70.

5. *The Holy Bible* (versão King James): Atos 10,34-5; 10,44-8; 11,1-18; 11,26; 13,26; 13,47; 14,27; 15,3; 15,9-11; 18,6; Romanos 2,26; 9,30; 11,11; 15,7-12; 1 Coríntios 12,12-3; Gálatas 2,14-21; 5,11-2; Efésios 1,22-3; 2,11-22; Hebreus 9,26-8; 10,9-12.

6. Tomás de Aquino, *Political Writings*. Org. de R. W. Dyson. Cambridge: Cambridge University Press, 2002, pp. 85-9, 114-26, 158-65; Anthony Pagden, *The Fall of Natural Man: The American Indian and the Origin of Comparative Ethnology*. Cambridge: Cambridge University Press, 1982, pp. 63-4.

7. Aquino, *Political Writings*, pp. 233-4, 267-73.

8. James M. Powell, "The Papacy and the Muslim Frontier". In: James M. Powell (Org.), *Muslims under Latin Rule, 1100-1300*. Princeton: Princeton University Press, 1990, pp. 175-203; Benjamin Z. Kedar, *Crusade and Mission: European Approaches toward the Muslims*. Princeton: Princeton University Press, 1984, sobretudo p. 73.

9. Dante Alighieri, *Monarchia*. Org. e trad. de Federico Sanguineti. Milão: Garzanti, 1985, pp. 124-8; Lorenzo Valla, *La falsa donazione de Costantino*. Org. e trad. de Olga Pugliese. Milão: Rizzoli, 2001.

10. James Muldoon, *Popes, Lawyers, and Infidels*. Filadélfia: University of Pennsylvania Press, 1979.

11. Jean Devisse, *L'Image du noir dans l'art occidental*. Freiburg: Office du Livre / Le Ménil Foundation, 1979, v. 2, *Des Premiers Siècles chrétiens aux "grandes découvertes"*, livro 1, *De La Menace démoniaque à l'incarnation de sainteté*, p. 230.

12. Devisse, *L'Image du noir dans l'art occidental*, v. 2, t. 1, pp. 129-31. Ver também *Les Africans dans l'ordonnance Chrétien du monde (XIVᵉ-XVIᵉ siècle)*, de Jean Devisse e Michel Mollat (Freiburg: Office du Livre / Le Ménil Foundation, 1979), v. 2, t. 2, pp. 34, 44.

13. Devisse, *L'Image du noir dans l'art occidental*, v. 2, t. 1, pp. 135-9. Não segui todas as interpretações de Devisse; o autor não estabeleceu a ligação óbvia entre os três reis magos e os três continentes. Ver também ibid., v. 2, t. 2, pp. 28-30.

14. Devisse, *L'Image du noir dans l'art occidental*, v. 2, t. 1, pp. 149-204.

15. Dante, *Monarchia*, p. 138.

16. Robert Bartlett, "Illustrating Ethnicity in the Middle Ages". In: Miriam Eliav-Feldon, Benjamin Isaac e Joseph Ziegler (Orgs.), *The Origins of Racism in the West*. Cambridge: Cambridge University Press, 2009, pp. 132-56 (sobretudo pp. 137-9).

17. Devisse e Mollat, *Les Africans dans l'ordonnance Chrétien du monde (XIVᵉ-XVIᵉ siècle)*, v. 2, t. 2, pp. 237-41.

18. Ibid., v. 2, t. 2, pp. 73, 156. Ver a análise completa dessa lenda em David M. Goldenberg, *The Curse of Ham: Race and Slavery in Early Judaism, Christianity, and Islam* (Princeton: Princeton University Press, 2003).

19. Michael Hechter, *Internal Colonialism: The Celtic Fringe in British National Development, 1536-1966*. Berkeley: University of California Press, 1975.

20. Régis Boyer, *Les Vikings: Histoire, mythes, dictionnaire*. Paris: Robert Laffont, 2008.

21. Bartlett, "llustrating Ethnicity in the Middle Ages", sobretudo pp. 143-5.

22. Eric Christiansen, *The Northern Crusades*. 2. ed. Londres: Penguin, 1997.

23. Muldoon, *Popes, Lawyers, and Infidels*, p. 57.

24. John MacKenzie (Org.), *Peoples, Nations, and Cultures: An A-Z of the Peoples of the World*. Londres: Weidenfeld and Nicholson, 2005, pp. 399-400.

25. Nora Berend, *At the Gates of Christendom: Jews, Muslims, and "Pagans" in Medieval Hungary, c. 1000-c. 1300*. Cambridge: Cambridge University Press, 2001, caps. 5-6.

26. Robert Bartlett, *The Making of Europe: Conquest, Colonization, and Cultural Change, 950-1350*. Londres: Penguin, 1994.

27. Charles Verlinden, *L'Esclavage dans l'Europe médiévale*. Gent: Rijksuniversiteit te Gent, 1977, v. 1, pp. 321-30.

28. David Jacoby, "From Byzantium to Latin Romania: Continuity and Change". In: Benjamin Arbel, Bernard Hamilton e David Jacoby (Orgs.), *Latin and Greeks in the Eastern Mediterranean after 1204*. Londres: Frank Cass, 1989, pp. 1-44.

29. Ver Gerardo de Gales, *Expugnatio Hibernica: The Conquest of Ireland*, org. de A. Brian Scott e Francis X. Martin (Dublin: Royal Irish Academy, 1978); id., *Topographia hibernica*, org. de James Dimock, em *Giraldi Cambrensis Opera* (Londres: Rolls Series, 1861-91), v. 5, pp. 1-204. Para um resumo posterior desses preconceitos, ver John Davies, *Discovery of the True Causes Why Ireland Was Never Entirely Subdued* (Londres: John Jaggard, 1612). Para a melhor análise, ver Bartlett, "Illustrating Ethnicity in the Middle Ages", sobretudo pp. 148-56.

30. A. Cosgrove, "Marriage in Medieval Ireland". In: Id. (Org.), *Marriage in Ireland*. Dublin: [s.n.], 1985; James Lydon, 'The Middle Nation". In: Id. (Org.), *The English in Medieval Ireland*. Dublin: [s.n.], 1984.

31. John H. Elliott, *Empires of the Atlantic World: Britain and Spain in America, 1492-1830*. New Haven: Yale University Press, 2006, pp. 79-80.

4. TIPOLOGIAS DA HUMANIDADE E MODELOS DE DISCRIMINAÇÃO [pp. 82-98]

1. Maria Laura Testi Cristiani, "Nicola Pisano nella cupola del Duomo di Siena", *Critica d'Arte*, v. 10, 1 pp. 30-40, 1986; v. 11, pp. 28-30, 1986.

2. Dante Alighieri, *Monarchia*. Org. e trad. de Federico Sanguineti. Milão: Garzanti, 1985, p. 138.

3. Martin W. Lewis e Karen E. Wigen, *The Myth of Continents: A Critique of Metageography*. Berkeley: University of California Press, 1997.

4. Natalia Lozovsky, *"The Earth Is Our Book": Geographical Knowledge in the Latin West, ca. 400- -1000*. Ann Arbor: University of Michigan Press, 2000, p. 106.

5. Aqui discordo de Robert Bartlett, que rejeitou a descendência como um critério relativamente insignificante nesse período. Ver Robert Barlett, *The Making of Europe: Conquest, Colonization and Cultural Change, 950-1350* (Londres: Penguin, 1994).

6. Idrisi, *Il libro di Ruggero*, traduzido em parte em Michele Amari (Org.), *Biblioteca Arabo-Sicula* (1880-81; reimp. Bolonha: Arnaldo Forni, 1981), v. 1, p. 42.

7. Niketas Choniatēs, *O City of Byzantium: Annals of Niketas Choniatēs*, trad. e introd. de Harry J. Magoulias (Detroit: Wayne State University Press, 1984), pp. 50-1. Para uma reprodução do retrato de Manuel Comneno com Maria de Antioquia ver ibid., p. XXXII.

8. Ver Song of Solomon [Cântico dos Cânticos] 1,5 e 1,6 na versão King James: *The Holy Bible Containing the Old and New Testaments* (Cambridge: Cambridge University Press, s.d.). Choniatēs fundiu inteligentemente o início de dois versos.

9. A exegese patrística dos trechos bíblicos sobre a negritude aparece bem analisada em Jean- -Marie Courtes, "Traitement patristique de la thématique 'Éthiopiennes'", em *L'Image du noir dans l'art occidental*, de Jean Devisse (Freiburg: Office du Livre/ Le Ménil Foundation, 1979), v. 2, t. 1, pp. 9-31.

10. *Corpus Christianorum: Continuatio Mediaualis*, v. 63-A, *Willelmi Tyrensis Archiepiscopi Chronicon*, org. de R.B.C. Huygens, anotado por H. E. Mayer e G. Rosch (Turnhout: Brepols, 1986), pp. 15- -20, 16-20, 18-22. Ver também a tradução francesa de Monique Zerner em Danielle Régnier-Bohler (Org.), *Croisades et Pèlerinages: Récits, chroniques et voyages en Terre Sainte XXe-XVIe siècle* (Paris: Robert Laffont, 1997), pp. 604, 623, 650.

11. Esses exemplos foram retirados da crônica de Choniatēs, mas outras fontes, por exemplo os comentários de Ana Comnena (1083-1153) sobre os cruzados, desenvolvem a mesma ideia do comportamento brutal, da cupidez extraordinária e dos modos bárbaros dos cristãos latinos (também chamados francos); ver Ana Comnena, *The Alexiad*, trad. de E.R.A. Sewter (Londres: Penguin, 1969), v. 14, pp. 438-51.

12. Ver John of Joinville e Geoffrey of Villehardouin, *Chronicles of the Crusades*, trad. e intr. de M. R. B. Shaw (Harmondsworth: Penguin, 1963); Robert de Clari, *La Conquête de Constantinople*, org.

e trad. de Peter Noble (Edimburgo: Société Rencevals, 2005); Alfred J. Andrea (Org.), *Contemporary Sources for the Fourth Crusade* (Leiden: Brill, 2000).

13. *Patrologœ cursus completus* (Paris: J-P-Migne, 1855), 211:246 (§ 19): "Age, inquit, perfide senex, ostend mihi quas potiores servas reliquias, vel scias te statim mortis supplicio puniendum"; citado e traduzido em Joshua Prawer, *The Crusaders' Kingdom: European Colonialism in the Middle Ages* (1972; reimp. Londres: Phoenix Press, 2001), p. 182.

14. Prawer, *The Crusaders' Kingdom*, p. 214.

15. Afonso x, o Sábio, *Libro de los juegos: Ordenamiento de las tafurerias*. Org. de Raúl Orellana Calderón. Madri: Fundación José Antonio de Castro, 2007; Matilde López Serrano (Org.), *Cantigas de Santa María de Alfonso X el Sabio, rey de Castilla* [1979]. reimp. Madri: Patrimonio Nacional, 1987.

16. Olivia Remie Constable ["Chess and Courtly Culture in Medieval Castile: The Libro de Ajedrez of Alfonso x, el Sabio", *Speculum*, v. 82, n. 2, pp. 301-47, abr. 2007] contesta a ideia do xadrez como alegoria para toda a humanidade e considera que a variedade de tipos humanos representados nesse livro se limita à sociedade cortesã.

17. Ibn Khaldûn, *The Muqaddimah: An Introduction to History*. Trad. de Frank Rosenthal. Org. de N. J. Dawood. Princeton: Princeton University Press, 1967, pp. 59, 117.

18. Ludolfo de Sudheim, "Le Chemin de la Terre Sainte". In: Danielle Régnier-Bohler (Org.), *Croisades et Pèlerinages: Récits, chroniques et voyages en Terre Sainte XXe-XVIe siècle*. Paris: Robert Laffont, 1997, p. 1035.

19. Ver a edição fac-similar *El Atlas Catalán de Cresques Abraham* (Barcelona: Diàspora, 1975); Evelyn Georges Grosjean (Org.), *Mappamundi: The Catalan Atlas for the Year 1375* (Zurique: Urs Graf, 1978); Monique Pelletier et al., *Mappamundi: Une carte du monde au XIVe siècle* (Paris: Montparnasse Multimedia, 1998), edição em CD-ROM com todas as legendas traduzidas para o francês; Evelyn Edson, *The World Map, 1300-1492: The Resistance of Tradition and Transformation* (Baltimore: Johns Hopkins University Press, 2007).

20. Felipe Fernández-Armesto, *Before Columbus: Exploration and Colonization from the Mediterranean to the Atlantic, 1229-1492*. Basingstoke: Macmillan, 1987, p. 146.

21. Para uma boa tradução francesa do latim original, ver Guillaume de Rubrouck, *Voyage dans l'empire mongol (1253-1255)*, trad. de Claire Kappler e René Kappler (Paris: Payot, 1985). Usei as versões latina e inglesa; Richard Hakluyt (Org.), *The Principal Voyages, Traffiques, and Discoveries of the English Nation* (1589; reimp. Glasgow: James MacLehose and Sons, 1903), pp. 227, 291.

22. Robert I. Burns, "Muslims in the Thirteenth Century Realms of Aragon: Interaction and Reaction". In: James M. Powell (Org.), *Muslims under Latin Rule, 1100-1300*. Princeton: Princeton University Press, 1990, p. 79.

23. Francesco Giunta, *Bizantini e Bizantinismo nella Sicilia Normanna*. Palermo: Priulla, 1950, p. 61.

24. Geoffrey Malaterra, *The Deeds of Count Roger of Calabria and Sicily and of His Brother Duke Robert Guiscard*. Trad. de Kenneth Baxter Wolf. Ann Arbor: University of Michigan Press, 2005, pp. 60, 65, 71 (1.13, 1.17, 1.28).

25. Hugo Falcando (autor contestado), *La Historia*, em *Cronisti e Scrittori sincroni della dominazione normanna nel Regno di Puglia e Sicilia*. Org. de Giuseppe del Re. Nápoles: Stamperia dell'Iride, 1845, v. 1, p. 279.

26. Ibn Hawqal, relato de viagem traduzido em parte em Amari, *Biblioteca Arabo-Sicula*, v. 1, p. 24.

27. Abd Allah Yaqūt, relato de viagem traduzido em parte em Amari, *Biblioteca Arabo-Sicula*, v. 1, pp. 209-10.

28. Khaldûn, *The Muqaddimah*, pp. 28, 116.

29. P. D. King, "The Barbarian Kingdoms", em *The Cambridge History of Medieval Political Thought*, c. *350-c. 1450*. Org. de J. H. Burns. Cambridge: Cambridge University Press, 1988, pp. 130-1.

30. Joseph F. O'Callaghan, "The Mudejares of Castile and Portugal in the Twelfth and Thirteenth Centuries". In: James M. Powell (Org.), *Muslims under Latin Rule, 1100-1300*. Princeton: Princeton University Press, 1990, pp. 11-56.

31. Benjamin Z. Kedar, "The Subjected Muslims of the Frankish Levant". In: James M. Powell (Org.), *Muslims under Latin Rule, 1100-1300*. Princeton: Princeton University Press, 1990, p. 155.

32. Ibn Jubayr, relato de viagem traduzido em parte em Amari, *Biblioteca Arabo-Sicula*, v. 1, pp. 144, 162.

33. O episódio é relatado por vários autores árabes — por exemplo, Ibn al Atir e Ibn Khaldûn; ver ibid., v. 1, pp. 479-80, v. 2, pp. 229. Ver também a visão cristã do arcebispo contemporâneo de Salerno, Romualdo Guarona, em Giuseppe del Re (Org.), *Cronisti e Scrittori sincroni della dominazione normanna nel Regno di Puglia e Sicilia* (Nápoles: Stamperia dell'Iride, 1845), v. 1, pp. 17-9.

34. Ver os cronistas de Romualdo e (supostamente) Falcando em Del Re, *Cronisti*, v. 1, pp. 31, 341-9.

35. Falcando em ibid., v. 1, pp. 355-60.

36. Geoffrey Malaterra, *The Deeds of Count Roger*, p. 182 (4.6).

37. Para uma descrição, feita pelo arcebispo contemporâneo Romualdo, do motim de 1161 e de consequente massacre dos muçulmanos, ver Del Re, *Cronisti*, v. 1, p. 26.

38. Henri Bresc, *Politique et société en Sicile, XIIᵉ-XVᵉ siècle*. Aldershot: Variorum, 1990, cap. 8.

39. Charles Verlinden, *L'Esclavage dans l'Europe médiévale*. Gent: Rijksuniversiteit te Gent, 1977, v. 1, pp. 176-8.

40. James M. Powell, "The Papacy and the Muslim Frontier". In: Id. (Org.), *Muslims under Latin Rule, 1100-1300*. Princeton: Princeton University Press, 1990, pp. 175-203; James Muldoon, *Popes, Lawyers, and Infidels*. Filadélfia: University of Pennsylvania Press, 1979.

41. Verlinden, *L'Esclavage dans l'Europe médiévale*, v. 1, pp. 38-9.

42. Karla Malette, *The Kingdom of Sicily, 1100-1250: A Literary History* (Filadélfia: University of Pennsylvania Press, 2005), pp. 166-7. Para a carta de excomunhão, ver Jean-Louis-Alphonse Huillard-Breholles, *Historia diplomatica Frederici secundi* (1852-61; reimp. Turim: Erasmo, 1963), v. 6, t. 1, p. 325.

43. Burns, "Muslims in the Thirteenth Century Realms of Aragon", p. 86.

44. Amplio aqui a noção do estranho, ou do estranho interior, elaborada em Georg Simmel, "The Stranger", em Donald N. Levine (Org.), *On Individuality and Social Forms* (Chicago: University of Chicago Press, 1971), pp. 143-9.

PARTE II: EXPLORAÇÃO OCEÂNICA [pp. 99-101]

1. A noção geográfica de continentes só se enraizou no seculo XIX, mas vou usar o termo como sinônimo de partes do mundo.

2. Isidoro de Sevilha, *Etimologie o origini*, org. e trad. de Angelo Valastro Canale (Turim: UTET, 2004), v. 1, pp. 706-7 (IX, II, 2). Nesse ponto, Isidoro seguiu Santo Agostinho, *The City of God against Pagans*, trad. de William M. Green (Cambridge, MA: Harvard University Press, 1966-72, 7 v.). A passagem relevante encontra-se em ibid., v. 5, p. 39 (livro 16, cap. 6).

3. Armando Cortesão (Org.), *The Suma Oriental of Tome Pires and the Book of Francisco Rodrigues* (Londres: Hakluyt Society, 1944). O manuscrito de Pires começou por ser incluído em Giovanni Battista Ramusio, *Navigazioni e Viaggi*, org. de Marica Milanesi (1550-9; reimp. Turim: Einaudi, 1978-88, 6 v.). Nessa compilação foi antecedido por um texto de fôlego comparável, também redigido em 1512-5, por Duarte Barbosa, notário na feitoria real de Cananor, na Índia. Para a edição crítica, ver Maria Augusta da Veiga e Sousa (Org.), *O livro de Duarte Barbosa* (Lisboa: IICT, 1996-2000, 2 v.).

4. Gonzalo Fernández de Oviedo, *Historia General y Natural de las Indias*, org. de Juan Pérez de Tudela y Bueso (Madri: Atlas, 1959, 5 v.). A primeira parte fora publicada em Sevilha, em 1535, e o início da segunda parte em Valladolid, em 1557. Foi traduzido por Ramusio, embora dois terços do texto houvessem permanecido em forma manuscrita até o século XIX. Para a única história clara e resumida do manuscrito, ver Giovanni Battista Ramusio, *Navigazione e Viaggi*, org. de Marica Milanesi (1550-9; reimp. Turim: Einaudi, 1978-88), v. 5, p. 343.

5. Foi o primeiro relato consistente sobre a região. Embora permanecesse em forma manuscrita até 1733 (uma má edição, só corrigida em 1841), revela uma nova capacidade de descrição protoetnográfica: António Brásio (Org.), *Tratado breve dos rios de Guiné do Cabo Verde* (Lisboa: LIAM, 1964).

6. Giovanni Botero, *Relationi universali*, ed. rev., 4 partes (Vicenza: Heredi di Perin, 1595). Nunca saiu da Europa (conhecia bem Itália, França e Espanha), mas sabia ler várias línguas, entre elas português e espanhol, e deu bom uso aos relatos mais recentes.

7. Ver Nell Irvin Painter, *The History of White People*. Nova York: W. W. Norton, 2010.

8. Martin W. Lewis e Karen E. Wigen, *The Myth of Continents: A Critique of Metageography*. Berkeley: University of California Press, 1997.

5. HIERARQUIAS DE CONTINENTES E POVOS [pp. 102-24]

1. Abraão Ortélio, *Theatrum Orbis Terrarum*. 1. ed. Antuérpia: [s.n.], 1570; C. Koeman, *The History of Abraham Ortelius and His Theatrum Orbis Terrarum*. Lausanne: Sequoia, 1964; L. Voet, *The Plantin Press, 1555-1589*. Amsterdam: Van Hoeve, 1982, v. 4; M. P. R. van den Broeke, "Unstable Editions of Ortelius' Atlas", *Map Collector*, v. 70, pp. 2-8, 1995.

2. Para a melhor introdução nesse tema, ver Elizabeth McGrath, "Humanism, Allegorical Invention, and the Personification of the Continents", em Hans Vlieghe, Arnout Belis e Carl van de Velde (Orgs.), *Rubenianum. Concept, Design, and Execution in Flemish Printing (1550-1700)* (Turnhout: Brepols, 2000), pp. 43-71. Para as explicações iconográficas já introduzidas no *Atlas* pelos versos de Adolphus Mekerkus e ampliadas por Peter Heyns na tradução para o holandês, ver Werner Waterschoot, "The Title Page of Ortelius' Theatrum Orbis Terrarum", *Quaerendo*, v. 9, n. 1, pp. 43-68, 1979.

3. Sebastian Münster, *Cosmographei, oder Beschreibung aller länder* [1544]. Basileia: Henrichum Petri, 1550.

4. Ver Nicholas Crane, *Mercator: The Man Who Mapped the Planet* (Londres: Weidenfeld and Nicolson, 2002).

5. Ver a reprodução em Yussuf Kāmal, *Monumenta Cartographica Africae et Aegypti* (Cairo, 1926--51), v. 2, parte 2, estampa 321.

6. Ver McGrath, "Humanism", p. 57.

7. Kāmal, *Monumenta Cartographica Africae et Aegypt*, v. 2, parte 4, estampa AA2. Ortélio voltou a usar a personificação do Egito no seu segundo mapa do antigo Egito impresso em 1584 (ibid., estampa AA4).

8. Esta e outras referências nesse parágrafo foram retiradas do catálogo de Friedrich Polleross, Andrea Sommer-Mathis e Christopher Laferl, *Federschmuck und Kaiserkrone: Das barocke Amerikabild in den habsburgischen Ländern*, da exposição no Schloss im Marchfeld (Viena: Bundesministerium für Wissenschaft und Forschung, 1992), pp. 21-3, 128.

9. Burgkmair reciclou as suas primeiras xilogravuras de povos africanos da Guiné e da África do Sul, impressas em 1508 para o relato de Balthasar Springer da sua viagem à Índia com a frota do primeiro vice-rei português da Índia, Francisco de Almeida. Albrecht Dürer, que partilhava o fascínio de Burgkmair pelos artefatos exóticos, também participou no projeto de Maximiliano com outros artistas. Ver Jean Michel Massing, *Studies in Imagery* (Londres: Pindar, 2007), v. 2: *The World Discovered*, pp. 114-40.

10. Além de Polleross, ver C. A. Marsden, "Entrées et fêtes espagnoles au XVIᵉ siècle", em Jean Jacquot (Org.), *Les Fêtes de la Renaissance* (Paris: CNRS, 1960), v. 2, pp. 389-411 (para o caso específico, ver ibid., p. 402).

11. Fernando Checa Cremades, *Carlos V y la imagen del héroe en el Renacimiento*. Madri: Taurus, 1987, p. 268.

12. Sheila Williams, "Les Ommegangs d'Anvers et les cortèges du lord-maire de Londres". In: Jean Jacquot (Org.), *Les Fêtes de la Renaissance*. Paris: CNRS, 1960, v. 2, pp. 349-57.

13. Emmanuel Wallerstein, *The Modern World-System: Capitalist Agriculture and the Origins of the European World-Economy in the Sixteenth Century*. San Diego: Academic Press, 1974. v. 1, pp. 165--221; Fernand Braudel, *Civilisation matérielle, économie et capitalisme, XVᵉ-XVIIIᵉ siècle*. Paris: Armand Colin, 1979. v. 3: *Le Temps du monde*, pp. 99-200.

14. Hugo Soly (Org.), *Charles V and His Time, 1500-1558*. Antuérpia: Mercatorfonds, 1999.

15. Léon Voet, *L'Âge d'or d'Anvers: Essor et gloire de la Métropole au seizième siècle*. Trad. de Anne Fillon. Antuérpia: Mercatorfonds, 1976; Peter Burke, *Antwerp: A Metropolis in Comparative Perspective*. Antuérpia: Martial and Snoeck, 1993.

16. Por volta de 1500, mais de 40% da população dos Países Baixos já vivia em áreas urbanas. Ver Jan de Vries, *The Dutch Rural Economy in the Golden Age, 1500-1700* (New Haven: Yale University Press, 1974), p. 83.

17. Giorgio Mangani, *Il "mondo" di Abramo Ortelio: Misticismo, geografia e collezionismo nel Rinascimento dei Paesi Bassi* (Ferrara: Franco Cosimo Panini, 1998); Marcel van den Broecke, Peter van der Krogt e Peter Meurer (Orgs.), *Abraham Ortelius and the First Atlas: Essays Commemorating the Quadricentennial of His Death, 1598-1998* (Houten: HES, 1998). O *Album Amicorum*, organizado por Ortélio a partir de 1573, registrou cerca de 130 amigos de diferentes países europeus, incluindo os principais humanistas da época.

18. Para um inventário, ver Susi Colin, "Woodcutters and Cannibals: Brazilian Indians as Seen in Early Maps", em Hans Wolff (Org.), *America: Early Maps of the New World* (Munique: Prestel, 1992), pp. 175-83. Ver também Stephanie Leitch, *Mapping Ethnography in Early Modern Germany: New Worlds in Print Culture* (Basingstoke: Palgrave, 2010).

19. Georg Braun e Franz Hogenberg, *Civitates Orbis Terrarum* [1572-1618]. Org. e intr. de D. A. Skelton. Reimp. Cleveland: World Publishing Company, 1966, 3 v.

20. Hans Weigel, *Habitus praecipuorum populorum* [...] *Trachtenbuch* (Nuremberg, 1577). O artista foi Jost Amman. Ver Sabine Poeschel, *Studien zur Ikonographie der Erdteile in der Kunst des 16.-18.: Jahrhunderts* (Munique: Scaneg, 1985), p. 384.

21. Esta continua a ser a principal tese de Fernand Braudel, *Civilisation matérielle, économie et capitalisme, XVᵉ-XVIIIᵉ siècle* (Paris: Armand Colin, 1979), v. 1, *Les Structures du quotidien*, pp. 351-69. Carlo Mario Belfanti, "Was Fashion a European Invention?", *Journal of Global History*, v. 3, pp. 419--43, 2008; Ulinka Rublack, *Dressing Up: Cultural Identity in Renaissance Europe* (Oxford: Oxford University Press, 2010), pp. 1-32, 259-85.

22. Abraão de Bruyn, *Omnium pene Europae, Asiae, Aphricae atque Americae gentium habitus*. Antuérpia [s.n.], 1581.

23. Para reproduções dessas imagens, ver MacGrath, "Humanism", pp. 44-53.

24. Günther Schilder (Org.), *Monumenta Cartogra-phica Neerlandica* (Alphen ann den Rijn: Vitgeverij Canaletto, 1986-2007, 8 v.). Essa coleção inclui oito anexos com reproduções dos mapas. As imagens que reproduzem os mapas-múndi de Visscher e Plancius estão nas pastas do v. 6 (imagem 6) e do v. 7 (imagem 18).

25. Ver Cesare Ripa, *Iconologia*, org. de Piero Buscaroli, prefácio Mario Praz (Milão: TEA, 1992); baseado na edição Tozzi de 1618.

26. Para uma análise das pinturas de Francken, ver Mc-Grath, "Humanism", pp. 59-64. Para um inventário de todos esses casos, ver Poeschel, *Studien zur Ikonographie der Erdteile*, pp. 312-431.

27. Carel Allard, *Orbis habitabilis oppida et vestitus*. Org. e intr. de R. K. Skelton [1695], reimp. Cleveland: World Publishing Company, 1966.

28. Poeschel, *Studien zur Ikonographie der Erdteile*, pp. 312-431. John Marino ["The Invention of Europe". In: *The Renaissance World*, org. de John Jeffries Martin (Nova York: Routledge, 2007), p. 155] estimou o número de trabalhos dedicados nesse período à personificação da Europa como sendo de 84 na Itália, 39 na Holanda, 47 na França e quinze na Alemanha. Este último valor está claramente subestimado, mas os números de Marino (sem um inventário) sugerem uma reavaliação da situação na França e nos Países Baixos.

29. Svetlana Alpers e Michael Baxandall, *Tiepolo and the Pictorial Intelligence*. New Haven: Yale University Press, 1994.

30. Peter Mason, *Infelicities: Representations of the Exotic*. Baltimore: Johns Hopkins University Press, 1998.

31. O caso do orientalismo deve ser estudado num contexto histórico muito mais vasto do que o sugerido por Edward Said no seu *Orientalism* (1978; reimp. Nova York: Vintage Books, 1994). Acredito ainda que a arte desempenhara um papel muito mais importante nessa linha de pensamento desde a Idade Média.

32. Anne Middleton Wagner, *Jean-Baptiste Carpeaux: Sculptor of the Second Empire*. New Haven: Yale University Press, 1986; Elizabeth McGrath, "Caryatids, Page Boys, and African Fetters: Themes

of Slavery in European Art". In: Elizabeth McGrath e Jean Michel Massing (Orgs.), *The Slave in European Art: From Renaissance Trophy to Abolitionist Emblem*. Londres: Warburg Institute, 2012, pp. 3-38.

33. Sobre o aumento extraordinário dos territórios e das populações controlados pelos europeus entre 1880 e 1938, ver Bouda Etemad, *La Possession du monde: Poids et mesures de la colonisation* (Bruxelas: Complexe, 2000), pp. 229-59.

34. Sobre essa noção, ver Anthony Pagden, *The Fall of Natural Man: The American Indian and the Origins of Comparative Ethnology* (Cambridge: Cambridge University Press, 1982), pp. 146-97.

35. Bernardino de Sahagún, *Florentine Codex: General History of the Things of New Spain*, org. e trad. de Carles Dibble e Arthur J. O. Anderson (Santa Fe: School of American Research, 1950-70, 12 v.). Ver também a edição integral do texto espanhol, Bernardino de Sahagún, *Historia general de las cosas de Nueva España*, org. de Alfredo López Austin e Josefina García Quintana (Madri: Alianza, 1988, 2 v.).

36. Bartolomé de Las Casas, *Historia de las Indias*. Org. de Agustin Millares Carlo. Intr. de Lewis Hanke. México: Fondo de Cultura Económica, 1951; id., *Apologética Historia Sumaria*. Org. de Eduardo O'Gorman. Pref. de M. León-Portilla. México: [s.n.], 1967; id., *Obra indigenista*. Org. de José Alcina Franch. Madri: Alianza, 1985.

37. Pagden, *The Fall of Natural Men*, pp. 27-119.

38. Além das referências em ibid. (pp. 97-8, 161), ver Adriano Prosperi, "'Otras Indias': Missionari della Controriforma tra contadini e selvaggi" [1982], em *America e Apocalipse e altri saggi* (Pisa: Istituti Editoriali e Poligrafici Internazionali, 1999), pp. 65-87.

39. José de Acosta, *De procuranda indorum salute* [1588]. Org. de L. Perena, V. Abril, C. Baciero, A. Garcia, D. Ramos, J. Barrientos e F. Maseda. reimp. Madri: CSIC, 1984, v. 1, pp. 60-71.

40. Id., *Historia Natural y Moral de las Indias*, org. de Edmundo O'Gorman (1590; reimp. México: Fondo de Cultura Económica, 1962), livro 6, cap. 19. Usei ainda a edição de José Alcina Franch com uma introdução útil, embora a edição de O'Gorman seja citada infra: José de Acosta, *Historia Natural y Moral de las Indias* (Madri: Historia 16, 1987), p. 419 (t. 6, cap. 19).

41. Id., *Historia Natural y Moral de las Indias*, t. 7, cap. 1-3.

42. Ibid., t. 7, cap. 3.

43. Ibid., t. 5.

44. Ibid., t. 6, cap. 4-9. A narrativa sobre o nome de Acosta encontra-se em ibid., cap. 5; as outras referências encontram-se em ibid., cap. 5-6. Para uma referência anterior aos preconceitos de Acosta quanto aos caracteres chineses, ver John H. Elliott, "The Discovery of America and the Discovery of Man", *Proceedings of the British Academy*, v. 58, pp. 102-25, 1972.

45. Las Casas, *Obra Indigenista*, pp. 194-5. Trata-se do resumo de Domingo de Soto da primeira crítica dirigida por Las Casas às teorias de Juan Ginés de Sepúlveda em Valladolid, em 1552.

6. AFRICANOS [pp. 125-47]

1. Rui de Pina, *Chronica d'el rei D. João II*. In: M. Lopes de Almeida (Org.), *Cronicas*. Porto: Lello, 1977, cap. 37.

2. Para uma boa definição sobre esse tipo social ambíguo, presente na expansão portuguesa, ver Vitorino Magalhães Godinho, *A expansão quatrocentista portuguesa*, ed. rev. e aumentada (1962; reimp. Lisboa: Dom Quixote, 2008).

3. Essa imagem surge, por exemplo, na primeira descrição sistemática do reino do Congo, traduzida para latim, holandês, alemão e francês, e inspira-se no testemunho direto de Duarte Lopes, que lá vivera bastante tempo: Filippo Pigafetta, *Relatione del reame di Congo et delle circonvicine contrade* (Roma: Bartolomeo Grassi, 1591), livro 2, cap. 5. Existe um fac-símile da edição italiana com uma tradução portuguesa: Rosa Capeans, *Relação do reino do Congo e das terras circunvizinhas* (Lisboa: Agencia Geral do Ultramar, 1951, 2 v.).

4. Pina, *Chronica d'el rei D. João II*, cap. 57.

5. Para trechos significativos das diferentes crônicas, ver António Brásio (Org.), *Monumenta Missionaria Africana: África Ocidental* (Lisboa: Agência Geral do Ultramar, 1952, v. 1). Ver também os importantes documentos em Visconde de Paiva Manso, *História do Congo: Documentos* (Lisboa: Academia Real das Sciencias, 1877). Ver também W.G.L. Randles, *L'Ancien Royaume du Congo des origines à la fin du XIXe siècle* (Paris: Mouton, 1968), cap. 7-8; Jan Vansina, *Kingdoms of the Savana* (Madison: University of Wisconsin Press, 1966), pp. 37-69, 98-123; Luc de Heusch, *Le Roi de Kongo et les monstres sacrés* (Paris: Gallimard, 2000); Linda M. Heywood e John K. Thornton, *Central Africans and the Foundation of the Americas, 1585-1660* (Cambridge: Cambridge University Press, 2007), pp. 49-108.

6. Esse processo continuado de doutrinação envolveu indivíduos de diferentes áreas: existe uma fatura de despesas, entre 1538 e 1543, de estudantes brancos e negros colocados em Lisboa, em dois conventos dos Cônegos Seculares de São João Evangelista. Ver Brásio, *Monumenta Missionaria Africana*, v. 2, pp. 66-9. Os documentos mais importantes do rei português, d. Manuel, sobre esse assunto são de 1512 e dizem respeito à embaixada de Simão da Silva no Congo. Ver ibid., Brásio, v. 1, pp. 222-53.

7. Pigafetta, *Relatione del reame di Congo et delle circonvicine contrade*, livro 2, cap. 1.

8. Brásio, *Monumenta Missionaria Africana*, v. 1, pp. 414-47. Henrique foi eleito bispo de Útica.

9. Charles Ralph Boxer, *Race Relations in the Portuguese Colonial Empire, 1415-1825* (Oxford: Oxford University Press, 1963), cap. 1; C. R. Boxer, *The Church Militant and Iberian Expansion* (Baltimore: Johns Hopkins University Press, 1978), cap. 1; Heywood e Thornton, *Central Africa*, p. 103.

10. Randles, *L'Ancien Royaume du Congo*, p. 95.

11. Giovanni Antonio Cavazzi, *Istorica descrizione de'tre regni Congo, Matamba et Angola* (Bolonha: Giacomo Monti, 1687), livro 1, pp. 26, 62-9. Para uma tradução portuguesa, embora pouco confiável, ver Graziano Maria de Leguzzano, *Descrição histórica dos três reinos do Congo, Matamba e Angola* (Lisboa: Junta de Investigações do Ultramar, 1965, 2 v.).

12. Cavazzi, *Istorica descrizione*, livro 5, pp. 601-29. O autor foi responsável pela (re)conversão tardia ao catolicismo da rainha Njinga, que ele acompanhou até a morte e cujo funeral organizou. No início do livro encontra-se uma cena de canibalismo não relacionada com os jagas, numa ilustração de uma palmeira (ibid., p. 32).

13. Olfert Dapper, *Description de l'Afrique* [1668]. 1. ed. holandesa. reimp. Amsterdam: Wolfgang, Waesberge, Boom and van Someren, 1686, pp. 94, 117.

14. Ibid., p. 99.

15. Ibid., p. 320.

16. Ibid., pp. 348, 356.

17. Ibid., p. 385.

18. Ibid., p. 465.

19. Ibid., p. 395.

20. Ibid., pp. 410, 422.

21. Ibid., p. 98.

22. A recusa de Fernand Braudel da dinâmica da moda em outros continentes replicou uma percepção europeia arraigada expressa por muitas fontes. Ver Fernand Braudel, *Civilisation matérielle, économie et capitalisme, XVᵉ-XVIIIᵉ siècle* (Paris: Armand Colin, 1979), v. 1, pp. 351-76.

23. Hugh Barnes, *Gannibal: The Moor of Petersburg*. Londres: Profile, 2005.

24. A. C. De C. M. Saunders, "The Life and Humour of João de Sá Panasco, o Negro, Former Slave, Court, and Gentleman of the Portuguese Royal House (fl. 1524-1567)". In: F. W. Hodcraft, D. G. Pattison, R. D. F. Pring-Mill e R. W. Truman (Orgs.), *Medieval and Renaissance Studies in Spain and Portugal in Honour of P. C. Russell*. Oxford: Society for the Study of Medieval Languages and Literature, 1981, pp. 180-91; Francisco Bethencourt, "Anedotas e racismo em Portugal no século XVI". In: M. C. Ribeiro, T. C. Cerdeira, J. Perkins e P. Rothwell (Orgs.), *A primavera toda para ti: Homenagem a Hélder Macedo*. Lisboa: Presença, 2004, pp. 129-42.

25. José Hermano Saraiva (Org.), *Ditos portugueses dignos de memória. História íntima do século XVI*. 3. ed. Lisboa: Publicações Europa-América, 1997.

26. Sigo aqui a reconstrução do caso narrada em Roberto Zapperi, *Il selvaggio gentiluomo: L'incredibile storia di Pedro Gonzalez e dei suoi figli* (Roma: Donzelli, 2005).

27. Richard Bernheimer, *Wild Men in the Middle Ages*. Cambridge, MA: Harvard University Press, 1952; Timothy Husband, *The Wild Man: Medieval Myth and Symbolism*. Nova York: Metropolitan Museum of Art, 1980; Roger Bartra, *Wild Men in the Looking Glass: The Mythic Origins of European Otherness*. Trad. de Carl T. Berrinford. Ann Arbor: University of Michigan Press, 1994.

28. Merry Wiesner, *The Marvellous Hairy Girls: The Gonzales Sisters and Their Worlds*. New Haven: Yale University Press, 2009.

29. Para uma reprodução colorida da pintura, ver Nicola Spinosa (Org.), *Museo Nazionale di Capodimonte* (Nápoles: Electa, 1994), p. 102 (n. inv. Q369). Tal como Zapperi (*Il selvaggio gentiluomo*) frisou corretamente, Carracci conseguiu subverter o programa iconográfico, mostrando a harmonia entre os animais (e, provavelmente, a sua superioridade).

30. Jean Michel Massing, "Hans Burgkmair's Depiction of Native Africans" [1995]. In: *Studies in Imagery*. Londres: Pindar, 2007, v. 2, pp. 114-40.

31. Francisco Bethencourt, "Race Relations in the Portuguese Empire". In: Jay Levenson (Org.), *Encompassing the Globe: Portugal and the World in the 16th and 17th Centuries; Essays*. Washington, DC: Smithsonian Institution, 2007, pp. 45-53, 263-5.

32. Nicholas Cleynaert, *Correspondence*. Org. de Alphonse Roersch. Bruxelas: Palais des Académies, 1940, v. 1, p. 111; Jorge Fonseca, "Black Africans in Portugal during Cleynaerts's visit (1533-8)". In: T. F. Earle e Kate Lowe (Orgs.), *Black Africans in Renaissance Europe*. Cambridge: Cambridge University Press, 2005, pp. 113-21.

33. Jean Michel Massing, "The Quest for the Exotic: Albrecht Dürer in the Netherlands" [1992]. In: *Studies in Imagery*. Londres: Pindar, 2007, v. 2, pp. 359-75.

34. Anthea Brook, *Pietro Tacca a Livorno: Il monumento a Ferdinando I de' Medici*. Livorno: Commune di Livorno, 2008.

35. A pintura encontra-se em Dresden, na Gemäldegalerie Alte Meister der staatlichen Kunstsammlungen (n. inv. 1017). Ver Christopher Brown e Hans Vlieghe (Orgs.), *Van Dick, 1599-1641* (Antuérpia: Antwerpen Open, 1999), pp. 142-3. Para uma boa análise sobre a pintura e as gravuras por ela inspirada, ver Carl Depauw e Ger Luijten (Orgs.), *Antoine Van Dick et l'estampe* (Antuérpia: Antwerpen Open, 1999), pp. 280-3.

36. Barber Institute of Fine Arts, University of Birmingham. Para uma referência, ver Brown e Hans Vlieghe, *Van Dick*, pp. 180-1.

37. O retrato de Juan de Pareja de autoria de Velázquez encontra-se em Nova York, no Metropolitan Museum of Art. Ver Antonio Dominguez Ortiz, Alfonso E. Perez Sanchez e Julian Gallego (Orgs.), *Velázquez* (Madri: Museo del Prado, 1990), pp. 384-91.

38. Voltaire, *La Princesse de Babylone*. Genebra: [s.n.], 1768; Aphra Behn, *Oroonoko ou le prince nègre*. Trad. de La Place. Paris: [s.n.], 1769.

39. Museo del Prado, Madri. O objeto existe no Bayerische Nationalmuseum, em Munique.

40. Palazzo Venier, Veneza.

41. É a representação da história de A. H. J. Lafontaine, *Quinctius Heymeran von Fleming* (Berlim, 1798), esculpida por Friedrich Christina Gotlieb Geyser e publicada como gravura no *Goth Almanac*.

42. Ver Baltasar Fra Molinero, *La imagen de los negros en el teatro del Siglo de Oro* (Madri: Siglo XXI, 1995); E. Martínez López, *Tablero de Ajedrez: Imágenes del negro heroico en la comedia española y en la literatura e iconografia sacra del Brasil esclavista* (Paris: Fundação Calouste Gulbenkian, 1998).

43. Lope de Vega, *El prodigio de Etiopia*. In: *Obras*. Org. de Menéndez Pelayo. Madri: Atlas, 1964, v. 9: *Comedias de Vidas de Santos*, pp. 113-206.

44. Juan Bautista Diamante, *Comedia famosa: El negro más prodigioso*. Salamanca: Imprenta de la Santa Cruz, s.d.

45. Lope de Vega, *El negro del major amo*, em *Obras completas*, org. de Manuel Arroyo Stephens (Madri: Fundación José Antonio de Castro, 1995), v. 11: *Comedias*, pp. 433-513. A citação original é *"La negra soy yo, que vos / ya sois blanco"*.

46. Andrés de Claramonte y Corroy, *El valiente negro de Flandres*, org. de Nelson López (Kassel: Reichenberg, 2007). Trata-se de uma edição impressionante, apresentada como peça. A citação original é *"solo la región o el clima / los diferencia; y si exceden / los blancos en perfección / a los negros es por ser / desdichados y tener / sobre ellos jursidición; / Y del mismo modo fueran / abatidos y imperfetos / los blancos, como sujetos / entre los negros se vieran"*.

47. Antonio Enríquez Gómez, "Las misas de San Vicente Ferrer", em *Comedias famosas* (Sevilha: Joseph Padrino, s.d.). Existe também um fragmento impresso da peça na Biblioteca Nacional de Espanha, *Relación el bárbaro convertido y renegado pirata* ([S.l.], s.d.), R2334734. Gómez fugiu para a França, mas regressou à Espanha, viveu em Sevilha sob um pseudônimo, Fernando de Zárate, publicou um número significativo de peças, viu a sua execução em efigie pela Inquisição em 1660 e foi finalmente denunciado, tendo morrido na prisão do tribunal da fé em 1663. Ver I. S. Revah, *Antonio Enríquez Gómez, un écrivain marrane (v. 1600-1663)*, org. de Carsten L. Wilke (Paris: Chandeigne, 2003). Gómez escreveu uma peça extraordinária contra a Inquisição: *La Inquisición de Lucifer y visita de todos los diablos*, org. de Constance Hubbard Rose e Maxim Kierkhof (Amsterdam: Rodopi, 1992).

48. Lope de Vega, *El santo negro Rosambuco de la ciudad de Palermo*. Org. de Luigi Giuliani. In: *Comedias*. Org. de Albert Blecua e Guillermo Seres. Lleida: Milenio, 2002, v. 3, pp. 397-498.

49. Luis Vélez de Guevara, *El negro del serafín*, em *Comedias famosas* (ms. 1640-42), fl. 167r-87v, Biblioteca Nacional de Espanha, Mss/14824. Sobre Rodrigo Álvares Pacheco, ver López, *Tablero de Ajedrez*, pp. 15, 24.

50. Diego Jiménez de Enciso, *Juan Latino*. In: *Segunda Parte de Comedias, escogidas de las mejores de España*. Madri: Imprenta Real, 1652, fl. 33-63.

51. Aphra Behn, *Oroonoko and Other Writings*. Org. de Paul Salzman. Oxford: Oxford University Press, 1994.

52. Bridget Orr, *Empire on the English Stage, 1660-1714*. Cambridge: Cambridge University Press, 2001; Kim F. Hall, *Things of Darkness: Economies of Race and Gender in Early Modern England*. Ithaca: Cornell University Press, 1995.

7. AMERICANOS [pp. 148-67]

1. Cristóvão Colombo (em espanhol, Cristóbal Colón), *Textos y documentos completos: Nuevas cartas*. Org. de Consuelo Varela e Juan Gil. Madri: Alianza, 1992, pp. 152, 194-7.

2. Ibid., pp. 224-5.

3. Ver Juan Gil e Consuelo Varela (Orgs.), *Cartas de particulares a Colón y relaciones coetáneas* (Madri: Alianza, 1984); Francisco Morales Padrón (Org.), *Primeras cartas sobre América (1493-1503)* (Sevilha: Universidad de Sevilla, 1990); Pedro Mártir de Anglería (nome italiano original Pietro Martire d'Anghiera), *Cartas sobre el Nuevo Mundo*, trad. de Julio Bauzano, intr. de Ramón Alba (Madri: Polifemo, 1990). Essas cartas revelam a dimensão da rede de relações de Colombo, o impacto das suas próprias cartas e a circulação de muito mais informação oriunda de fontes orais.

4. Colombo, *Textos y documentos completos*, pp. 234, 237, 250, 259-61, 304-5, 308, 313-5, 398.

5. Ibid., p. 250.

6. Ibid., pp. 260-1.

7. Ibid., p. 329.

8. Ibid., p. 290.

9. Ver António Carreira, *Cabo Verde: Formação e extinção de uma sociedade escravocrata (1460-1878)* (Bissau: Centro de Estudos da Guiné Portuguesa, 1972); J. Bato'ora Ballong-Wen-Mewuda, *São Jorge da Mina, 1482-1637* (Paris: Fundação Calouste Gulbenkian, 1993, 2 v.).

10. Colombo, *Textos y documentos completos*, p. 315, n3.

11. Ibid., p. 408.

12. Ibid., pp. 160, 163, 373-4, 378, 398.

13. Ibid., pp. 299-300.

14. Martin Waldseemuller, *Cosmographiae Introductio* [1507]. Trad. de Pierre Monat. Intr. de Albert Ronsin. reimp. Grenoble: Jerome Millon, 1991; Christine R. Johnson, "Renaissance German Cosmographers and the Naming of America", *Past and Present*, v. 191, n. 1, pp. 3-43, maio 2009.

15. Américo Vespúcio, *Il Mondo Nuovo*, org. de Mario Pozzi (Alessandria: Edizione dell'Orso, 1993), pp. 70, 155-6. Na verdade, o livro contém quatro manuscritos (cartas), além dos dois textos *Mundus Novus* (c. 1502) e *Lettera delle isole nuovamente trovate* (1504, também publicados em fac-símile).

16. Vespúcio, *Il Mondo Nuovo*, pp. 63, 65, 87, 89, 114-6, 146, 167.

17. Ibid., pp. 87-9, 111-9, 141-64, 167.

18. Hans Staden, *Warhaftige Historia und Beschreibung eyner Landtschaffe der Wilden, Nacketen, Grimmttigen Menschfressen Leuthen in der Newenwelt America* (Marburgo: [s.n.], 1557). Na tradução portuguesa de Alfredo Löfgren, temos uma boa análise das palavras em idioma tupi usadas pelo autor: *Viagem ao Brasil* (Salvador: Progresso, 1956). Ver também a tradução inglesa de Neil L. Whitehead e Michael Harbameier: *Hans Staden's True History* (Durham, NC: Duke University Press, 2008). O título indica claramente o objetivo do livro: uma "verdadeira descrição de um país de selvagens nus, ferozes e canibais no Novo Mundo".

19. Alfred Metraux usou o livro de Staden para reconstituir o sistema xamanístico dos tupinambás. Ver Alfred Metraux, *Religions et magies indiennes d'Amérique du Sud* (Paris: Gallimard, 1967), pp. 43-78.

20. André Thevet, *Les Singularités de la France Antarctique*, org. e intr. de Frank Lestringant (1557; reimp. Paris: Chandeigne, 1997), pp. 160-4 (cap. 40). Jean de Léry, *Histoire d'un voyage fait en terre du Brésil*, org., intr. e epílogo de Frank Lestringant (1578; reimp. Montpellier: Max Chaleil, 1992), pp. 143-50 (cap. 15); para a tradução inglesa da edição de 1580, ver Janet Whaley, *History of a Voyage to the Land of Brazil* (Berkeley: University of California Press, 1990).

21. Michel de Montaigne, *Essais*. Org. de Albert Thibaudet e Maurice Rat. Paris: Gallimard, 1962, cap. 31.

22. Michel de Certeau, "Ethno-Graphy: Speech, or the Space of the Other". In: *The Writing of History*. Trad. de Tom Conley (Nova York: Columbia University Press, 1988), pp. 209-43; id., "Montaigne's 'Of Cannibals', the Savage I". In: *Heterologies: Discourse on the Other*. Trad. de Brian Massumi. Manchester: Manchester University Press, 1986, pp. 67-79.

23. Joaquim Romero Magalhães e Susana Munch Miranda (Orgs.), *Os primeiros 14 documentos relativos à armada de Pedro Álvares Cabral*. Lisboa: CNCDP, 1999, pp. 95-121.

24. Para uma reprodução, ver Pedro Dias e Dalila Rodrigues (Orgs.), *Grão Vasco e a pintura do Renascimento*. Lisboa: CNCDP, 1992, pp. 10, 93.

25. O quadro encontra-se no Museu Nacional de Arte Antiga, em Lisboa.

26. Para um bom resumo dessa mitologia, ver Carmen Bernand e Serge Gruzinski, *Histoire du Nouveau Monde* (Paris: Fayard, 1991), v. 1, pp. 21-4. Esses autores deram forma à história dos avaporus (comedores de carne humana da comunidade do Ava) da região de Chaco, nos pântanos de Izozog, na atual Bolívia. Para uma análise mais complexa, ver Metraux, *Religions et magies indiennes*; Hélène Clastres, *La Terre sans mal: Le prophetisme tupi-guarani* (Paris: Fayard, 1975).

27. Hernán Cortés, *Letters from Mexico*. Trad. e org. de Anthony Pagden. Intr. de John H. Elliott. Ed. rev. New Haven: Yale University Press, 1986, pp. 35-6, 106-7, 184, 240-1, 256, 164, 363, 457, n37 (excelente nota de rodapé sobre os rituais), 486, n36.

28. Para descrições de sacrifícios humanos, ver Toribio de Motolinía, *Historia de los Indios de la Nueva España* (ms. 1542), org. de Georges Baudot (1858; reimp. Madrid: Castalia, 1985), livro I, cap. 6-10; Francisco López de Gómara, *La conquista de México*, org. de José Luis de Rojas (1552; reimp. Madri: Historia 16, 1987), pp. 466-76; Bernal Díaz del Castillo, *Historia verdadera de la conquista de la Nueva España* (ms. 1575), org. de Luis Sáinz de Medrano (1632; reimp. Barcelona: Planeta, 1992), cap. 208; Bernardino de Sahagún, *Historia general de las cosas de Nueva España* (ms. 1558-77), org. de Alfredo López Austin e Josefina García Quintana (Madri: Alianza, 1988, 2 v.), livro 2, cap. 20-38 (as descrições mais longas).

29. Carmen Bernand e Serge Gruzinski, *Histoire du Nouveau Monde*. Paris: Fayard, 1991, v. 1: *De La Découverte à la conquête*, p. 387.

30. Robert Ricard, *La "Conquête Spirituelle" du Mexique: Essai sur l'apostolat et les méthodes missionnaires des ordres mendiants en Nouvelle-Espagne de 1523-1524 à 1574*. Paris: Institut d'Ethnologie, 1933; James Lockhart, *The Nahuas after the Conquest: A Social and Cultural History of the Indians of Central Mexico, Sixteenth through Eighteenth Century*. Stanford: Stanford University Press, 1992, pp. 203-60, 442-6.

31. Serge Gruzinski, *La Colonisation de l'imaginaire: Sociétés indigènes et Occidentalisation dans le Mexique espagnol, XVIᵉ-XVIIIᵉ siècle*. Paris: Gallimard, 1988.

32. Sobre esse tópico importante, embora o autor não cite Cortés, ver David A. Lupher, *Romans in a New World: Classical Models in Sixteenth Century Spanish America* (Ann Arbor: University of Michigan Press, 2006), pp. 235-317. Sobre o contexto dos incas, ver Sabine MacCormack, *On the Wings of Time: Rome, the Incas, and Peru* (Princeton: Princeton University Press, 2007).

33. Nancy M. Farriss, *Maya Society under Colonial Rule: The Collective Enterprise of Survival* (Princeton: Princeton University Press, 1984), pp. 24, 290-1, 312, 340. Depois da conquista ainda se relataram casos de sacrifícios humanos.

34. Sabine MacCormack, *Religion in the Andes: Vision and Imagination in Early Colonial Peru* (Princeton: Princeton University Press, 1991), pp. 85-6, 89, 93-4, 105, 171-2, 200, 414-9. As principais fontes são Pedro Cieza de Leon e Guamán Poma de Ayala.

35. Juan de Betanzos, *Suma y narracion de los Incas*. Org. de Maria del Carmen Martin Rubio. Madri: Atlas, 1987, p. 286.

36. Para um estudo sobre o estado traumatizado da população nativa, ver Nathan Wachtel, *La Vision des vaincus: Les indiens du Pérou devant la conquête espagnole* (Paris: Gallimard, 1971).

37. Walter D. Mignolo, *Local Histories / Global Designs: Coloniality, Subaltern Knowledges, and Border Thinking*. Princeton: Princeton University Press, 2000; id., *The Idea of Latin America*. Oxford: Blackwell, 2005; Walter D. Mignolo e Arturo Escobar (Orgs.), *Globalization and the Decolonial Option*. Londres: Routledge, 2010.

38. Felipe Guamán Poma de Ayala, *Nueva crónica y buen gobierno* (ms. 1615), org. de John V. Murra, Rolena Adorno e Jorge L. Urioste, 3 v. (Madri: Historia 16, 1987), v. 1, pp. 2-19.

39. Inca Garcilaso de la Vega, *Comentarios Reales* [1609]. Org. de Mercedes Serna. reimp. Madri: Castalia, 2000.

40. Ayala, *Nueva crónica*, v. 2, pp. 560-8, v. 3, p. 1072 [ou na edição fac-similar original (Paris, 1936), pp. 533-41, 978-96].

41. Garcilaso, *Comentarios reales*, pp. 332, 438, 466.

42. Alonso de Ercilla, *La Araucana*, org. de Marcos A. Morinigo e Isaias Lerner (1560-78; reimp. Madri: Castalia, 1987, 2 v.). Ercilla lutou contra os ferozes araucanianos e depois escreveu esse poema épico. A resistência dos mapuche prolongou-se corajosamente até 1885.

43. Ulrich Schmidel, *Wahrhaftige und liebliche Beschreibung* (Frankfurt: Feierabend e Huter, 1567). O texto foi traduzido e usado por Theodor de Bry na sua série de volumes *America*. As ilustrações eram particularmente boas.

44. Gomara, *La conquista de México*, p. 424.

45. Álvar Nuñez Cabeza de Vaca, *Naufragios* [1542]. Org. de Trinidad Barrera, reimp. Madri: Aliança, 1985; Perry Vidal (Org.), *Relaçam verdadeira dos trabalhos que ho governador dom Fernando Soto*

e certos fidalgos portugueses passaram no descobrimento da provincia da Frolida [1557]. reimp. fac-símile. Lisboa: Agência Geral das Colônias, 1940; Inca Garcilaso de la Vega, *La Florida* [1605]. Org. de Carmen de Mora. reimp. Madri: Alianza, 1988.

46. Sobre o massacre da expedição francesa, ver Girolamo Benzoni, *Histoire nouvelle du nouveau monde contenant en somme ce que les espagnols ont fait jusqu'à present aux Indes Occidentales et le rude traitement qu'ils ont fait à ces pauvres peuples là*, trad. de Urbain Chauveton (Genebra: Eustace Vignon, 1579), apêndice.

47. Sobre o contexto, ver Kim Sloan (Org.), *A New World: England's First View of America* (Londres: British Museum, 2007).

48. Thomas Harriot, *A Brief and True Report on the New Found Land of Virginia* [1509]. Intr. de Paul Hulton. reimp. Nova York: Dover, 1972, p. 1.

49. Ibid., p. 25.

50. Joseph-Francois Lafitau, *Moeurs des sauvages amériquains, comparées aux moeurs des premiers temps*. Paris: Charles Estienne Hochereau, 1724, 2 v.

51. *Spectator*, v. 11, 1711; Richard Ligon, *A True and Exact History of the Island of Barbados* [1657]. Org. de Kahren Ordhal Kupperman. reimp. Indianapolis: Hackett, 2011, pp. 106-7.

52. Jean-Jacques Rousseau, *Discours sur l'origine et les fondements de l'inégalité parmi les hommes*, org. de Jean Starobinski (1755; reimp. Paris: Gallimard, 1969), pp. 66, 83-93. Rousseau cita os outros autores na sua crítica de Hobbes, enquanto Starobinski introduz habilmente a referência a Grócio.

53. Voltaire, *L'Ingénu* [1767]. In: *Romans et contes*. Org. de René Pomeau. Paris: Flammarion, 1966, pp. 317-81.

54. Robert Bage, *Hermsprong, or Man as He Is Not* [1796]. Org. e intr. de Stuart Tane. University Park: Pennsylvania State University Press, 1982.

55. Chateaubriand, *Atala* [1801]. Org. de Armand Weil. Paris: José Corti, 1950; id., *René* [1802]. Org. de J. M. Gautier. Genebra: Droz, 1970; id., *Voyage en Amérique*. Org. de Richard Switzer. Paris: Marcel Didier, 1964, 2 v.

8. ASIÁTICOS [pp. 168-93]

1. Duarte Barbosa, *O Livro*. Org. de Maria Augusta da Veiga e Sousa. Lisboa: Instituto de Investigação Científica Tropical, 1996-2000, 2 v.

2. Antônio Houaiss (Org.), *Dicionário Houaiss da Língua Portuguesa*. Rio de Janeiro: Objetiva/Instituto Houaiss, 2001, p. 645; *Diccionario de la Lengua Española*. 22. ed. Madri: Real Academia Española, 2001, p. 321.

3. Giovanni Battista Ramusio, *Navigazioni e Viaggi*, org. de Marica Milanesi (1550-9; reimp. Turim: Einaudi, 1978-88), v. 2, pp. 618-50 (em que se aborda a questão das castas).

4. Barbosa, *O Livro*, v. 2, p. 200. Na tradução italiana temos *"Di gente basse e vili si trovano undeci sorti, com le quali alcuna persona onorata non si può impacciar, sotto pena della morte; e in questa cosa fanno grandissima differenza, e la guardano com gran superstizione"*, em Ramusio, *Navigazioni e Viaggi*, v. 2, p. 640.

5. Para uma maior variedade de exemplos, ver Sebastião Rodolfo Dalgado, *Glossário Luso-Asiático* (fac-símile) (1919-21; reimp. Nova Delhi: Asian Educational Services, 1988), v.1, pp. 225-9.

6. Embora o debate sobre o sistema de castas nunca venha a ser dado como encerrado, a análise sugerida por Louis Dumont [*Homo Hierarchicus*: *Le système des castes et ses implications* (Paris: Gallimard, 1966)] foi contestada — a saber, em R. S. Khare (Org.), *Caste, Hierarchy, and Individualism*: *Indian Critiques of Louis Dumont's Contributions* (Nova Delhi: Oxford University Press, 2006).

7. João de Barros, *Ásia: Década Primeira* [1552]. Org. de António Baião. reimp. Coimbra: Imprensa da Universidade, 1932, p. 354.

8. "O primeiro concílio provincial celebrado em Goa no ano de 1567", em *Archivo Portuguez Oriental*, org. de J. H da Cunha Rivara, fascículo 4 (Nova Goa: Imprensa Nacional, 1862), pp. 1-75; para as passagens relevantes da resolução, ver ibid., pp. 8-9.

9. Luís Vaz de Camões, *The Lusiads*. Trad. de Landeg White. Oxford: Oxford University Press, 1997, pp. 146-7.

10. Jean-Baptiste Tavernier, *The Six Voyages through Turkey, into Persia and the East Indies by the Space of Forty Years* [1676]. Trad. de J. Phillips, 1. ed. francesa, reimp. Londres: William Godbid, 1677, parte 2, p. 161.

11. Ines G. Županov, *Jesuit Experiments and Behavioural Knowledge in Seventeenth Century India*. Oxford: Oxford University Press, 1999.

12. Gonçalo Fernandes Trancoso, *Tratado sobre o hinduísmo (Madure 1616)*. Org. de José Wicki. Lisboa: Centro de Estudos Históricos Ultramarinos, 1973.

13. "Itinerario di Lodovico Barthema", em Ramusio, *Navigazioni e Viaggi*, v. 1, p. 824. Ver Partha Mitter, *Much Maligned Monsters* (Oxford: Clarendon Press, 1977).

14. Tavernier, *The Six Voyages*, parte 2, pp. 164, 167, 178.

15. Acredito que a visão do orientalismo deva ser estudada no longo prazo, superando a abordagem esquemática mas necessária exposta em Edward Said, *Orientalism*, 1. ed. (1979; reimp. Nova York: Vintage, 1994), pp. 75-9.

16. Francisco Bethencourt, "Political Configuration and Local Powers". In: Francisco Bethencourt e Diogo Ramada Curto (Orgs.), *Portuguese Oceanic Expansion, 1400-1800*. (Cambridge: Cambridge University Press, 2007), pp. 197-254.

17. Luís de Matos (Org.), *Imagens do Oriente no século XVI*: *Reprodução do códice português da Biblioteca Casanatense* (Lisboa: Imprensa Nacional, 1985). Matos compilou uma lista de todas as fontes contemporâneas europeias relevantes para cada imagem.

18. Jan Huygen van Linschoten, *Itinerario, Voyage ofte Schipvaert naer Oost ofte Portugaels Indien* (Amsterdam: Cornelis Claesz, 1596). Linschoten organizou uma edição resumida das imagens com longas legendas que reproduziam as ideias principais do texto original: *Icones, habitus gestusque indorum as lusitanorum per indiam viventiam* (Amsterdam: Cornelium Nicolai, 1604). Ver Ernst van den Boogaart, *Civil and Corrupt Asia: Image and Text in the* Itinerario *and the* Icones *of Jan Huygen van Linschoten* (Chicago: University of Chicago Press, 2003).

19. Bernard Picard, *Cérémonies et coutumes religieuses de tous les peoples du monde* (Amsterdam, 1783).

20. John F. Richards, *The Mughal Empire*. Cambridge: Cambridge University Press, 1993, v. 1.5: *The New Cambridge History of India*.

21. John Lyly, *Euphues: The Anatomy of Wit* [1578]. 2. ed. Londres: Gabriell Cawood, 1580.

22. Nicolas Nicolay, *The Navigations, Peregrinations, and Voyages Made into Turkie*, trad. de T. Washington, 1. ed. francesa (1568; reimp. Londres: Thomas Dawson, 1585); Pierre Belon du Mans,

Voyage au Levant, org. de Alexandra Merle (1553; reimp. Paris: Chandeigne, 2001); André Thevet, *Cosmographie de Levant* (Lyon: Jean de Tournes, 1554); Guillaume Postel, *La République des turcs* (Poitiers: Enguibert de Marnef, 1560). Nicolay era o analista mais "neutro", ao passo que Postel tinha um programa claro de discussão política e religiosa.

23. Judith Herrin, *Byzantium: The Surprising Life of a Medieval Empire*. Londres: Penguin, 2008, pp. 98-118.

24. Augier Ghislain de Busbecq, *Travels into Turkey*. Londres: J. Robinson, 1744, p. 59 (traduzido do latim para o inglês).

25. Ver Paolo Giovio, *Commentarii delle cose de'turchi* (Veneza: Figliuoli di Aldo, 1541). Essa prática é constantemente referida por Giovio; ver ibid., p. 4.

26. Busbecq, *Travels into Turkey*, p. 38.

27. Bernard Lewis, *Istanbul and the Civilization of the Ottoman Empire*. Norman: University of Oklahoma Press, 1963, p. 47.

28. Tavernier, *The Six Voyages*, parte 1, p. 219.

29. George Sandys, *A Relation of a Journey Begun An. Dom. 1610, Containing a Description of the Turkish Empire of Egypt, of the Holy Land, of the Remote Parts of Italy and Islands Adjoining*. Londres: W. Barrett, 1615, p. 47.

30. Belon, *Voyage au Levant*, pp. 404, 437.

31. Francois Bernier, *Un Libertin dans l'Inde Moghole: Les voyages*. Org. de Frederick Tinguely. Paris: Chandeigne, 2008, pp. 218-32.

32. Tavernier, *The Six Voyages*, parte 1, p. 219.

33. Barão de Montesquieu, *De l'Esprit des lois* [1748]. Org. de Laurent Versini. reimp. Paris: Gallimard, 1995, 2 v., pp. 174-81, 198-9, 328, 427-9.

34. Giovio, *Commentarii delle cose de' turchi*, fl. 28.

35. Para esse conjunto de referências, ver Postel, *La République des turcs*, pp. 25-6, 46, 52, 106.

36. Busbecq, *Travels*, pp. 34-5, 57, 63, 66-125, 158, 235. Mas Busbecq também declarava que os gregos eram tão supersticiosos quanto os turcos; ibid., p. 47.

37. Montesquieu, *De l'Esprit des lois*, pp. 180, 459, 939.

38. Postel, *La République des turcs*, pp. 3-7.

39. Sandys, *A Relation*, pp. 58-60.

40. Mary Wortley Montagu, *Letters* [1763]. Org. de Clare Brant. Londres: Everyman's Library, 1992, pp. 148-9.

41. Ver Gilles Veinstein, "L'Empire dans sa grandeur", em *Histoire de l'Empire Ottoman*, org. de Robert Mandran (Paris: Fayard, 1989), pp. 129-226 (sobretudo pp. 169-70).

42. Postel, *La République des turcs*, p. 46.

43. Marco Polo, *Il Milione*, org. de Marcello Ciccuto (ms. 1295) (Milão: Rizzoli, 1981). Para um contexto ainda útil, ver Donald Lach, *Asia in the Making of Europe* (Chicago: University of Chicago Press, 1965), v. 1: *The Century of Discovery*, pp. 20-48.

44. Gaspar da Cruz, *Tractado em que se contam muito por estenso as cousas da China* (Évora, Portugal: André de Burgos, 1569). Para uma edição moderna do livro que também contém todos os relatos portugueses importantes sobre a China redigidos no século XVI, ver *Enformação das cousas da China: Textos do século XVI*, org. de Raffaela D'Intino (Lisboa: Imprensa Nacional, 1989). As principais citações encontram-se no prólogo e nos capítulos 7-8, 10-1, 16-8 e 26. Para uma versão resumida

do livro e um texto anterior de Galiote Pereira, ver Samuel Purchas, *Hakluytus Posthumus or Purchas His Pilgrimes*, 1. ed. comp. (1625; reimp. Glasgow; James MacLehose and Sons, 1906, v. 11).

45. Bernardino de Escalante, *Discurso de la navegación que los portugueses hazen à los Reinos y Prouincias del Oriente, y de la noticia que se tiene de las grandezas del Reino de la China* (Sevilha: Viuda de Alonso Escrivano, 1577). Para uma edição fac-similar publicada com uma introdução útil, ver Lourdes Diaz Trechuelo (Laredo: Universidad de Cantábria, 1991). Martin de Rada (O. E. S. A), *Relation of the Things of China*, trad. e org. de Charles Boxer, em *South China in the Sixteenth Century* (Londres: Hakluyt Society, 1953), pp. 260-310. Juan González de Mendoza, *Historia de las cosas más notables, ritos y costumbres del Gran Reyno de China* (Roma: Vicencio Acolfi, 1585). Em dezesseis anos foram publicadas 38 edições em castelhano, italiano, inglês, francês, latim, holandês e alemão. Usei a edição inglesa: Juan González de Mendoza, *The History of the Great and Mighty Kingdom of China*, trad. de R. Park (Londres: I. Wolfe, 1588).

46. Mendoza, *The History of the Great and Mighty Kingdom of China*, pp. 19-20.

47. Ver as cartas jesuítas, traduzidas para várias línguas: *Cartas que os padres e irmãos da Companhia de Jesus escreverão dos Reynos de Japão e China* [1549-89] (Évora, Portugal: Manuel de Lyra, 1598, 2 v.), reproduzidas em edição fac-similar (Maia, Portugal: Castoliva, 1997); Fernão Guerreiro, *Relação anual das coisas que fizeram os padres da Companhia de Jesus nas suas missões... nos anos de 1600 a 1609*, org. de Artur Viegas. (Coimbra: Imprensa da Universidade, 1930-42, 3 v.).

48. A carta está reproduzida nas *Cartas* e em muitas outras compilações de epístolas jesuítas publicadas em diferentes línguas, sobretudo em *Documenta Indica* e também em *Cartas dos Jesuítas do Oriente e do Brasil, 1549-1551*, da qual existe uma edição fac-similar com uma introdução de José Manuel Garcia (Lisboa: Biblioteca Nacional, 1993).

49. Fernão Mendes Pinto, *Peregrinação*, org. de Adolfo Casais Monteiro (1614; reimp. Lisboa: Imprensa Nacional, 1983), cap. 34. Para a tradução inglesa, ver Rebecca D. Catz, *The Travels of Fernão Mendes Pinto* (Chicago: University of Chicago Press, 1989).

50. Charles R. Boxer, *The Christian Century in Japan, 1549-1650* (Berkeley: University of California Press, 1951). Para os primeiros vinte anos de missões, ver também Léon Bourdon, *La Compagnie de Jésus et le Japon, 1547-1570* (Paris: Fundação Calouste Gulbenkian, 1993).

51. George Bryan Souza, *Survival of the Empire: Portuguese Trade and Society in China and the South China Sea, 1630-1754*. Cambridge: Cambridge University Press, 1986; Liam Brockey, *The Journey to the East: The Jesuit Mission to China, 1579-1724*. Cambridge, MA: Belknap Press, 2007.

52. Jin Guo Ping e Wu Zhiliang, "Desmistificando a 'lenda negra' sobre a 'canibalização dos Portugueses': Seu significado nas relações luso-chinesas das dinastias Ming e Qing". In: *Revisitar os primórdios de Macau: Para uma nova abordagem da História*. Macau: Instituto Português do Oriente, 2007), pp. 135-54.

53. Alessandro Valignano, *Historia del principio y progreso de la Compañía de Jesús en las Indias Orientales, 1542-1564*, org. de Josef Wicki (Roma: Institutum Historicum Societatis Iesu, 1944); Alessandro Valignano, *Il cerimoniale per i missionarii del Japone* (texto original em português com tradução para o italiano), org. de Josef Franz Schutte (Roma: Edizioni di Storia e Letteratura, 1946); Alessandro Valignano, *Sumario de las cosas de Japón*, org. de José Luis Álvarez-Taladriz (Tóquio: Sophia University, 1954). Ver também Paolo Aranha, "Gerarchie razziali e adattamento culturale: La 'ipotesi Valignano'", em *Alessandro Valignano, S. I. Uomo del Rinascimento: Ponte tra Oriente e Occidente*, org. de

Adolfo Tamburello, M. Antoni Ucerler e Marisa di Russo (Roma: Institutum Historicum Societatis Iesu, 2008), pp. 77-98.

54. Matteo Ricci, *Opere storiche*. Org. de Pietro Tacchi Ventura. Macerata, 1913. v. 2: *Le lettere della Cina*.

55. Jonathan D. Spence, *The Memory Palace of Matteo Ricci*. Londres: Penguin, 1985, pp. 41-54.

56. Josef Franz Schutte, *Valignano's Mission Principles for Japan*, trad. de John J. Coyle (Saint Louis: Institute of Jesuit Sources, 1980), v. 1, p. 131. Também citado em Spence, *The Memory Palace*, p. 41.

57. Pedro Teixeira, *The Travels*, trad. de William F. Sinclair (1610; reimp. Londres: Hakluyt Society, 1902), pp. 49, 53, 66, 85, 117. Os outros autores já citados partilham a mesma visão.

58. Jonathan Spence, *The Chan's Great Continent: China in Western Minds* (Nova York: W. W. Norton, 1998), pp. 41-61, sobretudo 43-4. Pimentel também se queixou da "baixeza" dos modos dos chineses à mesa.

59. Arnoldus Montanus, *Atlas Chinensis, Being a Second Part of a Relation of Remarkable Passages in Two Embassies from the East India Company of the United Provinces to the Vice-Roy Singlamong and General Taising Lipovi and to Konchi, Emperor of China and East Tartaria*. Trad. de John Ogilvy. Londres: Thomas Johnson, 1671, p. 454.

9. EUROPEUS [pp. 194-222]

1. Juan González de Mendoza, *History of the Great and Mighty Kingdom of China*. Trad. de R. Park. Londres: I. Wolfe, 1588, p. 19.

2. Jan Huygen van Linschoten, *Itinerario, Voyage ofte Schipvaert naer Oost ofte Portugaels Indien*. Amsterdam: Cornelis Claesz, 1596, cap. 23.

3. John Evelyn, *The Diary*. Org. de William Bray. Londres: J. M. Dent, 1907, v. 1. p. 370.

4. Ginés Pérez de Hita, *Historia de los bandos de los Zegries y Abencerrajes*. Alcalá de Henares, 1601-19, 2 v., parte II, caps. 5 e 14.

5. Samuel Pepys, *The Diary*. Org. de Robert Lapham e William Matthews. Londres: G. Bell and Sons, 1970-83, 11 v. (citação no v. 3).

6. Julio Caro Baroja, *Los moriscos del Reino de Granada* [1957]. 3. ed. reimp. Madri: Istmo, 1985, pp. 37-58, 149-74; Juan Regla, *Estudios sobre los moriscos* [1964]. reimp. Barcelona: Ariel, 1974; L. P. Harvey, *Muslims in Spain, 1500 to 1614*. Chicago: University of Chicago Press, 2005; Rafael Carrasco, *Deportados en nombre de Dios. La expulsión de los moriscos: Cuarto centenario de una ignominia*. Barcelona: Destino, 2009.

7. Louis Cardaillac, *Morisques et Chrétiens: Un affrontement polémique (1492-1640)*. Paris: Klincksieck, 1976; Mikel de Epalza, "Los moriscos frente a la Inquisición, en su visión islámica del cristianismo". In: Joaquín Pérez Villanueva e Bartolomé Escandell Bonet (Orgs.), *Historia de la Inquisición en España y América*. Madri: Biblioteca de Autores Cristianos, 2000. v. 3: *Temas y problemas*, pp. 737-70.

8. Mercedes García-Arenal, *Inquisición y moriscos: Los procesos del Tribunal de Cuenca*. Madri: Siglo XXI, 1978; Rafael Benitez Sánchez-Blanco, "La Inquisición ante los moriscos". In: Joaquín Pérez Villanueva e Bartolomé Escandell Bonet (Orgs.), *Historia de la Inquisición en España y América*. Madri: Biblioteca de Autores Cristianos, 2000. v. 3: *Temas y problemas*, pp. 695-736.

9. Henri Lapeyre [*Géographie de l'Espagne Morisque* (Paris: SEVPEN , 1959)] afirmou o valor exato de 273 mil, baseando-se nas listas de embarcações. Aqui cito o arredondamento em Carrasco, *Deportados en nombre de Dios*, pp. 292-8 — aproximações por serem baseadas em documentação incompleta.

10. Fernand Braudel, "Conflicts et refus de civilisation: Espagnols et morisques au XVIe siècle", *Annales ESC*, pp. 397-410, 1947.

11. Samuel P. Huntington, *The Clash of Civilizations and the Remaking of World Order*. Nova York: Simon and Schuster, 1996.

12. Trevor J. Dadson, *Los moriscos de Villarubia de los Ojos (siglos XV-XVIII): Historia de una minoria asimilada, expulsada y reintegrada*. Madri: Iberoamericana, 2007.

13. Carrasco, *Deportados en nombre de Dios*, pp. 208-11.

14. Miguel de Cervantes, *El Ingenuoso Hidalgo Don Quijote de la Mancha* [1615]. Org. de Luis Andres Murillo. reimp. Madrid: Castalia, 1987, v. 2, parte II, pp. 525-31.

15. Carrasco, *Deportados en nombre de Dios*, p. 332.

16. Georg Simmel, *On Individuality and Social Forms*. Org. de Donald N. Levine. Chicago: University of Chicago Press, 1971, pp. 143-9; James S. Coleman, *Foundations of Social Theory*. Cambridge, MA: Harvard University Press, 1990, pp. 91-118, 175-96.

17. Joseph Perez, *Los judíos en España*. Madri: Marcial Pons, 2005, pp. 164-8.

18. Mark D. Meyerson, *A Jewish Renaissance in Fifteenth Century Valencia*. Princeton: Princeton University Press, 2004.

19. Perez, *Los judíos en España*, p. 172.

20. Maria José Ferro Tavares, *Os judeus em Portugal no século XV*. Lisboa: Universidade Nova de Lisboa, 1982, pp. 74, 256.

21. Francisco Bethencourt, "A expulsão dos judeus". In: Diogo Ramada Curto (Org.), *O tempo de Vasco da Gama*. Lisboa: Difel, 1998, pp. 271-80.

22. Francois Soyer, *The Persecution of Jews and Muslims in Portugal: King Manuel I and the End of Religious Tolerance, 1496-7*. Leiden: Brill, 2007.

23. Yosef Hayim Yerushalmi, *The Lisbon Massacre of 1506 and the Royal Image in the Shebet Yehuda*. Cincinnati: Hebrew Union College, 1976.

24. Francisco Bethencourt, *The Inquisition: A Global History (1478-1834)*. Cambridge: Cambridge University Press, 2009, pp. 342-9.

25. Maurice Kriegel, "Un Trait de psychologie sociale dans les pays méditerranéens du Bas Moyen Âge: Le juif comme intouchable", *Annales, Économie, Société, Civilisation*, v. 31, n. 2, pp. 326--30, mar.-abr. 1976; Maurice Kriegel, *Les Juifs à la fin du Moyen Âge dans l'Europe méditerranéenne*. Paris: Hachette, 1979; Pérez, *Los judíos en España*, p. 176.

26. Miri Rubin, *Gentile Tales: The Narrative Assault on Late Medieval Jews*. New Haven: Yale University Press, 1999.

27. Richard Sennett, *Flesh and Stone: The Body and the City in Western Civilization*. Nova York: W. W. Norton, 1996, p. 215.

28. Julio Caro Baroja, *Los judíos en la España moderna y contemporánea* [1963]. 3. ed. reimp. Madri: Istmo, 1986, 3 v.; Antonio Domínguez Ortiz, *Los Judeoconversos en España y América*. Madri: Istmo, 1971; Albert Sicroff, *Los estatutos de limpieza de sangre* (1960). 2. ed. rev. Madri: Taurus, 1985; Juan Hernández Franco, *Sangre limpia, sangre española: El debate de los estatutos de limpieza (siglos XV-XVIII)*. Madri: Cátedra, 2011.

29. Bethencourt, *The Inquisition*, pp. 327-30; Fernanda Olival, "Para um estudo da nobilitação no Antigo Regime: Os Cristãos-Novos na Ordem de Cristo (1581-1621)". In: *As ordens militares em Portugal: Actas do 1º Encontro sobre Ordens Militares*. Palmela: Câmara Municipal, 1991, pp. 233-44; Fernanda Olival, *As Ordens Militares e o Estado Moderno*. Lisboa: Estar, 2001, pp. 283-398.

30. Interessa aqui ver Max Gluckman, "Les Rites de passage". In: *Essays on the Ritual of Social Relations*. Manchester: Manchester University Press, 1962, pp. 1-52; Pierre Bourdieu, "Les Rites comme actes d'institution", *Actes de la Recherche en Sciences Sociales*, v. 43, pp. 130-57, 1986.

31. Além dos trabalhos de Ortiz e de Carrasco já citados, ver Jaime Contreras (Org.), *Inquisición española: Nuevas aproximaciones* (Madri: Centro de Estudios Inquisitoriales, 1987); id., *Sottos contra Riquelmes: Regidores, Inquisidores y Criptojudíos* (Madri: Anaya e Mario Muchnik, 1992); David Nirenberg, "Mass Conversion and Genealogical Mentalities: Jews and Christians in Fifteenth-Century Spain", *Past and Present*, v. 174, pp. 3-41, 2002; David Nirenberg, "La generación de 1391: Conversión masiva y crisis de identidad", em *Furor et rabies: Violencia, conflicto y marginación en la Edad Moderna*, org. de José I. Frea, Juan E. Gelabert e Tomás A. Montecon (Santander, Espanha: Universidad de Cantabria, 2002); David Nirenberg, "Race and the Middle Ages: The Case of Spain and Its Jews", em *Rereading the Black Legend: The Discourses of Religious and Racial Difference in the Renaissance Empires*, org. de Margaret R. Greer, Walter D. Mignolo e Maureen Quilligan (Chicago: University of Chicago Press, 2007), pp. 71-87; David Nirenberg, "Was There Race before Modernity? The Example of 'Jewish' Blood in Late Medieval Spain", em *The Origins of Racism in the West*, org. de Miriam Eliav-Feldon, Benjamin Isaac e Joseph Ziegler (Cambridge: Cambridge University Press, 2009), pp. 232-64. A questão continua moldada pelo debate da década de 1950 em torno do racismo; os primeiros historiadores a lidar com o problema queriam evitar a analogia entre a perseguição de cristãos-novos na Espanha e o Holocausto.

32. Jonathan Israel, *Diasporas within the Diaspora: Jews, Crypto-Jews, and the World Maritime Empires (1540–1740)*. Leiden: Brill, 2002; Yosef Kaplan, *An Alternative Path to Modernity: The Sephardi Diaspora in Western Europe*. Leiden: Brill, 2000; Lionel Levy, *La Nation juive portugaise: Livourne, Amsterdam, Tunis, 1591-1951*. Paris: L'Harmattan, 1999; Francesca Trivellato, *The Familiarity of Strangers: The Sephardic Diaspora, Livorno, and Cross-Cultural Trade in the Early Modern Period*. New Haven: Yale University Press, 2009; Toby Green, *The Rise of the Trans-Atlantic Slave Trade in Western Africa, 1300-1589*. Cambridge: Cambridge University Press, 2012.

33. Nathan Wachtel, *La Foi du souvenir: Labyrinthes marranes*. Paris: Seuil, 2001.

34. Paolo Bernardini e Norman Fiering (Orgs.), *The Jews and the Expansion of Europe to the West, 1450 to 1800*. Nova York: Berghahn Books, 2001; Bruno Feitler, *Inquisition, juifs et nouveaux chretiens au Bresil: Le Nordest, XVIIᵉ et XVIIIᵉ siècles*. Leuven: Leuven University Press, 2003.

35. Lucette Valensi, *Ces Étrangers familiers: Musulmans en Europe (XVIᵉ-XVIIIᵉ siècles)*. Paris: Payot, 2012.

36. David Hume, "National Characters". In: Stephen Copley e Andrew Edgar (Orgs.), *Selected Essays*. Oxford: Oxford University Press, 1993, p. 117.

37. Anthony Julius, *Trials of Diaspora: A History of Anti-Semitism in England*. Oxford: Oxford University Press, 2010.

38. Ronald Schechter, *Obstinate Hebrews: Representations of Jews in France, 1715-1815*. Berkeley: University of California Press, 2003.

39. Paolo Bernardini e Norman Fiering (Orgs.), *The Jews and the Expansion of Europe to the West, 1450-1800*. Nova York: Berghahn Books, 2001.

40. Marina Caffiero, *Forced Baptism: Histories of Jews Christians and Converts in Papal Rome*. Trad. de Lydia G. Cochrane. Berkeley: University of California Press, 2012; Kenneth Stow, *Jewish Life in Early Modern Rome: Challenge, Conversion, and Private Life*. Aldershot: Ashgate, 2007; Corrado Vivanti (Org.), *Gli Ebrei in Italia. Storia d' Italia: Annali*. Turim: Einaudi, 2003, v. 11 (sobretudo os capítulos de Renata Segre e Giovanni Micoli).

41. Ronnie Po-chia Hsia e Hartmut Lehmann (Orgs.), *In and Out of the Ghetto: Jewish-Gentile Relations in Late Medieval and Early Modern Germany*. Washington, DC: German Historical Institute, 1995.

42. Léon Poliakov, *Histoire de l'antisémitisme* [1956]. reimp. Paris: Calmann-Lévy, 1981. v. 1: *L'Âge de la foi*; Gershon David Hundert (Org.), *Jews in Early Modern Poland*. Londres: Littman Library of Jewish Civilization, 1997.

43. Jonathan Karp e Adam Sutcliffe (Orgs.), *Philosemitism in History*. Cambridge: Cambridge University Press, 2011.

44. Laurence Sigal-Klagsbald (Org.), *Rembrandt et la Nouvelle Jérusalem: Juifs et Chrétiens à Amsterdam au siècle d'or*. Paris: Musée d'Art et d'Histoire du Judaïsme, 2007.

45. Jonathan M. Hess, *Germans, Jews, and the Claims of Modernity* (New Haven: Yale University Press, 2002). Sobre o caso francês, ver Schechter, *Obstinate Hebrews*.

46. Angus Fraser, *The Gypsies*. Oxford: Blackwell, 1992; David Mayall, *Gypsie Identities, 1500-2000: From Egyptians and Moon-Men to the Ethnic Romany*. Londres: Routledge, 2004; Miriam Eliav-Feldon, "Vagrants or Vermin? Attitudes towards Gypsies in Early Modern Europe". In: Miriam Eliav-Feldon, Benjamijn Isaac e Joseph Ziegler (Orgs.), *The Origins of Racism in the West*. Cambridge: Cambridge University Press, 2009, pp. 276-91.

PARTE III: SOCIEDADES COLONIAIS [pp. 223-7]

1. David Hume, "Of National Characters" [1741]. In: Stephen Copley e Andrew Edgar (Orgs.), *Selected Essays*. Oxford: Oxford University Press, 1996, pp. 117-8.

2. Adam Smith, *Wealth of Nations* [1776]. Org. de Kathryn Sutherland. Oxford: Oxford University Press, 1993, p. 344.

3. Para uma crítica a essa abordagem, ver Jack Goody, *The Theft of History* (Cambridge: Cambridge University Press, 2006).

4. Para o mais contundente exemplo de uma abordagem centrada estritamente no colonizador, ver Niall Ferguson, *Empire: How Britain Made the Modern World* (Londres: Penguin, 2003). Nesse seu livro, Ferguson toma o pressuposto básico do "ser britânico" como dado.

5. Gilberto Freyre, *The Portuguese and the Tropics*. Lisboa: Comissão para a Comemoração do V Centenário da Morte do Infante D. Henrique, o Navegador, 1961.

6. Magnus Morner, *La mezcla de razas en la historia de América Latina*. Trad. de Jorge Pratigowski. Buenos Aires: Paidós, 1969.

7. Lauren Benton, *Law and Colonial Cultures: Legal Regimes in World History, 1400-1900*. Cambridge: Cambridge University Press, 2002.

10. CLASSIFICAÇÃO ÉTNICA [pp. 228-50]

1. María Concepción García Sáiz, *Las castas mexicanas: Un género pictórico americano*. Milão: Olivetti, 1989; Ilona Katzew (Org.), *New World Orders: Casta Painting and Colonial Latin America*. Nova York: Americas Society Art Gallery, 1996; Ilona Katzew, *Casta Painting: Images of Race in Eighteenth-Century Mexico*. New Haven: Yale University Press, 2004; Pilar Romero de Tejada (Org.), *Frutas y castas ilustradas*. Madri: Museo Nacional de Antropologia, 2004.

2. Katzew, *Casta Painting*, pp. 12-6.

3. Jonathan I. Israel, *Race, Class, and Politics in Colonial Mexico, 1610-1670*. Londres: Oxford University Press, 1975; R. Douglas Cope, *The Limits of Racial Domination: Plebeian Society in Colonial Mexico City, 1660-1720*. Madison: University of Wisconsin Press, 1994.

4. Pintor anônimo (México, século XVIII), série de dezesseis castas, número 7, Museo de América, Espanha. A mesma casta foi representada em muitas outras séries, sobretudo as de José de Páez, *c*. 1770-80, neste caso legendada apenas "Torna atrás" e representada como mulata; ver Katzew, *Casta Painting*, p. 27.

5. Tratado de frei Diogo de Santa Ana, *c*. 1632, Manuscritos da Livraria, n. 816, fl. 187r-190v, Arquivo Nacional da Torre do Tombo, Lisboa. Nesse tratado discutem-se os problemas da Índia portuguesa.

6. *Diccionario de la Lengua Española*, 22. ed. (Madri: Real Academia Española, 2001). A etimologia da principal taxonomia racial espanhola foi identificada com esse dicionário; ver também Joan Corominas, *Diccionario crítico etimológico Castellano y hispánico* (Madri: Gredos, 1981, 7 v.).

7. Ver E. Wickberg, "The Chinese Mestizos in Philippine History". In: Anthony Reid (Org.), *The Chinese Diaspora in the Pacific*. Aldershot: Ashgate, 2008, pp. 137-75.

8. Para uma interpretação do padre José Gumilla, ver María Concepción García Sáiz, "'Que se tenga por blanco': El mestizaje americano y la pintura de castas", em *Arqueologia, América, Antropologia: José Pérez de Barradas, 1897-1981* (Madri: Museo de los Orígenes, 2008), pp. 351-67.

9. María Elena Martinez, *Genealogical Fictions: Limpieza de Sangre, Religion, and Gender in Colonial Mexico*. Stanford: Stanford University Press, 2008.

10. Tejada, *Frutas y castas ilustradas*, pp. 96-135.

11. Katzew, *Casta Painting*, p. 138.

12. Ibid., pp. 126, 131.

13. Jorge Klor de Alva, "El mestizaje, de Nueva Espana a Aztlan: Sobre el control y la clasificación de las identidades colectivas", em Ilona Katzew (Org.), *New World Orders: Casta Painting and Colonial Latin America* (Nova York: Americas Society Art Gallery, 1996), pp. 132-40; ver também a revisão da literatura em Pilar Romero de Tejada, "Los quadros de mestizaje del Virrey Amat", em Pilar Romero de Tejada (Org.), *Frutas y castas ilustradas* (Madri: Museo Nacional de Antropologia, 2004), pp. 13-23.

14. Tejada, *Frutas y castas ilustradas*; ver também Katzew, *Casta Painting*, pp. 148-61. Aqui, porém, a associação acaba por ser relativamente dependente do Iluminismo europeu.

15. Ver Fermín del Pino Díaz, "Historia natural y razas humanas en los quadros de castas hispano-americanos", em *Frutas y castas iustradas*, org. de Pilar Romero de Tejada (Madri: Museo Nacional de Antropologia, 2004), pp. 45-66.

16. Aparentemente, essa observação está de acordo com Jorge Cañizares-Esguerra, *Nature, Empire, and Nation: Explorations of the History of Science in the Iberian World* (Stanford: Stanford University Press, 2006). Ver a minha divergência infra.

17. Para uma pesquisa que sustenta essa ideia, ver Rebecca Earle, *The Body of the Conquistador: Food, Race, and the Colonial Experience in Spanish America, 1492-1700* (Cambridge: Cambridge University Press, 2012), pp. 187-216, sobretudo 215.

18. Raphael Bluteau, *Vocabulário portuguez e latino*. Lisboa, 1712-24, 8 v.

19. John A. Simpson e Edmund S. C. Weiner (Orgs.), *Oxford English Dictionary*. Oxford: Clarendon, 1989, 20 v.

20. Alain Rey (Org.), *Dictionnaire historique de la langue française*. Paris: Le Robert, 1998, 3 v..

21. Antônio Houaiss (Org.), *Dicionário Houaiss da Língua Portuguesa* (Rio de Janeiro: Objetiva/ Instituto Houaiss, 2001). Usarei esse dicionário em todas as outras referência à taxonomia racial no mundo de língua portuguesa.

22. António Sérgio Guimarães, "Colour and Race in Brazil: From Whitening to the Search for Afro-Descent". In: Francisco Bethencourt e Adrian Pearce (Orgs.), *Racism and Ethnic Relations in the Portuguese-Speaking World*. Londres: British Academy, 2012, pp. 17-34.

23. António de Moraes Silva, *Dicionário da língua portugueza*. Lisboa: Simão Thaddeo Ferreira, 1789, 2v.

24. Stuart B. Schwartz, "Brazilian Ethnogenesis: mestiços, mamelucos, and pardos". In: Serge Gruzinski e Nathan Wachtel (Orgs.), *Le Nouveau Monde, mondes nouveaux: L'expérience américaine*. Paris: EHESS, 1996, pp. 7-27 (ver os comentários de Kátia de Queirós Mattoso, ibid., pp. 67-73).

25. Houaiss, *Dicionário Houaiss da Língua Portuguesa*.

26. Confrontei a minha primeira análise com estes artigos úteis: Dante Martins Teixeira e Elly de Vries, "Exotic Novelties from Overseas", em *Albert Eckhout: A Dutch Artist in Brazil*, org. de Quentin Buvelot (Haia: Gabinete Real de Pintura da Mauritshuis, 2004), pp. 64-105; Ernst van den Boogaart, "The Population of the Brazilian Plantation Colony Depicted by Albert Eckhout, 1641-1643", em *Albert Eckhout Returns to Brazil, 1644-2002*, org. de Jens Olesen (Copenhague: Nationalmuseet, 2002), pp. 117-31.

27. Peter Mason, "Eight Large Pictures with East and West Indian Persons: Albert Eckhout's Marvellous Montage". In: Jens Olesen (Org.), *Albert Eckhout Returns to Brazil, 1644-2002*. Copenhague: Nationalmuseet, 2002, pp. 147-54.

28. Francisco Bethencourt, "Low Cost Empire: Interaction between Portuguese and Local Societies in Asia". In: Ernst van Veen e Leonard Blusse (Orgs.), *Rivalry and Conflict: European Traders and Asian Trading Networks in the 16th and 17th Centuries*. Leiden: CNWS, 2005, pp. 108-30.

29. José Carlos Venâncio, *A economia de Luanda e hinterland no século XVIII: Um estudo de sociologia histórica*. Lisboa: Estampa, 1996, p. 46; id., *A dominação colonial: Protagonismos e heranças*. Lisboa: Estampa, 2005, p. 32.

30. Jack D. Forbes, *Africans and Native Americans: The Language of Race and the Evolution of Red-Black Peoples*. Urbana: University of Illinois Press, 1993, pp. 79-83.

31. William George Smith (Org.), *The Oxford Dictionary of English Proverbs*. 3. ed. rev. F. D. Wilson. Oxford: Clarendon Press, 1970, p. 550.

32. Ibid., pp. 63, 885.

33. Michel Pastoureau, *Black: The History of a Color*. Trad. de Jody Gladding. Princeton: Princeton University Press, 2009.

34. É aqui que discordo de David Nirenberg, "Mass Conversion and Genealogical Mentalities: Jews and Christians in Fifteenth-Century Spain", *Past and Present*, v. 174, pp. 3-41, 2002.

II. ESTRUTURA ÉTNICA [pp. 251-80]

1. A. J. Graham, *Colony and Mother City in Ancient Greece*. Manchester: Manchester University Press, 1964.

2. Peter Burke, *Cultural Hybridity*. Cambridge: Polity Press, 2009.

3. Estimativas baseadas nas principais tendências compiladas em Linda A. Newson, "The Demographic Impact of Colonization", em Victor Bulmer-Thomas, John H. Coatsworth e Roberto Cortes Conde (Orgs.), *The Cambridge Economic History of Latin America* (Cambridge: Cambridge University Press, 2006), v. 1: *The Colonial Era and the Short Nineteenth Century*, pp. 143-84 (para as tendências ver ibid., pp. 153-4).

4. Peter Boyd-Bowman, *Patterns of Spanish Emigration to the New World, 1493-1580*. Buffalo: [s.n.], 1973; Peter Boyd-Bowman, "Patterns of Spanish Emigration until 1600", *Hispanic American Historical Review*, v. 56, pp. 580-604, 1976.

5. Newson, "The Demographic Impact of Colonization", pp. 143-88, 529-34.

6. Vitorino Magalhães Godinho, "Portuguese Emigration from the Fifteenth to the Twentieth Century: Constants and Changes". In: P. C. Emmer e M. Morner (Orgs.), *European Expansion and Migration: Essays on the International Migration from Africa, Asia, and Europe*. Nova York: Berg, 1992, pp. 13-48.

7. Sobre os limites dessa expansão, ver Bouda Etemad, *La Possession du monde: Poids et mesures de la colonisation* (Bruxelas: Complexe, 2000), pp. 43-60.

8. Ibid., p. 38. Na mesma tabela os dados sobre a Índia portuguesa são claramente subestimados.

9. Em Goa registraram-se 1861 brancos em 1753 e 873 em 1799, mas aparentemente os dados não incluem as forças armadas. Ver Maria de Jesus dos Mártires Lopes, *Goa Setecentista: Tradição e Modernidade* (Lisboa: Universidade Católica Portuguesa, 1996), p. 91.

10. Sobre a questão do desperdício de emigrantes no contexto britânico, ver Henry A. Gemery, "Emigration from the British Isles to the New World, 1630-1700", *Research in Economic History*, v. 5, pp. 179-231, 1980. Gemery frisa o extraordinário desperdício de vidas nas zonas tropicais, sobretudo nas ilhas caribenhas britânicas.

11. Alison Games, "Migration". In: David Armitage e Michael J. Braddick (Orgs.), *The British Atlantic World, 1500-1800*. Houndmills: Palgrave, 2002, pp. 31-50; James Horn e Philip D. Morgan, "Settlers and Slaves: European and African Migrations to Early Modern British America". In: Elizabeth Mancke e Carole Shammas (Orgs.), *The Creation of the British Atlantic World*. Baltimore: Johns Hopkins University Press, 2005, pp. 19-44 (os dados comparativos sobre a migração espanhola e portuguesa são extremamente subestimados); A. N. Porter (Org.), *Atlas of British Overseas Expansion*. Nova York: Simon and Schuster, 1991, pp. 34-6.

12. Nuala Zahedieh, "Economy". In: David Armitage e Michael J. Braddick (Orgs.), *The British Atlantic World, 1500-1800*. Houndmills: Palgrave, 2002, pp. 51-68 (tabela, ibid., p. 62).

13. É surpreendentemente difícil recolher dados sobre os britânicos na Ásia antes de 1800. A consulta das principais monografias da cio não resolveu o problema. Agradeço a Christopher Bayly pela sugestão dos dados aqui incluídos.

14. Charles R. Boxer, *The Dutch Seaborne Empire, 1600-1800* [1965]. reimp. Londres: Penguin, 1990, p. 77; Jonathan I. Israel, *The Dutch Republic: Its Rise, Greatness, and Fall, 1477-1806*. Oxford: Clarendon Press, 1995, pp. 930-43; Jan Lucassen, "A Multinational and Its Labor Force: The Dutch East India Company, 1595-1795", *International Labor and Working-Class History*, v. 66, pp. 11-39, out. 2004.

15. Jan Lucassen, "The Netherlands, the Dutch, and the Long-Distance Migration in the Late Sixteenth Century to Early Nineteenth Century". In: Nicholas Canny (Org.), *Europeans on the Move: Studies on European Migration, 1500-1800*. Oxford: Clarendon Press, 1994, pp. 153-91.

16. Filipa Ribeiro da Silva, *Dutch and Portuguese in Western Africa: Empires, Merchants, and the Atlantic System, 1580-1674*. Leiden: Brill, 2011, pp. 98-104.

17. Dados publicados por J. De Laet em 1931 e reproduzidos em Silva, *Dutch and Portuguese in Western Africa*, p. 106.

18. Wim Kloster, *The Dutch in the Americas, 1600-1800*. Providence: John Carter Brown Library, 1997, pp. 21-2; Frederic Mauro, *Le Portugal et l'Atlantique au XVIIᵉ siècle, 1570-1670: Étude économique*. Paris: SEVPEN, 1960), p. 449.

19. Pierre Pluchon [*Histoire de la colonisation française* (Paris: Fayard, 1991), p. 307] sugere a estimativa mais baixa, de menos de 30 mil migrantes para a Nova França. Para a maior das estimativas, ver Peter Moogk, "Emigration from France to North America before 1760", em Nicholas Canny (Org.), *Europeans on the Move: Studies on European Migration, 1500-1800* (Oxford: Clarendon Press, 1994), pp. 153-91.

20. Robert e Marianne Cornevin, *La France et les Français outre-mer*. Paris: Hachette, 1993, p. 161.

21. Fernand Braudel, *Civilisation matérielle, économie et capitalisme, XVᵉ-XVIIIᵉ siècle*. Paris: Armand Colin, 1979. v. 3, *Le Temps du monde*, p. 612.

22. Para uma avaliação das perspectivas convergentes sobre essa questão entre a teoria do sistema mundial desenvolvida por Immanuel Wallerstein e a teoria do mundo multipolar desenvolvida por Ken Pomeranz, ver Patrick O'Brien, "A Critical Review of a Tradition of Meta-Narratives from Adam Smith to Ken Pomeranz", em P. C. Emmer, O. Pétré-Grenouilleau e J. V. Roitman (Orgs.), *A Deus Ex Machina Revisited: Atlantic Colonial Trade and European Economic Development* (Leiden: Brill, 2006), pp. 5-23.

23. Linda Newson, "The Demographic Impact of Colonization", p. 143 (nesse parágrafo uso os dados compilados nesse artigo crucial); William M. Denevan (Org.), *The Native Population of the Americas in 1492*, 2. ed. (Madison: University of Wisconsin Press, 1992).

24. António de Almeida Mendes, *Esclavages et traits ibériques entre Méditerranée et Atlantique (XVᵉ-XVIIᵉ siècles): Une histoire globale*. Paris: École des Hautes Études en Sciences Sociales, 2007. Tese de doutorado.

25. Philip D. Curtin, *The Rise and Fall of the Plantation Complex: Essays in Atlantic History*. 2. ed. Cambridge: Cambridge University Press, 1998; Stuart Schwartz, *Sugar Plantations in the Formation of Brazilian Society, 1550-1835*. Cambridge: Cambridge University Press, 1985; Barbara Solow e Stanley L. Engerman (Orgs.), *Caribbean Slavery and British Capitalism*. Cambridge: Cambridge University Press, 1988.

26. Todos os dados sobre comércio escravagista foram retirados de Trans-Atlantic Slave Trade Data Base, organizado por David Eltis, Stephen D. Behrendt, David Richardson e Herbert S. Klein. Disponível em: <http://www.slavevoyages.org/tast/assessment>. Acesso em: 12 jun. 2009. Os valores são discutíveis, sobretudo nos primeiros períodos, mas esse é o melhor recurso disponível.

27. Ver também Johannes Postma, *The Dutch and the Atlantic Slave Trade* (Cambridge: Cambridge University Press, 1990); id., *The Atlantic Slave Trade* (Westport: Greenwod Press, 2003); Pieter Emmer, *The Dutch Slave Trade*, trad. de Chris Emery (Nova York.: Berghahn Books, 2006).

28. Jan Rogozinski, *A Brief History of the Caribbean from the Arawak and the Carib to the Present*. Nova York: Meridian, 1994, p. 124.

29. Enriqueta Vila Vilar, *Hispanoamerica y el comercio de esclavos*. Sevilha: Escuela de Estudios Hispano-Americanos, 1977; Elena F. S. de Studer, *La trata de negros en Río de la Plata durante el siglo XVIII*. Buenos Aires, 1958; Alice Piffer Canabrava, *O comércio português no Rio da Prata (1580-1640)* [1944]. reimp. São Paulo: Edusp, 1984.

30. Luiz Felipe de Alencastro, *O trato dos viventes: Formação do Brasil no Atlântico Sul*. São Paulo: Companhia das Letras, 2000.

31. Philip D. Morgan, "The Black Experience in the British Empire, 1680-1810". In: P. J. Marshall (Org.), *The Oxford History of the British Empire*. Oxford: Oxford University Press, 1998. v. 2: *The Eighteenth Century*, pp. 465-86.

32. Jorge Couto, *A construção do Brasil*. Lisboa: Cosmos, 1997, pp. 276-7; John Manuel Monteiro, *Negros da Terra: Índios e bandeirantes nas origens de São Paulo*. São Paulo: Companhia das Letras, 1994; John Hemming, *Red Gold: The Conquest of the Brazilian Indians*. 2. ed. Londres: Macmillan, 1995.

33. Manuela Carneiro da Cunha (Org.), *História dos índios no Brasil*. 2. ed. São Paulo: Companhia das Letras, 1998.

34. John M. Monteiro, "Aldeias". In: Maria Beatriz Nizza da Silva (Org.), *Dicionário de história da colonização portuguesa no Brasil*. Lisboa: Verbo, 1994, cols. 35-8.

35. As estimativas baseiam-se numa ampla variedade de fontes e estudos. Ver Leslie Bethell (Org.), *Colonial Brazil* (Cambridge: Cambridge University Press, 1987), sobretudo os capítulos de H. B. Johnson, Frédéric Mauro e Dauril Alden; Guy Martinière, "O peso do número: Os homens na organização colonial do espaço", em Frédéric Mauro (Org.), *O império luso-brasileiro, 1620-1750* (Lisboa: Estampa, 1991), pp. 192-216; Altiva Pilatti Balhana, "A população", em Maria Beatriz Nizza da Silva (Org.), *O império luso-brasileiro, 1750-1822* (Lisboa: Estampa, 1986), pp. 19-62; id., "População, composição", em Maria Beatriz Nizza da Silva (Org.), *Dicionário de história da colonização portuguesa no Brasil* (Lisboa: Verbo, 1994), cols. 649-53.

36. Dauril Alden, "Late Colonial Brazil, 1750-1808", em Leslie Bethel (Org.), *Colonial Brazil*, p. 290, tabela 4. Alden subestima a população global — reduziu-a para cerca de 2 milhões —, mas os seus valores parciais são válidos e comparáveis. A composição étnica da população parece fidedigna e bate certo com outras estimativas.

37. Ver Herbert Klein e Francisco Vidal Luna, *Slavery in Brazil*. Cambridge: Cambridge University Press, 2010, sobretudo pp. 250-94.

38. Caio César Boschi, *Os leigos e o poder: Irmandades leigas e política colonizadora em Minas Gerais* (São Paulo: Ática, 1986); do mesmo autor, ver os capítulos sobre confrarias em Francisco Bethencourt e Kirti Chaudhuri (Orgs.), *História da Expansão Portuguesa*, v. 2 e 3.

39. O livro foi publicado com um pseudônimo: André João Antonil, *Cultura e opulência do Brasil por suas drogas e minas*, org. de Andrée Mansuy Diniz Silva (1711; reimp. Lisboa: CNCDP, 2001), pp. 92-3.

40. Jean-Baptiste Debret, *Voyage pittoresque et historique au Brésil*, 3 v. (Paris: Firmin Didot, 1834--9). Para reproduções das aquarelas e dos desenhos não incluídos neste trabalho principal, ver *Viagem pitoresca e histórica ao Brasil: Aguarelas e desenhos que não foram reproduzidos na edição de Firmin Didot — 1834* (Paris: R. de Castro Maya, 1954). Sérgio Milliet traduziu o trabalho original para o português com o mesmo título, Jean-Baptiste Debret, *Viagem pitoresca e histórica ao Brasil*, 2. ed., 2 v. (São Paulo: Livraria Martins, 1949).

41. Luiz Felipe de Alencastro, "La Plume et le pinceau", em *Rio de Janeiro la ville métisse: Illustrations de Jean-Baptiste Debret*, org. de P. Straumann, L. F. de Alencastro, S. Gruzinski e T. Monenembo (Paris: Chandeigne, 2001), pp. 133-62.

42. Georg Wilhelm Friedrich Hegel, *Lectures on the Philosophy of World History, Introduction*: *Reason and History*. Cambridge: Cambridge University Press, 1975, p. 165.

43. Johann Moritz Rugendas, *Malerische Reise in Brasilie* (Paris: Engelman, 1835). Existe uma edição fac-similar publicada em Stuttgart pela Daco Verlag (1986) e uma tradução para o português de Sérgio Milliet (São Paulo: Livraria Martins, 1949); ver também as imagens reunidas em Boris Kossoy e Maria Luiza Tucci Carneiro (Orgs.), *O olhar europeu: O negro na iconografia brasileira do século XIX* (São Paulo: Edusp, 1994). Sobre outras representações, ver Serge Gruzinski, "Les Nouvelles Images de l'Amérique", em Patrick Straumann et al. (Orgs.), *Rio de Janeiro la ville métisse: Illustrations de Jean-Baptiste Debret* (Paris: Chandeigne, 2001), pp. 165-91.

44. Leonce Angrand, *Imagen del Peru en el siglo XIX*. Lima: Carlos Milla Battres, 1972; Miguel Solá e Ricardo Gutiérrez (Orgs.), *Raymond Quinsac Monvoisin, su vida y su obra en América*. Buenos Aires, 1948; Claudio Linati, *Costumes et moeurs du Mexique*. Londres: Engelman, 1830; Carl Christian Sartorius, *Mexico und die Mexikaner*. Ilust. de Johann Rugendas. Darmstadt: [s.n.], 1852 (traduzido para o inglês e impresso em Londres e Nova York).

45. Richard Morse, "Urban Development", em Leslie Bethell (Org.), *Colonal Spanish America* (Cambridge: Cambridge University Press, 1987), pp. 165-202 (tabela 1, p. 187); dados baseados em C. Esteva Fabregat, "Población y mestizage en las ciudades de Iberoamerica: siglo XVIII", em Francisco de Solano (Org.), *Estudios sobre la ciudad iberoamericana* (Madri, 1975). Para um recurso ainda útil, ver A. Rosenblat, *La población indigena y el mestizaje en América* (Buenos Aires, 1954, 2 v.).

46. Sirvo-me aqui dos dados mais fidedignos, os produzidos em Newson, "The Demographic Impact of Colonization", p. 160.

47. Rogozinski, *A Brief History of the Caribbean Islands*, pp. 120, 201. Essa evolução é confirmada pelos dados de 1750 e 1830 publicados em Stanley L. Engerman e B. W. Higman, "The Demographic Structure of the Caribbean Slave Societies in the Eighteenth and Nineteenth Centuries", in Franklin W. Knight (Org.), *General History of the Caribbean* (Londres: Unesco, 1997), v. 3: *The Slave Societies of the Caribbean*, pp. 45-101.

48. Serge Gruzinski, *The Mestizo Mind: The Intellectual Dynamics of Colonization and Globalization*. Trad. de Deke Dusinberre. Londres: Routledge, 2002; id., *Les Quatre parties du monde: Histoire d'une mondialisation*. Paris: La Martinière, 2004.

49. Jack P. Greene, *Pursuits of Happiness: The Social Development of Early Modern British Colonies and the Formation of American Culture*. Chapel Hill: University of North Carolina Press, 1988, pp. 178-9;

Jim Potter, "Demographic Development and Family Structure". In: Jack P. Greene e J. R. Pole (Orgs.), *Colonial British America: Essays in the New History of the Early Modern Era*. Baltimore: Johns Hopkins University Press, 1984, pp. 123-56 (ver tabela, ibid., p. 138).

50. Walter Raleigh, *The Discovery of Guiana* [1596]. Org. de V. T. Harlow. reimp. Londres: Argonaut Press, 1928, pp. 44, 46-7.

51. Greene, *Pursuits of Happiness*, p. 84; John H. Elliott, *Empires of the Atantic World: Britain and Spain in America, 1492-1830*. New Haven: Yale University Press, 2006, p. 168.

52. Morgan, "The Black Experience in the British Empire", pp. 477-8.

53. Jerome S. Handler e Arnold A. Sio, "Barbados". In: David W. Cohen e Jack P. Greene (Orgs.), *Neither Slave nor Free: The Freedmen of African Descent in the Slave Societies of the New World*. Baltimore: Johns Hopkins University Press, 1972, pp. 218-9.

54. Orlando Patterson, *Slavery and Social Death: A Comparative Study*. Cambridge, MA: Harvard University Press, 1982, p. 477.

55. Winthrop D. Jordan, "American Chiaroscuro: The Status and Definition of Mulattoes in the British Colonies", *William and Mary Quarterly*, v. 19, pp. 183-200, 1962; Joel Williamson, *New People: Miscegenation and Mulattoes in the United States*. Nova York: Free Press, 1980; Walter Rodney, *A History of the Upper Guinea Coast, 1545-1800*. Oxford: Clarendon Press, 1970, pp. 200-22; Margaret Priestley, *West African Trade and Coast Society: A Family Study*. Londres: Oxford University Press, 1969.

56. Gilles Harvard e Cécile Vidal, *Histoire de l'Amérique Française*. Paris: Flammarion, 2003.

57. Marcel Trudel, *L'Esclavage au Canada Français* (Cidade do Quebec: Presses Universitaires Laval, 1960). Para uma edição atualizada, complementada com um índice remissivo de escravos e donos em CD-ROM, ver Marcel Trudel e Micheline d'Allaire, *Deux siècles d'esclavage au Canada* (Montreal: Hurtubise HMH, 2004).

58. Harvard e Vidal, *Histoire de l'Amérique Française*, p. 167.

59. Pierre Pluchon, *Histoires de la colonisation Française*. Paris: Fayard, 1991, v. 1, p. 348.

60. Harvard e Vidal, *Histoire de l'Amérique Française*, p. 167.

61. Rogozinski, *A Brief History of the Caribbean*, p. 163.

62. Jean Boulègue, *Les Luso-africains de Senegambie, XVIᵉ-XIXᵉ siècles*. Lisboa: Instituto de Investigação Científica Tropical, 1989; Peter Mark e José da Silva Horta, *The Forgotten Diaspora: Jewish Communities in West Africa and the Making of the Atlantic World*. Cambridge: Cambridge University Press, 2011; Toby Green, *The Rise of the Trans-Atlantic Slave Trade in Western Africa, 1300-1589*. Cambridge: Cambridge University Press, 2012.

63. António Carreira, *Cabo Verde: Formação e extinção de uma sociedade escravocrata (1460-1878)*. Bissau, Guiné-Bissau: Centro de Estudos da Guiné Portuguesa, 1972, p. 287; António Leão Correia e Silva, "Dinâmicas de decomposição e recomposição de espaços e sociedades". In: Maria Emília Madeira Santos (Org.), *História Geral de Cabo Verde*. Lisboa: IICT, 2002, v. 3, pp. 1-66.

64. Arlindo Manuel Caldeira, *Mulheres, sexualidade e casamento no arquipélago de S. Tomé e Príncipe (séculos XV a XVIII)*. Lisboa: Ministério da Educação, 1997.

65. Isabel Castro Henriques, *São Tomé e Príncipe: A invenção de uma sociedade*. Lisboa: Veja, 2000.

66. Luc de Heusch, *Le Roi de Kongo et les monstres sacrés*. Paris: Gallimard, 2000.

67. Anne Hilton, *The Kingdom of Kongo* (Oxford: Clarendon Press, 1985); Wyatt MacGaffey, *Religion and Society in Central Africa: The Bakongo of Lower Zaire* (Chicago: University of Chicago

Press, 1986); Georges Balandier, *Daily Life in the Kingdom of Kongo from the Sixteenth to the Eighteenth Century*, trad. de Helen Weaver (Londres: Allen and Unwin, 1968). Para a contestação da importância da batalha de Ambuíla, ver John K. Thornton, *The Kingdom of Kongo: Civil War and Transition, 1641--1718* (Madison: University of Wisconsin Press, 1983), p. 76.

68. Silva, *Dutch and Portuguese in West Africa*, p. 125.

69. José Carlos Venâncio, *A economia de Luanda e hinterland no século XVIII: Um estudo de sociologia histórica*. Lisboa: Estampa, 1996, p. 211.

70. *Anuário Estatístico do Ultramar*. Lisboa: INE, 1959.

71. Para trabalhos que inicialmente destacaram diferenças étnicas ou raciais, ver Marvin Harris, *Town and Country in Brazil* (Nova York: Columbia University Press, 1956); id., *Portugal's African "Wards": A First Hand Report on Labor and Education in Mozambique* (Nova York: American Committee on Africa, 1958); id., *Patterns of Race in the Americas* (Nova York: Walker, 1964). Harris mostrou que o número extremamente limitado de indivíduos de raça mista registrados em Moçambique contradizia a noção abrangente de lusotropicalismo de Gilberto Freyre. Para uma visão sobre a ideia de diferenças estruturais entre grupos de raça mista na África e no Brasil, ver Luiz Felipe de Alencastro, "Géopolitique du métissage", *Encyclopaedia Universalis* (Paris, 1985), v. *Symposium*, pp. 969-77. Para uma exploração em muito maior escala e enquadrada numa sólida estrutura histórica, ver id., "Mulattos in Brazil and Angola: A Comparative Approach, from the Seventeenth to the Twenty-First Century", em Francisco Bethencourt e Adrian Pearce (Orgs.), *Racism and Ethnic Relations in the Portuguese-Speaking World* (Londres: British Academy, 2012), pp. 71-96.

72. Patrick Chabal insiste corretamente no significado histórico da população cosmopolita de raça mista de Luanda. Ver Patrick Chabal, introdução a *The Postcolonial Literature of Lusophone Africa* (Evanston: Northwestern University Press, 1996).

73. Francisco Bethencourt, "The Political Correspondence of Albuquerque and Cortés". In: Francisco Bethencourt e Florike Egmond (Orgs.), *Correspondence and Cultural Exchange in Europe, 1400-1700*. Cambridge: Cambridge University Press, 2007, pp. 219-73.

74. António Bocarro, *Livro das plantas de todas as fortalezas, cidades e povoações do Estado da Índia Oriental*. Org. de Isabel Cid. Lisboa: Imprensa Nacional, 1992, 3 v. Para uma discussão sobre os dados, ver Francisco Bethencourt, "Low Cost Empire: Interaction between the Portuguese and Local Societies in India". In: Ernst van Veen e Leonard Blusse (Orgs.), *Rivalry and Conflict: European Traders and Asian Trading Networks in the 16th and 17th Centuries*. Leiden: CNWS, 2005, pp. 108-30.

75. Vicente L. Rafael, *Contracting Colonialism: Translation and Christian Conversion in Tagalog Society under Early Spanish Rule*. Durham, NC: Duke University Press, 1993.

76. Linda A. Newson, "Conquest, Pestilence, and Demographic Collapse in the Early Spanish Philippines", *Journal of Historical Geography*, v. 32, pp. 3-20, 2006; id., *Conquest and Pestilence in the Early Spanish Philippines*. Honolulu: University of Hawai'i Press, 2009, sobretudo pp. 254-9.

77. Boxer, *The Dutch Seaborne Empire*, p. 248.

78. Jean Gelman Taylor, *The Social World of Batavia: European and Eurasian in Dutch Asia*. Madison: University of Wisconsin Press, 1983; Leonard Blusse, *Strange Company: Chinese Settlers, Mestizo Women, and the Dutch in VOC Batavia*. Leiden: KITLV Press, 1986.

79. Leonard Blusse, *Bitter Bonds: A Colonial Divorce Drama of the Seventeenth Century*. Princeton: Markus Wiener, 2002.

80. William Dalrymple, *White Mughals: Love and Betrayal in Eighteenth Century India*. Londres: HarperCollins, 2002.

81. Boxer, *The Dutch Seaborne Empire*, pp. 241-72.

82. Silva, *Dutch and Portuguese in Western Africa*, p. 107.

83. Pieter Emmer, *The Dutch in the Atlantic Economy, 1580-1880: Trade, Slavery, and Emancipation*. Aldershot: Ashgate, 1998; Postma, *The Dutch in the Atlantic Slave Trade*, pp. 68-9.

84. Christopher Bayly, *Indian Society and the Making of the British Empire* (Cambridge: Cambridge University Press, 1988), p. 71. Sobre a questão étnica, ver também Christopher Bayly, *Imperial Meridian: The British Empire and the World, 1780-1830* (Londres: Longman, 1989), pp. 147-55.

85. Para um estudo sobre o significativo caso posterior da revolta masculina na Bahia, ver João José Reis, *Slave Rebellion in Brazil: The Muslim Uprising of 1835 in Bahia*, trad. de Arthur Brakel (Baltimore: John Hopkins University Press, 1993).

12. PROJETOS E POLÍTICAS [pp. 281-97]

1. As bulas e os tratados encontram-se em várias coleções de fontes impressas. Ver, sobretudo, António Joaquim Dias Dinis (Org.), *Monumenta Henricina* (Coimbra, Portugal, 1971), v. 12, pp. 71-9 (bula *Romanus Pontifex* de Nicolau V, 8.1.1455), pp. 286-8 (bula *Inter Cetera* de Calisto III, 13.3.1456); A. da Silva Rego (Org.), *As Gavetas da Torre do Tombo* (Lisboa: Centro de Estudos Históricos Ultramarinos, 1968), v. 7, pp. 286-320 (tratado de Alcáçovas, 4.9.1479), pp. 320-39 (bula *Eterni regis clementia* de Sisto IV, 21.6.1481); João Martins da Silva Marques (Org.), *Descobrimentos portugueses, Documentos para a sua história*, v. 3, 1461-1500 (Lisboa: Instituto de Alta Cultura, 1971), pp. 384-90 (bula *Inter Caetera* de Alexandre VI, 4.5.1493), pp. 432-53 (tratado de Tordesilhas, 7.6.1494). Ver também Julio Valdeón Baruque (Org.), *El testamento de Adan* (Lisboa: CNCDP, 1994).

2. Alonso de Espinosa, *The Origin and Miracles of the Holy Image of Our Lady of Candelaria, Which Appeared in the Island of Tenerife, with a Description of That Island* [1594]. Trad. e org. de Clements Markham. reimp. Londres: Hakluyt Society, 1907, p. 97.

3. Jack D. Forbes [*Africans and Native Americans: The Language of Race and the Evolution of Red-Black Peoples* (Urbana: University of Illinois Press, 1993)] desenvolve a teoria convincente de uma escravatura mais vasta de nativos americanos do que é comumente reconhecido.

4. Francisco de Solano, *Ciudades hispano-americanas y pueblos de indios*. Madri: CSIC, 1990; Clara Garcia e Manuel Ramos Medina (Orgs.), *Ciudades mestizas: intercambios y continuidades en la expansion occidental*. México: Condumex, 2001.

5. Alain Musset, *Villes nomades du nouveau monde*. Paris: EHESS, 2002.

6. Berta Ares Queija, "Mestizos, mulatos y zambaigos (virreinato del Peru, siglo XVII)". In: Berta Ares Queija e Alessandro Stella (Orgs.), *Negros, mulatos, zambaigos: Derroteros africanos en los mundos ibericos*. Sevilha: Escuela de Estudios Hispano-Americanos, 2001, pp. 75-89.

7. Magnus Morner, *La mezcla de razas en la historia de America Latina*. Trad. de Jorge Pratigowski. Buenos Aires: Paidós, 1969.

8. H. Hoetink, *The Two Variants in Caribbean Race Relations: A Contribution to the Sociology of Segmented Societies*, trad. de Eva M. Hooykaas (Londres: Institute of Race Relations, 1967). Esse livro está, em grande medida, ultrapassado, mas o autor identificou o contraste entre a legislação sobre alforria da Espanha e a da Inglaterra.

9. Carlos Malheiro Dias (Org.), *História da colonização portuguesa do Brasil*. Porto: Litografia Nacional, 1924, v. 3, pp. 309-12 (carta de doação da capitania de Pernambuco a Duarte Coelho, 5 set. 1534).

10. O debate sobre essas atividades jesuítas ainda não está encerrado. Ver John Monteiro, *Os negros da terra: Índios e bandeirantes nas origens de São Paulo* (São Paulo: Companhia das Letras, 1994); Karl-Heinz Arenz, *De l'Alzette a l'Amazone: Jean-Philippe Bettendorff et les jesuites en Amazonie portugaise (1661-1693)* (Paris: Université de Paris IV-Sorbonne, 2007, tese de doutorado, 2 v.).

11. Manuel Fernandes Thomaz, *Repertório geral ou índice alphabético das leis extravagantes do Reino de Portugal*. 2. ed. Coimbra: Imprensa da Universidade, 1843, 2 v.

12. Francisco Bethencourt, "Low Cost Empire: Interaction between Portuguese and Local Societies in Asis". In: Ernst van Veen e Leonard Blusse (Orgs.), *Rivalry and Conflict: European Traders and Asian Trading Networks in the 16th and 17th Centuries*.Leiden: CNWS, 2005; id., "The Political Correspondence of Alburquerque and Cortes". In: Francisco Bethencourt e Florike Egmond (Orgs.), *Correspondence and Cultural Exchange in Europe, 1400-1700*. Cambridge: Cambridge University Press, 2007.

13. Linda M. Heywood e John K. Thornton, *Central Africans, Atlantic Creoles, and the Foundation of the Americas, 1585-1660*. Cambridge: Cambridge University Press, 2007.

14. Charles R. Boxer, *Portuguese Society in the Tropics: The Municipal Councils of Goa, Macau, Bahia, and Luanda, 1510-1800*. Madison: University of Wisconsin Press, 1965.

15. Id., *The Dutch Seaborne Empire, 1600-1800* (1965; reimp. Londres: Penguin, 1990), p. 248.

16. S. Arasaratnam, *Ceylon and the Dutch, 1600-1800: External Influences and Internal Change in Early Modern Sri Lanka*. Aldershot: Ashgate, 1996.

17. George M. Frederickson, *White Supremacy: A Comparative Study in American and South African History*. Oxford: Oxford University Press, 1981.

18. Christopher Bayly, *Imperial Meridian: The British Empire and the World, 1780-1830*. Londres: Longman, 1989, p. 149.

19. D. MacGalvray, "Dutch Burghers and Portuguese Mechanics: Eurasian Ethnicity in Sri Lanka", *Comparative Studies in Society and History*, v. 24, n. 2, pp. 264-79, 1982.

20. Ver John H. Elliott, *Empires of the Atlantic World: Britain and Spain in America, 1492-1830*. New Haven: Yale University Press, 2006, pp. 79-87.

21. Winthrop D. Jordan, *White over Black: American Attitudes toward the Negro, 1550-1812*. Chapel Hill: University of North Carolina Press, 1968.

22. Louis Sala-Molins, *Le Code Noir ou le calvaire de Canaan* (Paris: PUF, 1987). Esse livro inclui uma reprodução do código de 1685 e variantes do código de 1724 da Louisiana.

23. William B. Cohen, *The French Encounters with Africans: White Responses to Blacks, 1530-1880*. Bloomington: Indiana University Press, 1980; Gretchen Gerzina, *Black England: Life before Emancipation*. Londres: John Murray, 1995, p. 5.

13. DISCRIMINAÇÃO E SEGREGAÇÃO [pp. 298-312]

1. Richard M. Morse, *The Urban Development of Latin America, 1750-1920*. Stanford: Center for Latin American Studies, 1971, 2 v.; Francisco de Solano (Org.), *Historia y futuro de la ciudad ibero--americana*. Madri: CSIC, 1986.

2. Clara Garcia e Manuel Ramos Medina (Orgs.), *Ciudades mestizas: Intercambios y continuidades em la expansión occidental, siglos XVI-XIX* (Cidade do México: Condumex, 2001), sobretudo os capítulos de Décio de Alencar Gúzman, Pilar Gonzalo Aizpuru e Solange Alberro; Guillermo Lohman Villena (Org.), *La ciudad ibero-americana* (Buenos Aires: Ministerio de Obras Públicas y Urbanismo, 1987), sobretudo os capítulos de José Alcino Franch, José de Mesa, Teresa Gisbert, Ramón Gutiérrez, Jorge E. Harding e Alberto de Paula.

3. Javier Aguilera Rojas (Org.), *La ciudad hispanoamericana: El sueño de un orden*. Buenos Aires: Ministerio de Obras Públicas y Urbanismo, 1989.

4. Richard Kagan, *Urban Images of the Hispanic World, 1493-1793*. New Haven: Yale University Press, 2000, sobretudo pp. 19-44.

5. Tamar Herzog, *Defining Nations: Immigrants and Citizens in Early Modern Spain and Spanish America*. New Haven: Yale University Press, 2003, sobretudo pp. 17-63.

6. Francisco Dominguez Company, *La vida en las pequenas ciudades hispanoamericanas de la conquista*. Madri: Centro Iberoamericano de Cooperación, 1978.

7. Francisco de Solano, *Ciudades hispanoamericanas y pueblos de indios*. Madri: CSIC, 1990.

8. Citado em Solange Alberro, "La ciudad de México a finales del siglo XVII: Un crisol de sociedad mestiza", em Clara Garcia e Manuel Ramos Medina (Orgs.), *Ciudades mestizas: Intercambios y continuidades en la expansión occidental* (Cidade do México: Condumex, 2001), pp. 173-86.

9. Décio de Alencar Gúzman, "Constructores de ciudades: Mamelucos, indios y europeos en las ciudades pombalinas de la Amazonia". In: Clara Garcia e Manuel Ramos Medina (Orgs.), *Ciudades mestizas: Intercambios y continuidades en la expansión occidental*. Cidade do México: Condumex, 2001, pp. 89-99; Rubenilson Brazão Teixeira, *De La Ville de Dieu à la ville des hommes: La sécularisation de l'espace urbain dans le Rio Grande do Norte*. Paris: École des Hautes Études en Sciences Sociales, 2002. Tese de doutorado (sobretudo parte II).

10. Walter Rossa, *Indo-Portuguese Cities: A Contribution to the Study of Portuguese Urbanism in Western Hindustan*. Lisboa: CNCDP, 1997.

11. António de Morga, *Sucesos de las Islas Filipinas* [1609]. Org. de Patricio Hidalgo Nuchera. reimp. Madri: Polifeno, 1997, p. 81.

12. Henry Kamen, *Spain's Road to Empire: The Making of a World Power*. Londres: Penguin, 2003, pp. 207-8.

13. Robert R. Reed, *Colonial Manila: The Context of Hispanic Urbanism and Process of Morphogenesis*. Berkeley: University of California Press, 1978.

14. John H. Elliott, *Empires of the Atlantic World: Britain and Spain in America, 1492-1830*. New Haven: Yale University Press, 2006, pp. 181, 262; Dauril Alden, "Late Colonial Brazil". In: Leslie Bethell (Org.), *Colonial Brazil*. Cambridge: Cambridge University Press, 1987, p. 288.

15. Carl H. Nightingale, "Before Race Mattered: Geographies of the Color Line in Early Colonial Madras and New York", *American Historical Review*, v. 113, n. 1, pp. 48-71, 2008. O ponto fraco são os antecedentes históricos ibéricos.

16. Elliott, *Empires of the Atlantic World*, p. 74.

17. Jack P. Greene, *Pursuits of Happiness: The Social Development of Early Modern British Colonies and the Formation of American Culture*. Chapel Hill: University of North Carolina Press, 1988, pp. 48-51.

18. Nightingale, "Before Race Mattered".

19. A. J. R. Russell-Wood, "Acts of Grace: Portuguese Monarchs and Their Subjects of African Descent in Eighteenth Century Brazil", *Journal of Latin American Studies*, v. 32, pp. 307-32, 2000.

20. Jonathan I. Israel, *Diasporas within a Diaspora: Jews, Crypto-Jews, and the World Maritime Empires (1540-1740)*. Leiden: Brill, 2002; Nathan Wachtel, *La Foi du souvenir: Labyrinthes marranes*. Paris: Seuil, 2001; James C. Boyajian, *Portuguese Trade in Asia under the Habsburgs, 1580-1640*. Baltimore: Johns Hopkins University Press, 1993; José Pedro Paiva, "The New Christian Divide in the Portuguese-Speaking World (Sixteenth to Eighteenth Century)". In: Francisco Bethencourt e Adrian Pearce (Orgs.), *Racism and Ethnic Relations in the Portuguese-Speaking World*. Londres: British Academy, 2012, pp. 269-80.

21. Charles R. Boxer, *The Church Militant and Iberian Expansion*. Baltimore: Johns Hopkins University Press, 1978.

22. Para informações abrangentes (não uma interpretação) sobre esse caso, ver Carlos Mercês de Melo, *The Recruitment and Formation of the Native Clergy in India (16th-19th Century)* (Lisboa: Agência Geral das Colónias, 1955).

23. Boxer, *The Church Militant and Iberian Expansion*, p. 26.

24. Francesco Ingoli, *Relazione delle Quattro Parti del Mondo*. Org. de Fabio Tosi. Intr. de Josef Metzler. Cidade do Vaticano: Urbaniana University Press, 1999.

25. D. G. E. Hall, *A History of South-East Asia*. 4. ed. Londres: Macmillan, 1981, pp. 750-4.

26. Paulino Castañeda Delgado, *El mestizaje en Indias: Problemas canónicos*. Madri: Deimos, 2008.

14. ABOLICIONISMO [pp. 313-37]

1. Olaudah Equiano, *The Interesting Narrative and Other Writings* [1789]. Org. de Vincent Carretta. reimp. Londres: Penguin, 2003, p. 65.

2. David Brion Davis, *The Problem of Slavery in Western Culture*. Oxford: Oxford University Press, 1966, cap. 10-1.

3. Equiano, *The Interesting Narrative and Other Writings*, pp. 167-8.

4. Ibid., p. 337.

5. Ver Christopher Leslie Brown, *Moral Capital: Foundations of British Abolitionism*. Chapel Hill: University of North Carolina Press, 2006.

6. John Pinfold (Org.), *The Slave Trade Debate: Contemporary Writings For and Against*. Oxford: Bodleian Library, 2007; Kenneth Morgan (Org.), *The British Transatlantic Slave Trade*. Londres: Pickering and Chatto, 2003, v. 3; J. R. Oldfield (Org.), *The Abolitionist Struggle: The Opponents of the Slave Trade*. Londres: Pickering and Chatto, 2003; id., *Popular Politics and British Anti-Slavery: The Mobilisation of Public Opinion against the Slave Trade, 1787-1807*. Manchester: Manchester University Press, 1995.

7. Seymour Drescher, *Abolition: A History of Slavery and Antislavery*. Cambridge: Cambridge University Press, 2009, pp. 220, 250.

8. Para imagens de materiais da coleção Franklin Smith, ver Pinfold, *The Slave Trade Debate*; ver também reproduções da exposição da Biblioteca Bodleiana, disponível em: <http://www.bodley.ox.ac.uk/dept/scwmss/projects/abolition>. Acesso em: 15 jun. 2011.

9. William Blake, *The House of Death* (*c.* 1795), impressão em cores, arte-final a pena, giz e aquarela, 480 mm x 603 mm, Museu Fitzwilliam, Cambridge (n. 1769). Essa imagem foi interpretada como sendo de um manicômio ou escravidão mental; David Bindman, *Mind-forg'd Manacles: William Blake and Slavery* (Londres: Hayward Gallery, 2007), pp. 80-1. A canção de inocência "The Little Black Boy" também frisa o esbatimento das cores da pele: *"When I from black and he from white cloud free"*. William Blake, *The Complete Poetry and Prose*, org. de David V. Erdman, ed. rev. (Nova York: Anchor Books, 1988), p. 9.

10. João Pedro Marques, *The Sounds of Silence: Nineteenth century Portugal and the Abolition of the Slave Trade*. Trad. de Richard Wall. Oxford: Berghahn, 2006; Nelly Schmidt, *L'Abolition de l'esclavage: Cinq siècles de combats, XVIᵉ-XXᵉ siècle*. Paris: Fayard, 2005.

11. José Andrés-Gallego e Jesús María García Añoveros, *La Iglesia y la esclavitud de los negros* (Pamplona: EUNSA, 2002), pp. 22-31. Esse livro também é importante pelos parágrafos seguintes.

12. Frank Bartholomew Costello, *The Political Philosophy of Luis de Molina, S. J. (1535-1600)*. Roma, 1974; Alan Watson, "Seventeenth Century Jurists, Roman Law, and the Law of Slavery". In: Paul Finkelman (Org.), *Slavery and the Law*. Madison: Madison House, 1997, pp. 367-77.

13. Alonso de Sandoval, *Un tratado sobre la esclavitud*, org. de Enriqueta Vila Vilar (1627; reimp. Madri: Alianza,1987), pp. 142-9 (livro 1, cap. 17). Sandoval apresenta relatos de inquéritos aos colegas na África e de conversas com escravagistas em Cartagena que condenam o mau tratamento dos escravos africanos.

14. Francisco José de Jaca, *Resolución sobre la libertad de los negros y sus originarios, en estado de paganos y despues ya cristianos*. Org. de Miguel Anxo Pena González. Madri: CSIC, 2002; Miguel Anxo Pena González e Francisco José de Jaca, *La primera propuesta abolicionista de la esclavitud en el pensamento hispano*. Salamanca: Publicaciones Universidad Pontificia, 2003.

15. Richard Gray, "The Papacy and the Atlantic Slave Trade: Lourenço da Silva, the Capuchins, and the Decisions of the Holy Office", *Past and Present*, v. 115, pp. 52-68, 1987. Para a consulta da Inquisição romana em que se revela que a aceitação do pedido de Mendonça foi limitado, ver Andrés-Gallego e García Anoveros, *La Iglesia y la esclavitud de los negros*, pp. 88-9.

16. Andrés-Gallego e Garcia Añoveros, *La Iglesia y la esclavitud de los negros*, pp. 9-11.

17. Jean Bodin, *Les Six livres de la république*. Paris: Jacques Du Puys, 1576, livro 1, cap. 5.

18. Hugo Grocio, *De Jure Bell ac Pacis* [1625]. Org. de James Brown Scott. Trad. de John Damen Maguire. reimp. Washington, DC: Carnegie Institution, 1913-25. 4 v. livro 1, cap. 3 § 8; livro 2, cap. 5 § 27-30; livro 3, caps. 7 e 14.

19. Thomas Hobbes, *Human Nature and De Corpore Politico* [1640]. Org. de J. C. A. Gaskin. reimp. Oxford: Oxford University Press, 1994, pp. 78, 93, 126-9; id., *Leviathan* [1651]. Org. de C. B. Macpherson. reimp. Londres: Penguin, 1985, parte 1, cap. 13; parte 2, cap. 20.

20. Samuel Pufendorf, *On the Duty of Man and Citizen* [1673]. Org. de James Tully. reimp. Cambridge: Cambridge University Press, 1991, pp. 129-31.

21. John Locke, *Two Treatises of Government* [1689-90]. Org. de Peter Laslett. reimp. Cambridge: Cambridge University Press, 1988, pp. 141, 169-70, 236-7, 283-5.

22. Montesquieu, *De l'Esprit des lois*, org. de Laurent Versini (1748; reimp. Paris: Gallimard, 1995), livro 15. Para uma posição ainda mais clara contra a escravatura ver Montesquieu, *Pensées: Le spicilège*, org. de Louis Desgraves (Paris: Robert Laffont, 1991), pp. 174-6, 466, 643, 1782, 1838, 1847, 1916, 1925, 2194.

23. Denis Diderot e Jean d'Alembert (Orgs.), *Encyclopédie, ou dictionnaire raisonné des sciences, des arts et des métiers* (Paris: [s.n.], 1755), v. 5, pp. 934-43. Para artigos de Chevalier de Jaucourt sobre a escravatura e o comércio escravagista, ver *Encyclopédie, ou dictionnaire raisonné des sciences, des arts et des métiers* (Neuchatel: [s.n.], 1765), v. 16, pp. 532-3. Para análises, incluindo a influência de George Wallace, ver Davis, *The Problem of Slavery in Western Culture*, p. 416.

24. Jean-Jacques Rousseau, *Discours sur l'origine et les fondements de l'inéqualité parmi les hommes* [1755]. Org. de Jean Starobinski. reimp. Paris: Gallimard, 1969, pp. 113-4; id., *Du Contrat social* [1762]. Org. de Bruno Bernardi. reimp. Paris: Flammarion, 1969, pp. 46, 50-4.

25. Guillaume-Thomas Raynal, *Histoire philosophique et politique des établissements et du commerce des Européens dans les deux Indes*. Haia: Chez Gosse Fils, 1774, 7 v., sobretudo v. 4, pp. 187-235, v. 7, pp. 139-46.

26. Marquis de Condorcet, *Réflexions sur l'esclavage des nègres* [1781]. Org. de Jean-Paul Doguet. reimp. Paris: Flammarion, 2009.

27. Adam Ferguson, *An Essay on the History of Civil Society* [1767]. Org. de Fania Oz-Salzberger. reimp. Cambridge: Cambridge University Press, 1995.

28. Davis, *The Problem of Slavery in Western Culture*, pp. 106-11.

29. David Hume, "Of the Populousness of Ancient Nations" [1752]. In: Stephen Copley e Andrew Edgar (Orgs.), *Selected Essays*. Oxford: Oxford University Press, 1998, pp. 223-74.

30. Benjamin Franklin, *The Autobiography and Other Writings on Politics, Economics, and Virtue*. Org. de Alan Houston. Cambridge: Cambridge University Press, 2004, pp. 215-21, 369-71.

31. Victor Riqueti de Mirabeau, *L'Ami des hommes, ou traité de la population* (Haia: Benjamin Gibert, 1758, 6 v., sobretudo v. 3, pp. 233-59. Para uma análise mais ampla sobre a influência dos fisiocratas, ver Davis, *The Problem of Slavery in Western Culture*, pp. 427-34.

32. Adam Smith, *An Inquiry into the Nature and Causes of the Wealth of Nations* [1776]. Org. de Kathryn Sutherland. reimp. Oxford: Oxford University Press, 1998, pp. 80-1, 238-9.

33. Eric Williams, *Capitalism and Slavery*. Chapel Hill: University of North Carolina Press, 1944.

34. Seymour Drescher, *Capitalism and Antislavery: British Mobilization in Comparative Perspective*. Oxford: Oxford University Press, 1986; David Eltis, *Economic Growth and the Ending of the Transatlantic Slave Trade*. Oxford: Oxford University Press, 1987; Thomas Bender (Org.), *The Antislavery Debate: Capitalism and Abolition as a Problem in Historical Interpretation*. Berkeley: University of California Press, 1992; Seymour Drescher, "Capitalism and Slavery after Fifty Years", *Slavery and Abolition*, v. 18, n. 3, pp. 212-27, 1997; S. H. H. Carrington, *The Sugar Industry and the Abolition of Slave Trade*. Gainesville: University Press of Florida, 2002; David Richardson, "The Ending of the British Slave Trade in 1807: The Economic Context". In: Stephen Farrell, Melanie Unwin e James Walvin (Orgs.), *The British Slave Trade: Abolition, Parliament and People*. Edimburgo: Edinburgh University Press, 2007, pp. 127-40; David Rydan, *West Indian Slavery and British Abolition, 1783-1807*. Cambridge: Cambridge University Press, 2009.

35. Benjamin Lay, *All Slave-keepers That Keep the Innocent in Bondage, Apostates Pretending to Lay Claim to the Pure Holy Christian Religion* (Filadélfia: [s.n.], 1737). Ver Davis, *The Problem of Slavery in Western Culture*, pp. 291-332.

36. Davis, *The Problem of Slavery in Western Culture*, pp. 291-364.

37. Arthur F. Cowin, *Spain and the Abolition of Slavery in Cuba (1817-1886)*. Austin: University of Texas Press, 1967; Christopher Schmidt-Nowara, *Empire and Antislavery: Spain, Cuba, and Puerto Rico, 1833-1874*. Pittsburgh: University of Pittsburgh Press, 1999; Rebecca J. Scott, *Slave Emancipation in Cuba: The Transition to Free Labor*. Princeton: Princeton University Press, 1985.

38. Leslie Bethell (Org.), *The Independence of Latin America*. Cambridge: Cambridge University Press, 1987; Drescher, *Abolition*, pp. 181-204.

39. João José Reis e Flávio dos Santos Gomes (Orgs.), *Liberdade por um fio: História dos quilombos no Brasil*. São Paulo: Companhia das Letras, 1996.

40. Leslie Bethell, *The Abolition of the Brazilian Slave Trade*. Cambridge: Cambridge University Press, 1970.

41. Robert E. Conrad, *The Destruction of Brazilian Slavery, 1850-1888*. Berkeley: University of California Press, 1972.

42. José Capela, *Escravatura: A empresa do saque. O abolicionismo (1810-1875)*. Porto: Afrontamento, 1974; Valentim Alexandre e Jill Dias (Orgs.), *O império africano, 1825-1890*. Lisboa: Estampa, 1998, pp. 52-60, 192-8, 287-93, 457-71, 589-96; Marques, *The Sounds of Silence*; Francisco Bethencourt, "Race Relations in the Portuguese Empire". In: Jay A. Levenson (Org.), *Encompassing the Globe: Portugal and the World in the 16th and 17th Centuries; Essays*. Washington, DC: Smithsonian Institution, 2007.

43. Pieter C. Emmer, *The Dutch Slave Trade, 1500-1850*. Trad. de Chris Emery. Nova York: Berghahn Books, 2006.

44. Jeremy D. Popkin, *You Are All Free: The Haitian Revolution and the Abolition of Slavery*. Cambridge: Cambridge University Press, 2010; David Barry Gaspar e David Patrick Geggus (Orgs.), *The French Revolution and the Greater Caribbean*. Bloomington: Indiana University Press, 1997; Carolyn Fick, *The Making of Haiti: The Saint Domingue Revolution from Below*. Knoxville: University of Tennessee Press, 1990.

45. Laurent Dubois, *A Colony of Citizens: Revolution and Slave Emancipation in the Slave Caribbean, 1787-1804*. Chapel Hill: University of North Carolina Press, 2004; Frederic Regent, *Esclavage, métissage, liberté: La Révolution Française en Guadeloupe, 1789-1802*. Paris: Grasset, 2004; David Patrick Geggus (Org.), *The Impact of the Haitian Revolution on the Atlantic World*. Columbia: University of South Carolina Press, 2001.

46. Nelly Schmidt, *Victor Schoelcher*. Paris: Fayard, 1994.

47. Ver Drescher, *Abolition*, pp. 245-332.

48. Lynn Hunt, *Inventing Human Rights: A History*. Nova York: W. W. Norton, 2007.

49. Jean-Pierre Brissot, citado em Schmidt, *L'Abolition de l'esclavage*, p. 81: "*Non seulement la Société des Amis des Noirs ne sollicite point en ce moment l'abolition de l'esclavage, mais elle serait affligée qu'elle fût proposée. Les esclaves ne sont pas mûrs pour la liberté; il faut les y préparer: telle est la doctrine de cette Société*".

50. Ver George Boulukos, *The Grateful Slave: The Emergence of Race in Eighteenth-Century British and American Culture* (Cambridge: Cambridge University Press, 2008). Boulukos frisa corretamente

a difusão dessa ideia na iconografia — a saber, a imagem do escravo ajoelhado com a legenda "Não serei homem e irmão?".

51. Montesquieu, *De l'Esprit des lois*, livro 15, cap. 5.

52. Jean-Jacques Rousseau, *Discours sur l'origine et les fondements de l'inégalité parmi les hommes* [1755]. Org. de Jean Starobinski. reimp. Paris: Gallimard, 1969.

53. Voltaire, *Romans et contes*. Org. de René Pomeau. Paris: Flammarion, 1966, sobretudo *Candide ou l'optimisme* e *L'Ingénu*.

54. Raynal, *Histoire philosophique et politique*, v. 4, pp. 168-74.

55. Condorcet, *Réflexions sur l'esclavage des nègres*, sobretudo cap. 8.

56. Alexis de Tocqueville, *Sur l'Esclavage*. Org. de Seloua Luste Boulbina. Arles: Actes Sud, 2008.

57. Maria Lúcia Garcia Pallares-Burke, *Gilberto Freyre: Um vitoriano dos trópicos*. São Paulo: Unesp, 2005.

58. Abade Gregoire, *De la Noblesse de la peau* [1826]. Org. de Jacques Prunar. reimp. Grenoble: Jerome Million, 1996, p. 39.

59. Drescher, *Abolition*, pp. 294-371.

PARTE IV: TEORIAS DE RAÇA [pp. 339-43]

1. Lisbet Koerner, *Linnaeus: Nature and Nation* (Cambridge, MA: Harvard University Press, 1999), pp. 65-71. Esse livro também se refere ao frontispício de *Flora Lapponica* (1737), em que Linnaeus se colocou em primeiro plano com uma fantástica paisagem da Lapônia, tocando um tambor xamânico. Não consegui encontrar referência ao pintor nos principais dicionários de artistas, nem em antologias publicadas de arte e retratos. Não podemos aqui discutir a correção dos trajes envergados por Linnaeus, mas para fotografias etnográficas oitocentistas dos sami, ver: <http://saami-blog.blogspot. com/2008/01/saami-pewter-embroiderie-belts-purses.htlm>. Acesso em: 3 set. 2010.

2. Koerner, *Linnaeus: Nature and Nation*; Wilfrid Blunt, *Linnaeus: The Compleat Naturalist* [1971]. reimp. Londres: Frances Lincoln, 2001.

3. Michel Foucault, *Les Mots et les choses: Une archéologie des sciences humaines* (Paris: Gallimard, 1966), sobretudo cap. 5. Ver também a tradução inglesa: Michel Foucault, *The Order of Things: An Archaeology of the Human Sciences* (Londres: Tavistock, 1970). A abordagem esquemática de Foucault, servindo-se de períodos históricos compartimentados, inspirada em Gaston Bachelard, tem sido criticada por vários autores, sobretudo Claude Blanckaert na obra coletiva *L'Histoire des sciences de l'homme: Trajectoires, enjeux et questions vives* (Paris: L'Harmattan, 1999).

4. Jorieke Rutgers, "Linnaeus in the Netherlands", *Tijdshrift noor Skandinavistiek*, v. 29, n. 1-2, pp. 103-16, 2008; Patricia Fara, "Carl Linnaeus: Pictures and Propaganda", *Endeavour*, v. 27, n. 1, pp. 14-5, 2001.

5. Ferdinand Denis, *Une Fête brésilienne célébrée à Rouen en 1550*. Paris: [s.n.], 1850.

6. Carl Linnaeus, *Lachesis Lapponica or a Tour in Lapland*, trad. de Charles Troilius e James Edward Smith (Londres: White and Cochrane, 1811, 2 v.); ver também Carl Linnaeus, *Flora Lapponica* (Amsterdam: [s.n.], 1737).

7. Kroener analisa corretamente a vida científica de Linnaeus segundo essas diferentes dimensões.

8. Martin J. S. Rudwick, *Bursting the Limits of Time: The Reconstruction of Geohistory in the Age of Revolution*. Chicago: University of Chicago Press, 2005; Martin J. S. Rudwick, *Worlds before Adam: The Reconstruction of Geohistory in the Age of Reform*. Chicago: University of Chicago Press, 2008.

9. Jacques Roger, *Buffon: Un philosophe au jardin du roi*. Paris: Fayard, 1989.

10. Alessandro Scafi, *Mapping Paradise: A History of Heaven on Earth*. Chicago: University of Chicago Press, 2006.

11. Isaac de La Peyrère, *Man before Adam*. Londres: [s.n.], 1656; Richard H. Popkin, *Isaac La Peyrère (1596-1676): His Life, Work, and Influence*. Leiden: Brill, 1987.

12. Giuliano Glozzi, *Adamo e il nuovo mondo: La nascita dell'antropologia come ideologia coloniale; Dalle genealogie bibliche alle teorie razziali (1500-1700)*. Florença: La Nuova Italia Editrice, 1977, pp. 306-47.

13. David N. Livingstone, *Adam's Ancestors: Race, Religion, and the Politics of Human Origin*. Baltimore: Johns Hopkins University Press, 2008.

14. Sobre a importância do raciocínio teológico para a reflexão sobre as raças, ver Colin Kidd, *The Forging of Races: Race and Scripture in the Protestant Atlantic World, 1600-2000* (Cambridge: Cambridge University Press, 2006).

15. Arthur O. Lovejoy, *The Great Chain of Being: A Study of the History of an Idea*. Cambridge, MA: Harvard University Press, 1933.

16. Aristóteles, *Histoire des animaux*. Trad. de Pierre Louis. Paris: Les Belles Lettres, 1969, 2 v.

17. Stephen Jay Gould, *The Mismeasure of Man*. Nova York: W. W. Norton, 1996.

18. Hannah Franziska Augstein (Org.), *Race: The Origins of an Idea, 1760-1850*. Bristol: Thoemmes Press, 1996, pp. ix–x.

15. CLASSIFICAÇÕES DOS SERES HUMANOS [pp. 344-68]

1. Carl Linnaeus, *Systema naturæ* (Lugduni Batavorum, Holanda: Theodorum Haak, 1735). Ver a edição fac-similar com introdução de M. S. J. Engel-Ledeboer e H. Engel (Nieuwkoop: B. De Graaf, 1964).

2. Carl Linnaeus, *A General System of Nature*, trad. de William Turton (Londres: L. Allen, 1806), v. 1, p. 9. Confirmei a descrição das variedades de seres humanos na 13ª edição em latim original: Carl Linnaeus, *Systema naturæ* (Vindobona: Ioannis Thomae, 1767-70), v. 1, pp. 28-33.

3. Aqui me inspiro em Buffon, *De l'Homme*, textos de 1749-77, organizados e apresentados por Michèle Duchet, com posfácio de Claude Blanckaert (Paris: L'Harmattan, 2006).

4. François Bernier, "Nouvelle division de la Terre, par les différentes espèces ou races d'hommes qui l'habitent", *Journal des Scavans*, 24 abr. 1684, pp. 148-55; ver também Siep Stuurman, "François Bernier and the Invention of Racial Classification", *History Workshop Journal*, v. 50, pp. 1-21 (out. 2000). No entanto, essa visão, sobretudo a dos negros em diferentes continentes, já havia sido sugerida; ver Alonso de Sandoval, *Un tratado sobre la esclavitud*, org. de Enriqueta Vila Vilar (1627; reimp. Madri: Alianza, 1987), livro 1.

5. Cornelius de Pauw, *Recherches philosophiques sur les Américains* (1768-9). Pref. de Michèle Duchet. reimp. Paris: Jean Michel Place, 1990, 2 v.; Guillaume-Thomas-François Raynal, *Histoire*

philosophique et politique des établissements des Européens dans les deux Indes [1770]. ed. rev. reimp. Paris: Amable / Coste, 1820-1, 12 v.

6. Thomas Jefferson relatou esse caso, acrescentando que Raynal não passava de "um mero minorca". Franklin não poderia ter feito essa piada com o alto e orgulhoso Buffon. Ver Antonello Gerbi, *The Dispute of the New World: The History of a Polemic, 1750–1900*, trad. de Jeremy Moyle, ed. rev. (1955; reimp. Pittsburgh: University of Pittsburgh Press, 1973), p. 242.

7. Jean Chardin, *Voyage de Paris à Ispahan*, org. de Stéphane Yerasimos (1686; reimp. Paris: La Découverte, 1983, 2 v.). As passagens relevantes estão em ibid., v. 1, pp. 143, 154, 181-2. Outros viajantes partilhavam essa visão, sobretudo Bernier.

8. Voltaire, *Dictionnaire philosophique*, org. de Béatrice Didier (Paris: Imprimerie Nationale, 1994). Seja como for, esses preconceitos estão muito longe da ferocidade atribuída a Voltaire por Léon Poliakov. Habitualmente, o alvo do filósofo eram as origens judaicas da superstição cristã.

9. Immanuel Kant, "On the Different Races of Human Beings" [1775-7]. In: Günther Zöller e Robert B. Louden (Orgs.), *Anthropology, History, and Education*. Cambridge: Cambridge University Press, 2007, pp. 82-97.

10. Id., "Determination of the Concept of a Human Race" [1785]. In: Günther Zöller e Robert B. Louden (Orgs.), *Anthropology, History, and Education*. Cambridge: Cambridge University Press, 2007, pp. 143-59.

11. Johann Gottfried von Herder, *Philosophical Writings*, trad. e org. de Michael N. Foster (Cambridge: Cambridge University Press, 2002), p. 60. O argumento é desenvolvido durante a maior parte dos textos dessa antologia, mas destaco ibid., pp. 54-64, 69-77, 161-2 (textos publicados em 1767-8 e 1772).

12. Ibid., p. 220 (texto publicado em 1778).

13. Ibid., pp. 154-5, 160-1, 220-1, 255-6.

14. Ibid., pp. 62, 282.

15. Ibid., pp. 152-3, 248.

16. Ibid., pp. 297, 318, 328-32, 350 (texto publicado em 1774).

17. *The Works of the Late Professor Camper on the Connexion between the Science of Anatomy and the Arts of Drawing, Painting, Statuary, &c. &c. in Two Books*. Trad. de T. Cogon. Londres: C. Dilly, 1794.

18. Miriam Claude Meijer, *Race and Aesthetics in the Anthropology of Petrus Camper (1722-1789)*. Amsterdam: Lodopi, 1999.

19. Charles White, *An Account of the Regular Gradation in Man and in Different Animals and Vegetables* (Londres: C. Dilly, 1799).

20. Johann Friedrich Blumenbach, *The Anthropological Treatises*. Trad. e org. de Thomas Bendishe Londres: Anthropological Society, 1865.

21. Georges Cuvier, *Le Règne animal* (Paris: Deterville, 1817, 4 v.), sobretudo v. 1, pp. 94-9. Para a descrição da mulher hotentote exibida em Paris e examinada e autopsiada por Cuvier, ver Georges Cuvier e Geoffroy Saint-Hilaire, *Histoire naturelle des mammifères* (Paris: A. Balin, 1824-9), v. 1, pp. 1-7.

22. Jean-Baptiste Lamarck, *Philosophie zoologique* (Paris: Dentu, 1809, 2 v.), sobretudo v. 1, pp. ii-iv, viii, 5 (que indicava em itálico a *progressão* na composição da organização), 7-8, 89, 107, 113; v. 2, pp. 159, 252, 320, 341, 349. Para a primeira divulgação das suas ideias centrais, ver Jean-Baptiste Lamarck, *Recherches sur l'organisation des corps vivants* (Paris: Maillard, 1802). Aqui foi formulada a

noção de formas adquiridas, transmitidas sucessivamente de geração em geração. O interesse de Lamarck pelo ambiente natural — o autor sugeria que a origem da vida se encontrava no mar — levou ao início de estudos sobre a meteorologia. Sobre a semelhança entre as ideias de Lamarck e de Erasmus Darwin, ver Ludmilla Jordanova, *Lamarck* (Oxford: Oxford University Press, 1984).

23. Geoffroy Saint-Hilaire, *Cours d'histoire naturelle des mammifères* (Paris: Pichon et Didier, 1829); id., *Principes de philosophie zoologique* (Paris: Pichon et Didier, 1830); a referência a Lamarck está patente no título. Ver Toby A. Appel, *The Cuvier-Geoffroy Debate: French Biology in the Decades before Darwin* (Oxford: Oxford University Press, 1987).

24. Pietro Corsi, *The Age of Lamarck: Evolutionary Theories in France, 1790-1830*. Trad. de Jonathan Mandelbaum. ed. rev. Berkeley: University of California Press, 1988.

25. Étienne Serres, *Recherches d'anatomie transcendante et pathologique*. Paris: [s.n.], 1832; id., *Précis d'anatomie transcendante appliquée à la physiologie*. Paris: [s.n.], 1842.

26. Julien-Joseph Virey, *Histoire naturelle du genre humain* [1801]. ed. rev. reimp. Paris: Crochard, 1824.

27. Ibid., v.3, pp. 436-7.

28. Ibid., v. 2, p. 32.

29. Ibid., v. 2, pp. 2-20.

30. Ibid., v. 1, pp. 408-50.

31. Ibid., v. 1, pp. 28-39.

32. Claude Blanckaert, "J. L. Virey, observateur de l'homme". In: Claude Benichon e Claude Blanckaert (Orgs.), *Julien-Joseph Virey: Naturaliste et anthropologue*. Paris: Vrin, 1988, pp. 97-182.

33. Virey, *Histoire naturelle*, v. 1, pp. 298-9.

34. Ibid., v. 2, pp. 64-5, 106-7.

35. Blanckaert, "J. L. Virey, observateur de l'homme".

36. James Cowles Prichard, *Researches into the Physical History of Mankind*, 3. ed. ([S.l.]: Sherwood Gilbert and Piper, 1836-47, 5 v.); ver também a introdução da edição coordenada por George W. Stocking (Chicago: University of Chicago Press, 1973).

37. James Cowles Prichard, *Ethnographical Maps*. Londres: H. Bailliere, 1843.

38. Adrien Balbi, *Introduction à l'atlas ethnographique du globe*. Paris: Rey et Gravier, 1826.

39. Henry Home, Lord Kames, *Sketches of the History of Man*. Dublin: [s.n.], 1775, 4 v.

40. Hannah Franziska Augstein, *James Cowles Prichard's Anthropology: Remaking the Science of Man in Early Nineteenth-Century Britain*. Amsterdam: Rodopi, 1999.

41. Alexander von Humboldt, *Cosmos: A Sketch of the Physical Description of the Universe* [1848]. Trad. de E. C. Otte. Intr. de N. A. Rupke. reimp. Baltimore: Johns Hopkins University Press, 1997, v. 1, pp. 351-9.

16. RACIALISMO CIENTÍFICO [pp. 369-94]

1. Mike Rapport, *1848 Year of Revolution*. Londres: Little, Brown and Company, 2008; Jonathan Sperber, *The European Revolutions, 1848-1851*. Cambridge: Cambridge University Press, 1994.

2. Para uma reprodução da declaração dos direitos humanos e uma discussão dos seus limites e consequências, ver Lynn Hunt, *Inventing Human Rights: A History*. Nova York: W. W. Norton, 2007.

3. Documentos constitucionais dos Estados Unidos, disponíveis em: <http:// memory/loc. gov>. Acesso em: 20 jun. 2011.

4. Paul Spickard, *Almost All Aliens: Race and Colonialism in American History and Identity*. (Nova York: Routledge, 2007), cap. 3; David Brion Davis, *Inhuman Bondage: The Rise and Fall of Slavery in the New World* (Oxford: Oxford University Press, 2008), pp. 141-56, 175-204, 250-322. Leis e debates do Congresso entre 1774 e 1873, disponíveis em: <http:// memory.loc.gov/ammem/amlaw/lawhome/html>. Acesso em: 20 jun. 2011.

5. Christopher Bayly, *Recovering Liberties: Indian Thought in the Age of Liberalism and Empire*. Cambridge: Cambridge University Press, 2012.

6. Tony Ballantyne, *Orientalism and Race: Aryanism in the British Empire*. Houndmills: Palgrave, 2002.

7. Robert Knox, *The Races of Men: A Fragment*. Londres: Henry Renshaw, 1850.

8. Ibid., pp. 2, 6, 21, 26.

9. Ibid., p. 2.

10. Ibid., p. 69.

11. Ibid., pp. 56-7.

12. Ibid., p. 55.

13. Ibid., pp. 46-58.

14. Ibid., pp. 18, 26-7, 123, 140.

15. Ibid., pp. 48-9, 59.

16. Ibid., pp. 65-7, 89, 97, 114.

17. Ibid., p. 158.

18. Ibid., pp. 194-6.

19. Ibid., p. 157.

20. Ibid., p. 141.

21. Ibid., pp. 283-4.

22. Ibid., pp. 181-2.

23. Ibid., p. 222.

24. Ibid., p. 42.

25. Nancy Stepan, *The Idea of Race in Science: Great Britain, 1800-1960*. Londres: Macmillan, 1982.

26. Catherine Hall, *White, Male, and Middle Class*. Cambridge: Polity, 1992; id., "The Nation Within and Without". In: Catherine Hall, Keith McClelland e Jane Rendall (Orgs.), *Defining the Victorian Nation: Class, Race, Gender, and the Reform Act of 1867*. Cambridge: Cambridge University Press, 2000; id., *Civilizing Subjects: Metropole and Colony in the English Imagination, 1830-1867*. Cambridge: Polity, 2002; Robert Young, *Colonial Desire: Hybridity in Theory, Culture, and Race*. Londres: Routledge, 1995.

27. Peter Mandler, "The Problem with Cultural History", *Cultural and Social History*, v. 1, n. 1, pp. 94-117, 2004; ver também id., "'Race' and 'Nation' in Mid-Victorian Thought", em Stefan Collini, Richard Whatmore e Brian Young (Orgs.), *History, Religion, and Culture: British Intellectual History, 1750-1950*. Cambridge: Cambridge University Press, 2000, pp. 94-117.

28. Sadiah Qureshi, "Robert Gordon Latham, Displayed Peoples, and the Natural History of Race, 1854-1866", *Historical Journal*, v. 54, n. 1, pp. 143-66, mar. 2011.

29. Robert G. Latham, *The Ethnology of the British Islands* (Londres: John Van Voorst, 1852), pp. 259-60.

30. Arthur de Gobineau, *Essai sur l'inégalité des races humaines* [1853-5]. In: Arthur de Gobineau, *Œuvres*. Org. de Jean Gaulmier e Jean Boissel. Paris: Gallimard, 1983, v. 1, pp. 133-1174 (texto), 1216-471 (notas críticas). Traduzi as citações.

31. Gobineau, *Œuvres*, v. 1, p. 195.

32. Ibid., v. 1, pp. 179, 237, 632, 964, 1013, 1134.

33. Ibid., v. 1, p. 313.

34. Ibid., v. 1, p. 175.

35. Alexis de Tocqueville, *Lettres Choisies: Souvenirs, 1814-1859*, org. de Françoise Mélonio e Laurence Guellec (Paris: Gallimard, 2003), pp. 1088-96. Ver sobretudo a carta a Gobineau escrita em 17 nov. 1853.

36. Gobineau, *Œuvres*, v. 1, p. 347.

37. Ibid., v. 1, pp. 198-211.

38. Ibid., v. 1, pp. 1164-5.

39. Ibid., v. 1, pp. 248-55, 622.

40. Ibid., v. 1, pp. 252-5, 275-80.

41. Ibid., v. 1, pp. 242-7.

42. Ibid., v. 1, p. 312.

43. Ibid., v. 1, p. 268.

44. Ibid., v. 1, pp. 286-7.

45. Ibid., v. 1, pp. 288-97.

46. Ibid., v. 1, pp. 343-4.

47. Ibid., v. 1, pp. 306-7.

48. Ibid., v. 1, pp. 339-40.

49. Ibid., v. 1, pp. 341-2.

50. Ibid., v. 1, pp. 622, 725.

51. Ibid., v. 1, pp. 345, 488, 561, 613.

52. Ibid., v. 1, pp. 980-1016, 671-6.

53. Ibid., v. 1, p. 699.

54. Ibid., v. 1, p. 1041.

55. Ibid., v. 1, p. 1058.

56. Ibid., v. 1, p. 473.

57. Ibid., v. 1, p. 711.

58. Ibid., v. 1, p. 430.

59. Ibid., v. 1, p. 602.

60. Samuel George Morton, *Crania Americana* [1839] [and] *Crania Aegyptiaca* [1844]. Intr. de Robert Bernaconi. reimp. Bristol: Thoemmes, 2002, pp. 67, 90.

61. Sobre a demolição dos métodos de Morton, ver Stephen Jay Gould, *The Mismeasure of Men* (Nova York: W. W. Norton, 1996), cap. 3.

62. Morton, *Crania Americana* [and] *Crania Aegyptiaca*, pp. 1-3.

63. Ibid., p. 55 (no segundo texto).

64. Para uma análise desse fenômeno, ver George M. Frederickson, *The Black Image in the White Mind: The Debate on Afro-American Character and Destiny, 1817-1914*, ed. rev. (Hanover, NH: Wesleyan University Press, 1981), cap. 3.

65. John Campbell, *Negro-Mania: Being an Examination of the Falsely Assumed Equality of the Various Races of Men*. Filadélfia: Campbell and Power, 1851; Charles Hamilton Smith, *The Natural History of the Human Species, Its Typical Forms, Primeval Distribution, Filiations, and Migrations*. Edimburgo: [s.n.], 1848.

66. Josiah Clark Nott e George Robins Gliddon (Orgs.), *Types of Mankind* (Filadélfia: Lippincott, Grambo and Co., 1854); ver também o desenvolvimento dessa linha de pensamento em Josiah Clark Nott e George Robins Gliddon (Orgs.), *Indigenous Races of the Earth, or New Chapters of Ethnological Enquiry* (Filadélfia: J. B. Lippincott and Co., 1857). Burke publicou dez números do *Ethnological Journal* em 1848-9, em Londres, com o subtítulo revelador *A Magazine of Ethnography, Phrenology, and Archaeology, Considered as the Elements of the Science of Races, with the Application of This Science to Education, Legislation, and Social Progress*.

67. Louis Agassiz, *An Essay on Classification*, org. de Edward Lurie (1857; reimp. Cambridge, MA: Belknap, 1962); ver também a edição organizada por John M. Lynch (Bristol: Thoemmes, 2003).

68. Professor e sra. Louis Agassiz, *A Journey in Brazil*. Boston: Ticknor and Fields, 1868, pp. 129, 246, 260, 292, 296-8.

69. Joel Williamson, *The Crucible of Race: Black-White Relations in the American South since Emancipation*. Oxford: Oxford University Press, 1984.

70. Ver Urs App, *The Birth of Orientalism* (Filadélfia: University of Pennsylvania Press, 2010).

71. Giovanni-Paolo Marana, *L'Espion turc dans les cours des princes chrétiens*, org. de Françoise Jackson (1684-88; reimp. Paris: Coda, 2009), pp. 452-4. O livro obteve um êxito extraordinário, com edições sucessivas e traduções em inglês, italiano e alemão; inspirou Montesquieu a escrever *Lettres Persanes*.

72. John Zephaniah Holwell, *Interesting Historical Events to the Province of Bengal and the Empire of Hindostan*. Londres: T. Becket and P. A. de Hondt, 1765; Anquetil-Duperron, *Zend-Avesta*. Paris: N. Tilliard, 1771, 3 v.; Charles Wilkins, *Bhagvad-Geeta*. Londres: [s.n.], 1785; William Jones, *Institutes of Indian Law*. Calcutá: [s.n.], 1796.

73. Friedrich Max Müller, *Rig-Veda Sanhita, the Sacred Hymns of the Brahmans*. Londres: [s.n.], 1849-74.

74. Voltaire, *Essai sur l'histoire générale et les moeurs et l'esprit des nations*. In: *Œuvres Complètes*. Genebra: Frères Cramer, 1756, v. 11-7.

75. Thomas R. Trautmann. *Aryans and British India*. Berkeley: University of California Press, 1997.

76. Tony Ballantine, *Orientalism and Race: Aryanism and the British Empire*. Houndmills: Palgrave, 2002.

77. Léon Poliakov, *The Aryan Myth: A History of Racist and Nationalist Ideas in Europe*. Trad. de Edward Howard. Londres: Chatto and Windus, 1974.

78. William Z. Ripley, *The Races of Europe: A Sociological Study*. Londres: Kegan Paul, 1899.

17. DARWIN E A EVOLUÇÃO SOCIAL [pp. 395-418]

1. Bouda Etemad, *La Possession du monde: Poids et mesures de la colonisation*. Bruxelas: Complexe, 2000, p. 172.

2. Erasmus Darwin, *The Collected Writings*. Org. de Martin Priestman. Bristol: Thoemmes, 2004, 9 v.

3. Janet Browne, *Charles Darwin*. Londres: Jonathan Cape, 1995-2002, 2 v.; Charles Darwin, *Evolutionary Writings*. Org. e intr. de James A. Secord. Oxford: Oxford University Press, 2008.

4. Charles Darwin, *Voyage of the Beagle*, org. de Janet Browne e Michael Neve, 1. ed. resumida (1839; reimp. Londres: Penguin, 1989), p. 172. Também citarei a edição de James Secord de escritos selecionados, que se serviu da importante segunda edição da *Viagem*, publicada em 1845.

5. Darwin, *Evolutionary Writings*, p. 24.

6. Ibid., p. 25.

7. Ibid., p. 23.

8. Ibid., pp. 28-36.

9. Thomas Robert Malthus, *An Essay on the Principle of Population* [1798]. Intr. de Donald Winch. Org. de Patricia James. reimp. Cambridge: Cambridge University Press, 1992, pp. 56-7, 61-3, 66-7, 72-3, 226, 331 (a principal associação à reflexão de Darwin), 343-5.

10. Darwin, *Evolutionary Writings*, pp. 37-8.

11. Id., *Journal of Researches into the Natural History and Geology of the Countries Visited during the Voyage of H. M. S. Beagle* [1839]. Org. de R. D. Keynes. reimp. Londres: Folio Society, 2003, pp. 403-4, 417-9, 432-3, 445-50.

12. J. C. Beaglehole (Org.), *The Journals of Captain James Cook on His Voyages of Discovery*. Londres: Hakluyt Society, 1955-74, 5 v.

13. Darwin, *Evolutionary Writings*, pp. 88-9.

14. James A. Secord, *Victorian Sensation: The Extraordinary Publication, Reception, and Secret Authorship of the Vestiges of the Natural History of Creation*. Chicago: University of Chicago Press, 2000.

15. Charles Lyell, *Principles of Geology* [1831]. Org. de James A. Secord. reimp. Londres: Penguin, 1997.

16. Malthus, *An Essay on the Principle of Population*.

17. Charles Darwin, *On the Origin of Species by Means of Natural Selection, or the Preservation of Favoured Races in the Struggle for Life* [1859]. Org. de J. Endersby. reimp. Cambridge: Cambridge University Press, 2009, pp. 9-13.

18. Ibid., p. 372. Ver sobretudo pp. 55-165, 318-76 (citação do último capítulo).

19. Thomas Henry Huxley, *Evidence as to Man's Place in Nature*. Londres: Williams and Norgate, 1863.

20. Darwin, *On the Origin of Species*, pp. 354-76.

21. Id., *The Descent of Man, and Selection in Relation to Sex* [1871]. Org. e intr. de James Moore e Adrian Desmond. reimp. Londres: Penguin, 2004.

22. Ibid., pp. 74, 86.

23. James Moore e Adrian Desmond, introdução a *The Descent of Man, and Selection in Relation to Sex*, de Charles Darwin. Londres: Penguin, 2004; Adrian Desmond e James Moore, *Darwin's Sacred Cause: Race, Slavery, and the Quest for Human Origins*. Londres: Allen Lane, 2009.

24. Darwin, *The Descent of Man*, p. 144; William Edward Hartpole Lecky, *History of European Morals*, Londres: Longmans, 1869, 2 v. (a passagem relevante está em ibid., v. 1, p. 124).

25. Darwin, *The Descent of Man*, p. 159.

26. Ibid., pp. 167-8.

27. Edward Burnett Tylor, *Researches into the Early History of Mankind and Development of Civilization*. Londres: John Murray, 1865.

28. Darwin, *The Descent of Man*, pp. 171-2.

29. Ibid., pp. 194-240.

30. Ibid., pp. 213-21.

31. Ibid., p. 222. Broca, contudo, defendia as características distintivas dos judeus.

32. Darwin, *Evolutionary Writings*, p. 222 (organizado com seções úteis de respostas e comentários).

33. Auguste Comte, *Cours de philosophie positive* [1830-42]. 3. ed reimp. Paris: J. B. Baillière, 1869, 6 v. A citação relevante está em ibid., v. 5, p. 7.

34. Karl Marx e Friedrich Engels, *The Communist Manifesto* [1848]. Trad. de David Aaronovitch. reimp. Londres: Vintage, 2010; Karl Marx, *Early Writings*. Trad. e org. de B. T. Bottomore. Londres: Watts, 1963; id., *A Contribution to the Critique of Political Economy* [1859]. Trad. de S. W. Ryazanskaya. reimp. Londres: Lawrence and Wishart, 1971; id., *Capital: A Critique of Capitalist Production* [1867-94]. Org. de Friedrich Engels (v. 2-3). Trad. de Samuel Moore e Edward Aveling. reimp. Londres: Lawrence and Wishart, 1955-9, 3 v.

35. Paul Crook, *Darwin's Coat-Tails: Essays on Social Darwinism*. Nova York: Peter Lang, 2007.

36. Richard Hofstadter, *Social Darwinism in American Thought, 1860-1915*. Filadélfia: University of Pennsylvania Press, 1944.

37. Robert M. Young, "Darwinism Is Social". In: David Kohn (Org.), *The Darwinian Heritage: Charles Darwin Centenary Conference*. Princeton: Princeton University Press, 1985, pp. 609-38.

38. Mike Hawkins, *Social Darwinism in European and American Thought, 1860-1945: Nature as Model and Nature as Threat*. Cambridge: Cambridge University Press, 1997.

39. Linda L. Clark, *Social Darwinism in France*. Tuscaloosa: University of Alabama Press, 1984; Jean-Marc Bernardini, *Le Darwinisme social en France (1859-1918): Fascination et rejet d'une idéologie*. Paris: CNRS, 1997.

40. Herbert Spencer, *On Social Evolution*. Org. de J. D. Y. Peel. Chicago: University of Chicago Press, 1972.

41. Id., *The Principles of Sociology* (Londres: Williams and Norgate, 1876-96, 3 v.); a referência relevante, sobre "homens primitivos", está em ibid., v. 1, parte I.

42. Tylor, *Researches into the Early History of Mankind*, pp. 232, 234.

43. Herbert Spencer (Org.), *Descriptive Sociology or Groups of Sociological Facts*. Londres: William and Norgate, 1873-81, 3 v.

44. Id., *The Principles of Sociology*, v. 1, parte II.

45. Benjamin Kidd, *Social Evolution*. Londres: Macmillan, 1894.

46. Ibid., p. 56.

47. Ibid., p. 58.

48. Era o título de um ensaio: William Graham Sumner, *The Conquest of the United States by Spain and Other Essays*, org. e intr. de Murray Polner (Chicago: Henry Regnery, 1965).

49. William Graham Sumner, *Folkways: A Study of the Sociological Importance of Usages, Manners, Customs, Mores, and Morals*. Boston: Ginn, 1906.

50. Id., *Essays*. Org. de Albert Galloway Keller e Maurice R. Davie. New Haven: Yale University Press, 1934, 2 v.

51. É aqui que discordo da visão linear e esquemática de Claude Lévi-Strauss, *L'Anthropologie face aux problèmes du monde moderne* (1986; reimp. Paris: Seuil, 2011), pp. 107-8.

52. G. Vacher de Lapouge, *L'Aryen: Son rôle social*. Paris: Albert Fontenoing, 1899.

53. William Z. Ripley, *The Races of Europe: A Sociological Study*. Londres: Kegan Paul, 1899.

54. Madison Grant, *The Passing of the Great Race or the Racial Basis of European History*. Londres: G. Bell and Sons, 1917; id., *The Conquest of a Continent or the Expansion of Races in America*. Nova York: C. Scribner's Sons, 1933.

55. Lothrop Stoddard, *The Rising Tide of Color against White World-Supremacy*. Intr. de Madison Grant. Nova York: C. Scribner's Sons, 1920.

56. Jonathan Peter Spiro, *Defending the Master Race: Conservation, Eugenics, and the Legacy of Madison Grant*. Burlington: University of Vermont Press, 2009, pp. xi-xii.

57. Nicolas Bancel, Pascal Blanchard, Gilles Boetsch, Eric Deroo e Sandrine Lemaire, *Zoos humains: Au temps des exhibitions humaines*. Paris: La Découverte, 2002.

PARTE V: NACIONALISMO E MAIS ALÉM [pp. 419-21]

1. Michael Mann, *The Dark Side of Democracy: Explaining Ethnic Cleansing*. Cambridge: Cambridge University Press, 2005.

18. O IMPACTO DO NACIONALISMO [pp. 422-56]

1. Miroslav Hroch, *Comparative Studies in Modern European History: Nation, Nationalism, Social Change*. Aldershot: Ashgate, 2007; id., *Social Preconditions of National Revival in Europe: A Comparative Analysis of the Social Composition of Patriotic Groups among the Smaller European Nations*. Trad. de Ben Fowkes. Cambridge: Cambridge University Press, 1985.

2. Sobre o caso infame da conversão forçada e rapto do menino Edgardo Mortara em 1858, com intervenção direta da Inquisição romana e do Vaticano, ver David I. Kertzer, *The Kidnapping of Edgardo Mortara* (Nova York: Alfred A. Knopf, 1997).

3. Christopher Clark, *Iron Kingdom: The Rise and Downfall of Prussia, 1600-1947*. Londres: Allen Lane, 2006; Jonathan Steinberg, *Bismarck: A Life*. Oxford: Oxford University Press, 2011.

4. John W. Mason, *The Dissolution of the Austro-Hungarian Empire, 1867-1918*. 2. ed. Londres: Longman, 1997.

5. Achilles Kallos, *The Balkan Wars of Independence, 1821-1922: A Military and Political History*. Londres: Athena, 2006; Misha Glenny, *The Balkans, 1804-1999: Nationalism, War, and the Great Powers*. Londres: Granta, 1999.

6. Donald Quataert, "Population". In: Halil Inalcik e Donald Quataert (Orgs.), *An Economic and Social History of the Ottoman Empire*. Cambridge: Cambridge University Press, 1994, v. 2, pp. 777-97.

7. Ernest Gellner, *Nations and Nationalism* (Oxford: Blackwell, 1983); Eric J. Hobsbawm, *Nations and Nationalism since 1780* (Cambridge: Cambridge University Press, 1990). Para uma visão comedida sobre essa abordagem, que deve ser tratada com cautela quanto ao momento e ao local, ver

Anthony D. Smith, *The Ethnic Origins of Nations* (Oxford: Blackwell, 1986). Nenhum dos autores introduz a construção racial no debate, à exceção de uma sugestão por parte de Hobsbawm. Hroch (*Social Preconditions*) analisa os antecedentes sociais e nacionais de casos específicos.

8. Reşat Kasaba (Org.), *The Cambridge History of Turkey*. Cambridge: Cambridge University Press, 2006. v. 4: *Turkey in the Modern World*.

9. Ronald Grigor Suni (Org.), *The Cambridge History of Russia*. Cambridge: Cambridge University Press, 2006. v. 3: *The Twentieth Century*.

10. Sebastian Conrad, *Globalization and the Nation in Imperial Germany*. Trad. de Sorcha O'Hagan. Cambridge: Cambridge University Press, 2010.

11. Jonathan M. Hess, *Germans, Jews, and the Claims of Modernity*. New Haven: Yale University Press, 2002; Ronald Schechter, *Obstinate Jews: Representations of Jews in France, 1715-1815*. Berkeley: University of California Press, 2003.

12. Hans Rogger, "Conclusions and Overview". In: John D. Klier e Shlomo Lambroza (Orgs.), *Pogroms: Anti-Jewish Violence in Modern Russian History*. Cambridge: Cambridge University Press, 1992, pp. 314-72; Léon Poliakov, *The History of Anti-Semitism*. Trad. de Miriam Kocham. Filadélfia: University of Philadelphia Press, 2003, v. 3-4.

13. John D. Klier e Shlomo Lambroza (Orgs.), *Pogroms: Anti-Jewish Violence in Modern Russian History*. Cambridge: Cambridge University Press, 1992.

14. Peter Kenez, "Pogrom and White Ideology in the Russian Civil War". In: John D. Klier e Shlomo Lambroza (Orgs.), *Pogroms: Anti-Jewish Violence in Modern Russian History*. Cambridge: Cambridge University Press, 1992, pp. 293-313.

15. Quataert, "Population".

16. Raymond Kevorkian, *The Armenian Genocide: A Complete History*. Londres: I. B. Taurus, 2011.

17. Donald Bloxham, *Genocide, the World Wars, and the Unweaving of Europe*. Edgware: Valentine Mitchell, 2008.

18. David McDowall, *A Modern History of the Kurds*. Londres: I. B. Taurus, 1996.

19. Arnold Toynbee, *Turkey*. Londres: Ernest Benn, 1926.

20. *Ambassador Morgenthau's Story* [1918]. Intr. de Ara Sarafian. reimp. Princeton: Gomidas Institute, 2000, p. 94.

21. Vahakn N. Dadrian, *German Responsibility in the Armenian Genocide: A Revision of Historical Evidence of German Complicity*. Cambridge, MA: Blue Crane, 1996.

22. Ruth Harris, *The Man on Devil's Island: Alfred Dreyfus and the Affair That Divided France*. Londres: Penguin Books, 2010.

23. Wilhelm Marr, *Der Sieg des Judenthums über das Germanenthum*. Berna: Rudolph Costenoble, 1879.

24. Richard J. Evans, *The Coming of the Third Reich*. Londres: Allen Lane, 2003.

25. Ludwig Woltmann, *Der Historische Materialismus: Dartstellung und Kritik der Materialistischen Weltanschaung*. Düsseldorf: Hermann Michel, 1900; Ludwig Woltmann, *Politische Anthropologie*. Jena: Eugen Diederichs, 1903.

26. Houston Stewart Chamberlain, *The Foundations of the Nineteenth Century*. Trad. de John Lees. Londres: John Lane, 1911, 2 v.

27. Ibid., v. 1, pp. xciii, 578.

28. Ibid., v. 1, pp. lxv-lxvi.

29. Ibid., v. 1, pp. 389-90.

30. Ibid., v. 1, pp. 405, 483, 490-1.

31. Ibid., v. 1, p. 492.

32. Ibid., v. 1, p. 332.

33. Ibid., v. 1, p. xciv.

34. Ibid., v. 1, p. 336.

35. Ibid., v. 1, pp. 421-2, 425, 434.

36. Ibid., v. 1, pp. 351-2.

37. Disponível em: <http://www.ewtn.com/library/PAPALDOC/P9SILL/HTM>. Acesso em: 20 set. 2011.

38. Karl Vogt, *Lectures on Man: His Place in Creation and in the History of Earth*. Org. de J. Hunt. Londres: Longman, Green and Roberts for the Anthropological Society, 1864.

39. Chamberlain, *The Foundations of the Nineteenth Century*, v. 2, pp. 218, 377.

40. Adolf Hitler, *Mein Kampf* [1925]. Trad. de James Murphy. Londres: Hutchinson, 1939.

41. Ibid., p. 270.

42. Ibid., p. 113.

43. Ibid., p. 114.

44. Ibid., pp. 60, 205-6, 273.

45. Id., *My New Order* [1941]. Org. de Raoul de Roussy de Sales. Nova York: Octogon, 1973, p. 17.

46. Id., *Mein Kampf*, pp. 77-8, 89.

47. Ibid., pp. 66, 80.

48. Ibid., p. 84.

49. Ibid., p. 98.

50. Ibid., p. 118.

51. Ibid., p. 128.

52. Ibid., p. 145.

53. Léon Poliakov, *The Aryan Myth: A History of Racist and Nationalist Ideas in Europe*. Trad. de Edward Howard. Londres: Heinemann, 1974, p. 267.

54. Hitler, *Mein Kampf*, p. 288.

55. Ibid., p. 580.

56. Ibid., p. 162.

57. Ibid., p. 249.

58. Michael Burleigh e Wolfgang Lieppermann, *The Racial State: Germany, 1933-1945*. Cambridge: Cambridge University Press, 1991; Peter Longerich, *Holocaust: The Nazi Persecution and Murder of the Jews*. Oxford: Oxford University Press, 2010.

59. Leni Yahil, *The Holocaust: The Fate of European Jewry, 1932-1945*. Trad. de Ina Friedman e Haya Galai. Oxford: Oxford University Press, 1990.

60. Para uma reprodução da principal legislação, ver Helmut Walser Smith (Org.), *The Holocaust and Other Genocides: History, Representation, Ethics* (Nashville: Vanderbilt University Press, 2002), pp. 20-3.

61. Ritchie Robertson, "Varieties of Anti-Semitism from Herder to Fassbinder". In: Edward Timms e Andrea Hammel (Orgs.), *The German-Jewish Dilemma from the Enlightenment to the Shoah*.

Lewiston, ME: Edwin Mellen, 1999, pp. 107-21; Claudio Pogliano, *L'ossessione della razza: Antropologia e genetica nel XX secolo*. Pisa: Edizioni della Normale, 2005, pp. 85-144.

62. Ver Yahil, *The Holocaust*; Longerich, *Holocaust*.

63. Jonathan Steinberg, *All or Nothing: The Axis and the Holocaust, 1941-1943*. 2. ed. Londres: Routledge, 2002.

64. Smith, *The Holocaust*, p. 41.

65. David Bankier e Israel Gutman (Orgs.), *Nazi Europe and the Final Solution*. Jerusalém: International Institute for Holocaust Research, 2003.

66. Yahil, *The Holocaust*.

67. Guenter Lewy, *The Nazi Persecution of the Gypsies*. Oxford: Oxford University Press, 2000.

68. Sobre o impacto extraordinário da eugenia, ver Alison Bashford e Philippa Levine (Orgs.), *The Oxford Handbook of the History of Eugenics* (Oxford: Oxford University Press, 2010).

69. Yahil, *The Holocaust*.

70. Norman Cameron e Ribb Steven (Trads.), *Hitler's Table Talk, 1941-1945*. Intr. de Hugh Trevor-Roper. Londres: Weidenfeld and Nicholas, 1953, pp. 33-5.

71. Ibid., pp. 75, 87.

72. R. H. Stevens (Trad.), *The Testament of Adolf Hitler: The Hitler-Bormann Documents*. Londres: Cassell, 1960, p. 44.

73. Ibid., p. 45

74. Ibid., p. 56.

75. Ibid., p. 52.

76. Ibid., pp. 53-4.

77. Ver Joshua Goode, *Defining Race in Spain, 1870-1930* (Baton Rouge: Louisiana State University Press, 2009); Gonzalo Álvarez Chillida, *El anti-semitismo en España: La imagen del judío* (Madri: Marcial Pons, 2002); Joseph Pérez, *Los judíos en España* (Madri: Marcial Pons, 2005).

78. Jaime de Andrade [Francisco Franco], *Raza: Anecdotario para el guión de una película*. Madri: Delegación Nacional de Propaganda, 1942.

79. Irene Flunser Pimentel, *Judeus em Portugal durante a Segunda Guerra Mundial: Em fuga de Hitler e do Holocausto*. Lisboa: Esfera dos Livros, 2006.

80. Stevens, *The Testament of Adolf Hitler*, p. 47.

81. José Ortega y Gasset, *España invertebrada: Bosquejo de algunos pensamientos históricos*. Madri: Calpe, 1921.

82. Patrícia Ferraz de Matos, *As cores do Império: Representações raciais no Império Colonial Português*. Lisboa: Instituto de Ciências Sociais, 2006.

19. COMPARAÇÕES GLOBAIS [pp. 457-95]

1. Donald Bloxham, *Genocide, the World Wars, and the Unweaving of Europe*. Edgware: Valentine Mitchell, 2008.

2. Speros Vryonis, *The Mechanism of Catastrophe: The Turkish Pogrom of September 6-7, 1955, and the Destruction of the Greek Community of Istanbul*. Nova York: Greekworks, 2005.

3. Vasily Grossman, *Life and Fate*. Trad. de Robert Chandler. Londres: Vintage, 2007.

4. Pavel Polian, *Against Their Will: The History and Geography of Forced Migrations in the USSR*. Nova York: Central European Press, 2004.

5. Adam Tooze, *Wages of Destruction: The Making and Breaking of the Nazi Economy*. Nova York: Viking Press, 2007.

6. Seymour Drescher, *Abolition: A History of Slavery and Antislavery*. Cambridge: Cambridge University Press, 2009, pp. 415-56.

7. Ian Kershaw, *The End: Hitler's Germany, 1944-45*. Londres: Allen Lane, 2011.

8. José Bengoa, *Historia del pueblo Mapuche*. 6. ed. Santiago: LOM, 2000; Isabel Hernández, *Autonomía o ciudadanía incompleta: El pueblo Mapuche en Chile y Argentina*. Santiago: Pehuen, 2003.

9. Disponível em: <http://www.funai.gov.br>. Acesso em: 10 set. 2011.

10. William C. Sturtevant (Org.), *Handbook of North American Indians*. Washington, DC: Smithsonian Institution, 1988, 4 v.; Wilcomb E. Washburn (Org.), *History of Indian-White Relations*. Washington, DC: Smithsonian Institution, 1988.

11. Disponível em: <http://www.census.gov>. Acesso em: 20 set. 2011.

12. Disponível em: <http://www.bia.gov>. Acesso em: 10 set. 2011.

13. Washburn, *History of Indian-White Relations*, sobretudo os capítulos a respeito de status legal, agências governamentais, movimentos pelos direitos e educação; Frederick E. Hoxie, "The Reservation Period, 1880-1960", em Bruce G. Trigger e Wilcomb E. Washburn (Orgs.), *The Cambridge History of the Native Peoples of the Americas*, v. 1, parte 2, *North America*, org. de Bruce G. Trigger e Wilcomb E. Washburn (Cambridge: Cambridge University Press, 1996), pp. 183-258.

14. Disponível em: <http://www.Censo2010.ibge.gov.br>. Acesso em: 10 set. 2011.

15. Murdo J. MacLeod, "Mesoamerica since the Spanish Invasion: An Overview". In: *The Cambridge History of the Native Peoples of the Americas*. Cambridge: Cambridge University Press, 2000, v. 2, parte 2, *Meso-America*, org. de Richard E. W. Adams e Murdo J. McLeod, pp. 1-43; David-Maybury Lewis, "Lowland Peoples of the Twentieth Century". In: *The Cambridge History of the Native Peoples of the Americas*. Cambridge: Cambridge University Press, 1999, v. 3, parte 2, *South America*, org. de Franck Solomon e Stuart Schwartz, pp. 872-948.

16. Disponível em: <http://www.law.cornell.edu/wex/civil_rights>. Acesso em: 10 set. 2011.

17. Isso é apenas um resumo esquemático de uma realidade muito mais complexa. Ver Joel Williamson, *The Crucible of Race: Black-White Relations in the American South since Emancipation* (Oxford: Oxford University Press, 1984); Barbara Young Welke, *Law and the Borders of Belonging in the Long Nineteenth Century United States* (Cambridge: Cambridge University Press, 2010).

18. Leon F. Litwack, "Hellhounds". In: James Allen (Org.), *Without Sanctuary: Lynching Photography in America*. (Santa Fe, NM: Twin Palms, 2008), pp. 8-37.

19. Amy Louise Wood, "Lynching Photography and the Visual Reproduction of White Supremacy". In: William D. Carrigan (Org.), *Lynching Reconsidered: New Perspectives in the Study of Mob Violence*. Londres: Routledge, 2008, pp. 147-73.

20. Litwack, "Hellhounds"; ver também Christopher Waldrep (Org.), *Lynching in America: A History in Documents* (Nova York: New York University Press, 2006).

21. Disponível em: <http://www.law.cornell.edu/wex/civil_rights>. Acesso em: 10 set. 2011.

22. Sobre a importância dos sentimentos e das crenças na raça, ver Sarah Daynes e Orville Lee, *Desire for Race* (Cambridge: Cambridge University Press, 2008).

23. José Vasconcelos, *La raza cósmica: Misión de la raza iberoamericana; Notes de viajes a la América del Sur* (Barcelona: [s.n.], 1929). Para a edição bilíngue inglesa, ver José Vasconcelos, *The Cosmic Race*, trad. de Didier T. Jaen (Los Angeles: California State University, 1979).

24. Gilberto Freyre, *Casa-grande e senzala: Formação da família brasileira sob o regime de economia patriarcal* (Rio de Janeiro: Maya e Schmidt, 1993). Para a edição inglesa, ver Gilberto Freyre, *The Masters and the Slaves: A Study in the Development of the Brazilian Civilization*, trad. de Samuel Putnam (Nova York: Alfred A. Knopf, 1946).

25. Maria Lúcia Garcia Pallares-Burke, *Gilberto Freyre: Um vitoriano nos Trópicos*. São Paulo: Unesp, 2005.

26. Marvin Harris, *Town and Country in Brazil*. Nova York: Columbia University Press, 1956; Fernando Henrique Cardoso e Octávio Ianni, *Cor e mobilidade social em Florianópolis: Aspectos das relações entre negros e brancos numa comunidade do Brasil Meridional*. São Paulo: Editora Nacional, 1960; Fernando Henrique Cardoso, *Capitalismo e escravidão no Brasil meridional: O negro na sociedade escravocrata do Rio Grande do Sul*. São Paulo: Difusão Europeia do Livro, 1962; Octávio Ianni, *As metamorfoses do escravo: Apogeu e crise da escravatura no Brasil meridional*. São Paulo: Difusão Europeia do Livro, 1962.

27. Antonio Sérgio Guimarães, *Racismo e anti-racismo no Brasil*. São Paulo: Fusp, 1999; id., *Classes, Raças e Democracia* (São Paulo: Fusp, 2002).

28. Bruce S. Hall, *A History of Race in Muslim West Africa, 1600-1960*. Cambridge: Cambridge University Press, 2011.

29. Michel Leiris, *L'Afrique fantôme* [1934]. In: Jean Jamin (Org.), *Miroir d'Afrique*. Paris: Gallimard, 1996, pp. 61-869 (com correspondência contemporânea do autor).

30. Jan Bart Gewald, "Herero Genocide in the Twentieth Century: Politics and Memory". In: Jon Abbink, Minja de Bruijn e Klaas van Walraven (Orgs.), *Rethinking Resistance: Revolt and Violence in Africa*. Leiden: Brill, 2003, pp. 279-304; Henrik Lundtofte, "'I Believe That the Nation as Such Must Be Annihilated' [...] Radicalisation of the German Suppression of the Herero Rising in 1904". In: Steven L. B. Jensen (Org.), *Genocide: Cases, Comparisons, and Contemporary Debates*. Copenhague: Centro Dinamarquês para o Estudo do Holocausto e do Genocídio, 2003, pp. 15-53; Sebastian Conrad, *German Colonialism: A Short History*. Trad. de Sorcha O'Hagan. Cambridge: Cambridge University Press, 2010.

31. Convenção para a Prevenção e Repressão do Crime de Genocídio, Resolução 260(III)A, Assembleia Geral da ONU, 9 dez. 1948. Disponível em: <http://www.hrweb.org/legal/genocide.hmt>. Acesso em: 20 set. 2011.

32. Carolyn Hamilton, Bernard K. Mbenga e Robert Ross (Orgs.), *The Cambridge History of South Africa*. Cambridge: Cambridge University Press, 2010-1, v. 1, *From Early Times to 1885.*; Robert Ross, Anne Kelk Mager e Bill Nason (Orgs.), *The Cambridge History of South Africa*. Cambridge: Cambridge University Press, 2010-11, v. 2, *1885-1994.*

33. George M. Fredrickson, *White Supremacy: A Comparative Study in American and South African History*. Oxford: Oxford University Press, 1981.

34. Paul Maylam, *South Africa's Racial Past: The History and Historiography of Racism, Segregation, and Apartheid*. Aldershot: Ashgate, 2001; Sampie Terreblanche, *A History of Inequality in South Africa, 1652-2002*. Pietermaritzburg: University of Natal Press, 2002.

35. Helmut Walser Smith (Org.), *The Holocaust and Other Genocides: History, Representation, Ethics* (Nashville: Vanderbilt University Press, 2002), pp. 201-2; Alison Des Forges, *Leave None to Tell the Story: Genocide in Rwanda* (Nova York: Human Rights Watch, 1999). A visão do legado colonial expressa por Mahmood Mamdani em *When Victims Become Killers: Colonialism, Nativism, and the Genocide in Rwanda* (Princeton: Princeton University Press, 2002) foi contestada em Hall, *A History of Race in Muslim West Africa*, pp. 1-3.

36. Ver Frank Dikotter, *The Discourse of Race in Modern China* (Londres: Hurst and Co., 1992). Para os parágrafos seguintes, ver também Frank Dikotter (Org.), *The Construction of Racial Identities in China and Japan* (Londres: Hurst and Co., 1997).

37. Para vários exemplos dessa poesia antiga, ver Victor H. Mair (Org.), *The Columbia Anthology of Traditional Chinese Literature* (Nova York: Columbia University Press, 1994), pp. 450, 483, 630.

38. Blaine Kaltman, *Under the Heel of the Dragon: Islam, Racism, Crime, and the Uighur in China*. Athens: Ohio University Press, 2007; Gardner Bovingdon, *The Uyghurs: Strangers in Their Own Land*. Nova York: Columbia University Press, 2010.

39. Chi-yu Shih, *Negotiating Ethnicity in China: Citizenship as a Response to the State*. Londres: Routledge, 2002.

40. Françoise Grenot-Wang, *Chine du Sud: La mosaïque des minorités*. Paris: Les Indes Savantes, 2005.

41. Nicole Constable (Org.), *Guest People: Hakka Identity in China and Abroad*. Seattle: University of Washington Press, 1996.

42. Michael Weiner, "The Invention of Identity: Race and Nation in Pre-War Japan". In: Frank Dikotter (Org.), *The Construction of Racial Identities in China and Japan*, pp. 96-117, sobretudo 108.

43. Michael Weiner (Org.), *Japan's Minorities: The Illusion of Homogeneity*. Londres: Routledge, 1997.

44. Richard Siddle, *Race, Resistance, and the Ainu of Japan*. Londres: Routledge, 1996.

45. Naoko Shimazu, *Japan, Race, and Equality: The Racial Equality Proposal of 1919*. Londres: Routledge, 1998.

46. Disponível em: <http://www.stat.gv.jp/english/data/kokusei/2010>. Acesso em: 25 set. 2011.

47. Siddle, *Race, Resistance, and the Ainu of Japan*.

48. Michael Weiner, *Race and Migration in Imperial Japan*. Londres: Routledge, 1994.

49. George Hicks, *Japan's Hidden Apartheid: The Korean Minority and the Japanese*. Aldershot: Ashgate, 1997; Sonia Ryang (Org.), *Koreans in Japan: Critical Voices from the Margins*. Londres: Routledge, 2000.

50. David Blake Willis e Stephen Murphy-Shigema-tsu (Orgs.), *Transcultural Japan: At the Borderland of Race, Gender, and Identity* (Londres: Routledge, 2008), sobretudo os capítulos sobre filipinos, japoneses brasileiros, chineses, okinawanos e ainu.

51. George De Vos e Hiroshi Wagatsuma (Orgs.), *Japan's Invisible Race: Caste in Culture and Personality*. Berkeley: University of California Press, 1966, p. xx.

52. Ibid., p. 9.

53. Disponível em: <http://www.censusindia.gov.in>. Acesso em: 25 set. 2011.

54. Louis Dumont, *Homo Hierarchicus: The Caste System and Its Implications*. Trad. de Marc Sainsbury, Louis Dumont e Basia Gulati. ed. rev. Chicago: University of Chicago Press, 1980.

55. R. S. Khare (Org.), *Caste, Hierarchy and Individualism: Indian Critics of Louis Dumont's Contributions*. Oxford: Oxford University Press, 2006.

56. Gnana Prakasam, *Social Separatism: Scheduled Castes and the Caste System*. Jaipur: Rawat, 1998.

57. Rosa Maria Perez, *Kings and Untouchables: A Study of the Caste System in Western India*. Nova Delhi: Chronicle Books, 2004.

Créditos das imagens

p. 48: Foto: Francisco Bethencourt, com autorização da Segreteria Ufficio Beni Culturali, Palermo

p. 73: Foto: Universitätsbibliothek Göttingen

p. 76 (figura 3.2): © 2013. Foto: Scala, Florença; BPK Bildagentur für Kunst, Kultur und Geschichte, Berlim

p. 76 (figura 3.3): Foto: AKG-images, Berlim; Hilbich

p. 77: Reproduzida com permissão de Art Archive, Londres; Museu do Prado; Gianni Dagli Orti

p. 85: Reproduzida com permissão de Art Archive, Londres; Bibliothèque des Arts Décoratifs, Paris; Gianni Dagli Orti

p. 87: Reproduzido com permissão de AKG-images, Berlim; Álbum; Oronoz

p. 90: © Cortesia do Museu Marítimo de Barcelona; Ramon Manent/Corbis

p. 104: © 2013. Foto: Scala, Florença; Bpk Bildagentur für Künst, Kultur und Geschichte, Berlim, 421

p. 106: © Curadores do Museu Britânico

p. 110: Reproduzida com permissão de Art Archive, Londres; Biblioteca Nacional da Espanha; Gianni Dagli Orti

p. 112: Foto: Hessiches Landesmuseum Darmstadt

p. 115: © Adam Woolfitt; Corbis

p. 118: © Sergio Gaudenti; Kipa; Corbis

p. 133: Reproduzida com a permissão de AKG-images, Berlim; Biblioteca Britânica

p. 135: Foto: Coleção Berardo, Lisboa

p. 138: Foto: Fototeca della Soprintendenza Speciale per il PSAE e per il Polo Museale della città di Napoli

p. 140 (figura 6.4): © 2103. Foto: Scala, Florença; BPK Bildagentur für Kunst, Kultur und Geschichte, Berlim

p. 140 (figura 6.5): Foto: Gabinetto dei Disegni e Stampe degli Uffizi, Florença; Bridgeman Art Library

p. 141: © 2013. Foto: Scala, Florença; BPK Bildagentur für Kunst, Kultur und Geschichte, Berlim; Elke Estel/Hans-Peter Klut

p. 143 (figura 6.7): © Foto: Christie's Images, Bridgeman Art Library

p. 143 (figura 6.8): © 2013. Metropolitan Museum of Art; Art Resource; Scala, Florença

p. 144: © 2013. Foto: Scala, Florença

p. 149: Reproduzida com permissão de Art Archive, Londres; Biblioteca Nazionale Marciana, Veneza; Gianni Dagli Orti

p. 156: © Direção Geral do Patrimônio Cultural/Arquivo de Documentação, fotográfica, Lisboa

p. 158: © Direção Geral do Patrimônio Cultural/Arquivo de Documentação fotográfica, Lisboa

p. 160: © 2013. Fotos: Scala, Florença; BPK Bildagentur für Kunst, Kultur und Geschichte, Berlim; Dietmar Katz

p. 165 (figura 7.5): © Art Gallery Collection; Alamy

p. 165 (figura 7.6): © Curadores do Museu Britânico

p. 173: Foto: Ministero per i Beni e le Attività Culturali Direzioni Generale per i Beni Librari, gli Istituti Culturali ed il Diritto d'Autore; Biblioteca Casanatense, Roma

p. 175: © Robert Harding Picture Library Ltd.; Alamy

p. 182: © British Library Board; Robana

p. 190: Koninklijke Bibliotheek, The Hague H

p. 199: Reproduzida com permissão do Acervo Bancaja, Valência, Espanha; foto: Juan Garcia Rosell

p. 217: Reproduzida com permissão de AKG-images, Berlim; IAM

p. 230 (figura 10.1): Breamore House, Hampshire, UK; Bridgeman Art Library

p. 230 (figura 10.2): Breamore House, Hampshire, UK; Bridgeman Art Library

p. 231 (figura 10.3): Breamore House, Hampshire, UK; Bridgeman Art Library

p. 231 (figura 10.4): Breamore House, Hampshire, UK; Bridgeman Art Library

p. 238: Foto: Museo Nacional de Ciencias Naturales, Madri

p. 239: Reproduzida com permissão de AKG-images, Berlim; Erich Lessing

p. 243 (figura 10.7): © Museu Nacional da Dinamarca

p. 243 (figura 10.8): © Museu Nacional da Dinamarca

p. 245: © Museu Nacional da Dinamarca

p. 265: Reproduzida com a permissão de AKG-images, Berlim

p. 266: Reproduzida com a permissão de AKG-images, Berlim

p. 267: Reproduzida com a permissão de AKG-images, Berlim

p. 269: © 2013. Foto: Scala, Florença; BPK Bildangentur für Kunst, Kultur und Geschichte, Berlim; Elke Walford e Dirk Dunkelberg

p. 270: Reproduzida com permissão de Art Archive, Londres; Biblioteca Nacional de México; Gianni Dagli Orti

p. 302: Reproduzida com permissão do Art Archive, Londres; Lord Methuen

p. 304: Reproduzida com permissão da Biblioteca Pública de Évora, Portugal

p. 307: © British Library Board; Robana

p. 315: © British Library Board; Robana

p. 316: © Curadores do Museu Britânico

p. 317: © Fitzwilliam Museum, Cambridge, UK

p. 329: © RMN, Grand Palais; Agence Bulloz; Bibliothèque Nationale de France

p. 330: © 2013. White Images; Scala, Florença

p. 340: Reproduzida com permissão do Art Archive, Londres

p. 354: © British Library Board; Robana

p. 356: © British Library Board; Robana

p. 357: © British Library Board; Robana

p. 362: © British Library Board; Robana

p. 363: © British Library Board; Robana

p. 373: © Smithsonian Institution, Washington, DC; Corbis

p. 379: Reproduzida com permissão de Syndics of Cambridge University Library

p. 403: Reproduzida com permissão de Paul D. Stewart; Science Photo Library

p. 414: © British Library Board; Robana

p. 448: © 2013. Foto: Scala, Florença; BPK Bildagentur für Kunst, Kultur und Geschichte, Berlim

p. 449: © 2013. Foto: Scala, Florença; BPK Bildagentur für Kunst, Kultur und Geschichte, Berlim

p. 452: Reproduzida com permissão de AKG-images, Berlim; Ullstein bild

p. 469: Reproduzida com permissão de Bettman/Corbis

Índice remissivo

Abd Allah Yaqūt, 92

abissínios, 43, 132, 385

abolicionismo, 313-37, 365, 391, 502; apoio de Blumenbach ao, 355-6, 358; apoio de Darwin ao, 398; apoio de Virey ao, 363-4; debate católico, 317-20; Filadélfia, 324; impacto sobre os direitos humanos, 320; novo sistema de valores, 321-5; revoltas de escravos, 327; *ver também* escravos libertos

aborígenes, 347, 399, 483-4, 487

abuso verbal, 248, 268

Acaia, 80

Acosta, José de, 119-23, 187, 310, 415, 501

Afonso, rei do Congo, 127

Afonso I, rei de Navarra e Aragão, 95

Afonso X (o Sábio), rei de Castela, 87, 93

África: abolição da escravatura na, 315, 326; apartheid e genocídio na, 473-9; *Atlas Catalão*, 89-91; Central, 129, 151, 227, 245, 378; classificação étnica na, 230-2; colonialismo na, 226, 246-7, 473; emigração para as colónias, 253-4; escravatura na, 260; indivíduos de raça mista na, 274-5; investigação sociológica de Spencer, 408-12; Ocidental, 30, 127, 140, 151-2, 257, 274, 279-80, 348, 352, 378, 473, 506; personificação dos continentes, 102-3, 105-6, 220; sistema de classificação de Buffon, 354-6, 367; sociedades crioulas, 227; teoria de raça de Kant, 350; trabalhos forçados na, 473; tuaregues na, 29, 494, 506; visão chinesa sobre, 482; *ver também* Norte da África

África do Sul, 22, 25, 34, 226, 252, 256, 262, 294, 375, 378, 421, 475-7, 494, 497, 500, 502; apartheid na, 34, 473-9, 494, 506; colonialismo na, 248; hierarquia racial de Darwin, 399; indivíduos de raça mista na, 294; milícias brancas na, 500; percepções raciais na, 22; racismo institucional na, 25

africanização, 74-5

africanos, 125-47; escravatura, 260; na América britânica, 240; na Sicília, 41; no Brasil, 131, 262; pinturas de castas, 242; preconceito de Knox contra os, 374-80; racialismo científico, 369-94; representações artísticas dos, 139, 141-2, 144, 244; representações literárias dos, 145-7; significado étnico de raça, 22; sistema de classificação de Blumenbach, 346, 354; sistema de classificação de Lineu, 340-1; teoria de raça de Camper, 353-5; teoria de raça de Cuvier, 359; teoria de raça de Virey, 361-4; tipologias medievais, 82-3; trabalho etnográfico de Prichard, 343, 365; variedade étnica, 280; visão chinesa sobre os, 482; visão de Piccolomini sobre os, 69-70; visão europeia sobre os, 134; visão grega e romana sobre os, 39; visão islâmica sobre os, 43; *ver também* mouros; negros

afro-americanos, 22, 29, 467, 471, 485, 494

Agassiz, Louis, 387-91, 397, 407, 417, 441, 477, 502

Agostini, Antonio, 105

agostinianos, 299

Ahlwardt, Hermann, 438

Ahmed I, imperador turco, 182

ainu, 485-7, 507

albaneses, 50, 88, 423, 435, 461

Albânia, 427

albinos, 229-230, 233, 235, 349

Albuquerque, Afonso de, 289

Alden, Dauril, 546n

Aldrovandi, Ulisse, 137, 349

alemães: conflito com os turcos, 186; cristianizados, 78; desprezo étnico, 92, 97; emigração para as colônias, 255, 323; na Sicília, 55; visão romana dos, 37-9

Alemanha: arianismo, 393; ascensão do Império Alemão, 428; Boêmia, 59, 69-70, 80, 216, 219, 369-70, 429; ciganos na, 218; colonialismo, 453; direitos de cidadania, 426; hierarquia racial na, 457; humilhação da, 427; imagens dos povos do mundo, 139, 141-2, 144, 244; judeus na, 23, 25, 27, 59, 216-7, 222, 349, 437-8; racialismo científico na, 369-70, 374, 438-9, 444; racismo institucional, 25; representações artísticas na, 139, 141-2, 144, 244; repressão de ciganos na, 218; são Maurício, 74; teoria de Gobineau, 380-5; unificação da, 369, 395, 422, 425, 437-8

Alemanha nazista, 23, 26, 28, 34, 416, 436, 445, 455, 463, 478, 493, 504; Estado racial, 446-7, 455, 457, 504; hierarquia racial na, 457; influência da eugenia de Galton, 415; nacionalismo, 26; racialismo científico na, 438; trabalhos forçados na, 463

Alexandre VI, papa, 206, 282

alforria, 142, 226, 263, 265, 272, 288, 296-7, 314, 326; no Brasil, 472; obstáculos à, 306; política colonial francesa, 296; *ver também* escravos libertos

algonquianos, 164, 382

Al-Idrisi, 42, 83

Allard, Carel, 114

Almada, André Alvares de, 100

Almeida, d. Francisco de, 139

almóadas, 41, 50, 55, 57-8

almorávidas, 41, 57-8

Al-Muqaddasī, 42

Alphandéry, Paul, 515n

Alpujarras, 197, 199

Al-Qāsim b. Hammūd, 94

"amarelos", povos, 189, 359, 363, 382, 384, 480, 482, 501; *ver também* asiáticos

Amat y Junyent, d. Manuel, 237

Ambedkar, B. R., 491

ambiental, teoria, 37-40

América: Central, 253, 378, 412; classificação étnica na, 228-46; discriminação e segregação na, 464-73; do Norte, 215, 226, 240-1, 257, 259, 306-7, 335, 352, 380-1, 465-6, 482; do Sul, 149-52, 157, 159, 254, 289, 352, 482; Guerra dos Sete Anos, 258; investigação sociológica de Spencer, 408-12; Latina, 26, 467; segregação espacial na, 298-308; teoria de Gobineau, 380-5; trabalhos forçados na, 259, 286; viagem de Colombo à, 32; visão chinesa sobre a, 482; *ver também* nativos americanos

americanos, 148-67; canibalismo, 103, 112, 116-7, 120, 148-54; conceito de "bom selvagem", 155-9; etnografia comparativa, 164-7; ideal do selvagem nobre, 167; racialismo científico, 369-94; sacrifício humano, 159-63; sistema de classificação de Blumenbach, 346, 354; sistema de classificação de Lineu, 340; teoria de Gobineau, 380-5; teoria de raça de Camper, 353-5; teoria de raça de Kant, 350; teoria de raça de Virey, 361-4; trabalho etnográfico de Prichard, 343, 365; *ver também* nativos americanos

Andaluzia, 56-7, 204, 207, 253, 260

Andes, 259, 299, 335

Andree, Richard, 393

Andreoni, Giovanni Antonio, 265

anglo-saxões, 380, 382, 384, 390, 413

Angola, 130, 247, 254, 275, 283, 291, 309, 473

ângulo facial, 354-5, 363, 368, 382, 386-7, 501

animais: indivíduos de raça mista comparados com, 231, 239; personificação dos continentes, 102-17, 220; racialismo científico, 369-94; teoria da evolução de Darwin, 398, 402; teoria de raça de Virey, 361-4

Anquetil-Duperron, Abraham Hyacinthe, 173, 366, 392

Antiguidade Clássica, 21, 32, 36, 73, 79, 98, 117, 136, 161, 170, 345, 377

Antilhas, 148-9, 151, 159, 258, 283

Antioquia, 65, 66-7, 84, 86, 105

antirracismo, 28, 471, 473, 494, 509

antissemitismo, 60, 381, 430, 438, 442; *ver também* judeus

Antuérpia, 106-8, 151

apartheid, 34, 473-9, 494, 506

Aquino, Tomás de, 71, 317-8

árabe, língua, 41, 50, 122, 196

árabes, 41-2, 49, 58, 71, 107, 131, 181, 198, 202, 225, 347, 351-2, 363, 385, 386, 412; investigação sociológica de Spencer, 412; no Império Otomano, 176; racialismo científico, 369-94; teoria de Gobineau, 385; teoria de raça de Kant, 351; teoria de raça de Virey, 363-4

Arábia, 90, 177, 347

Aragão, 49, 52, 54-6, 58, 80, 95, 97, 150, 197-8, 200, 204, 206-8, 282, 497; expulsão dos judeus, 204-5; expulsão dos mouriscos em, 200; pureza de sangue em, 210

Arellano, Manuel, 228

Argélia, 202, 396

Argentina, 163, 267, 464

arianismo, 40, 54, 351, 374, 392-4, 415, 418, 439, 444, 502; investigação sociológica de Spencer, 408-12; na Alemanha, 392; teoria de Gobineau, 380-5; *ver também* supremacia branca

Aristóteles, 192, 319, 342, 352

Arizona, 465

armênios, 23, 25-6, 31, 66, 86, 307, 431, 433-5, 498, 503, 508; genocídio armênio, 431-7; Guerra Turco-Armênia, 436; no Oriente Médio, 65

arte, 105, 115, 140, 147, 177, 237, 316, 332, 376, 411, 439; africanos, 139-44; asiáticos, 173-5; destruição de ícones, 177; judeus, 218, 442; personificação dos continentes, 102-17, 220; pinturas coloniais no Brasil, 242; pinturas de castas, 228-9; retratos de Debret, 266; visão da arte chinesa por parte dos europeus, 192

aruaques, 149, 151, 157

ascendência: 21, 24-8, 30-1, 33-4, 38-9, 97-8, 101, 136, 162, 202, 209, 212, 221-2, 229, 232, 234, 237, 239, 247-9, 277, 286, 300, 305, 336, 342-3, 364, 397, 408, 419-21, 426, 428, 439, 466, 472, 480-1, 484, 494-6, 498-509, tipologias medievais, 83

Ásia, 32-3, 37, 40-1, 65, 70, 79, 90, 103-13, 115-7, 122, 170, 174-6, 183, 186-7, 191, 225-6, 231, 247-8, 252, 255-6, 258, 274, 276-9, 289-90, 294, 304-7, 309-10, 337, 341, 347, 349, 352, 354, 373-5, 382, 392-4, 409, 411, 416, 418, 420, 427, 479, 482, 495, 500, 506; arianismo, 40, 54, 351, 392-4, 415, 418, 439, 444, 502; *Atlas Catalão*, 90; classificação étnica na, 231, 246; colonialismo na, 274-80, 293; emigração para a, 254, 255-6, 258, 384; nacionalismo na, 420; párias e discriminação na, 479-95; personificação dos continentes, 102-17, 220; racialismo científico, 369-94; segregação espacial na, 298-308; tecnologia europeia na, 220

asiáticos, 168-93; representações artísticas dos,

581

139, 141-2, 144; sistema de classificação de Blumenbach, 346, 354; sistema de classificação de Buffon, 354-6, 358; sistema de classificação de Lineu, 341; teoria de raça de Camper, 353-5; teoria de raça de Kant, 350; tipologias medievais, 82-3

assimilação, 125-34, 36, 202, 225, 396, 435, 476, 484, 494-5, 503

assírios, 382, 412

astecas, 112, 348, 382, 392, 420

Atlas Catalão (1375), 89-90

Atsutane, Hirata, 484

Austrália, 103, 347, 357, 407, 482, 485; extermínio de povos nativos na, 412

australianos, 103, 347, 367, 383, 390, 399, 483

Áustria, 197, 370, 376, 423-4, 426, 428, 441-3, 447, 449; anexação alemã da, 444, 447; racialismo científico, 369-94

Austríaco, Império, 369, 424, 427-9; *ver também* Habsburgo, Império

autoctonia, 38

Bachman, John, 387

Bage, Robert, 167

Balbi, Adrien, 366

Bálcãs, 186, 369, 424, 426, 431-2, 449, 503, 505

Ballantyne, Tony, 374

Barbados, 167, 261, 271-2, 328

bárbaros, 24-5, 40-1, 54-5, 69, 78-9, 83, 85-6, 92-3, 108, 120-1, 123, 191, 229, 231, 247, 332, 342, 377, 399, 406, 416, 479-82, 507; classificação de Acosta dos, 120; teoria da evolução de Darwin, 399, 406; teoria da linguagem de Herder, 352

Barbosa, Duarte, 168-70, 172

Barcelona, 53, 58, 89, 202, 211

Barros, João de, 169-70

Bartlett, Robert, 521*n*

bascos, 53-4, 253, 456

Batávia, 256, 277-8

Baxter, Richard, 323

Bayly, Christopher, 294

Behn, Aphra, 142, 147, 167, 325

Bélgica, 376; colonialismo, 396; influência em Ruanda, 478; racialismo científico, 474-8; Segunda Guerra Mundial, 449

Bellini, Giovanni, 177

Belon, Pierre, 177, 181

Bemoim, 125, 126

Benavert, 51

Benezet, Anthony, 325

Benim, 129, 133

Bento XIV, papa, 216

Berardi, Giannotto, 150

berberes, 41, 49, 131, 202

Bernier, François, 182, 346

Bernini, Gian Lorenzo, 114

Berthelot, Marcelin, 393

Betancur, padre Agustín de, 302

Betanzos, Juan de, 162

Bíblia, 318, 334, 341, 366, 392

biológico, racismo, 379

Bizâncio, 44, 72, 75, 80

bizantinos, 35, 42, 47, 49, 52, 65-6, 70, 73, 83-6, 88, 176-8, 222; desprezo étnico, 92; iconoclastia, 177; Império Bizantino, 41, 50, 60, 68-9, 71, 73-4, 80, 92-3; preconceito antibizantino entre os cristãos latinos, 84; preconceito contra cristãos latinos, 85

Blake, William, 316-7

Bloch, Marc, 34

Blumenbach, Johann Friedrich, 33, 144, 346, 354, 356-8, 363, 365, 367, 374, 377, 382, 386, 406, 501

bobos da corte, 134-5

Bocarro, António, 276

Bodin, Jean, 319-20

Boêmia, 59, 69-70, 80, 216, 219, 369-70, 429

Bolívia, 163, 268, 532*n*

Bolonha, José de, 319

"bom selvagem", 155-9, 331-2, 350

Bosch, Hieronymus, 76-7

Botero, Giovanni, 100

Both, Pieter, 278

brâmanes, 170-2, 175-6, 289-90, 310, 392, 491

brancos, 23, 43, 88, 100, 131-2, 135, 145-7, 189,

192, 194, 231, 240-1, 244, 247, 249, 253, 257, 263, 265-6, 268, 271-7, 285, 291, 294-5, 297, 301, 303, 313-4, 327, 331-4, 336, 348-9, 351, 361, 363, 367, 371, 382, 384, 386-7, 391-3, 408, 412, 415, 418, 428, 453, 470-2, 475-8, 500, 502, 506; arianismo, 392-3; Comte sobre os, 409; eugenia de Galton, 415; racialismo científico, 369-94; segregação espacial, 298-308; teoria de Gobineau, 382-6; teoria de raça de Kant, 351; teoria de raça de Virey, 361-4; trabalho etnográfico de Prichard, 366; *ver também* caucasianos; europeus

brancura, 100, 229

Brandt, Karl, 416

Brasil, 22, 131, 153, 155, 157, 163, 220, 241-2, 244, 246-7, 252, 254, 257, 260-1, 263, 265-7, 270, 275, 282-3, 288, 308, 318-9, 322, 333, 390-1, 407, 420, 465, 467, 472-3, 488, 499; brasileiros no Japão, 486; ciganos no, 220; classificação de Acosta dos, 121; crioulos no, 240-1; cristãos-novos no, 213; elite branca, 265, 472; emigração para o, 254; escravatura no, 261-2, 326; expedição de Agassiz ao, 390-2; índios brasileiros, 363, 391; indivíduos de raça mista no, 242, 390, 472, 499; Inquisição no, 286; judeus no, 215; percepções raciais no, 22; pinturas coloniais, 242; política para atrair migrantes, 254, 257, 333, 337; taxonomia racial portuguesa, 239-40, 242; terras nativas, 465; tupis, 157, 163, 244

Braudel, Fernand, 201-2, 526n, 529n

Braun, Georg, 109, 114

Brissot, Jean-Pierre, 331

Broca, Paul, 393, 407

Brueghel, Jan I, 143

Brueghel, Pieter (o Velho), 108

Bruno, Giordano, 341

Brustolon, Andrea, 143-4

budismo, 488

Buffon, George-Louis Leclerc de, 33, 341-2, 346-50, 353-4, 356, 358, 361, 367, 377, 501, 559n

Bulgária, 427, 451

búlgaros, 50, 79, 88, 424

burakumins, 489-90, 507

Burgkmair, Hans, 106, 108, 139-40, 525n

Burke, Edmund, 411

Burke, Luke, 379

Burundi, 478-9, 494, 506

Busbecq, Augier Ghislain de, 178-80, 184-5

Button, Jemmy, 398-9

Cabo Verde, ilhas de, 100, 213, 245, 252, 254, 274, 282, 291, 473

cadeia dos seres, 137, 342, 345, 354

cafres, 132, 348, 354, 363, 375

calabreses, 92

Calábria, 51, 94

Caldwell, Charles, 386

Calhoun, John Caldwell, 334, 389

Califórnia, 372, 465-6

calvinismo, 225, 293, 295

Caminha, Pero Vaz de, 157, 400

Camões, Luís de, 169-70

Campbell, John, 387

Camper, Petrus, 33, 353-5, 363, 368, 382, 501

camponeses, 120, 131, 137, 217, 222, 235, 400, 463

Canadá, 272-3, 377, 396

Canárias, ilhas, 89, 91, 136-8, 150, 252, 260, 282-3

canibalismo, 103, 108, 112-3, 116-7, 120, 130, 148-53, 155, 157, 159, 163, 191, 220, 244, 337, 398-400, 407

Cano, Melchior, 120

Cardoso, Fernando Henrique, 472

Caribe, 22, 148, 150, 213, 240-1, 257, 259, 261-2, 268, 336, 416, 500; declínio da população nativa no, 259, 283; emigração para as colônias, 253; escravatura no, 260-1, 268

caribes, 121, 148-50, 157

Carlos V, sacro imperador romano, 106-7, 114, 120, 159, 176, 197, 210, 219

Carlos Magno, 68-9, 79

Carpeaux, Jean-Baptiste, 117-8

Carracci, Agostino, 138

Carrasco, Rafael, 201-2, 204, 212

cartografia, 32, 45, 89, 91, 102, 108, 114, 140, 164, 220, 245, 411

casamento, 134, 153, 184-5, 208, 216, 297, 301, 402, 446

casamentos mistos, 230-5, 274, 278-9, 289, 305, 446, 463, 466, 475, 477-80, 485, 488-9; nos Estados Unidos, 468; política colonial espanhola, 287, 301; política colonial francesa, 296-7; política colonial holandesa, 294

castas, 33, 101, 168-72, 174, 202-3, 205, 221, 228-9, 232-3, 235-8, 242, 246-7, 267-9, 285-7, 301, 303, 333, 336, 347, 385, 421, 483, 489-93, 495, 499, 507; na Índia, 168-75, 507; no Japão, 485, 507; pinturas de, 228-39; sistema de casta de Comte, 409-10; *ver também* raça mista, indivíduos de

Castela, 49, 54-5, 58, 87, 96, 106, 198, 200-1, 204-5, 207-8, 253, 282; desprezo étnico, 95; escravatura, 150; expulsão dos judeus de, 205-6, 497; guerras civis em, 205; Inquisição em, 206-7; mouriscos em, 196-7, 200-1; muçulmanos em, 95, 207

Castro, d. João de, 293

Castro, d. Mateus de, 310

Catalunha, 54-5, 197-8, 200, 204, 456

Catarina de Bragança, rainha, 194

catolicismo, 36, 43, 54, 56-7, 71-2, 98, 113, 161, 196, 213, 225, 276-7, 288, 296, 305, 319, 335, 415, 423, 442, 452, 456; conservador (século xx), 456; debate sobre o abolicionismo, 317-20; *ver também* cristãos; cristianismo

caucasianos, 180, 241, 349, 358-9, 363, 375, 386-7; racialismo científico, 369-94; sistema de classificação de Blumenbach, 346, 354; sistema de classificação de Buffon, 354-8, 367; teoria de raça de Cuvier, 359; teoria de raça de Virey, 361-4; *ver também* brancos

cavaleiros teutônicos, 79

Cavazzi, Giovanni Antonio, 130, 528n

Ceilão (Sri Lanka), 43, 91, 252, 276-9, 290, 293, 295, 305

celtas, 359, 375-7, 385; como arianos, 439; teoria

de Gobineau, 384; teoria de raça de Virey, 363

cérebro, dimensão do, 382-5

Cervantes, Miguel de, 201-2, 219

Chabal, Patrick, 549n

Chamberlain, Houston Stewart, 33, 439-42, 444, 503-4

Chambers, Robert, 401

Chardin, Jean, 349

Charlevoix, Pierre-Francois-Xavier de, 321

Chateaubriand, François-René de, 167

Chile, 163, 253, 268, 306, 407, 464

China, 27, 29, 34, 89, 91, 100, 117, 172, 174, 187-9, 191-3, 305, 357, 392, 480-1, 483-4, 486, 488, 495, 506; chineses em Manila, 305; chineses no Japão, 488; classificação de Acosta dos chineses, 121; etnocentrismo na, 420; guerra com o Japão, 487; investigação sociológica de Spencer, 409; preconceito de Knox contra os, 378; sistema de classificação de Buffon, 346, 349; teoria da linguagem de Herder, 352; teoria de Gobineau, 382, 385; teoria de raça de Cuvier, 359; teoria de raça de Virey, 363

Chipre, 64-5, 505

Chodowiecki, Daniel Nikolaus, 144

Choniatēs, Niketas, 84, 86

Cícero, 92

cidadania, 78, 80, 218, 334, 420, 426, 428, 446-7, 455, 466-7, 477, 488, 493-4, 507, 509; coreanos no Japão, 487, 507; direito à, 426; escravos libertos, 333; judeus, 215, 217, 333, 428, 446, 504; na África do Sul, 477; na Alemanha nazista, 446-7, 455; nativos americanos, 300, 327, 466, 499; romana antiga, 39

Cidade do Cabo, 279, 475-6

cidades, 298-308; *ver também* povoações

ciência, 30, 33, 42, 119, 361, 364, 378, 389-90, 410; hierarquias raciais, 335, 385; islâmica, 45; racialismo científico, 369-94; *ver também* evolução, teoria da

Cieza de León, Pedro de, 162

ciganos, 217-22, 234, 377, 445, 451, 496, 504;

crítica de Knox aos, 378; extermínio nazista de, 451, 504; hierarquia racial alemã, 457; proibição de migração para a América, 219

Cisneros, Francisco Jiménez de, 196

civilização, graus de, 347-8

Claramonte, Andrés de, 145

Clarkson, Thomas, 314, 322, 358

classes sociais, 48, 409

classificação, 22-4, 28-9, 32-3, 37, 68, 100, 119-20, 122, 196, 220, 222, 276, 280, 307, 314, 336, 342, 344-68, 457, 471, 481, 501, 503; como reflexão sobre o contexto histórico, 22; cor da pele, 280; étnica, 228-50; indivíduos de raça mista, 229; medições e divergências, 353-68; pinturas de castas, 228-39; racialismo científico, 369-94; sistema de classificação de Lineu, 340-1, 406, 417; teoria da evolução de Darwin, 397- 408, 410; *ver também* tipologias

Clemenceau, Georges, 437

Clenardo, Nicolau, 140

clérigos, 57, 60, 65, 86, 130, 146, 162, 169, 203, 275, 309, 310-2, 325, 358

Clive, Robert, 279

Cochim, 293, 304

Colômbia, 253, 268

Colombo, Cristóvão, 32, 108, 148-52, 277, 282-3, 305, 400

colonialismo, 32, 69, 78, 221, 226, 453-4, 473, 498, 500; casamentos mistos, 230; classificação étnica, 228-50; Cruzadas, 35-67; estrutura étnica, 251-80; experiência americana com o, 499-500; interno, 32, 69, 78, 498; pinturas de castas, 228-39; preconceito baseado na descendência, 221, 232, 364, 408, 428

"comédias de negros", 144-7

comerciantes, 129, 213, 242, 272, 275-6, 290, 294, 305, 328, 381, 476, 488

comércio, 35, 49, 78, 96, 120, 124, 127, 139, 153, 156, 187, 189, 191, 204, 213, 219, 247, 252, 254, 256, 258, 260, 278, 282-3, 289, 292-3, 303, 305, 321, 328, 349, 354, 373, 380, 413, 438, 489

comércio escravagista, 50, 98, 100, 127, 129, 131, 147, 150, 226, 260-2, 272, 287, 289, 314-5, 317, 319, 323, 325-8, 346, 358, 371, 464

Comnena, Ana, 521n

Comneno, Manuel, 84-6

Companhia das Índias Orientais, 255, 277, 294, 306, 392, 500

Comte, Auguste, 408-11

Condorcet, marquês de, 320, 331-2

confrarias, 210-1, 221, 226, 236, 263, 288-9, 312, 319

Congo, 127, 129-31, 275, 290-1, 309, 473, 478

Constable, Olivia Remie, 522n

Constantino, imperador romano, 39, 69, 72

Constantinopla, 65, 69-70, 74, 78, 86, 105, 134, 176, 178, 184-5

continentes, personificação dos, 32, 102-17, 220, 346, 525n, 526n

Contreras, Jaime, 212

conventos, 51, 57, 146, 196, 206, 210, 287, 299, 498

conversões, 39-41, 45, 51, 54-5, 58-60, 65, 69-70, 79-80, 83, 94, 97-8, 121, 123, 126-7, 146, 169, 171, 180, 191, 196, 198, 202-8, 215-6, 249-50, 276, 280, 290, 292-3, 295, 305, 314, 323, 335, 496, 499

Cook, capitão James, 354, 400

Coollaert, Adriaen, 111

coptas, 65-6, 378, 387

cor da pele, 23, 25, 43, 83-4, 88-9, 91, 100, 131-2, 134, 151, 153, 162, 174, 194, 219, 222, 229, 231, 241, 247-9, 280, 310, 313, 345-7, 349, 367, 473, 478, 481; de Manuel Comneno, 84; Hume sobre a, 223; sistema de classificação de Blumenbach, 346, 358; sistema de classificação de Lineu, 341; teoria de raça de Camper, 354; teoria de raça de Cuvier, 359; teoria de raça de Humboldt, 367; teoria de raça de Kant, 351; *ver também* raça mista, indivíduos de

Córdoba, 55, 205, 210

Coreia, 482, 487-8, 491, 495; coreanos no Japão, 487, 507; intocáveis na, 490, 495; sistema de classificação de Blumenbach, 357 corpo humano, 223, 354

Cortés, Hernán, 159, 161, 283, 300

cosmopolitismo, 314, 353, 371, 443

Covarrubias, Diego, 318

crânios, tipos de, 343, 354-6, 359, 362-3, 366-7, 377, 382, 385-6, 388, 403, 424, 483, 501-2

creeks, 163

Cresques, Abraão, 89-90

criacionismo, 341-2, 361, 378, 380, 382, 386, 389, 397, 403, 404-5, 416

crioulos, 162, 236-7, 239-40; *ver também* raça mista, indivíduos de

cristãos: aparência física dos, 84, 86, 88-9; classificação de Acosta dos, 120; Cruzadas, 32; desprezo étnico, 86; discriminação contra, 82, 84, 86, 88; identidade, 45; idolatria, 161; na América ibérica, 308; na China e no Japão, 187; na Índia, 169, 187; na Península Ibérica, 36, 41, 45, 50, 52-60; no Império Otomano, 431, 433; no Oriente Médio, 44-5, 176; orientais, 65-6, 68; preconceitos contra o islã, 64; preconceitos entre, 78; relações com os judeus, 71; universalismo, 68-70

cristãos-novos, 26, 59, 93, 101, 119, 145, 204-6, 208-13, 215, 221, 274, 286, 308, 333, 447, 455, 497-8, 508; direitos civis para os, 289; exclusão de, 210; Inquisição, 497; perseguição de, 208; *ver também* judeus

cristianismo, 39, 45, 52, 54, 59, 69, 74, 79-80, 83, 93-4, 97-8, 126, 145-6, 160-1, 195, 198, 202, 206, 212, 218, 221, 225, 248, 275, 280, 284, 290-1, 301, 350, 374, 412, 415, 424, 427, 440-1, 453-4; conversão de africanos ao, 323, 335; conversão de ciganos ao, 496; teoria de Gobineau, 382; trabalho etnográfico de Prichard, 366; visão católica e protestante quanto às relações sexuais, 225; *ver também* catolicismo; conversões; missionários; protestantismo

cristianização, 39, 55, 78, 97, 340

croatas, 80, 370, 422, 451, 461

Cromwell, Oliver, 214

Cruz, Gaspar da, 188-9

Cruzadas, 21, 32, 35, 45, 60, 72, 75, 83, 91, 96, 98-9, 187, 515n; Primeira Cruzada, 45, 51, 59, 65-6, 71, 86; Quarta Cruzada, 86; Segunda Cruzada, 60; Terceira Cruzada, 60

Cuba, 148, 253, 268, 283, 319, 322, 326

cultura: natureza e, 26, 212; sistema de classificação de Buffon, 358

cultura visual, 103, 118, 139, 173, 242, 501; *ver também* arte

cumanos, 79

Cumberland, Richard, 167

curdos, 432, 434-5, 454, 503

Cuvier, Georges, 33, 342, 356, 359-61, 363, 368, 378, 380, 382-3, 389, 397, 406, 417, 501

Dante Alighieri, 72, 75, 83

Dapper, Olfert, 131-4, 192

Darwin, Charles, 33, 342, 380, 390, 394-5, 397-408, 410-1, 416-8, 422, 441, 482, 485, 502

darwinismo social, 410, 438-9, 504

Davis, David Brion, 322

De Bruyn, Abraão, 109, 111

De Bry, Theodor, 152, 164, 176, 533n

De Léry, Jean, 155

De Pauw, Cornelius, 348, 350, 375

De Vos, George, 490

De Vos, Marten, 111

Debret, Jean-Baptiste, 265-8

Declaração da Independência dos Estados Unidos, 329, 371, 415, 420

degeneração, 92, 231, 342, 345, 348, 350, 358, 375, 396-7, 407, 417, 442, 501; Hitler sobre a, 444; sistema de classificação de Blumenbach, 358; sistema de classificação de Buffon, 358; teoria de Gobineau, 382-4; teoria de raça de Kant, 350

Degler, Carl, 22

democracia, 384, 415, 420, 443, 446, 472, 485, 494

deportações, 26, 34, 52, 198, 203, 434, 436, 451, 457, 459, 503; da Rússia/União Soviética, 34, 463; da Sicília, 52; de armênios,

586

434-5; de ciganos, 219; de curdos, 434; de judeus, 450-1; de Minorca, 56; de mouriscos, 198

descendência, 25, 59, 68, 93, 139, 230, 279, 341, 403-4, 415, 440, 447, 467, 478, 488-9, 481, 493, 497; racialismo científico, 374-5, 377;

desigualdade, 371, 374, 381, 383, 387, 413, 415, 428, 431, 443, 478, 485, 490, 499-501; teoria da evolução de Darwin, 399-400; teoria de Gobineau, 381, 383, 385, 393

Desmond, Adrian, 406

despotismo, 38, 116, 179-83, 221, 265, 320, 345, 364, 376, 409, 485

dessegregação, 471-2, 477, 489

desumanização, 33, 320, 330, 441, 470, 479

Di Vecchio, Giovanni, 113

Diamante, Juan Bautista, 145

Diderot, Denis, 320

dignidade, 191, 322, 329, 331-2, 337, 340, 372, 415, 444, 470, 502, 509

Dinamarca: abolicionismo, 315; expulsão de ciganos da, 219; judeus na, 451

direito, 54, 59, 72; crimes contra a humanidade, 437; Leis de Nuremberg, 446; tipologias medievais, 83; *ver também* legislação

direitos civis, 34, 183, 218, 222, 227, 289, 303, 308, 420, 428-9, 440, 443, 446, 466-7, 470-1, 494, 500, 502-4, 506, 508; Lei dos Direitos Civis, 467, 471, 490; reivindicação universal por, 470

direitos humanos, 33, 320, 329, 332-4, 337, 420, 509

discriminação, 82-98, 298-312; positiva, 286, 471-2, 499; promoção por parte de Agassiz, 391; *ver também* preconceito; segregação

Diu, 304

Dohm, Christian Wilhelm, 218

dominicanos, 58, 120, 146, 159, 174, 188, 204, 208, 210, 287-8, 299, 318

Douglass, Frederick, 372-3

Drescher, Seymour, 464

Dreyfus, Alfred, 437

Dumont, Louis, 492, 535*n*

Dupront, Alphonse, 515*n*

Dürer, Albrecht, 108, 140, 525*n*

Eckhout, Albert, 242-6

Edmonstone, John, 397

egípcios, 41, 75, 105, 108, 181, 187, 331, 353, 377, 385-7, 392; arianismo, 40; investigação sociológica de Spencer, 412; no Império Otomano, 186; visão de Piccolomini dos, 71

Egito, 51, 62, 65, 91, 96, 103, 105, 113, 131, 172, 177, 180, 219, 251; teoria de Gobineau, 382

Eliot, reverendo John, 308, 323

elitismo, 381

embranquecimento, 229, 233-4

Equador, 253, 259, 262, 268

Equiano, Olaudah, 313-5, 358

Ercilla, Alonso de, 533*n*

Escandinávia, 78-9, 369, 376, 381

escoceses, 255

Escócia, 166, 219, 270, 315, 376, 378

escravatura: abolição da, 117, 260, 313-37; argumentos contra, 332; conversão de escravos, 250; de gregos cristãos, 88; de muçulmanos, 51; direitos civis, 308; justificação da, 334; na América britânica, 272; na América espanhola, 259; na cidade de Nova York, 308; na Península Ibérica, 260; na Roma Antiga, 38; no Brasil, 261-2, 326; no Canadá, 273; no Congo, 127; no Império Otomano, 180; noção aristotélica de escravidão natural, 27, 38, 120, 317-8, 323, 331; nos Estados Unidos, 271, 315, 322; percepções de fenótipos em alteração, 100; política colonial francesa, 296-7; portuguesa, 57, 150, 260, 267, 289, 326; projeto de escravatura de Colombo, 149; representações literárias dos, 144-7; revoltas de escravos, 274, 325, 326-8; teoria da linguagem de Herder, 353; teoria de raça de Humboldt, 367; visão de Agassiz sobre a, 390-1; visão de Blumenbach sobre a, 358; visão de Darwin sobre a, 398, 400, 407; visão de Virey sobre a, 364 escravos libertos, 263, 268, 288, 296, 308, 316, 332-3, 335-6; *ver também* alforria

eslavos, 43, 50, 75, 78-80, 377, 423, 457, 464, 493, 504; como arianos, 439; cristianizados, 79; desprezo de Hitler pelos, 455, 457; desprezo étnico em relação aos, 97; hierarquia racial alemã, 457; migração forçada de, 453

Espanha: abolicionismo, 316, 326; berberes, 41; boas relações com imperadores iraniano e mogol, 176; catolicismo na, 225; colonialismo, 33, 221, 248, 500; comércio escravagista, 262; conflito com os turcos, 186; conquista espanhola das Américas, 159-63; cor da pele, 194; crioulos no império espanhol, 260; emigração para as colônias, 251-3; expulsão de ciganos da, 219; expulsão de judeus da, 59, 95, 201, 204, 206-7; judeus na, 455; missionários na, 119; monopólio comercial estatal, 292; pinturas de castas, 228-39; provérbios, 43; pureza de sangue, 206, 209-13; repressão de ciganos na, 219; segregação espacial, 298-308; *ver também* Península Ibérica

esquimós (inuit), 346, 349, 357-9, 375, 400

essencialismo, 201, 203, 226, 349, 374, 379, 406, 426, 453, 492

Estado-Nação, 433, 460

Estados Unidos, 27; abolicionismo nos, 313, 315-6, 321, 325, 328, 333, 391, 502; antiabolicionistas nos, 334; classificação racial nos, 22; escravatura nos, 271, 315, 322; estruturas de domínio nos, 27; eugenia de Galton, 415; expansão imperialista dos, 413; Guerra Civil, 33, 328, 333, 394, 418; judeus nos, 428; linchamentos de negros nos, 414, 468-70, 500; migrantes alemães para os, 454; movimentos pelos direitos civis nos, 34, 470, 508; nativos americanos nos, 466, 499; percepções raciais nos, 22-3; racismo institucional nos, 25; reservas indígenas nos, 465; segregação nos, 28, 34, 262, 391, 395, 467, 470, 494, 497, 502; suposta inferioridade dos negros nos, 412; Tratado de Versalhes, 485

estereótipos, 23, 32, 35-6, 43, 76, 88, 100, 103, 111, 123, 131, 146, 170-1, 175, 186, 194, 214, 218, 227, 236, 238, 343, 345, 349, 358, 377, 380, 388, 391, 414, 417, 438, 441, 444; aparência física, 84-9; cor da pele, 194; em relação a africanos, 111, 131, 136, 141-2, 144, 146; em relação a ciganos, 218; em relação a judeus, 214, 218, 222, 350, 410; em relação a muçulmanos, 183, 186, 221; em relação aos continentes, 103; evolucionistas sociais, 414; investigação sociológica de Spencer, 412; pinturas de castas, 228-39; racialismo científico, 369-94; representações artísticas, 139-44, 244; representações literárias, 144-7; sistema de classificação de Blumenbach, 346, 358; sistema de classificação de Buffon, 358; teoria da evolução de Darwin, 407; teoria de Gobineau, 383, 385-6; teoria de raça de Kant, 352

estigmas/estigmatização, 97, 177, 202, 208-10; intocáveis, 491; poluição e impureza, 488

Estônia, 427

etíopes, 25, 39, 84, 89, 103, 142, 233, 358-9, 386

Etiópia, 131, 146, 310

etnia, 29, 39-41, 45, 48, 55, 68, 78, 82-3, 91, 100, 162, 170, 174-5, 202-3, 222, 227, 232, 247, 266, 271, 280, 299, 305, 366, 396, 420, 422, 424, 426, 428, 430-1, 436, 458, 463, 473, 475, 478-9, 481, 483-4, 494-5, 497-9, 504, 506-7, 509; segregação espacial, 298-308

étnica, classificação *ver* classificação

étnica, diversidade, 49, 247, 266, 422, 424

étnica, estrutura, 251-80

étnica, limpeza, 427, 433, 435-36, 454-5; *ver também* genocídio

étnico, desprezo, 88, 92, 159, 290

etnocentrismo, 31, 353, 413, 479

etnografia, 164-7

etnologia, 119, 343, 365, 380, 387, 389, 397

eugenia, 406, 415, 451, 483, 504

eurocentrismo, 226, 374, 375

Europa: abolicionismo, 314, 319, 323, 327, 358; antissemitismo na, 60; arianismo na, 374, 384; classificação racial na, 23; colonialismo, 32, 68, 220, 226, 248, 453, 473, 500; Cruzadas,

31; deportações na, 433-7, 449, 451, 457-63; desprezo étnico, 92, 93; emigração para as colônias, 253-8; expansão dos turcos na, 176, 186; expansão ultramarina, 29, 32, 166; Hume sobre a, 214; invasão bárbara da, 40; Leste Europeu *ver* Leste Europeu; limpeza étnica, 505; nacionalismo na, 420; Norte da, 147, 195, 260; nova ordem conservadora na (século XIX), 369, 395; personificação dos continentes, 102-17, 220, 526n; racialismo científico, 369-94; revoluções (1848), 394; teoria das raças, 23; teoria de Gobineau, 381-4; tipologias medievais, 82-3; vidas africanas na, 134-7

europeus, 194-222; Comte sobre os, 409; sistema de classificação de Blumenbach, 346; sistema de classificação de Buffon, 356; teoria de Gobineau, 381-4; teoria de raça de Camper, 355; teoria de raça de Cuvier, 359; teoria de raça de Kant, 351; visão de Darwin sobre os, 398, 400, 406-7; *ver também* brancos

evangelização, 74, 124, 130, 157, 161, 198, 201, 225, 277, 323; *ver também* missionários

Evelyn, John, 194-5

evolução, teoria da: Darwin e a, 397-408, 410

evolução social, 408-18

exotismo, 116, 133

exploração oceânica, 99, 103, 220, 221-2

Farinetti, Paolo, 113

Febvre, Lucien, 24

Feist, Sigmund, 444

fenícios, 39, 412

fenótipo, 43, 100, 103, 114, 189; chinês, 189; percepção em mudança dos fenótipos, 100; trabalho de Lineu, 417

Ferguson, Adam, 321

Fernández, Miguel Ángel, 236

Fernández de Oviedo, Gonzalo, 99

Fernando de Aragão, rei, 106, 149, 196, 201, 205, 209, 282-4, 455

Ferrer, Jacome, 91

Ferrer, Vicente, 58, 145-6, 204

Feuerbach, Ludwig, 409

Fiammingo, Paolo, 113

Filadélfia, 306, 324-5, 387

Filipe II, rei da Espanha, 197, 210, 286, 311-2, 318

Filipe III, rei da Espanha, 200

Filipe de Mahdia, 94

Filipinas, 43, 187, 233, 252-3, 262, 310, 349, 482; guerra contra os insurgentes nas, 413; missionários nas, 277; república de índios, 309; sistema de classificação de Blumenbach, 357

finlandeses, 352, 358, 384, 463

Finlândia, 427

Fishberg, Maurice, 447

fisiocratas, 321

Flandres, 75, 219

Florida, 164, 253

folkways, 413

Fontana, Prospero, 114

Forbes, Jack B., 248

Foster, James, 325

Foucault, Michel, 340, 557n

França: abolicionismo, 316, 327; aliança com os otomanos, 176; arianismo, 393; catolicismo e protestantismo na, 225; ciganos na, 219; classificação racial na, 22; colonialismo, 33, 225, 257, 474; comércio escravagista, 261; crioulos nas colônias francesas, 240; cristãos-novos na, 215; emigração para as colônias, 257-9; expulsão de judeus da, 59; Idade Média, 29; judeus na, 214-5, 222, 333, 437; pesquisa científica na, 368; racialismo científico, 369-94; Revolução Francesa, 215, 222, 358, 360, 366, 369, 388, 415, 420, 441, 503; são Maurício, 74; Tratado de Versalhes, 485; Vichy, 450, 455; visão romana dos gauleses, 38

France, Anatole, 437

franciscanos, 119, 127, 146, 159, 171, 210, 211, 287, 299, 303

Francisco Xavier, são, 190

Francken, Frans, 114

Franco, Francisco, 455

francos, 40, 42, 53-4, 66, 69, 80, 88

Franklin, Benjamin, 321, 348
fratricídio, 179
Frederico II, rei da Sicília, 46, 48, 51-2, 74-5, 96, 106
Fredrickson, George M., 22, 25, 26, 419
Freschi, Sinibaldo, 72
Freyre, Gilberto, 333, 472
Frías de Albornoz, Bartolomé, 318

Galícia, 54, 429
Galton, Francis, 406, 415
Gama, Vasco da, 32, 171
Gandhi, Mohandas Karamchand, 491
Gannibal, Abram Petrovitch, 134
Garcia, Miguel, 318
García del Zorro, Don Gonzalo, 312
García Sáiz, María Concepción, 236
Garcilaso de la Vega, 162
Garrison, William Lloyd, 373
Geiger, Abraham, 218
Gellner, Ernest, 426
genealogia, 99, 161, 230, 232-4, 249, 382, 385, 446, 447, 504
genéticas, diferenças, 508
genocídio, 23, 30-1, 34, 416, 420, 431, 434, 441, 445, 454, 463, 473, 475, 478-9, 493-4, 503-6, 509; armênios, 431-7; Convenção para a Prevenção e Repressão do Crime de Genocídio da ONU, 31, 475, 513n, 571n; hererós na Namíbia, 23, 34, 474, 494; judeus, 439-56, 504-5; tutsis em Ruanda, 478-9, 494, 506;
genoma humano, 29, 508
georgianos, 65
Giovio, Paolo, 184
Gliddon, George Robins, 385, 388, 390
Goa, 169, 171, 174, 209, 213, 276, 289, 290, 304
Gobineau, Arthur, 380-6, 392-3, 415, 439, 441, 443-4, 502
godos, 40, 93, 439; ver também visigodos
Godwin, Morgan, 323
Godwin, William, 399, 411
Goethe, Johann Wolfgang von, 360
Góis, Damião de, 169, 208
Gómez, Antonio Enríquez, 145, 530n

Gonzalez, Arrigo, 138-9
Gonzalez, Pedro, 136, 138
Gossaert, Jan, 106
Gouges, Olympe de, 331
Gould, Stephen Jay, 343, 346
Grã-Bretanha: abolicionismo, 315, 322, 330; arianismo, 392; colonialismo, 33, 221, 226, 248; colônias americanas, 215, 259, 263, 270-2; comércio escravagista, 260; controle da África do Sul, 475; emigração para as colônias, 255-7; expansão do Império Britânico, 373; pictos na, 166; protestantismo na, 225; racialismo científico, 369-94; Tratado de Versalhes, 485; ver também Inglaterra
Granada, 52, 55-6, 93, 96, 106, 195-8, 203, 205, 210; mouriscos em, 195, 200; muçulmanos em, 60
Grant, Madison, 415
Grécia: Acaia, 80; deportação de judeus da, 451; Igreja Ortodoxa Grega, 50, 66, 80, 86; independência da, 505; racialismo científico, 376; tabu quanto ao canibalismo na Grécia antiga, 158
Greg, William, 406
Grégoire, abade Henri, 215, 333
Gregório IX, papa, 72, 96
Gregório XIII, papa, 311
Gregório XVI, papa, 319
gregos: classificação de Acosta dos, 122; conflitos com turcos, 314; divisão Oriente-Ocidente, 97; na Sicília, 46-7; preconceito contra, 85; teoria de Gobineau, 382-3; teoria de raça de Camper, 355
gregos ortodoxos, 50, 65, 68, 80, 86
Grócio, Hugo, 167, 319
Grossman, Vassili, 463
Gruzinski, Serge, 160
Guadalupe, 273, 297
Guamán Poma de Ayala, 161-2
guanches, 136, 150, 283, 284
Guatemala, 268, 286
guerra justa, conceito de, 72, 287-8, 303
Guiana, 215, 257-8, 271

Guilherme de Rubruck, 91

Guilherme de Tiro, 64, 85

Guiné, 100, 131, 139-40, 149-51, 247, 254, 260, 274, 351

Guiné Equatorial, 253

Guizot, François, 375

Habsburgo, Império, 214, 216; *ver também* Austríaco, Império

Häckel, Ernst, 404

Haiti, 261, 327; *ver também* Saint-Domingue

Hall, Catherine, 379-80

Harriot, Thomas, 164

Harris, Marvin, 472

Haussmann, barão, 117

Hawkins, Mike, 410

hebreus, 69, 93, 341, 381, 412

Hegel, Georg Wilhelm Friedrich, 267, 408-9

Henrique, infante d., 130

Henriques, d. Afonso, 57

Herder, Johann Gottfried von, 343, 352-3, 367

hereditariedade, 38, 40, 83, 181, 351-2, 359, 364-5, 484

hererós, 23, 34, 474, 475, 494, 505

Heródoto, 342

hibridismo, 240, 269, 385, 387-8, 391, 407

hierarquia de raças, 28, 380-1, 387, 389-90, 408; Cruzadas, 32; evolução social, 408-18; racialismo científico, 369-94; teoria da evolução de Darwin, 399, 408, 414; teoria de Gobineau, 381, 384

Himmler, Heinrich, 453, 464

hindus, 43, 169-70, 172, 174, 176, 290, 304, 306, 351, 407, 421, 453, 479; preconceito de Knox contra os, 378; teoria de Gobineau, 382-3, 385, 386

hindustani, raça, 351

Hirobumi, Itō, 485

Hiroyuki, Katō, 485

história natural, 32, 237-8, 341, 343, 346, 356, 360, 380, 388, 396-7, 403

historicismo, 25

Hitler, Adolf, 394, 416, 439, 441-7, 449-51, 453-4, 456, 504

Hobbes, Thomas, 167, 320, 325, 408

Hobsbawm, Eric, 426

Hofstadter, Richard, 410

Hogenberg, Franz, 108-9, 114

Holanda, 33, 131, 134, 201, 213, 257, 339, 347, 354, 449; *ver também* Países Baixos

Holanda, António de, 140

Holocausto, 343, 377, 508; *ver também* Alemanha nazista

Holwell, John Zephaniah, 392

Homem, Lopo, 140

"homem selvagem", caso de um suposto (Pedro Gonzalez), 136

Homo sapiens, 344

homossexuais, 452

Honduras, 268

Hose, Sam, 468, 469

hotentotes, 132, 139, 294, 345, 347, 363, 375; classificação de Lineu dos, 345; racialismo científico, 375, 386, 390; teoria de raça de Cuvier, 359; teoria de raça de Virey, 361-3;

Humboldt, Alexander von, 33, 367-8, 374, 389, 417, 501

Hume, David, 214, 223-4, 321, 376

húngaros, 69, 75, 80, 186, 351, 422, 433

Hungria, 69, 79-80, 216, 220, 369-70, 424, 427, 429, 451, 460

hunos, 351

Hunt, James, 380

Huntington, Samuel, 201

Hutcheson, Francis, 325

hútus, 478-9, 494, 506

Huxley, Thomas Henry, 403-4, 406, 482

Ianni, Octávio, 472

Ibn Hawqal, 92

Ibn Jubayr, 93

Ibn Khaldun, 92

Idade Média, 21, 25-6, 29, 31, 36, 39, 43, 68, 74, 78, 82, 93, 97-8, 100, 117, 157, 187, 218, 222, 225, 248, 251, 341; cristianização na, 78-81; teoria de Gobineau, 384; tipologias medievais, 82, 83; uso do termo "raça" durante a, 30

identidade coletiva, 22, 29-30, 54, 497, 502, 508

idolatria, 122, 127, 161-2, 165, 172, 177, 184, 189-90, 192, 198

Ifríquia, 40, 62, 64, 78, 90, 94

Igreja Católica *ver* catolicismo

igualdade, 65, 76, 98, 101, 132, 169, 177, 204, 222, 249, 253, 316, 320, 324, 337, 371, 381, 387-8, 391, 399, 414-5, 428, 433, 443, 485, 492, 493

Iluminismo, 167, 218, 222, 321, 331, 341, 345, 366, 379, 380

imigrantes, 54, 80, 372, 475, 509

imperialismo, 118, 375, 393, 411, 413, 421, 483, 485, 493

impureza, noção de, 29, 47, 169-70, 209, 211, 485, 489-91, 493, 495, 507

incas, 112, 123, 161-2, 170, 252, 299, 348, 382, 392, 411-2

Índia, 27, 29, 32, 34, 41, 43, 100, 139, 168-72, 174, 187, 209, 232, 252, 254-5, 257-8, 278-80, 286, 294, 304, 309, 328, 333, 367, 373, 392-3, 396, 421, 453, 475, 482-3, 491-2, 495; arianismo, 392; *Atlas Catalão*, 90; ausência de propriedade privada na, 182; casamentos mistos na, 289; ciganos da, 219; classificação de Acosta dos, 121; cristãos-novos na, 209; emigração para a, 254; Império Mogol, 176; impostos fundiários na, 293; Inquisição na, 276; nacionalismo, 421; segregação espacial na, 304; sistema de castas, 168-75, 507; teoria de raça de Kant, 351

indianos, 42, 168-76, 192, 247, 289, 295, 330, 347, 351, 389, 393, 409, 476-7, 506; acesso a posições clericais, 309; em Moçambique, 247; teoria de Gobineau, 392; teoria de raça de Virey, 363

Indochina, 357, 396

inferioridade, 28, 31, 330, 334, 365, 387-8, 390, 408, 412, 433, 454, 477, 490-1, 508-9; evolução social e, 408-18; racialismo científico, 369-94; sistema de castas, 169-70, 175, 492, 499

Inglaterra, 60, 64, 80, 164, 201, 219, 255, 270-1, 294-5, 297, 307, 314, 316, 321-5, 328, 330, 375-7, 381, 392, 394, 398, 401, 426, 429, 499, 502; abolicionismo, 315, 322, 330; expulsão dos judeus da, 222; legislação anticiganos na, 218-9; racialismo científico, 369-94; sentimentos antijudaicos na, 214, 216; *ver também* Grã-Bretanha

Ingoli, Francesco, 310, 312

Inocêncio II, papa, 46

Inocêncio IV, papa, 72, 96

insultos, 191, 232, 310

intocáveis, 485, 488-93, 495, 507

inuit (esquimós), 346, 349, 357-9, 375, 400

Irã, 41, 78, 170, 180, 487; cor da pele dos iranianos, 192; rivalidade com turcos, 182; *ver também* Pérsia

Iraque, 42, 434

Irlanda, 80, 374, 376

irlandeses, 81, 97, 222, 255, 498

Isaac, Benjamin, 24

Isabel, a Católica (Isabel de Castela), rainha, 149, 196, 201, 205, 209, 282-4, 455

Isidoro de Sevilha, 83, 99

islã, 41, 45, 52, 62, 64, 70, 180, 184-6, 197-8, 212, 233, 241, 280, 435; *ver também* muçulmanos

Itália, 47, 50, 52, 55-6, 58, 63, 75, 80, 88, 107, 137, 260, 423, 451, 455, 498; arianismo, 393; boas relações com imperadores iranianos e mogol, 176; colonialismo, 396; cor da pele, 194; cristãos-novos na, 213; cumplicidade com a Alemanha nazista, 393; desprezo étnico, 92; escravatura, 150; expulsão de ciganos da, 219; Idade Média, 29; Igreja Ortodoxa eliminada na, 88; judeus na, 215, 222; missionários na, 120; política nacional na, 395; representações artísticas na, 142; revolta liberal milanesa, 369; são Maurício, 75; trabalhos sobre a personificação da Europa, 107, 115; unificação da, 395, 420, 422

Iugoslávia, 427, 451, 461, 494, 505

Jaca, Francisco José de, 318

jacobitas, 65-6, 70, 86, 498

Jāhiz de Baçorá, 43

Jamaica, 261, 271-2, 328

James, William, 390

janízaros, 177, 179, 181

Japão, 26-7, 29, 34, 172, 187, 189-91, 277, 420, 482, 484, 486-8, 490-2, 495, 507; classificação de Acosta dos japoneses, 121; sistema de classificação de Blumenbach, 357; sistema de classificação de Buffon, 347, 349; teoria de raça de Cuvier, 359; visão chinesa do, 495

javaneses, 347, 354, 487

Jefferson, Thomas, 272, 371, 465

Jerusalém, 32, 45, 60, 62, 64-6, 82, 93, 96, 99, 177, 220, 498

jesuítas, 119-20, 166, 171, 190-1, 210, 263, 265, 288-9, 310, 318, 392, 456; na América, 241, 263, 288, 303, 317; na China e no Japão, 188; na Índia, 392

Jesus Cristo, 44, 59, 98, 177, 198, 217, 430, 440

Jiménez de Enciso, Diego, 146

João II, d., rei de Portugal, 125-6, 205, 207

João de Sá Panasco, 134

Johnson, Lyndon, 471

Jones, William, 173, 366, 392

Jordaens, Jacob, 142

Jovens Turcos, 427, 433, 435, 436, 493, 503

Juárez, Benito, 269

judaísmo, 52, 68, 208, 213, 286, 440

judeus, 21, 23, 25-7, 29, 31, 39, 43, 50, 57-62, 66, 71-2, 92-3, 95-6, 98, 131, 145, 170, 195, 199-202, 204, 206-7, 209-18, 221-2, 234, 249, 296, 304, 349-50, 379, 393, 425, 428-31, 433, 437-9, 441-51, 454-7, 463, 483, 485, 493, 497, 503-5, 508; Aquino sobre os, 71; arianismo, 393; aspecto físico dos, 87, 89; comparação com indianos, 169; conflito com cristãos, 97; convertidos ao cristianismo, 59-60, 93, 98, 199-200, 202, 204-5, 212, 496; direito canônico, 72; discriminação contra os, 216; do Norte da África, 456; em Portugal, 195, 206; expulsões de, 60, 72, 95, 204, 206-7, 214, 438, 447, 455; história do racismo de Fredrickson, 26; integração no Estado

francês, 333; movimentos antijudaicos, 60, 204, 214, 218, 350, 396, 429-31, 438-9, 447; na Espanha, 455; na França, 214-5, 222, 333, 437; na Itália, 215, 222; na Península Ibérica, 26, 32, 57, 96, 98, 195, 204, 207, 221, 225, 248, 455, 496; na Polônia, 216, 222, 425, 429, 449, 451; na Rússia, 395, 429, 441-2, 449, 503, 508; na Sicília, 49, 95; no Oriente Médio, 38; nos Estados Unidos, 428; percepções medievais dos, 32; preconceito de Knox contra os, 378; preconceito de Voltaire contra os, 214; racialismo científico e, 386, 393; repressão durante a Inquisição, 199; rotas da diáspora, 95; sobrevivência do povo judeu, 40; teoria de Gobineau, 386, 393; visão de Darwin sobre os, 407; *ver também* antissemitismo; cristãos-novos

jus soli/ jus sanguinis, 426

Kant, Immanuel, 33, 343, 350-2, 392

Katzew, Ilona, 236-7

Keith, Arthur, 27

Kemal, Mustafa, 427, 435

khāzares, 43

Khruschóv, Nikita, 463

Kidd, Benjamin, 412-3

King, Martin Luther, 470

Kirkpatrick, James Achilles, 277

Klor de Alva, Jorge, 236

Knox, Robert, 374-80, 382, 503

Ku Klux Klan, 391, 467

Kunitake, Kuma, 485

La Fayette, marquês de, 331

La Rochefoucauld, duque de, 331

Lafitau, Joseph-François, 166, 321, 415

Lamarck, Jean-Baptiste, 342, 360-1, 368, 389, 396-7, 410, 417-8, 482, 501-2

Lapeyre, Henri, 539n

lapões, 79, 97, 222, 339-41, 346, 358, 498; sistema de classificação de Blumenbach, 346; sistema de classificação de Buffon, 349, 358; teoria da linguagem de Herder, 352; teoria de raça de

Camper, 353; teoria de raça de Cuvier, 359; teoria de raça de Kant, 351

Lapônia, 339-40

Lapouge, G. Vacher de, 393, 415

Las Casas, Bartolomé de, 120, 123, 288, 317-8, 331, 527*n*

Latham, Robert, 379-80

Lay, Benjamin, 324

Le Bon, Gustave, 410

Leão, reino de, 54

Lecky, William, 406

legislação, 62, 93, 96, 98, 120, 271, 278, 280-1, 286-9, 297, 301, 306-7, 323, 329, 429, 472, 505; *ver também* direito

Leiris, Michel, 474

Leis de Nuremberg, 446

Leite, Gonçalo, 318

Lérida, 91-2

Leste Europeu, 78

Letônia, 427

Lévi-Strauss, Claude, 26

Li Chi, 483

Liang Qichao, 482

liberalismo, 218, 222, 370-1, 374, 440, 443

Líbia, 42

Ligon, Richard, 167

linchamentos, 469-70

Lincoln, Abraham, 373

Lineu, Carl, 33, 238, 339-41, 343-6, 348, 356, 368, 406, 417, 501

língua/linguagem: abusiva, 232, 248, 295; árabe, 196; catalã, 53; classificação de Acosta, 120; crioulo, 240; identificação étnica baseada na, 83; na Sicília, 41; no Brasil, 240; sistema de classificação de Blumenbach, 358; teoria da linguagem de Herder, 353; trabalho etnográfico de Prichard, 365

linhagem, 29-30, 38-9, 59, 77, 134, 184, 208, 212, 221, 249, 280, 480, 482, 484, 506

Linschoten, Jan Huygen van, 174-6, 190, 194

Lisboa, 55, 57-8, 89, 119, 125-6, 129, 136, 150, 206-8, 213, 319

literatura, 144-7; ideal do "bom selvagem", 167, 331; judeus na, 218; primitivista, 325, 331

Lituânia, 69, 216, 427

lituanos, 79, 463

Locke, John, 320

Lockhart, James, 160

lombardos, 40, 49-50, 55, 69, 92, 95, 439

Lope de Vega, 145-6

Lopes, Duarte, 528*n*

Lorenzana y Butrón, Francisco Antonio de, 300

Louisiana, 163, 240, 258, 261, 272-3, 297, 465, 469

Ludolfo de Sudheim, 63, 89

Lueger, Karl, 424, 442

Luís XIV, rei da França, 167, 297

luso-africanos, 291

Lutero, Martinho, 216

Lyell, Charles, 401

Macau, 187, 191, 194, 276, 289

Macaulay, Thomas Babington, 375

Madagascar, 131-2, 279

Madras, 306-7

magiares, 80

maias, 161

Maiorca, 89, 204

Malaca, 278, 293, 305

malaios, 354, 358-9, 363, 386, 483, 487

Malaterra, Geoffrey, 94

Malthus, Thomas Robert, 399, 401-2

mamelucos, 107, 109, 132, 180, 241, 244-6, 391

Mandler, Peter, 379-80

Manfredo, rei da Sicília, 51, 55, 96

Manila, 277, 305

Manuel I, rei de Portugal, 207, 528*n*

maoris, 399, 413

mapas, 103, 105, 111-4, 132, 176, 207, 237, 366

Mar do Sul, ilhéus do, 399

Marana, Giovanni-Paolo, 392, 563*n*

Marillier, Clément-Pierre, 142

Marino, John, 526*n*

maronitas, 65, 67, 70, 498

Marr, Wilhelm, 437-9

Marrocos, 90, 131

Martin, Gunther, 86

Martini, Martino, 392

Martinica, 151, 214, 273

Marx, Karl, 408-10

marxismo, 27, 322, 410, 438, 442-3, 445

masculinidade, 109, 145

Mason, Peter, 246

Maurício, ilhas, 240

Maurício, são, 74-6

Maurras, Charles, 437

Mediterrâneo: Cruzadas, 35-6; expansão islâmica no, 41; potências muçulmanas no, 204; preconceitos contra os negros, 82

Mehmet II, imperador otomano, 69-71, 177

Memling, Hans, 76

Mendelssohn, Moisés, 218

Mendes, d. Afonso, 310

Mendes Pinto, Fernão, 190-1

Mendonça, Lourenço da Silva de, 319

Mendoza, Juan González de, 189

Mercado, Tomás de, 318

Mercator, Gerardo, 103, 108

Mérida, Juan de, 145

mesquitas, 56, 64, 94, 176, 184, 196

mestiços, 38, 130, 142, 162, 228-31, 234-5, 237, 241-2, 245, 247-8, 263, 266, 268-9, 273, 275-6, 280, 285-7, 293, 301-2, 311-2, 391, 412, 439, 447; acesso a posições clericais, 311-2; América espanhola, 268; preconceitos contra os, 249, 294; ver também raça mista, indivíduos de

Metraux, Alfred, 532n

México: classificação de Acosta dos mexicanos, 121; comércio escravagista, 262; conquista do, 283, 285; diversidade étnica no, 420; emigração para o, 253; estrutura racial do, 268; indivíduos de raça mista no, 228-30; investigação sociológica de Spencer, 412; pinturas de castas, 228-39; presidente índio (Benito Juárez), 269; sacrifícios humanos no, 163; segregação espacial no, 299-300

migração: emigração europeia, 253-8; forçada, 298, 463; invasão bárbara da Europa, 40;

para as colônias, 254-5, 257; política para atrair migrantes, 254, 257, 333

Mirabeau, conde de, 321, 331

miscigenação, 271, 295, 297, 335, 347, 349, 364, 383, 385, 466, 502; crítica de Knox da, 377; Hitler sobre a, 444; nativos americanos, 466; política colonial francesa, 296-7; política colonial holandesa, 294; política colonial portuguesa, 303, 473; ver também casamentos mistos; indivíduos de raça mista; mestiços

missionários, 119-20, 129, 171, 293, 303, 310, 312, 392; na China e no Japão, 187, 191; na Índia, 187; nativos, 310; portugueses, 171, 293, 312

Mississipi, rio, 163, 272-3

mitos sobre origens, 392, 420

Moçambique, 247, 254, 275, 309, 473, 549n

moçárabes, 56-7, 248, 498

moda, 109

Mogol, Império, 176-8, 182

Moirans, Epifânio de, 318

Molina, Luis de, 120, 318

mongóis, 91, 346-7, 351, 355, 358-9, 390, 481-2; racialismo científico, 386; sistema de classificação de Blumenbach, 357-8; teoria de raça de Cuvier, 359; teoria de raça de Virey, 363-4

Monnet, Charles, 142

monogenismo, 342, 361, 365, 387, 389, 501

Montagu, Mary, 186

Montaigne, Michel de, 155-6, 167, 331, 349, 353

Montanus, Arnoldus, 192-3

Montesquieu, Charles-Louis de Secondat, barão de, 167, 183, 185, 214, 223, 320, 331

Montúfar, Alonso de, 318

Moore, James, 406

Morávia, 219

morávios, 80, 323

morenos, 195, 241, 247, 351

Morgenthau, Henry, 436

Mortara, Edgardo, 566n

Morton, Samuel George, 382, 385-9, 502

Morton, Thomas, 81

motins: antigregos, 463, 505; antijudaicos, 59,

210, 216, 447; antimuçulmanos, 196; em Portugal, 208; na Cidade do México, 301

mouriscos, 43, 101, 195-203, 209, 221, 229, 232, 249, 286, 308-9, 497, 508; em Valência, 91, 93; expulsão dos, 203, 209, 497

mouros, 43, 106-7, 145, 147, 187, 194, 196-7, 202, 248; cor da pele, 189, 194, 232, 241; nas colônias holandesas, 247; origens mouras dos mouriscos, 91; teoria de raça de Kant, 351

muçulmanos, 29, 31, 40, 43, 45, 47-8, 51-2, 55-6, 57, 61-2, 64-6, 72, 88, 91-8, 106, 131, 176, 184-5, 187, 195-6, 198, 200-4, 207, 211-3, 221, 225, 232, 234, 247, 249, 282, 287, 304, 320, 421, 425, 427, 431-2, 435, 453-5, 484, 487, 496, 498, 503, 506, 508; aspecto físico dos, 87-8, 90-1; *Atlas Catalão*, 90-1; bósnios e albaneses, 461; convertidos ao cristianismo, 93-4, 98, 200, 212-3, 221, 234, 498; desprezo étnico, 92; direito canônico, 72; discriminação contra, 195; em Moçambique, 247; Hitler sobre os, 454; na África, 421; na Índia, 290; na Península Ibérica, 32, 41, 45, 52, 55-7, 60, 91, 95, 195, 202, 207; na Sicília, 41, 45, 47, 49, 50-3, 55, 92; no Império Otomano, 180, 220; no Oriente Médio, 60; percepções medievais dos, 29; preconceito contra os, 69-70, 88; reclusão de muçulmanas, 195

mulatos, 43, 100, 132, 134, 162, 229-32, 235, 241, 247-8, 263, 265-6, 268-9, 272, 274, 279, 292, 297, 303, 377; acesso a posições clericais, 312; na América britânica, 272; na América espanhola, 268; nas colônias francesas, 297; no Brasil, 240, 247; preconceitos contra, 263, 265; racialismo científico, 377, 383, 391; teoria de raça de Kant, 351; *ver também* raça mista, indivíduos de

mulheres: africanas, 89, 103, 113, 132, 139, 147; caucasianas, 349; cor da pele das portuguesas, 194; estigma de impureza, 489; muçulmanas, 61, 92, 195; na Índia, 277; nativas americanas, 152-3, 163; opressão das, 161; pictos, 166; representações artísticas das, 139, 147; visão de Virey sobre as, 364

Müller, Friedrich Max, 392, 439

Musa, Mansa, 91

Mussolini, Benito, 393, 454-5

nação, 27, 29-30, 195, 223, 225, 365, 374, 420, 426, 436, 439, 441, 443-5, 454, 493-4, 502, 505

nacionalismo, 26, 29, 34, 393, 419-20, 422, 426-7, 459, 481, 484, 502

naires, 169, 170

Namíbia, 23, 34, 474, 494, 505

Napoleão iii, 370, 381

Napoleão Bonaparte, 215, 327, 333, 359, 369, 376, 429

Nápoles, 52, 215, 370

Nassau, Maurício de, 131, 242

nativos americanos, 23, 152-9, 166-7, 196, 250, 252, 259-60, 263, 271-3, 280, 286-9, 295, 300, 310, 317, 331, 333, 335-7, 340, 348-9, 359, 400, 416, 420, 464-7, 472, 494, 498; acesso a posições clericais, 309; classificação de Acosta dos, 120; classificação étnica dos, 247; discriminação e segregação, 299-300, 309, 311, 318; etnografia comparativa, 164-7; negritude aplicada aos, 247, 500; pinturas coloniais, 244-6; variedade étnica, 280; *ver também* americanos

natureza, 26, 47, 116, 136, 139, 212, 233, 237, 249, 336, 341, 344, 349, 352, 358, 360, 381, 389, 397, 401, 404-5, 408-10, 416, 443, 480, 501, 503

nauatles, 159, 162, 166, 170, 231-2, 252, 259, 299-300

Navarra, 54, 95, 207-8, 219

negritude, 472, 474, 499-500

negros: história do racismo de Fredrickson, 22; linchamento de, 414, 468-70, 500; Montesquieu sobre os, 320; motins na Cidade do México, 301; pinturas de castas, 228-39; preconceito de Knox contra os, 375, 378; racialismo científico, 369-94; representações artísticas dos, 140-7, 244; rotulados de "caras queimadas", 25; teoria de Gobineau, 381-5; teoria de raça de Cuvier, 359; teoria de raça de Humboldt, 367; teoria de raça de Kant, 351; teoria de raça de Virey, 361, 363-4; trabalho etnográfico de Prichard, 365

nestorianos, 65

Newson, Linda A., 277

Newton, Isaac, 341

Nicolau de Cusa, 70

Nicolau de Verdun, 74

Nicolay, Nicolas de, 177

Nirenberg, David, 212

Nkuwu, Nzinga a, 127

Nobili, Roberto, 171-2

Noite dos Cristais (1938), 447-9

nórdicos, povos, 82-3, 393, 415, 439

normandos, 45, 47, 49-51, 57, 84, 92, 283, 340, 375, 384

Norte da África, 40-1, 43-4, 47, 50, 57, 63, 73, 90, 94, 105, 107, 111, 113, 131, 133, 200-1, 254, 260, 282, 351; *Atlas Catalão*, 90; berberes no, 41; colonialismo no, 252; cor da pele, 194; cristãos-novos no, 213, 498; expansão islâmica no, 55, 177; judeus do, 456; migrantes do, 225; migrantes para o, 51, 196; mouriscos no, 200

Nott, Josiah Clark, 381, 388-90, 408, 502

Nova Granada, 121, 253

Nova York, cidade de, 215, 306-8, 447

Nova Zelândia, 393, 407, 412

Novo México, 163, 372, 465

Núñez de Páez, padre Bernabé, 302

Oceania, 341, 347, 349, 393, 396, 411, 502

olhos claros, 415

Oliveira, Fernando, 318

Oregon, 465

orientalismo, 117, 173, 526n

Oriente Médio, 60-7; Cruzadas, 35; escravidão natural no, 38; expansão islâmica no, 41, 177; Igreja Ortodoxa eliminada no, 88

Ortega y Gasset, José, 456

Ortélio, Abraão, 102-5, 107-9, 111, 114, 500-1, 525n

Ortiz, Domínguez, 212

ostrogodos, 40, 93

Otomano, Império, 34, 177, 180-1, 214, 220, 425, 427, 431-3, 435-6, 448, 478, 493, 503, 508; base religiosa, 433; ciganos no, 219; cristãos-novos no, 213, 498; escravos cristãos no, 180; exclusão de minorias no, 23, 26; fratricídio, 179; genocídio armênio, 431-7; igrejas cristãs no, 70; mouriscos no, 200; refugiados muçulmanos, 424; rotas de escravos, 134; terrorismo racial no, 431; *ver também* turcos; Turquia

Owen, Richard, 382

Pacheco, Rodrigo Álvares, 146

Pacífico, ilhas do, 357

paganismo, 39

Pagden, Anthony, 159

Países Baixos, 215, 222, 316; abolicionismo, 327; mapas impressos nos, 112; população urbana, 525n; quadros vivos nos, 107; representações artísticas dos, 142; trabalhos sobre a personificação da Europa, 107, 112, 116; *ver também* Holanda

Palermo, 46, 48-9, 94-5, 146

Palestina, 42, 51, 62, 65, 71, 91, 177

Palma de Maiorca, 58

Palmer, William, 277

Panamá, 253

Pánfilo de Narváez, 163

Paquistão, 421, 487

Paracelso, 341

Paraguai, 163, 289

pardos, 241

Paré, Ambroise, 137, 349

parentesco, 30, 120, 156, 506

párias, 479, 488, 507

Parsons, Talcott, 410

partos (povo), 38

paternalismo, 139, 474

Patterson, Henry S., 388-9

Pedro III, rei de Aragão, 97

Península Ibérica, 26, 32, 36, 41, 44-5, 50, 52-60, 63, 68, 78, 80, 91-2, 95-6, 98, 100, 150, 195, 201-4, 207-8, 212, 225, 232, 249, 260, 282, 369,

455, 496, 498, 505; ambiente multirreligioso, 82; cor da pele, 195; cristãos-novos na, 333; Cruzadas, 45; desprezo étnico, 88; direitos civis na, 283; Inquisição na, 497; judeus na, 26, 32, 57, 96, 98, 195, 204, 207, 221, 225, 248, 455, 496; mouriscos na, 93, 101, 195, 201-2, 232, 249, 497; muçulmanos, 32, 41, 45, 52, 55-7, 60, 91, 95, 195, 202, 207; projetos e políticas coloniais, 78, 299; *ver também* Espanha; Portugal

Pensilvânia, 270, 320, 322, 324, 387-8

Pepys, Samuel, 195

Perez, Rosa Maria, 493

Pérez de Hita, Ginés, 194

Perkins, William, 323

Pérsia, 90, 183, 347; esposas brancas de governantes da, 349; teoria de raça de Camper, 354; *ver também* Irã

personificação dos continentes, 32, 102-17, 220, 346, 525-6n

Peru, 107, 119, 121-2, 237-8, 253, 259, 262, 268, 283, 286, 337, 412, 467, 472; classificação de Acosta dos peruanos, 121; conquista do, 285; declínio da população nativa no, 259; emigração para o, 253; estrutura racial do, 268; indivíduos de raça mista no, 312

Peter, Hugh, 81

Peyrère, Isaac de La, 341

Picard, Bernard, 176

Piccolomini, Enea Silvio, 69-71, 219

pictos, 166

pietismo, 361

Pietro, Gaito, 94

Pimentel, Francisco, 192

Pina, Rui de, 125

Pinto, Isaac, 350

Pio II, papa, 69-70, 219

Pires, Tomé, 99

Pisano, Nicola, 83

Pizarro, Francisco, 283

Plancius, Petrus, 112

planejamento urbano, 123, 161, 188, 285, 298, 303

plantation, 259, 270, 306, 324, 326, 328, 473

Platão, 156, 192

Plínio, 75

poder real, 284-5

Poeschel, Sabine, 115

pogroms, 26, 98, 217, 429-31, 447-8, 503

Poincaré, Henri, 437

poligenismo, 342, 352-3, 361-2, 365-6, 378, 382, 387-9, 440-1, 501

polinésios, 363

Polo, Marco, 91, 187

poloneses, 79-80, 347, 447, 449, 463

Polônia, 69, 80, 216-7, 222, 423-4, 427, 429, 449; expulsão de ciganos da, 219; judeus na, 216, 222, 425, 429, 449, 451; partição da, 396; racialismo científico, 376; Segunda Guerra Mundial, 460

poluição, 209-10, 220, 488, 491, 493, 507

Pombal, marquês de, 211, 263, 289, 303

Porto Rico, 269

Portugal: abolicionismo, 316, 326; boas relações com imperadores iraniano e mogol, 176; catolicismo em, 225; colônias portuguesas, 173-4, 224, 226, 242, 275-6; conflito com os turcos, 186; contatos com a China, 187-8, 192; cor da pele, 241; crioulos no império português, 239; cristãos-novos em, 208, 211, 213, 455; emigração para as colônias, 194, 251; expulsão de ciganos de, 219; expulsão de judeus de, 59, 204, 207; independência de, 54; judeus em, 195, 206; missionários em, 120; monopólio comercial estatal, 292; muçulmanos em, 55, 207; origem da nação, 426; portugueses na Índia, 139, 168-70, 254; primeiro encontro com os japoneses, 190; provérbios, 43; pureza de sangue, 211, 456; racialismo científico e, 373, 376, 390; representação de índios, 157; taxonomia racial, 239-40, 242; *ver também* Península Ibérica

Post, Frans, 242

Postel, Guillaume, 108, 177, 184-5, 187

povoações, 51, 80, 251, 285-6, 289, 300-1, 304-8, 429; *ver também* cidades

598

Prakasam, Gnana, 492

Prata, rio da, 114, 153, 253

preconceito: baseado na cor da pele, 219; classificação étnica, 232-3; representação artística de africanos, 73-6; representações literárias, 144-7; sistema de classificação de Buffon, 358; teoria da evolução de Darwin, 407-8; teoria de raça de Cuvier, 360; teoria de raça de Humboldt, 368; *ver também* discriminação

Prichard, James Cowles, 33, 343, 365-8, 374-5, 377, 382, 386, 388, 407, 412, 417, 501

Primeira Guerra Mundial, 427, 433-4, 436-7, 439, 441, 444, 447-8, 463, 470, 483, 485, 507

primitivismo, 127, 325

prisioneiros de guerra, 321, 453, 463

Propaganda Fide (Roma), 310, 312, 319

protestantismo, 113, 216, 225, 314, 323-4, 375-6, 415; *ver também* cristãos; cristianismo

Proudhon, Pierre-Joseph, 364

Prússia, 79, 369, 423, 429

prussianos, 79, 216, 454

Pufendorf, Samuel von, 167, 320

pureza de sangue, 205, 208-12, 221, 230, 234, 336, 455-6, 497, 505

puritanismo, 225

Púchkin, Alexander, 134

quakers, 314, 320, 322-4

Quatrefages, Armand de, 364, 393

Quesnay, François, 322

raça: ausência de conceito no mundo pré--moderno (crítica), 248; como expressão de identidade coletiva, 29; conceito de, 29, 249; "desejo" de, 29, 440; história da, 280; semântica da, 28-31; sistema de classificação de Buffon, 354-6, 358, 367; teoria de Camper, 353-5; teoria de Gobineau, 380-5; teoria de Knox, 374-2; teorização científica sobre, 334; visão de Hitler sobre, 444; *ver também* etnia; hierarquia de raças

raça mista, indivíduos de, 229, 232-4, 244, 248, 271-3, 275, 277-8, 280, 287, 289, 294, 297,

299-301, 305, 309, 311-2, 333, 335-7, 349, 358, 377, 388, 391, 407, 412, 452, 471-3, 499-500; acesso a posições clericais, 309, 311-2; Companhia das Índias Orientais, 500; em Moçambique, 549*n*; luso-africanos, 291; motins na Cidade do México, 301; nas colônias francesas, 240, 272, 297; nas colônias holandesas, 272; nas Filipinas, 262; no Caribe, 416; pinturas coloniais, 242-6; programas de esterilização nazista, 452; racialismo científico, 369-94; rebaixamento dos, 249; sistema de classificação de Buffon, 349, 358; visão de Darwin sobre os, 407; *ver também* crioulos; mestiços; miscigenação; mulatos

racialismo científico, 369-94

racialização, 248-9, 360

Raleigh, Walter, 164, 271

Raynal, abade Guillaume, 320, 332, 348

Reforma Protestante, 178, 216

regeneração, 324, 350

Regino de Prum, 83

Reinach, Salomon, 444

Reinel, Jorge, 140

Reinel, Pedro, 140

reis magos, 74, 76, 83, 90, 105, 156, 157

relações sexuais, 64, 225, 273, 279, 451, 468, 475, 477

relativismo cultural, 157, 353

religião: acesso dos nativos a posições clericais, 309-12; descendência étnica, 98, 496; evolucionismo e, 397, 403; identidade religiosa, 419; identificação étnica e religiosa, 78, 82; narrativa da Criação, 341; paganismo, 39; pietismo, 361; tipologias medievais, 82-3; tolerância religiosa, 177, 322; *ver também* cristianismo; islã; judaísmo

Renascimento, 100, 117, 346

república de índios, 286, 300-1, 309, 335

Resende, Pedro Barreto, 276

reservas indígenas, 464-6, 476

Reunião, ilha, 258

Revolução Francesa, 215, 222, 358, 360, 366, 369, 388, 415, 420, 441, 503 revolução social, 416

Ricard, Robert, 160

Ricardo, David, 409

Ricardo I, rei da Inglaterra, 64

Ricci, Matteo, 172, 191-2

Ripa, Cesare, 112-3

Ripley, William Z., 394, 414-5, 441

rituais, 132; na Índia, 175; sacrifícios humanos, 39, 120-1, 130, 133, 159-61, 163, 174, 176

Roberto de Calataboiano, 94

Rochechouart, Louis de, 519n

Rodríguez Juárez, Juan, 229-31

Rogério II, rei da Sicília, 46-51, 64, 82-3, 94, 106

Roma, 37-8, 45-6, 75, 79, 86, 105, 114, 119, 126, 129, 136, 138, 171-4, 205, 215, 310, 319, 370

Romano, Giulio, 107

romanos, 24, 37-41, 47, 64, 82, 84-5, 93, 136, 166, 187, 189, 376, 412, 439; classificação de Acosta dos, 122; Império Romano, 39-40, 72, 74, 78, 96-7, 105, 123; investigação sociológica de Spencer, 412; modelo colonial, 251; teoria de Gobineau, 383, 385; teoria de raça de Camper, 355

Romantismo, 361

Romênia, 426, 429, 461

romenos, 79, 370, 422, 424, 463

Rosenberg, Alfred, 393

roupas/vestuário, 49, 56-7, 62, 84, 91-2, 96, 100, 102, 104-5, 109, 113-5, 123, 125, 131, 133-4, 151, 156, 162, 173-5, 177, 197, 229, 234-5, 237, 244, 300, 332, 341, 345, 362, 400, 411

Rousseau, Jean-Jacques, 167, 320, 331-2, 349-50

Ruanda, 34, 478-9, 494, 506

Rubens, Peter Paul, 114

Rugendas, Johann Moritz, 267, 269

Rússia, 26, 78, 217, 369-70, 396, 423-4, 426-7, 430, 436, 441-2, 449, 452-3, 482, 487, 493; armênios na, 434; conflito da China com a, 483; extermínio de russos pelos nazistas, 453; Império Russo, 424-5, 427, 429, 432-4, 437; judeus na, 395, 429, 441-2, 449, 503, 508;

Segunda Guerra Mundial, 459; *ver também* União Soviética

russos: mortes durante a Segunda Guerra Mundial, 504; na Sicília, 50; racialismo científico, 375, 377

ryukyuanos, 487

Sabá, rainha de, 73-4, 90

sacrifícios humanos, 39, 120-1, 130, 133, 159-61, 163, 174, 176

Sacro Império Romano, 36, 68, 74-5, 219, 501

Sahagún, Bernardino de, 119

Said, Edward, 218

Saint-Domingue, 261, 273, 297, 327, 329-30

Saint-Hilaire, Étienne Geoffroy, 343, 360-1, 364, 368, 378, 389, 397, 417, 501

Saint-Vincent, Bory de, 364

Saladino, 62, 66, 75

Salazar, António de Oliveira, 455-6

samaritanos, 169

sami *ver* lapões

Sánchez, P. Alonso, 119

Sandoval, Alonso de, 318

Sandys, George, 180-2, 185

santos, 141-2, 146, 161, 177, 198

São Tomé, ilha de, 254, 260, 274, 291, 473

sarcófagos, 46, 49, 82

Sardenha, 89, 215

sarracenos, 43, 69, 71, 92, 97, 107, 248

satnamis, 492

saxões, 40, 79, 375-7

Scaliger, Julius Caesar, 137

Schlegel, Friedrich, 366

Schmidel, Ulrich, 163

Schoelcher, Victor, 364

Schönerer, George Ritter von, 424, 442

segregação: classificação étnica, 228-50; colonialismo britânico, 294; de judeus, 40, 62, 71, 97-8, 195, 212, 214, 216, 221; de muçulmanos, 64, 72, 95, 98, 195, 212, 221; de nativos americanos, 335; estrutura étnica, 251-80; indivíduos de raça mista, 280, 297, 311; na África colonial, 473-9; na Ásia,

479-92; na Idade Média, 36; na Irlanda, 81; na Península Ibérica, 56, 95, 203, 455-6; nas Américas, 262, 335-7, 464-73; nos Estados Unidos, 28, 34, 262, 391, 395, 467, 470, 494, 497, 502; política colonial francesa, 296-7; "positiva", 301, 335; promoção de Agassiz da, 391; universalismo cristão e, 71; *ver também* discriminação

segregação espacial, 98, 196, 227, 298, 300, 303-5, 308, 491, 507

Segunda Guerra Mundial, 28-9, 34, 343, 410, 416, 448, 455, 457, 459, 461, 463-4, 470-1, 477, 485, 487, 494, 502, 504

seleção natural, 402, 404-6, 408, 410, 413, 415, 417, 502

seljúcidas, 41, 62

"selvagem", caso de um suposto (Pedro Gonzalez), 136

semântica racial, 28-31

seminoles, 163

Senegal, 100, 125-6, 240

Sepúlveda, Juan Ginés de, 331, 527*n*

Serra Leoa, 100, 260

Serres, Étienne, 361

Sérvia, 424, 426, 463

sérvios, 79, 370, 422, 424, 451

Sesa, Juan de, 146

Sevilha, 55, 58, 93, 106, 150, 152, 205, 210

Sewall, Samuel, 324

Sharp, Granville, 325

Sicília, 32, 36, 45-52, 55-6, 58, 63, 65, 68, 74-5, 78, 82, 93-7, 108, 498; *Atlas Catalão*, 89; berberes, 41; desprezo étnico, 92; escravatura, 150; expulsão de judeus, 215; Igreja Ortodoxa eliminada na, 88; judeus na, 49, 95; muçulmanos na, 41, 45, 47, 49-53, 55, 92; revolta liberal na, 370

simbolismo, 46, 104, 113, 147, 248, 480, 482

Simmel, Georg, 523*n*

sioux, 163, 273

Síria, 42, 65, 434

siríacos, 86, 435, 498

sírios, 38-41, 65, 71, 181

Smith, Adam, 224, 322

Smith, Charles Hamilton, 388

Snowden, Frank, 24-5

Sociedade de Jesus, 171

Sofala, 132

Soto, Domingo de, 120, 318

Soto, Hernando de, 163

Spence, Jonathan, 192

Spencer, Herbert, 408-12, 415, 482, 485

Springer, Balthasar, 139

Sri Lanka (Ceilão), *ver* Ceilão (Sri Lanka)

Staden, Hans, 108, 153-5

Stálin,Ióssif, 459-60, 463

Stepan, Nancy, 379

Stoddard, Lothrop, 416

Suárez, Francisco, 120, 318

Suécia, 219, 339, 451

suecos, 347, 453

suevos, 40, 53

Suíça, 75, 376-7

Sumner, William Graham, 410-1, 413-4

Sun Yat-sen, 482

superstição, 132, 154, 161, 169, 171, 179, 183-4, 189, 192, 332, 350

supremacia branca, 33, 99, 269, 393, 395, 413, 500, 502, 506; na África do Sul, 506; na África portuguesa, 291; no Brasil, 472; nos Estados Unidos, 467; pureza de sangue, 336; *ver também* arianismo

Suriname, 147, 257, 327

Tacca, Pietro, 141

Tácito, 92

Taine, Hippolyte, 393

taitianos, 400, 407

Taiwan, 484, 487-8

Talat Paxá, 436

Tan Sitong, 482

tapuias, 244

tártaros, 192, 346-9, 351, 357, 359, 424, 463, 491; descrição de Mendoza dos, 189; na Sicília, 50

Tavares, Maria José Ferro, 207

Tavernier, Jean-Baptiste, 170, 172-3, 183

tchecos, 80, 370, 422

Tchecoslováquia, 427, 449, 460

Tenerife, 136, 284

Teodorico, o Grande, 93

Teodósio, imperador romano, 39

teoria da evolução *ver* evolução

Terra do Fogo, 103, 398-9

Tertre, Jean-Baptiste du, 323

teutônicos, 79, 394, 438-9, 441

Texas, 163, 372, 465

Theatrum Orbis Terrarum (atlas), 102, 104-5, 111

Thevet, André, 149, 155, 177

Thulden, Theodore, 142

Tibete, 351, 392, 482-3, 490, 495

Tiedemann, Friedrich, 367

Tiepolo, Giambattista, 115-6, 143

Tierra Firme (Panamá), 253

tipologias, 82-98; *ver também* classificação

Tito, Josip Broz, 461

Tocqueville, Alexis de, 332, 365, 381-2

Toledo, 54-5, 57-9, 72, 196, 205-6, 210

tolerância, 60, 66, 177, 215-6, 290, 322, 350

Topinard, Paul, 393

Torquemada, Juan de, 70

Toureste, Guy de, 519n

Toynbee, Arnold, 436

trabalhos forçados, 34, 120, 258, 286, 303, 330, 340, 448-9, 457, 463, 473-4, 504-5

trajes, 48, 113, 174, 235, 267, 278, 339-40; *ver também* roupas/vestuário

Trancoso, Gonçalo Fernandes, 171-2

Tratado de Versalhes, 485

Truth, Sojourner, 372

tuaregues, 29, 494, 506

tupis, 157, 163, 244

turcos: conflitos com gregos, 314; genocídio armênio, 431-7; rivalidade com iranianos, 182; teoria de raça de Kant, 351; visão de Piccolomini dos, 69

Turquia, 170, 177, 183, 347, 349, 427, 441, 463; genocídio armênio, 431-7; Guerra Turco-Armênia, 436; motins antigregos na, 463, 505; *ver também* Otomano, Império

tutsis, 478-9, 494, 506

Tylor, Edward, 406, 411

Ucrânia, 425, 429-30

uigures, 484

Unesco (Organização das Nações Unidas para a Educação, Ciência e Cultura), 29, 508

União Soviética, 34, 427, 436, 458, 463, 504; deportações da, 460, 494; extermínio de russos pelos nazistas, 453; judeus na, 442, 449, 451, 463; *ver também* Rússia

universalismo, 32, 41, 68, 71-2, 218, 222, 238, 353, 493

Urbano II, papa, 44, 51

Valência, 54-6, 89, 91, 93, 96, 197-201, 260; judeus em, 204; mouriscos em, 92, 200, 206; muçulmanos em, 56, 92-3, 196; pureza de sangue, 210

Valignano, Alessandro, 172, 191-2

Van den Berghe, Pierre, 22

Van Diepenbeeck, Abraham, 142

Van Dyck, Antoine, 141

Van Goens, Rijkloff, 293

Van Nijenroode, Cornelia, 277

vândalos (povo), 40

Varthema, Ludovico de, 172

Vasconcelos, José, 472

vecinos, 300

Velázquez, Diego, 142-3, 283

Vélez de Guevara, Luis, 146

Veneza, 143-4, 151, 210, 369

venezianos, 49, 70, 84-6, 88, 91, 176, 186

Venezuela, 253, 262, 268, 318

verbal, abuso, 248, 268

Verenigde Oostindische Compagnie (VOC), 256, 277-9, 294

Verrio, Antonio, 142

Vespúcio, Américo, 108, 150-4, 400

Vicente, Gil, 219

vikings, 78, 384, 453
Virchow, Rudolph, 393, 447
Virey, Julien-Joseph, 361-5
Virgínia, 166, 270-1, 295, 335, 465
visigodos, 40-1, 53-4, 56, 58, 69, 202, 439
Visscher, Claes Janszoon, 112, 114
Vitoria, Francisco de, 120
Vogt, Karl, 441
Voltaire, 134, 142, 167, 214, 331, 350, 392
Von Ranke, Leopold, 439
Von Treitschke, Heinrich, 393, 438
Von Trotha, Lothar, 474
voto, direito de, 447, 471
Vrolik, Willem, 364, 367

Wade, Peter, 26
Wagener, Zacharias, 242
Waldseemüller, Martin, 151
Wallace, Alfred, 404, 406
Wallerstein, Immanuel, 27
Weber, Karl Otto, 364
Weber, Max, 28

Weigel, Hans, 109-10
Weismann, August, 410
Weld, Theodore, 373
West-Indische Compagnie (WIC), 257, 279
White, Charles, 355-7
White, John, 164-5
Wilberforce, William, 314
Wilkins, Charles, 392
Willard, Samuel, 323
Williams, Eric, 322
Wilson, Woodrow, 416, 485
Woltman, Ludwig, 393

xintoísmo, 488

Yan Fu, 482
Yoshio, Takahashi, 485
Young, Robert, 379, 410

zapotecas, 269, 299
Zhang Junjun, 483
Zola, Émile, 437